Joseph Anton Stephan von Riegger

**Amoenitates literariae Friburgenses**

Joseph Anton Stephan von Riegger

**Amoenitates literariae Friburgenses**

ISBN/EAN: 9783742894892

Manufactured in Europe, USA, Canada, Australia, Japa

Cover: Foto ©Andreas Hilbeck / pixelio.de

Manufactured and distributed by brebook publishing software
(www.brebook.com)

Joseph Anton Stephan von Riegger

**Amoenitates literariae Friburgenses**

# AMOENITATES
## LITERARIAE
## FRIBVRGENSES.

*FASCICVLVS I.*

*VLMAE,*
APVD AVG. LEBRECHT. STETTINIVM,
Bibliopolam.

I 7 7 5.

# PRAEFATIO.

Postulatum a me iri non putaue-
ro, vt mei, quod pertra-
ctandum suscipio, instituti
rationem aut declarem vberius, aut a
criminationibus vindicem. Res ipsa adeo
manifesta est, vt, vel tacente me, se
ipsam probet, commendetque satis.

Quid enim honestius, quid iucundius,
aut Friburgensibus quid dignum magis,
gratumue esse posset, quam si res nostrae literariae, tam diuturnis inuolutae
tenebris, in lucem protrahantur, illustren-
tur, declarentur?.

Con-

Conſtituimus igitur laudare viros doctos Friburgenſes, eorumque vitas ac
res geſtas enarrare, varia ad illuſtrandam
rem literariam ſubſidia colligere, ac in
medium proferre, ceteraque, quae huc
pertinere videbuntur, continuato hoc labore, ſi otium & occaſio non defuerit,
exponere. Locum itaque dabimus viris eruditis, ſeu domeſticis noſtris, ſeu
hoſpitibus : nec praetermittemus eos,
qui vel in academia, vel ciuitate noſtra
aut vitam tranſegerunt omnem, aut aliquamdiu Friburgi morati ſunt : dignis
etiam laudibus eos proſequuturi ; qui
Friburgenſe ſolum patriam nacti, in exteris autem prouinciis & nominis gloriam ſibi peperere, & clarorum virorum numerum alibi auxere. In his tamen omnibus modum tenebimus, & potiſſimum ad Friburgenſia, & res literarias academiae noſtrae vertemus ſtudia,
negle-

neglectis iis omnibus, aut faltem parce
admodum delibatis , quae vel aliunde
perfpecta iam funt, ac in vulgus nota,
vel rerum noftrarum intereffe parum iu-
dicabam.

His ergo vtere oblectamentis literariis , lector beneuole , fi ad palatum
tuum effe deprehenderis: fin minus effe
tui guftus intellexeris, confilium faltem
inftitutique rationem haud improbes
velim. Vale, mihique faue.

# MATERIA

## FASCICVLI I.

I. Recenſio reƈtorum academiae Alberti-
   nae.

II. De Io. Pſeffero theologo.

III. De Io. Geilero Keiſersbergio.

IV. Supplementum de Io. Keiſersbergio; vti
   & de illius nepotibus Conrado & Petro Wickgramis.

Accedunt Tabulae V. ſuo ſingulae inſerendae loco.

RECEN-

# RECENSIO
## RECTORVM ACADEMIAE ALBERTINAE. *)

### SECVLVM I.

An. 1460. 26. April. *Matthaeus Hummell*, de Villingen, artium liberalium, medicinae, & facrorum canonum doctor, Alberti VI. A. A. confiliarius.

An. 1461. in vigil. Philip. & Iacob. *Iohannes Pfeffer*, de Widenberg vel Weydenberg, artium & facrae theologiae doctor, & profeffor.

An. 1461. in vigil. Omn. SS. *Conradus Odernheim*, de Frankfordia, facrorum canonum doctor, & profeffor.

An. 1462. in vigil. Phil. & Iac. *Kilianus Wolff*, de Haslach, art. magift. & SS. canon. baccalaur. poftea parochus Frib.

An. 1462. die 30. Octobr. *Conradus Arnolt*, de Schorndorf, artium magifter.

An. 1463. in vigil. Phil. & Iac. *Matthaeus Hummell.*

An. 1463. in vigil. Omn. SS. *Conradus Pfeffer.*

An. 1464. in vigil. Phil. & Iac. *Conradus Odernheim.*

An. 1464. in vigil. Omn. SS. *Kilianus Wolff.*

An. 1465. in vig. Phil. & Iac. *Albertus* de regali ftirpe Romanorum & inclita domo Bauarorum procreatus, Comes Palatinus

A latinus

---

*) Quae omnia ex autographis *matriculis*, quas vocant, *rectoralibus* defumta funt.

latinus Rheni, Canonicus cathedralium ecclefiarum Colonienfis, Herbipolenfis, Euftettenfis, Auguftanae, & Argentinenfis, ac praepofitus eiusdem.

Au. 1465. in vig. O. O. S. S. *Ioannes Molfelt*, vel *Mülfeld*, de Meyningen, artium magifter.

An. 1466. in vig. Phil. & Iac. *Iohannes Pfeffer*.

An. 1466. in vig. O. O. S. S. *Iohannes*, de regali ftirpe Romanorum ac inclita domo Banarorum Comes Palatinus Rheni &c.

An. 1467. in vig. Phil. & Iac. *Matthaeus Hummell.*

An. 1467. in vig. O. O. S. S. *Conradus Odernheim.*

An. 1468. in vig. Phil. & Iac. *Conradus Arnolt.*

An. 1468. in vig. O. O. S. S. *Fridericus Comes in Hohenzollern* & dominus in Kotznitz, Canonicus cathedralium ecclefiarum Argentinenfis & Conftantienfis.

An. 1469. in vigil. Phil. & Iac. *Conradus Stiertzel*, vel *Stürczel*, de Kitzingen, artium magifter.

An. 1469. in vig. O. O. S. S. *Iohannes Müfch*, de Altheim, facr. theologiae doctor & profeffor.

An. 1470. in vigil. Phil. & Iac. *Fridericus Meckoloher* vel *Meckenlocher*, de Wendelftein, facrorum canonum doctor & profeffor.

An. 1470. in vig. O. O. S. S. *Iohannes Pfeffer.*

An. 1471. in vig. Phil. & Iac. *Conradus Arnolt.*

An. 1471. in vig. O. O. SS. *Iohannes Müfch.*

An. 1472. in vig. Phil. & Iac. *Iohannes Sutoris*, de Zurzach, artium magifter & iuris canonici baccalaureus.

An. 1472. in vig. O. O. S. S. *Matthaeus Hummell*, iam etiam medicinae profeffor.

An. 1473. in vig. Phil. & Iac. *Vdalricus Rotpletz*, de Villingen, facrorum canonum doctor.

An.

An. 1473. in vig. O. O. S. S. *Conradus Odernheim.*

An. 1474. in vig. Phil. & Iac. *Iacobus Pfaw*, de Kieptern, cathedralium ecclefiarum Bafileenfis Decanus, & Spirenfis canonicus, nec non SS. Trinitatis Spirae praepofitus.

An. 1474. in vig. O. O. S. S. *Fridericus Meckenlocher.*

An. 1475. in vig. Phil. & Iac. *Baro Schenckhanns*, in Erpach, cathedralis ecclefiae Wormatienfis canonicus.

An. 1475. in vig. O. O. S. S. *Nicolaus Matz*, de Michelftät, artium magifter, facr. theolog. licentiatus.

An. 1476. in vig. Phil. & Iac. *Henricus Comes de Montfort*, cathedral. ecclef. Auguftanae canonicus.

An. 1476. in vig. O. O. S. S. *Iohannes Geyler*, de Keyfersberg, artium magifter, & facrae theologiae doctor.

A. 1477. in vig. Phil. & Iac. *Fridericus Comes de Hokenzollern.*

An. 1477. in vig. O. O. S. S. *Vdalricus Rotpletz.*

An. 1478. in vig. Phil. & Iac. *Fridericus Meckenlocher.*

Au. 1478. in vig. O. O. S. S. *Conradus Stiertzel*, SS. canonum doctor: ( poftea cancellarius regius ).

Au. 1479. in vig. Phil. & Iac. *Iohannes Sckerer*, de Friburgo, artium magifter.

An. 1479. in vig. O. O. S. S. *Iohannes Sutoris.*

An. 1480. in vig. Phil. & Iac. *Iohannes Knapp*, de Rütlingen, artium magifter, & SS. canonum doctor & profeffor.

An. 1480. in vig. O. O. SS. *Conradus Odernheim.*

An. 1481. in vig. Phil. & Iac. *Iohannes Molfelt*, artium & medicinae doctor ac profeffor.

An. 1481. in vig. O. O. S. S. *Iohannes Kerer*, artium magifter, & SS. canon. doctor, ( poftea fuffraganeus Auguft.)

An. 1482. in vig. Phil. & Iac. *Martinus Strichenbach*, legum doctor.         A 2                       An.

An. 1482. in vig. O. O. S. S. *Iohannes Frödler*, de Riedlingen, facrae paginae licentiatus, plebanus hofpitalis huiatis. -

An. 1483. in vig. Phil. & Iac. *Nicolaus Glotterer*, de Friburgo, artium & SS. canonum doctor.

An. 1483. in vig. O. O. S. S. *Conradus Arnolt*, Cuftos ecclefiae collegiatae S. Margarethae in Waldkirch.

An. 1484. in vig. Phil. & Iac. *Iohannes Sutoris*, SS. Can. Licent.

An. 1484. in vig. O. O. S. S. *Iohannes Frödler*.

An. 1485. in vigil. Phil. & Iac. *Nicolaus Locherer*, Friburg. artium magifter.

An. 1485. in vig. O. O. S. S. *Vdalribus Rotpletz*.

An. 1486. in vig. Phil. & Iac. *Iohannes Molfelt*.

An. 1486. in vig. O. O. S. S. *Iohannes Odernheim*, de Friburgo, legum ac SS. canonum doctor & profeffor.

An. 1487. in vig. Phil- & Iac. *Nicolaus Glotterer*.

An. 1487. in vig. O. O. S. S. *Iohannes Sutoris*.

An. 1488. in vig. Phil. & Iac. *Cufpar Grünwalt*, de Columbaria, Ord. Praedicat. facr. theolog. profeffor.

An. 1488. in vig. O. O. S. S. *Vdalvicus Rotpletz*.

An. 1489. in vig. Phil. & Iac. *Iohannes Frödler*.

An. 1489. in vig. O. O. S. S. *Georgius Preitenower*, de Tagendorf, vtriusque iuris doctor.

An. 1490. in vig. Phil. & Iac. *Henricus Kolher*, ex noua ciuitate, artium magifter.

An. 1490. in vig. O. O. S. S. *Conradus Knoll*, de Grieningen, medicinarum doctor.

An. 1491. in vig. Phil. & Iac. *Georgius Northofer*, de Northofen, facrae theologiae profeffor.

An. 1491. in vig. O. O. S. S. *Felix Comes de Werdenberg*.

An.

An. 1492. in vig. Phil. & Iac. *Sigismundus Creutzer*, vel *Crutzer*, ex noua ciuitate, SS. canonum licentiatus, canonicus ecclefiae cathedral. Brixinenfis.

An. 1493. in vig. Phil. & Iac. *Vdalricus Krafft*, de Vlma, vtriusque iuris doctor.

An. 1493. in vig. O. O. S. S. *Iohannes Sutoris*.

An. 1494. in vig. Phil. & Iac. *Wilhelmus Comes in Honflein*, Dominus in Lare & Cletenberg, cathedral. ecclef. Mogunt. Colonienf. Argentinenf. canonicus.

An. 1494. in vig. O. O. S. S. *Nicolaus Locherer*, Capituli Friburgenfis Decanus.

An. 1495. in vig. Phil. & Iac. *Sigismundus Creutzer*, SS. canonum doctor, ecclef. cathedral. Ratisbonenfis & Brixinenfis canonicus, & colleg. Rhenofeld. praepofitus.

An. 1495. in vigil. O. O. S. S. *Georgius Northofer*.

An. 1496. in vig. Phil. & Iac. *Carolus Marchio de Baden. infer*.

An. 1496. in vig. O. O. S. S. *Iohannes Früdler*.

An. 1497. in vig. Phil. & Iac. *Chriftophorus* Marchio inferioris Baden, ac Comes in Sponheim, ecclefiae cathedral. Argentinenfis canonicus.

An. 1497. in vig. O. O. S. S. *Sigismundus Creutzer*, cathedral. ecclef. Ratisbon. Patauienf. Brixinenf. canonicus & rel.

An. 1498. in vig. Phil. & Iac. *Henricus Kolher*, rector ecclefiae Friburg.

An. 1498. in vig. O. O. S. S. *Martinus Mölfelt*, ex Liuonia, artium ac facrae theologiae doctor.

An. 1499. in vig. Phil. & Iac. *Ioannes Angelus de Befutto*, Mediolanenfis, vtriusque iuris doctor.

An. 1499. in vig. O. O. S. S. *Iohannes Werherus Baro de Mörsperg*.

An.

An. 1500. in vig. Phil. & Iac. *Paulus de Cltadinis*, de Mediolano, iuris vtriusque doctor, & iuris ciuilis ordinarius.

An. 1500. in vig. O. O. S. S. *Iohannes Sutoris.*

An. 1501. in vig. Phil. & Iac. *Georgius Northofer.*

An. 1501. in vig. O. O. S. S. *Iohannes Sutoris.*

An. 1502. in vig. Phil. & Iac. *Henricus Kolher*, qui etiam an. eod. in vig. O. O. S. S. confirmatur.

An. 1503. in vig. Phil. & Iac. *Ioannes Angelus de Befutio.*

An. 1503. in vig. O. O. S. S. *Georgius Northofer.*

An. 1504. in vig. Phil. & Iac. *Wolfg. Baro de Höwen.*

An. 1504. in vig. O. O. S. S. *Ioannes Brisgoicus*, de Brockingen, sacrae theologiae doctor & profeſſor.

An. 1505. in vig. Phil. & Iac. *Ioannes Angelus de Befutio.*

An. 1505. in vig. O. O. S. S. *Iohannes Sutoris.*

An. 1506. in vig. Phil. & Iac. *Henricus Kolher.*

An. 1506. in vig. O. O. S. S. *Wilhelmus Wernherus Baro de Zymmern*, & Dominus de Möskirch.

An. 1507. in vig. Phil. & Iac. *Ioann s Buchs*, vel *Butſch*, ex Veldkirch, praepoſitus ecclefiae cathedralis, & cancellarius Academiae Vienneniis.

An. 1507. in vig. O. O. S. S. *Iohannes Cefar*, Malnzheimenfis, artium magſter.

An. 1508. in vig. Phil. & Iac. *Georgius Northofer.*

An. 1508. in vig. O. O. S. S. *Ioannes Angelus de Befutio.*

An. 1509. in vig. Phil. & Iac. *Blafius Aichorn*, ex Sunneuburg, V. I. Licent. canonicus ecclef. Brixinenf.

An. 1509. in vig. O. O. S. S. *Ioannes Brisgoicus.*

An. 1510. in vig. Phil. & Iac. *Iohannes Sutoris.*

An. 1510. in vig. O. O. S. S. *Henricus Kolher.*

An.

An. 1511. in vig. Phil. & Iac. *Hieronymus Vehus*, ex Niderbaden, I. V. doctor.

An. 1511. in vig. O. O. S. S. *Ioannes Brisgoicus*.

An. 1512. in vig. Phil. & Iac. *Georgius Wügelin*, Achenfis, artium magister, & facrae theologiae licentiatus.

An. 1512. in vig. O. O. S. S. *Conradus Renner*, de Ehingen, praepofitus ecclefiae, & cancellarius Academiae Louaniensis, nec non ecclef. cathedral. Cameracensis canonicus.

An. 1513. in vig. Phil. & Iac. *Ioannes Angelus de Befutio*.

An. 1513. in vig. O. O. S. S. *Henricus Kolher*.

An. 1514. in vig. Phil. & Iac. *Bernardus Comes de Eberftein*, cathedral. ecclef. Treuirensis & Argentinensis canonic.

An. 1514. in vig. O. O. S. S. *Iohannes Cefar*.

An. 1514. in vig. Phil. & Iac. *Georgius Schmotzer*, Conftantienfis, artium & V. I. doctor.

An. 1516. in vig. Phil. & Iac. *Henricus Kolher* (poftea vicarius epifcopi Argent. )

An. 1516. in vig. O. O. S. S. *Ioannes Angelus de Befutio*.

An. 1517. in vig. Phil. & Iac. *Ioannes Brisgoicus*.

An. 1517. in vig. O. O. S. S. *Matthaeus Zell*, Keyferspergius, artium magister, & facrae theologiae baccalaureus.

An. 1518. in vig. Phil. & Iac. *Georgius Wügelin*, facrae theologiae doctor ordinarius.

An. 1518. in vig. O. O. S. S. *Georgius Schmotzer*.

An. 1519. in vig. Phil. & Iac. *Georgius Hering*, ex Campidona, artium magister, quo mortuo vicerectoratum geffit *Ioannes Odernheim*, vtriusque iuris doctor.

*Sebaftianus Derrer*, Nerling. artium magister peftem fugiens ex commiffione Vniuerfitatis in Sueuia plures literarum ftudiofos albo academico infcripfit.

An. 1519. in vig. O. O. S. S. *Georgius Wügelin*.

A 4                                                     An.

An. 1520. in vig. Phil. & Iac.  *Ioannes Brisgoicus.*

An. 1520. in vig. O. O. S. S.  *Wilhelmus Comes Geminipontis*, Dominus in Bütis & Lichtenberg, ecclesiae maioris Argentinensis canonicus.

Vicerector *Caspar Baldung*, artium & vtriusque iuris doctor, & ordinarius.

An. 1521. in vig. Phil. & Iac.  *Ioannes Wügelin*, Achensis, artium magister & collegiatus.

An. 1521. in vigil. O. O. S. S.  *Caspar Baldung*, Gamund. I. V. doctor & ordinarius.

An. 1522. in vig. Phil. & Iac.  *Georgius Wägelin.*

An. 1522. in vig. O. O. S. S.  *Theobaldus Babst* vel *Bapst*, Gebwylerus, artium magister.

An. 1523. in vig. Phil. & Iac.  *Georgius Amelius* (Achtsnit) Morauus, iuris vtriusque doctor.

An. 1523. in vig. O. O. S. S.  *Sebastianus Derrer*, ( Wetzstein ) ex Nerlingen., artium magister, & mathematices professor.

An. 1524. in vig. Phil. & Iac.  *Georgius Wägelin.*

An. 1525. in vig. Phil. & Iac.  *Sebastianus Derrer*, artium atque V. I. doctor.

An. 1525. in vig. O. O. S. S.  *Theobaldus Bapst.*

An. 1525. in vig. Phil. & Iac.  *Matthaeus Stehelin*, Friburg. artium magist., theol. baccal. qui ante finitum magistratum obiit die S. Matthaei Apost. Cui substitutus *Sebast. Derrer.*

An. 1526.  *Georgius Wägelin*: sed ob saeuientem pestem nulli albo academico inserti.  Et

An. 1527. in vig. Phil. & Iac. rectoratus eidem prorogatus.

An. 1527. in vig. O. O. S. S.  *Dauid Krömer*, Friburgensis, artium & medicinae doctor.

An.

An. 1528. in vig. Phil. & Iac. *Sebaſtianus Derrer.*

An. 1528. in vig. O. O. S. S. *Hieronymus Iudus*, Pforzheim. I. V. doctor.

An. 1529. in vig. Phil. & Iac. *Theobaldus Bapſt*, & eod. an. in profeſto O. O. S. S. confirmatus.

An. 1530. in vig. Phil. & Iac. *Poppus Princeps ab Hennenberg.* Vicerector *Georgius Wügelin.*

An. 1530. in vig. O. O. S. S. *Georgius Wügelin.*

An. 1531. in vig. Phil. & Iac. *Sebaſtianus Derrer.*

An. 1531. in vig. O. O. S. S. *Theobaldus Bapſt.*

An. 1532. in vig. Phil. & Iac. *Georgius Amelius*, & eod. an. feſto O. O. S. S. confirmatus.

An. 1533. in vig. Phil. & Iac. *Paulus Getzonis*, Argentin. artium & medicinae doctor.

An. 1533. in vig. O. O. S. S. *Martinus Kygelin*, ex Birkenfeld, artium ac theologiae magiſter.

An. 1534. in vig. Phil. & Iac. *Sebaſtianus Derrer*: qui eod. an. feſto O. O. S. S. confirmatus.

An. 1535. in vig. Phil. & Iac. *Fridolinus Mannlius*, ex Lörrach, artium & medicinae doctor.

An. 1535. in vig. O. O. S. S. *Martinus Kygelin.* Eodem rectore plures etiam Villingae, quorſum peſtis fugiendae cauſa ſe cóntulerunt, a M. Iohanne Gaudentio, artium decano, in album academicum relati funt.

Idem Kygelinus deinde in vig. SS. Apoſt. Phil. & Iac. an. 1536. confirmatus.

An. 1536. in vig. O. O. S. S. *Theobaldus Bapſt.*

An. 1537. in vig. Phil. & Iac. *Conradus Comes a Caſtell*, canonicus Herbipolenſis.

Vicerector *Georgius Amelius.*

A 5                                    An.

**An.** 1537. in vig. O. O. S. S. *Paulus Getzonis.*

**An.** 1538. in vig. Phil. & Iac. *Sebaflianus Derrer*, V. I. doctor & l. l. profeffor ordinarius: qui an. eod. vlt. Oct. confirmatus.

**An.** 1539. in vig. Phil. & Iac. *Martinus Kygelin* : cui a vig. O. O. S. S. eiusdem anni rectoratus prorogatus.

**An.** 1540. in vig. Phil. & Iac. *Theobaldus Bapfl*, artium & iurium doctor: qui eod. an. in vig. O. O. S. S. confirmatus.

**An.** 1541. in vig. Phil. & Iac. *Georgius Amelius.* Dum facultas artium ob peftis faeuitiam Mengam conceffit, a M. Ioanne Dumpardo plures ibidem in matriculam relati.

**An.** 1541. in vig. O. O. S. S. *Theobaldus Bapfl:* qui anno 1542. in vig. Phil. & Iac. confirmatus.

**An.** 1542. in vig. O. O. S. S. *Felix Fridericus Comes a Zollern* & Sigmaringen, Romani Imperii Camerarius hereditarius.

    Vicerector *Paulus Getzonis.*

**An.** 1543. in vig. Phil. & Iac. *Martinus Kygelin.*

**An.** 1543. in vig. O. O. S. S. *Ioachimus Mynfingerus* a Frundeck, Stutgard. I. V. Confultus.

**An.** 1544. in vig. Phil. & Iac. *Theobaldus Bapfl.*

**An.** 1544. in vig. O. O. S. S. *Ioannes Dumpardus*, Friburg. artium & I. V. doctor.

**An.** 1545. in vig. Phil. & Iac. *Martinus Kygelin:* qui eod. an. in vig. O. O. S. S. confirmatus.

**An.** 1546. in vig. Phil. & Iac. *Ioachimus Mynfingerus* a Frundeck.

**An.** 1546. in vig. O. O. S. S. *Theobaldus Bapfl.*

**An.** 1547. in vig. Phil. & Iac. *Ioannes Dumpardus.*

**An.** 1547. a fefto Simonis & Iudae. *Martinus Kygelin.*

An.

An. 1548. in vig. Phil. & Iac. *Ioachimus Mynfingerus.*

Et poſt illius diſceſſum ſurrogatus die 14. Sept. Martinus Kygelin.

An. 1548. in vig. O. O. S. S. *Iacobus Comes a Manderſcheit.*
Viceretor *Sebaſtianus Auſtrius* , Rubeaquenſis , medicus ordinarius.

An. 1549. in vig. Phil. & Iac. *Philippus Comes ab Yſenburg,* in Beutingen.

Viceretor *Ioannes Venatorius*, Külſanus , I. V. doktor.

An. 1549. iu vig. O. O. S. S. *Martinus Kygelin :* qui anno 1550. in vig. Phil. & Iac. confirmatus.

An. 1550. in vig. O. O. S. S. *Iacobus Immenhaber* ( *Apiarius* ) ex Rottwilla , artium magiſter , in theologia baccalaureus ſententiarius : qui an. 1551. in vig. Phil. & Iac. confirmatus.

An. 1551. in vig. O. O. S. S. *Theobaldus Bapſt :* qui anno 1552. in vig. Phil. & Iac. confirmatus.

An. 1552. in vig. O. O. S. S. *Chriſtophorus Eliner*, ex Möſskirch, artium magiſter , & in theologia baccalaureus formatus : qui an. 1553. in vig. Phil. & Iac. confirmatus. Sed academia maiori ex parte ob peſtis ſaeuitiam Villingam conceſſit, vices gerente *Andrea Faller.*

An. 1553. in vig. O. O. S. S. *Iacobus Immenhaber* , artium & ſacrarum literarum doktor : qui in feſto Phil. & Iac. an. 1554. confirmatus.

An. 1554. in vig. O. O. S. S. *Ioannes Vdalricus Schütz*, a Traubach, iurisconſultus ac ordinarius ; qui an. 1555. in vig. Phil. & Iac. confirmatus.

An. 1555. in vig. O. O. S. S. *Ferfridus Comes ab Hohenzollern.*
Viceretor *Andreas Faller* , Fürſtenberg. I. V. doktor.

An. 1556. in vig. Phil. & Iac. *Chriſtophorus Eliner.*

An. 1556. in vig. O. O. S. S. *Iacobus Immenhaber* , qui an. 1557. in vig. Phil. & Iac. confirmatus.

An.

An. 1557. in vig. O. O. S. S.   *Chriſtophorus Eliner* , qui an.
1558. in vig. Phil. & Iac. confirmatus.

An. 1558. in vig. O. O. S. S.   *Iacobus Immenhaber* : qui an.
1559. in vig. Phil. & Iac. confirmatus.

An. 1559. in vig O. O. S. S.   *Chriſtophorus Eliner* : qui
an. 1560. in vig. Phil. & Iac. confirmatus.

---

## SECVLVM   II.

An. 1560. in vig. O. O. S. S.   *Iacobus Immenhaber* , qui
an. 1561. in vig. Phil. & Iac. confirmatus.

An. 1561. die Calend. Nouembr.   *Ioannes Tilnberger* dictus
*Artopaeus* , Spirenſis , iurium profeſſor : qui in vig. Phil.
& Iac. an. 1562. confirmatus.

An. 1562. die 31. Oct.   *Chriſtophorus Caſeanus* vel *Caſſianus* ,
( vulgo *Lurkäs* ) Trarbacenſis , theologiae doctor : qui an.
1563. die 30. April. confirmatus.

An. 1563. die 30. Oct.   E. *Oswaldus Schreckenfuchſius* , Auſtrius , artium magiſter: cuius rectoratus an. 1564. in vig.
Phil. & Iac. continuatus.   Peſtis denuo graſſabatur.

An. 1564. in vig. O. O. S. S.   *Chriſtophorus Elinerus* : qui an.
1565. in Phil. & Iac. confirmatus.

An. 1565. die 31. Oct.   *Iacobus Immenhaber.*   Et

An. 1566. die 4. Mart. quum Immenhaberus domeſtici flagitii conuictus , locoque motus fuiſſet ,   rector ſubſtitutus eſt
*Chriſtophorus Elinerus.*

An. 1566. Cal. Maii.   *Ioannes Artopaeus.*   Sed eo aegrotante, imo , vt videtur, mortuo
Vicerector *Chriſtophorus Elinerus.*

An. 1566. pridie O. O. S. S.   *Chriſtophorus Caſſianus* : qui
prid. Apoſt. Phil. & Iac. an. 1567. confirmatus.

An.

An. 1567. in vig. O. O. S. S. *Chriſtophorus Eliner:* qui in vig. Phil. & Iac. an. 1568. confirmatus.

An. 1568. prid. O. O. S. S. *Wolfgangus Streit*, Villinganus, I. V. D. & profeſſor: qui die 1. Maii an. 1569. confirmatus.

An. 1569. in vig. O. O. S. S. *Wendelinus Simon de Cuſantze Baro de Belnoir.*

Vicerector *Jacobus Streit*, vel *Streith*, Villing. I. V. doctor & profeſſor. Vterque in ſequentem an. 1570. confirmatus.

An. 1570. in vig. O. O. S. S. *Chriſtophorus Eliner:* qui proſeſto Phil. & Iac. an. 1571. confirmatus.

An. 1571. in vig. O. O. S. S. *Gallus Streytſtaimer*, vel *Streitſteimer*, Tubingenſis, medicinae doctor & profeſſor ordinar.

An. 1572. die 1. Maii. *Iacobus Streit*, I. V. D. & profeſſor.

An. 1572. in vig. O. O. S. S. *Dauid Schmidlin*, Enſishemianus, I. V. D. & ordinarius.

An. 1573. in vig. Phil. & Iac. *Huldrichus Comes ab Helffenſtein*, Baro in Gundelfingen.

Vicerector *Ioannes Caſparus Nubeggius* vel *Neubeck*, Friburgenſ. SS. theol. doctor & profeſſor, parochus hoſpitalis.

An. 1573. in vig. O. O. S. S. *Ioannes Frey*, Lanterburgenſ. vtriusque iuris doctor, & codicis Iuſtinianei profeſſor.

An. 1574. in vig. Phil. & Iac. *Ioannes Caſparus Nubeggius.*

Poſt cuius diſceſſum ( eſt enim *ad episcopatum* Viennenſem vocatus ) die 24. Iul. vicerector conſtitutus eſt *Dauid Schmi.llinus.*

An. 1574. in vig. O. O. S. S. *Gallus Streytſtaimerus.*

An. 1575. in vig. Phil. & Iac. *Iacobus Streit.*

An. 1575. in vig. O. O. S. S. *Claudius a Vergy* &c. filius Franciſci a Vergy Comitis Champliteuſis, comitatus Burgundiae Gubernatoris, ac in ea prouincia Regiae Catholicae Maieſt. Hiſpaniarum locumtenentis generalis.

Vice-

Vicereftor *Georgius Meyerus*, medicinae doftor, & pro-feffor ordinarius.

An. 1576. in vig. Phil. & Iac. *Marcus Teggingerus* vel *Dettingerus*, ex Cella Ratoldi, philofophiae, & f. theologiae doftor, epifcopus Lidenfis & fufiraganeus Bafilienfis.

An. 1576. in vig. O. O. S. S. *Dauid Schmidlinus :* qui anno 1577. in fefto Phil. Iac. confirmatus. Peftis cauffa plurimi Cellam Rat. confugerunt.

An. 1577. prid. Calend. Nouembr. *Georgius Meyerus*, Argent. medicinae doftor ac profeffor.

An. 1578. in vig. Phil. & Iac. *Vdalricus Holzapfel*, Rottenburgenfis Neccaranus, I. V. D. & profeffor.

An. 1578. prid. Cal. Nouembr. *Iodocus Lorichius* (vulgo *Lurküs*) Trarbacenfis, theologiae doftor, & profeffor ordinar.

An. 1579. Cal. Maii. *Gallus Streytflaimer.*

An. 1579. in vig. O. O. S. S. *Iacobus Streit.*

An. 1580. Cal. Maii. *Michael Hager*, Veberling. theologiae doftor & profeffor.

An. 1580. in vig. O. O. S. S. *Georgius Meyer.*

An. 1581. in vig. Phil. & Iac. *Ferdinandus S. R. I. Dapifer hereditarius*, Baro in Waldpurg, Dominus in Scheere ac Trauchpurg, cathedralium ecclefiarum Colonienfis & Argentinenfis canonicus.

Vicereftor *Georgius Meyer.*

An. 1581. prid. Cal. Nouembr. *Renatus d' Amoncourt*, Baro a Montigneio, Gallus.

Vicereftor *Vdalricus Holzapfel.*

An. 1582. in vig. Phil. & Iac. *Vdalricus Holzapfel.*

An. 1582. Cal. Nou. *Iodocus Lorichius :* cui reftoratus ob quorundam confiliariorum feceffum peftilentiae metu, a fenatu academico tertium prorogatus eft.

                                                    An.

An. 1584. Cal. Maii. *Georgius Meyer.*

An. 1584. in vig. O. O. S. S. *Iacobus Streit.*

An. 1585. in vig. Phil. & Iac. *Gallus Streytflaimer.*

An. 1585. prid. O. O. S. S. *Vdalricus Holzapfel.*

An. 1586. Cal. Maii. *Iodocus Lorichius.*

An. 1586. prid. O. O. S. S. *Georgius Meyer.*

An. 1587. Cal. Maii. *Iacobus Streit.*

An. 1587. in vig. O. O. S. S. *Georgius Haenlin*, Busmanshulanus, SS. theologiae doctor, profeſſor & parochus Friburgenſis, poſtea vicarius generalis Baſileenſis.

An. 1588. Cal. Maii. *Gallus Streytflaimer.*

Au. 1588. in vig. O. O. S. S. *Iodocus Lorichius.*

An. 1589. in vig. Phil. & Iac. *Chriſtophorus Angerer*, Eſslingenſ. iuris doctor & profeſſor.

An. 1589. in vig. O. O. S. S. *Georgius Meyer.*

An. 1590. Cal. Maii. *Georgius Haenlin.*

An. 1590. Cal. Nou. *Iacobus Streit.*

An. 1591. Cal. Maii. *Fridericus Martini*, Heinſtatt. Herbip. I. V. doctor & profeſſor: qui in vig. O. O. S. S. eod. an. confirmatus.

An. 1592. in vig. Phil. & Iac. *Wolfgangus Comes ab Oettingen*, cathedralis ecclesiae Euſtettenſis canonicus.

　　　Vicerector *Georgius Meyer.*

An. 1592. in vig. O. O. S. S. *Georgius Meyer.*

Au. 1593. Cal. Maii. *Iodocus Lorichius.*

An. 1593. in vig. O. O. S. S. *Chriſtophorus Angerer.*

An. 1594. Cal. Maii. *Georgius Haenlin:* qui Cal. Nou. eiusd. an. confirmatus.

An. 1595. Cal. Maii. *Fridericus Martini.*

An. 1595. prid. Cal. Oct. *Carolus Alexander S. R. I. Prin-*
　　　　　　　　　　　　　　　　　　　　　　*ceps*

*ceps de Croy*, Marchio de Haurech, Comes de Fontenoy, Baro von Finſtingen.

An. 1596. Cal. Maii. *Georgius Meyer.*

An. 1596. Cal. Nou. *Iodocus Lorichius.*

An. 1597. Cal. Maii. *Thomas Metzgerus* , Laubheim. I. V. doctor & profeſſor : qui Cal. Nou. eod. an. confirmatus.

An. 1598. prid. Cal. Maii. *Wilhelmus Henricus S. R. I. Dapifer* , Baro in Waldpurg, Dominus in Scheer & Trauchpurg. Vicerector *Georgius Meyer.*

An. 1598. Cal. Nou. *Georgius Haenlin* , qui Cal. Maii anno 1599. confirmatus.

An. 1599. in vig. O. O. S. S. *Chriſtophorus Angerer.*

An. 1600. prid. Cal. Maii. *Ioannes Georgius Stadnicky de Zmygrod*, Polonus.
Vicerector *Chriſtophorus Angerer.*

An. 1600. Cal. Nou. *Fridericus Martini* , ordinarius canonum profeſſor.

An. 1601. in vig. Phil. & Iac. *Georgius Meyer.*

An. 1601. Cal. Nou. *Iodocus Lorichius.*

An. 1602. Cal. Maii. *Thomas Metzger.*

An. 1602. in vig. O. O. S. S. *Chriſtophorus Angerer.*

An. 1603. Cal. Maii. *Iacobus Mock*, Friburg. medicinae doctor & profeſſor.

An. 1603. Cal. Nou. *Adamus Baro Zolkieuski*, Polonus.
Vicerector *Iacobus Mock.*

An. 1604. prid. Cal. Maii. *Ioannes Andreas Zimmermann* , Friburgenſ. SS. theologiae doctor & profeſſor : qui in vig. O. O. S. S. eod. an. confirmatus.

An. 1605. Cal. Maii. *Ferdinandus Georgius L. B. in Froburg, Dominus in Tulliers* &c.

An.

An. 1605. Cal. Nou. *Fridericus Martini.*

An. 1606. Cal. Maii. *Georgius Meyer.*

An. 1606. prid. Cal. Nou. *Ludovicus le Feure Baro a Se-
quanae Portu S. Quintini in Insula Abbas.*

Cui discedenti die 17. Nou. eiusd. an. succeffit *Iacobus Hackerus*,
Ehinganus, SS. theologiae doctor & professor : & restora-
tum continuauit in vig. Phil. & Iac. An. 1607.

An. 1607. in vigil. O. O. S. S. *Franciscus Turrianus Comes
Valsafinae & Imperii.*

An. 1608. in vig. Phil. & Iac. *Thomas Metzger.*

An. 1608. prid. Cal. Nou. *Carolus Schurpff Baro a Maria-
stall*, Tirolensis.

An. 1609. Cal. Maii. *Ioannes Andreas Zimmermann.*

An. 1609. in vig. O. O. S. S. *Sigismundus Wittum*, Villin-
gan. I. V. D. & pandectarum professor.

An. 1610. in vig. Phil. & Iac. *Hugo Comes in Montfort, Dominus de Bregenz, in Dettnangen* &c.
Vicerector *Sigismundus Wittum.*

An. 1610. prid. Cal. Nou. *Ioannes Paulus Windeck*, Fribur-
gens. SS. theologiae doctor & professor : qui die 30. April.
an. 1611. confirmatus.

An. 1611. Cal. Nou. *Fridericus Martini.*

An. 1612. prid. Cal. Maii. *Iacobus Hackerus.*

An. 1612. in vig. O. O. S. S. *Thomas Metzger.*

An. 1613. in vig. Phil. & Iac. *Iacobus Mock.*

An. 1613. in vig. O. O. S. S. *Ioann. Andreas Zimmermann.*

An. 1614. in vig. Phil. & Iac. *Sigismundus Wittum.*

An. 1614. prid. Cal. Nou. *Ioannes Paulus Windeck.* ( postea
etiam praepositus commendat. S. Morandi in Suntg. )

An. 1615. Cal. Maii. *Ioannes Fautsch*, Dammerkirchens. medicinae doctor & professor.

B                                     An.

An. 1615. in vig. O. O. S. S.  *Fridericus Martini.*

An. 1616. prid. Cal. Maii. *Iacobus Hackerus.*

An. 1616. in vig. O. O. S. S.  *Thomas Metzger*, SS. canonum profeffor.

An. 1617. prid. Cal. Maii. *Ioannes Andreas Zimmermann :*
qui prid. Cal. Nou. au. eiusdem confirmatus.

An. 1618. in vig. Phil. & Iac. *Sigismundus Wittum*, I. V.
D. & codicis profeffor : qui prid. feft. O. O. S. S. au. 1618.
confirmatus.

An. 1619. prid. Cal. Maii. *Ioannes Fautfch.*

An. 1619, in vig. O. O. S. S.  *Clemens Clasmann*, Croffeus
Treuir. I. V. D. & pandettarum profeffor.

An. 1620. prid. Cal. Maii. *Iacobus Hackerus.*
Conftituta iam & rata *focietatis Iefu* in academiam introduftione, defignati ex eo ordine profeffores die 5. Oftobr.
in albium academicum relati funt.

An. 1620. in vig. O. O. S. S.  *Ioannes Cafparus Helbling*,
Friburg. medicinae doftor & profeffor.
Menfe Nou. die 15. D. Leopoldo Auftr. facro *focietas Iefu*
in academiam primum publice introdufta, & in aula burfae folenniter a fenatu academico fufcepta eft.

An. 1621. Cal. Maii.  *Fridericus Martini.*

An. 1621. prid. Cal. Nou. *Ioannes Andreas Zimmermann.*

An. 1622. in vig. Phil. & Iac.  *Thomas Metzger.*

An. 1622. prid. Cal. Nou.  *Ioannes Fautfch.*

An. 1623. prid. Cal. Maii.  *Sigismundus Wittum ;* fed quum
paulo poft naturae debitum foluiffet, idem munus ad *Ioannem
Fautfchium* rediit.

An. 1623. in vig. O. O. S. S.  *Clemens Clasmann.*

An. 1624. prid. Cal. Maii.  *Carolus Comes ab Axi*, *Baro a
Madruz.*  Vicereftor *Ioannes Fautfch.*

                                                An.

An. 1624. prid. Cal. Nou. *Ioannes Andreas Zimmermann.*

An. 1625. prid. Calend. Maii. *Anna Franciscus Princeps de Baßompierre, Marchio de Remouille* &c.

Vicerector *Ioannes Andreas Zimmermann.*

*Rarum exemplum eat in secula ad memoriae perpetuitatem!* Hoc eodem anno *MDCXXV. mense Iunio die 2.* sereniſſimus princeps Leopoldus, archidux Auſtriae, *Athenaei noſtri amore flagrans, scholas omnes obiit, & frequenti nobilitate ſtipatus, profeſſores docentes benigniſſime audiuit.*

An. 1625. in vig. O. O. S. S. *Io. Caſp. Helbling.*

An. 1626. prid. Cal. Maii. *Fridericus Martini.*

An. 1626. in vig. O. O. S. S. *Thomas Henrici,* Luxemburg. SS. theologiae doctor & profeſſor: qui prid. Cal. Maii. an. 1627. confirmatus.

An. 1627. in vig. O. O. S. S. *Franciscus Fuggerus Comes in Kirchberg & Weiſſenhorn.* &c.

Vicerector *Thomas Henrici,*

Idem Comes Fuggerus proprid. Cal. Mail. an. 1628. confirmatus.

An. 1628. in vig. O. O. S. S. *Iacobus Waltherus,* Benſeldenſis, medicinae doctor & profeſſor.

An. 1629. in vig. Phil. & Iac. *Thomas Metzger,* qui prid. feſt. O. O. SS. eiusd. an. confirmatus.

An. 1630. prid. Cal. Maii. *Iohannes Fautſch.*

An. 1630. prid. Cal. Nou. *Thomas Henrici,* SS. theol. doctor & profeſſor, cathed. ecclef. Baſileenſis canonicus, & deinde etiam vicarius generalis.

An. 1631. in vig. Phil. & Iac. *Adamus Meiſter,* Fiezenſis, iuris doctor & profeſſor codicis: qui in vig. O. O. S. S. eiusd. an. confirmatus.

An. 1632. prid. Cal. Maii. *Io. Caſparus Helbling.*

*Decimo tertio Septembris inter 10. & 11. horam ante meridiem in Chriſto pientiſſime obdormiuit ſereniſſimus Princeps*

*ceps*

*ceps ac Dominus Leopoldus  archidux Auftriae princeps nofter longe clementiffimus*

Idem Helblingius prid. O. O. S. S. an. 1632. rector confirmatus.

*Die 29. Dec. cum accordatione & refernatione priuilegiorum ac religionis occupata eft ciuitas Friburg. in ipfo fefto SS. Innocentium a Suecis.*

**An.** 1633. in vig. Phil. & Iac.  *Iacobus Waltherus.*

*Eodem anno die 21. menfis Octobr. S. Vrfulae cum fociis facro pacifice deferuerunt iterum Friburgum milites Sueci ductore & fupremo commendatore Friderico Ludouico Kannoffksi von Langendorf, reliftis iis, qui erant in arce Burghaldt, qui in profefto O. O. S. S. etiam ab arce defcenderunt.*

Qui eod. an. profefto O. O. S. S. rector confirmatus.

**An.** 1634. in vig. Phil. & Iac.  *Ioannes Fautfch.*

*Vrbs iterum occupata a Sueco milite, locum tenente nobili a Gaudeck.*

Huius rectoratus in vig. O. O. S. S. an. 1634. continuatus: *prius Sueco hofte huic vrbi iterum valedicente in fefto S. Lamberti.*

**An.** 1635. in vig. Phil. & Iac.  *Erafmus Pafcha,* Soltquellenfis Brandeb. V. I. D. SS. canonum profeffor: qui in vig. O. O. S. S. an. eiusd. confirmatus.

Verum quia illi paulo poft Viennam abeundum erat ad
•  menfes aliquot, conftitutus eft vicerector *Thomas Mauch,* codicis profeffor.

**An.** 1636. in vig. Phil. & Iac.  *Thomas Mauch,* Hainftett. iuris doctor & profeffor codicis.

**An.** 1636. in vig. O. O. S. S.  *Io. Cafp. Helbling:* cuius rectoratus prid. SS. Phil. & Iac. an. 1637. continuatus.

**An.**

An. 1637. in vig. O. O. S. S. *Erafmus Pafcha:* qui menfe Maio an. 1638. confirmatus.

*Menfe Aprili tertio fuit occupata ciuitas Friburgenf. vbi vigore transactionis (accord vocant) ftudiofi, praefertim, qui aderant extranei, cum militibus quibusdam Caefariatis emigrarunt.*

An. 1638. in vig. O. O. S. S. *Iacobus Waltherus.*

An. 1639. in vig. Phil. & Iac. *Ioannes Fautfch:* cuius rectoratus continuatus in vig. O. O. S. S. eiusd. an.

An. 1640. in vig. Phil. & Iac. *Io. Cafp. Helbling:* cuius rectoratus bis continuatus.

An. 1641. in vig. O. O. S. S. *Ioannes Fautfch;* qui prid SS. Phil. & Iac. an. 1642. confirmatus.

An. 1642. in vig. O. O. S. S. *Arbogaftus Hochher*, ex valle Mazonis, I. V. D. & profeffor pandectarum, qui prid. SS. Phil. & Iac. 1643. confirmatus.

An. 1643. in vig. O. O. S. S. *Ioannes Fautfch:* qui tertium rector confirmatus.

An. 1645. in vig. O. O. S. S. *Arbogaftus Hochher:* qui prid. SS. Phil. & Iac. an. 1646. confirmatus.

An. 1646. in vig. O. O. S. S. *Ioannes Fautfch.*

An. 1647. in vigil. Phil. & Iac. *Wilhelmus Rinck a Baldenftein*, canonicus cathedralis ecclefiae Bafileenfis : qui bis confirmatus.

An. 1648. in vig. O. O. S. S. *Andreas Streitl*, Bauarus, I. V. D. & pandectarum profeffor : qui in vig. Phil. & Iac. an. 1649. confirmatus.

An. 1649. in vig. O. O. S. S. *Ioannes Fautfch.*

An. 1650. die 31. Oct. *Andreas Streitl*, I. V. D. & SS. canonum profeffor.

An. 1651. die 4. Aug. *Ioannes Georgius Kieffer* , Friburg. J. V. D. & codicis profeffor: qui paulo poft SS. can. profeffor bis confirmatus eft academiae rector.

An. 1652. in vig. O. O. S. S. *Io. Casp. Helbling*, filius, medicinae doctor & profeffor.

An. 1653. in vig. Phil. & Iac. *Ioannes Michael Sonner* , Elzachenfis, I. V. D. & codicis profeffor: qui prid. feft. O. O. S. S. eod. an. confirmatus.

An. 1654. in vig. Phil. & Iac. *Ioannes Casparus Helbling*.

An. 1654. in vig. O. O. S. S. *Ioannes Augustinus Wild* , Heymersdorfenfis Suntgoius, I. V. D. & pandectarum profeffor: qui prid. SS. Phil. & Iac. an. 1655. confirmatus.

An. 1655. in vig. O. O. S. S. *Ioannes Georgius Kieffer :* qui prid. SS. Phil. & Iac. an. 1656. confirmatus.

An. 1656. in vig. O. O. S. S. *Ioannes Michael Sonner*, I. V. D. & codicis profeffor, Ferdinandi Caroli Archiducis Auftriae &c. excelfi ac citerioris Auftr. Regiminis Confiliarius, & Epifcopalis Conftant. caufar. matrim. Commiffarius per Brisgoiam generalis.

An. 1657. die 24. Martii. *Io. Casp. Helbling*, ab Hirzenfeld, medic. doct. & Profeffor, Ferdinandi Caroli Archiducis Auftriae Confiliarius, nec non eiusdem ac citerioris Auftr. Regiminis & Camerae medicus conftitutus. *)

An.

---

*) Adnotatum legimus : *Ad diem 21. Apr. feceffit nofter magnificus D. D. Sonner, Oeniponti factus Vice-Cancellanius Regiminis interioris Auftriae : qui a deputatis Vniuerfitatis, Colonello Ciuitatis , & turma ftudioforum equitum comitatus fuit 3. Carozzis pro Gynecaeo vsque in & an den Rain in das Wirthshaus , ibi honorifice tractatus fuit vna cum toto comitatu , expenfis vniuerfitatis , & valedictum vndique.*

An. 1658. in vig. SS. Apoſt. Phil. & Iac.    *Ioannes Auguſtinus Wild*, citer. Auſtr. Regim. Conſil.

An. 1658. ad feſtum O. O. S. S.   *Ioannes Chriſtophorus Brunk*, Enſishem. medicinae doctor & pathologiae profeſſor, ſereniſſimi principis ac D. D. Guilielmi Marchionis Badenſis &c. Conſiliarius & medicus aulicus.

An. 1659. ad feſt. SS. Apoſt. Phil. & Iac.   *Ioannes Georgius Kieffer*, cit. Auſtr. Regim. Conſil. & in vig. O. O. S. S. eod. an. rector confirmatus.

_____

## SECVLVM III.

An. 1660. die 12. Maii.   *Ioannes Caſparus Helbling ab Hirzenfeld*, medicinae doctor, & profeſſor, ſenior & rel.

An. 1660. in vig. O. O. S. S.   *Ioannes Auguſtinus Wild*, codicis profeſſor.

An. 1661. profeſto SS. Phil. & Iac.   *Ioannes Chriſtoph. Brunk.*

An. 1661. profeſt. O. O. S. S.   *Ioannes Georgius Kieffer* : & an. 1662. vig. SS. Apoſt. Phil. & Iac. confirmatus.

An. 1662. prid. O. O. S. S.   *Ioannes Caſpar. Helbling ab Hirzenfeld.*

An. 1663. prid. SS. Phil. & Iac.   *Ioannes Auguſtinus Wild*, codicis & feudorum profeſſor.

An. 1663. prid. O. O. S. S.   *Ioannes Chriſtoph. Brunk.*

An. 1664. prid. SS. Phil. & Iac.   *Chriſtoph. Ludouicus Vogl*, Donaueſching. de Bickenreite & Steinpach, pandectarum profeſſor.

An. 1664. prid. O. O. S. S.   *Ioan. Caſparus Helbling.*

An. 1665. poſt Cal. Maii.   *Ioannes Auguſtinus Wild. Poſt abitum legatorum academicorum Io. Aug. Wild, inr. Praf. & p. t. Rector. magnifici, & P. Ad. Burghaberi, S. I. SS. Theol. Praf. Oenipontum ad S. C. Maieſt. die 25. Sept. usque ad eorum reditum 5. Nou. 1665.* vicerectoratum geſſit

*Io. Casp. Helbling.* Sed Wildius an. eod. die 13. Nou. confirmatus.

An. 1666. die 30. Mart. *Io. Christoph. Brunk.*

An. 1666. die 30. Oft. *Christoph. Ludou. Vogl*, de & in Bickenreiten & Stainpach.

An. 1667. prid. O. O. S. S. *Io. Casp. Helbling ab Hirzenfeld.*

An. 1668. prid. SS. Phil. & Iac. *Io. Aug. Wild*, SS. canonum, iurisque feudalis profeffor.

An. 1668. die 1. Nou. *Ludouicus Iulier*, Biberacenfis, SS. theol. doftor, Scripturae & controuerf. fidei profeffor.

An. 1669. profeft. O. O. S. S. *Ioannes Henricus Küfferlin*, Zurzachenfis, philofophiae & medicinae doftor, therapeutices profeffor.

An. 1670. prid. SS. Phil. & Iac. *Francifc. Iacobus Hug*, Brifacenf. I. V. D. & profeffor ordinarius.

An. 1670. prid. O. O. S. S. *Christoph. Ludou. Vogl*, de & in Bichenreiten & Stainpach, codicis & feudorum profeffor.

An. 1671. in vig. SS. Phil. & Iac. *Io. Ge. Kiefferus.*

An. 1671. in profefto O. O. S. S. *Io. Henr. Küfferlin*, medicinae profeffor, fenior, & primarius; & an. 1672. in vig. SS. Phil. & Iac. confirmatus.

An. 1672. in profeft. O. O. S. S. *Christ. Lud. Vogl.*

An. 1673. in vig. SS. Phil. & Iac. *Franc. Dominic. Ignatius Comes a Pötting, Burggrauius hereditarius in Lientz, Dominus in Rabstein, Zenikau & Mratin* &c. bis confirmatus.

An. 1674. in vig. O. O. S. S. *Iacobus Christophorus Helbling*, filius Io. Casp. SS. theol. doftor, & controuerfiarum fidei profeffor, protonotarius apoftolicus, & Decanus in Saspach.

An. 1675. in vig. SS. Phil. & Iac. *Maximilianus Henricus Egermayer*, Monacenfis, medicinae doftor & profeffor.

An. 1675. in vig. O. O. S. S. *Franc. Iac. Hug*, pandeftarum profeffor.

An.

An. 1676. vlt. April. *Io. Ge. Kiefferns*, SS. canonum & Inris publici profeſſor.

An. 1677. in vig. SS. Phil. & Iac. *Iacobus Chriſt. Helbling.*

Au. 1677. in vig. O. O. S. S. *Io. Henr. Küfferlin.*

Die 15. Nou. 1677. occupata a Gallis ciuitate : academia in exilium acta, diſperſis vndique docentibus pariter, & diſcentibus.

An. 1684. 6. Nou. Gallorum auſpiciis omnium quatuor facultatum profeſſores Friburgi conſtituti ſunt.

Sed academia Albertina, quum nouem omnino annos diſſoluta exulaſſet, Leopoldi M. Imp. auctoritate *Conſtantiam* translata, reſtaurataque eſt.

An. 1686. die 9. Nou. *Iacobus Chriſtoph. Helbling de Hirzenfeld*, dominus in Buchholz, SS. theol. doctor, & S. ſcripturae profeſſor.

An. 1687. prid. SS. Apoſt. Phil. & Iac. *Leonardus Henricus Weigel*, Weingartenfis Sueuus, V. I. D. SS. canonum profeſſor.

An. 1687. die 13. Nou. *Io. Henr. Küfferlin*, S. C. Maieſt. Conſiliarius, profeſſor facultatis medicae primarius, Vniuerſitatis ſenior, excels. dicaſteriorum anterioris Auſtriae phyſicus.

An. 1688. die 16. Nou. *Iac. Chriſt. Helbling.*

An. 1689. prid. S. S. Phil. & Iac. *Ioannes Georgius Spengler*, Conſtantienſis, I. V. D. S. C. Maieſt. in Hegoia & Madach iudex prouincialis, & pandectarum profeſſor.

An. 1689. die 31. Oct. *Io. Henr. Küfferlin.*

An. 1690. in vig. S. S. Phil. & Iac. *Iac. Chriſt. Helbling.*

An. 1690. die 31. Oct. *Leonardus Henr. Weigel.*

An. 1691. die 4. Ian. *Ioſephus Ignatius a Bildſtein*, Brigantinus, SS. theol. doctor, controuerſiarum fidei profeſſor, praepoſitus & canonicus ecclefiae collegiatae S. Stephani Conſtant.

B 5 An.

An. 1691. die 31. Oct. *Io. Ge. Spengler*, SS. canonum profeffor &c.

An. 1692. pridie S. S. Phil. & Iac. *Matthaeus Blauw*, Conftantienfis, medicinae doctor, & profeffor.

An. 1692. in vig. O. O. S. S. *Iac. Chrift. Helbling.*

An. 1693. die 2. Maii. *Georgius Albanus Dreyer*, Friburg. V. I. D. & pandectarum profeffor.

Au. 1693. in vig. O. O. S. S. *Ioannes Iacobus Franc. Vicarius*, Lauffenburgenfis, medicinae doctor, & inftit. med. profeffor.

An. 1694. die vlt. April. *Iof. Ign. a Biblftein.*

An. 1694. die 30. Oct. *Io. Ge. Spengler.*

Au. 1695. die 4. Maii. *Matthaeus Blauw.*

An. 1695. in vig. O. O. S. S. *Iac. Chrift. Helbling.*

Au. 1696. in vig. S. S. Phil. & Iac. *Ge. Alb. Dreyer.*

An. 1696. in vig. O. O. S. S. *Io. Iac. Franc. Vicarius.*

An. 1697. in vig. SS. Phil. & Iac. *Iac. Chrift. Helbling.*

An. 1697. in vig. O. O. S. S. *Io. Ge. Spengler*, S. C. Maieft. excelfi regiminis fuperioris Auftriae confiliarius, iudex prouincialis in Hegoia & Madach, SS. canonum profeffor.

An. 1698. die vlt. April. *Matthaeus Blauw.*
Academia iterum *Friburgum* rediit.

An. 1698. die 4. Nou. *Ge. Alb. Dreyer.*

An. 1699. in vig. SS. Phil. & Iac. *Iac. Chrift. Helbling, ab Hirzenfeld*, & in Buchholz, S. C. Maieft. Confiliarius, protonotarius apoftolicus, S. fcripturae profeffor.

An. 1699. die 30. Oct. *Io. Ge. Spengler.*

An. 1700. in vig. S. S. Phil. & Iac. *Io. Iac. Franc. Vicarius*, medicinae profeffor, excelf. aut. Auftr. Regiminis archiater,

&

& academiae Caef. Leopold. nat. curiof. membrum, Anaxi-
mander dictus.

An. 1700. die 30. Oct. *Matthaeus Blauw.*

An. 1701. in vig. S. S. Phil. & Iac. *Ioannes Sigismundus
Stapff*, Hopferauienfis Algoius, V. I. D. & pandectarum
profeffor.

An. 1701. in vig. O. O. S. S. *Iac. Chrift. Helbling.*

An. 1702. die 30. April. *Georg. Alb. Dreyer*, codicis & Iuris publ. profeffor.

An. 1702. in vig. O. O. S. S. *Io. Iac. Franc. Vicarius*, pathologiae profeffor.

An. 1703. in vig. S. S. Phil. & Iac. *Iac. Chrift. Helbling.*

An. 1703. die 3. Nou. *Io. Sig. Stapff.*

An. 1704. in vig. S. S. Phil. & Iac. *Matthaeus Blauw*, medicinae profeffor primarius.

An. 1704. die 31. Oct. *Ge. Alb. Dreyer*, SS. canonum & Iuris publ. profeffor, epifcoporum & S. R. I. Principum Conftantienfis & Bafileenfis confiliar.

An. 1705. in vig. S. S. Phil. & Iac. *Io. Iac. Franc. Vicarius.*

An. 1705. die 31. Oct. *Iac. Chrift. Helbling.*

An. 1706. in vig. SS. Phil. & Iac. *Io. Sig. Stapff*, codicis &
feudorum) profeffor.

An. 1706. die 30. Oct. *Matthaeus Blauw.*

An. 1707. die 30. April. *Ge. Alb. Dreyer.*

An. 1707. die vlt. Oct. *Io. Iac. Franc. Vicarius.*

An. 1708. in vig. SS. Phil. & Iac. *Io. Sig. Stapff.*

An. 1708. die 31. Oct. *Iac. Chrift. Helbling.*

An. 1709. in vig. SS. Phil. & Iac. *Matthaeus Blauw*, medicinae profeffor, vrbis Friburg. phyficus, & fociet. nat. curiof. membrum.

An.

An. 1709. die 31. Oct.   *Ge. Alb. Dreyer.*

An. 1710. in vig. SS. Phil. & Iac.   *Io. Iac. Franc. Vicarius,*
prax. med. profeffor fenior.

An. 1710. in vig. O. O. S. S.   *Iac. Chrift. Helbling*, S. Scripturae profeffor , & capituli Friburgenfis decanus & parochus & rel.

An. 1711. in vig. SS. Phil. & Iac.   *Io. Sig. Stapff.*

An. 1711. die 31. Oct.   *Ge. Alb. Dreyer.*

An. 1712. in vig. SS. Phil. & Iac.   *Io. Iac. Franc. Vicarius.*

An. 1712. in vig. O. O. S. S.   *Iac. Chrift. Helbling* , S. Scripturae profeffor, Commiffarius epifcopalis & rel.

An. 1713. in proulg. SS. Phil. & Iac.   *Io. Sig. Stapff.*

Ciuitate a Gallis ipfo fefto OO. SS. occupata , mufae quidem
expulfae, profefforum plurimis, ipfoque acad. rectore Conftantiam delapfis; fed tandem anno 1715. die 18. Ian.
Friburgum vna cum academia Auftriacis reftitutum.

An. 1715. prid. Apoft. Phil. & Iac.   *Ge. Alb. Dreyer.*

An. 1715. in vig. O. O. S. S.   *Io. Iac. Franc. Vicarius.*
Qui quum die 17. Ian. obiiffet , Vicerector conftitutus eft
*Ge. Alb. Dreyer.*

An. 1716. in vig. SS. Phil. & Iac.   *Iac. Chrift. Helbling.*

An. 1716. in vig. O. O. S. S.   *Io. Sig. Stapff*, codicis & feudorum, nec non iuris naturae & gentium profeffor.

An. 1717. prid. SS. Phil. & Iac.   *Ge. Alb. Dreyer.*

An. 1717. die 30. Oct.   *Francifcus Iofephus Vicarius,* prioris Vicarii filius, philofophiae & medicinae doctor, eiusdemque profeffor, nec non ant. Auft. Regiminis archiater.

An. 1718. in vig. SS. Phil. & Iac.   *Iac. Chrift. Helbling* , abbas infulatus ad S. Spiritum de Madofca &c.

An. 1718. in vig. O. O. S. S.   *Io. Sig. Stapff.*

An.

An. 1719. prid. SS. Phil. & Iac. *Ge. Alb. Dreyer.*

An. 1719. in vig. O. O. S. S. *Ioannes Fridericus Blauw*, prioris Blauwii filius, Biberacenfis, medicinae doctor, & profeffor ciuitatis phyficus.

An. 1720. in vig. SS. Phil. & Iac. *Franc. Iof. Vicarius.*

An. 1720. in vig. O. O. S. S. *Io. Sig. Stapff.*

An. 1721. in vig. SS. Phil. & Iac. *Io. Frid. Blauw.*

An. 1721. in vig. O. O. S. S. *Franc. Iof. Vicarius*, medicinae profeffor, & Imp. militiae praefidii Friburg. Phyficus, & rel.

An. 1722. in vig. SS. Phil. & Iac. *Io. Sig. Stapff*, SS. canonum, iur. nat. & gent. ac publ. profeffor.

An. 1722. in vig. O. O. S. S. *Francifcus Iofeph. Egermayer*, Friburg. Maximil. Henr. Egermayeri filius, SS. theologiae doctor, S. Scripturae profeffor, colleg. ecclefiae ad S. Margaritham Waldkirchii canonicus & decanus.

An. 1723. In vig. SS. Phil. & Iac. *Io. Frid. Blauw.*

An. 1723. in prouig. O. O. S. S. *Franc. Iof. Vicarius.*

An. 1724. in vig. SS. Phil. & Iac. *Io. Sig. Stapff.*

An. 1724. in vig. O. O. S. S. *Ioannes Carolus Bueb*, Legauienf. Sueuus, I. V. D. digeftorum, iuris feudalis, & proceffus criminalis profeffor.

An. 1725. in vig. SS. Phil. & Iac. *Franc. Iof. Egermayer.*

An. 1725. in vig. O. O. S. S. *Io. Frid. Blauw.*

An. 1726. in vig. SS. Phil. & Iac. *Franc. Iof. Vicarius.*

An. 1726. in vig. O. O. S. S. *Io. Sig. Stapff.*

An. 1727. in vig. SS. Phil. & Iac. *Io. Car. Bueb.*

An. 1727. in vig. O. O. S. S. *Francifcus Iof. Egermayer*, S. Script. profeffor, colleg. ecclef. ad S. Margaritham Waldkirchii praepofitus, ftatus ecclef. ant. Auftr. affeffor, commiffarius epifcopalis.

An.

An. 1728. in vig. SS. Phil. & Iac.     *Io. Frid. Blauw.*

An. 1728. die 30. Oct.   *Franc. Iof. Vicarius.*

An. 1729. in vig. SS. Phil. & Iac.   *Io. Sig. Stapff.*

An. 1729. in vig. O. O. S. S.   *Io. Car. Bueb.*

An. 1730. die 30. April.   *Franc. Iof. Egermayer.*

An. 1730. die 31. Oct.   *Io. Frid. Blauw.*

An. 1731. in vig. SS. Phil. & Iac.   *Franc. Iof. Vicarius.*

An. 1731. in vig. O. O. S. S.   *Io. Sig. Stapff. .*

An. 1732. in vig. SS. Phil. & Iac.   *Franc. Iof. Egermayer.*

An. 1732. die 31. Oct.   *Io. Frid. Blauw.*

An. 1733. in vig. SS. Phil. & Iac.   *Franc. Iof. Vicarius.*

An. 1733. in vig. O. O. S. S.   *Iofephus Walgram*, a S. Lamberto Styrus, I. V. D. pandeftarum & iuris feudalis profeffor.

An. 1734. in vig. SS. Phil. & Iac.   *Io. Sig. Stapff.*

An. 1734. in vig. O. O. S. S.   *Franc. Iof. Egermayer.*

An. 1735. in vig. SS. Phil. & Iac.   *Io. Frid. Blauw.*

An. 1735. prid. O. O. S. S.   *Io. Sig. Stapff.*

An. 1736. in vig. SS. Phil. & Iac.   *Franc. Iof. Egermayer.*

An. 1736. in vig. O. O. S. S.   *Io. Frid. Blauw.*

An. 1737. in vig. SS. Phil. & Iac.   *Philippus Iofephus Strobel*, Hechinganus, medicinae doctor, eiusdemque profeffor, & cluitatis huiatis phyficus.

An. 1737. prid. O. O. S. S.   *Io. Sig. Stapff.*

Au. 1738. in vig. SS. Phil. & Iac.   *Io. Frid. Blauw.*

An. 1738. in vig. O. O. S. S.   *Phil. Iof. Strobel.*

An. 1739. in vig. SS. Phil. & Iac.   *Godefrid. Magnus Stapff*, Io. Iac. Stapffii Reg. Ant. Auftr. Cancellarii, olim iurium profefforis fillus, Friburg. SS. theologiae doctor, contro-

uer-

nerfiarum fidei proseffor, & colleg. ecclef. ad S. Margaritham Waldkirchii canonicus.

An. 1739. prid. O. O. S. S. *Io. Sig. Stapff.*

An. 1740. in vig. SS. Phil. & Iac. *Francifc. Leopoldus Waizenegger*, Lauffenburg. I. V. D. inftitutionum imperial. &
procelf. criminalis profeffor.

An. 1740. in vig. O. O. S. S. *Io. Frid. Blanw.*

An. 1741. prid. SS. Phil. & Iac. *Phil. Iof. Strobel.*

An. 1741. in vig. O. O. S. S. *Io. Sig. Stapff.*

An. 1742. die 30. April. *Ioannes Iacobus Vicarius*, Franc.
Iof. Vicarii frater, SS. theol. doctor, & S. Scripturae profeffor, & parochiae huiatis rector.

An. 1742. in vig. O. O. S. S. *Franc. Leop. Waizenegger.*

An. 1743. in vig. SS. Phil. & Iac. *Io. Frid. Blanw.*

An. 1743. in vig. O. O. S. S. *Phil. Iof. Strobel.*

An. 1744. in vig. Phil. & Iac. *Io. Iac. Vicarius.*

An. 1744. prid. O. O. S. S. *Io. Ge. Sigismund. Stapff*, filius,
J. V. D. SS. canonum, iuris naturae & gentium, feudalis profeffor.

*Qui a fenatu academico medios inter tormentorum ftrepitus
in facriftia templi parochialis academici pridie OO. SS.
convocato, & congregato, praeter morem alias confuetum,
oretenus & feorfim in magnif. D. Rectoris antecefforis aures fuffragiis nuncupatis in Rectorem electus eft.*

*Duriffima autem obfidione, praefente ipfo Galliarum rege, die
17. Sept. an. 1744. premi coepit vrbs noftra, eadem deinde 6. Non. & caftris die eiusd. menfis 24. captis, deftru-
ctisque funditus munimentis. Gallus miles totam prouinciam occupauit, quam tamen pace Auftriam inter & Ba-
uariam inopinato conclufa, vna cum vrbe die 30. April.
an. 1745. fubito deferuit.*

An. 1745. in vig. SS. Phil. & Iac. `Franc.` *Leop. Waizenegger,*
pandectarum & iuris publici profeffor.

An.

An. 1745. in vig. O. O. S. S. *Io. Frid. Blauw.*

An. 1746. in vig. SS. Phil. & Iac. *Phil. Iof. Strobel.*

An. 1746. in vig. O. O. S. S. *Io. Ge. Sig. Stapff.*

An. 1747. die 29. April. *Carolus Iofephus Ant. Montfort*, Friburg. SS. theol. doctor, & S. Scripturae profeffor, commiffarius epifcopalis.

An. 1747. in vig. O. O. S. S. *Franc. Leop. Waizenegger.*

An. 1748. in vig. SS. Phil. & Iac. *Io. Frid. Blauw.*

An. 1748. in profeft. O. O. S. S. *Phil. Iof. Strobel.*

An. 1749. in vig. SS. Phil. & Iac. *Io. Ge. Sig. Stapff.*

An. 1749. in vig. O. O. S. S. *Franc. Leop. Waizenegger.*

An. 1750. in vig. SS. Phil. & Iac. *Phil. Iof. Strob l.*

An. 1750. in vig. O. O. S. S. *Io. Frid. Kreyffer*, Hammelburg. SS. theol. doctor, S. Scripturae profeffor, Commiffarius epifcopalis, Capituli Brifacenfis decanus, & parochus in Veldkirch.

An. 1751. in vig. SS. Phil. & Iac. *Io. Ge. Sig. Stapff.*

An. 1751. die 30. Oct. *Franc. Leop. Waizenegger*, codicis & iuris publici profeffor.

An. 1752. die 29. April. *Phil. Iof. Strobel.*

An. 1752. die 30. Oct. *Io. Frid. Kreyffer*, S. Script. profeffor, & parochiae huiatis rector.

An. 1753. prid. SS. Phil. & Iac. *Io. Ge. Sig. Stapff.*

An. 1753. in vig. O. O. S. S. *Iofephus Lambertus Baader*, Friburg. medicinae doctor, & profeffor.

An. 1754. die 30. April. *Phil. Iof. Strobel.*

An. 1754. in vig. O. O. S. S. *Francifcus Ant. Virg. Reinhart, de Thurnfels*, Oenipont. Tirol. I. V. D. & pandectarum ac iuris criminalis profeffor.

An. 1755. die 30. April. *Io. Frid. Kreyffer.*

An.

An. 1755. in vig. O. O. S. S. *Io. Ge. Sig. Stapff.*

Quo autem die 8. Martii an. 1756. demortuo, rectoris academici munus continuare iussus est *Io. Frid. Kreysser.*

An. 1756. die 30. April. *Iof. Lamb. Baader.*

An. 1756. die 30. Oct. *Phil. Iof. Strobel.*

An. 1757. die 14. Maii. *Franc. Anton. Virgil. Reinhart , de
Thurnfels ,* SS. canonum, iuris naturae, gentium, & codicis professor.

An. 1757. die 31. Oct. *Io. Frid. Kreysser.*

An. 1758. die 29. April. *Andreas Haas ,* Schramberg. I. V.
doctor, Institutionum imperial. & iuris feudalis professor.

An. 1758. die 31. Oct. *Iosephus Lambertus Baader.*

Au. 1759. in vig. SS. Phil. & Iac. *Phil. Iof. Strobel.*

An. 1759. die 10. Nou. *Franc. Anton. Virgil. Reinhart.*

•

SECVLI IV. INITIVM.

An. 1760. die 30. April. *Io. Frid. Kreysser ,* S. Script.
professor, Episcopi Constantiensis Consil. ecclesiast. Capituli
Friburg. decanus.

An. 1760. die 4. Nou. *Andreas Haas.*

An. 1761. die 29. April. *Iof. Lamb. Baader ,* mater. medic.
Chem. & Botan. professor.

An. 1761. in vig. O. O. S. S. *Phil. Iof. Strobel.*

An. 1762. die vlt. April. *Franc. Ant. Virg. Reinhart* (postea
quidem an. 1765. ad excell. Gubernium sup. Austr. Oenipontum vocatus, sed iam diem obiit supremum. )

An. 1762. die 31. Oct. *Io. Frid. Kreysser.*

An. 1763. die vlt. April. *Andreas Haas.*

An. 1763. in vig. O. O. S. S. *Iof. Lumbert. Baader* ( qui
postea quidem in locum Strobelii suffectus, & an. 1773. consiliarius Regiminis in rebus ad sanitatem pertinentibus con-
stitutus, eodem adhuc an. decessit. )

C                                                        An.

An. 1764. in vig. SS. Phil. & Iac. *Phil. Iof. Strobel*, ( qui poftea an. 1767. facultatis medicae director conftitutus iam an. 1769. e vita difceffit. )

An. 1765. die 30. April. *Io. Frid. Kreyffer* ( iam vero profeffor emeritus. )

An. 1766. die vlt. April. *Andreas Haas*, iuris canonici, naturalis, & feudalis profeffor.

An. 1767. die 2. April. *Chriftophorus Frölich de & in Frölichsburg*, prouincialis Tyrolenfis, pandectarum & iuris criminalis profeffor.

An. 1768. die 1. Nou. *Cafparus Hildebrand*, Tugienfis Heluetus, SS. theol. doctor, & controuerfiarum fidei profeffor, parochus in Merzhaufen. ( Sed iam mortuus. )

An. 1769. die 1. Nou. *Iofephus Aloyfius de Rummelsfelden*, Claudiopolit. Tranfyluan. S. R. I. Eq. iurium cum publici vniuerfalis, ac particularis Germaniae, tum feudalis profeffor.

An. 1770. die 1. Nou. *Carolus Antonius Rodecker*, Friburg. philofophiae & medicinae doctor, medicinae profeffor emeritus.

An. 1771. die 1. Nou. *Ioannes Baptifta Eberenz*, Safpachenf. Brisg. philof. doctor, vtriusque architecturae, & mechanicae profeffor, nec non operum ad Rhenum director, & inful. Rhen. infpector.

An. 1772. die 1. Nou. *Iofephus Antonius Rieggerus*, Oenipont. Tyrol. Eques Auftr. Caef. Reg. Apoft. Maieft. Confiliarius actualis Regim. & Cam. anter. Auftr. facultatis philofophicae director, & iuris ecclefiaftici publici ac priuati profeffor.

Et an. 1773. die 1. menf. Nou. ad alterum annum confirmatus.

DE

Ad pag. 35.

IO. PFEFFERVS THEOL. FRIBVRG.

## DE
# IOANNE PFEFFER THEOLOGO.

IOANNES PFEFFER fiue PHEFFER, de Wydenberg, vt fcribit 10. TRITHEMIVS de fcript. eccl. c. 888. ap. 10. ALB. FABRIC. bibl. ecclef. ( Hamb. 1718. f. ) " natione Teutonicus , patria Francus orienta-
" lis, vir in diuinis fcripturis longo ftudio eruditus,
" & in feculari philofophia egregie doctus , ingenio
" excellens , vita & conuerfatione deuotus , man-
" fuetus, & praeclarus, qui de vniuerfitate Heydel-
" bergenfi miffus, principium Friburgenfis gymnafii
" fua eruditione illuftrauit , in quo iam per annos
" plurimos theologiam gloriofe docuit, & multos au-
" ditores fuos probe erudiuit, fcripfit quaedam prae-
" clara opufcula , de quibus extat opus infigne fu-
" per Epiftolis Pauli, quod publice lectum praeno-
" tauit: *Directorium facerdotale* lib. XIII. *circa lectu-*
" *ram Epiftolarum* &c. ( ita enim incipit ) & alia
" complura.    Claruit adhuc in humanis fub Frede-
" rico Imp. tertio. Anno Domini , MCCCCXC. "
Adde eund. TRITHEM. in catal. illuftr. vir. Germ. c. 235. qui eadem repetiturus , de illius tamen libris paullo aliter loquitur: " Scripfit volumen infigne fu-
" per epiftolis Pauli, quod publice lectum praenota-
" uit *Directorium facerdotale. Lib. XIII. Quaeftiones*
" *quoque fententiarum lib. I. Sermones & varios in*
C 2                    " fcri-

„ *fcripturis tractatus:* qui ad notitiam meam non ve-
„ nerunt. „   Conf. CONR. GESNER. in bibl. vniu.
p. 446. HENR. PANTALEON profopograph. her. &
vir. illuftr. P. II. p. 453. 10S. SIMLER. Bibl. p. 405.
SIXTI SENENSIS Bibliotheca fancta lib. IV. p. 289.
edit. Colonienf. 1576. f. qui illum Witembergenfem
adpellat, & ideo notatus fuit ab ANTONIO POSSEVI-
NO in adparat. facr. Tom. II. p. 962.

Vt iam ad res illius Friburgenfes veniamus; conftat, eum *matriculae,* quam vocant, *rectorali* an. 1460.
id eft anno primo academiae noftrae ftabilitae, primo
rectore MATTHAEO HVMMELIO primum infcriptum
haberi: *Dominus Iohannes Pfeffer de Widenberg pres-*
*byter Bambergenfis dioc. facre theologie licenciatus, or-*
*dinarius primus eiusdem facultatis recepit infignia docto-*
*ralia in vniuerfitate Haidelbergenfi octaua Michaelis.* *)

Is igitur inter academiae noftrae primos auctores,
& literarum profeffores numerandus, eiusdem principium plurimum decorauit, atque illuftrauit, vir pro
illa aetate celeberrimus.   Praeclarum eft de eodem
teftimonium IAC. WIMPHELINGI in defenf. theolog.
fcholaft. & neoter. contra turp. libell. *Philomufi* c. 9.
an. vt videtur, 1510. 4. edit. " Primus enim omni-
„ um, quem noui Theologorum ( faltem fecularium )
„ IOANNES PFEFFER de monte Saliceti: vir omni-
„ um humaniffimus: in omnesque liberaliffimus: quo
„ nemo maior auri atque argenti contemptor erat:
„ cum bona virtutum fama in Friburgenfi gymnafio,
„ fupremae theologorum facultati multis praefuit an-
„ nis.   Audiantur HEINRICVS KOLHERVS, IOAN-
„ NES ZVRZACHIVS,  & IOANNES RASORIS viri
                                        „ pro-

---

*) Conf. *noftr. prolutf. acad. de orig. & inftitut. Acad. Al-*
*bert. p. 420.*

„ probatiſſimi atque integerrimi. Hi dicant: ſi IOAN-
„ NES ille PFEFFER. inuidus vnquam aut auarus a
„ quopiam fuerit exiſtimatus. „ Addere his ea oportebit, quae de eodem habet HENR. PANTALEON loc.
ſupra laudat. " Hic ſeſe ( *Pfeffer* ) literarum amore
„ Heydelbergam contulit, atque felici ſucceſſu in
„ theologia & philoſophia magnam eruditionem ſibi
„ acquiſiuit. Erat autem multis virtutibus & inpri-
„ mis ſingulari humanitate & manſuetudine praeditus.
„ Itaque inter profeſſores eius ſcholae adoptatus fuit.
„ Cum autem Albertus Auſtriae dux Friburgi in
„ Brisgaudia, anno poſt reparatam ſalutem humanam
„ milleſimo quadringenteſimo ſexageſimo, academiam
„ fundaſſet, atque eam eruditis viris ornare cupe-
„ ret, Heydelbergam miſit, vt inſignem inde theolo-
„ gum acciperet. Itaque Iohannes ille ab eius ſcho-
„ lae proceribus Friburgum miſſus, eius gymnaſii
„ principium plurimum decorauit. Ibi ſacrarum li-
„ terarum profeſſor conſtitutus, plurimis annis, ma-
„ gna cum laude & auditorum fructu diuinam ſcri-
„ pturam interpretatus eſt. „

Iuuat nunc ea, quae in actis noſtris de eodem
leguntur, in medium proferre. Quod enim ad canonicatum *Rhenoſeldenſem* attinet, plura ſunt, quae in
actis noſtris hac de re adnotata extant.

Et quidem ad anni 1469. diem *S. Ioannis* ante portam Latinam: „ Item in eadem conuocatione concluſum fuit, quod
„ negotium canonicatus & praebendae Rinfelden debeat deuolui
„ ad ciues, an poſſit inueniri modus, quod Vniuerſitas ſim-
„ pliciter veniret in poſſeſſionem eorundem, ne a ſuo iure ca-
„ deret: *) & placuit pro tunc Vniuerſitati, ſi eſſet reperibi-
„ lis via, quod ille, qui modo in poſſeſſione eſt, renuntiaret

C 3　　　　　　　　„ iuri

---

*) Conf. *proluſ. acad. de orig. & inſtit. Acad. Albert.* p. 41.

„ iuri fuo, & reciperet praefentationem ab Vniuerfitate in finem,
„ vt Vniuerfitas confequeretur fuum ius , praecipue fi idem
„ apud capitulum Rinfeldenfe poffet obtinere , quod ipfi per-
„ petuo recognofcerent, Vniuerfitatem habere ius praefentandi
„ ad praebendam de hoc titulo.    Ad eiusd. an. diem 27. Maii.
„ Fuit conclufum , vt procederetur in caufa canonicatus & prae-
„ bendae Rinfelden , quod etiam erat de mente ciuium , fi &
„ in quantum reperibilis effet via,  vt *Magifter Nicolaus de*
„ *Munfingen* praefentaretur , impetraretque nobis literas a ca-
„ nonicis in Rinfelden , ne in futurum nobis impedimentum
„ obuiaret in eo canonicatu, ad quem praefentandus effet, fuit-
„ que deputatus *Magifter Georius Hetzel* pro ea re, vt *Magi-*
„ *ftro Nicolao* in fpem proprii motus in hoc negotio fermo-
„ nem faceret. „ Ad e. a. diem 8. Iun. " Conclufum eft, quod
„ Rector accedat ciues, vt ipfi laborent coram principe , quod
„ canonicis in Rinfelden fcribat, quatenus Magiftrum *Nicolaum*
„ *Waltheri de Munfingen* ad praefentationem Vniuerfitatis de
„ nouo inftallent. „ Ad e. a. diem 28. Iul. " Comparuit Magi-
„ fter *Nicol. de Munfingen* coram Vniuerfitate rogans, quatenus
„ Vniuerfitas iuxta addictum dignaretur, eum praefentare ad
„ canonicatum & praebendam Rinfelden ;  cui Vniuerfitas re-
„ fpondit, & conclufit , poftquam D. D. *Widenberg* veniret de
„ thermis , & canonicatum in manus Vniuerfitatis refignaret,
„ quod deberet praefentari , fic tamen , vt ipfe interim ,  fi
„ poffet, faceret diligentiam apud Principes, vt canonici eum
„ inueftirent ad praefentationem Vniuerfitatis.

Ad an. 1470. diem vlt. April.  " Quae fuit Vigilia feu Pro-
„ feftum Apoftolorum Philippi & Iacobi, congregata fuit Vni-
„ uerfitas fuper his articulis.    Vnus fuit de Reinfelden, vbi
„ concludebatur, quod petendus Dominus Doctor Magifter *Io-*
„ *hannes de Widenberg*, vt profequeretur ius fuum in eodem
„ canonicatu, ad quem ante inftitutus fuit,  fi autem nollet,
„ quod refignaret Vniuerfitati ius fuum ad alterum inftituen-
„ dum. Qui doctor petiuit tempus deliberandi per diem &c. Ad

e. a.

e. a. diem 13. Iun. " Congregata fuit Vniuerfitas fuper arti-
„ culis, quorum primus erat ad videndum quasdam literas per
„ Baliuum Alfatiae miffas, in quibus quidem literis defidera-
„ bat ipfe Baliuus nomine Domini de Burgundia, *) vt Vniuer-
„ tas defifteret ab impetitione contra Magiftrum *Nicolaum Meg-*
„ *ling* pro parte canonicatus in Rinfelden, attento, quod is per
„ *D. Sigismundum Ducem* praefentatus effet ad eundem, ante-
„ quam donatio ipfius canonicatus Vniuerfitati facta effet.  Vni-
„ uerfitas conclufit, ei effe refcribendum, quomodo ipfa fperaret
„ donationem Vniuerfitatis priorem fuiffe praefentatione dicti
„ *Magiftri Nicolai*, & ad id declarandum ipfam ad fuum iudicem
„ ordinarium, videlicet dominum Bafilienfem traxiffet, vellet
„ tamen Vniuerfitas ad ipfius Baliui complacentiam in hoc con-
„ defcendere, vt praefatus *Magifter Nicolaus* cum dicta prae-
„ benda maneret, ita tamen, vt ad illam nomine Vniuer-
„ fitatis & non alias inftallaretur, fi illud ipfe Baliuus apud Ca-
„ pitulum in Rinfelden obtinere poffet, quod & cum confenfu
„ ciuium per ipfum rectorem factum eft, videlicet hoc ordine ipfi
„ Baliuo fcriptum &c. „   Ad an. 1472. diem vero 12. Martii.
" Quartus (articulus) ad audiendam petitionem cuiusdam doctoris
„ theologiae; nam dominus *Doctor Mag. Iohannes de Wylenberg*
„ condemnatus in expenfas in caufa Rinfelden, petiuit fubfidium
„ ab Vniuerfitate.  Fuit conclufum, quod addiceretur illi be-
„ neficium fimile proxime vacaturum, quod ad collationem Vni-
„ uerfitatis fpectaret, & peterentur ciues, vt etiam ipfi de fuis
„ fic addicerent. „

C 4                         Prae-

---

*) Animaduertere hoc loco oportebit, *Sigismundum* archi-
ducem Auftriae *Carolo* pugnaci duci Burgundiae pignoris
iure *comitatum Phirtenfem, nigram fyluam, quatuor
ciuitates fylueftres, Suntgoiam, Brisgoiam*, & quidquid
illius in *Alfatia* fuit, an. 1469. vel potius 1470. tradidiffe.
Qua de re conferri meretur doctiffima diff. *Io. Rud. Ifelii
gefta inter Sigismund. archid. Auftr. & Carol. Burgund.
ducem exponens Baf. 1737. 4.*

Praeter haec, quae iam ex actis acad. in medium adduximus testimonia , alia quoque suppetunt ,
quae *beneficii* cuiusdam *ecclesiastici* meminere , quod
PFEFFERVS noster ex senatus ciuitatis nostrae insi-
gni liberalitate obtinuisset. *)

Ad an. 1471. diem 28. April. " Habita conuocatione Vni-
„ uersitatis primus punctus fuit, quod Rector pro tunc *Magi-*
„ *ster Iohannes Pfeffer de Wydenberg* rogauit , vt Vniuersitas
„ candide vellet instare apud ciues pro beneficio vacante in ec-
„ clesia parochiali ad prouidendum sibi pure propter Deum' : &
„ deputati fuerunt duo, scilicet D. *Doctor Meningensis* , & *Ma-*
„ *gister Conradus de Schorndorf* ad hoc faciendum, qui & post
„ fecerunt. 2do. Quod quia grauatus iam senio, paratus esset
„ resignare lecturam , attento tamen , quod annua pensio sibi
„ daretur , vt possit conuenientem ducere statum , quod & pro
„ eodem motum est apud ciues. „

Ad an. 1472. diem 14. Augusti. " Pro secundo articulo au-
„ ditus fuit dominus *Doctor Wydenberg* in theologia stipendia-
„ tus tanquam ordinarius facultatis, qui pro tunc proposuit, quo-
„ modo ipse transactis quibusdam diebus, cum praetendebat pro-
„ pter senium suum resignare stipendium, compromisisset in magi-
„ strum *Kilianum (Wolf)* Rectorem ecclesiae huius oppidi & in
„ Protonotarium Ciuitatis, vt quando ipsi sibi quid pro precaria
„ crearent pro sua sustentatione perpetua, ipse contentus esse ve-
„ lit; narrauit insuper ,quomodo ipsi eo modo ordinassent, post-
„ quam ipse gauderet plena perceptione fructuum & reddituum
„ Capellaniae seu Beneficii sui, ad quod ab Vniuersitate praesen-
„ tatus fuit , sic quod etiam gauderet commodo praesentiae quo-
„ tidie distri uendae, ex tunc & non prius deberet cedere lectu-
„ rae suae , sic tamen , vt Vniuersitas sibi singulis angariis ,
„ quoad viueret , 10. florenos solueret. Subiunxit praeterea ,
„ quod vsque ad festum Natalis non recipiatur a Capellanis ec-
„ clesiae

---

*) Conf. *analect. Acad. Friburg.* p. 58.

„ clefiae ad praefentiarum diftributionem ; quapropter defidera-
„ uit , vt Vniuerfitas apud Confules oppidi Friburgenfis initet,
„ vt fibi fidem feruent iuxta paftum cum ipfo initum , videli-
„ cet quod aut permittant eum cum lectura fua , & ipfe paratus
„ fit refignare vice verfa beneficiolum fuum, vel quod feruent
„ fibi id , quod praenominati Magifter *Kilianus* & Notarius di-
„ ctauerint. Poft narrationem iftam placuit Vniuerfitati , quod
„ Rector cum quibusdam aliis de Vniuerfitate diligenter inqui-
„ rant mentes praenominatorum Magiftri *Kiliani* & Notarii , &
„ communiter quidquid hi dictarent , quod id fibi feruaretur ,
„ & quantum poterit Vniuerfitas, ipfa confules poftea clarius in-
„ formet , vt vnicuique reddatur , quod fuum eft. „     Ad an.
1472. diem 16. Augufti. " In eadem congregatione Vniuerfitas
„ addixit domino *Doctori Wydenberg* , quod in antea in proxi-
„ ma angaria videlicet S. Crucis illi foluere velit quindecim
„ aureos , & in fequenti angaria videlicet Natalis Domini ite-
„ rum quindecim *aureos* vel in moneta communi Friburgenfi ,
„ fic vt cedat lecturae fuae mox & in continenti : poft illa vero
„ tempora feruetur cum eodem, quemadmodum Magifter *Kilianus*
„ Rector ecclefie Beatae Virginis & Notarius Ciuitatis , in quos
„ praenominatus Doctor & Confules huius oppidi compromife-
„ runt. „

Obtinuit PFEFFERVS nofter non folum magiftratum academicum, quater fibi delatum : *) fed etiam
collegii fui theologici principatum ; ( *decanatum* vocant ) quem vtrumque fumma fide & diligentia admi-
niftrauit , omnibusque ad amuffim fatisfecit.

Praeclare hoc illuftrant acta Acad. ad an. 1480. 23. diem
Octobris " Habita conuocatione Vniuerfitatis fub debito obedien-
„ tiae petiuit dominus *Iohannes Pfeffer de Wydenberg* facrae
„ theologiae profeffor tanquam decanus facultatis theologicae ,
„ vt deinceps Vniuerfitas femper recipiat & vocet decanum

---

*) Vid. recenf. *reff. Acad. Albert.* p. 1. 2.

„ theologicae facultatis pro tempore ad minus ad Confilium Vni-
„ uerfitatis iuxta ftatuta eiusdem Vniuerfitatis.  Super quo fuit
„ conclufum per Vniuerfitatem , quod ifta petitio fua deberet
„ admitti , & deinceps futuris temporibus quilibet Decanus theo-
„ logicae facultatis ftatim poft receptionem officii Decanatus
„ factam fecundum ftatuta fuae facultatis deberet vocari ad
„ Confilium Vniuerfitatis, praeftito tamen prius per ipfum fo-
„ lito iuramento, ipfum Confilium intrantium: & in eodem Con-
„ filio maneat fuo officio durante, prout de Decano in ftatuto
„ Vniuerfitatis defuper confecto continetur, illo tamen mode-
„ ramine adiuncto , vt ex quo officium Decanatus in quali-
„ bet facultate, iuxta eorum ftatuta debebit durare per medium
„ annum folum , fi tunc vnicus folus fuerit doctor in ifta vel
„ in alia facultate qui Decanus fuerit, quod tunc finito fuo of-
„ ficio fiue medio anno, per quem durauit fuum officium, idem
„ doctor exiftens Decanus pro fequente medio anno recipiat
„ Decanatus officium ab Vniuerfitate, iterum per fequentem me-
„ dium annum duntaxat duraturum, is femper feruetur, donec
„ duo ad minus fint regentes in eadem facultate, qui inter fe eli-
„ gant Decanum de medio anno in medium annum iuxta ftatuta
„ fuae facultatis. Item in eadem conuocatione receptus fuit idem
„ Dominus Doctor *de Wydenberg* ad Confilium Vniuerfitatis tan-
„ quam Decanus fuae facultatis. „

Ad ann. 1481. " Eodem die (fcilicet in Vigilia Philippi &
„ Iacobi) Dominus *Iohannes Pfeffer de Wydenberg* , facrae pa-
„ ginae doctor refignauit Decanatum fuae facultatis in manus
„ Vniuerfitatis. Conclufum fuit, vt ipfe domino doctori *Baltha-
„ far ( Scholl* Argentinenfis conuentus, Profeffori Theologiae an.
„ 1479.) ordinis Praedicatorum loqueretur , vt affumeret De-
„ canatum.   Et poft idem doctor Praedicator moneretur, veni-
„ re ad Confilium Vniuerfitatis iuxta ftatutum eiusdem , fonans
„ quod quilibet Decanus teneatur intereffe Confilio Vniuerfita-
„ tis tempore fui Decanatus, quod fi vtique idem doctor *Baltha-
„ far* fe adeo difficilem redderet pro intereffe Confilio , quod
„ tunc

„ tunc Rector & Confiliarii poſſent cum illo ſuper ingreſſu
„ Confilii diſpenſare , & nihilomnius dominus *Doctor Wydem-*
„ *berg* deberet manere in Confilio Vniuerfitatis, ſiue alter
„ *Balthaſar* intret Confilium ſiue non. Item ſequenti die ſcili-
„ cet ipſo die Philippi & Iacobi diſpenſatum fuit per totam
„ Vniuerfitatem cum doctore *Balthaſar* ordinis Praedicatorum
„ ſuper ingreſſu Confilii Vniuerfitatis; maneat tamen nihil-
„ ominus Decanus facultatis theologiae per iſtum medium an-
„ num iuxta ſtatuta eiusdem facultatis. Et ſuit concluſum,
„ quod dominus *Doctor Wydemberg* maneat de Confilio ſemper,
„ non obſtante , quod eo tempore non ſit Decanus theologicae
„ facultatis. „

Sed quum PFEFFERVS ſuo theologiam docendi
munere ſe abdicaturus eſſet, pluribus ſaepe hac de
re apud ſenatum academicum egit, atque ſummo ſtudio vrgere non deſtitit.

Ad ann. 1472. 23. diem Iulii. " Alter articulus fuit; qui-
„ bus Syndicus Vniuerfitatis in futurum ſtipendia dare debeat.
„ In eodem articulo propoſita fuit mens ciuium talis, qua ipſi
„ volunt , quod de cetero *Dominus Doctor Wydenberg* cedat
„ lecturae ſuae, & quod in futurum Vniuerſitas det ei ſuam
„ precariam cum illo videlicet quadraginta florenos iuxta pactum
„ factum. „

Ad an. 1479. ſecundam Ianuarii. " Concluſum fuit, vt Re-
„ ctor *Doctori Wydenberg* loqueretur, vt lectioni ſacrae Theo-
„ logiae a feſto Hilarii ad menſem prouideret ſaluo ſalario ſuo;
„ quod & ipſe doctor annuit facere, & lectioni prouidebat. „

Ad an. 1485. feriam tertiam proximam poſt Oculi. " Tertio
„ de doctore *Wydenberg* velint habere Schadloſz Brief de ſolutio-
„ ne penſionis eiusdem in quadraginta florenis , & eis addictum
„ per Vniuerfitatem, cuius, vt dicunt, habent literas ſigillatas,
„ nec vnquam dederunt, vt dicunt. Et concluſum eſt pro ma-
„ iori parte Vniuerfitatis, ſuſpendere cauſam vsque ad aduen-
„ tum

„ tum fuperinteudentis, qui multa traftauit in caufa, & audi-
„ uit, & fperat inuenire medium per mediatores nos concor-
„ dare &c. & ipfi deputent certos ex nobis, & nos ex ipfis, &
„ faciamus concordiam. „

Ad an. 1486. " In connocatione feria fexta ante Domini-
., cam cantate, placuit, vt ad petita *Domini Doftoris Wyden-*
„ *berg*, de penfione foluenda Vniuerfitati de ecclefia Fribucg.
„ quod Reftor ecclefiae eiusdem det praefato Doftori decem flo-
„ renos ad proximam angariam Pentecoftes, & communicer
„ omni angaria decem de fua precaria & refidua pecunia; ex-
„ peftet idem Doftor cum aliis vsque ad maiorem fortunam
„ & profperitatem. Et vnum ante omnia placuit', vt domus
„ illius reformetur & familia fimiliter: alias Vniuerfitas nihil da-
„ bit. &c. „

Ad an. 1486. decimam tertiam Maii. " Habita congregatione
„ fub poena iuramenti haec funt conclufa. Articulus primus
„ fuit ad affumendum Dominum Doftorem *Odernheim* vtrius-
„ que luris doftorem ad confilium Vniuerfitatis tanquam Deca-
„ num facultatis iuridicae, & affumendum dominum docto-
„ rem facrae paginae praedicatorem etiam ad confilium Vniuer-
„ fitatis tanquam Decanum eiusdem facultatis. Et fuit con-
„ clufum, vt ambo affumerentur, & ita faftum fuit, & iura-
„ uerunt luranda, & pro tunc dominus Doftor *Wydenberg* di-
„ xit. quod amplius non vellet intereffe congregationi Vniuer-
„ fitatis, & quod ad hoc haberet literas, vt deberet effe libera-
„ tus a congregatione, quare loco fui doftor Praedicator af-
„ fumptus fuit. „

Ad an. 1486. vicefimam tertiam die menfisSeptembr. " Ha-
„ bita congregatione Vniuerfitatis petiit dominus Doftor *Wy-*
„ *denberg* fibi dari ftipendium, vel verius precariam fuam, fci-
„ licet quadraginta florenos annuatim, quauis angaria decem
„ florenos: fuit conclufum, quod Vniuerfitas debet ftare priori
„ conclufo, fcilicet poftquam mutauerit familiam fuam, fcilicet
„ quemdam virum cum vxore fua, & quod per amplius non

„ habeat

., habeat commensales, sicut antea addixit, quod tunc, & non
,, prius velit sibi dare per angariam decem florenos: & ad di-
,, cendum sibi illud fuerunt deputati dominus Licentiatus sa-
,, crae theologiae, scilicet *Ioan. Freuler* & dominus Licentia-
., tus *Zurzach*. Et fuit etiam conclusum, vt isti duo licentia-
,, ti pro futuro sint dispensatores talis pecuniae ipsius doctoris
,, *Wydenberg*. ,,

Ad an. 1487. 8. Maii. " In eadem conuocatione super ne-
,, gotio Vniuersitatis & egregii viri domini doctoris *Wyden-*
,, *berg* conclusum est, quod vocetur ad conspectum ipsius Vni-
,, uersitatis, & inquiratur, an velit stare dispactioni ipsius Vni-
,, uersitatis, quod mox factum est, qui dum comparuit, obtu-
,, lit se omnino velle stare dispactioni ipsius Vniuersitatis. ,,

Ad an. &c. 87. 10. Maii. " In eadem conuocatione audi-
,. tus est dominus Petrus Freninger in negotio doctoris *Wyden-*
,, *berg*, & determinatum, vt vocentur creditores, & recipiatur
., ratio ab vnoquoque, quod etiam factum est. ,,

Et circa an. 1494. 10. PFEFFERVS vel mortuus
est, quod vult TRITHEMIVS loc. cit. vel certe a statione sua abiuit penitus: nulla enim posthac in actis
nostris illius occurrit memoria.

Opusculum illius, quod habemus, *Directorium sa-*
*cerdotale* inscripsit, atque eidem in hunc modum praefatus est: *Circa lecturam epistolarum beati apostoli Pauli*
*ad Timotheum & adTitum libuit pro maiori eorum, que*
*ibi dicta & dicenda sunt, declaratione diuino concurrente*
*opitulamine, aliquod sacerdotale directorium paulisper con-*
*cipere, & Deo dante legendo studiosius in medium deduce-*
*re. Et quoniam inprimis Apostolus instruit & docuit Ti-*
*motheum de statu episcopali, ideo primo de illo videtur di-*
*cendum, premittendo quedam generalia de statu in commu-*
*ni, secundo de statu sacerdotali tam curatorum quam non*
*curatorum. Vt ergo materia hec expedienciori modo*
*possit*

*poffit haberi in modum & formam dubiorum concipere hanc propofui diuidendo in tredecim partes & partes in paragraphos.* Perperam igitur alii commentarium iftum in omnes Pauli epiftolas editum afferuerunt. Errant praeterea SIXTVS SENENSIS , & ANTONIVS POSSEVINVS , qui opus quatuordecim abfolui partibus fiue libris fcribunt, quod ab auctore in tredecim duntaxat partes diuifum fuit. In fine directorii iftius haec leguntur: *Magifter Iohannes Pfeffer de Wydenberg facre theologie profeffor ftudii vniuerfalis Friburgenfis iniciator hec concepit & legit regiftrum compleuit. Anno Domini* 1482. *Vigilia Thome Apoftoli.*

Quo igitur tempore opufculum iftud in lucem prodierit, non conftat; quum annus 1482. qui fubfcriptus legitur, tempus potius, quo auctor vltimam operi manum impofuerit, quam quo typis excufum fuerit, defignare videatur. Sed etiam locum & typographum ignoramus. At quum literis exfcriptum fit Gothicis fatis luculentis , initialibus autem , fiue florentibus literis & titulo deftituatur, indicio nobis effe poterit manifeftiffimo, opufculum ifthoc certe adhuc feculo XV. & paullo poft an. 1482. euulgatum, atque, nifi me fallant omnia, Bafileae typis excufum fuiffe. Partem primam praecedit index duplex, quorum alter indicat , quotquot paragraphos quaelibet pars contineat; alter vero res, per tredecim partes pertractatas, ordine alphabetico ob oculos ponit.

Eiusdem etiam auctoris eft opufculum de indulgentiis: *Tractatus iam nouiter compilatus de materiis diuerfis indulgenciarum per doctiffimum ac famofiffimum virum dominum Ioannem Pheffer Widenberg facre theologie profefforem eximium ac alme vniuerfitatis ftudii Friburgenfis ordingrium feliciter incipit.* Quae vero PFEFFERVM cauffae impulerint, vt id opufculi compilapilaret, ipfe fatis aperte hisce expofuit verbis : *An-no Domini millefimo quadringentefimo octuagefimo indulgencie fuerunt Friburgenfi parochiali ecclefie pro erectione noui chori & aliis neceffariis ecclefie ornamentis a fummo & fanctiffimo fedis apoftolice papa Sixto quarto per triennium mifericorditer conceffe. Ac alias per Dei ecclefiam diuerfis ex cauffis perabundanter funt multiplicate. Et quia quamplurimi proprie exiftimacionis fantafia ducti circa eas frequenter decipiuntur, & incaute alios loquendo aut docendo decipiunt. Vtile iudicaui aliqua de hac materia diuina affiftente gracia. Sed maiorum meorum fententias annotare & in nouem queftiones principalem illam materiam reftringere. *)*

Nouem autem quaeftiones, quas pertractat, tales

funt

---

*) Ceterum mirum videri nemini poterit, Pfefferum noftrum cum theologorum fcholafticorum turba hac in materia paffim fenfiffe , & communes, eosque craffiffimos aetatis illius errores, fuos quoque feciffe. Pofterioribus id feruatum eft temporibus, vt disiectis ignorantiae tenebris, theologia, reliquarum fcientiarum & praecipue artis criticae fulcro fubnixa , in lucem prodiret, ac natiuo fuo fplendore excaecatorum paene illorum hominum oculos mentemque perftringeret, ac lumen reftitueret. Omnium loco audire iuuabit *Zeg. Bern. Vanefpium* in iur. eccl. vniu. P. II. Sect. I. Tit. VII. c. 1. §. 26. " At hinc nemo concludat , *Morinum*,
,, vllumue Catholicum credere , *Indulgentiarum* vfum dun-
,, taxat feculo XI. in ecclefia notum fuiffe; aut poteftatem
,, concedendi indulgentias ab Epifcopis & Pontificibus illo
,, feculo vfurpatam. Omnes enim Catholici libenter faten-
,, tur : *Indulgentiarum poteftatem a Chrifto in ecclefia re-*
,, *lictam fuiffe ; illarumque vfum Chriftiano populo maxi-*
,, *me falutarem effe*, vti habet hodierna *profeffio fidei* ; at-
,, que vnacum Synodo Tridentina in decreto de *indulgen-*
,, *tiis* eos damnant, *qui aut inutiles afferunt, vel eas con-*
,, *cedendi in ecclefia poteftatem effe negant*. Verum qua
,, forma , & modo conceffae iam pridem fuerint, aut quan-
,, do primum haec aliaue formula vfitari coeperit, ad di-
,, fciplinam hiftoriamque, nequaquam ad fidem pertinere di-
,, cunt.

funt I. *Vtrum indulgentiae funt ponendae.* II. *Vtrum definitio indulgentiae fit bona,* qua dicitur: indulgentia eft remiffio poenae temporalis debitae pro peccatis actualibus. III. *Vtrum papa vniuerfalem habens poteftatem dandi indulgentiam, poffit cuilibet homini communicare eam.* IV. *Vtrum indulgentiae tantum valeant, quantum fonant, id eft, tantum annunciantur aut valere praedicantur.* V. *Vtrum ficut papa plenariam aut pleniffimam poteftatem habeat indulgentiam dandi, ita & inferioribus, fe fcilicet epifcopis habeat indulgentiam com-*

*muni-*

---

„ cunt. Similiter de caufa ex parte dantis; de difpofitio-
„ ne ex parte lucrantium, aliisque fimilibus iam pridem,
„ vti & hodie multae, praefertim a theologis quaeftiones,
„ falua fide agitantur & difcutiuntur, quae quia ad do-
„ gmata magis, quam ad difciplinam, aut hiftoriam fpe-
„ ctant, eas, ne falcem in meffem alienam mittam, theo-
„ logis relinquo; intra materiam difciplinae & hiftoriae
„ me concludens: praefertim quia pauca quae a fcholafti-
„ cis in hac materia indulgentiarum agitantur aut tradun-
„ tur, ad certitudinem fidei, & doctrinam ecclefiae catho-
„ licae pertingunt; vti oftendit *Veronius in Regula fidei*
„ a *Wallemburgicis* probata, & adoptata: ac fufficienter
„ infinuat Epifcopus Meldenfis (id eft, doctiffimus *Be-*
„ *nignus Boffuet*) in expofitione doctrinae ecclefiae catho-
„ licae, a variis Cardinalibus, Epifcopis & Praelatis, nec
„ non fpeciali *Breui* Innocentii XI. probata ac laudata, in
„ qua de indulgentiis, tanquam doctrinam ecclefiae catho-
„ licae haec duntaxat proponit: Cum afpera peccatoribus
„ & laboriofa opera iniungit, iique illa fubmiffo animo
„ fubeunt, ea dicitur fatisfactio: cum autem propter exi-
„ miam poenitentium pietatem, aliaue bona opera, quae
„ iis ipfa praefcripferit, e debita aliquid ipfis poena re-
„ mittit, ea dicitur indulgentia. Nihil aliud de indulgen-
„ tiis credendum proponit Tridentina Synodus, *quam po-*
„ *teftatem eas conferendi ac Chrifto ecclefiae conceffam*
„ *effe, earumque vfum effe falutarem.* Additque *retinen-*
„ *dum illum, adhibita tamen moderatione, ne nimia fa-*
„ *cilitate* ecclefiaftica difciplina *eneruetur,* vnde patet in-
„ dulgentiarum difpenfandarum modum ad difciplinam
„ pertinere.„

*municandi.* VI. *Vtrum in anno iubilaeo conuenienter detur omnibus Romam pro gratia indulgentiarum vifitantibus remiffio plenaria, aut pleniffima de peccatis eorum omnibus.* VII. *Vtrum ficut papa folum pro actibus exterioribus ac temporalibus rebus habeat poteftatem dandi indulgentiam, ita etiam ipfe habeat poteftatem iudulgentiam dandi folum habentibus voluntatem dandi ficut dantibus aliquid temporale.* VIII. *Vtrum ficut exiftentes in mortali peccato indulgentiam a papa datam recipiant, ita cruce fignati morientes cum firmo propofito transfretandi eandem acquirant.* IX. *Vtrum papa dans indulgentiam illis, qui funt in purgatorio, poffit facere, quod vni eorum citius, quam alteri detur liberatio.* Adpendicis loco, operi fuo adiecit IOANNES PFEFFER
1.) Bonifacii VIII. P. bullam iubilaei, promulgatam
Romae apud S. Petrum anno 1299. XIII. Kal. Mart.
pontificatus anno fexto: quae refertur in *extrauag.
antiquorum. de poenit. & remiff. in commun.* 2. Bullam iubilaei Clementis VI. P. *cum natura humana.* Eft
autem haec bulla, quam Clemens VI. ob morbum peftilentialem, qui Romae graffabatur, promulgaffe dicitur, eadem, quam plures fuppofititiam effe ftatuunt, ob locum, qui etiam in editione noftra legitur:
*Concedimus, fi vere confeffus in via moriatur, quod ab
omnibus peccatis fuis fit immunis penitus & abfolutus.
Et nihilominus mandamus angelis paradifi, quatenus
animam illius a purgatorio penitus abfolutam in paradifi gloriam introducant.* **) 3.) Eiusdem Clemen-
D tis

---

**) Rem ifthanc omnem illuftrat atque declarat *Anton. Pagi*
breuiar. geft. Rom. Pontif. T. IV. p. 128. '' *Petrus de*
,, *Herentals* Prior Floreffienfis in quinta Clementis VI. vi-
,, ta apud *Baluzium*, poftquam dixit, annum iubilaeum
,, fuiffe ordinatum ab eo pro anno 1350. ait: Prout in pro-
,, logo dicti iubilaei dictus Papa afferit, qui fic iucipit:
, ,, *Ad*

tis VI. bullam, quàm dedit Auenione an. 1343. VI.
Kal. Februar. anno pontificatus fui primo : quae eſt
in *extrauag. vnigenitus de poenit. & remiſſ. in commun.*
4.) Bullam anni iubilaei Pauli II. anno 1470. XIII.
Kal. Mai. pontificatus anno ſexto.   5.) Bullam iubilaei Sixti IV. an. 1472. VII. Kal. April. an. pontificatus primo.   His bullis pontificum Romanorum
acceſſit traˆctatus 10. DE ANANIA hac inſcriptione:
*Incipit traˆctatus iubilei editus & compilatus per Reue-*
*rendum patrem vtriusque iuris in orbe monarcham do-*
*minum Ioannem de Anania archidiac. Bononienſ. In an-*
no

---

„ *Ad memoriam.* Deinde aſſerit eumdem Papam dediſſe
„ bullam Romanis de diˆcto iubilaeo; quae ſic incipit: *Cum*
„ *natura humana.* Has duas bullas, ſeu potius, prolo-
„ gum bullae & ipſam bullam referre *Albericum a Roſate*
„ in diˆctionario iuris verbo Iubil. aſſerit *Stephanus Balu-*
„ *zius* in notis col. 915. Sed eam ab aliquo imperito im-
„ poſtore conſcriptam fuiſſe contendit.   Quis enim ſanae
„ mentis homo, inquit, in animum inducere queat, virum
„ grauem, doˆctum, dicendi peritum, prudentem ac li-
„ mati iudicii, qualem fuiſſe conſtat Clementem ſextum,
„ tam auerſo a muſis animo fuiſſe, tam inſulſum ac ſatuum,
„ vt compoſitionem diſſolutam, ridiculam, abnormem au-
„ deret aut vellet publice proponere. Proteſtantes, qui
„ illam bullam vt veram ac genuinam agnoſcunt, in eam
„ inuehuntur, praecipue, quod in ea legatur: *Nihilominus*
„ *mandamus angelis Paradiſi, quatenus animam illius*
„ (qui abſolutus in via mortuus fuerit) a *purgatorio penitus*
„ *abſolutam in Paradiſi gloriam introducant.*   Verum
„ ex his ſolis verbis falſitatem eius deprehendere poſſunt,
„ quam & ipſemet *Albericus* a *Roſate* ait ignorare ſe, an
„ vera fuerit, & huc inclinat, vt credat eam non fuiſſe
„ bullatam nec confirmatam; eamque teſtatur non fuiſſe
„ ſeruatam Romae anno MCCCL. tempore praediˆctae in-
„ dulgentiae *ad quam ſui cum vxore & tribus filiis. San-*
„ *ˆctus Antoninus* part. 3. tit. 10. cap. 3. §. 6. expreſſius
„ loquitur, eamque falſam diſerte pronunciat his verbis:
„ *Et ne quis ſumat dubia pro certis, ſciendum, quod in*
„ *copia cuiusdam bullae, quae dicitur eſſe Clementis mul-*
„ ta

*no Domini millefimo. CCCC. L. precedente in apofto-*
*latu domino Nicolao quinto: quem tractatum compofuit*
*dum ordinarie Bononie legebat titulum de crimine falfi.*
Sed etiam haec editio fine nota anni, & loci, aut typographi prodiit in fol. priori directorii facerdotalis
editioni adcurate & in omnibus fimilis, atque in tribus exemplis, quae in bibliotheca noftra academica
extant, eidem adiuncta habetur.

Praeter haec, quae adduximus opufcula, PFEFFE-
RVM plura adhuc, vti *quaeftiones fententiarum lib. I.*
*fermones & varios in fcripturis tractatus,* fcripfiffe teftantur TRITHEMIVS, GESNERVS, PANTALEON,
D 2 alii-

---

,, *ta narrantur, quae non videntur effe de ftylo curiae,*
,, *cum fint leuia & exorbitantia fatis.* Vnde licet afcri-
,, bantur *Clementi,* non videtur verofimile, illius vel alte-
,, rius fummi pontificis fuiffe, fed ficitie inuenta. Cete-
,, rum haec claufula: *Nihilominus prorfus mandamus An-*
,, *gelis* non eft in editione, quae extat apud *Albericum a*
,, *Rofate,* cum tamen extet in aliis editionibus & in MS.
,, codice Bibliothecae Colbertinae, inde colligit *Baluzius*
,, illam in aliquot exemplaribus fuiffe, defuiffe in aliis. Fal-
,, fitas huius bullae colligi etiam poteft ex die & anno,
,, quibus data dicitur, cum enim ex auctoribus primae,
,, tertiae, quartae, & fextae vitae Clementis conftet, eum
,, conftitutionem edidiffe pro anni iubilaei reductione anno
,, primo fui pontificatus, quo re ipfa edita eft conftitutio,
,, *vnigenitus,* haec tamen Bulla dicitur data apud *Petrum*
,, *de Herentals, Auenione IV. Kal. Iulii Pontificatus no-*
,, *ftri anno tertio,* feu die 28. Iunii anni 1344. Cum
,, conftitutio vnigenitus dicatur data *VI. Kal. Februarii*
,, *anno primo,* feu die 27. Februarii anni 1343. *praefen-*
,, *tibus Ambaxiatoribus Romanorum,* vt fcripfit fextae vi-
,, tae auctor. ,, Ceterum eadem haec bulla eiusdem prorfus fententiae, prout illam Pfefferi libello fubiunctam exftare
diximus, legitur etiam editioni antiquiffimae, & vt videtur, Romanae *Ioannis de Anania* tractatus de iubilaeo cum
quibusdam aliis manu *Ioannis Frützleri* theol. licentiati &
hofpitalis Friburg. plebani fubnexa: vt adeo indubitatumfit,
haec ad annum 1482. vel non multo poft referenda effe.

aliique : quae tamen, fiquidem reuera PEEFFRRVS eadem literis mandauerit , typis excufa fuiffe non videntur.   Prae manibus mihi eft codex MS. in 4. qui continet *fermones* 85. feu *orationes facras* a PFEFFERO habitas, & in hunc librum illius manu diligentiffime relatas.   Initio codicis ad marginem haec leguntur : *legauit hunc librum honoratus dominus Iohannes Frödler, facrarum literarum licentiatus dominis de Vniuerfitate Friburgenfi.   Ora pro legatore.*

Sub initium ipfius codicis: *Hanc materiam de penitentia predicaui in Wynfzheim per tempus quadragefimale.   Incepi dominica Reminifcere de anno Domini* 1456. Ad calcem vero fermonum haec fcripta funt : *Finitus eft ifte tractatus antea concipiendo & predicanpo in Windsheim anno Domini* 1458. *fecunda feria ante feftum natiuitatis Virginis gloriofiffime in fecula feculorum benediftiffime &c. per magiftrum Iohannem Pfeffer de Wydenberg in facra theologia Licentiatum.*

Ex altera paginae parte haec leguntur : *Libuit diuino occurrente opitulamine prefentem tractatum de penitencia cum quibusdam annexis, non tamen de propriis , fed de diuerforum fcriptorum ac doctorum venerabilium fentenciis in vnum componere, atque in officio predicacionis ciuitatis imperialis Windfzheim conftitutus ad populum poffetenus edicere.   In genere complectens ingreffum, progreffum, ac humanum egreffum, hoc eft de originali peccato, de penitentia cum fuis partibus, de tribus noftris aduerfariis, fcilicet diabolo, carne, & mundo, de affiftencia Dei, & aliis variis contra hos remediis & refiftenciis: Difpari tamen ordine, qui vt legenti & promptior ac fruttuofior fiat , diftinxi eundem in ordinem & numerum.   Et funt numero* 85. *fermones penitentiales , quorum themata poft tabulam hanc ftatim fequuntur.   Volens itaque quamcunque*

que

que materiam in eo contentam leuius habere, intret praesentem tabulam abcedariam quaerens, de quo velit &
inueniet in computo sermonis circa literam A ad B. ad
C. & aliis literis simplicibus ac duplicatis seu aa. bb.
&c. Subiunctum est aliud opusculum: *Pater noster,
siue oracio dominica collecta per magistrum Iohannem
Pfeffer, Licenciatum in theologia.*

In fine: *Hanc materiam concepi ex dictis magistri
Henrici de Hassia, Magistri Norici professoris sacre
theologie, Landolphi & doct. Anno Domini 1456.
ipsamque compleui secunda feria ante Dominicam Inuocauit. In studio Heydelbergensi ego Magister Ioannes
Pfeffer de Wydenberg, S. Theologie Licenciatus.* *)

D 3                          DE

---

*) Manus, qua Pfefferus in scribendo vsus est, speciem at-
que exemplum daturi sumus in *analect. Acad. Frib.*

# DE
# IOANNE GEILERO
# KEISERSBERGIO.

IOANNIS GEILERI, qui vulgo KEISERSBERGIVS dictus est, vitam elegantissime descripsit BEATVS RHENANVS, eamque anno 1510. 4. Argentorati in aedibus Schürerianis exscriptam seorsim, atque cum aliis GEILERI opusculis subinde coniunctam edidit. De ipsius laudibus, moribus, & virtutibus potius, quam de vita, & rebus gestis tractauit, & libello, quem illius nepotibus CONR. & PETRO WICKGRAM theologis an. 1510. inscripsit, atque inter planctus & lamentationes in illius mortem edidit IAC. WIMPHELINGIVS: quae deinde KEISERSBERGII sermon, & aliis tractat. Argent. 1518. subiuncta. Et mox post illius mortem, vt diximus, prodierunt: In *Iohannis Keiserspergii* theologi doctrina, vitaque probatissimi primi Argentinensis ecclesiae praedicatoris mortem Planctus & lamentatio cum aliquali vitae suae descriptione & quorundam epitaphiis.

In eundem planctum *Ioannis Maier Ilueshemii*, I. V. L.

> *Gratia si qua piis animis, suspiria luctus,*
> *Et lacrymae, gemitus, saucia cura, dolor*
> *Atrati veniant mecum celebrando Ioannis*
> *Funera: perculsi, pectora mente: Iogo*
> **Gratia**

IOANNES GEILERVS KEYSERSBERGIVS.

*Gratia ſiqua piis animis eſt : gloria faſces*
*Virtutum calcar: praemia laudis: honor.*
*Laetantes veniant mecum : memorando Ioannis*
*Geſta: bonos mores: candida diƈta , ſales.*

*In fine:* Apud Vangiones coeptum, Heidelbergae
conſummatum, Oppenheym a Iacobo Chobello impreſſum, illuſtriſſimo pientiſſimoque Ludouico Bauariae duce, ex regali progenie exorto : ac principe, ſacroſanƈti
Romani Imperii eleƈtore, Comitatum Rheni Palatinum
iuſtiſſime gubernante anno noſtrae ſalutis 1510. in 4.

Sequuntur epigrapha in KEISERSBERGIVM: *Seb.*
*Brant*, *Franc. Heckmanni*, Landen. Licent. *Io. Maler*,
Licent. *Franc. Wyler*, Ord. Minor. *Iac. W.* Helueten.
*Petr. Guntheri*, *Io. Lachmanni*, Heilbron. *Io. Sorbil-*
*lonis*, *Mart. Habspurgii*, Campidon. *Phil. Keſſel,Heinr.*
*Mumprotti*, Günzburg. *Io. Schnitzeri*, Günzburg. *Io.*
*Mumprotƒi* , Günzburg. *Phil. Melanchtonis ( Schwarz-*
*erdcn*) Bretthamen. *Iac. Sagittarii*, de S. Cruce , &c.

Et his addere oportebit 10. TRITHEM. de ſcript.
eccl. n. 918. ap. FABRIC. bibl. eccl. p. 220. Et FVND.
in cat. ill. vir. Germ. H. PANTAL. proſop. her. & vir.
illuſtr. T. I. p. 424. CONR. GESNER. bibl. p. 420. 10S.
SIMLER. bibl. p. 371. ANT. POSSEV. appar. ſacr. T. II.
p. 182. MELCH. ADAM. vit. theol. Germ. p. 3. P. FRE-
HER. theat. vir. erudit. p. 98. 10. ALB. FABRIC. bibl.
med. & inſ. Lat. L. IX. p. 222. *Fortgeſetzt.Samml.* von
alt. vnd neu. theol. Sach. an. 1721. I. Beytr. p. 5. H.
WHARTON in app. ad hiſt. liter. GVIL. CAVE p. 217.
Oxon. 1543. f. & alios.

Huius igitur theologi celeberrimi , aliquamdiu
etiam noſtri , vitam a BEATO RHENANO praeclare literis conſignatam , hic in medium proferre , eaque,
quae in aƈtis noſtris academicis de eodem leguntur,
ſuo quaeuis loco ſubiungere placuit.

D 4

## Ioannis Geileri Caefaremontani,
### Primi Concionatoris in aede
### Sacrae maioris Ecclefiae Argentoratenfis vita,
### A Beato Rhenano Seleflatino condita. *)

" Si apud ethnicos, qui vel arte bellica, vel legum
„ ferendarum fcientia,aut quauis alia eruditione caete-
„ ris praeftabant,fcriptorum praeconio nominis immor-
„ talitatem funt adepti, cur apud Chriftianos, eorum,
„ qui fanctius vixerunt, religionemque impenfiffime
„ coluerunt, non foret illuftris ad pofteritatem trans-
„ mittenda memoria ? Floruerunt fane omni aeuo ,
„ qui virtutes caeteris ardentius amplexati, heroi-
„ cae vitae non infimum veftigium attigerint. Ex
„ horum numero noftra tempeftate fuit *Ioannes Gei-*
„ *lerus Caefaremontanus*, cuius vitae explicationem
„ iam inde fecundo Deo aufpicabimur.

„ Ortus eft *Ioannes Geilerus* in vrbe *Schafhufia*,
„ antequam ab inclyto Auftriae ducatu defciuiffet,
„ Anno gratiae M. CCCC. XLV. decima fexta Mar-
„ tii

---

*) Haec autem eft a *Beato Rhenano* praefixa epiftola : " *Beatus*
„ *Rhenanus* Seleftatinus *Iudoco Gallo* Rubeaquenfi doctori
„ theologo, ac diui Mauritii apud Nemetes canonico, S. D.
„ Duplicem iacturam Argentoratenfes paucorum dierum inter-
„ capedine fecerunt, anno enim fuperiori *Thomam Volphium*
„ iuniorem, vnicum Latinae linguae fpecimen amifere: prae-
„ fenti vero, optimo bene beateque viuendi magiftro, *Io. Geil.*
„ *Caefaremontano* priuati funt. Sic apud Thufcos duo eruditio-
„ nis lumina Picum & Politianum vno fere tempore mors fuftu-
„ lit. Eam ob rem & eloquentia & religio Argentorati interi-
„ iffe videtur, cum vtraque fuo fit peculiari affertore viduata.
„ Caeterum nouifti, praeftantiffime vir, quanta hic grauitate,
„ quanta fimul authoritate tot annis populum edocuerit, hanc ei
„ dubio procul vita fanctior peperit. Talis enim eius oratio erat,
„ qualia vita : non inquam eorum more faciebat, qui foris funt
„ Cato-

„ tii die, patre *Ioanne Geilero*, matre autem *Anna*
„ *Zubera*.   Pater cum fcribae eius oppidi minifter
„ fuiffet a manu , ducta vxore , anno poft , apud
„ *Amersuillanam* plebem notarii officium eft affecutus.
„ Eo itaque cum fortunis fuis, quae iam recens na-
„ to filiolo auctiores factae erant, commigrauit.  Vbi
„ triennio poft aduerfantiffimam expertus eft for-
„ tunam.   Nam cum vrfum vineta depopulantem
„ perfequuturis, focium fe adiunxiffet , ab immani
„ illa beftia, cui venabulum incerto ictu infixerat,
„ ita in crure altero mordicus apprehenfus eft, ac mi-
„ fere lancinatus, vt iam de vita eius actum credere-
„ tur, conclamatoque fimilis iaceret.  A quibus enim
„ opem exfpectabat, ab iis penitus eft neglectus, fuga
„ faluti fuae confulentibus : fic nocuit interdum for-
„ ti pectore imminenti fe obieciffe difcrimini.   Vul-
„ nus eo congreffu acceptum, non longe poft facro
„ igne correptum , virum confecit.

„ Amiffo igitur patre cum iam trimatum impref-
„ fet, a proauo fuo ciue Caefaremontano receptus
             D 5                         „ eft

---

„ Catones, intus Sardanapali , & qui alienos naeuos car-
„ pentes , intercutibus ipfi vitiis fcatent.   De abftinentia
„ difputans, ipfe ieiunabat , caftitatem laudans, caftitatem
„ feruabat, facerdotiorum pluralitatem damnans, vno con-
„ tentus viuebat. Quippe qui nouerat, nullum efficacius do-
„ cendi genus, quam agere, quae praeceperis , cum homines
„ magis exemplis, ac doctrina capiantur.   Quoniam vero
„ ad defunctorum commendationem nos pietas inhortatur ,
„ ego vitam huius clariffimi viri paucis fum complexus ,
„ non tam vt gloriae eius confulerem , quae longe lateque
„ dudum percrebuit , quam vt legentibus bene agendi for-
„ mulam quandam praeberem.   Tu hanc noftram opellam
„ minime improbes precor.  Si enim tibi placuerimus, fat
„ fautorum nos habere arbitrabimur.   Bene vale & falue
„ Theologorum eloquentiffime , & Rhenanum tuum mu-
„ tuiter ama. Ex larario noftro literatorio in vrbe Seleftadi-
„ na.  Idibus Maiis. An. M. D. X. „

„ eſt educandus, cuius beneficio ac cura, poſt pri-
„ ma literarum tyrocinia ad *Friburgenſe* gymnaſium
„ miſſus, liberalibus diſciplinis vacauit, magiſterii-
„ que laurea, exigentibus hoc ſtudiis ſuis, eſt co-
„ rouatus.

In *album academicum* relatus eſt ſub initium academiae noſtrae a primo eiusdem rectore *Matthaeo Hummelio* an. 1460.
die 28. menfis Iunii *Ioannes Geiler de Kaiſersperg.*

An. 1462. tempore quadragefimali a decano facultatis artium *Iohanne Mülfelt de Meyningen* in baccalarium promotus *Iohannes Geiler de Keiſersperg* : & an. 1463. a *Kil. Wolff de
Haſlach* artium magiſter renuntiatus eſt. Quae ex *matricula
antiquiſſ. membranacea facult. artium* defumpta ſunt.

Quae autem de eodem in *actis facult. art.* antiquiſſ. leguntur, haec ſunt : Ad an. 1462. " In feſto ſancti Gregorii octo
„ ſcholares fuerunt admiſſi ad examen. Sed poſtea Iohannes Ru-
„ dolpaum de Gifzling noluit ſe examini magiſtrorum praeſen-
„ tare.  Et pro examinatoribus electi fuerunt Magiſter Kilianus
„ Wolf de Haſzlach, Mag. Conradus Arnolt de Schorndorff,
„ Mag. Iohannes Knapp de Rütlingen, & Mag. Rudolſſus Raf-
„ ſer de Capellen.  Qui fabbato ante *Oculi* Iohannem Fabri de
„ Neyſſen repudiarunt, & alios ſex tanquam idoneos ad *Bac-
„ calariatus* gradum aſſumpferunt, quorum nomina ſunt iſta :
„ Iohahnes Strobach de Nunburg, Michael Sartoris de Fribur-
„ go, Iohannes Hensler de Fürſtenberg, Iohannes Zundnſſ de
„ Ehringen, *Iohannes Geyler de Keyſerſperg*, & Iohannis Scri-
„ ptoris de Keiſersperg.  Deinde cum iſti baccalariandi facul-
„ tati fuerunt praeſentati, Iohannes Hüninger alias Peratoris
„ de Pforczem baccalarius Wiennenſis ad conſortium Bacca-
„ lariorum ſuit aſſumptus.  Similiter & Vlricus Sailer de Ehin-
„ gen, baccalarius Erſordienſis. „

Et ad an. 1463. " Item in alia congregatione, quae erat al-
„ tera Innocentum ſubſcripti Magiſtri in temptatores magiſtran-
„ dorum per facultatem erant electi, Mag. Conradus de Schorn-
                                                          „ dorff,

„ dorff, Mag. Rudolffus Raffer de Cappeln , Mag. Adam Rie-
„ der de Gamundia, & Mag. Paulus Graff de Friburgo. Et fub-
„ fcripti Baccalarii fe praefentarunt coram facultate , Georgius
„ Schid , Iohannes Refflin‛de Wila , Iohannes Huninger de
„ Pforczem, *Iohannes Geyler de Keyfersperg*, Iodocus Vtilin
„ de Marpach , Michael Hann de Calw , Hugo de Vima, An-
„ dreas Silberer de Wila, inter quos primi duo fuerunt retar-
„ dati, videlicet Georius Schid & Iohannes de Wila propter
„ certos exceffus & etiam defectus, quos habuerunt in lectioni-
„ bus & exercitiis & aliis actibus fcholafticis; Et alii fex ad
„ temptamen admiffi, & duo ex eis fcilicet *Iohannes Geyler de*
„ *Keyfersperg*, & Iohannes Huninger de Pforczen iuraruut poft
„ promotionem eorum non velle deferre per duos integros an-
„ nos immediate fequentes circulos in golleriis aut manicis; ne-
„ qne calceos roftratos , & hoc in poenam, quam antea detule-
„ runt. Et ex praedictis fex ad temptamen admiffi , tres fuerunt
„ refutati, & pro tunc minus idonei ad gradum iftum reperti fcili-
„ cet Iohannes Huninger de Pforczen, Iodocus Vtilin de Marpach
„ & Hugo de Vlma, reliqui vero tres in temptamine & examine
„ fufficientes fuerunt iudicati, & per Decanum pro tempore publi-
„ ce in ecclefia beatae Mariae Virginis licentiati , & ordine fub-
„ fcripto locati : *Iohannes Geiler de Keifersperg* determinauit
„ fub Magiftro Kiliano tunc temporis Decano.  Michael Heim
„ de Calw , Andreas Silberer de Wila determinauit fub Magi-
„ ftro Henrico de Stetten. Item in alia congregatione , quae erat
„ tertia Februarii ( an, 1464.) licentiati fuerunt per examinatores
„ praefentati & ad recipiendum infignia magiftralia admiffi. „

Ad an. 1464.  " Sub Decanatu Magiftri Conradi Stirtzel
„ 17. April. *Magifter Ioan. de Keyfersperg* petiuit admitti ad
„ confilium, fed non fuit affumptus, quia non compleuit annum
„ regendo hic in facultate. „

Ad an. 1465.  " Sub Decanatu Magiftri Vdalr. Freuel vl-
„ timo Auguft. *Magifter Ioan. Geyler* legendam accepit primam
„ partem Alex. „

Ad an. 1465. " Sub Decanatu Magiſtri Iohan. Kugler in die
„ Innocentum *Magiſter Iohan. Keiſersperg* petiuit recipi ad con_
„ ſilium facultatis, cui petitioni Facultas gratioſe annuit,& ipſum
„ ad conſiiium aſſumi decreuit. „

Ad an. 1466. " Sub Decanatu Magiſtri Ioh. Kugler tertia
„ feria poſt *Reminiſcere* inter temptatores examinandorum pro
„ gradu Baccalariatus electus eſt *Magiſter Ioh. de Keyſersperg*
„ &c. „

Ad an. 1466. " Sub Decanatu Magiſtri Iohan. Knapp 17.
„ Iunii Henricus Graner de Conſtantia & Nicolaus Vogt de
„ Waltzhut determinarunt ſub magiſtro *Iohan. Geyler de Key-*
„ *ſersperg.* „

Ad eundem an. " Sub eôdem Decanatu Dominica ante Ae-
„ gidii, quae fuit vltima Auguſti : Magiſtri receperunt libros
„ ordinarios ad legendum , & *Magiſter Iohan. Geyler de Key-*
„ *ſersperg* accepit libros de anima ad legendum. „

Ad an. 1467. " Sub Decanatu Magiſtri Rudolffi Raſſer fe-
„ ria ſexta poſt *Inuocauit* inter examinatores Baccalariorum
„ conſtitutus *Ioh. Keyſersperg &c.* „   Ad eund. an. " In vigi-
„ lia Philippi & Iacobi habita fuit congregatio facultatis , in qua
„ dominus Decanus reſignauit officium Decanatus , & electus
„ fuit magiſter Fridolinus in nouum Decanum in ſua abſentia ,
„ & duo noui conſiliarii fuerunt illi deputati , videlicet Mag.
„ Georius Hetzel , & *Iohannes Keyſersperg* , quia antiquus De-
„ canus non potuit vnus eſſe conſiliariorum propter alia nego-
„ tia ſua &c. „   Quod mox repetitum legimùs:

Ad an. 1467. " Pridie Cal. Mai. qua ſanctorum Philippi &
„ Iacobi apoſtolorum vigilia habebatur in Decanum facultatis ar-
„ tium M. Fridolinus de Lentzburg pro tunc abſens electus fuit,
„ ei quoque in ſuos conſiliarios coelecti erant Mag. Georius He-
„ tzel de Rutlingen & *Mag. Ioh. Keyſersperg.* „

Ad an. 1467. " Sub Decanatu M. Fridol. de Lentzburg in
„ die Aug. omnes Magiſtri de facultate artium in vnum congrega-
„ ti erant,ſingulique declararunt pro tunc ſe velle eligere libros le-

„ gen-

„ gendos; fic *Iohan. Geyler de Keysersperg* legit libros prior. cum
„ primo, fecundo, quarto meteor. „

Ad an. 1467. " Sub Decanatu Magistri Georii Hetzel de
„ Wysensteig vltima Octobris inter temptatores ad gradum ma-
„ gisterii fuit *Magister Iohan. Keysersperg* &c. „

Ad eund. an. eadem die " Sub eodem Decanatu Mag. Iacob.
„ de Lor recepit insignia magisterialia fub *Mag. Ioh. Keysers-*
„ *perg* &c. „

Ad an. 1468. " Sub eodem Decanatu in angaria Cine-
„ rum inter temptatores pro baccalariandis fuit *Mag. Ioh. Key-*
„ *fersperg* &c. „

Ad eund. an. " Sub Decanatu Mag. Ad. Rieder de Gamun-
„ dia die decollationis Ioan. Baptistae magistris fequentibus pro
„ hoc anno non placuit legere & recipere ordinarias, Mag. Geo-
„ rio Hetzel, *Mag. Iohan. Keisersperg* &c. „

" Ad eund. an. & Decanatum die Mauricii inter temptato-
„ res examinandorum pro gradu Baccalariatus electus & de-
„ putatus est *Ioh. Keisersperg* &c. Praeterea ipfa die Hierony-
„ mi examinatorum vnus videlicet Rudolfus de Renchen elegit
„ *Mag. Ioh. Keisersperg* &c. fub quo determinauit. „

Ad. an. 1469. " Vltima die Octobris venerandus vir *Ma-*
„ *gister Ioh. de Keysersperg* in Decanum facultatis artium electus
„ est, qui iuxta noua statuta iurauit. „

Ad an. 1470. " Feria fecunda ante Valentini *Ioh. Keisers-*
„ *perg* abfolutus est a Decanatu, quem fecutus est Mag. Hie-
„ ron. de Baden. „ Add. *matric. facult. art.* membran. antiq.

„ Exinde mox facris initiari curauit. Et cum fa-
„ cerdotem nil magis deceat, quam facrarum peritia li-
„ terarum, ne mysteriorum infcius a plebeio nihil dif-
„ ferat, *Basileam* venit, theologiae operam daturus, vbi
„ cum fere quinquennium studiis facris impendiffet, ad
„ doctorale est culmen euectus. Vtinam atque vtinam
„ nostro aeuo facerdotes nonnulli literis operam na-
„ uarent, ne diuinarum & humanarum iuxta igna-
„ ri,

„ ri, afino apud Gabriam mythologum facra deferen-
„ ti, eamque ob rem a praetereuntibus honore affe-
„ fto, perfimiles exifterent. Sed quid Aethiopem la-
„ uo?

" Cum iam *Geilerus*, nouellus doftor theologiae
„ confultiffimus haberetur, & effet , *Friburgum* eft
„ accitus, vbi viri probitas antea omnibus erat co-
„ gnita , atque Chriftianarum literarum publicus in-
„ terpres conftitutus.

In *actis acad.* haec de eodem legimus : Ad an. 1476. diem
17. Aprilis. " Habita congregatione traftabatur articulus fe-
„ quens : ad audiendum dominos Confules huius oppidi aliquid
„ proponere volentes, & ad deliberandum, quid expediat. Pe-
„ tiuerunt ciues, vt dominus Doftor *Mag. Johannes de Keyfers-*
„ *perg* acceptetur in leftorem facrae theologiae. Conclufit Vni-
„ uerfitas, fi tantum habere poffet in redditibus Vniuerfitatis,
„ vt illi fexaginta floreni annuatim pro ftipendio darentur, con-
„ tenta eft ipfum recipere, & ita addixit ciuibus. „

Ad einsd. an. diem 26. Aprilis. " Congregatione habita con-
„ cludebantur articuli fubfcripti. — — Ad audiendum defide-
„ rium ciuium ex parte cenfus quatuor florenorum & quatuor
„ folidorum annuatim foluendorum per Vniuerfitatem de domo
„ domini Doftoris nouiter fufcepti in leftorem, videlicet *Magi-*
„ *ftri Iohannis de Keifersperg*. Annuit Vniuerfitas, vt fiat. Et
„ etiam ex parte literae dandae fuper ftipendio Magiftri Iohan-
„ nis de Schorndorf, conclufum eft, vt aequalis reddatur Ma-
„ giftro Iohanni de Zurzach , & illud inferatur libro Aftorum
„ &c. „

In *matricula facult. theolog.* antiquiff. haec de illo fcripta
funt: Ad an. 1476. die 19. menfis April. " Receptus eft ad
„ confilium facultatis theologicae egregius vir , *Mag. Iohannes*
„ *Geiler de Keifersperg*, facrae theologiae profeffor eximius, a
„ doftore *Ioan. Pfeffer de Widenberg* pro tunc Decano eiusdem
„ facultatis. „

Ad

Ad eiusd. an. diem vero 20. Maii. " *Mag. Nicolaus Mata*
„ *de* Michelftat, theologiae doctor ad confilium receptus fuit,
„ qui anno 1474. fuerat affumptus in legentem in theologia, fed
„ & *Iohannes Keifersperg* fuit affumptus ad legendum in theo-
„ logia anno 1476. qui etiam vltima die Octobris anni prae-
„ fcripti in Vniuerfitatis Rectorem fuit electus. „

Et idem in *actis acad.* " Vltima die menfis Octobris anni
„ Domini 1476. facta conuocatione fub debito praeftiti iuramen-
„ ti electus eft in Rectorem Vniuerfitatis *Magifter Iohannes Gei-*
„ *ler de Keifersperg*, facrae theologiae profeffor. „ Add. *ma-*
*tric. rect. membr.* antiquiff. & paullo ante in recenf. rect. acad.
Albert. p. 3.

" Nec illic anno longius manfit, iam *Herbipolim*,
„ quorundam ciuium perfuafione ductus, quibus in
„ Thermis Marchionianis e facro pulpito declamans,
„ impendio placuerat, futurus concionator perrexit.
„ Quam vero gratus in ea vrbe cunctis extiterit, id
„ fubindicat, quod ducentos aureos, donec facer-
„ dotio opulentiori dotaretur, ex conditione fingu-
„ lis quibusque annis erat recepturus.

" Sed dum Bafileam pro aduehendis, quos illic re-
„ liquerat, libris petit, a *Petro Schotto* Argentoratenfi
„ fenatore, viro tam graui, quam prudenti, rogatus eft
„ enixe admodum, vt fi vfpiam dominici verbi enar-
„ randi prouinciam fubire vellet, *Argentorati* id age-
„ ret, fe daturum operam, ne digna laborum merce-
„ de careret. Ad haec, hortari hominem, vt fug-
„ geftum infcenderet, populoque fui periculum face-
„ ret, praeterea affeuerare, cum patriae fecundum
„ parentes omnia debeamus, eo illud maxime faci-
„ endum effe loco, qui Alfatiae fit caput. Id au-
„ tem temporis ex Argentoratenfibus primatibus non-
„ nulli, felicibus Petri Schotti aufpiciis, conciona-
„ torem decreuerant conftituere, qui folus huic offi-

„ cio

„ cio praeeſſet, ne religioſorum fratrum ( qui alter-
„ nis in aede maiori declamitabant) varietate popu-
„ lus confunderetur potius, quam profectum capeſſe-
„ ret.   At ſacerdotium, quo prouideri poſſet, aliud
„ non occurrebat, quam quod ſacerdotis eſt epiſco-
„ palis miniſtri, quem vulgus capellanum epiſcopi
„ vocitat.

„ Schottus itaque *Roberto* Antiſtiti, duriſſimo exa-
„ ctori, XXX. aureos pro eo ſacerdotio ſub conditi-
„ one perpetuae deinceps ad id officium proprietatis,
„ de ſuo quotannis exoluit, vnde fertur quingentos
„ in eam rem aureos impendiſſe.

„ Verum Herbipolenſes longam doctoris abſenti-
„ am aegre ferentes, malique aliquid amantiſſimo viro
„ accidiſſe ſuſpicantes, nuncium miſerunt Argento-
„ ratum, qui haud vano conſilio tam diu retentus
„ eſt, donec alter poſt hunc morae cauſam remque
„ omnem inueſtigaturus, adueniſſet, ſed interim pa-
„ rato ſacerdotio, lecta domo, neceſſariisque id ge-
„ nus aliis diſpoſitis, concionator aſſenſu canonico-
„ rum accedente, conſtituitur, remiſſique ſunt Her-
„ bipolim tabellarii cum literis, non ſine iuſto negle-
„ cti temporis ſalario.

„ Aperuimus iam ſatis ſuperque, quo pacto *Ioan.*
„ *Geilerus* , Argentoratenſis concionator euaſerit.
„ Nunc qualem ſe in reliqua vita geſſerit, paucis de-
„ clarabimus.   Non minus exemplo quam doctrina
„ monſtrabilis, populum ſibi creditum annis XXXIII.
„ fideliter continenterque docuit , nemini vnquam
„ adulatus.   Quin primores eccleſiaſticos, qui digni-
„ tatibus magniſque plurium ſacerdotiorum cenſibus
„ pollent, ſed his abutuntur, aut meretriculas fouen-
„ tes, aut ventrem pro Deo ſtatuentes, grauiter in-
„ ſectabatur.

„ Tem-

„ Tempus autem omne, cuius fumptus ( Theo-
„ phrasto autore ) pretiosissimus est , ita disfecuit,
„ aut enim contemplabatur, aut agebat, aut quief-
„ cebat. Ocium vt nocentissimam animi pestem,
„ vsque adeo vitabat , vt fomno excitatus e lecto
„ quoque statim exiliret. Passionem super benedicti
„ feruatoris nostri Iefu Christi, facrificaturus animo
„ prius versabat, habebat ad hoc pium meditationis
„ exercitium, adiutrices chartas, in quibus cruci-
„ fixi Christi figura depicta erat, in angulis affixas.

„ Peragebat facrificium in aede Virginum Vestali-
„ um, quas *Poenitentes* vocant, has, cum luxu &
„ deliciis diffluerent, nec pudicitia fic tuta fatis vi-
„ deretur, fub arctiorem viuendi regulam redegit,
„ non tamen deerant,qui aut amissione lucri, aut dae-
„ monico forfan oestro perciti, fanctam obferuatio-
„ nis institutionem praepedire moliti fint, fed horum
„ conatus fauente Deo fua prudentia facile fuperauit.

„ His etiam facratis Deo virginibus , *Humbertum*
„ *de virtutibus* dignissimis fermonibus explicauit,
„ quos multo labore eiusdem monasterii facerdos
„ maxima collegit, viuentique adhuc autori recogno-
„ fcendos tradidit. Prodibunt hi prope diem Schü-
„ reriano praelo excusi. Tanta vero magnanimitate
„ fui ipsius confcius, humanam gloriam contempsit,
„ vt fuarum lucubrationum nihil viuus ederet, cum
„ tamen id per alios fieri fciret, non approbare, fed
„ acquiefcere videbatur. *Fragmenta passionis*, *Ser-*
„ *mones in dominicàm precem*, cum *fpeculo stultorum*
„ & libelli alii vernaculae linguae in publicam exie-
„ runt. At *nauis fapientum* , & de *morte* opus, ac
„ *poenitentum nauis* altera latere adhuc dicuntur.

„ Quoties declamaturus erat, dicenda prius ad
„ verbum domi fcribebat, fed stilo extemporario ,

E „ &

„  & ob id incultiori, qualem Theologos aetate fu-
„  periori fere omnes feruaffe videmus.  Bibliothecam
„  habuit  omnis  generis  librorum  refertiffimam,
„  quam ad fucceffores tranfire pientiffime voluit.  Ibi
„  neque poetis, neque hiftoricis fua loculamenta de-
„  erant, maior tamen eorum numerus erat, qui rem
„  theologicam fuis fcriptis illuftrarunt.     Pauperes
„  atque egeftofos maxima femper liberalitate fouit.
„  Hinc proiectitiis infantulis cotidie fere aliquid da-
„  bat, vidiffes (vera loquor) innumeram illi qua-
„  cunque tranfiret circumfufam multitudinem, quae
„  fupplici voce patroni opem imploraret.  Nemi-
„  nem vnquam fine munere paffus eft abire, quic-
„  quid enim ex facerdotii cenfu vltra vitae neceffaria
„  fupererat, id omne in vfus pauperum erogabat.
„  Hofpitalitatem quoque in peregre aduectos fimili
„  ftudio exercuit.

„  Eruditos ac probitate confpicuos vehementer
„  dilexit, & inter hos vnice quidem *Iacobum Vim-*
„  *phelingium* municipem meum, quo vrbem Seleftati-
„  nam doctiorem tuliffe vix credam, etfi *Hugone*, qui
„  in fententias luculenta commentaria edidit, ac *Io-*
„  *anne* altero qui in ethicen Ariftotelicam non fper-
„  nenda annotamenta confcripfit , infignis exiftat ;
„  hunc, inquam, oculis chariorem habuit, cum hoc de
„  fublimibus rebus differtare confueuerat.  *Thomam*
„  *Volphium iuniorem* (cuius morte literae quoque Ar-
„  gentorati funt intermortuae) muneribus eft faepiuf-
„  cule profequutus.  *) *Sebaftianum Brantum* Iure-
„  confultum, Bafileae degentem, Argentoratum pro-
„  mouit.  Cartufios atque eos Coenobitas, qui de fa-
                                            „  milia

---

*) Epitaphium Thomae Wolphii iunioris, decretorum docto-
ris conditum a *Beato Rhenano* Seleftatino.

                                        **D. O.**

„ milia funt diui Ioannis Hierofolymitani, religionis
„ obferuantiffimi, frequenter vifitauit.

„ Ob fummam vero eruditionem cum vitae fancti-
„ monia copulatam, ab inuictiffimo Imp. Caefare Ma-
„ ximiliano beneuolentia haud vulgari dilectus eft;
„ hunc interdum ad fe accerfire, accerfitum non tam
„ comiter quam familiariter compellare folitus erat:
„ huius etiam in magnis rebus confilium non parui
„ aeftimabat. Sacratiffimo Caefari praecepta quaedam
„ collegit, ad quae fe rex componere debeat, vt
„ fuis vtilitatem, fibi vero gloriam pariat. Subinde
„ dictitabat, bonae confcientiae effe Maximilianum
„ Aug. iuftitiae ac pacis literarumque amantiffimum.
„ Et reuera principes omnes longo poft fe interuallo
„ Maximilianus relinquit; neque Germanis vnquam
„ maior victoriarum fpes data fuit, ac fub hoc cle-
„ mentiffimo potentiffimoque Caefare.

„ Sed vt, vnde digreffi fumus, reuertamur, neuti-
„ quam filentio inuoluendum eft, quod adolefcentulos
„ quatuor, qui vexilla geftantes, facramentum eucha-
„ riftiae reuerendiffime comitarentur, ex collecticia
„ pecunia, cui bonam partem adiecerat, primus in-
„ ftituit.          E 2          " Fuit

---

D. O. M.
*Thomae Volphio iuniori pontificii iuris perito*
*Prifcae elegantiae facundiaeque*
*Studiofiffimo.*
*Qnem tam immatura quam fubitaria morte*
*Romae fublatum*
*Et Quirites & Germani fleuere amici B. M.*
*Pofuerunt.*
*Vixit ann. XXXIII. Menf. IX.*
*Obiit an. falutis. M. D. IX.*

*Iac. Wimphelingius* hoc diftichon in Thom. Wolphium iun.
decret. doctorem, Romae immatura morte raptum, fcripfit:

*Argentina tibi vitam, dat Roma fepulchrum.*
*Vix poteras nafci clarius, atque mori.*

„ Fuit ftatura procera, capillo crifpo, facie ma-
„ cilenta, ac corpore gracili, fed falubri, & renum
„ dolore excepto, nullis aegritudinibus obnoxio. Bis
„ in die comedebat, vini paullo appetentior, ma-
„ gna tamen eft femper abftinentia vfus, vt vel fa-
„ crum quadragefimae tempus quotidiano ieiunio
„ tranfigeret.   Anteaquam autem eo morbo corri-
„ peretur, qui ei fatalis fuit, ab Auguftana quadam
„ probatae vitae puella ( nullo haec extrario alimen-
„ to vefcitur) per literas de imminente fibi morte
„ eft certior factus: qua monitione nihil confterna-
„ tus, diffolui cupiit, & effe cum Chrifto. Augefcen-
„ te tandem ob tumorem aegritudine, membraque vi-
„ talia fenfim enecante, naturae conceffit decimo
„ Martii die, paullo poft meridiem, Anno Salutis.
„ M. D. X.

„ Corpus eius fequenti luce eft celebri pompa ela-
„ tum, atque iuxta fuggeftum illum coelatura ima-
„ gunculisque affabre fculptis ornatiffimum terrae
„ mandatum. Exequias eius facerdotes quamplurimi
„ celebrarunt, multorum ciuium atque etiam fena-
„ tus totius praefentia honoratas. Compofui ego mox
„ epitaphium in viri fanctiffimi memoriam. Quod vt
„ a pofteris quoque cognofcatur, hic fubieci. „

*Deo Trino & Vni.*

*Bene valeas, quisquis es*

*Ioanni Geilero Caefaremontano*

*Theologiae confultiffimo.*

*Qui Pericle eloquentior*

*Socrate continentior*

*Numaque religiofior*

*Vitae*

*Vitae sanctimonia & sacris*

*Concionibus Argentorat.*

*Populum*

*Ann. XXXIII. non sine*

*Magno profectu*

*Erudiuit.*

*Nemini vnquam assentatus.*

*Pauperes patrio affectu fouit.*

*Bonos ac doctos miro studio*

*Dilexit.*

*Argentorat. inclyta Respublica*

*Aeterno decori & monimento*

*Posuit*

*Vixit ann. LXIIII. mens. XI. d. XXIIII.*

*Obiit totius Alsatiae lachrymis*

*Dilectus.*

*Sub Maximiliano Aug. a quo ob*

*Vitae integritatem plurimum*

*Amatus est. An. Gratiae. M. D. X.*

*Sext. Id. Martias.*

*Proh quam recti exempli*

*Homo erat.*

*Sed orta cadunt.* \*)

E 3 " Spera-

---

\*) Epitaphium aliud *Io. Geilero Keisersbergio* posuit celeberrima *Commenda Ord. S. Iohannis Hierosolymitani* viridis Insulae Argentorati:

*Ioanni Geiler Keiserspergio theologo integerrimo, qui an-
nos supra XXX. Christi legem Argentinensibus exemplo*

&

„ Sperabam autem hoc, qualecunque eſt , epitaphi-
„ um in ſaxo inciſum iri, ſed nihil cum fidibus gra-
„ culo, nihil cum amaracino ſui, vt eſt in veteri
„ prouerbio. Literatores quidam ſemidoĉti, barbaris
„ notis barbarorum epigramma lapidi ſepulchrali cir-
„ cumſculpi curarunt.   Hi ſunt, qui literas Romanas
„ maiusculas, Hebraeas aut Aegyptias eſſe cauillantur.
„ Verum pudeat eos, qui Latinum ſermonem ſe cal-
„ lere credunt, literas non agnoſcere, quibus omnis
„ aetas vſa eſt, & ſacri adhuc libri in templis con-
„ ſcripti viſuntur.   Sed breui haec falſa opinio abo-
„ lebitur, cum ſe literaria iuuentus omnis ad priſcam
                                      „ elegan-

---

*& ſermone conſtantiſſime patefecit, vt immortalis fit eius,*
*pro maximis ſuis meritis, memoria, huius loci commenta-*
*tor & fratres hoc ſaxum ſummo cum fauore poſuere. Obiit*
*decima Martii anno Domini M. D. X.*

Aliud inſuper extat epitaphium in Eccleſia Cathedrali Argent.
ad latus prioris ( quod anno 1633. ex inſula viridi illuc
translatum eſt ) hoc tetraſticho expreſſum:

> *Quem merito defles vrbs Argentina, Iohannes*
> *Geiler, monte quidem Caeſaris eſt genitus.*
> *Sede ſub hac recubat, quam rexit praeco tonantis*
> *Per ſex luſtra docens verba ſalutifera.*

Vid. *Io. Nic. Weislinger* armament. Cathol. Bibl. Commend.
Argent. S. Ioan. Hieroſol. p. 284. Argent. 1749. ſ.

Addimus epitaphium *Ioannis Geileri ex Keiferſperg* ſacrae paginae doĉtoris, & Argentorati quondam concionatoris excellentiſſimi per *Ioannem Botzheim* D. D. eccleſiae cathedralis Conſtant. canonicum : quod legitur ſubiunĉtum Steph.
Hoeſt theol. Heidelberg. mod. praed. Argent. 1513. 4.

> *Keiſersperge cubant tua molliter oſſa Ioannes,*
> -     *Pax animae, haec dicas, quisque viator eas*
> *Doĉtorum columen, cleri decus & tuba Chriſti*
> *Miranda, & recti fidus amator erat.*
> *Quod docuit, fecit: res eſt haec coelica, nobis*
> *Neſcio poſteritas ſi dabit vlla parem.*
> *Magna ſalus patriae, per ſex prope luſtra docendo*
> `  *Extitit.   Aeterno gaudeat ergo throno.*

„ elegantiam, repudiatis grammatiftarum deliramen-
„ tis, feliciter componat.

„ Tetigi iam, vt arbitor,breui relatione, quaecun-
„ que ad *Geileri* vitam cognofcendam neceffaria, ac
„ fcitu digniora vifa funt : haud inficias eo, multa
„ me omififfe. Sed quis paucis innumera complecti
„ poffet? Adiuuit nos in hac re partim *Gangoly-*
„ *phus Lucelfteinus* religiofus facerdos, qui viro huic
„ multis annis fideliter miniftrauit, partim Kalenda-
„ rium quoddam antiquum, in quo varia diligenter
„ fignata comperi. Memini me, cum id perluftrarem,
„ & aliqua difquirere coepiffem, circa diem natiui-
„ tatis e regione fcriptum legere *dies calamitatis*. O
„ bracteatam & Pythio oraculo veriorem fententiam!
„ Vita enim noftra bullae inftar cito euanefcit, ae-
„ rumnarum ac moleftiae pleniffima, vt fit tam ve-
„ re, quam eleganter a Pindaro proditum, vitam ef-
„ fe vmbram fomnii. Eft praeterea quafi quaedam
„ malorum Ilias, fragilis, inconftans, fluxa, & mo-
„ mento caduca. Quis igitur mentis compos eam ca-
„ lamitatis, quam felicitatis nomen, potius mereri ne-
„ gabit? Quod fi ob amicum miferiis, quibus oppref-
„ fus erat, folutum liberatumque gaudere folemus,
„ minime de obitu *Ioannis Geileri* triftandum erit:
„ cum is poft multiiugos labores, temporariam hanc
„ vitam cum aeterna commutans, mundum lique-
„ rit, beatorum fortem ( vt fperamus ) affequutus. „

De libris, quos *Keifersbergius* fcripferit, acturus *Petrus*
*Wickgram* theologiae doctor, & illius ex forore nepos in dedicat. fermon. & var. tract. an. 1518. ad Albertum praepofitum
Eluacenfem haec in medium profert: " Proinde quo etiam pa-
„ rum eruditis fiat fatis: non grauabor breuem indubitatorum ope-
„ rum *Keiferspergii* catalogum contexere, ne quispiam pfeudo ti-
„ tulis delufus: fubdititium ac ementitum opus pro fincero poft-

„ hac fit lecturus.  *Peregrinus* Latine ac Germanice editus ve-
„ nam fapit *Keiferspergii :* fic *oratio dominica* , & *paffio* fi La-
„ tialiter legas, fin patrio in fermone noftro, nil eft . quod in-
„ cultius fit atque horreat magis, quandoquidem inimicus qui-
„ dem homo ( vt meminit parabola euangelica) agrum bono femi-
„ ne a patrefamilias confperfum foede contaminauit colluuie fuae
„ peftiferae zizaniae : Id quod etiam in humanis degente auun-
„ culo meo improbus quidam fycophanta & fcelere notior, quam
„ vt a me indicari, aut debeat, aut poffit, agere iam olim ad-
„ ortus eft.  Iocos enim ille quosdam feftiuos ac mire iucun-
„ dos, quibus *Keiferspergius* inter declamandum ad plebem gra-
„ uitatem diuini oraculi egregie ac fummo artificio temperauerat :
„ bono cuidam viro clanculum fuffuratus exfcripfit : atrumque
„ ibi fimul virus venenato ore in ecclefiafticos & monafticae pro-
„ feffionis viros euomuit : deinde chalcographis diuulganda per
„ orbem fub *Keiferspergii* nomine publicitus expofuit.  Qua ex
„ re vir ille innocentiffimus, & in nullius iniuriam aut contume-
„ liam vnquam propenfus ita indoluit, vt quanquam vehemen-
„ ter ad patientiam effet compofitus, tamen fic incandefcere vi-
„ fus eft, vt alias nunquam.  Denique fi mulctam ( aiebat ) illi,
„ in quos acrius peccatum eft, condonarunt: quid nos pro mi-
„ nori offenfa exigemus: quamuis non videam, quid homini pof-
„ fit accidere moleftius, quam fi in mille & eo amplius libris
„ bona de fe opinio toties & apud tantam lectorum turbam lae-
„ datur: cum longe grauius fit famae, quam rerum furtim abla-
„ tarum difpendium.  Non minori dehinc ignominia auunculum
„ meum affecit loripes quidam Iudaeus baptifmate lotus : cuius
„ habitum & profeffionem fubticeo ( *Io. Pauli, Ord. S. Franc.* )ne
„ pari inftituto fratres acerbius in fe aliquid dictum putent, is ci-
„ tra vllum ingenii aut doctrinae adminiculum , auditas ex ore
„ *Keiferspergii* explanationes in facra euangelia,domum regreffus,
„ coepit fuas nugas, & mera deliramenta, cum memoriae parum
„ fideret, fimul cum iis, quae audierat,coaceruare: vnde dictu mi-
„ rum , quam tortuofa & nufquam fibi cohaerens compofitio co-
„ acta

„ acta  fit :   haud  aliter  quam ( vt  Flaccus  ait ) *humano  capiti*
„ *ceruicem  pictor  equinam  iungere  fi  volet* ,  & *varias  inducere*
„ *plumas.*  Ceterum  inconditum  hoc  monftrum , & paffim  hians
„ commiffura  infcriptione  magnifica *Poftillae  Euangeliorum  Kei-*
„ *ferspergii* aere  ingenti  librariis  veniit;  atque  in  maximam  vi-
„ ri  doctiffimi  iniuriam ,  iam  tandem  emerfit  in  lucem.   De  me
„ interea  fileo ,  quem  verpus  ille  impudens totiens  audiuit  igno-
„ miniam  hanc  infignem  ab  auunculo  meo  deprecantem.    Ora-
„ ui  hominem  crebro , inftiti ,  concitaui ,  rationem  haberet Chri-
„ ftiani  viri ,  compresbyteri ,   commilitonis  pugnae  fpiritualis ,
„ denique  tam  probatae  vitae ,  cum  fumma  eruditione  coniun-
„ ctae.  Sed  ne  aliud  quidem  iam  effeci ,  quam  qui  furdo  narrat
„ fabulam ;  adeo in  nullam  prorfus flecti  poteft  partem durae  cer-
„ uicis  progenies.    Eiusdem  ferme,  feu  magis,  furfuris  eft  cum
„ poftilla  nugarum  congeries:  vulgo  die *brofemlyn.*   Sed  ad  ge-
„ nuinum  foetum  librorum  viri  celeberrimi  redeo.   *Tractatus*
„ *de  dlfpofitione  ad felicem  mortem* ,  modo  chalcographorum  in-
„ curia  non  fit deprauatus , *Keiferspergium*  redolet.   *Nauicula*
„ item *falutis :*  fimul  cum *naue ftultifera : ouis  errans : para-*
„ *difus  animae* ex *Humberti*  tractatu  de  virtutibus  in  Germani-
„ cum  fermonem  traducta *Geilerum*  noftrum  fpirat  &c.

Quae  igitur  librorum  iftorum  editiones  in  lucem
prodierunt , atque  plerumque  nobis  ad  manus  fuerunt ,
hae  funt :

1. Comparatio  auari  ad  porcum.

Epiftola  regis  Angliae  ad  papam  contra  nimias  exactiones
regno  intolerabiles ,  quodque  facerdotia  dignis  perfonis  conferen-
da  fint  ad  Dei  gloriam  ad  diuini  cultus  augmentum ,  falutem  animarum ,  ac  totius  regni  profectum. *Ioannis  Keiferspergii* primi
Argentinenfis  ecclefiae  concionatoris  comparatio  auari  ad  porcum
conuenientiffima.  Sine  loc. & an. 4. ( *In  Bibl. Acad. Argent.* )

2. ———— Oratio  habita  in  fynodo  Argentinenfi
1482. fol. ( *In  Bibl. Argent. Ord. S. Ioan. Hierofol.* )

Et  eadem  oratio  vna  cum  aliis  quibusdam  opufculis  infecta
eft *directorio ftatuum* a  Petro  Attendoru  bibliopol. Argent. 1489.

4. edito. ( *In Bibl. Riegger.* ) Et in Germanicum idioma translata eſt Argent. 1508. fol. ( *In Bibl. Acad. Argent.* )

3. —————— *Io. Gerſonis* operum editio.

*Io. Geileri Keiſersbergii* ſtudio & cura prodierunt opera Iohannis Gerſonis tribus partibus collecta , ſed ſine loci & typographi mentione : vtut Argent. eadem edita fuiſſe, indiciis fat luculentis comprobetur. *) *In fine I. partis :* Prima pars operum
magiſtri Iohannis de Gerſon , ſacrarum literarum doctoris reſolu-
tiſſimi, Chriſtianiſſimique, complectens tractatus, fidem ac poteſtatem ecclefiaſticam concernentes, finit feliciter, anno dominicae natiuitatis 1488. menſis vero Septembris idus quarto fol. *In fine
II. partis :* Secunda pars operum D. Iohannis Gerſon doctoris
Chriſtianiſſimi continens praecipue opuſcula ad mores accommo-
data, explicit feliciter, anno noſtrae ſalutis 1488. Nonas vero Iulii
menſis quinto. fol. *In fine III. partis :* Finiunt opera Cancellarii
Pariſienſis doctoris Chriſtianiſſimi Iohannis de Gerſon , quae vt
frugem lectori vberrimam ferant , emendatiſſima lima caſtigata
fuere Anno Domini 1488. Idus vero menſis Septembris octauo. fol. Recuſa eſt editio iſthaec ibid. 1489. 4to. 1494. To-
mis III. fol. &c. ( *quae omnes in Biblioth. Academ. Friburg.* )
Acceſſit deinde quarta pars operum Iohannis Gerſonis prius non
impreſſa. Ad lectorem hexaſtichon in opus quartum Gerſonis :

> *Quod fuit infeſtum tetra rubigine quondam*
> Mathias Schürer *claricauit opus.*

*Iam*

---

*) Quae operum Gerſonis Tomo I. praemiſſa eſt *compendioſa
laus Iohannis de Gerſon,* nullum hic prae ſe fert auctorem :
licet in poſterioribus editionibus , vti Argent. apud Ioan.
Knoblouch 1514. a *Iac. Wimphelingio* adornata fol. haec in-
ſcriptio legatur : *Iohannis de Gerſon Cancellarii Parrhiſien-
ſis compendioſa laus : a Petro Schotto Argentoratenſi hortatu Iohannis Geileri Keiſerspergii illic concionatoris elucubrata.* Plura de Ioanne Gerſonio, vti & de illius operum editionibus qui ſcire deſideret, adeat velim *Henr. Wharton* app.
ad *G. Caue* p. 104. *L. Ell. Dupin* nouv. bibl. des Aut. eccl.
T. XX. p. 66. & in illius edit. Oper. Gerſon T. I. *C. Oudinum* diſſ. de Gerſonio in Comment. de ſcript. eccl. T. III.
p. 2263. & alios complures.

*Iam dudum e coecis dat bibliopola tenebris*
Vimphelinge *opera, magne* Iacobe, *tua,*
*Huc quicunque filum vult lector habere politum*
*Calcographi* Flacci *non nisi nomen emat.*

*In fine* : Finit quarta pars operum Iohannis Gerſon : quae
prius non ſuere impreſſa : Iam vero prodeunt ſeliciter ex officina
Martini Flacci iunioris Argent. exactiſſima Mathiae Schurer Sletſtatini conſobrini eius opera III. Cal. Martii anno 1502. ſ. vt
de aliis taceamus. ( *In Bibl. Acad. Friburg.* *)

4. ———— Poſtill ibid. 1491. per Mart. Schott
fol. ( *In Bibl. Argent. Ord. S. Ioannis Hierofol.*

5. ———— Nauicula, ſiue ſpeculum ſatuorum
1499. ( *In Mich. Maittaire annal. typogr. T. 1. P. II.*
*p. 708. Amſtel. 1733. 4.* )

6. ———— Facetiae 1500. ( *In Maittaire annal.*
*typogr. loc. cit. p, 742.* ) qui libellus, vt videtur, ab
eiusdem *tropis* ſiue *ſalibus*, haud diſſert.

7. ———— Scommata : ſiue mutato titulo : tro-
pi & facetiae.

Margarita ſacetiarum Alſonſi Aragonum regis Vaſredicta : Pro-
uerbia Sigismundi & Friderici tertii Rom. Imperatorum. Scommata *Io. Keiſersperg* concionatoris Argentinenſis. Marſilii Ficini Florentini de ſole opuſculum. Hermolai Barbari orationes.
Facetiae Adelphinae. *In fine:* Impreſſum per honeſtum Iohannem Grüninger Anno noſtrae redemptionis 1508. Argent. 4.
( *In Bibl. Acad. Friburg.* ) Et ibid. 1509. 4.

Pluribus de hoc libello egit *Iac. Wilh. Blaufuſius* vermiſcht.
Beytr. von ſelt. vnd merkwürd. Büch. II. B. p. 23.

8. Apologetica declaratio *Wymphelingii* in libellum
ſuum de integritate : de eo, an S. Auguſtinus ſuerit monachus.

---

*) Poſſidebat olim hoc exemplum editionis Gerſonianae *Ioan.*
*Brisgoicus*, theologiae profeſſor celeberrimus, qui haec ad
marginem P. IV. manu ſua adſcripſit : *Ioannes Culciatoris*
*Brysgoicus dono habuit hunc librum a famatiſſimo viro*
*Io. Keiſerspergio.*

nachus. Cum epiſtolio *Thomae Volphii* iunioris. *Keiſerspergii* epiſtola elegantiſſima de modo praedicandi
paſſionem Domini. Porro *Wymphelingii* metrica. Argent. vt videtur, & quidem an. 1505. 4. (*In Bibl.
Acad. Friburg. & in Riegger.*) *)

9. ———— Predigten Strasb. 1508. & 1510.
cum figg. fol. (*In Bibl. Acad. Argent.*)

10. Fragmenta paſſionis Domini noſtri Ieſu Chriſti. A celeberrimo (diuini eloquii oratore) domino
IOANNE GEILERO EX KEISERSPERG, theologo ſub
typo placentae melleae praedicatae: Per *Iacobum Ottherum* **) familiarem eius in hunc modum collecta.
*In fine*: ex aedibus Mathiae Schurerii menſe Decem-
bri anno 1508. 4. (*In Bibl. Acad. Friburg.*)

Subiuncta eſt haec epiſtola: "*Profundiſſimo Chriſtianae theo-
„ logiae Licentiato domino Iacobo Wimpflingio Schletſtatenſi,
„ Iacobus Otherus Spirenſis ſeſe officioſſime commendat.* Neſcio
„ virorum humaniſſime, ſi tuam erga me pietatem potius quam
„ diſciplinae eruditionem memorare debeam, adeo vtrisque com-
„ mendatus tibi videor. Neque enim ſingularis defuit diſcipli-
„ nae eruditio, neque pietatis ſeruor, tum ad otia fugienda ſan-
„ cteque conuerſationis veſtigia imitandum a te quam creberri-
„ me inuitabar. Eandem quippe diſciplinam eſſe legem Dei ne-
„ mo ambigit: cuius Auguſtinus cap. VIII. libri ſecundi de or-
„ dine, duas aſſerit partes vitae ſcilicet & eruditionis. Hanc
                                                „ pro-

———————————————————————————
*) In fronte adſcripſit, vt videtur, *Iac. Wimphelingius* haec
   verba: *D. Iohanni Calciatori theologo Brisgoico Friburgi,*
   Vid tab. aen. adiect.
**) An. 1510. vlt. Iulii rectore venerabili & egregio viro *Ioan-
   ne Sutoris de Zurzach* in vigilia Apoſtolorum Philippi & Iacobi in album academicum relatus eſt *Iacobus Otter* ex Spira
   clericus. In *matricula* magna facultatis theologicae inter
   *ſententiarios* & *formatos* theologiae habetur: ad an. 1515.
   19. menſis Iunii. " Magiſter *Iacobus Otherus* principium
   „ fecit in primum ſententiarum Magiſtri Petri Longobardi,
   „ (Lombardi) & tum facultati, tum ſingulis regentibus
   „ eiusdem curauit ſatisfacere. „

„ procul dubio me comprehensurum optas, huic inniti, huic im-
„ plicari , me denique totum ad illius amplexus dirigi velles.
„ Has quidem instigationes non minus charitatiuas quam ratio-
„ nales , & si pro viribus obseruaturum me non dubites : nec
„ tamen cessas, quin iterum atque iterum , quod mente teneo,
„ satis ostendam , studeas adhortari : doctoris quoque *Keisers-*
„ *bergii* sermonum quiddam scriptis commendem vehementer
„ exoptes: ne videlicet tanti viri dicta penitus aboleri videan-
„ tur. Cogitanti fiquidem mihi, quidnam celeberrimorum dog-
„ matum, ad condescendendum tibi deligerem ; istuc tandem
„ libuit inducere animum: vt passionis Domini materiam a prae-
„ dicto doctore , concionatoreque celeberrimo , sub typo placen-
„ tae melleae, populo satis abunde ( more suo ) administratam,
„ praesenti complecterer opusculo: motus nonnihil grauium quo-
„ rundam virorum assiduis persuasionibus , qui ob huiusce ma-
„ teriae abolitionem molestia non vulgari se conquerebantur affi-
„ ciendos: horum, inquam, tuaque praecipua grauitate fretus ,
„ carptim doctoris memorialia prosequendo , fragmenta saltem
„ concionatae passionis modo subsequenti decerpsi: coactus quo-
„ que ob materiae prolixitatem opusculum imperfectum relin-
„ quere ; quod quidem, etsi grauium peritorumque conspectui tra-
„ di videatur indignum ; lectoribus tamen , ac tibi vnice ob au-
„ ctoris facundiam, nonnihil iucunditatis allaturum spero. Ma-
„ xime autem incipientibus , atque in diuini eloquii oratoria
„ nondum exercitatis , nostrum reor opusculum profuturum :
„ quibus & iter quaerendi facilius : & doctoris nostri patescit
„ administrationis ordo. Haec itaque fragmenta inscitia mea
„ hinc inde ex doctoribus collecta , beneuolo animo, quousque
„ potiora videas, lectitare non dedigneris. Vale, sisque eo, quo
„ semper erga me fuisti animo. Ex Argent. 16. Calend. Ian.
', 1508. „

“ *Iacobus Wimpflingius Iac. Otharo Nemeten. S.* Ego te
„ mi *Iacobe* a teneris annis tuis propter bonam indolem & stu-
„ dii feruorem admodum dilexi, nec te desinam diligere, quam-

„ diu

„ diu in femita virtutum quam falubriter ingreffus es , perfti-
„ teris, ad quod cum tuopte ingenio pronus fis , magnum ta-
„ men adiumentum & optabile calcar praeftat tua cum egregio
„ & praeftanti doctore noftro *Keiferspergio* familiaritas atque
„ conuerfatio.   Hunc ducem , hunc praeceptorem fi imitatus
„ fueris , ad vitia nunquam te declinaturum formidato , nun-
„ quam mihi perfuadere potero , vt ingenii tui vires aut appe-
„ titum transferas ad carnis illecebras , ad fola caduca fortu-
„ nae bona corrodenda , quod qui faciunt, mandatorum Dei &
„ dirae Chrifti paffionis immemores , veluti falamandra perpe-
„ tuos ignes perferre poffe videntur.   Quid enim homo ratio-
„ ne vtens & gratus effe diuinis beneficiis defiderans , non li-
„ benter agat , in quo fe fciat Domino Deo conditori , redem-
„ ptorique fuo gratificaturum ?  Aut quid non libens pro Deo
„ & iuftitia fuftineat, quoties meminerit contemptus, oblocutio-
„ nes , vincula , verbera , fputa & demum crucem , quam pro
„ nobis pientiffimus Iefus ab ingratis Iudaeis perpeffus eft. Pa-
„ rum forte mouet nonnullos Domini paffio eius frugalitas, at-
„ que terrenarum rerum defpicientia, quam nobis praedicauit,
„ & eius amatores beatos effe dixit.  Crediderim, fi aetate no-
„ ftra Chriftus ad terras defcenderet , & paupertatem praedi-
„ cans, auaritiam arguerat , denuo ipfum a quibusdam virtu-
„ tum aemulis, litium & turpis quaeftus fautoribus cruci affi-
„ xum iri.  E quorum coetu, quidam futilis & fuperbus nu-
„ per dixit : Theologos facrarumque literarum cultores ad bacu-
„ lum mendicitatis effe redigendos. Thefaurizat ille , & a pau-
„ perrimis agricolis, qui vix lactis copiam pro infantibus habent,
„ omnem guttam inhumaniter emulget : fed lento gradu Deus
„ vlcifcitur.  Tu vero mi *Iacobe* rem vtilem & honeftam, rem
„ Deo gratam , multisque deuotiffimis religiofiffimisque viris iu-
„ cundiffimam efficies : fi dominicae paffionis articulos a *Kei-*
„ *ferspergio* ante biennium praedicatos , & a te collectos cura-
„ bis in multorum manus exire : vt multi placentis illis fpiri-
„ tualibus reficiantur, & ad quaslibet calamitates aequo animo
„ fufti-

„ suſtinendas habeant ſalutaria remedia, & contra carnis mun-
„ dique inſultus dulciſſimis illis exercitiis ſeſe tueantur.   Vale
„ ex Friburgo 18. Ian. 1508. „

11. Celeberrimi ſacrarum litterarum doctoris Io-
ANNIS GEILERI KEISERSPERGII Argentinenſium
Concionatoris bene meriti, de oratione dominica ſer-
mones: per *Iacobum Ottherum* Nemetenſem hac forma
collecti. . *In fine:* Finit de oratione dominica tra-
ctatulus fructuoſiſſimus.   Mathias Schurerius Argen-
toraci emiſit 4. Calend. Iun. anno M. D. IX. 4to.
*Iacobus Ottherus* inſcripſit opuſculum *Iod. Gallo* ex
Rubeaco Chriſt. ſapientiae doct. S. S. Germani &
Mauritii Spirae Canonico: *Io. Vigilio*, ( *Wacker* )
I. V. D. Cathedral. eccl. Vangionum Canonico. ( *In
Bibl. Acad. Friburg.* )

Et ibid. an. 1510. IV. Cal. Auguſti per Math.
Schurerium 4to. ( *In Bibl. Acad. Friburg.* )

12. Nauicula ſiue ſpeculum fatuorum praeſtantiſſimi ſacrarum literarum doctoris IOANNIS GEILER
KEISERSPERGII Concionatoris Argentinenſis a *Iac.
Otthero* collecta. Compendioſa vitae eiusdem deſcri-
ptio per *Beatum Rhenanum* Seleſtatinum. *In fine:* Argentinae ex aedibus Schurerianis 1510. 4. ( *In Bibl.
Acad. Friburg.* )

*Iacobus Ottherus* inſcripſit III. Id. Febr. an. 1510.
Argent. *Ioanni Wydel* ex Gersbach fratrum Ord. S.
Benedicti in Schutterana eremo commorantium ab-
bati.

Et ibid. 1511. 4.   Atque ibid. 1513. 4. ( *In
Bibl. Acad. Friburg.*)

13. ———— Predigten von dem Berg des ſchau-
enden Lebens. Strasb. 1510. fol. ( *In Bibl. Argent.
Ord. S. Ioan. Hieroſol.* )

14. Schön Buch genannt der Seelen Paradiſz,
VON

von wahren vnd vollkommenen Tugenden.  Gepredigt zu den Reuern ·in Strafzburg von *Ioh. Geiler
von·Keifersperg*, als man zalt nach der Geburt Chrifti vnferes Herrn 1503.  Gefchrieben von Schwe-
fter *Sufanna Hörwurtin*, von Augfpurg, Priorin des
obgemelten Clofters. fol. Strafzburg 1510. ( *In Bibl.
gent. Ord. S. Ioannis Hierofolymit.* )

15. Das irrig Schaf fagt von Kleinmütigkeit
vnd Verzweiflung geprediget, vnd gedeutfcht durch
den würdigen vnd hochgelerten Doctorem *Iohannem
Geiler von Keifersperg* mit fampt den nachfolgenden
Tractaten.   Der hellifch Löw von böfer Anfechtung.
Die Criftenlich Künigin.   Die Künigin von Saba ift
kummen vom End der Welt , zu hören die Weifz-
heit Salomonis des Künigs. Matthei XII.   Der drei-
eckecht Spiegel von den Gebotten.   Von der Beicht
vnd von der Kunft des Wolfterbens.   Der Efchen
Grüdel von den anfahenden Mönfchen in dem Gots-
dienft. Das Klappermaul von Hinderred.  Der Troftfpiegel wider vnuernünfftigs Trauren vmb die abge-
ftorbnen Fründ. *In fine:* Geprediget vnd geteutfchet
durch den würdigen vnd hochgelerten Doctorem *Iohannem Geiler von Keifersperg* , Prediger des hohen
Stifft zu Strafzburg.   Vnd getruckt durch Magiftrum
Mathiam Schürer 4. an. vt videtur 1510. & viuo adhuc Keiferspergio. ( *In Bibl. Academ. Friburg.* ) Idem
liber Argent. 1514. fol. ( *In Bibl. Acad. Argent.* )

16. ——— Der Granatapfel Augsp. 1510. fol.
Predigten von den fieben Hauptfünden oder Schwerdtern. Augsp. 1510. fol. Der Haas im Pfeffer Augsp.
1510. fol. ( Quae editiones *in Bibl. Acad. Argent.*)

Alia laudatur editio: Das Buch Granatapfel. Im
Latin genannt Malogranatus. helt in im gar vil vnd
manig haylfam vnd füffer Vnderweyfung vnd Ler,

den

den anhebenden, aufnemenden, vnd vollkommenen
Menschen, mit sampt gayftlicher Bedeutung des Aufs-
gangs der Künder Ifrael von Egypto.   Item aine
merkliche Vnderrichtung der gayftlichen Spinnerin.
Item etlich Predigen von dem Haafen im Pfeffer.  Vnd
von fieben Schwerdtern vnd Schayden, nach gayftlicher Aufslegung. Strafzburg durch Ioh. Knoblouch
1511. in fol. ( *In Bibl. Acad. Argent.* )

17. Nauicula poenitentiae per excellentiffinum
facrae paginae doctorem IOANNEM KEISERSPERGI-
VM Argentinenfium Concionatorem praedicata, a *Iacobo Otthero* collecta.   *In fine:* Sermones quadrage-
fimales fructuofiffimi de nauicula poenitentiae, de
reftitutione ac coelefti Hierofolyma &c. diuinae paginae profefforis IOANNIS GEILER KEISERSPERGII
in fumma cathedralique Argentinenfium ecclefia quondam verbi Dei Concionatoris illuminatiffimi. Ordina-
tione magiftri Iohannis Othmar, locatis expenfis per
circumfpectum virum Georgium Diemar ad Dei laudem & animarum falutem in Augufta Vindelicorum
feliciter funt impreffi & finiti in hebdomada poft na-
tiuitatem beatiffimae Virginis Mariae Anni Millefimi
quingentefimi vndecimi. fol. ( *In Bibl. Acad. Friburg.* )
Et Argent. per Math. Schurerium 1512. 4. & 1513.
4. ibid. 1517. 1519. 4. ( *In Bibl. Acad. Argent.* )

" Exhortatorium carmen *Vrbani Riegeri* Phiiirani *) ad le-
" ctores candidos, vt egregium hoc opus *Ioannis Keiferspergii*

F                            „ Con-

---

*) Anno 1510. fub decanatu *Io. Rofsnagel* in angaria pentê-
coftes baccalarius artium renuntiatus, & quinto loco pofitus
eft *Vrbanus Rieger de Argent.* Ad marginem haec eft adiecta
notula: *Lutheri fectator Regius.*  Sed egregie deceptus videtur, quisquis ille fuerit, qui haec adfcripferit, fcilicet
*Vrbanum Regium* ( *Künig* ) cum hoc noftro *Vrbano Rieger*
commutaturus.

„ Concionatoris olim Argentinenfium viri diuini potius quam
„ humani ingenii, impenfe perluftrent.

> „ *Sincere capitur qui relligionis amore,*
> „ *Haec legat exacti iam monumenta viri.*
> „ *Doctor* Ioannes, *Germanae gloria terrae,*
> „ *Ista dedit, fidei firma columna facrae.*
> „ *Nauiculam ftruxit, placidum, qua attingere portum.*
> „ *Mortalis poterit per freta caeca cohors.*
> „ *Virtutis fpecimen diuini buccina verbi,*
> „ *Inter theologos fumma corona fuit.*
> „ *Non ita coelefti contorquet fulmen ab arce*
> „ *Iuppiter, humanum quum ferit ille genus.*
> „ *Nec quum concuffo fonuerunt cardine terrae:*
> „ *Noxia diftringit tam male corda panor.*
> „ *Non fic terrifici miferae tonitrua bombi*
> „ *Vrbis ad excidium, dum ferus hoftis adit.*
> „ *Vt fua proftrauit populum tunc lingua trementem:*
> „ *Spicula quum iecit crimen in omne fua.*
> „ *Terror erat magnus prauis, folator honeftis,*
> „ *Vnica pauperibus fpes, falus atque pater.*
> „ *Moribus, ingenio, tetrica grauitate probatus*
> „ *Aetate & mira dexteritate pius.*
> „ *Quantumuis fato foluantur cuncta rapaci:*
> „ *Aeterno virtus tempore fola viret.*
> „ *Morte perit corpus, fublimia fcripta manebunt:*
> „ *Militis emeriti fama perhennis erit.* „

Sequitur deinde epiftola *Iac. Ottheri:* “ Venerabili viro do-
„ mino *Georgio Reyfch* Patri ac Priori domus Carthufianae pro-
„ pe Friburgen. prouinciae Rhenanae Vifitatori digniffimo, fuo
„ maiori ac domino obferuando *Iacobus Ottherus* humillime fefe
„ offert.   Cum pater ampliffime, varia illuminatiffimi doctoris
„ *Ioannis Keifcrspergii* inuenta in publicum emiferim, fingu-
„ laque fingulis atque probatis viris, prout moris eft, dedicaue-
„ rim: iamque poftremum, quod poenitentiae nauiculam voci-

                                        „ tauit,

„ tauit , per me vtcunque abfolutum fit proditurum in lucem ,
„ id quod ego tibi digniffime vir , tuas mecum virtutes reuol-
„ uens nuncupo. Cui enim praeter te conferam meos labores,
„ fcio neminem , eos praefertim, qui foetura funt domini mei
„ olim *Ioannis Keiferspergii.* Is quidem ob tuam integritatem,
„ omnino religionem totam obferuabat , folis Carthufianis , &
„ Ioannitarum Argentinenf. proba confuetudine, fe otiofus dul-
„ citer oblectabat , adeoque vitam fecretiorem amauit , vt fe-
„ cum tacite deliberans, eremum ipfum, nifi a *Gabriele Biel*, &
„ *Eggelingo* prohibitus, intraffet. Confulto quidem & vt confi-
„ denter fpero Dei nutu , propofito licet falubri eft fubmotus ,
„ vt praeclarus ipfe plebis anteceffor in via Domini praeiret.
„ Accedit ad id quod tua humanitas, mortuo *Keiferspergio*, to-
„ tius Carthufianorum ordinis merita participauit. Quare ob-
„ feruandiffime pater, hanc poenitentiae nauem tibi deditam fu-
„ fcipito : atque pro otio doctas inuentiones, fimilitudines ap-
„ propriatas, & feruidum dicendi genus, pientiffimi *Ioannis Kei-*
„ *ferspergii* concionatoris olim Argentinenfium legito ; tuum-
„ que difcipulum, vt indulgens parens, pro innata confuetudine
„ amplectitor. Vale curfim. Ex Frib. 17. Cal. Dec. An. 1510. „

18. Troftfpiegel von IOH. GEILER VON KEI-
SERSPERG: Strasb. bey Ioh. Knoblouch 1511. fol.
( *In Bibl. Argent. S. Ioan. Hierof.* )

19. ———— Chriftenlich Bilgerfchaft zum ewi-
gen Vatterland , fruchtbarlich angezeigt in Glych-
nufs vnd Eigenfchafft eines wegfertigen Bilgers, der
mit Flyfs vnd Ylent fucht fin zitlich Heymat. Bafel
gedruckt durch Adam Petri von Langendorff 1512.
des Monatz Iunii an den 15. Tag in fol. ( *In Bibl.
Acad. Argent.* )

20. ———— Alphabeth in XXIII. Predigten,
Strafsb. 1512. fol. ( *In Bibl.libr. rar. vniu. Io. Iac. Bauer
T. I.p.* 226.) Et Argent. 1517. f. (*In Bibl.Acad.Arg.*)

F 2                    21. — Schiff

21. ———— Schiff des Heils. Auf das aller-
kurzeſte hie vſsgeleget. Nach der Figur, die Doctor
Iohannes von Eck gemacht hat zu Ingolſtat. Be-
wegt auſs den Predigen des würdigen Herren Doctor
IOHANNES GEILER KEISERSPERG, etwan Predicant
zu Straſsburg in dem Elſaſs. Gedruckt durch Iohannem Grüninger in Straſsburg vff ſant Bartholom. Abent.
1512. fol. ( *In Bibl. Acad. Argent.* )

22. ———— über die vier Euangelia durchs
Ior, ſamt dem Quadrageſimal vnd von etlichen Hey-
ligen. Straſsb. 1512. in fol. ( *In Bibl. libr. rarior.*
*vniuerſ. Bauer. loc. cit.* )

23. ———— Predigten von der Himmelfahrt
Mariae. Strasb. 1512. fol. ( *In Bibl. Acad. Argent.* )

24. Peregrinus doctiſſimi ſacrae theologiae doctoris IOANNIS GEILER KEISERSPERGII Concionatoris
Argent. celebratiſſimi a *Iacobo Otthero* diſcipulo ſuo
congeſtus. *In fine:* Argentinae ex aedibus Mathiae
Schurerii anno 1513. 4. ( *In Bibl. Acad. Friburg.* )

" Praeſtantiſſimo viro domino *Ioanni Brisgoico* artium & ſa-
„ cratiſſimae theologiae doctori, atque eiusdem ordinario profeſ-
„ ſori in Friburgenſi archigymnaſio, patrono ſuo bene merito,
„ *Iacobus Ottherus* ſeſe commendat. Mos eſt eorum ( clariſſime
„ vir ) qui librum aliquem in lucem edere volunt, vt ſibi ex
„ optimis quibusque vnum aliquem primariae notae virum cu-
„ rioſe perquirant, cui velut recentis ſoeturae propugnatori ſu-
„ um dedicent opus. Non abſimilis me ſollicitudo diſtrahit, vt
„ opuſculum habeam doctiſſimi omnium atque integerrimi prae-
„ ceptoris mei *Io. Keiſerspergii*, cui *Peregrino* nomen eſſe voluit,
„ quod ego multis iam vigiliis atque impenſa opera in ordinem
„ redegi, mendas paſſim exſcriptorum incuria commiſſas pro
„ viribus expungens. Itaque e vinculis caput exerit, atque in li-
„ bertatem ſine intermiſſione proclamat. Ego quando ſummum
„ Chriſtianae reip. fructum inde prouenturum non ignoro, obluctari

„ nolui, laxaui vincula, ne non in omnibus fideliffimi praeceptoris
„ mei voto refponderem : qui fuas operas profecto omnes, lucubra-
„ tionesque eximias ad Chriftianorum falutem velut in fcopum
„ rectiffime praefixit. Is diuini verbi tuba fuit vocaliffima non
„ aures folum , fed multorum pectora irrumpens , & diuinarum
„ litterarum quafi oceanus, a quo faluberrima fluenta emanarunt.
„ Sed quid acta ago ? Laus eius amplior eft , quam vt modi-
„ cis perftringatur verbis. Tu cum eius femper fingularis ac
„ praecipuus amicus extiteris , non abfurdum fore duxi , vt prae
„ caeteris te deligerem , ad quem *Peregrinus* diuertat , atque
„ gratum hofpitium impetret. Ad hanc dicaturam non parum
„ multa me iuftigarunt , inprimis tamen tua ifthaec in me bene-
„ uolentia vfque eo propenfa , vt quum ipfe celebri nomine vir
„ multiiuga quoque doctrinarum eruditione & habearis & fis ,
„ me tamen infimae fortis hominem non modo non defpicis ,
„ verum etiam officiis ferme innumeris quotidie adobruis. Dein
„ ftudii illius ratio , cui enim libellus ad mortalium peregrina-
„ tionem egregie conducibilis dignius , quam tibi infcriberetur ,
„ qui facras litteras non minus opere fecteris , quam ore profi-
„ tearis. Poftremo litterarum in te cultiffima eruditio me mo-
„ uet , & ( quod citra affentatorium fucum dixerim ) variarum
„ fententiarum admirabilis & profunda inueftigatio , quae fola
„ vanos inuidorum latratus ( fi qui funt futuri ) compefcere ,
„ atque liuentes oculos perftringere potuit. Praeterea non po-
„ teft non effe tutiffima haec lucubratiuncula fub facramentario
„ coeleftis philofophiae affertore, qui nihil defendit, quod offen-
„ dat, nihil amat, quod detrimentofum eft faluti , nihil typis
„ informari patitur, quod non exactum eft , & non vberrima
„ fecum commoda lectoribus afferat. Denique durum mihi at-
„ que ingrati prorfus hominis effe videbatur, fi alium huius li-
„ bri patronum quaefiffem : quandoquidem hoc vltimum forfitan
„ opus eft , quod ex *Keiferspergii* officina mea cura abfolutum
„ prodibit. Nulla etenim mihi iam librorum eius copia fit, quod
„ dolentiffime fero. Eft adhuc thefaurus Infignis fuperftes, qui

F 5                                        „ de-

„ dominicam ecclefiam velut copiofiffimis Aegyptiorum opibus
„ pulchre locupletaret, fi quispiam amore Chriftianae reipublicae
„ perculfus, pro eius publicatione ex animo laboraret. Vti-
„ nam Deus optimus max. hanc mihi tamdiu vitam proroga-
„ ret, quoad hafce coeleftes diuitias cum meorum confenfu fu-
„ periorum eruerem, & in vtilitatem concionatorum fideliter dif-
„ funderem. Sed vt redeam, vnde digreffus fum, te in nuncu-
„ pando libello praeterire omnino non fuit confilium. Accipe
„ itaque hoc munufculum hilari animo, quo nihil hac tempefta-
„ te preciofius donari a me potuit. Quod fi meus tibi in colligen-
„ do labor probatus fuerit, tibi inquam tali ac tanto viro, non
„ eft quod aliorum aurita iudicia facile pertimefcam, aliter ti-
„ bi patrono optime de me merito rem gratam facere non da-
„ tum eft. Quicquid tamen id eft, dü faxint, vt hoc pignus fit
„ meae erga te obferuantiae perpetuum. Vale theologorum de-
„ cus atque vnica falus. Ex Friburgo M. D. XII. die X. Iunii. „

Eft idem porro *Vrbanus Rieger* Philiranus, de quo paullo
ante diximus, qui carmen huic editioni praemifit.

25. ——— Schiff der Poenitentz vnd Bufs-
wurckung, gepredigt in dem hohen Stifft, in vnfer lieben Frawen Munfter zu Strofsburg, in Teutfch
gewendt von Latin, aufs feiner aygnen Handfchrift.
&c. Gedruckt zu Augfpurg von Maifter Ioh. Otmar,
mit zuthun vnd Hilf in Verlegung des erbern lörgen
Diemar vnd volbracht in der erften Faftwoch 1514.
in fol. ( *In Bibl. Acad. Argent.* )

26. Sermones praeftantiffimi facrarum literarum
doctoris IOANNIS GAILERI KEYSERSBERGII concionatoris Argentinenf. fructuofiffimi de tempore & de
fanctis. Nimirum de arbore humana, de XII. ex-
cellentiis arboris crucifixi, de XIII. fructibus Spiritus
fancti, de XII. conditionibus mortis fub typo maioris villani arborum Caefaris: Dorfmeier, Holzmeier.
De XIII. obfequiis mortuis impendendis, quae in

fer-

fermonibus de morte virtuali anne&tuntur. *In fine :* Expliciunt fermones doctiffimi ac Dei honoris praecipui zelatoris, IOANNIS GEILERI KEYSERSPERGII de morte pretiofa ac aliis fub diuerfo tibo (typo) quos Ioannes Grüninger vir circumfpectus ac prouidus Argentinae impreffit. Anno millefimo quadringentefimo decimo 4.. in vigilia Annuntiationis Mariae. *) in fol. (*In Bibl. acad. Friburg.*). Eadem editio repetita ib. an. 1515. fol. & deinde ibid. 1519. fol. ( *In Bibl. acad. Friburg.* )

27 ——— Pater nofter. Vfslegung über das Gebette des Herren, fo wir täglich fprechen. Vatter vnfer der du bift in den Hymeln &c. Strafsburg durch Matthiam Hupffuff, Buchtrucker, vff Laetare oder Halbfaften 1515. in fol. (*In Bibl. acad. Argent.*)

F 4      28.

---

*) De qua *Io. Nic. Weislinger* in Catal. libr. impreff. Bibl. Ord. S. Ioan. Hierofol. Argent. p. 89. haec aduertit. „ Palpabilis error typographicus hic irrepfit. Nam anno „ 1440. Typographia inuenta eft. Anno 1445. die 16. „ Martii natus eft Ioannes Geilerus Scaphufii, tefte Beato „ Rhenano in eius vita. De ipfius vero obitu Anonymus „ quispiam in fine fermonum Geileri de oratione domi- „ nica adferipfit fequentia. *Anno domini millefimo quin-* „ *gentefimo, Dominica, Laetare, quae fuit VI. Nonas* „ *Martii poft medium duodecimae horae eiusdem diei obiit* „ *venerabilis & egregius Magifter Ioannes Geiler ex Kei-* „ *fersberg Praedicator & lumen Ecclefiae Argentinen-* „ *fis, qui in fefto fanctae Gertrudis fequenti fexagefimum* „ *fextum aetatis fuae annum, fi non fata obftitiffent,* „ *attigiffet : qui vir venerabilis & omni laudis praeconio* „ *digniffimus, cuius anima cum fidelibus requiefcat in* „ *pace, die lunae fequenti fepeliebatur apud ambonem in* „ *maiori ecclefia circa horam XI.* Porro Ioannes Grünin- „ ger an. 1521. Argentorati vixit fuperftes. Tandem Ma- „ ximiliani I. conceffum priuilegium, operi praefixum, „ datum eft ad 14. Kal. Febr. Anno Chrifti 1514. „

28. Das Euangeli Buch mit Predigen vnd Vſs-
legungen D. IOHANN GEILER VON KEISERSBERG
Strafsb. 1515. fol. quae editio laudatur *in Bibl. libr.*
*rar. vniu. Baueri T. I. loc. cit.* Et alia extat illius editio Argent. an. 1517. fol. *in Bibl. Argent. Ord. S. Ioan.*
*Hieroſ.*

29. ———— Tra&atus de diſpoſitione ad felicem mortem XXVII. ſermonibus abſolutus fol. (*In*
*Bibl. Argent. S. Ioan. Hieroſ.*)

30. ———— Die zeben Gebott erklärt Strafsb.
1516. fol. (*In Bibl. acad. Argent.*)

31. Die Emeis (dis iſt das Buch von der Omeiſſen vnd auch her der Künnig ich diente gern.   Vnd
ſagen von Eigenſchafft der Omeiſſen, vnd gibt Vn-
derweiſung von den Vnholden vnd Hexen, vnd
von Geſpenſt, der Geiſt, vnd von dem wütenden
Heer, wunderbarlich vnd nützlich zewiſſen, was man
daruon halten oder glauben ſoll. Vnd iſt von dem hochgelerten Do&or IOH. GEILER VON KEISERSPERG, Predicant der keiſerlichen freien Stat Strafsburg derſel-
ben Zeit in eim quadrageſimal gepredigt worden, alle
Sontag in der Faſten magſt du die Euangelia darzu
ſuchen In ſeinem Euangeli Buch.   Vnnd iſt hie an-
gezeugt an den erſten Predig, die Figur vonn dem
Euangelium an den Sonntag Sexageſima iſt der erſt
Sontag vor Herren Faſtnacht.   Cum turba plurima
conueniret Luc. am 8. c. *In fine:* Item difz Buch das
iſt getruckt vnd ſelliglich geendet durch Iohannes
Grieninger, in der Stat Strafsburg, vff Freitag vor der
Herren Faſtnacht, in dem Iar 1516. fol. (*In Bibl.*
*acad. Friburg.*) Et ibid 1517. fol.

32. Her der Küng ich diente gern, alſo iſt dis
Buchlein genant.   Vnd haltet inn funfzehen ſchöner
nutzlicher Leer vnd Predig, aufzgelegt von dem hoch-

ge-

gelerten gotzförchtigen Doctor IOHAN. GEILER VON
KEISERSPERG , Predicant der Stat Strafzburg, der
Zeit in dem hohen Stift ietzt neuw aufzgegangen &c.
*In fine* : Alfo habent ir dife Matery von Her der Künig ich diente gern, von Küffen der Katzen des
Feinds, wie wir vns halten follen, vnd ift difz Buch
getruckt in der keiferlichen frien Stat Strafzburg,
von Iohan. Grieninger, vnd geendet vff fant Ma-
thisabend, in dem Iar von der Geburt vnfers Herren
Iefu Chrifti 1516. fol. (*In Bibl. acad. Friburg.*) Et
ibid. 1517. fol. ac 1526. ( *In Bibl. Acad. Argent.* )

33. Die Bröfamlin Doct. KEISERSPERGS, vffge-
lefen von Frater *Iohan Paulin* barfüfer Ordens, vnd
fagt von den funffzehen hymelfchen Staffelen die
Maria vffgeftigen ift, vnd ganz von den vier Leu-
wengefchrei , auch von dem wannen Kromer der
Kauflüt funderlich huffche Matery bei 62. Predigen,
nutzlich vnd gut den Menfchen, die daz lefen, on
Zweifel wol dardurch gebefferet werden.    *In fine:*
Dem allmächtigen Gott zu Lob vnd zu Eeren feiner
wirdigen Muter Marie vnnd allen Heiligen, fo endet fich hie dis Buch der Bröfamlein Doctor KAISERS-
PERGS, die dan zufamen hat gelefen der wirdig Bruder *Iohannes Pauli* vnnd durch fleifsig Bitt in den
Truck hatt geben, zu Befferung vnd Selikeit den
Menfchen, die folichs fleifzlich vnnd nicht fchnellik-
lich vberlefen, grofsen Nutz, vnd vil Güter leer
dauon empfahen werden.    Vnd ift getruckt in der
kaiferlichen freien Stat Strafzburg, von Iohannes Grieninger.    Vnd vfzgangen vff vnfer lieben Frauwen-
abend der Verkündung, in dem Iar, als man zalt von
der Geburt Chrifti taufent fünffhundert vnd 17, fol.
( *In Bibl. acad. Friburg.* )

34. ———— Predigten von Stuſſen Pſalmen, Straſsburg 1515. fol. (*In Bibl. libr. rar. vniu. Baueri loc. cit.*)

35. Sermones & varii traſtatus KEISERSPERGII iam recens excuſi : quorum indicem verſa pagella videbis. *) Endecaſyllabum OTTOMARI LVSCINII iuris

pon-

---

*) Continentur autem in hac colleſtione. I. Sermones funebres, 2. Sermones ad clerum in ſynodo congregatum, 3. Sermo ad capitulum ante eleſtionem Epiſcopi: 4. Traſtatus optimus ad Epiſcopum eleſtum, & confirmatum de vita & regimine ſuo feliciter inſtituendo. 5. Sermones 13. in Kal. Ianuarii, de gemmis ſpiritualibus duodecim, 6. Sermones nouem de fruſtibus & vtilitatibus vitae monaſticae. 7. Sermones per modum traſtatus de vero coelibatu monaſtico ſub typo leporis ſiue lepuſculi, 8. Sermones tres de vita monaſtica ſub typo trium malorum, ſeu pomorum aureorum S. Nicolai. 9. Sermones viginti vnus de aſcenſionibus in contemplationem. 10. Sermones de vita veri Chriſtiani iuxta ordinem & numerum literarum alphabeti. 11. Sermones ſeu traſtatus de puſillanimitate, prius in vernacula ſub typo ouis errantis impreſſi. 12. Sermones ſeptem de vncinis aſinariis prius in vulgari Teutonico Auguſtae impreſſi. 13. Auiſamentum de concubinariis, niſi concubinas eiiciant, non abſoluendis a) 14. Sermo doſtoris *Petri Wickgram* contra leuitatem ſacerdotum ſe ludis puerilibus ingerentium. 15. Vita *Keiſersbergii* per *Beatum Rhenannm* deſcripta. 16. Vita *Keiſersbergii* per *Iacob. Wimpfelingium* diſcipulum eius deſcripta.

a) Auiſamentum de concubinariis non abſoluendis quibuscumque, ac eorum periculis quamplurimis. A theologis Colonienſibus approbatum cum additionibus ſacratiſſimorum canonum.
Contra Venerem ſacerdotum poeta gentilis:
*Hinc procul eſte viri, ſanſtis diſcedite ab aris,*
   *Queis tulit heſterna gaudia noſte Venus.*
*Caſta placent ſuperis, pura cum veſte venite,*
   *Et manibus puris ſumite fontis aquas.*
Si apud gentiles ſacerdotes ſacrificaturos immundicia deteſtabilis ſuit, quanto magis apud Chriſtianos, qui corpus Chriſti ſumunt.

Sanſtus

pontificii doctoris, in laudem operum doctissimi Keiferspergii primi Argent. concionatoris:

> *Monte e caefareo genus trahentem*
> *Geilerum patriae decus perhenne*
> *Qui vixit bene, nec minus diferte:*
> *Plebem commonuit, patres togatos* -
>
> *Veftales*

---

Sanctus Iheronimus ait : *O facerdos tibi licito de altari*
*vixere non luxuriare permittitur.*
Therentius : *Veritas odium parit.*
Hesdras *fed fub iufto iudice vincit in 4.* (*In Bibl. acad.*
*Friburg.* )
    Ad *confefforem* opufculum perfcriptum eft, ex Argenti-
no anno 1507. In prima parte variae proponuntur *con-*
*clufiones*, quibus demonftratur, *quod fornicarius feu con-*
*cubinarius, feu notorius, feu occultus, fiue fit laicus fiue*
*fit domicellus, fiue facerdos, nulla prorfus ratione poffit*
*abfolui, nifi concubinam abiiciat.* Secunda parte varia
exponuntur *pericula, quae incurrunt facerdotes concubi-*
*narii.* In tertia parte ponitur ob oculos aliud *periculum*
*nedum facerdotum, fed omnium concubinariorum, quoad*
*contritionem & confeffionem.* Hanc excipit exhortatio *de*
*concubinis abiiciendis & concubinariorum obiectionibus in-*
*ualidis :* quam fequuntur nonnulli *canones ex decretali-*
*bus de cohabitatione clericorum & mulierum.* Haec omnia
multis locis & teftimoniis e fcriptura facra, patribus ecclefiafticis, conciliorum decretis, vtriusque iuris li'ris
theologorum fcholafticorum fcriptis &c. confirmantur. In
fine habetur diftichon de *eligendo plebanatu, qualis effe*
*debeat :*
    Felix plebanus, felixque parochia fub qua
       Nec *Naaman, Abraam, nec Sem, nec viuit Helias.*
Diftichi expofitio ftatim fubiicitur; *Per* Naaman, *intellige*
*leprofos, per* Abraam, *Iudaeos, per* Sem, *nobiles aut ty-*
*rannorum officiales : per* Heliam *monachos aut potius fra-*
*tres mendicantes : a quibus parochiae diu libere fuerunt :*
*& indubie tum etiam floruit religio & vita Chriftiana ec-*
*clefiaque ductu fpiritus fancti directa fuit.* Libellum hunc
*Iac. Wimphelingo* adfcribit *Frid. Gotth. Freytag* in apparat. liter. T. 1. p. 183. (Lipf. 1752. 8.) neque coniectura, vt
videtur, vana ductus, fed quae ex *Petr. Schotti* lucubrat.
fol. 185. Argent. 1498. 4. fatis fuperque confirmetur.

*Veſtales, proceres, ſua eruditione*
*Vix cedens atauis, ſacer, pudicus,*
*Frugalis, patiens, benignus, acer:*
*Quem ſi noſſe voles amice lector:*
*En ſpirat tibi viuus hic legenti:*
*Quando non potuit dies nocere*
*Tanto ſumma viro, docet quod olim*
*Suggeſto poſitus, necis ſoluta*
*Dira lege ſemel, ſemel, nequit mori poſt*
*Quin captat magis auram amoeniorem.*

*In fine:* Finiunt ſermones & varii tractatus exce-
lentiſſimi diuinae legis doctoris IO. GEILERI KEI-
SERSPERGII, prius ſparſim in vulgari Teutonio men-
doſe ſub variis typis & pſeudo titulis impreſſi. Quos ne
bonus lector huiusmodi ementitis titulis deluſus ſub-
diticia ac ementita pro ſinceris ſit lecturus, *Petrus*
*Wickgram* theologiae doctor, eiusdem doctiſſimi Keiſersbergii nepos ex ſorore, & immediatus in officio
praedicaturae Argent. ſucceſſor, ea, qua potuit, diligentia ex veris originalibus exemplaria congeſſit, &
in lucem prodeunda ſollicito Ioanni Gruninger calcographo ingenuo tradidit: in quibus facile videbitur, quanto interuallo languide illa, & mendicitus
conſarcinata a vera & incomparabili auunculi ſui
phraſi diſtent: anno reſtitutae ſalutis 1518. Cal. Auguſt. fol. ( *In Bibl. acad. Friburg.* ) Praemiſit autem
PETRVS WICKGRAM epiſtolam ad Albertum familiae
Thumenſis, praepoſitum Eluacenſem.

36. ———— Narrenſchif, ſo er gepredigt hat
zu Straſsburg in der hohen Stift &c. 1498. vnd vſs
Latin *M. Iacobi Echer* in tütſch bracht von Bruder
*Ioh. Pauli* de Minner Brüder S. Franc. Ordens, darinn
vil Weiſsheit iſt zu erlernen: Vnd lehret auch die
Narren Schell hinweck werffen. iſt nutz vnd gut allen

len Menfchen. Cum priuilegio. Strafsburg 1520. bey Iohan. Grüninger. fol. (*In Bibl. acad. Argent.*) Et Bafil. 1573. 8. cum Figg. quam laudat *Io. Vogt* in catal. hift. crit. libr. rar. p. 379. (Hamb. 1753. 8.)

37. ――――― Ein geiftlich Spinnerin, nach dem Exempel der heil. Wittib Elifabeth, wie fie an einer geiftlichen Kunkel Flachs und Woll gefponnen hat VIII. Predigen. fol. ( *In Bibl. Argent. Ord. S. Hierof.*)

38. ――――― Ofterpredigten von dreyer Marien Salbung des Herrn Iefu. Strafsburg 1520. fol. (*In Bibl. acad. Argent.*).

39. ――――― Das Buch Arbor humana, von dem menfchlichen Baum, darin gefchicklich vnd in Gottes Lob zu lernen ift, des Holzmeyers, des Dotz, frölich zu warten, einem yeden Menfchen nutz vnd gut &c. Strafsburg 1521. bey Iohan Grieninger fol. (*In Bibl. acad. Argent.*)

40. Doctor KEISERSPERGS Poftill über die Fyer Euangelia durchs Ior, fampt dem Quadragefimal vnd von etlichen Heiligen vfzgangen mit keyfzerlicher Gnadenfreyheit vff fechs Ior. *In fine:* getruckt vnd feligklich vollendet, durch Iohannem Schott zu Strafzburg, mit keyferlicher Freyheit vff fechs Ior nit nochzutrucken, bey zehen Mark lötigs Golds vnd anderer Pen innhalt derfelben Keyfzerlichen Maieftät genedigen Freyheit begriffen. Datum anno Chrifti 1522. Carolo V. imperante fub Magiftratum gerente Argentorati Martino Hernlin, in fol. cum plurimis figuris ligno incifis. ( *In Bibl. acad. Friburg.*)

41. ――――― Euangelia. Das Plenarium vfserlefen vnd dauon gezogen &c Anfang der Mefs, Collect, Secret, Epiftel, vnd Complet. Auch de

fanctis

94 DE IO. GEILERO KEISERSBERG.

ſanctis von den Heiligen. Summer vnd Wintertheil, durch das ganze Iar viel guter Exempel. Prieſter vnd Leien nutzlich. Auch XII. Euangelia von Doctor K. (Keyſersbergs) Mund geſchrieben, Straſsburg bey Iohan Grüninger, 1522. fol. (*In Bibl. Argent. Ord. S. Io. Hier.*)

Et quae fortaſſis adhuc aliae extant operum KEI-SERSBERGII editiones, a nobis nec oculis vſurpatae, nec manibus tractatae.

De laudibus, quibus eundem viri quique aetatis ſuae doctiſſimi proſecuti ſunt, diffuſius hoc loco dicere haud attinet: ne volumen potius, quam faſciculum aliquot pagellarum dediſſe videamur. Omnium inſtar IAC. WIMPHELINGI libellos, & praecipue eum, quem de vita & moribus KEISERSBERGII edidit, *) conſulere oportebit; dignum ſane, qui alias recenſeatur integer, & amoenitatibus noſtris inſeratur.

Appendicis loco ſpecimen manus, qua ille in ſcribendo vſus eſt, ( *tab. aenea* ) & *adiuncta* quaedam huc pertinentia ſubnectere placuit.

ADIVN-

*) Ab illa editione, quae Argent. 1510. 4. prodiit, maxime differt ea, quae ibid. 1518. fol. facta, additis quampluribus, & auctis: quibusdam etiam demtis.

# ADIVNCTA. *)

## I.

Wir *Iohannes Geiler von Keyfersperg* in fiben fryen Kunften Meifter Dechan vnd gantz facultet gemeinlich Inn fiben fryen Kunften der Erwirdigen hohen fchul zu Friburg im Brifgow Tun kunt menglichem mit difem brieff als der wol geiert Meifter *Iohannes Graff* Selig von Andelo Meifter in fiben fryen Kunften ingefchriben glid der vorgenannten hohenfchul zu Friburg by finem leben der obgenannten vnfer facultet nach finem Tod vnd Abgang fin verlaffen bucher geordnet vnd verfchafft hat die vns ouch yetz nach finen Tod vnd Abgang von finen erben vnd nachkomen worden vol'gen gelaffen, vnd ingeantwurt fint nach vnferm benügen. Das wir damit rechtem wyffen des obgenanten Meifter Iohanns Grafen feligen erben gelobt vnd verfprochen hand Globen vnd verfprechen inen wyffenlich in krafft difz brieffs fur vns vnd alle vnfer nachkomen were fach da Got vor fy Das von abgang der obgenanten hohen fchul zu Friburg die egenante vnfer facultet der fiben fryen Kunften zu Friburg ouch abnemen zergan vnd nit me dafelbs in wefen fin wurde Das denn die gemelten bucher vns yetz von des obgenanten Meifter Iohanns Grafen feligen erben vnd nachkomen worden, vnd ingeantwurtet, Inen wider geben vnd folgen gelaffen werden Sy ouch diefelben bucher alsdenn furbafz geben orden oder verfchaffen follen zu gemeinen nutz Kilchen, Cloftern, Vniuerfiteten oder anderheiler Gemeinfchaffte on alles weigern intrag wyderrede vnd geuarde. Des alles zu warem offnem Vrkund hant wir der vorgenanten vnfer facultet gemein infigel fur vns alle vnfer nachkomen mit rechtem wyffen geton hencken an difen brieff Der geben ift vff Zinftag Nach dem achtenen tag Nach vnfers Herrn Chrifti geburt Tufent Vierhundert vnd Sibentzig Iar.

II. Wir

---

*) Scripta haec funt manu eiusdem aetatis, &, vt videtur, *Io. Kereri*: de quo in *proluf. acad. de orig. & inflit. Acad. Albert. p. 406.*

II. Wir *Johannes Geiler von Keisersberg* in fiben fryen Kunften Meifter Dechan vnd gantz Facultet gemeinlich in fiben fryen
Kunften der erwürdigen hohen Schul zu Friburg tund kund
menglichem mit difem Brieff, als der wolgelert Meifter *Johanns
Graff* felig von Andelo Meifter in fiben fryen Kunften ouch ingefchriben Glid der vorgenanten Hohenfchul zu Friburg by
finem Leben der vorgenanten vnfer Facultet nach finem Tod
vnd Abgang fin verlaffen Bucher geordent vnd verfchaffet
Vnd er yetz mit Tod von Zyt gefcheiden vnd abgangen ift Das
wir da in derfelben Sach gantzen vnfern vollen Gewalt vnd
Macht wie vollig der fin fol oder erkennt werden mocht be-
uolhen vnd geben hant, beuelhen vnd geben den wiffenlich in
Krafft difz Brieffs Dem Erfamen wolgelerten Meifter *Johann-
fen Metzger* Kilchheren zu Wefthufen wyfern difz Brieffs folich
vnfer geordente Bucher an vnfer Stat vnd in vnferm Namen
von des egenanten Maifter Johanns Grafen feligen Erben vnd
Nachkomen zu eruordern inzebringen inzenemen zu entpfahen
Darumb zu quittern funder alles das an vnfer Stat vnd in vnferm Namen darinn furzenemen, zehandeln, zewaltende, zu-
thund vnd zelaffend, mit oder on recht Das fich darzu geburt
vnd wir felber thun folten oder mochten, ob wir gegenwurtig
weren Vnd was ouch der obgenant Maifter Johanns Metzger
an vnfer Stat oder in vnferm Namen in dirre Sach furnympt
oder handelt, thut oder laft inn recht oder vfferthalb ift alles
vnd fol fin vnfer güter Wille Globen vnd verfprechen für vns
vnd alle vnfer Nachkomen, das alles funder vnd fampt war
veft vnd ftett zu halten vnd zehaben, vnd dawider niemer
zereden zekommen, zethund, noch ze find Keins wegs glicher
Wyfe als ob wir das alles felbs gethon, vnd gehandelt hetten,
on alle Geuerde. Des zu warem offenem Vrkund hand wir die
vorgenanten Facultet der fiben fryen Kunften gemein Infigel
geton trucken in difen Brieff. Der geben ift vff Sant Steffans
achtenden Tag nach Wyennachten Des Iares als man zalt nach
vnfers Chrifti Geburt vierzehenhundert vnd fibentzig Iar.

Ad pag. 96.

---

In fronte apolog. declarat.
Wymphelingii &c.

---

Wir Johanes geiler von keysersperg
In siben choren bumster, Meyster Dechan
vnd krutz facultet gemenlich Jnn siben
frijechursten der eerwirdige hohenschul
zu freiburg Jm brischow Tün kunt
menglichon mit disem brieff Als der
woelgelert meyster Johanes Braff selig
von andels

# II.

# EPISTOLA
## IOANNIS KEISERSBERGII
### AD
## VDALR. ZASIVM

NVNC PRIMVM

EX SCRINIIS ACAD. FRIBVRG.

EDITA.

━━━━━━━━━━━━━━━━━━━

## *VLRICO ZASIO*
### *LEGVM ORDINARIO FRIBVRGENSI*
#### *CELEBERRIMO*
## IOHANNES KEISERSPERGIVS
### CONCIONATOR ARGENT.
#### SE COMMENDAT.

━━━━━━━━━━━━━━━━━━━

Quas mihi *Iac. Wimpfeling*, theologus praeſtantiſſimus, & communis amicus noſter transmiſit quaeſtiones de baptizandis Iudaeorum paruulis abs te conſcriptas & diſputatas, auidus legi ac relegi. Plura mox ad *Wimpfelingium* noſtrum reſcripſi, & *Georgii* (*Northoferi*) theologi veſtri profundiſſimi ſententias probaui omnes.

Theologum te eſſe miratus ſum, praeſtantiſſime *Zaſi*, quem nonniſi iureconſultum (ſed comparandum paucis) hucusque putaui. Zelum tuum pium, & ſtudium ardentiſſimum, religionem Chriſtianam latius ſemper propagandi, ſatis laudare nequeo. Haec me ſenem recreant, & aedificant. Vtinam theo-

G                              logi

logi noſtri exemplum tuum imitarentur! Vtinam diuinarum rerum ſtudia magis , quam commeſſationes , compotationes , ludos , & concubinas ſequerentur ! Vtinam Chriſti, nominisque
Chriſtiani memoriam ſaepius recolerent , atque eorum, quae
mundi ſunt , obliuiſcerentur ! Sed aliter haec fiunt plerumque :
& nulla iam proſunt monita , exhortationes , vel etiam repre-
henſiones.

Quid dicam de mea gente ? Multos theologos , theophilos
vero terra haec maledicta producit pauciſſimos, ſi tamen aliquos:
acutos vero diſputatores plurimos, proximorum & Dei dilecto-
res nullos : Deus miſereatur noſtri, qui omnem abſumimus aetatem noſtram in nugis non ſolum humanorum ſtudiorum, ſed &
diuinorum : in quibus vtique nugae ſunt ; dum Dei ſcrutamur
maieſtatem , & noſtram negligimus conſiderare infirmitatem ,
ignorantias , & malitias : nihil de virtutibus ſolliciti , quemadmodum efficiamur boni , caſti , manſueti , humiles , modeſti ,
temperantes, charitatiui, miſericordes , patientes. *)

Tu vero mi *Zaſi* , iureconſultorum optime , quid ſentias ,
qualemque te re ipſa Chriſtianum oſtendas theologum ; & facta tua , & ſcripta ipſa ſatis probant omnibus. Perge igitur
Iudaeos , infenſiſſimos Chriſtiani nominis hoſtes impugnare,
refutare , ac tandem euertere. Vale , & *Georgium*
theologum **) ſaluta.

SVPPLE-

# SVPPLEMENTVM
### DE
## IO. GEILERO KEISERSBERGIO;
### VTI ET DE ILLIVS NEPOTIBVS
#### CONR. ET PETR. WICKGRAMIS.

Promiffi, quo nos nuper publice obftrinximus, memores, telam, quam orfi fumus, pertexendam
effe duximus. Supereft, vt, quae ad KEISERSBER-
GII noftri commendationem praecipue pertinere videbantur, in medium proferrem, ac laudes tantis illius
virtutum meritis debitas fi non recenferem omnes,
quafi per transcurfum praeteriens faltem attingerem.

Fuit autem KEISERSBERGIVS talis theologus,
qui rariffimo exemplo, accuratam, & pro aetatis illius
conditione exactam prorfus doctrinam cum diligentiffi-
ma fanctitate coniunxerit, coniunctasque ad extremum
retinuerit: qui non oretenus duntaxat diuinam doctrinam exercuerit, nulla eius parte ad pectus defcendere iuffa, fed cuius potius tota vita quandam
Chrifti difciplinam habuerit, cuiusque non vox magis, quam facta Chriftum loquerentur. Quae autem
ad KEISERSBERGII mores integerrimos, vitaeque innocentiam & probitatem dilaudandam faciunt, omnia
complexus eft laudatus iam faepe IAC. WIMPHELIN-

GVS in fingulari libello , quem hoc loco integrum daturi fumus. *)

## Iacobus *Wimphelingus ad Conradum & Petrum Wickgram theologos, Ioannis Keifersbergii Argentinenfis praedicatoris nepotes, amicos cariffimos.*

Cogor vobis, amici cariffimi, nuncius effe durus , timens vos conterreri, verum qui Chriftiani eftis facerdotes, & theologi, rerum humanarum contemptores, affectus veftros comprimere didiciftis, audituri cum modeftia, quae dolore maximo vobis fum relaturus.

*Laudes*

---

*) Praemifit autem *Wimphelingus* hanc epiftolam , " *Inclyto
" & Pio Philippo Bauariae Duci, Parisingenfi antiftiti. Do-
" mino Clementiffimo Iacobus Wimphelingus de Seletfiat
" Licentiatus feipfum commendat.* Vidit nuper & audiuit
" illuftriffime princeps, excelfa clementia tua, *Ioannem
" Keiferfpergium:* vidit inquam placidam maturitatem in
" vultu, audiuit difertam in fermonibus conftantiam: cum
" vt nudius vita functum mocftus audiui, non potui non
" lacrimabilem eius cafum vehementer deflere, coactus etiam
" de eius innocenti vita lugubrem & omni veritate plenam
" ad fuos nepotos confolandos dare epiftolam. Quam illu-
" ftriffime tuae paternitati dedicatam, non folum ad glo-
" riam nominis fui fempiternam in lucem edidi, fed etiam,
; vt illam lecturi ad fundendas pro eius falute ad Deum
" preces commoueantur: atque vt Chriftianae vitae fpecu-
" lum & exemplar in hoc viro fumant & imitentur , Prae-
" pofiti Spirenf. annotatiunculam a me miffam , fpero
" Clementiam tuam accepiffe, qua grex in veris pafcuis de-
" tineri, & omnes paffim curati , iura fua, non folum na-
" turae lege, fed etiam iure fcripto & vniuerfalis concilii
" auctoritate fibi debita facilius tueri poffint. Dominus
" Deus reuerendiffimam paternitatem tuam ad foelix ec-
" clefiae regimen diu faluam & incolumem conferuare di-
" gnetur. Ex Heydelberga. VIII. Kal. Maii an. Chrifti
" M. D. decimi. "

*Laudes illius generatim.*

Gloria, lux, honor, atque decus Argentoracensis cleri, vi-
vum non Apollinis, sed veri Dei oraculum cecidit: cecidit, inquam, auunculus vester, & patronus meus observandissimus,
*Ioannes Geiler Keisersbergius*, Argentinensis ecclesiae tuba, prae-
sidium, & pater pauperum, pustulatorum praecipua salus, con-
stantissimus ecclesiasticae libertatis propugnator, vltimarum vo-
luntatum sere vsque ad sanguinem defensor, *Ioannis Gerson* il-
lustrator, nulli blandus adulator, non peccata nimium attenuans,
nec plus aequo exaggerans, in dicenda veritate nullius timens
potentiam, non curans delicias, non congregans diuitias, praebendas ecclesiasticas plures non appetens, immo tenuissimam a-
se abdicans, concionis munere suscepto, victu simplex & tem-
peratus, frugalitatis amans, adeo, vt quacunque re aut supel-
lectile commode carere posset, eam distraheret, & in pauperes
largiretur: poculum nempe argenteum pretii florenorum circiter
viginti, a pudicissimo *Friderico de Hohenzorna* Argent. decano
(cuius in re diuina praeceptor erat) dono sibi datum mox vendidit, & pauperibus pecuniam dedit.

*De cura monialium, & beneuolentia in monachos.*

Moniales, quibus praefuit, non sinebat ab amicis & cognatis crebro pecuniam aut res alias petere, postulare, poscere,
mendicare, emulgere, emungere, extorquere. Nec illae sorores
incestu grauidae, soetum vel praefocasse, vel in lucem edidisse
auditae sunt, multa illis in Germanicum traduxit. Monachos reformatos, hoc est, exemplares, votorumque suorum memores, admodum dilexit, hospitio excepit, & humanissime tractauit. (Vnum
inprimis ordinis diui Dominici *Thomam Lamparter*, doctum,
sincerum, humilem, mansuetum, pudicum, sobrium, frugalem
pacis & parochiarum amatorem, ab hypocrisi liberum, aeterna
iugiter meditantem, dono consilii singulariter praeditum, deliciarum & diuitiarum contemptorem, sicque vere religiosum con-
fraterno complectebatur amore. Sollicitus admodum suit & anxius, ne sanctimoniales ordinis poenitentium suae curae creditae,

sese

fefe praemortuo,in mendicantium fratrum poteftatem traderentur:
tum propter impenfas aduenarum ad coufefforem fui fimilem
ex diuerfis regionibus diuertentium ; tum ne prouinciae praefides
abdita quaeque loca,negato ac inconceffo vel folo parentum afpeftu,
cum vegetis elegantibusque fociis & comitibus penetrarent. )

*De vera eius religione.*

Chriftianam difciplinam,immo & regularem monachorum mo‑
nlallumque obferuantiam dicebat, non tam conftare in ceremo‑
niis, in ieiuniis, in vigiliis nocturnis, in capitis & dorfi ( hu‑
mi verfus) incuruatione, quam in decem praeceptorum cuftodia,
in tolerantia iniuriarum, in exercitio virtutum, in mentis humi‑
litate, in temperantia, in fuppreffione affectuum, & fedandis
animi motibus, in patientia, manfuetudine, charitate, in con‑
cordia, benignaque fupportatione,& fufferentia defectuum proxi‑
mi, & liberalitate in pauperes. ( Cui etiam fententiae nofter
*Erafmus Roterod.* in multis fuorum operum locis adftipulatur. )
Quamobrem non admodum *Keifersbergio* placuit, quod plerique
clauftrales, fola fua monafteria fub paupertatis aut imaginum ta‑
bularumque exornandarum colore promouentes, vix vnquam au‑
diti funt conftanter & fideliter inducere opulentos, vt pupillis,
orphanis, pueris expofitis, viduis, valetudinariis, puftulatis, ef‑
foetis, operariis, xenodochiis, pauperibusque fcholafticis, pa‑
rochiis, & rebus publicis, eleemofynas largirentur. Ideoque re‑
petebat: *Si non vis dare monachis & facerdotibus tua, non ra‑*
*pias vi ipfis, quae fua funt.*

*Refponfum eius de irregularitate cuiusdam.*

Accerfitus ab *Alberto* Bauaro praefule, interrogatusque: fi qui‑
dam ( cui nomen *Iac. Cuni.* ) qui multis annis magnatum praefectus
fuit, in caufisque criminalibus ius dixit, & contra factiofos
( vulgo die Buntfchuer ) tanquam periuros & haereticos poftu‑
lauit ( impetrata ab Alexandro fexto difpenfatione ) ad facri‑
ficandum admittendus effet. Abfurdum enim epifcopo & fuis
videbatur: eum, qui totiens irregularitatis notam contraxiffet,
rem diuinam facere debere. Refpondit *Keifersbergius*, &
tamen

tamen plerique omnes notorii concubinarii, qui & apud seipsos suspensi, ac celebrando irregulares facti sunt, quotidie tamen rem diuinam impune adhuc facere videntur. Siluit episcopus, & caeteri eius lateri adhaerentes, conscientia forte paris criminis perculsi, tanquam & ipsi de manifestissimo concubinatu sibi conscii suissent: (dolebat ex animo purpuratos illos episcoporum consiliarios, quos plebecula doctos arbitratur, non admonere episcopos, vt officium suum faciant, vt a venatione, a choreis, a caducis rebus, ad spiritualia traherentur, isti enim sanguisugae sacerdotia & seuda sitiunt; non salutem & honorem episcoporum: ob id eas *Keysersbergius* adulatores, conspiratores, & calumniatores appellare solebat)

*De oratione eius synodali.*

Orationem in synodo sancta coram eodem *Alberto* elegantissimam olim habuit, qua episcopo ipsi veritatem omnem constantissime detexit, quae ad munus suum attinerent, plene patesecit, officiatos proximos, principum seductores (vt puta priuatae, non reipublicae amatores) sanguisugis comparauit, totiusque episcopatus in cantu, in concubinarum repulsa, in consistoriorum & monasteriorum reformatione, & caetera id genus multa, prudenter inculcauit. Quod si pius *Albertus* monitis illis fidelissimis propensius vitam a suis non seductus accommodasset, in oratione postea sunebri vita sunctus, ab eo maioribus praeconiis indubie fuisset affectus. (Sed sunt pseudoprophetae, qui dicunt omnia scripta, quae de muneribus pontificiis canunt, esse abrogata.)

*De zelo institiae.*

Saepe misertus suit, sacerdotum infimi gradus, quos ab eis, qni magnatum lateribus adhaerent, vel proditos, vel iudicatos, graui carceris, aut rei familiaris poena excruciari audiebat, cum censores ipsi & exactores, paribus aut forte multo maioribus flagitiis impliciti vulgarentur. Ita vt dicterio pagani (*Iuuenalis*) locus esset;

Dat veniam coruis : vexat censura columbas.

Et huic sanctissimae sententiae locus non esset: *legem patere,*

G 4           *quam*

*quam ipfe muleris:* quotiens enim de iniuftitia , de tyrannide , de violentia, de calumniis , de concuffione narrationem audiebat, veluti zelo & nemefi fuffufus , iuftitiaeque amore flagrantiffimus plurimum ingemuit, propterea faepe lugebat, clero apud Vangiones exulanti, iuftitiam gelide miniftrari. ( Confiderauit etiam pauperculum in rure clerum ob famulas in fimo laborantes & vaccas mulgentes acriter ab eis caftigatum , quorum publicae concubinae otio & deliciis gauifae in fericis, in annulis & torquibus auratis, cum pediffequis incederent, nec absque fcandalo & ftomacho matronarum deambularent. )

### De vefte fratrum minorum quid fenferit.

Videns duos cordigeros Argentinenfes in exili & humillima cuculla, fine vlla quafi plica , inftar reformatorum , & exemplarium praetereuntes, ad quendam dixit: En quam humilis , quam fimplex habitus! Mirum eft, fi non humilitas quoque fub ifta vefte lateat: alienum vtique & abfurdum effet , illic fuperperbiam habitare poffe.

### Comparatio lafciuae monialis & proftitutae.

Dicere palam in cancellis non erubuit: fi vinum e duobus eligi neceffe foret : malle fe fororem fuam proftitui , quam in laxae vitae coenobium intrudi, aut abbatiae canonicarum lafciuientium praefici: quoniam monialis huiuscemodi aut abbatiffa, quantumuis impudica, fcandalumque pariens , magno veneraretur honore , gratiofa clemensque domina nuncuparetur, genua (etiam militum) coram ipfa flecterentur, ficque falfis honoribus & indignis laudibus, continuisque delitiis freta vsque ad mortem, ftygiamque paludem triumpharet : proftituta vero contemptum, verbera, multasque calamitates femper fe perpeti abhorrens, tandem compungeretur.

### Refponfum datum decretales magnifacienti.

Dixerat quidam inter prandendum , opus effe facerdotibus curatis, fcire decretales, ftrepitumque , & iuris proceffum, quo fe iuraque fua parochialia contra violentos praecipue nummileges Druides tuerentur. Refpondit mox *Keifersbergius:* & mihi

opus

opus eft barbitonfore & calciario; non autem propterea cogor mei
ipfius barbam tondere, propriosque confuere fotulares, ( *1. Cor.
6* ) Sic curatus ipfe nobilioribus ftudiis intentus, quae fecularia,
quae externa funt, forenfeque tribunal exigunt, per caufidicos,
& iureconfultos abfoluere poteft.

*Refponfum datum iureconfulto.*

E quorum grege cum vnus per iocum diceret, mundi huius
gloriam & dominatum ad iureperitos attinere, aftipulante his
verbis Dauide: *Coelum coeli Domino, terram autem dedit filiis
hominum,* per hominum filios iuriftas intelligi volens. Subiecit e veftigio *Keifersbergius:* verum eft, funt enim iureconfulti,
hominum filii; fed hi, de quibus alio in loco idem Rex Dauid
eloquitur: *filii hominum vsquequo graui corde? vt quid diligi-
tis vanitatem & quaeritis mendacium?*

*De eius folertia & integritate.*

Erat enim ingenio celer ac inuentione folers, imperterritus-
que, verax, folidus, conftans, fidei tenax, integerrimusque. Propterea vitium illud perfidiae, dolofaeque duplicitatis maximo per-
fequebatur odio: quo verfipelles & fraudulenti mel in labiis &
fel fub pectore geftare deprehenduntur: qui cum aurum pollicentur, vix chalibem praeftant, & cum vinum praebere videntur,
timendum eft, ne virus porrigant. Parum ergo fpei ei fuit de
puero vel adolefcente, qui mentiri coepiffet.

*De honeftate naturali.*

Ad honeftatem naturalem, quam ratio dictat ( qua Tullius &
Seneca praediti fuiffe perhibentur, familiares & amicos incitare &
perfuadere nitebatur, vt homo rationis ductu inditam naturae legem coleret, & propriae conditionis ac certae mortis, haud immemor, a faftu & auaritia feipfum cohiberet, ficquo inter homines vltro virtutis amore, abfque vitii nota vitam ageret,
etiamfi neque Deum, neque ftygias flammas formidare neceffe
fit. Propterea mirabatur faepe, curnam docti ( praefertim a coniugio liberi) adeo inhiarent diuitiis & praebendis exaggerandis:
quos non folum ingenita ratio, vt rudes & populares, fed eti-

G 5

am

am clarius quoddam lumen ex doctrinis & lectionibus fuperaddi-
tum, ad frugalitatem a coeca cupiditate trahere potuillet.

*De eiusdem vigiliis, re diuina, & meditatione.*

Nocte intempefta euigilans, duplex officium matutinum dixit.
Rem diuinam ferme quotidie nulla fpe quaeftus temporanei fecit.
Mundus enim erat a mulieribus, mundus etiam a muneribus,
quibus alii nonnunquam iuxta facras literas excoecantur. Chorum, quando per otium licuit, & a ftudio liberior fuit, libenter
frequentabat: afferens, fe crebrius vifitaturum, fi bono & cir-
cumfpecto auriga duce, maturior, & deuotioni fimilior, in canticis concinnitas feruaretur. ( His auribus verba haec audini. )
A lectione aut fcriptura, vefperi celfans, ad latibulum fine face
folus feceffit. Inde creditum eft, ipfum eo tempore meditationi
eorum, quae legerat, vel deuotis ad Deum fufpiriis & compunctioni
vacauiffe. Nam & prius circa meridianam horam breui fomno
indulgere folebat. Plerumque dixerat, fe ab eremo nequaquam
abhorrere, fi modo pauci paris propofiti comites fibi forent. Credibile eft, ipfum vitam iam dudum folitariam fubiiffe, nifi doctiffimi amiciffimique viri fecus ei perfuafiffent : inprimis Dom.
praepofitus *Gabriel Byel*, fummus theologus ; cuius confilio (veluti fapientiffimi patris ) maxime nitebatur, & poft illum *Petrus
Schottus*, gubernator Argentoracenfis reipublicae prudentiffimus :
cuius ductu & impenfis munus concionatoris in aede facra erectum eft : cum antea fratres quidam in ea declamaffent, quibus
non tam Dei, fummique illius templi, quam proprius honos &
quaeftus cordi effe videbantur : qui tanta profecto conftantia, metu offenfae eorum, quibus applaudi folet, vix interea vfi fuiffent. Arbitrabantur fane amici folitudinis diffuafores, ipfius falutares ad plebem exhortationes ( vitae praefertim exemplari
coniunctas Domino Deo longe, quam abditum vitae genus, in qua
fibi ipfi tantum viueret ) effe gratiores : vni praecipue eremi-
torio fingulariter afficiebatur in valle Harundienfi fito, prope
Amorswyler Bafilienf. dioecef. oppidum: quod ipfe maiorem aut
amoris villam recte nuncupari putabat. In eo quidem loco, a

tene-

teneris annis eremitam nouerat ( cui nomen fratri Sebaftiano )
quem propter vitae innocentis puritatem, mundique & omnium
eius deliciarum contemptum, fanctum, & Deo dilectum virum
fuiffe credebat. Ad eum nonnunquam locum, die diuo Bernardo
folemni ( qui illic Deus tutelaris fiue patronus eft ) afcenderat,
& ad populum illo tum conuenire folitum deuotiffimos & auditorum corda compungentes fermones faciebat. ( Motus fui & ego
ad defiderandam eremum :  & indubie dudum cum aliis introiffem, nifi patronum noftrum & antefignanum praefulatus Bafilienf. praeripuiffet. )

### De moribus in peregrinatione.

Delectabatur enim, otio nacto, abftrufa in montibus & fyluis
eremitoria, vetufta facella, antiquasque parochias inuifere, diuorum reliquias contemplari, epigrammata vetera legere, quacunque facra aede inita primum patronos falutabat.   Coemiteria
circuiens pro defunctorum animabus, pfalmum quempiam & collectam ad Deum, fundere non intermittebat.

### De pietate in Matrem.

Matrem grandaeuam, matronam honeftiffimam, auiam veftram, fibi cohabitantem, multis annis, vt pientiffimus filius liberaliffime cum fumma veneratione fouit.

### De, ingrata ad coenas inuitatione, aliisque eius moribus.

Inuitus extra domum fuam prandia fumpfit, quamquam a religiofis (etiam exemplaribus & nequaquam diffolutis ) faepiffime
inuitaretur, raro tamen ad eos diuertebat, domi coenans, lectionem ex ore familiaris aufcultabat, die Mercurii a carnibus abftinuit.   Inter carnes & pifces nullam eligendo faciebat differentiam, afferens, fe vnum vt alterum aeque poffe manducare.
Ad menfam fuam, doctos & integros perfaepe vocans, facetiis
honeftiffimis ad exhilarandos conuiuas, feruata omni maturitate,
nonnunquam vtebatur.   Induci non poterat, vt apud beneficiorum patronos pro quibuscunque, etiam fanguine iunctis, intercederet, literasue commendatitias fcriberet: quoniam futura ipforum

rum

rum vita non efset ei perfpecta. Probatos autem, & non pro-
bandos, ad ftatus ecclefiafticos afsumi debere.

### De electione epifcopi facetia.

In electione cuiusdam antiftitis, cum vnus ex electoribus ei
in aurem diceret, fefe omnino dubitare, cuinam fuum impartiret
fuffragium, adeo nullus ex toto eligibilium coetui omni ex parte
fibi idoneus videretur.    Mox refpondit : vultisne vos emere tru-
tas, aut mullos, in foro pifcario: in quo foli gobiones aut nafones
inueniuntur venales.    Dixerat hoc obiter *Keifersbergius* : credens
illum, qui fe confulebat, & quem perfonas nouiffe non dubitabat,
verum dixiffe. Licet confultor ille, certo fcire poterat, vnum faltem magiftratu digniffimum effe , nifi longaeua fimultas, mentis
oculos praeftringens, iudicium ei minus purum fuggeffiffet.   Mirabatur vehementiffime , curnam adeo nunc epifcopatus expe-
terentur , quum hac aetate reuerendi praefules, periculorum
pleno muneri fuo vix apud Deum fatisfacere poffent : quando
vifitandi & errata caftigandi,  nihil pene loci relictum videretur.    Quapropter, nulli vnquam confilium praeftare voluit , vt
epifcopium etiam fine ambitu, corruptifue fuffragiis oblatum
defumeret.

### De difficili reformatione.

Admonebat, ne quisquam prifcos fidelium mores, Chriftia-
namque difciplinam, toto orbe redituram hoc aeuo fperaret, fed
quisque faluti fuae , profpiceret, animaeque propriae rationem
haberet, in Dei praeceptis ambularet, & fe domino Deo commendaret.    Fatebatur ingenue, noftrae tempeftatis ingenia
plurimum excellere, & multa indies optime fcripta propagati:
fed antiquas Chriftianorum virtutes, prifcam fidem, & in Deum
feruidam  pietatem, non vsque adeo reuiuifcere lamentabatur:
afserens theologos multos & in feculo & in clauftris , in materiis
fpeculabilibus & attributorum diuinorum diftinctionibus, & harum rerum fimilibus, acutiffimos inuentum iri ; fed paucos, qui
fe ad virtutum praeftantiam , & ad humilem exemplaremque vitam accingerent ; qui in Dei amore aeftuarent, qui carnis ille-

cebras

cebras comprimerent, qui delicias & opes fpernerent, & in fe-
dula decalogi obferuantia conftanter perfeuerarent.

*Doctrina facra in affectum trahenda.*

Ideoque faepenumero commonefaciebat fibi familiares, vt in
facris lecta paginis in affectum traherent, quoad Dei timorem,
mundi contemptum, odium vitiorum, iuftitiae & ceterarum vir-
utum amorem, fugam & horrorem inferni, ac ad coeleftium defiderium commouerentur. Nihil erat a quocumque theologo fcriptum, quod non faltem aliquantulum luftrare conaretur. Quatuor
ecclefiae columnas aut per feipfum legerat, aut ad menfam fibi
legi iubebat. Chryfoftomum, Bernardum, Guilhelmum Pari-
fianum, Ioannem Gerfon peculiariter amabat. Guilhelmi Altifiodorenfis quaeftiones veluti caeteris antiquiores magnopere venerabatur.

*Theologiam fcholafticam neceffariam effe.*

Rudi theologiae tyroni cenfebat, non mox prifcos illos & antiquos excellentiffimosque patres (qui & lumina & columnae religionis noftrae habentur, effe amplectendos, fed fcholafticos &
neotericos, quaeftionibus vtentes, quae ad difputationes, ad eliden-
dos haereticos ad exacuenda ingenia,ad concordandas facrae paginae
fententias (quae in cortice diffentire videntur) facile quadrant, &
apprime conducunt? Quales funt inter innnmeros, Guilhelmus
Altifiodorenfis, diuus Thomas Aquinas, Sanctus Bonauentura, Iohannes Scotus, Magifter Marfilius, & Gabriel, & caeteri. Ex
quibus tamen eos praetulit,& plurimum commendabat: qui praeter id, quod anteceffornm fcripta vidiffent, & repeterent, limpi-
dius longeque formalius per fyllogismos, per enthymemata procedere, vocabula ipfa theologica fideliter interpretari, notatu digna feriatim collocare, & noua quaedam dubia, ac nouos quosdam confcientiae cafus, in dies emergentes, ab aliis praetermif-
fos afferre viderentur. Inprimis ad *Gabrielis* fcripta quatuor (licet primum dumtaxat epitoma foret) afficiebatur, caeterisque
theologiae ftudium inchoantibus legenda fuadebat. (Hac fua
fententia & rogatu quoque fuo incitatus fum, vt contra turpif-

fimum

ſimum *Philomuſi* libellum ad deſendendam vtramque dialeſti-
cam & neotericorum theologiam calamum arriperem, turpesque
imagines & obſcoenos verſus illius verſificatoris conſutare ſtude-
rem. Spoponderam dudum praeceptori meo *Keiſersbergio*, me
id faſturum, cui etiam vita ſunſto volui ſeruare fidem: ignoſcant
mihi poetae alii, qui tam turpia neque ſcribunt, neque depingunt.)
Quicquid a *diuo Aquinate*, in *Seraphico*, in *Scoto* ac reliquis ſpe-
culatiuis theologis ſcriptum eſt, quod ad populum vtiliter dici
poſſit, propenſiſſime legebat, & clariſſime potuit interpretari:
neque enim ſibi, qui tot annis, tot quadrageſimis, multis ſententiis
& ſoecundis plenas conciones habuit, vnius ſolius ſcribentis, quae-
cumque opera ſuffeciſſent. Cum itaque tot & continuis annis in
vno & eodem, inſigniique ac praeclaro loco praedicaret, cogebatur
non vni ſoli (vel vt zelotypus) adhaerere, nec vnum ſolum reuoluere. Quapropter nullius vnquam doſtrinas aut ſcripta deſpexit, ſicut & integri ſapientisque theologi oſficium eſſe videtur. Nec etiam
inreconſulti, neque medici neotericorum libros nouasque leſtu-
ras non in pretio habent, at emunt, legunt, & introſpiciunt. Et
*Iacobus de alta Strata* pater omnium excellentiſſimus, licet ſa-
croſanſto diui Dominici ordini addiſtus, in ſuo tamen de maleſi-
cis opuſculo, *Iohannem Scotum* pie deſendit atque fideliter ex-
cuſat, ſeraphicumque in teſtem adducit, in quo non paruam
finceri affeſtus ac aequi iudicii laudem meretur. Ex eius libello plane cognoſcitur, *Henricum Kolherum*, eccleſiae Friburgenfis paſtorem (nunc mecum cleri Argentinenſis cenſorem vigilan-
tiſſimum) contra pythones & diuinos vera praedicaſſe, ac rem
fanſtam in expellendis a republica diuinatoribus egiſſe. Furciſe-
rum vero quendam, ac arrogantiſſimum eius aemulum & obla-
tratorem non absque graui plebis ſcandalo fuiſſe mentitum. Nullum ergo *Keiſersbergius*, qui homilias ſcripſit (impreſſas ſaltem)
non legit, vt ſi quid honeſti in eis oſſenderet, ſuis aliquando locis & temporibus inter concionandum eo vteretur. Itaque quisquis exaſtiſſimos *Iohannis Keiſersbergii* de Chriſto, de Domina
noſtra, de caeteris diuis, de morte, de vitiis, de virtutibus, &

reli-

reliquis innumeris rebus aut argumentis fermones in manibus habuerit, perfuadeat fibi reliquos omnes pene declamatores poffidere. Hoc autem lucri tenebit, quod in collectis huius fermonibus, aptiffimas metaphoras, audituque non iniucundas fimilitudines affatim inuenturus eft, quas ex pio defiderio, veteres & doctiffimos quosdam imitatus, afferre folebat, vt per eas vulgus caeteras doctrinas, ac res arduas & ferias facilius memoriae commendaret, in quibus profecto lepidiffime adducendis, nullum habnit fecundum.    In quibuscumque fententiis aut vocabulis Latinis, in Germanicam linguam exquifitiffime traducendis, reliquos multos fuperabat.    In apoftillandis ad populum Euangeliis (etiam diui Ioannis) & apte connectendis feu continuandis, vt verba verbis cohaererent, & fententiae fententia quadraret, vix fibi quispiam fimilis fuit, in recenfendis hiftoriis bonum ordinem, optimam memoriam habuit.    Nec ius pontificium, neque leges facratiffimas ignorauit, id quod in viginti arculis, prudenti & iufto fenatui Argentinenfi oblatis, liquido cognofci poteft.    In materia virtutum & vitiorum ad populum praedicanda *Guilhelmum Lugdunenfem* omnibus praeftantiorem iudicabat. In philofophia morali, *Buridanum, & Martinum de Magiftris* omnibus praeferebat.    Ex his, qui fermones fcripfere, *Iordanum* magis fpeculatiuum, *Soccum* affectiones plus mouentem, *Iacobum de Voragine* in fimilitudinibus abundantiorem afferebat.

### De aliis illius literarum ftudiis.

Nec folum delectabatur facrarum lectione fcripturarum : verum etiam hiftorias gentilium, poetas, oratores, & eorum interpretes Ciceronem, Quintilianum, Senecam, Plinium, Iofephum, Aulum Gellium, Macrobium, Polycratum, Petrarcham, Aeneam Siluium, Platinam auidiffime legebat. Ioannis Pici Mirandulani commentarios cum magna voluptate verfabat, aperte inter concionandum affirmans : fi vitae curfum Pico natura duplicaffet ipfum noftro Auguftino aut Hieronymo in diuinis fcripturis vix inferiorem fuiffe futurum. Quicquid aetate noftra, diuerfi paffim fcriptores, in lucem ediderunt, nolebat prorfus ignorare :

rare: faltem ad menfam fibi lectum iri curabat. Nec a Baptiftae
quidem Mantuani, Marfilii Ficini, Thomae Wolphii iunioris ,
nec Bebellii & aliorum noftratium opufculis abftinuit: hiftoriamque violatae crucis, Th. Grefemundi transcurrit; cuius & fententias de ludo nuper praedicans in cancellis publice citauit.  Nouiffimis diebus incidit in annotatiunculam Georgii Gemmigeri
Spirenfis praepofiti, curatis omnibus, & ipfis quoque reuerendif-
diffimis Epifcopis vtiliffimam, quam fuper audiendarum confeffionum poteftate, ex intimis iuris pontificii penetralibus exquifitiffime deprompfit, ad mitigandam comprimendamque eorum ,
qui legitimi principalesque, & aliorum, qui aduentitii funt confeffores, difceptationem.   Mirari non potuit, quod tam infignis
praelatus, praeter morem aliorum, tantopere literas optimas
coleret, & tam egregia falutariaque annotamenta in lucem edi-
diffet.

*Quid fenferit de difceptatione, fuper audiendis confeffionibus.*

Saepe in quadragefima palam in concionibus affirmabat, fibi
perfuafum effe, fi quisque vel fecularium, vel mendicantium
confefiorum, vnicuique peccata detegenti, vicefimam folum aurei nummi partem, largiri cogeretur, has eorum lites & controuerfias iam pridem fuiffe fopitas. Fatebatur vltro, fe olim, curae animarum Bafilienfis templi praefectum, non folum tardiuf-
culum, fed & anxium in audiendis confeffionibus fuiffe, & nonnunquam confeffum & fe abfolutum bis aut ter, cum fibi quiddam iterum atque iterum in animum incidiffet, mox a fe reuo-
caffe, vt confcientiam vtriusque feniorem redderet & quietiorem.
Idque fe potiffimum impuliffe, vt parochiarum regimine pofthas-
bito, concionatoris munus fufcepiffet.   Mirum ergo: cur noftris
temporibus, plerique (qui vtinam abfolutionis vocabuli definitio-
nem faltem, & originem, flexumque faperent) ad explorandam
aliorum vitam ( magis autem diuitum & matronarum, quam ftipem petentium, & puftulis aut lepra infectorum ) tam curiofi, tam
auidi, & tam importuni fint etiam in cancellis fuper ea re colliti-
gatores. Mirum profecto, cum arduum fit & difficile, omnes paffim
con-

confitentes, fecure & bene informatos, a fe dimittere : adeo in-
noluti & abftrufi, nodisque & fcrupulis pleni, immo pene per-
plexi fefe cafus offerre videntur.

#### Contra incorporationem capellaniarum abundantibus
#### monafteriis faciendam.

Quibusdam monialibus vehementiffime diffuafit, ne capellanias in ecclefia fua, pro clero feculari fundatas, vel fuae vel
confefforum menfae vniri impetrarent, exemplo quarundam aliarum, quae duftu fraterculi nugigeruli & pecuniofi conniuente
*Raymundo* Gallo, facrofanctae fedis apoftolicae legato, vtcunque extorferant, vt capellaniae in fuo coenobio, pro clericis fecularibus fundatae ( quibus fcholaftici pauperes in optimarum
literarum ftudio, ad certos annos fuftentari poterant ) contra
vltimam fundatorum voluntatem, in iacturam aut odium clericorum fecularium, fibi ipfis incorporarentur : cum neque Ce-
reris, nec Bacchi, nec aliorum prouentuum inopia premeren-
tur. Itaque recufabat aliis monialibus ipfum confulentibus hanc
rem fuadere *Keifersbergius*, fciens eam naturae legi aduerfam,
& Domino Deo multum ingratam : cuius & in hac re iuftiffi-
mum indicium contemplari poffumus. Nam & in eo monialium
coenobio ( cui haec iniquiffima facerdotiorum fecularium vnio facta eft ) paucis poft annis vnius ex praeftantioribus venter intu-
muit. Apud Romanos & quidem gentiles fuerat ifta fanguine
adhuc viuo terram fubitura facerdos. Adde ( vt Deum iuftum
effe vindicem fcias ) quod duo eiusdem fectae contuberniique pa-
ria Vulcanus interim apud Heluetios in cineres fauillasque redegit: iuftene, an iniufte, Deus nouit.

#### Contra incorporationem officii concionatoris.

Fuerat in quadam infigni ecclefia largum conclonatoris fecularis ftipendium, quod ad eiusdem fabricam applicatum eft,
fraterculo ad id muneris fubrogato. Expertus id *Keifersbergius*
ecclefiae illius capiti fibi plurimum familiari inter caetera fcripfit : auctores detruncati ftipendii, in cementumque & ligna con-
uerfi, fathana Chrifti tentatore deteriores fibi videri. Is enim

H

a Chriſto deſiderabat, ſaxa verti in panes: illi autem panem verbi Dei, animarumque cibum in lapides mutatum iri curauiſſent. Si quando vel ſuam vitam, aut doctrinam, vel ſacras literas, ab huius ſeculi filiis deſpici & contemni audiuiſſet, mox reſpondit: operae pretium eſt contemnere contemptum. Conſulentibus eum de ingreſſu faciliori ad concionandum conſuluit; ne quemcunque ſermones ſcribentem, nec vllum quidem librum ( ex Plinii credo ſententia ) ſpernerent: horam non excederent, Guilhelmi Lugdunenſis ſummam in pretio haberent, & inprimis, vt vita & moribus exemplares eſſent. Poſtquam Richardus de excelſa arce praedicator contra vrbem Argentinenſem defenſus eſt, igni addictus eſt, aurum per concuſſionem vi extortum eſt, Inſubrumque dux ad Gallos ductus eſt: de quorundam Martialium integritate vacillare coepit: de quibus olim haud male ſentiebat.

### De beguinis.

Animi etiam anceps eſſe viſus eſt de ſincera ( ſine hypocriſi ) religione, & caſtitate beguinarum: quae, licet inculta, villoſaque veſte, ac longis caliptris opertae, tamen haud inuenuſtae, & aetate iuuenes, iam monachorum ſepta, iam ciuium aedes ad fouendos aegros frequentarent. ( Legerat procul dubio Clementinam de religioſis domibus, Ioannemque Andreae affirmantem, hominum genus eſſe pernitioſam, & ab eis omnino eſſe cauendum. Sciebat denique in ſtatuto quodam prouinciali decretum eſſe: vt nulla de cetero ad ſtatum beguttarum admittatur, niſi quadrageſimum aetatis ſuae annum exceſſerit. )

### De indulgentiis.

Hortabatur eum Raymundus Gallus per literas, vt in concionibus ſuis Argentinenſem populum ad praeſtandum liberaliter belli neruum ſpe veniae contra Turcas mox exterminandos diligenter incitaret. Cui inter alia reſpondit: ſe id ſedulo facturum, at mentem ſibi praeſagire, ſummis fidei capitibus, toties in Turcas pecuniam ( nulla expeditione ſecuta ) emulgentibus tandem euenturum, quod olim duobus laſciuis opilionibus accidiſ-

cidiffet: qui, dum apud filuas & prata gregem pafcerent, vifis
procul agricolis, terram aratro fulcantibus, vt illis illuderent,
fonora voce clamitabant: Lupi lupi! Agricolae paftoribus & oui-
culis fuccurrere proni accurrebant, cumque veniffent ; mentiti
funt paftores ante eorum aduentum lupos ex pafcuis ad ne-
mora & faltus aufugiffe, cumque iterum atque iterum opiliones
fimili clamore agricolas fallerent : tandem renera venere lupi,
clamitant opiliones: agricolae iterum fibi illudi putant: & feftinare pertaefi, nequaquam vt opem ferant, accurrunt. Sicque
ab impiis lupis, fimplices ouiculae cum perfidis paftoribus de-
uorantur. ( Caueant Romani, qui tantas fub typo expugnandorum Turcarum pecunias corraferunt, necdum vlla expeditione fecuta. )

### De amore caftitatis & de choreis.

Ad pudicitiam & caftimoniam puellas & matronas, ne illaé
ftupro, aut hae adulterio polluerentur : faepe & multum incitare conatus eft, apprimeque deteftabatur : fi quando mariti viros & adolefcentes, aut monachos vegetos, & lafciuiufculos in
aedes fuas introduxiffent, tanquam riualis communionem non
admodum vererentur. Saepe patresfamilias hortabatur, ne fi-
lias vxoresque fuas circuitus & choreas crebrius adire finerent.
Tum propter tenerae pudicitiae periculum, tum quod vix absque peccato aetate noftra choreae fieri poffent: licet fraterculi quidam relatrarent, & choreas leue peccatum effe palam fabularen-
tur : quas & intra fua fepta, etiam in primo noui facerdotis facrificio vifi funt circumduftitaffe. Quale fpeculum iuniori natu facerdoti ea ipfa die, qua facrum Chrifti corpus confecra-
uit & fumpfit, ante vultus offertur. Cum dicerent venerandi patres, choreis apud fe faftis, honeftas folum matronas interfuif-
fe: refpondit Keifersberglus: & ex honeftis & probis fiunt me-
retrices: nec enim vlla vnquam fuit meretricula, quantumuis proftituta, quin olim virgo fuiffet. Dicebat etiam, quisquis frater-
culorum aufit palam praedicare, choream leue aut nullum effe
peccatum, tum fefe vehementer fufpicari, quod ille idem in auricu-

lam

Iam matronae peccata fua detegere cupienti , aliud aliquid fu-
furrare nequaquam vereatur. Dolebat vehementer , metaphoras quasdam in concionibus fuis auditas , clam fe fub fcoma-
tum typo impreffas, eisque alias fimilitudines nunquam fibi co-
gnitas; intromixtas effe. Quamobrem fefe apud reuerendos diui Francifci patres de vna indigefta ( quam nunquam audierat ) fimilitudine, per epiftolam humiliter excufauit.

### De humili inceffu.

In magnis ftationibus , vniuerfo clero praefente , in fimpli-
ci vicariorum almutio, cum humilitate & modeftia ( licet theologiae profeffor effet ) inceffit. Cum alii forte quidam, vel inertes, vel nullo quarumcunque facultatum gradu praediti ( vt
puta florido ftudii tempore apud mulos , equos , focos , vel in
cellis vinariis, aut piftrinis confumpto) vario & pretiofo fupini
incedere viderentur. Ad cantum & pfalmodiam , iuxta feftiui-
tatum diuerfitatem , differenter & moderate inftar aliarum dio-
cefium faciendam , elegantiffimas ad fummi chori clericos ( hor-
tantibus praelatis) habuit orationes.

### De amicitia magnatum.

Illuftri fiquidem Argentinenfis ecclefiae capitulo, pro fua pro-
fundiffima fapientia, & fpectatiffima integritate vifus eft non mediocrem habere fidem & auctoritatem. Fuit praeterea *Chriftophoro*
Bafilienfi antiftiti carus, *Friderico* Auguftenfi carior, *Maximiliano*
Caefari cariffimus: a cuius maieftate multis nuper literis atque
nunciis accerfitus, ac benigniffime fufceptus,dubia quaedam propofita explicauit, conciones habuit, vitaeque totius ordinem praefcripfit, pacem praecipue inter Chriftianos principes faciendam , ac
iuftitiam omnibus miniftrandam , & latrunculorum inhumanam
faeuamque tyrannidem prorfus delendam commonefecit. Sicque
vix tandem cum commeatu gloriofe dimiffus eft.*Philippus* quoque
modernus Agrippinae vrbis archiepifcopus literis manu propria
fcriptis, quas vidi & legi, optabat ipfum fibi commorari poffe.
Nam & dum in minoribus Argentorati ageret , Philippus eius
fermones crebro audiebat, & integritate conftantiaque perfpecta
homi-

hominem pro fua innata virtute diligere coepit , & plurimum obſeruauit. *Guilhelmo* etiam moderno Argentinenſium pontifici tenorem futurae & epiſcopalis vitae diligenter annotauit : cui ſi maiorem, quam blandis aſſentatoribus & ſanguiſugis fidem habiturus eſt , repulſis auaris & munera recipientibus , atque impudentiſſimis concubinariis ( per quos infimi & mediocres caſtigati ſunt ) ſpero Dominum Deum , ad feliciorem magiſtratum ipſi vel hanc gratiam largiturum , vt ſacros ordines conferant , ius dicant , epiſtolas ſcribant , mandata ſignent , clericos accuſent , mores cenſeant , multas exigant , qui ceteris integritate non inferiores , macula vulgo perſpecta careant , ne morum & animarum , minus quam fiſci rationem habere videantur.

*De collegio theologorum & canoniſtarum erigendo.*

*Alberto* epiſcopo multa prece victus dederat ornatiſſimas literas, quibus ipſum mouere ſatagebat , vt quandam muliercularum, famae propriae decus negligentium, eccleſiam in coelibum diuini pontificiique iuris interpretum collegium , ſua induſtria & auctoritate erectum iri curaret : vt ſicut cathedralis ecclefia ex illuſtribus, ſic ſecundaria ex illuminatiſſimis conſtaret viris : vt ſicut illis beata virgo Maria regali ex progenie exorta patrona refulget ; ſic iſtis leuita Stephanus, cuius ſapientiae & ſpiritui , qui loquebatur , reſiſtere poterat nemo. Credidit *Keiſersbergius* : nihil Deo acceptius , nihil populo vtilius , nihil animae ſuae ſalubrius pium *Albertum* efficere potuiſſe, quodque epiſcopatui nihil emolumenti deperiſſet : immo plurimum magis ac magis accreuiſſet. Perſonas autem tales in hoc collegium ſuſcipi dumtaxat debere, ſuaſit eſſe ſtatuendum , qui doctores eſſent duo, tres, aut quatuor in ſacra theologia, totidemque baccalaurei formati , & aliqui iuris canonici , qui ibidem in eisdem facultatibus legerent , & nihilominus ea perficerent , quae cultus exigeret diuinus : quodque confeſtim, vbi de concubinatu quiſpiam conuictus ſuiſſet , eo ipſo deponeretur. Credidit *Keiſersbergius* , vtique honeſtius hoc eſſe, quam meretriculas quinque aut ſex , vt eius verbis vtar, de crucifixi patrimonio nutriri , in dedecus vniuerſi ſtatus clericalis.

Id fi pius *Albertus* feciffet : fi, inquam fummae nobilitati magnitudinem fcientiae coniunxiffet , quantum laudis ac gloriae apud probos, quantum gratiae apud fuperos fuiffet confecutus. Inuenirentur nunc affatim , qui fermohes vel ad populum , vel ad clerum facerent, qui plebanis affifterent , qui clericos in dubiis inftruerent , qui publice legerent, qui fanctam cruciatam promouerent, qui tribunali in neceffitate praefiderent , qui in animae foro timoratis ciuibus confulerent, qui difcordes pacificarent, qui epifcoporum auctoritatem defenderent , qui morum cenfores effe poffent, qui moniales monachis non addictas vifitarent, & confeffas abfoluerent, qui populum ( bono faltem vitae exemplo ) docerent : ex quibus vnus aut plures aliquando pro fummi templi concionatore vel abfente vel aegrotante , ad Dei gloriam , ad ecclefiae decus, ad populi falutem fermones facere potuiffent,

### *Paucitas theologorum damnofa.*

Penficulabat indubie *Keifersbergius*,perniciofiffimum effe theologorum defectum: cum tamen ecclefiae Dei bene gubernandae vtiles fint & neceffarii, ficut & faepe lamentatus eft illorum paucitatem *Bertholdus Hennenberg*.Moguntinus archiepifcopus,veritus pro concionibus & parochiis theologos tandem defuturos. Penfabat *Keifersbergius* vires fuas, imminensque fenium : quare cupiebat alios quoque fui fimiles in vrbe Argentina educari poffe : & licet haud facile theologis ad praebendas pateat afcenfus, ipfe tamen alios , praecipue nepotes fuos ( vt vos duo teftes & exemplar eftis ) ad ftudia facrarum induxit literarum : fi forte tandem ecclefiae Dei ad fidei & morum exaltationem opitulari potuiffent: adeo Chrifti fidem dilexit , adeo fuit affectus ecclefiae catholicae. & fingulis eius membris , quibus prodeffe & fua communicare ftudebat , velut habens alta mente repoftum : *Mandauit Deus vnicuique de proximo fuo.* ( Optabat facrarum literarum in gymnafiis auditores ante licentiam nancifcendam ad duas res a praeceptoribus aftringi. Primum,vt lectione fententiarum expleta, quampiam decretalium, aut iurisconfulti lecturam

in

in manus acciperent : quo titulos & eorum ordinem , legendi-
que modum, communiaque & praegnantiora illius doctrinae vocabula , & iuris proceſſum imbiberent , ne prorſus harum rerum
ieiuni , in coetu iurisprudentum , velut elingues aſſiderent. Alterum , ne vel in epiſtolis , vel concionibus, titulos principum
vel praelatorum ſupra meritum , & 'dignitatem contraque vetu-
ſtum morem facerent clariores : vt diuerſorum vtriusque ſtatus
graduum legitimum diſcrimen haberetur ; indignum, cenſens, abbatibus titulos tribui epiſcoporum. )

### De ephebis.

Circa ephebos pubeſcentes , maximopere inuigilandum', cir-
cumſpiciendumque eſſe dicebat, ne iam in biuio Pythagorico conſtituti ad laeuam declinarent : ſed vt dexteram virtutum viam
ingreſſi , a libidine ad caſtimoniam, ab inſolentia ad obedientiam,
ab otio ad induſtriam, ab omni laſciuia ad modeſtiam , literarumque ſtudia flecterentur. ( Quapropter non erubeſcebat, nonnunquam ore ſuo iuniores ſeſe viſitantes, in quibus bonam indolem eſſe coniecerat, ad genus vitae moderatum, Chriſtianamque
diſciplinam adhortari. Audiuit ex eo paternas & benignas huiuscemodi perſuaſiones *Chriſtophorus de Domo* Nemetenſis templi canonicus, & *T. Greſmundus*, noſterque *Othomarus Philo-
mela:* in tribus his credibile eſt, ſuaſus *Keiſersbergii* haud fuiſſe
ſteriles & inanes. Ad id ego quoque ſemper operam dedi , vt
iunenes ad dexteram virtutum flecterentur : licet in ea re monachos,curtiſanos, iureconſultos, immo ipſos quoque morum cenſores
offenderim, quod ( licet ego quoque olim ſeductus ) ad caſtimoui-
am, & ad frugalitatem adoleſcentes inducere conatus fui. Inde
morſus, inſidias , obtrectationes , libellosque famoſos ſuſtinui ,
vti ad *Leonem* decimum ſummum pontificem oſtendi, manſuetis,
cum principem carmine ſenili commemoraui, ſacroſancti Concilii
Lateranenſis capitibus quibusdam innixus. )

### De continuatis per multos annos ſermonibus.

Praeter ſermones , quos in Herbipoli, in Baſilea, in *Friburgo*, in patria ſua, ceterisque locis paſſim ante octo luſtra fecit:

H 4 poſtea

poftea per annos fupra triginta , totidemque quadragefimas ,
continuis quadraginta diebus , & quandoque vna die , bis aut
ter, in vrbe Argentoratenfi ad populum praedicauit. Et licet
per quadragefimam plurimum fatigatus , religiofis tamen vtriusque fexus reformatis & exemplaribus humiliter petentibus, negare pro fua maxima humanitate non potuit , quin fequentibns
mox pafchae feriis , in ipforum patrociniis, aut dedicationibus,
ampliores ad populum faceret exhortationes. Verum in concio-
ne qualibet, vnius horae curfum non exceffit , fed clepfydra finem indicante, mox receptui cecinit : immo inter praedicandum ,
Chrifti paffionem eandem temporis menfuram obferuauit; quam
in vniuerfos hebdomadae poenofae dies , feriatim partiebatur ,
motus forte carmine Flacci :

> *Quicquid praecipies , efto breuis , vt cito dicta*
> *Percipiant animi dociles, teneantque fideles.*

Prima equidem quadragefima , coeperat fectari morem illum
mendicantium clauftralium , praedicans paffionem quinque aut
fex continuis horis, confiderans vero auditores a fommo, & mu-
lierculas a lotio continere fe non potuiffe : nolebat futuris aunis,
denuo hac qualicunque confuetudine vti , quam ex ambitione diuerforum conuentuum arbitrabatur ortum habuiffe : vti in quadam epiftola, quondam ad me data, intelligere potuiftis. In qua
fic fcripfit : *Damnaui ego illas longas praedicationes fieri in pa-
rafceue folitas , & id ex vanitate inanis gloriae procul dubio
ortum habuiffe afferui , qua quilibet alterum fuperare voluit.
Primus ad horam praedicauit more antiquorum doctorum. Alius
de alio conuentu duas praedicauit , & fermonem longius protraxit , indeque fuit forfitan laudatus : quo factum eft , vt fequenti anno primus non minus apparere voluerit, & tres horas praedicauit : alter fequenti anno quatuor , & ita factum eft , vt ad
hanc fatuitatem deuentum fit : vt feptem, octo & nouem horas
praedicetur : ita vt inftar cuculorum alterutrum fe vincere co-
narentur. Legant omnes concionatores, Chryfoftomum, Leonem,
Gregorium , & ceteros , fi vnquam repererint fermonem , qui*

*vna*

*vna hora recitari non possit.* Et licet post peregrinationem ad
specum diuae Mariae Magdalenae, sepulchro etiam *Ioan.* Ger-
*son* Lugduni deuote visitato : cuius & opera quaedam magnis
illic impensis exscribi curauit, postquam acerbissimos calculi do-
lores, quos aequanimiter tulit, annum fere septuagesimum ac-
cessisset : nulla tamen ex parte eius, vel eloquentia, vel memoria labesactata; sed neque paululum imminuta videbatur. Itaque
creditu facile est : coelesti ipsum Numine, quod naturae vires auxerit fuisse, afflatum.

### De persecutionibus & iniuriis, quas perpessus est.

Et quamuis mox a concionum suarum principio, multas iniurias, multos morsus, multos contemptus, multas persecutio-
nes, libellos etiam famosos perpessus sit : leniter tamen & mo-
deste tolerans, a coepto non destitit : sed viriliter & constantissime prosecutus, contemptumque iure suo contemnens, persuadere inter cetera conatus est : vt plerique suas concubinas (etiam
vetulas apud se factas) auellerent, vt testandi libertas esset, vt
vltimo supplicio plectendis & petentibus, venerabilis eucharistia
non negaretur : in quo nonnullae vniuersitates ( praecipue cla-
rissima nostra Heidelbergensis.) illi adstipulatae sunt.   Persuadere etiam studuit, ne pueruli, qui nesciunt, quid faciunt, qui
inter *Remigii* & *Francisci* regulam nondum discernunt, ad coenobia ( laxae atque dissolutae praesertim vitae ) intruderentur :
qui forsitan ob id olim parentibus suis stygios lacus imprecatu-
ri sunt, & relectis cucullis a sacrosancta sede apostolica libertatem ad seculum redeundi impetraturi, vti hac aetate multi di-
uersorum ordinum fratres a Leone decimo impetrarunt, con-
questi, se in pueritia ad monasteria coactos.  In his & aliis pas-
sus est vir optimus peruicacissimos contradictores, populo forsitan
iure suo applaudere gestientes, quorum aliqui ( quos dominos
magistros vocant ) scriptis etiam ipsum vincere aggressi sunt, quorum iacula munimentis inexpugnabilibus formalissime confutauit
& elisit.  Extant hodie diuersa vtrinque scripta, & stili elegantia & sententiarum neruis longe dissimilia : quae propediem ( si

Deus volet) in lucem funt proditura. Tum omnibus vere doctis liquido patebit eius eloquentia ,. induftria , & finceriffima
in fcribendo energia , reliquorum vero incondita barbaries, puerilis inertia , & impura mentis affectio. Tentabat inter alios quidam ventrofus , fabarum forte plenus , ipfum fcriptis vincere ,
qui palam in cancellis verba haec *de laqueo venantium* commemorans : venantium a veneno deduxit : vulgo noftro (der vergiff-
ten) interpretatus. Alius aftrologus maior , quam theologus,
tamen vitae liberioris Auguftinianus communionem reorum mortis impugnaturus , hanc contra eum Achillem adduxit : Si latronibus daretur euchariftia , tunc ruftici dicerent : *Ecce Chriftus
iacet fuper rotam* : vt eius barbaris aut fimilibus verbis vtar.
Nec folum a monafticae, fed etiam a noftrae profeffionis hominibus iniurias & perfecutiones paffus eft. Dum enim cum aliis
integerrimis praeftantiffimisque viris, *Chriftophoro Vtenhemio,* Bafilienfium nunc epifcopo, *Ioanneque Simler*, iureconfultis , &
*Melchiore Künigsbachio*, theologo, iuffu & auctoritate praefulis
*Alberti*, epifcopatus vifitationem coepiffet : vnus, fibiipfi confcius,
multis praebendis, fed pluribus fpuriis oneratus , illa fua pu-
gione fe confoffurum, fancte iurabat. Alius fe praebendam fuam
( cui munus concionatoris annexum eft ) Romae apud primam
fedem impetraturum minabatur. Paffus eft etiam infidias vsque
ad fanguinem a cognatis cuiusdam magni inreconfulti, cuius vltimam voluntatem conftantiffime tueri contra epifcopi conniuentiam
moliebatur. Paffus eft obfcoeniffimum libellum famofum in
afini figuram ligatum , & in cancellos ante pedes fuos confectum. Paffus eft a quodam facrilego , & adultero teftamenti
folennis impugnatore ( in quem beneficus fuit) deteftandas obtrectationes. Paffus eft a fraterculo quodam ( qui nihil nefci-
re fe putat ) acerbiffimam per literas inuectiuam. Paffus eft
ab aliis fraterculis , qui ipfum in thermis quibusdam , magnum effe luforem apud integerrimos viros ( quorum aliqui
hodie funt fuperftites ) falfo infamauerunt. Paffus eft a trutan-
nis, dum eleemofynam diftribueret, grandes contumeiias & im-

properia.  Paſſus eſt peregre proficiſcens a ve-ſipelli viarum comite & idiomatis interprete , ſraudes & perfidiam in Gallia.
Paſſus eſt haud paruam auri iacturam a lanceariis peditibus in
Germania.   Paſſus eſt ſibi illudi a puerulis ( quos chorales vo-
caut ) quorum intempeſtiuae nonnunquam laſciuiae per quotidia-
nos ſere nummos anſa praebetur , at neglectam in templo & in
ſcholis diſciplinam, carnifices poſtea laqueo vel enſe compenſant.
Quomodo , ſi quaeras, a pueris illis illuſus eſt :  audi.  Ab exordio ſermonum ſuorum annos ante triginta cernens vir optimus
ipſorum petulantiam in choro, & diſcholiam, incompoſitosque mores , paterne illos , vrgente conſcientia, reprehendere coepit : mox
vnus illorum inſolentior, Ligùrium ei ficus in faciem oſtendit ,
pollice per medium digitorum exerto , forſitan id edoctus aut
iuſſus , a quopiam curialium auarorum ;  quorum multi theologos
oderunt , & omnes eos perſequuntur , qui de ſua intolerabili
auaritia ( quam neque Turci, neque Iudaei in ſua qualicunque
religione ſuſtinerent ) loquuntur, ſcribunt , praedicant :  quorum
vnus ipſum rabulam verboſum appellabat , ad reliquos concionem ſuam adituros inquiens :  curnam illum loquaculum & bla-
teronem auſcultatis ?  Alius vero de iſta gente palam dixit , eum
omni rhetoricarum ſcientia prorſus carere , nec quicquam apte
vnquam perſuaſiſſe , immo minus ad perſuadendum , qnam minimum ex familiaribus ſuis idoneum exiſtere.  Scit Deus ( quem
teſtor ) illum auariſſimum , & ex auaritia coecum in hunc elo-
quentiſſimum, atque innocentiſſimum virum ( qui omnes has iniurias, obtrectationes, minas, & contumelias modeſtiſſime tulit ) exe-
crabiliter eſſe mentitum.  Habuit enim noſter *Ioannes* , praeter natiuam aſſabilitatem, & ſummam omnium literarum doctrinam, ſin-
gularem etiam apte concionandi artem, atque prudentiam :  quippo
qui vtramque Ciceronis rhetoricam, Quintilianique, & Senecae de-
clamationes examuſſim legerat,& in demonſtratiuo deliberatiuoque
generibus exercitatiſſimus, ad ſingulas res perſuadendas , ſingulos
rhetorum locos artificioſiſſime aſferre ſciebat.   Venam & tenorem *Chryſoſtomi,Bernardi*que,& aliorum eloquentiſſimorum,prae-
cipue

cipue etiam *Ioannis Cruceri* , praeftantiffimi theologi Heidelbergenfis imitatus. Nam & quosdam abufus Chriftianae difciplinae admodum repugnantes ( quorum aliquos in Argentinenfium epifcoporum catalogo tetigimus ) e medio fuftulit : & non folum ad teftamenta facienda , vltimasque voluntates minime caffandas, efficaciter tandem perfuafit : verum etiam in paucis ( fed continuatis ) quibusdam concionibus , ftipendium annuum a piis Argentinenfis vrbis facerdotibus, ciuibus, & matronis collegit : quo fcholaftici quatuor pauperes fulti, facerdotes venerabilem euchariftiam ad imbecilles deferentes, cum iucundis ( vt mos habet) canticis comitentur. Eandem maioris fidei atque deuotionis incitatiuam, facerdotibus curatis a fcholafticis faciendam affociationem, in dulci natali folo, duobusque oppidis patriae fuae finitimis, Türckheim & Amorfwyler, ex proprio patrimonio (quod adhuc ei feni fupererat ) me praefente inftituit atque fundauit.

*De charitate & obferuantia plurimorum erga eum.*

Verumtamen multi ex clero timorati, multi de magiftratu, multi procerum & ciuium , & matronae atque viduae pleraeque omnes honeftiffimae, non folum ipfius fermones auide frequentarunt, fed etiam ipfum, vt praeceptorem coluerunt, vt patrem dilexerunt, vt vitae fuae ducem & patronum obferuarunt. Et quem viuentem dilexerant mortuum humanitatis ftudio, officio funebri , & parentalibus certatim atque magnifice profequuti funt. Sic enim ad me fcripfit *Martinus Cellarius* S. Petri lunioris nunc canonicus verax & integer : *Hoc vnum acerbum fcribere tibi cogor , quod doctor Keifersbergius , dominica Laetare, horam circiter duodecimam, naturae debitum reddidit : die poftera hora vndecima ante fuam ecclefiae maioris fedem fepultus, cum multorum lacrymis & fingultu.* Iacobus quoque *Sturmus*, Chriftianae theologiae deditus,& quidem nobilis haec ad me dedit : *Cecidit magnum decus vrbis Argentinae Ioannes Keifersbergius, confumatiffimus integerrimusque theologus , cuius aetas noftra vix fimilem, vix fequens vifura eft : deceffit dominica Laetare, paulo poft primam me praefente & vidente : fedens in*

*lectulo*

*lectulo hypocausti seu stubae suae, vt Germanice loquar. Poste-*
*ra die comitantibus funus ecclesiae maioris canonicis & vicariis,*
*multo quoque populo ante cathedram, quam viuens praedicando*
*duobus & triginta annis rexerat, sepultus est die Mercurii, exe-*
*quiae in summae ecclesiae choro habitae sunt, praesente & offe-*
*rente senatu Argentinensi, atque innumera vtriusque sexus ple-*
*be. Vidisses maximam matronarum frequentiam, earumque tan-*
*tum affectum, quantum vix credidisses: non introiuit quisque*
*per hos dies summum templum: quin aqua benedicta sepulchrum*
*eius respergeret.* Nunc vt cum *Eucharii Henner* iurium licentiati verbis ad me consolandum suauissime scriptis concludam:
*talis tantusque vir nequaquam lamentandus esse videtur: quoni-*
*am male mori non potuit, qui ab adolescentia sua, a philoso-*
*phiae magisterio, & a suscepto sacerdotio sine lasciuia, sine scan-*
*dalo, cum omnis honestatis exemplo, cum morum maturitate*
*laudabiliter vitam egit. Ego enim illum a tempore suscepti ma-*
*gisterii moresque suos noui: ego illi interea frequentissime do-*
*mi dies & noctes conuersatus, quater etiam secum peregre pro-*
*fectus sum. Nobis potius ( & mihi praecipue ) dolendum est,*
*qui tanto patrono, tam forti veritatis buccina, tanto natura-*
*lis honestatis, ac euangelicae vitae speculo, tanto frugalitatis*
*( quam Augustinus virtutum maximam censet) exemplo, tanto*
*pauperum asilo, tanto ecclesiarum & iurium parochialium, ec-*
*clesiasticaeque libertatis propugnatore, priuati sumus. Ille sub-*
*latus est ex aemulorum dentibus, de miseria transiit ad gloriam,*
*de morte profectus est ad vitam. Si tamen pedes minutissimis*
*& quotidianis forsitan inquinauerit pulueribus, nostrum est, ad*
*Deum optimum maximum ex intimis dicere praecordiis:* " Io-
„ *anni Keisersbergio sacerdoti ac oratori tuo, miserere clemen-*
„ *tissime Deus, cuius nominis sanctificationem, cuius cultum &*
„ *gloriam, tanto zelo, tam claro innocentis vitae, ac viuae do-*
„ *ctrinae exemplo, tantis laboribus, tot annis vsque ad vene-*
„ *rabiles canos, vsque ad indefessam senectutem & mortem,*
„ *conatus est in cordibus fidelium inserere, augere & propa-*
„ *gare. Amen.* „ Haec

Haec obiter & tumultuarie, opico ftilo absque ferie caritas mea in auunculum veftrum & praeceptorem meum fcribere coegit. Qui vero dulciffima & elegantiffima compofitione delectatur: is legat vitam auunculi a *Beato Rhenano*, concinne meo, ex ordine vitae terfiffimo ftilo confcriptam, quam apud me *Georgius Gemminger*, Spirenfis Praepofitus rigidiffimus & exactiffimus lucubrationum cenfor ( cui nihil nifi elegans & admodum emunctum complacuit ) maximis laudibus efferebat.

### *Additio:*

Vnum praetermifi, quod *Keifersbergius* verborum inanem fuperfluitatem magnopere deteftabatur, eam praecipue, qua quidam alienigenae inter concionandum, verba, in fua participia & fubftantiua *fum* refoluere folent, ad quod nulla neceffitas cogit: vt cum fcribitur: dicebat Iefus, loquebatur, ftabat, & fimilia infinita, theutonice refoluunt, erat dicens, loquens, ftans ( Er was reden, er was fton ) cum vtique Ariftotele auctore, non fit ponenda pluralitas absque neceffitate. De quo ad *Iacobum* decanum Larenfem olim id a me efflagitantem, epiftolium dedi; vtrique horum & praeftantiffimis aliis viris, vifum eft fufficere; fi dicas ( Er redt, er ftandt. ) Dum facis ( wan du thuft ) Non ( wan du bift thun ) quando es faciens. Vti olim fcholafticus quidam mente captus, Spirae in carcerem pofitus omnia verba Latina refoluebat: Ego fum hic iacens, quia fui matrem percutiens & huiusmodi mille. Infanum illum hominem quidam cathedralium etiam ecclefiarum concionatores imitantur.

Atque haec funt, quae IACOB. WIMPHELINGVS theologus integerrimus de IO. KEISERSBERGII vita & moribus praeclare ac ingenue commentatus eft. Ex quibus fimul intelligi & diiudicari poterit, quam fine ratione a facris noftris diffentientes eundem pro tefte & affertore doctrinae fuae fortiffimo habeant, atque ab aliis paffim haberi defiderent. Relatus enim eft a MATTH. FLACCIO ILLYRICO in *catal. teft. veritatis,*

*tis, qui ante noftram aetatem pontificibus Romanis, eo-rumque erroribus reclamarunt,* quem *auctario* illuftrauit
10. CONR. DIETHERICVS Francof. 1672. 4. a) Sed
oppofuit eidem GVIL. EYSENGREINIVS alium *cata-logum teft. veritatis locupletiffimum, omnium orthodoxae matris ecclefiae doctorum &c.* Diling. 1565. 4. b)

Plura adhuc forent, quae ad KEISERSBERGII
noftri laudem, commendationemque in medium adfer-ri poffent teftimonia, & virorum doctorum encomia:
fi vel diutius his immorari luberet, vel liceret nobis,
ad pertractandas res literarias domefticas propera-turis.

* * *

Iuuat igitur ea, quae de duobus KEISERSBERGII
noftri ex forore nepotibus CONR. & PETR. WICK-GRAMIS, quorum iam faepe meminimus, in *actis* no-ftris occurrunt, breuiter, at dilucide tamen, explica-re, atque fub confpectum ponere.

An. 1494. a Rectore generofo D. D. *Wilhelmo Comite in Honftein*, Domino in Lare & Cletenberg &c. die prima menf.
Octobris infcriptus eft *Conradus Wygckram ex Tivigken ( Türch-keim) Bafilienfis artium magifter Parifienf.* tefte *matric. rett. antiquiff.*

In

---

a) Antiquiores, & ideo etiam rariores huius catalogi editio-nes funt Bafil. per Io. Oporinum 1556. 8. 1562. fol. Et ex-edit. *Io. Conr. Dieterici* iam 1666. 4. Francof. cui autem
nomen fuum non praefixit; quod tamen fecit in altera
edit. Francof. 1672. 4. Atque iftae editiones omnes funt
integrae & incorruptae. Sed *Simon Goulardus* multa addi-dit, reiecit, emendauit, & ita deprauatum catalogum hunc edi-dit Lugd. 1597. 2. Tom. 4. & poftea etiam Geneu. fol. Conf.
*Io. Vogt* catal. libr. rar. p. 181. ( Hamb. 1753. 8. ) &
*Frid. Gotth. Freytag* analect. liter. p. 221. (Lipf. 1750. 8.)

b) Liber hic, vt teftatur *Io. Vogt* loc. cit. p. 274. albis cor-uis rarior, paucioribus cognitus, pauciffimisque vifus eft.

In *aĉlis facult. art.* An. 1496. in vig. Corp. Chrifti *Magi-fter Conradus ex Durcken* pater, id eft, promotor fuit *baccala-riorum artium Simperti Gefsler ex Augufta*, *Georgii Klem ex Columbaria.*

Eod. an. die Aegidii in via realium *Magifter Conradus ex Keifersberg* ( qui certe nofter eft ) *libros ethicorum.*

An. 1497. die 1. Sept. in via realium *vltimos traĉlatus Alberti* praelegendos fufcepit.

In *aĉlis facult. theol.* antiquiff. ad an. 1498. " decimo quin-
„ to die Aprilis anno quo fupra, venerabiles magiftri fcilicet
„ *Conradus Wickgram* ex Turken, & magifter *Antonius Metz-*
„ *ker* ex Vringen admiffi funt ad curfum facrae Bibliae legen-
„ dum. „

In *aĉlis facult. art.* Eod. an. die 12. poft Aegidii in via realium idem *Mag. Conradus primos Alberti & vltimos phyficor.*

Et an. 1501. a reĉtore egregio viro Magiftro *Georgio Nort-hofer*, S. theologiae doĉtore die 27. menf. Iulii in album acad. etiam relatus eft *Petrus Wickgram* de Türckgen : quemadmo-dum ex *antiquiff. matricula membr. reĉt.* intelligi poteft.

An. 1501. die S. Barthol. *Mag. Conradus Wickgram ele-git veterem artem & affumpfit vltimos Alberti.*

An. 1502. die S. Aegidii in via fcotiftarum, *Mag. Conra-dus Wickgram ethicorum.* „

Eod. an. die 22. Septembr. *Petrus Wickgram de Türck-examini pro gradu baccalariatus fe fubiecit.* Qui deinde die 24. Septembr. gradum iftum obtinuit, patremque elegit fratrem fuum.

An. 1503. in vigilia SS. Phil. & Iac. *Magift. Conradus Wickgram ex Türckenheim theologiae baccal. decanus facultatis artium eleĉtus* eft.

In *aĉlis acad.* an. 1503. die 3. Iul. " Vniuerfitas certas
„ condidit ordinationes & ftatuta ecclefiam de Enfesheim feu
„ reĉtorem ad illam praefentandum refpicientia. Poftera die con-
„ clufit Vniuerfitas, quod *Magifter Conradus Wickgram* debe-
„ ret

„ ret praefentari pro plebano ecclefiae praedictae vacantis per
„ mortem Domini *Bernardi Wefterftetten* praepofiti in Elbangen,
„ & ita praedicto magiftro *Wickgram* eadem die datae fuerunt
„ literae praefentationis figillo rectoratus figillatae ad epifcopum
„ Bafileenfem.  Et ipfe poftea iurauit omnia capitula , vt in *li-*
„ *bro aftorum* continetur. a)

I                                        In

---

a) *Literae* autem, quas vocant *reuerfales*, hae funt: " Ego
„ *Conradus Wickgram* ex Thurinkheim diocef. Bafilienfis
„ presbiter in artibus liberalibus magifter , facrae deni-
„ que theologiae baccalaureus ad ecclefiam parochialem in
„ Enfisheim dictae diocefis per venerabiles & egregios vi-
„ ros ac dominos *Ioannem Angelum de Befutio* vtriusque
„ iuris doctorem celeberrimum , almae Vniuerfitatis Fribur-
„ genfis rectorem magnificum ceterosque doctores , licen-
„ tiatos & magiftros dictam Vniuerfitatem regentes & re-
„ praefentantes, ad hoc fpecialiter conuocatos in collegio
„ collegialiter praefentatos praefente manus meae propriae
„ fcripto recognofco, me, antequam ad praedictam praefen-
„ tabar, omnes & fingulas ordinationes & ftatuta infra fcri-
„ ptas atque per dictos dominos rectores & regentes edi-
„ tas in manus praefati domini rectoris coram ceteris do-
„ minis de vniuerfitate fideliter velle feruare iuraffe.

„ *Primo* iuraui me fingulis annis futuris, quamdiu dictae ec-
„ clefiae praefuero, fupra dictae Vniuerfitati , cui ipfa ec-
„ clefia incorporata exiftit , aut eius fyndico pro fua por-
„ tione referuatam absque contradictione qualibet foluere
„ velle quadraginta florenos Rhenenfes, incipiendo ad fe-
„ ftum purificationis beatae Mariae Virginis proxime futu-
„ rum anno Domini millefimo quingentefimo quarto.  *Se-*
„ *cundo* quod velim bannalia de dicta ecclefia de meis fo-
„ lus foluere.  *Tertio* , quod confolita charitatiuorum fub-
„ fidia & primos fructus ecclefiae pro mea rata me contin-
„ gente foluere & expedire.  *Quarto*, quod domum fi qua
„ mihi per vniuerfitatem pro curia parochiali affignata &
„ deputata fuerit, velim cum fuis pertinentiis & aedificiis
„ connexis etiam debitis & neceffariis ftructuris meis im-
„ penfis conferuare.  *Quinto* , quod in dicta domo , fi qua
„ mihi per Vniuerfitatem affignata fuerit, velim, quotiens-
„ cunque aliquis vel aliqui nomine Vniuerfitatis ad Enfis-
„ heim venerit, vel venerint, eundem & eosdem fuis ex-
„ penfis

In *aliis acad.* An. 1505. die Sabbati iu die S. Annae.
" Concordatum eſt cum vicario eccleſiae parochialis in Enſis-
„ heim, ſcilicet cum magiſtro *Conrado Wickgram* de Turckheim,
„ quod debeat dare & ſoluere Vniuerſitati flor. XXV. pro pen-
„ ſione eccleſiae praeſatae ab eo tempore, quo eam habuit vsque
„ adhuc

---

„ penſis & ſumptibus in honeſtam habitationem, prout Vni-
„ uerſitas elegerit, pie recipere & hoſpitari. *Sexto*, quod
„ omnia onera eccleſiae ſuperius non expreſſa, vt eſſent
„ hoſpitalitates, conſeruationes luminum eccleſiae, vel alia
„ ipſum rectorem eccleſiae reſpicientia per me ſub meis ex-
„ penſis ſupportare. *Septimo*, quod cum & poſtquam ſic
„ praeſentatus fuero, velim certificare ſolemniter omnia acta
„ & agitata hactenus & in futurum agitanda per Vniuerſi-
„ tatem aut ſuos procuratores in cauſa adhuc coram Vni-
„ uerſitatis conſeruatore in Conſtantia pendente inter ipſam
„ Vniuerſitatem & *Conradum Schutz* de & ſuper domo
„ & curia parochiali. *Octauo* iuraui me in antea velle
ᵛ‚ perſonaliter in dicta eccleſia reſidere, atque eidem in pro-
„ pria perſona deſeruire, eandemque eccleſiam ſine expreſ-
„ ſo conſenſu Vniuerſitatis non velle permutare, reſigna-
„ re, aut eidem quouis modo cedere, & ſi & in quantum
„ ipſam eccleſiam in futurum reſignare velim, quod hoc
„ non aliter faciam niſi de expreſſo conſenſu vniuerſitatis,
„ & in manus illius, ad quem pertinet, reſignationem hu-
„ iusmodi recipere in praeſentia ſyndici vel procuratoris
„ legitimi ipſius Vniuerſitatis ad hoc miſſi. Item ſi daretur
„ caſus vacaturae alicuius capellaniae ſpeciatim ad prae-
„ ſentationem rectoris dictae eccleſiae, quod ego velim &
„ debeam capellaniam vacantem conferre ſeu ad illam in-
. „ ſtituendam praeſentare eum, qui mihi ab Vniuerſitate no-
„ minabitur, ita quod talis nominatus debeat aliis praeſer-
„ ri. *Vltimo* iuraui, quod ſi forte, quod abſit, ex qua-
„ cunque cauſſa occaſione praedictorum articulorum per me
„ iuratorum inter vniuerſitatem & me diſſenſio aut contro-
„ uerſia ſuborta fuerit, quod ſuper ea velim me, in quan-
„ tum fieri poteſt, cum dicta vniuerſitate amicabiliter com-
„ ponere, quodſi concordia amicabiliter inueniri forſan non
„ poterit, quod ſuper dicta controuerſia velim declarationi
„ domini ordinarii loci ſtare.
„ Haec ſupra ſcripta ego *Conradus Wickgram* vt ſupra iura-
„ ui anno Domini milleſimo quiugenteſimo tertio die quar-
„ ta menſis Iulii in Vniuerſitate collegialiter congregata. „

„ adhuc ad annos duos futuros: poftea cum eo Vniuerfitas la-
„ tius deliberabit. „

In *aſtis facult. art.* an. 1505. die S. Aegidii in via realiſta-
rum, *Mag. Petrus Wickgram quatuor vltimos phyſicorum:*

An. 1506. die 9. menſ. Sept. in via antiquorum, " *Mag.*
„ *Conradus Wickgram veterem artem, & Mag. Petr. Wick-*
„ *gram de coelo & mundo* praelegit. „

In *aſtis acad.* An. 1506. vicefima quarta die April. " *Ma-*
„ *giſter Conradus Wickgram,* facrae theologiae baccalaureus,
„ perpetuus vicarius ecclefiae Enfefzheim de & fuper penfioni-
„ bus trium annorum primorum, quibus poft nominationem &
„ praefentationem ab vniuerfitate de perfona ipfius faſtam, in-
„ ftitutionemque canonicam fubfecutam vniuerfitati merito de-
„ uinſtus eſt: item de & fuper penfionibus futuris perpetuis
„ per eum de diſta ecclefia foluendis proprium manus fuae chi-
„ rographum in hunc, qui fequitur, modum dedit: *Ego* Conra-
„ dus Wickgram *liberalium artium Magiſter & facrae paginae*
„ *baccalaureus perpetuus in Enſisheim vicarius fateor proprio*
„ *hoc manus meae chirographo me eſſe deuinſtum almae vniuer-*
„ *ſitati Friburgenſi in quadraginta florenorum Rhenenſium fum-*
„ *ma, de tribus primis annis, per quos praenominatam eccle-*
„ *ſiam rexi, quam quidem fummam eidem vniuerfitati me per-*
„ *foluturum promitto fub omni bonorum meorum praefentium*
„ *& futurorum hypotheca, hoc, et fequitur modo: Videlicet*
„ *ad feſtum natiuitatis domini Iohannis Baptiſtae anni 1507. flo-*
„ *renos viginti, addendo illud eodem tempore viginti quinque*
„ *florenos alios pro penſione eiusdem anni, & ad idem feſtum*
„ *anni 1508. reliquos viginti florenos, adiiciendo eisdem pro*
„ *penſione illius anni florenos Rhenenſes triginta, quam fum-*
„ *mam triginta florenorum fingulis etiam aliis annis fequenti-*
„ *bus me eidem vniuerfitati pro penſione daturum perpetuo fum*
„ *pollicitus iuxta conuentionem fuper hoc inter praefatam vni-*
„ *uerfitatem & me faſtam. In cuius rei robur appoſitum eſt*
„ *ad meam petitionem his literis praememoratae vniuerfitatis*

„ *recto-*

„ *rectoratus figillum. Actum anno Domini 1506. in vigilia Mar-*
„ *ci Euangeliftae.* „

" Eodem die admiffum fuit dicto magiftro *Conrado* , quod
„ duobus annis fequentibus poft feftum Iohannis Baptiftae pof-
„ fit fe abfentare a fua ecclefia , vt fe qualificet ad gradum do-
„ ctoratus theologici ita tamen, vt habeat idoneum ad regendam
„ ecclefiam , quem Vniuerfitas approbet. „

In *actis facult. theol.* an. 1506. die 3. Octobr. " Concef-
„ fum eft magiftro *Conrado Wickgram* , vt poffit in fententiis
„ in vna lectione vltra vnam diftinctionem iuxta fuam diftribu-
„ tionem legere. „

Et eod. an. " Altera die poft feftum Lucae Euangeliftae fe-
„ cerunt principia fua in tertium fententiarum honorabiles &
„ perdocti viri magifter *Conradus Wickgram*, & presbiter *Ste-*
„ *phanus Bonndorff*, ficque facti funt in theologia Baccalaurei
, „ formati. „

Et in *actis facult. art.* eod. an. die Iouis ante feft. S. Thomae inter baccalariorum examinatores recenfetur *Magift. Conra-*
*dus Wickgram.*

In *actis theol.* an. 1507. octaua die menfis Maii. " Sub de-
„ canatu *Franc. Io. Winckel*, facr. theol. profefforis, ord. prae-
„ dicatorum admiffi funt per facultatem ad examen rigorofum
„ venerabiles perdoctique viri *Magifter Conradus Wickgram* ,
„ & presbiter *Stephanus Bondorff* ordinis fratrum minor. facrae
„ theologiae baccalaurii formati : qui & doctoribus noftrae fa-
„ cultatis fecundum tenorem noftrorum ftatutorum fatisfece-
„ runt. „

In *actis acad.* an. 1507. decima quarta Nouembr. " Vni-
„ uerfitas in caufa difcordiae Magiftri *Conradi Wickgram* pleba-
„ ni in Enfisheim & fuorum Capellanorum fcripfit eidem Ma-
„ giftro *Conrado* de diaeta ftatuenda fibi Capellanis pro concordia
„ attemptanda iuxta petita per confulatum in Enfisheim. „

Anno 1509. die 30. Ian. " Conclufum fuit , quod deberet
„ Vniuerfitas fcribere doctori *Krifersberg* & Priori Carthufien-
„ fium

„ fium in Argentina de vita , moribus , & ftudio magiftrorum
„ *Petri Wickgram*, & *Erhardi Kuder*, quod & factum fuit. „

In *aliis facult. art.* an. 1509. in fefto Aegidii in via realium *Mag. Conrado Wickgram libros de coelo & mundo* elegit.

In *aliis acad.* an. 1509. ( Habita conuocatione 28. Sept. )
" Praefentatus eft ad altare S. Barbarae in ecclefia Enfisheim, &
„ iurauit iuranda per praefentatos ab vniuerfitate , & fpecialiter
„ quod velit facere refidentiam perfonalem, nifi per Vniuerfita-
„ tem defuper fecum difpenfetur , Magift. *Petrus Wickgram.* a)

In *aliis acad.* an. 1509. in fefto Thomae Cantuarienfis archiepifcopi: " Admifit Vniuerfitas magiftro *Petro Wickgram,*
„ quod fe vsque ad reuocationem Vniuerfitatis poffit a beneficio-
„ lo abfentare, quod ei contulit Vniuerfitas in Enfisheim &c.
„ vt latius habetur in praefentibus per eum iuratis.    Item quod
„ impetretur compulforium vel mandatum generale ab epifco-

I 3

„ po

---

a) Hae autem illius funt *literae reuerfales:* " Ego magifter
„ *Petrus Wickgram* die vicefima octaua Octobris ( vel po-
„ tius Septembr. ) praefentatus fui & nominatus per Vni-
„ uerfitatem Friburgenfem ad Capellaniam S. Barbarae in
„ Enfisheim, & iuraui me facturum perfonalem refidentiam
„ & alia omnia confueta puncta illam Capellaniam refpici-
„ entia anno Domini millefimo quingentefimo nono die &
„ menfe praefcriptis.
„ In die diui Thomae mart. & pontif. praefentatus fui: Ego
„ praefcriptus mag. *Petrus* obtinui fauorem me abfentandi a
„ beneficiolo, ad quod fupra per Vniuerfitatem Friburgen-
„ fem fub conditionibus , quae fequuntur. *Prima* , quod
„ quandocunque requifitus fuero , velim tale beneficiolum
„ aut refignare in manus ipfius Vniuerfitatis , aut eidem
„ perfonaliter deferuire. *Secunda* , quod velim illi bene-
„ ficio per tempus abfentiae meae prouidere per alium iuxta
„ tenorem fundationis eiusdem , fi curam habere poffim ,
„ aut mihi de ea conftiterit, quod fi eandem habere ne-
„ queam, velim curare, quod ad minus fingulis feptima-
„ nis celebretur vna miffa in altari fanctae Barbarae fito in
„ ecclefia parochiali in Enfisheim pro animabus fundato-
„ rum eiusdem beneficii , & haec omnia me facturum fpon-
„ deo, quod teftor ego praefcriptus hac fcriptura mea ma-
„ nuali actum die & anno praefcriptis. „

,, po Basiliensi cum clausula iustificatoria , vt omnes Capellani
,, in Eusisheim resideant , & fundationes beneficiorum, aliaque
,, ad ipsam spectantia in certo termino ipsi episcopo praesentent.,,

In actis facultatis theolog. an. 1510. " Secunda die Au-
,, gusti admissus est per theologicam facultatem ad Bibliae lectu-
,, ram venerabilis magister Petrus Wickgram ex Turckheim ,
,, & assignatus fuit ei cursus Bibliae in veteri testamento Daniel,
,, & in nono testamento prima epistola canonica Petri : qui in
,, patrem elegit Io. Brysgoicum tunc decanum facultatis theolo-
,, gicae , & satisfecit facultati dando vnum flor. eidem decano.
,, Principium in Danielem fecit in vigilia diui Laurentii marty-
,, ris idem magister Petrus. ,,

An. 1510. " Die prima Octobris respondit magister Petrus
,, Wickgram pro sententiis inchoandis , quoniam Bibliae lectu-
,, ram ipso referente persecerat , & eodem die a facultate theo-
,, logica & a singulis regentibus eiusdem facultatis admissus
,, fuit ; vt principium faciat iuxta statuta. Considerata enim
,, sunt ea , quae praescripta sunt , ipsum respicientia. Ideo
,, annuit facultas vt benigna attamen iusta mater suorum alum-
,, norum. ,,

In magna matricul. facult. theol. ad an. 1510. " Die pri-
,, ma mensis Octobris admissus est vnanimiter per facultatem
,, theologicam ad sententias legendas honorabilis vir magister
,, Petrus Wickgram ex Turckheim baccal. biblicus theologiae.
,, Fecit suum principium die 12. Octobr. dando facultati 1. flor.
,, & cuilibet doctori eiusdem facultatis 1. flor. ,,

In actis facult. theol. An. 1511. " Prima die mensis Augu-
,, sti electus fuit Magister Petrus Wickgram in priorem vacan-
,, tiarum, cui officio vt melius satisfacere posset , consensit facul-
,, tas, vt duas , quando vellet , in die perficere posset distinctio-
,, nes , legendo quartum sententiarum. ,,

An. 1511. " Sub decanatu fratris Ioan. Winckel, ordinis
,, Praedicatorum venerabilis & perdoctus vir magister Petr. Wick-
,, gram , sacrae theologiae baccalaureus formatus per facultatem
,, theo-

,, theologicam admiſſus eſt ad examen rigoroſum pro licenciis
,, recipiendis die 28. menſis Auguſti. ,,

An. 1511. die 22. Septembr. " Promoti ſunt in licentiatos
,, theologiae honorabiles viri perdoctique baccalaurei formati
,, *Magiſter Conradus. Wickgram, & Magiſter Petrus Wickgram*
,, frater eius vterinus , & ſatisſecerunt tam facultati, quam ma-
,, giſtris ciusdem facultatis. ,,

In *actis acad.* an. 1512. die decima quarta menſis Aprilis:
" In eadem conuocatione magiſter *Io. Caeſar* procurator docto-
,, ris *Petri Wickgram* vigore inſtrumenti publici per eum pro-
,, ducti reſignauit Capellaniam , quam idem doctor *Petrus* in
,, parochiali eccleſia Enſisheim obtinuit , & poſtea dictum in-
,, ſtrumentum iterum ad ſe recepit. ,,

Nam, mortuo *Io. Geilero Keiſersbergio* auunculo ſuo , *Petrus Wickgramus* in eiusdem locum ſubſtitutus, cathedram ſacram in maiore eccleſia Argentinenſi obtinuit. Conf. *Io. Sturmius*
in vit. *Beat. Rhen.* praemiſſ. eiusd. rer. Germ. Lib. III. Baſil.
1551. ſ. & alias ſaepe : *) Addere his ea oportebit , quae ad
calcem edit. ſerm. & var. tractat. *Keiſersbergii* Argent. 1518.
fol. leguntur : vbi *Petrus Wickgram* ſe *immediatum* auunculi
ſui in *officio praedicaturae Argentinenſis ſucceſſorem* profitetur.
( *Amoenit. Liter. Friburg. Faſcicul. I. p. 92.* )

In *actis acad.* au. 1512. in die Petri & Pauli Apoſtol.: "Ha-
,, bita conuocatione egregius dominus doctor *Conr. Wickgram*
,, auditus eſt, qui tres articulos propoſuit: *Primus* , quod ipſe
,, ſuffraganeatum Argentinenſem acceptauerit ea conditione, vt
,, ipſe nihilominus eccleſiam ſuam in Enſisheim retineat, &
,, petiit conſilium ab Vniuerſitate : quibus mediis huiusmodi
,, eccleſiam in Enſisheim retinere poſſit & debeat. *Secundo* pro-
,, poſuit, quod tempore praeſentationis ſuae inter Vniuerſita-
,, tem & ipſum facta ſit conuentio , quod ad capellanias pro

I 4                    ,, tem-

---

*) Fandem etiam edidit *Chriſt. Gottl. Buderus* in vit. clariſſ. biſt. Ien. 1740. 8.

„ tempore in dicta ecclesia Enfisheim vacantes Vniuerfitas tan-
„ tummodo nominare & ipfe praefentare debeat. Et cum nu-
„ per contrarium fit obferuatum, fenatus in Eufisheim, cui
„ ipfe dixerit fe habere ius praefentandi, poterit nunc credere,
„ fe prius nugas confinxiffe, ideo petiit, quod Vniuerfitas fcri-
„ ptis fuis quocunque pallio de mendacio excufet. *Tertio* di-
„ xit, quod cum capellanis & ciuibus in Enfisheim ratione
„ capellae extra muros & oblationum fuper altaribus capella-
„ norum cum ecclefia parochiali cadentium locutus fit iuxta
„ mentem literarum fibi ab Vniuerfitate miffarum, qui dixerint,
„ fe Vniuerfitati velle refpondere, petiit de refponfo informari.
„ Ad *primum* refponfum eft, quod Vniuerfitas fperet eum fer-
„ uaturum, & etiam adhortetur eum, vt feruet ea, quae tem-
„ pore praefentationis iurauit, fed fi omnino iuxta tenorem
„ eiusdem iuramenti ipfe non velit dimittere ecclefiam, fed eam
„ retinere, Vniuerfitas in hoc non confentiat nec diffentiat, fed
„ eum moneat iuramenti praeftiti, quod nullatenus aliquid agat,
„ quod in praeiudicium iurium Vniuerfitatis tendat quodlibet
„ in futurum. Ad *fecundum* refponfum eft, quod quia Vni-
„ uerfitas prius praefentauit fratrem fuum fcilicet doctorem *Pe-*
„ *trum*, nec ipfe contradixit, Vniuerfitas credens fe in poffef-
„ fione iuris praefentandi, & de pacto fecum inito non cogitans
„ praefentauerit, fed cum iam hoc pactum ad memoriam fit re-
„ ductum, deinceps eidem ftare velit, & ipfe pro praefenti pa-
„ tientiam habere, nec poffit Vniuerfitas fe ipfam incufando con-
„ tra factum fuum proprium fcribere. Ad *tertium* eft refpon-
„ fum, quod Vniuerfitas adhuc expectare velit modicum tem-
„ poris refponfionem Capellanorum, & fi non refponderit Vni-
„ uerfitas fibi aftando & confulendo, velit fibi facere affiftenti-
„ am expenfis tamen fuis. „

An. 1512. die 21. Aug. " Conqueftum extitit per praefa-
„ tos legatos (Enfisheimenfes) cum dominus doctor *Conradus*
„ fuffraganeatum ecclefiae Argentinenfis receperit, fui abfentiam
„ timere habeant ecclefiae, itaque & fubditorum graue difpen-
„ diam,

„ dium, temporibus etenim sacris, item in diebus anni praeci-
„ puis sese occupabit in officio suffraganei, minus idoneum eis
„ praeficiendo, aut si idoneus fuerit, eiusdem ecclesiae capella-
„ num ordinabit, qui alias ratione beneficii sui ad interessen-
„ dum astrictus est. „

An. eod. vltima Augusti. " Habita connocatione conclusum
„ est, quod citatio doctori *Conrado Wickgram* executa prosequi
„ debeat, & ad hoc deputati sunt doctor *Vehus*, & syndicus: de-
„ bet etiam dominus doctor *Odernheim* ad hoc vt auxilio sit,
„ rogari. „

An. eod. die 3. mensis Septembris. " Comparente egre-
„ gin domino doctore *Petro Wickgram* excusauit se & fratrem
„ suum doctorem *Conradum*, quod nuper apud Vniuersitatem
„ non comparuerint, quia frater Romipeta fuerit, & comites
„ viae, ne solus equitaret, sequi coactus fuerit, ipse vero doctor
„ *Petrus* necesse habuerit Argentinae sequenti die verbum di-
„ uinum Argentinae seminare &c. Et insuper petiit sibi 'dete-
„ gi causam, quare doctor *Conradus* frater suus sit citatus, spe-
„ rat enim, quod ita obuiare & respondere velit, vt causa ami-
„ ce componatur. Et tandem post multa de consensu Vniuer-
„ sitatis & dicti domini doctoris *Petri* nomine fratris sui con-
„ seruientis suspensus est effectus citationis vsque ad primam
„ diem iuridicam post Epiphaniae, pro quo idem doctor *Pe-*
„ *trus* gratias egit. „

An. 1513. die 9. mensis Sept. " Syndicus proposuit, *suf-*
„ *fraganeum episcopum Argentinensem* atque plebanum eccle-
„ siae parochialis in Ensisheim Vniuersitati velle defalcare de
„ annua pensione certum annuum censum domus plebanalis ec-
„ clesiae Ensisheim. Placuit dominis, vt scribatur eidem suf-
„ fraganeo, quod promissa Vniuersitati seruet, & etiam desal-
„ cationi restanti satisfaciat, aut saltem infra quindenam com-
„ pareat coram Vniuersitate ad latius informandum. „

An. eod. feria quarta post festum sancti Dionysii. " Habi-
„ ta congregatione ex parte reuerendi patris domini doctoris

„ Con-

„ *Conradi* Plebani in Enfisheim fuffraganei Argentinenfis , qui
„ propofuit , quod propter fcripta Vniuerfitatis aduenerit, re-
„ ferens , fe non debere foluere cenfum domus parochialis in
„ Enfisheim, quia inter onera , ad quae ipfe effet obligatus ,
„ non effet fpecificatum, vt cenfum domus perfolueret , item
„ folueret confultationes & bannales, quas etiam petiit defal-
„ cari , item aliquando non foluerit nifi XXV. florenos. Con-
„ clufum, quod bonis verbis ab eo interrogetur, quomodo per
„ confecutum epifcopatum vacauerit beneficium,& quo titulo iam
„ poffideat. Refpondit ipfe , quod beneficia propria vacent, fed
„ quae haberet aliquis in prouifione, non vacarent , vnde ipfe
„ poffideret hoc beneficium ( parochiam in Enfisheim putans )
„ titulo,quo prius. Poftea deliberauit Vniuerfitas, & mifit ad
„ eum dominum doctorem *Iohannem* theologum , & doctorem
„ *Vehum* , qui dixerunt ei, quod multa tractaffet cum fyndico,
„ qui non effet praefens, nec dominus rector, qui etiam mul-
„ ta egiffet in hac re. Vnde Vniuerfitas pro nunc negotium
„ fufpendat vsque ad aduentum domini rectoris & fyndici,
„ praeterea mittat ad eum , vel fcribat ei , vt huc veniat , &
„ releuabit eum etiam in expenfis : hanc tamen fufpenfionem
„ faciat Vniuerfitas omnino citra remiffionem punctorum per
„ dominum epifcopum productorum. „

An. eod. die I. Decembr. " Placuit vt fcribatur domino
„ fuffraganeo in Enfisheim , vt veniat ad Vniuerfitatem ad
„ tractandum in eo, quo citius poffit, & de aduentu fuo certi-
„ ficet Vniuerfitatem. „ a)

An.

---

a) Sunt autem *literae* fequentes : " *Reuerendo in Chrifto*
„ *patri domino Conrado Wickgram Argentinenfis epifco-*
„ *pi fuffraganeo meritiffimo, ac facrae theologiae doctori*
„ *profundiffimo.* S. Nouifti reuerende Pater & celeberri-
„ me domine doctor, quae fuperioribus diebus, cum nobis-
„ cum effetis, acta dictaque fint ex parte parochiae, cui
„ praeeftis. Cum enim omnem vobis humanitatem prae-
„ ftare fimus propenfiffimi, indeterminati tamen ecclefiarum
„ noftra-

An. 1514. die 16. Ianuarii. " Comparuit *suffraganeus Ar-*
*,, gentinensis*, *Vicarius in Enfisheim*, & conclusum est, vt do-
,, minus suffraganeus debeat ostendere & informare Vniuersita-
,, tem, quomodo & qualiter ipse suffraganeatum Impetrauerit,
,, vt valeamus intelligere, an per suam impetrationem sit prae-
,, iudicatum Vniuersitati quoad ecclesiam. Item propositum est ei,
,, quod ad nominationem Vniuersitatis non voluerit statim prae-
,, sentare prout supra. Item quod censum domus suae ipse debeat
,, praestare & soluere. Ad haec suffraganens habita prius delibe-
,, ratione cum quodam milite de Andlo respondit primo, quod
,, non credat se aliquid attentasse per suam impetrationem, per
,, quod praeiudicari possit Vniuersitati, quia obtinuisset primo
,, ante consecrationem gratiam retinendi ecclesiam parochialem
,, in Enfisheim cum facultate permutandi cum simili vel dissi-
,, mili. Quoad secundum dicit se ex causis certis per eum dedu-
,, ctis non statim praesentasse, sed quod postea praesentauerit. Quo-
,, ad

,, nostrarum, quoad possumus prouidere, iuramenti vinculo
,, astringimur omnino, quemadmodum vos latere non po-
,, test.     Eapropter ne in futurum quicquam negligen-
,, tiae aut incuriae iuste nobis obiici posset, circa ecclesiam
,, in Enfisheim quicquam ambiguitatis circa eandem oriri
,, posset, opportunis remediis & debita vigilantia amputare
,, intendimus.     Hinc iuxta nouissimi recessus vtriusque ha-
,, biti tenorem desideramus ac petimus, vt quanto fieri pos-
,, sit citius hic, nostris expensis comparere velitis, vna
,, cum ea impetratione, quam a curia attulistis, ipsam eccle-
,, siam tangente, & aliis omnibus, si quae habetis ad idem
,, pertinentibus, nosque de vestro aduentu per aliquem cau-
,, salem nuncium certiores facere velitis, quem aduentum
,, vestrum vltra quatuor hebdomadas non differatis. Nihil-
,, ominus tamen interea temporis ipsius vestrae impetratio-
,, nis copiam ad nos mittere curetis, vt eo melius cum
,, praesens fueritis, & expendientius pro vobis & vniuersi-
,, tate concludere valeamus, quod bonum fuerit & ratio-
,, nabile. Valete diu in Domino feliciter.     Datum Fribur-
,, gi ipso die sancti praesulis Nicolai Anno 1513.

,, Rector & regentes generalis
,, studii Friburgensis. ,,

„ ad tertium, dixit fibi addictum effe , quod praeftando quin-
„ que florenos plus, quam prius, effet immunis a penfione do-
„ mus.   E diuerfo inftitit Vniuerfitas , vt exhibeat copiam
„ Bullarum fuae proulfionis fuffraganeatus , & vt fcribat ad
„ curiam pro copia impetrationis retinendi, quantum ad pen-
„ fionem ex domo , quod foluat , quia Vniuerfitas non remi-
„ ferit. „

An. eod. die 2. Maii. “ Domino doctori *Veho* ad *fuffraga-*
„ *neum Argentinenfem*, *Vicarium in Enfisheim* literae creden-
„ tiae dentur , vt idem *fuffraganeus* ea Vniuerfitati transmit-
„ tat fcripta, quae dudum fe miffurum eft pollicitus. „

An.' 1515. die 21. menfis Julii.   “ Vniuerfitas eodem die
„ praenominatis dominis deputatis commifit, vt feriofe loquan-
„ tur cum *fugraganeo Argentinenfi*, vt oftendat titulum fuum
„ cum comminatione de conueniendo eundem iure in euentum
„ denegationis. Pari modo commiffum fuit praedictis dominis de-
„ putatis ad faciendum confulatui in Enfisheim relationem, ex-
„ pedito negotio cum fuffraganeo ipfam Vniuerfitatem velle fa-.
„ cere facienda.   Et data fuit praedictis dominis deputatis ad
„ praemiffa tractanda poteftas & mandatum in pleniffima forma.„

An. eod. die 8. Auguft. “ Fuit eodem die examinata im-
„ petratio domini *frffraganei* ad ecclefiam parochialem in En-
„ fisheim, & repertum eandem impetrationem non valere. Et
„ ideo fuit conclufum, quod domini doctores facultatis iuridi-
„ cae confiderent & melius deliberent , quid agendum fit , &
„ quod *fuffraganeo* nihil refpondeatur. Et iftis peractis magi-
„ fter *Albertus Krufs* a) decanus artifticae facultatis apud Vni-
„ uerfi-

a) Plura funt, quae de *Alberto Krus*, vel *Kraus* in *actis*
   noftris paffim leguntur. In *matric. rect.* an. 1504. die 27.
   Octobr. *Albertus Crufs de Trochtelfingen* infcriptus.   In
   *actis facult. art.* an. 1505. IV. Nonas [Dec. “ *Ioannes*
   „ *Kifsleck* & *Albertus Crufs* petiuerunt , quod poffent
   „ ftare ordinarie in domo Carthufienfium : quod faculta
   „ ipfis admifit. „   An. 1506. quinta feria ante *Remi-*
                                                      *nifcere*

„ uerfitatem inftitit, fi & in quantum clariffimus vir dominus
„ doctor *Iohannes Brifgoicus* non vellet vti iure fuo, quod
„ ad dictam ecclefiam haberet, illud transferatur in eum. „

An. 1516. 27. Febr. " Fuerunt lectae literae confulatus
„ oppidi Enfisheim, quae volebant, vt Vniuerfitas compelle-
                                                        „ ret

---

*miscere* examini pro gradu baccalaureatus fe fubiecit *Alber-*
*tus Chrufs de Trochtelfingen.* Et ita etiam inter baccalaureos legitur in *matric. facult. art.* Vti an. 1507. magifter artium conftitutus : & in *matric. facult. art.* recenfetur *Albertus Croufs* de Melchingen. An. 1513. die 16.
menf. Nouembr. Magifter *Albertus Kroufs* ex Melchingen
affumptus eft in confiliarium facultatis. Eod. an. die 11.
Decembr. " Electi funt in Burfarios magifter *Albertus*
„ *Krufs* in via realium, & magifter *Henricus Klammer*
„ in via modernor. „ Eod. an. die 15. Decemb. " *Al-*
„ *bertus Krufs* elegit veterem artem vacantem propter ab-
„ fentiam domini doctoris Walwenberger. „ Et deinde
inter examinatores nunc atque iterum occurrit. Et an.
1514. mox infequente denuo inter examinatores vnacum
*Iacobo Otthero* laudatur. Inter *baccalarios biblicos* feu
*curfores* an. 1514. relatus, vt teftantur *acta facultatis*
*theol.* " Eodem die ( 26. menf. Iun. ) admiffus fuit ad
„ lecturam bibliae venerandus magifter *Albertus Krufs*
„ de Melchingen, & affignauit ei facultas pro curfu to-
„ tum Leuiticum pro veteri teftamento, pro nouo vero
„ vltima duodecim capitula de euangelio Lucae. Et ele-
„ git in patrem eximium virum doctorem *Georgium* Achen-
„ fem, principiauitque in Leuiticum prima die menfis Iu-
„ nii anni 1514. & fatisfecit, facultati dando florenum
„ doctori *Georgio* Achenfi tunc decano. „ In *actis fa-*
*cult. art.* an. 1515. " In profefto diuorum Philippi & Iaco-
„ bi Apoftol. habita conuocatione omnium Magiftrorum de
„ confilio facultatis artium ftudii Friburgenfis electus fuit in
„ decanum *Albrechtus Krufs*, Melchingenfis artium magi-
„ fter, & theologiae baccalaureus &c. „ Et an. eodem inter
*baccalarios theol. fententiarios* ac *formatos* occurrit : " Se-
„ cunda die menfis Augufti honorabiles viri magiftri, *Al-*
„ *bertus Krufs* de Melchingen, & *Melchior Vethlin* ( *Vat-*
„ *lin* ) de Trochtelfingen ex facultatis admiffione in magi-
„ ftri Petri Longobardi fententias principium fecerunt :
„ qui & iuxta ftatuta fatisfacere non omiferunt : „ vti in
                                                        *actis*

aſiis facult. theol. legitur. Atque hoc ipſo adhuc anno die 29. Decembr. quemadmodum etiam ſequentibus inter examinatores facult. art. rurſus aſſumptus eſt. In matric. facult. theol. an. 1516. die 24. menſ. Sept. " Reuerendus „ vir magiſter Albertus Kruſs de Melchingen ſuum in III. „ ſententiarum ſecit principium, & ſecit facienda. „ An. 1517. die 18. menſ. Aug. " In theologica facultate licen- „ tiam conſecuti ſunt honorabiles ac praeſtantes viri libe- „ ralium artium magiſtri Nicolaus Schädlin Rotemburg. Al- „ bertus Kruſs ex Melchingen, & Iacobus Ottherus Spi- „ renſis, ") qui & iuxta ſtatuta ſatisfecerunt. „ In aliis „ facult. art. an. 1518, die 13. Ian. " Dominus Al- „ bertus Kruſs theologiae licentiatus centum florenos ſibi „ mutuo datos ſoluit, eique literae obligatoriae praedicti „ mutui gratia confectae reſtitutae ſunt. „ An. 1519. vltima die April. " In eadem ſeſſione petiuit dominus li- „ centiatus Albertus Kruſs loco & vice conuentorum vtri- „ usque burſae electionem notiorum conuentorum, vnius „ in burſa pauonis loco Mag. Laurentii Hering, & alte- „ rius in burſa aquilae loco Mag. Sebaſtiani Schemmer ali- „ quantisper differri in finem, vt ſeſe ob ſcholarium pauci- „ tatem facilius poſſent expenſare, ſed dilata eſt huius ne- „ gotii deciſio propter non formatam articulum ad ſequen- „ tem conuocationem. „ An. eod. die Iouis poſt aſſumpt. diuae Virg. " Praeterea D. licentiatus Albertus Kruſs re- „ ſignauit omnibus ſuis officiis: quam reſignationem facul- „ tas artium grato animo ab eodem ſuſcepit. „ Atque hic ipſe eſt Albertus Krauſs theol. licent. cuius ad Vdalr. Zaſium literas an. 1529. exaratas collectioni noſtrae Vltn. an. 1774. editae p. p. 545. inſeruimus. Idem porro le- gitur ex parte Hugonis epiſcopi Conſtantienſ. diſputationi Badenſi in cauſa Heluetica orthodoxae fidei an. 1526. in- terfuiſſe: quemadmodum paullo poſt, de Ottom. Luſcinio acturi, quaedam huc pertiuentia adducturi ſumus. In bi- bliotheca noſtra extat libellus, qui Krauſium noſtrum ha- bet auctorem: Logica illuminatiſſimi viri domini & magi- ſtri Alberti Kraus, ſacre theologie & pontificii iuris docto- ris egregii, compendioſiſſime totam dyalecticen continens, vt breuius ac diſertius excogitari nequeat; quam qui ſtu- dioſe perlegerit, facili & labore & tempore totam ſeſe di- diciſſe logicam gaudebit: ſed ſine nota auni vel loci, in 4. Editio elegantiſſima. Figuras duas ſatis lepidas, ligno in- ſculptas, atque coloribus deinde depictas, quarum altera li- bello praefixa, altera vero ſubiuncta, tabulae cuidam inci- ſas dabimus.

") Iuuat

„ ret *suffraganeum Argentinensem* ad prouidendum ecclesiae in
„ Ensisheim propria in persona. „

An. eod. die 8. Decembr. " Fuit etiam pro tunc deductum,
„ dominos Regentes in Ensisheim apud ipsam Vniuersitatem in-
„ stitis-

---

*) Iuuat nunc iis, quae paullo ante pag. 76. in not. * * de
*Iacob. Otthero* diximus, nonnulla adhuc addere, & ex
*astis* nostris deprompta subiungere. In *matricula facult.
art.* An. 1510. *Iacobus Otther* de Argentina tanquam bac-
calaurius alterius academiae legitur. In *astis facultatis
theol.* inter *baccalarios biblicos :* " Anno virginei partus
„ quinto decimo supra millesimum quingentesimum Ianua-
„ rii die secunda admisit facultas theologica magistrum
„ *Iacobum Otther* Spirensem ad respondendum pro biblia,
„ & die decima eiusdem mensis admisit facultas eundem
„ honorabilem magistrum ad faciendum principium in bi-
„ bliam. Et assignauit ei in Vet. Test. X. prima capitula
„ libri Deuteronomii, & in nouo octo prima capitula Episto-
„ lae diui Pauli ad Romanos rationabilibus causis ad hoc
„ mota : Elegit in patrem & promotorem suum eximium
„ virum doctorem *Ioh. Brisgoicum.* Fecitque principium
„ XI. die Ianuarii, & satisfecit facultati dando flor. in auro
„ per pedellum decano doctori Augustin. XII. Ianuarii die
„ 1515. „ In *astis facult. art.* an. 1511. " Item post *Lae-
„ tare* feria quinta habita fuit conuocatio ex parte pedel-
„ li super responso dando dominis doctoribus ab Vniuer-
„ sitate deputatis, qui audirent grauamina facultatis ar-
„ tium, & fuerunt iterum electi quatuor conuentores, vt
„ ea proponerent. In eadem sessione fuit baccalaureo *Ia-
„ cobo Otther* lectio priorum logicalium commutata in ex-
„ ercitium bursale, quia allegabat se oportere visitare le-
„ ctionem in theologia ratione statuti domus Carthusia-
„ nae. „ An. 1515. vndecima die Iunii. " Mag. *Ca-
„ spar Bayer* Veberlingensis, & Mag. *Iacob. Otther.* ad
„ facultatis consilium in locum Mag. *Ioh. Wangen.* defun-
„ cti reciperentur decreto facultatis consilii conclusum, pro-
„ pter nouam ordinationem differendam receptionem &c. „
Eod. an. die 11. Aug. " In via scotistarum conuentores
„ electi Magist. *Caspar Bayer*, & *Iacob. Otther.* „ An.
1516. decima octaua die Aprilis. " Mag. *Iacobus Otthe-
„ rus* officium conuentoris resignauit, & facultas accepta-
„ uit, conclusum etiam fuit, quod magistri de cetero vo-
„ lentes recipi ad officium facultatis, vt pro eis petant. „

„ ſtitiſſe pro domino doctore *Petro Wickgram* fratre dominᶦ
„ Vicarii , qui protunc eccleſiam in Enſisheim inofficiaret , vt
„ ipſa Vniuerſitas annueret in reſignationem domini Vicarii
„ praedicti , quam facere vellet in fauorem eiusdem domini *Pe-*
„ *tri.* Concluſum , quod deputati doctores praedicti ad Enſis-
„ heim verbum apud dominos Regentes de literis pro domino
„ doctore *Petro* ad Vniuerſitatem datis faciant , & mentem eo-
„ rundem deſuper plene recipiant , & Vniuerſitatem deſuper in-
„ forment , vt eatenus ipſa Vniuerſitas procedere valeat. „

An. 1517. die 24. April. " Idem magnificus dominus Vi-
„ cerector propoſuit Vniuerſitati , dominum *ſuffraganeum Ar-*
„ *gentinenſem* eſſe hic Friburgi , petiit fieri deliberationem , an
„ aliquid eſſet loquendum de eccleſia Vniuerſitatis Enſisheim.
„ Et mox Vniuerſitas fuit certificata per dominum ſyndicum,
„ eundem dominum *ſuffraganeum* velle facere perſonalem re-
„ ſidentiam. Concluſum , quod Vniuerſitas iam ſuperſedeat &
„ permittat eum reſidere. „

An. 1518. die 15. Decembr. " Fuit relatum , dominum
„ doctorem *Conradum Wickgram* Vicarium in Enſisheim cita-
„ tionem contra eum obtentam ad faciendum perſonalem reſi-
„ dentiam a nuntio recepiſſe & ſeruaſſe. „

An. 1519. ſecunda Iannarii : " Comparuit in conſeſſu
„ Vniuerſitatis *Conradus Wickgram* , Vicarius eccleſiae paro-
„ chialis Enſisheim , propoſuit *primo* , quod licet vsque modo
„ perſonalem fecerit reſidentiam in ſua eccleſia , praeter hoc &
„ absque , quod aliquae querelae contra eum per ſubditos ſuos
„ ad Vniuerſitatem venerint , nihilominus nuper citatus fuerit
„ per ordinarium ad faciendum perſonalem reſidentiam ad in-
„ ſtantiam Vniuerſitatis. Vltra hoc quod cum Vniuerſitate
„ pactum iniiſſet , quod ipſa Vniuerſitas ſemper ſuper cau-
„ ſis ſibi mouendis amicabilem compoſitionem quaerere & at-
„ temptare deberet. *Secundo*, quod ipſe in huiusmodi negotio,
„ nemo autem pro Vniuerſitate comparuiſſet. Concluſum, quod

„ reſpon-

„ respondeatur eundem ipsum non residere nec propter suffra-
„ ganeatum suum personaliter residere posse, atque magnas que-
„ relas contra eum per subditos suos esse iuxta vim & tenorem
„ supplicationis desuper confectae. Et ideo Vniuersitatem vel-
„ le vt resignet, aut personalem residentiam faciat, & reduca-
„ tur sibi ad memoriam iuramentum per eum praestitum de
„ non dimittendo & residendo &c. Et legatur sibi copia sup-
„ plicationis ciuium in Ensisheim: & ita factum. „

An. eod. die 27. Ianuar. " Magnificus dominus rector pro-
„ posuit, cum verum sit, ecclesiam Ensisheim esse beneficium affe-
„ ctum sedi apostolicae, petiit fieri deliberationem de prouisione
„ facienda alteri. Conclusum, quod Vniuersitas imprimis agat
„ cum doctore *Conrado Wickgram* amice, & in euentum, in
„ quem id fieri non possit, agatur in Romana curia, quod ius
„ domini doctoris *Iohannis Brisgoici* transferatur in alium. „

An. 1521. die 11. Maii: " Vicarius in Ensisheim, Vicari-
„ us scilicet in pontificalibus Argentinensis ecclesiae, liberari petiit
„ a vicariatus titulo, quo alterius beneficii vel Canonicatus tituli
„ capax esse valeat. Placuit, vt eidem scribatur, quod Vniuer-
„ sitas laborare velit vsque ad festum sancti Iohannis Baptistae,
„ vt ei succurratur, & vt vicariatum in curia Romana resignet:
„ literaeque per *Ioh. Odernheim* & *Casparum Baldung* docto-
„ res concipiantur, quibus summe prouideatur, vt derogetur
„ in genere & in specie omnibus concessionibus, reseruationi-
„ busque factis; & postquam ab Vniuersitate fuerint approba-
„ tae, citissime ad Argentinenses de suis probantium expensis
„ Vniuersitatis ad Rom. curiam mittantur, vel si fieri possit
„ expensis noui Vicarii, qui & soluet pensionem viginti flore-
„ norum domino *Conrado Wickgram*, laboret & rector ad ma-
„ gistrum *Gallum*, an se deliberarit super acceptatione parochiae
„ Ensisheim secundum statuta Vniuersitatis. „

An. 1522. die 9. Augusti. " Deputati sunt *Caspar Bal-
„ dung*, & *Georg. Schmotzer*, vtriusque iur. doct. & decanus

K                                    „ facul-

„ facultatis artium, vt agant cum plebano ex Enfisheim, vt
„ parochiae dictae renuntiet. „ a)

Eod. An. die 28. August. " Ex parte doctoris *Petri Wick-*
„ *gram* praeficiendi in Enfisheim placuit inquiri de confensu
„ regentium & ciuium, quoad perfonam eius, quo habito, fi
„ expe-

---

a) *Literae reuerfales*, quas nouus dedit parochus *Petrus*
   *Wickgram*, hae funt: " Ego *Petr. Wickgram* ex Thurck-
   „ heim presbiter Bafilienfis dioces. facrae theologiae do-
   „ ctor ad ecclefiam parochialem in Enfisheim dictae dioe-
   „ cefis per venerabiles & egregios viros ac dominos, exi-
   „ mium dominum *Georgium Wügelin* de Ach, facrae theo-
   „ logiae doctorem, fyndicum Friburgenfem pro tunc re-
   „ ctorem, ceterosque doctores & magiftros dictam Vniuer-
   „ fitatem regentes & repraefentantes ad hoc fpecialiter con-
   „ uocatos in collegio collegialiter praefentantes praefen-
   „ tatus praefenti manus meae chirographo recognofco, me,
   „ antequam ad praedictam ecclefiam praefentabar, omnes
   „ & fingulas ordinationes & ftatuta iufra fcripta, atque
   „ per dictos dominos rectorem & regentes edita in manus
   „ praefati domini rectoris coram ceteris dominis de Vni-
   „ uerfitate fideliter velle feruare iuraffe. *Primo* iuraui me
   „ fingulis annis futuris, quamdiu dictae ecclefiae praefue-
   „ ro, Vniuerfitati praefatae, cui ipfa ecclefia incorporata
   „ exiftit, aut eius fyndico pro fua portione referuata abs-
   „ que contradictione qualibet foluere velle decem florenos
   „ Rhenenfes, incipiendo ad feftum Iohannis Baptiftae pro-
   „ xime futurum anni Domini millefimi quiugentefimi vi-
   „ gefimi tertii, & in euentum refignationis vel cefionis
   „ in manibus Vniuerfitatis placuit Vniuerfitati mihi docto-
   „ ri *Petro* de praedicta parochia Enfisheim referuari vi-
   „ ginti florenos fub hypotheca & obligatione bonorum Vni-
   „ uerfitatis diebus, quibus vixero. *Secundo*, quod velim
   „ bannalia de dicta ecclefia de meis folus foluere. *Ter-*
   „ *tio*, quod confolationes, charitatiua fubfidia, & primos
   „ fructus velim pro mea rata me contingente foluere & ex-
   „ pedire. *Quarto*, quod domum per Vniuerfitatem affi-
   „ gnatam mihi & deputatam cum fuls pertinentiis, aedi-
   „ ficiisque connexis in debitis & neceffariis ftructuris im-
   „ penfis meis conferuare velim. *Quinto*, quod in dicta
   „ domo mihi per Vniuerfitatem affignata, velim, quoties-
   „ cunque aliquis vel aliqui nomine Vniuerfitatis ad Enfis-
   „ heim

„ expedierit, in Curia Rom. neceffaria perficiantur. Deinde
„ penfiones reftantes a fuo fratre Epifcopo extorqueantur. „

Anno, menfe, & die eodem: " Placuit, vt committatur pro-
„ ximo legando ab Vniuerfitate ad Enfisheim negotium docto-

K 2                                    „ ris

---

„ heim venerit vel venerint, eundem vel eosdem fuis ex-
„ penfis & fumptibus in habitatione honefta, prout Vniuer-
„ fitas elegerit, pie recipere & hofpitari. *Sexto*, qnod omnia
„ onera fuperius non expreffa, vt effent hofpitalitas, con-
„ feruationes luminum ecclefiae, vel alia ipfum rectorem
„ ecclefiae refpicientia per me fub meis expenfis fuppor-
„ tare. *Septimo*, iuraui me in antea velle perfonaliter in
„ dicta ecclefia refidere atque eidem in propria perfona de-
„ feruire, eandemque ecclefiam fine expreffo confenfu Vni-
„ uerfitatis non velle permutare, refignare, vel vacare fa-
„ cere directe vel indirecte, nec acceptare vel acceptaffe
„ fiue gerere de praefenti vel futuro aliqtod officium, di-
„ gnitatem vel quamuis vllam aliam conditionem ample-
„ cti, de quibus praedictam parochiam contingeret vel con-
„ tingere poffet, fedi apoftolicae in praeiudicium ordina-
„ riae prouifionis Vniuerfitatis referuari, vel referuatam
„ effe quouis ingenio vel colore quaefito, aut eidem quo-
„ uis modo cedere. Quodfi & in quantum ipfam ecclefi-
„ am in futurum refignare velim, qnod hoc non aliter
„ faciam, nifi de expreffo confenfu Vniuerfitatis, & in
„ manus Illius, ad quem pertinet refignationem huiusmo-
„ di recipere in praefentia fyndici vel procuratoris legiti-
„ mi ipfius Vniuerfitatis ad hoc miffi. Item fi cafus dare-
„ tur vacationis alicuius Capellaniae fpectantis ad praefen-
„ tationem Rectoris dictae ecclefiae, quod ego velim di-
„ ctam vacantem Capellaniam conferre, feu ad dictam prae-
„ fentare inftituendum, eum qui mihi ab Vniuerfitate no-
„ minabitur, ita vt talis nominatus debeat aliis praeferri.
„ *Vltimo* iuraui, quod fi forte qnod abfit ex quacunque
„ caufa occafione praedictorum articulorum per me iura-
„ torum inter Vniuerfitatem & me diffenfio aut controuer-
„ fia fuborta fuerit, quod fuper ea velim, me, in quantum
„ fieri poteft, cum dicta Vniuerfitate amicabiliter componere,
„ quodfi concordia amicabiliter inueniri non poterit, quod
„ fuper dicta controuerfia velim declarationi domini ordi-
„ narii loci ftare.
„ Haec fupra fcripta ego *Petrus Wickgram* vt fupra iuraui
                                          „ anno

„ ris *Petri Wickgram* fuper inquirendo confenfu & domino-
„ rum regentium & ciuium &c. „

An.

---

„ anno 1522. die vero nona menfis Augufti coram depu-
„ tatis ab Vniuerfitatis fupradictae gremio. „

Petiit praedictus dominus Vicarius, quod Vniuerfitas velit habere confiderationem, quodfi aliquam Capellaniam in dicta
ecclefia parochiali Enfisheim abhinc futuris temporibus quomodolibet vacare contigerit, quod eandem ad nullius alterius quam eiusdem plebani feu rectoris fupplicationem
cuiuis conferri ducet : fed quantum poffibile fit precibus
dicti domini rectoris ecclefiae pro nominando fuffragari
velit ad femouendam omnem diffenfionem, & diuinorum
in ecclefia dicta augmentum, citra tamen omnem neceffariam obligationem. Acta funt haec nona die Augufti an-
nuentibus praedictis vt fupra deputatis dominis doctoribus
Vniuerfitatis nomine *Cafpare Baldung*, *Georgio Schmotzer*
ordinariis, & magiftro *Theobaldo Bapft* artium facultatis
decano anno &c. 22.

Acta fuerunt haec anno, die & menfe fupra dictis in fcho-
lario domus eximii domini doctoris *Georgii Schmotzer* ordinarii ftudii Friburgenfis lectoris Inftitutionum praefente
me *Cafpare Gaislecher* de Nidernftouffen facra apoftolica
auctoritate notario publico, praefentibusque honorabili &
difcreto *Ludouico Schmotzer*, & *Vdalrico Funken* Conftan-
tienfibus diacono & laico, praeftitit iuramentum omnes &
fingulos articulos fupra fcriptos fideliter feruaturum.

Lubet praeterea fubiungere literas ab academico fenatu ad
eundem *Petr. Wickgram* datas: *Eximio viro Petro Wickgram, facrae theologiae doctori, Vicario noftro in Enfisheim domino* &c. Egregie vir, iuxta pacta vobiscum inita rem & negotium nobis commune & apud dominos regentes & fenatus Enfisheim ex parte parochiae eiusdem dilucide abfoluimus per excellentiffimum dominum *Georgium
Schmotzer*, V. I. doctorem noftrum hac in parte legatum.
Quare veftrum pro nunc erit, omnia neceffaria fuper negotio memorato in curia impetrare Romana, atque vos quan-
tocius ad refidentiam, quam iuraftis, praeparare, quatenus
populo fit, qui & praefit & profit, atque nos moleftiis,
quibus aliquando ratione ecclefiae fupradictae affecti, exo-
neremur. Valete ex collegio ftudii noftri Anno &c. 22.
die vero decima fexta Septembris.

Rector & regentes.

An. 1523. die 11. Iunii. " Literae exarandae decretae funt
„ ad doctorem *Georgium Schmotzer* in Enfisheim agentem, qua-
„ tenus follicitet ibidem plebanum dominum *Conradum* fuffra-
„ ganeum Argentinenfem , vt promiffis Vniuerfitatis calcem
„ imponat. „

An. 1524. die 2. Ian. " Scribatur dominis regentibus in
„ Enfisheim *Iohannem Grimyfen* ab Vniuerfitate nominatum
„ ad Capellaniam fanctae Barbarae in parochia Enfisheim, &
„ tunc efficiant cum doctore *Petro* , vt eundem praefentet ,
„ miffa eis copia articulorum iuratorum per doctorem *Petrum*
„ Vicarium. „ a)

An. 1524. die 10. Ian. " Doctor *Petrus Wickgram*, Vi-
„ carius in Enfisheim propofuit mediam miffam feu officium
„ gloriofae Virginis effe praeiudiciale verbo diuino , quia eo
„ cantato nemo maneat in ecclefia , item & in exequiis mor-
„ tuorum, quae finito memorato officio celebrantur , item &
„ eius officii oblationes non feruentur in praefentias, fed Ca-
„ pellanis tantum cadant, item & oblationes fint multum di-

K 3 „ minn-

---

a) Epiftola, quam dedit academia ad *Petr. Wickgram*, haec
eft : *Dem hochgelerten herren Peter Wickgram vnferm Vicarien zu Enfisheim* &c. Vnfern Gruts. Wirdiger her !
Nachdem vnd die Caplaini fant Barbaren altar in vnfer
pfarrkirchen Enfisheim vaciert vnd ledig ift durch fry gut-
willig vffgebung des erfamen hern Heinrichen Leymer des
letften befitzers, vnd die wolgepornen ftrengen edeln hochgelerten veften herren Landtvogt Regenten vnd Rat vhor
Kayf. vnd Röm. Königz Mayft. in Obernelfafz fur den
zuchtigen Iohan Grimmyfen bittlich gefchriben , fo wir
dann vermercken in eins guten wandels vnd erbern her-
komen fin , find wir willig in vmb Gots willen vff gefagt
pfrondlin ze nominiren vnd darmit ouch den angezeigten
vnfern gnädigen hern ze willfarn, herum benennen wir ge-
fagten Iohan Grimmyfen vff gedachte Caplany vch erforde-
rend denfelben ze praefentieren , nach inhalt vnd vermög
vwer artickel in anftand vwer gefchwornen vnd yuder-
fchriben , wöllen wir vns genzlich zu vch verfechen. Geben in vnferm Rat zu Fryburg vff den andern Tag Ianuarii Anno &c. 24.

„ minutae. Petiit igitur vt Capellaniae, altaria fanctorum Mi-
„ chaelis & Barbarae vniantur parochiae pro fuftentando ad-
„ iutore. Placuit, deliberandum effe fuper eins petitionem. Eî-
„ dem & iniunctum, vt infra menfis fpatium Vniuerfitati offerat
„ & oftendat prouifionem praedictae ecclefiae a fede apoftolica :
„ improperata eft ei collatio Capellaniae altaris S. Barbarae,
„ cuius folius praefentationem non nominationem habet. „

    An. eod. die 26. Ian. " Burfarius videat regefta, quantum
„ *fuffraganeus Argentinenfis* teneatur Vniuerfitati, & exigatur
„ ab eo. Epifcopus Bafilienfis deputaturus eft legatum ad En-
„ fisheim pro fopiendis controuerfiis plebani & capellanorum
„ ibidem, & tunc mittat & Vniuerfitas legatum, qui omnia ex-
„ pediat cum doctore *Petro.* „

    An. eod. die 25. Febr. " Lectae funt literae regentium ,
„ petentium Iohan. Grimyfen praefentari ad vacantem Capella-
„ niam in Enfisheim fancti Michaelis videlicet. Placuit dari li-
„ teras credentiae doctori *Georgio Schmotzer* & notario fuper
„ requirendo doctore *Petro* ad praefentandum Ioh. Grimyfen. „

    An. eod. die 24. April. " Doctor *Amelius* in medium ad-
„ duxit fe porrexiffe Vniuerfitatis fupplicationem dominis re-
„ gentibus in Enfisheim , eosdem vero fibi nihil refpondiffe.
„ Item petiiffe eos fibi mitti aliquem doctorem ex Vniuerfitate
„ pro concipienda & danda fententia ad feriam fextam poft
„ afcenfionis, quae erat fexta die Maii. Item & querelas ci-
„ uium contra doctorem *Petrum*, Vicarium in Enfisheim, item
„ & Capellanorum contra eundem. „

    An. eod. die 2. Iunii. " Placuit dominum *Conradum* in
„ pontificalibus Vicarium Argentinae vocari ad doctores *Geor-*
„ *gium Schmotzer , Amelium, & Paulum Gütz,* petituros ab eo-
„ dem penfiones reftantes ratione ecclefiae Enfisheim. „

    An. eod. die 3. Iunii. " Retulerunt doctores *Schmotzer* ,
„ & *Amelius* ab Epifcopo domino *Conrado* fuper eorum peti-
„ tis refponfum, fibi non effe nunc copiam regeftorum fuorum.
„ Item fe ad nihil teneri Vniuerfitati ; quod fi poffit informari,

„ vt

„ vt aliquid debeat , foluere fit paratus. His tamen non ob-
„ ftantibus, negotium velit committere dominis regentibus in
„ Enfisheim , quibus morem fit gefturus , quicquid decreuerint
„ fuper hoc. Placuit , vt fuper reftantiis penfionum citetur ad
„ conferuatorem. „

An. eod. die 9. Iunii. " Doctor *Georgius Schmotzer* retulit,
„ *Anaftafium Wickgram* apud eum inftitiffe , vt domini Vni-
„ uerfitatis differant exactionem reftantis penfionis a fratre fuo
„ Epifcopo, nam ipfe venturus fit ad Vniuerfitatem amice ne-
„ gotium compofiturus. Placuit habendam patientiam vsque
„ ad feftum Margarethae, ad quod veniat , vt promifit , hoc
„ fcribat D. *Georgius Anaftafio.* „

An. eod. die 29. Iulii. " Inftitit doctor *Petrus Wickgram*
„ Vicarius in Enfisheim apud M. D. Vicerectorem pro conuo-
„ candis patribus fuper articulis eius certis infcriptis offeren-
„ dis, quos & obtulit. Quorum primus erat de penfione decem
„ florenorum vltra viginti florenos nomine Vniuerfitatis fuo
„ fratri domino *Conrado* Epifcopo dandos, quos videlicet de-
„ cem in futurum nec poffet , nec dare vellet , cum ecclefiae
„ prouentus decreuerint , & anno praeterito ex beneficio vl-
„ tra triginta florenos non habuiffet. *Secundus* erat de refi-
„ dentia, dicebat enim fe non fecurum in Enfisheim ex mul-
„ tis caufis. *Tertius* erat de primis fructibus, vt videlicet Vni-
„ uerfitas folueret duas partes, & ipfe tertiam, prout moris ef-
„ fet iuxta tenorem libri fuper huiusmodi confcripti & Bafileae
„ recondit , quem ipfe oculis vidiffet , ipfum paratum ad fol-
„ uendum fuam partem, cum terminus expirarit in fefto Ioan-
„ nis Baptiftae, & ita mederetur expenfis. Placuit igitur pa-
„ tribus, quos M. D. Rector habere potuit ( nonnulli enim ab-
„ fentes erant , quidam infirmi ) praefato doctori refpondendum
„ per notarium & pedellum fuper articulo *primo,* Vniuerfitas
„ non dubitaret , quin memor effet & iuratorum & promiffo-
„ rum Vniuerfitati factorum : idcirco vellet, vt creatam pen-
„ fionem foluat ; quodfi nolit , beneficio renunciet , forte

soluere volentem & valentem Vniuerſitas habebit. Super *ſe-*
„ *cundo* Vniuerſitas nullo paƈto velit conſentire in ſuam abſen-
„ tiam, imo velit, vt propria in perſona eccleſiae deſeruiat, &
„ quae paſtoris ſint exequatur, nec allegatam eius inſecurita-
„ tem pro cauſa legitima habeat , cum ſorte inſecuritati ſuae
„ praeſtiterit cauſam. Super *tertio* , vt ſuam portionem pri-
„ morum fruƈtuum pendat , Vniuerſitas ſuam ſit ſolutura non
„ obſtante debito fratris ſui domini *Conradi* Epiſcopi, quod &
„ ipſa Vniuerſitas ſit exaƈtura tempore ſuo. *Quarto* petiit Vni-
„ uerſitas, vt bullam ſuper eccleſia Enſisheim a papa vel le-
„ gato impetratam iuxta ſua promiſſa Vniuerſitati pro exami-
„ natione exhibeat, quo conſtare poſſit, an Vniuerſitati ſit ſuf-
„ ficienter prouiſum. Quibus reſpondit per notarium & pedel-
„ lum in forma ſequente : Prouentus beneficii ita , vt com-
„ petentiam habere non poſſit, decreuiſſe, quapropter ſibi fore
„ impoſſibile dare penſionem : *cum altari ſeruiens , de altari*
„ *viuere debeat iuxta legem Dei :* ad Cor. 9. iuramentumque
„ eius in memoriam reſricatum non ligaret niſi poſt legem Dei,
„ & quia iuxta legem Dei non haberet, vnde viuere poſſit, ideo
„ iuramentum hoc in conſcientia non ligare eum : Imo ſua ali-
„ unde congeſta Enſishemii abſumpſiſſe pro eccleſiae ſeruitio.
„ Item quia multam in ſtruƈturas expenderit ſummam, nec ſin-
„ gulis annis futuris in ſtruƈturas pendendos ſufficere viginti
„ florenos. Quod autem peterent renunciationem parochiae,
„ ſibi non fore conſultum, cum beneficium ſit ſuum. Item pro an-
„ no praeſenti & vicarium & adiutorem conſtituiſſe, quare eum
„ non tali petitione obruiſſent ante feſtum Ioannis , & ante con-
„ ſtitutionem vicarii & adiutoris. Periculoſius tamen extinƈtis
„ ſeditionibus & faƈtionibus, cum Argentinae morari tute poſ-
„ ſet, non multum curare hoc beneficiolum vellet, Argentinae
„ autem tute morari non poſſe, & in Enſisheim renunciare non
„ ſibi fore integrum. Super *ſecundo* officialis epiſcopi Baſili-
„ enſis eum hortatus fuerit, vt aliquantiſper ſuam perſonam ab
„ Enſisheim ſubtraheret, quousque liuor in eum conceptus pau-
„ liſper

,, lifper extingueretur. Item & doctor *Amelius* legatus Vni-
,, nerfitatis idem confuluerit audita inuidia praefecti & fenatus
,, ibidem in eundem plebanum. Item & domini Regentes &
,, dominus Cancellarius idem fuaferint. Item & quidam de fe-
,, natu eo modo confuluerint, item fenatus petierit conftitui duos
,, adiutores, quos nunc habeat, & ipfi fint grati, nec conque-
,, rantur de fua abfentia, idcirco fibi non videatur opportunum,
,, vt domini eum ad refidendum compellere velint. Item er wöll
,, vou vnd zü zytten all monat vngeuarlich zu ettlichen zytten
,, den einen monat zu Eufisheim fin, den andern zu Strafzburg,
,, vt & Argentinae refidentiam retinere poffit. Cum autem do-
,, mini regentes aut fenatus fuper fua abfentia conqueratur,tunc
,, requiratur. Super quibus duobus praemiffis articulis referre
,, fe velit fiue expectare declarationem ordinarii iuxta articulum
,, fuo in iuramento contentum. Significet tamen ei Vniuerfitas,
,, quando mittere velit nuncium cum pleno mandato pro decla-
,, ratione praedictorum articulorum ad Bafileam, & ipfe vltro
,, non vocatus fit compariturus. Super *tertio* dixit taxam pri-
,, morum fructuum ecclefiae Enfisheim effe feptuaginta florenos,
,, epifcopum vero Bafilienfem ad petitionem & in eius gratiam
,, quadraginta remififfe, ita vt tantum triginta ad duos annos
,, fint foluendi, quindecim videlicet ad feftum Ioanuis Baptiftae
,, anni praefentis 1524. & totidem ad idem feftum anni futuri
,, 1525. in quolibet igitur anno praedictorum Vniuerfitas de-
,, beat dare decem, ipfe vero quinque. Offerat igitur Vniuerfitas
,, fibi fuos decem, quibus additurus quinque mittendos ad Ba-
,, fileam, vel ipfe velit fuos quinque dare Vniuerfitati, vt &
,, ipfa ad Bafileam mittat. Quodfi eum contigerit, expenfis in-
,, uolui ob partem Vniuerfitatis non folutam, Vniuerfitas fit eas-
,, dem penfura. Super *quarto* modo fit opportunum dare vel
,, exhibere bullam, feu copiam aufcultatam per publicum nota-
,, rium vel Vniuerfitatis notario aliquando Enfisheim venturo,
,, Cui iterum domini per notarium refponderunt, Vniuerfitatem
,, manere fuper conclufo duorum primorum articulorum, fuper

K 5                                                      ,, ter-

,, tertio, vt pendat fuam partem primorum fructuum non curan-
,, do de Vniuerfitate , quae & fuam fit folutura : fuper quarto
,, vt Bullam mittat iuxta promiffa fua , ad quod refpondit prae-
,, fente doctore *David* ( *Krämer* ) fe bullam miffurum notario
,, Vniuerfitatis tanquam publico notario pro aufcultatione, ,,

An. eod. die 3. Augufti: " Super articulis doctoris *Petri*
,, *Wickgram* fupra die 29. Iulii fatis.   Super exactione penfio-
,, nis parum differatur.   In abfentiam eius nôn confentiatur ,
,, foluat partem primorum fructuum fe contingentem.   Laboret
,, notarius pro aufcultatione Bullae. ,,

An. eod. die 27. Augufti. " Ex parte doctoris *Petri Wick-*
,, *gram,* Vicarii in Enfisheim non refidentis, fructus tamen ha-
,, bere praetendentis, an implorandus fit fenatus ibidem , vt
,, fcribant eidem pro refidendo & folutione penfionis , decre-
,, tum : ad modicum tempus habendam patientiam non tamen
,, longam , ne Vniuerfitas iure priuetur patronatus. ,,

An. eod. die 27. Auguft. " Propofuit dominus Rector, fol-
,, licitaffe fe apud doctorem *Conradum* fuffraganenm Argenti-
,, nenfem pro interpellando apud Abbatem in Tennenbach, qua-
,, tenus eius controuerfia, quam haberet cum Vniuerfitate amice
,, fopiatur: & placuit, vt notarius inftet apud Abbatem praedi-
,, ctum, vt literis fuis vocet Epifcopum ad certam diem pro con-
,, cordia attemptanda. ,,

An. eod. die vltima Septembr. " Reuerendus pater *Ioannes*
,, Abbas monafterii Portae Coeli per notarium affignauit Vni-
,, uerfitati diem proximam poft Dionyfii pro intendanda con-
,, cordia inter vicarium Enfisheimenfem doctorem *Conradum*
,, *Wickgram* , epifcopum Acconenfem & Vniuerfitatem.   Cui
,, compofitori affideat *Ambrofius Kempff* , & doctor *Iohannes*
,, *Widman.* Deputati funt pro fopienda illa difcordia *Georgius*
,, *Schmotzer* , *Georgius Amelius*, doctores, magifter *Theobal-*
,, *dus Bapft*, & notarius. ,,

An. eod. die 12. Octobr. " Doctor *Georgius Schmotzer* ex-
,, pofuit; quomodo controuerfia Vniuerfitatis cum domino *Con-*
,, *rado*

„ *rado Wickgram* epiſcopo Acconenſi diligentia & labore do-
„ mini Abbatis in Tennenbach, doctoris *Iohannis Widman* & *Am-*
„ *broſii Kempff* ſit extincta. Quia videlicet doctor *Conradus* al-
„ legarit ſibi penſiones duorum annorum remiſſas : tandem
„ conuentum , vt ſoluat Vniuerſitati quinquaginta flor. ſcilicet
„ dimidium in parata pecunia , reſiduum ad feſtum omnium
„ Sanctorum proxime futurum. Approbata eſt ab Vniuerſitate
„ concordia. „

Ao. 1525. die 11. April. " *Matthaeus Stäheli* magiſter
„ expoſuit ſubſtitutum ſuum ad prouidendum capellaniae ſuae
„ in Enſisheim repulſum a doctore *Petro* ibidem Vicario, & ei-
„ dem prouideri velit per ſuum adiutorem, praetendendo id fie-
„ ri de conſenſu ſui *Matthaei*, cui tamen nunquam ſuper hoc
„ verbum fecerit. „

An. eod. die 11. Nouembr. " Ex conſilio doctoris *Georgii*
„ *Schmotzer* eſt ſyndicus deputatus cum literis credentiae ad
„ Regentes in Enſisheim pro exigendis tribus penſionibus a do-
„ ctore *Petro Wickgram.* „

An. eod. die 14. Decembr. " Rector propoſuit , ſyndicum
„ miſſum ad Enſisheim pro exigenda penſione a doctore *Petro*
„ *Wickgram*, Vicario ibidem : qui cum domi non ſit repertus ,
„ viſum eſt Regentibus, quatenus doctor *Georgius Schmotzer* ad
„ vrgendum nomine Vniuerſitatis concipiat ſupplicationem, vt
„ ei ſint auxilio , quo habere poſſint penſionem annuam ſine
„ omni contradictione, quamdiu eccleſiae praefuerit. „

An. 1526. die 14. Ianuarii. " *Amelius* retulit geſta per ſe
„ cum doctore *Petro Wickgram* iuxta continentiam cedulae
„ Vniuerſitati porrectae : qui *Petrus* deliberationem 14. dierum
„ petierit : Placuit prius ad 14. dies diſſimulandum, in quibus ſi
„ non ſatisfecerit, cogitetur ſuper opportuno remedio. „

An. eod. die 26. Martii. " Rector propoſuit, nuper doctorem
„ *Schmotzer* ſe obtuliſſe beneuolum ad Vniuerſitatis apud prin-
„ cipem curanda negotia : cui de ſuorum conſenſu conſiliario-
„ rum commiſiſſet cauſam doctoris *Petri* Vicarii in Enſisheim ,

„ eum-

„ eumque a principe literas ad Regentes in Enfisheim impetraf-
„ fe, quas in medium dedit. Placuit, literas a principe ob-
„ tentas ad regentes mitti, vt tamen copia fupplicationis & re-
„ fcripti Vniuerfitati eiusque exponenda per dominum *Schmo-*
„ *tzer* mittantur, fcribendumque regentibus, vt ad eorundem
„ executionem pro tradita a principe forma procedant. „

An. eod. die 5. April. " Doctor *Georgius Schmotzer* ex-
„ pofuit, principi fupplicationem Vniuerfitatis nomine ex parte
„ parochiae Enfisheim porrexiffe, continentem in effectu, vt prin-
„ ceps committat regentibus, vt efficiant tantum apud Vicari-
„ um, vt iuratam penfionem 10. floren. pendat, aut ecclefiae ce-
„ dat, confulens eandem commiffionem Regentibus offerendam
„ per Rectorem, & doctorem *Paulum. (Götz)* „

An. eod. die 22. Maii. " Amice & generalibus verbis per
„ antiquum fyndicum exigat Vniuerfitas debitum a doctore *Pe-*
„ *tro Wickgram.* „

An. eod. die 1. Iunii. " Doctor *Petrus* nuper fyndico pe-
„ tenti debitum, quo Vniuerfitati eft obftrictus, refpondit eidem,
„ fe non Friburgum veniffe gratia exponendarum pecuniarum,
„ fed cum venerit ad aedes, quamprimum deliberaturum. Con-
„ clufum: fcribat Vniuerfitas regentibus pro exequendo princi-
„ pis mandato contra eundem, vt fatisfaciat; fcribatque Vni-
„ uerfitas doctori *Conrado Wickgram* epifcopo Argentinenfi, vt
„ iuxta concordiam cum eo initam fatisfaciat, nec mutetur
„ quietantiae forma nuper eidem praefcripta, quod fi non fol-
„ uerit, citetur ad fubconferuatorem. „

An. eod. die 13. Septembr. " Comparuit doctor *Petrus*
„ *Wickgram,* Vicarius in Enfisheim proponens, a fenatu Enfisheim
„ intra octo dies communem ciftam feu fcrinium Vicario & ca-
„ pellanis per duos praecones portatum effe in das Gewelb des
„ Rats. Cum igitur hoc factum dominis fit praeiudiciale, &
„ forte fimilibus daretur exemplum in futuro, velit huiusmodi
„ fignificaffe Vniuerfitati, quo fuae ecclefiae tale difpendium
„ non contingat. *Secundo* fuiffe confuetudinem, dari plebano

„ pro

„ pro mortuariis 13. blaphardos & 2. den. fenatum ſtatuiſſe ,
„ ſi quis tricefimum defuncto peragere velit, foluat 13. blaphar-
„ dos & 2. den. ſin vero non peragere velit, foleat tantum fe-
„ ptem blaphardos. Si vos domini vultis vel poteſtis hoc de-
„ crementum pati, ego fufferre cogor. *Tertio* fenatus ordina-
„ rit mortuorum depofitiones celebrandas per capellanos, non
„ per plebanum & adiutores eius , qui tunc celebrare per fe
„ vel adiutorem cogatur in fummo altari ita vt non fit praefen-
„ tiae particeps , quod etiam in non modicum vergat parochiae
„ detrimentum. *Quarto* petiiſſe fe vicarium oblationum mediae
„ miſſae portionem canonicam, vel portionem fe contingentem
„ a capellanis , eam autem fibi hucusque denegatam. Item
„ quod nuper fuerit ordinata proceſſio ad capellam gloriofae
„ Virginis in quam ordinarit adiutorem pro officio cantando ,
„ *Ioannes Iacobus Würzgarten* capellanus praetenderit fibi ius
„ in eadem competere celebrandi, repellendo adiutorem, obla-
„ tionesque leuarit. Item capellanos recipere emolumenta, non
„ autem velint plebano in facramentorum aſſiſtere adminiſtra-
„ tione. Item cum pauperes, aduenae , vt famuli mechanica-
„ rum artium vel famulae &c. moriuntur , fabricae procurato-
„ res recipiant veſtimenta meliora , vt nonnunquam mortuaria
„ exolui non poſſint. Subiungens huiusmodi propofuiſſe patri-
„ bus, quatenus curent iura ecclefiae fuae: omnia talia contra-
„ ire ſtatutis & ordinationibus plebani & capellanorum, ipfe
„ ex perfona fua velit eſſe pacificus. Conclufum in breui agen-
„ dum apud fenatum ibidem aut literis aut legatis , quo iura
„ ecclefiae feruentur illaefa. „

   An. eod. die 27. Decembr. " Propofuit Vicerector, fe vo-
„ catum a regentibus tunc Friburgi morantibus offerendo literas
„ fenatus Enfisheim ex parte doctoris *Petri*, hortantium, quate-
„ nus modus & via intentetur , qua doctor *Petrus* amoueatur ,
„ ne vniuerfitati deterius contingat. Lectae funt literae , pla-
„ cuit fcribendum fenatui, Vniuerfitatem laboraturam , quo
„ renunciet, eundemque propriis literis folicitandum, vt iuxta
„ promiſſionem renunciet Vicerectori factam. „     An.

An. 1527. die 12. Ianuarii: " Doctor *Petrus Wickgram*
„ coram dominis propofuit.   Nachdem mir ain Vniuerfitet ge-
„ fchriben, die Pfarr Enfisheim zu renunciern &c. dwyl abne-
„ mung des Vnwillens fo ain Statt gegen ime trage, welle im
„ die Vniuerfitet 20. Gulden iarlicher Penfion fin lebenlang ver-
„ fchryben : Wiewol Ime fchwer fye fin pfarr folcher kleinen
„ Vrfach halb vffzegeben, deren er groffe Expenfen erlitten der
„ Zyt des Kriegs vnd funft , der er ietz des Sterbets genief-
„ fen fölt Sye aber geneigt der Vniuerfitet ze wilfarn, in hoff-
„ nung der Expenfen halb mit dem nachkomenden Vicarien
„ werde ain fruntlicher Abfchid durch die Vniuerfitet erfunden,
„ vnd by dem Regiment fo vil erlangt , das Ime werd vergun-
„ net das fin weg ze füren, dann aller finer Vnwill fye Ime
„ dafur erwachfen, das er gern der Pfarr zü gut der Vniuer-
„ fitet ire Gerechtikait hette gehandthabet.   Obtulit & bullam
„ impetratam in curia Romana ex parte dictae parochiae, quam
„ refitui fibi petiit vnacum fuis refponfione & excufatione con-
„ tra fenatum Enfisheim.   Cui refpondit Vniuerfitas: her doctor
„ wir mochten vch wol lyden, wölten ir hetten vch der maf-
„ fen erzeigt, das die Vnderthonen ein willen zu vch gehebt
„ hetten ift vnfer meinung nicht vch von der Pfarr ze dringen.
„ Dwyl fich aber folcher Vnwill zutrage , haben wir vch gü-
„ ter meinung gefchriben , ir welln refiguieren , darmit vnfer
„ Vniuerfitet nit gröffer Nachteil erwachfe , der vch doch nit
„ möcht furftendig fin.   Expens der Bullen werden wir vch nit
„ geben, dann in vwern Iurament angedingt , die Bullen in
„ vwer Expenfen ze redimieren.   Vmb die 20. flor. penfion
„ wölln wir vch verfichern.   Des arreftierten Guts halb verfu-
„ gend vch zu den hern von Enfisheim, gutter hoffnung wer-
„ den fich der billicheit befliffen. Confeffus eft,quod teneatur fuis
„ expenfis bullam redimere : quia tamen ad biennium tantum
„ Vicariatum in Enfisheim gefferit, quem tamen potuerit bullae
„ vigore ad dies vitae fuae geffiffe, petierat aliquantisper in eis-
„ dem releuari.   Nec non fuper penfione 20. flor. alibi quam

„ in

,, in Enfisheim prouideri. Item & fibi quid de penfione debita
,, remitti, cum ecclefiae habuerit potius iafturam, quam com.
,, moditatem. Decretum, vt fecum deliberet, an renunciare
,, velit, Vniuerfitas enim fit ei prouifura de penfione 20. flor.
,, fecus autem animi fenfa Vniuerfitati certificet. ,,

 An. eod. die 7. Februarii : " Scribatur fenatui in Enfisheim,
,, Vniuerfitatem apud doctorem *Petrum* pro refignatione infti-
,, tiffe, qui receperit deliberationem ad breue tempus, quam
,, hodie expectet, qua data in continenti fuper eius refponfo fit
,, certificandus, eaque fafta per rectorem fit etiam laboratura,
,, quod quidem ante eius refponfionem fieri non poffit, qui etiam
,, monendus fit pro dando refponfo iuxta promiffionem fuam. ,,

 An. eod. die 21. Febr. " Comparuit doctor *Petrus Wick-*
,, *gram* tertio requifitus de intentione renuntiandi parochiae Enfi-
,, sisheim offerendo copiam iuratorum articulorum. Acceptarunt
,, domini eius renunciationem, in quantum eos concernit, vt
,, tamen omnia iura huiusmodi ecclefiam refpicientia in curia
,, Romana aut alibi impetrata Vniuerfitati confignet. Qua re-
,, fignatione legitime fafta Vniuerfitas fit fibi fuper 20. flor. an-
,, nuae penfionis fatisfactura. Item fatisfaciat idem doctor Vni-
,, uerfitati fuper debitis penfionibus. ,,

 An. eod. die 22. Febr. " Doctor *Petrus Wickgram* obtulit
,, iura fua in curia Romana impetrata fuper parochia Enfisheim,
,, promittendo, fi qua alia inueniret, quorum tamen non me-
,, mor fit, iura dictam ecclefiam quomodolibet concernentia, da-
,, turum, conftituitque procuratores irreuocabiles ad renuncian-
,, dum nomine fuo parochiae Enfisheim in manus epifcopi Ba-
,, filienfis officialis, & in optima forma *Ioannem Sutoris* de Boll,
,, *Michaelem Dülin* de Ehingen, *Ioannem Schwegler*, *Ioannem*
,, *Gebwyler*, & *Ioannem Spyrer* abfentem &c. & quemlibet in
,, folidum, praefentibus *Ioanne Hoffmaifter* de Kolmuntz, & *Leo-*
,, *nardo Bentz* de Enfisheim clerico & laico Auguftenf. & Ba-
,, filienf. diocef. Erectae funt doctori *Petro* ab Vniuerfitate li-
,, terae fuper 20. flor. annuae penfionis fibi ad vitae dies foluen-
,, dis. ,,          Plura

Plura in *actis* noſtris de duobus *Wickgramis* haud occurrebant. In bibliotheca noſtra extat praeterea libellus manu *Conr.
Wickgrami* exaratus, atque *inſtitutiones muſicas* complectens.
Plura hoc codice continentur opuſcula; ad cuius finem haec leguntur: *Hic liber eſt Heinrici Bebelii Iuſlingen.* ( quemadmodum in tabula aenea exhibebitur. ) Vtrum igitur opuſculum
iſtud muſicum ab ipſo *Wickgramo* confectum, vel an potius ex
praelectionibus publicis, quae tum in academia noſtra de muſica
habebantur, hauſtum compilatumque fuerit, non facile dixerim.

Quod autem ad *Petrum Wickgramum* attinet; illius *quaeſtiones phyſicae* pagellis aliquot comprehenſae in bibliotheca noſtra deprehenduntur. Vtriusque itaque manus, qua fratrum
vterque vſus eſt, ſpecimen ex *actis* noſtris deſumere, atque in
tabula aenea dare placuit, vt facilior & adcuratior cum libellis
hisce MSS. comparatio inſtitui queat.

Quae autem *Io. Daniel Schoepſlinus*, rerum Alſaticarum pe-
ritiſſimus, in Alſat. illuſtr. T. II. p. 421. de *Wickgramis* refert, haec ſunt: *Non ſilentio tamen premendus eſt* Conradus
Wickgram, Aurenienſis epiſcopus, Argentinenſis & Baſilienſis
epiſcopatuum ſuffraganeus, *qui Turinghemii natus atque ſepul-
tus ( in capella D. Barbarae parochialis eccleſiae ) teſtamento
Argentorati die 5. Sept. 1534. condito, opum ſuarum partem
literis conſecrauit, ita quidem, vt gentis Wickgramiae iuuenis, quem ſenior familiae cum decano Capituli Colmarienſis, his-
que diſſentientibus, conſul Turingheimenſis dignum iudicauerit,
ad beneficium illud percipiendum, inſtitueretur.* Conradi *huius
frater* Petrus Wickgramius *in ſummo Argentinenſium templo
fuit eccleſiaſtes:* ſcilicet an. 1510. Ioannis Geileri Keiſersbergii
auunculi ſui eadem in cathedra ſucceſſor: quem an. 1523. facta
ſacrorum Argentinenſium mutatione, *Symphorianus
Pollio* excepit.

ADDEN-

Liber ℞ heinrich Bebelii justingen

Sub decanatu primo Magistri Conradi
Wickgram de Turckheim Jn vigilia
sanctorum philippi et Jacobi que fuit
penultima dies Mensis Aprilis electi
Anno 1503 qui Sequuntur prim̄ox fuerunt

Baccularei

Matheus Armbruster (Argen)
Martinus Currer de dichenheim
Johannes pfender de hymringen
Dm̄s Matheus Zell de koisersperg
Wolffgangus Musser de kippenheim
Jacobus Brun (Argen)
Jheronimus Cristin (Augusten)

Res suprascripta ego petrus Wickgram vt sup
raui, Anno 1522 die vero nona mensis
Augusti. coram deputatis ab vniversitate
supradicte gremio.

# ADDENDA
## ET
# EMENDANDA.

Pag.  1. lin. 17. Conradus *leg.* Ioannes.

— 5. — 24. *Add.* imo poftea praepofitus Conftantienfis.

— 34. — 5. *Add.* Mortuus 1774. menfe Nouembri.

— 55. — 16. *Add.* poft: Io. Sorbillonis : Is *Ioannes Sor-billo* ex Giffenheim Mogunt. dioec. 1505. albo acad. infer-tus legitur.

— 70. not. ad finem : *Add.* In Bibl. Vffenbach. Catal. MSS. T. III. p. 465. laudatur Codex, qui praeter alia MSS. complura hoc epitaphium *Io. Botzheim* complectebatur.

— 76. not. **) lin. 4. *Add.* Et *in matricula facult. art.* an. 1510. *Iacobus Otter* de Argentina tanquam baccalau-rius alterius academiae legitur. In actis facult. theol. in-ter *baccalarios biblicos*: " Anno virginei partus quinto de-
,, cimo supra millefimum quingentefimum Ianuarii die fe-
,, cunda admifit facultas theologica magiftrum *Iacob. Other*
,, Spirenfem ad respondendum pro biblia: & die decima eius-
,, dem menfis admifit facultas eundem honorabilem magi-
,, ftrum ad faciendum principium in bibliam. Et affignauit
,, ei in V. Teft. X. prima capitula libri Deuteronomli , &
,, in nouo octo prima capitula epiftolae diui Pauli ad Roma-
,, nos rationabilibus, caufis ad hoc mota. Elegit in patrem
,, & promotorem fuum eximium virum doctorem *Iohannem*
,, *Brisgoicum* ; fecitque principium XI. die Ianuarii & fa-
,, tisfecit facultati dando flor. in auro per pedellum decano
,, doctori Auguftin. XII. Ianuar. die 1515.

— 79. lin. 3. *Add.* Erklärung der Paffion Strasb. 1522. fol. ( *In Bibl. Acad. Argent.* )

— 81. not. *) lin. I. *Add. Vrbanus Rieger* de Argow in album academ. relatus an. 1508. die 19. Iun. rectore *Ge. Northofer.*

— 87. — I. *Add.* poft verbum *annectuntur :* fequitur tra-ctatus de difpofitione ad felicem mortem.

— ibid. — vlt. *Add.* Et *in Bibl. Acad. Friburg.*

Pag.

Pag. 87. not. ad fin. *Add.* Et primum illud priuilegium librorum Caefareum effe tradunt. Vid. *Io. Steph. Pütterus* von dem Büchernachdrucke p. 23. 172. 174.

— 90. lin. 2. 1515. *leg.* 1517.

*Add.* — Buch der Sünden des Mundes vnd XXIII. befondere Predigten Strasb. 1517. fol. ( *In Bibl. Acad. Argent.* )

— 91. not. — 4. *Add.* poft verbum *vincit: fine loc. & an. Add.* fed alia mihi ad manus eft editio; quae ad calcem haec habet: *Impreffum Nurembergae per Hieronymum Hölzel anno quo fupra* , ( *1507.* ) *die vero XII. menfis Nouembris.*

— 92. — 28. *Add.* — Sermones cum eiusdem vita 1518. 4. ( *In Bibl. Acad. Argent.* )

— 93. — 12. *Add.* Et in *Bibl. Acad. Friburg.*

— 94. — 6. *Add.* Extat etiam alia huius libri editio in Bibl. acad. Friburg. hanc prae fe ferens infcriptionem: Das new Plenarium oder Ewangely buch, fo inhaltet alle Ewangelien und Epifteln des gantzen Iars fampt alles gefangs aller meffen, von der heiligen Kilchen augenomen in ordenung befunders, wie am erften blat verzeichnet, faft nutzbar vnd tröftlich einen yeden Chriften menfchen zu wyffen. Hat auch etlich meffen, vormal in teutfchen nye getrucht. Item. Ein gnügfam Regifter, wo vnd an welchem blat ein yeglich ftück gefunden würdt. Gedruckt zu Bafel an, M. D. XXII. fol. ( *In Bibl. Acad. Friburg.* )

— 112. — 12. Poft verb. difceptationem *Add.* not. *) Libellus, cuius hic mentionem facit, is eft: *Annotatiuncula pro confefforibus Spirae* per Georg. de Gemyngen *praepofit. ibid. concepta: impenfis* Euchari! Henner *eiusd. ecclef. Vicarii edita.* Et in fine: Matthias Schürerius Heluetenlis Argent. exfcripfit menfe Decembris 1509. 4.

— 160. — 1. poft verba: *haud occurrebant : Add.* not. *) Praeterea in *all. facult. art.* duo adhuc occurrunt *Wickgrami, Georg. & Wolfgang.* qui *Anaflafii* illius *Wickgrami* ( de quo fupra p. 151. ) filii effe videntur. Infcripti autem funt in album acad. a *Io. Brisgoico* theol. prof. tum rectore an. 1517. In *actis facult. art.* an 1518. die 27 Maii: " Ceterum

„ rum *Georgius Wickgram*, & *Wolfgangus Wickgram* non
„ funt admiffi, primus propter nimium defectum in tem-
„ pore, nam vix annum egerat in Vniuerfitate, alter vero,
„ quod D. *Conradus Wickgram* fuffraganeus Argentinenfis
„ alterum fine altero nollet promoueri. „ An. 1519. die
Saturni fequente, hoc eft 18. Sept. " Connocatis magiftris
„ fcholaftici tentati per tentatores facultatis ( vt baccalarii )
„ tentati funt, atque in eum, qui fequitur, ordinem loca-
„ ti : *Iohan. Zehender* ex Arew, *Ioan. Betz* ex Vberlin-
„ gen, *Iodoc. Hublützel* Rauenfpurgius, *Wolfg. Wickgram*
„ de Haguaw, *Georgius Maior* Gamundianus, *Theobal.i.*
„ *Bomgarter* ex Hafela, & iurarunt iuranda. „ An. 1520.
Sabatho poft Innoc. " In eadem feffione praeftitum eft iura-
„ mentum magiftri *Wolfg. Wickgram* de Enfisheim, qui
adfumptus eft in confortium magiftrorum. „ In bibliotheca
acad. Argent. extat libellus *Georgii Wickgram* irreitender
Pilger Strasb. 1557. 4. qui fortaftis illum, de quo diximus,
Wickgramum habet auctorem. *Greg.* (*Georg.*) *Wickgram*
Gerichtfchreiber zu Colmar glaubwürdiger Bericht von dem
Todt des edeln hochgelehrt. Herren Thomae Mori und anderer herrlicher Männer in Engelland &c. 1535. 4. ( *In*
*Bibl. Argent. Ord. S. Io. Hierof.* ) *Thom. Murners* Narren-
befchwerung : ein gar fehr nützliches vnd kurzweiliges Büch-
lein, durch *Ge. Wickgram* auff ein neuwes vberlefen, auch
die Reimen gebeffert und gemehrt Strasb. 1556. 1558. 4.
Franckf. 1565. 8.

Pag. 160. — 18. poft verba : *Conrad. Wickgram. Add.* not. **)
Memorabilis eft epiftola dedicatoria praemiffa *Io. Keifers-*
*berg.* fermon. Argent. 1514. f. " *Iacob. Biethenus* Reichen-
„ uilenfis reuerendo in Chrifto patri ac domino domino *Con-*
„ *rado* epifcopo Aurenfi, & epifcopi Argent. generali in pon-
„ tificalibus vicario : atque Domino *Clementi Danielis* in
„ Rotpoltfuiler plebano, Dominis fuis obferuandiffimis S. D.
„ Vulgata apud Graecos paroemia celebratur, *manus manum*
„ *fricat.* Quam ego veram effe non fecus autumo ; quam fi
„ vel ex Apollinis Pythii oraculo, aut ex Sibyllinis adytis
„ ad nos detrufa veniret. Ideo vobis, qui fingulari me ami-
„ citia & amore fouetis, & qui femper parati eftis prodeffe
„ mihi veftris beneficiis, gratum me facere optaui. Sed
„ cum nihil fit in me, quo vobis refpondere poffim, quem
„ fortunae omnis fauor & felicitas fugit ; circumfpexi,
„ fateor, vt tamen aliquid grati hominis iudicium oftende-
„ rem. Tandem hunc *Ioannis Geileri Keiferspergii* viri vnde
„ cunque doctiffimi, fulminatorisque Theologiae, librum iu-
„ ueni, quem quod eius fcripta omnes admirentur & ament,

„ vobis

„ vobis dedicandum imprimis cenfui. Hoc enim viro vrbs
„ Argentina gloriari poterit, qui cum tanta omnium admi-
„ ratione verba falutifera effudit : vt illius dogmatis tan-
„ quam oraculo cuncti acquiefcerent. Eft autem liber ille
„ *de arbore humana*, *& de arbore crucifixi* : item de *duo-*
„ *decim fpiritus fancti fructibus*, ac de *morte virtuali*:
„ quem ipfe auctor dum vita manebat, in lucem faepius
„ prodire optauit, qui iam velut ifolet Platonus erumpenti-
„ bus iam foliis in aera fe extendit. Quem vos viri doctiffi-
„ mi eo accipite animo, quo vobis eum offero. Et illud fci-
„ tote nihil effe tam adgreffu arduum ; quod non ea animi
„ procliuitate in veftris rebus faciam atque propriis. Va-
„ lete amici Hyblaeo melle dulciores, annos Neftoreos Ar-
„ gentoraci ex aedibus Domini mei doctoris *Petri Wikgram*
„ fummae aedis celeberrimi concionatoris. „

*Maximiliano* Caefare femper Augufto Auctore.

„ *Iacobus Oefsler* I. V. Doctor, per imperium Romanum artis
„ imprefforiae cenfor & fuperattendens generalis, praefen-
„ tibus edicit, & cauet : ne quis alius fubfcripto preffore
„ dempto, abhinc lapfu triennii opus hoc probe caftigatum
„ fecundario vel imprimat, vel fecundario preffum in im-
„ perii limitibus venale praeftet. Mulcta decem marcarum
„ auri, vna cum huiusmodi librorum fecundario pefforum
„ confifcatione. Datum ad 14. Kal. Feb. ann. Ch. 1514. „

*FRIBVRGI BRISGOVIAE,*
TYPIS IOAN. ANDREAE SATRONII.

# AMOENITATES
## LITERARIAE
## FRIBVRGENSES.

*FASCICVLVS II.*

*VLMAE,*

APVD AVG. LEBRECHT. STETTINIVM,
Bibliopolam.

1 7 7 6.

# MATERIA

## FASCICVLI II.

### DE
# IAC. WIMPHELINGII
### theologi vita & scriptis

*Pars prior.*

Accedunt Tabulae IV. fuo fingulae
inferendae loco.

# DE
# IACOBO WIMPHELINGO.

IAC. WIMPFELINGI, vel WIMPHELINGII Sele-
ſtadienſis, theologi integerrimi, vitam ac res geſtas deſcripturus, breuis eſſe laboro: ne, quod aiunt,
falcem in alienam meſſem immiſiſſe, & Alſatiae con-
ciuem ſuum, inter literarum principes facile nume-
randum, contra ius fasque omne eripuiſſe, noſtratum
vero numero gentique inſeruiſſe videar.

Praeſtantiſſima hanc in rem eſt DES. ERASMI RO-
TERODAMI epiſtola, quam an. 1529. die 24. Ian.
Baſil. exarauit ad *Io. Vlattenum*: ( Op. T. III. P.
II. col. 1141. )

" Dum haec loquimur, fugit hora, vt ait Sa-
,, tyricus, & dum amicos recenſemus, vnum non
,, poſtremi loci amiſimus, IACOBVM WIMPHELIN-
,, GVM Sletſtadienſem, qui quidem inter felices nu-
,, merari poterat, niſi ſeneċtus illius in hoc ſeculum
,, multo turbulentiſſimum incidiſſet. Nam a teneris
,, vsque annis educatus eſt in honeſtiſſimis literis,
,, primum Sletſtadii ſub LVDOVICO DRINGENBER-
,, GIO Weſtphalo, a) deinde *Friburgi*, mox Het-
                    L          ,, delber-

---

a) Laudat illum *Wimphelingius* cum ſaepe alias, tum praecipue in libello, quem inſcripſit *Iſidoneus Germanic.* fol. 7:
   " Breuem hanc Alexandrinae Grammaticae traditionem
   ,, omiſſis ( quae tetigimus) inutilibus & obſcuris annis qua-
                                      ,, dras

„ delbergae pontificii iuris peritiam cum theologiae
„ fcientia non infeliciter coniunxit, & alioqui nul-
„ lius honeftae difciplinae rudis, eloquentiae vero
„ tantum praeftitit tum in carmine tum in oratione
„ foluta, quantum vel a theologo, vel ab illorum
„ temporum homine poffit requiri.  Adfcitus Spi-
„ ram, ecclefiaftae munus non fine laude geffit. In-
„ ter haec vir pius, ardens amore rerum coeleftium,
„ eoque pertaefus feculi, quod tefte IOANNE, *totum*
„ *in malitia pofitum eft*, de feceffu cogitauit. Eius pro-
„ pofiti confortem habebat CHRIST. AB VTENHEIM,
„ doftum pariter & caftiffimae integritatis virum,
„ atque vt nudus ad nudum Chriftum confugeret,
„ quod erat ecclefiaftici cenfus, erat autem quod ad
„ vitae munditiem fufficiebat, refignauit. Caeterum
„ hoc confilium abrupit CHRISTOPHORVS ad Epifco-
„ pi munus retraftus, amicis ita fuadentibus, futu-
„ rum, vt, fi ad mentem tam piam acceffiffet auftori-
„ tas, plures Chrifto lucrifacere poffet, quam fi fe
„ abdidiffet.  Ille tamen fua paupertate laetus, per-
„ gebat, quod inftituerat agere, rurfus Heidelber-
„ gae facros auftores enarrans, & in his HIERONY-
„ MVM. Ad haec libellis editis & adolefcentiam in-
„ ftituit, & facerdotes ad pietatis, caftimoniaeque
„ ftudium excitauit.  Nec grauatus eft amore pieta-
„ tis, agere paedagogum aliquot magnae fpei adole-
                                                „ fcen-

---

„ draginta & eo amplius accurate obferuauit in vico Slet-
„ ftatino fideliffimus & obferuandiffimus praeceptor meus
„ *Ludouicus Dringenbergius* Weftphalus. Nouerunt & te-
„ ftantur id mecum alumni fui : *Iacobus Pauo* , *Rietpur-*
„ *gius* Spirenfis canonicus & fcholafticus, *Ioannes Tor-*
„ *rentinus* , *Petrus Schottus* , *Iacobus Delphinus* ambo
„ Argentinenfes, *Sebaft. Murrho* , Colmarienfis, *Ioannes*
„ *Multor*, Baadenfis Decanus, *Iodocus Gallus* , Rubiacen-
„ fis theologus, *Florentius Hundius* , *Ioannes Hugo*, Slet-
„ ftatinus, facerdotes, ceterique pene innumeri. „

,, fcentibus, quorum praecipuus , nunc inter nobi-
,, les, doctrina, finceritate, candore, prudentia nobi-
,, liffimus IACOBVS STVRMVS,*) cuius confiliis plu-
,, rimum debet tota pene Germania , non folum in-
,, clyta ciuitas Argentoratum.   Nec inuidia caruit
,, hominis fancta libertas. Romam excitus eft homo
L 2            ,, &

---

*) *Iacobus Sturmius* Argent. in rectoratu generofi Baronis
de Höwen an. 1504. die 27. Iul. in album academ. relatus
eft : vt teftatur *matric. rell.* Et fub decanatu magiftri
*Blafii Aichorn* ex Sunnenburgk , an. eod. inter magiftros
artium recenfetur *Iacobus Sturm de Sturmneck* : vt patet
ex *matricul. facultat. art.* In *actis facult. art.* an. eod.
" Habita conuocatione omnium magiftrorum de regentia
,, facultatis vltima Decembris comparuerunt duodecim bac-
,, calaurei fe pro gradu magifterii examini fubmittere vo-
,, lentes, videlicet Ioannes Glob, de Newuftat, Dauid Kre-
,, mer, de Friburga, Michel Mayer, de Fryburga, Iohan-
,, nes Kueffer, de Pfaffenwiler, Iohannes Plüchl , de Fri-
,, burga, Nicolaus Schedli, de Rottenburg, Iohan. Gyfs-
,, ler, de Wangen, Matthaeus Zel, de Kayfersfperg, Io-
,, han. Wend, de Rottenburg, Iacobus Brun, de Argen-
,, tina, *Iacobus Sturm de Sturmneck ex Argentina* , qui
,, omnes fuerunt admiffi. Et in temptatores electi in via
,, nominalium D. licentiatus Zurzacher, D. doctor Ioan-
,, nes Bryfgoicus, Mag. Io. Rofsnagel : in via realium Mag.
,, Io. Cefar, Mag. Vitus Hartzer, & Mag. Iorius de He-
,, chingen , fed Mag. Vitus pro tunc ceffit Mag. Antonio,
,, qui etiam affumebatur de confenfu facultatis. ,,   An-
eod. die vero decima octaua Ianuarii : " Praedicti domini
,, temptatores praefatos baccalaureos temptatos , & demum
,, per eosdem aperto eis examine die nona menfis Ianua-
,, rii examinatos in plena congregatione omnium magiftro-
,, rum de regentia facultatis D. decano praefentauerunt ,
,, petentes, vt eosdem approbatos & admiffos in confortium
,, magiftrorum de regentia adfcribere dignaretur, qui pro
,, tunc requifitis votis fingulorum, & praeftito per eos iura-
,, mento praefentibus fecundum ftatuta electis , regentiae
,, magiftrorum de facultate adfcripfit ac intitulauit. ,, An-
1505. fub decanatu Mag. *Antonii Beck* , de Brifac. " Item
,, connocatis omnibus magiftris in die Aegidii elegerunt
,, libros in via realiftarum vt infra : Magift. *Iacobus Sturm*
,, libros

„ & fenio & hernia tardus , Monachorum Augufti-
„ nenfium opera, quod alicubi fcripfiffet, AVGVSTI-
„ NVM non fuiffe monachum, aut certe non talem,
„ quales nunc habentur Auguftinenfes, quum hi ta-
                                              „ men

---

„ libros de generatione &c. „ An. 1506. fub decanatu
Mag. *Georii Pfifter*, de Hechingen. " Quinta feria , quae
„ fuit proxima ante *Reminifcere*, habita fuit conuocatio
„ magiftrorum de regentia facultatis ad videndum fchola-
„ res fe tentamini fubmittere volentes pro gradu baccalau-
„ reatus. Fuerunt tunc concordi voto admiffi omnes fe-
„ quentes: Martinus Moringer, Franc. Iohannes Hepper-
„ lin , Iacobus Immili, de Pfaffenwiler , Leonhardus Ra-
„ brifs, de Schopfen &c. Fuerunt electi in examinatores
„ in via realium Mag. Vitus Hartzer, Mag. Io. Cefar ,
„ Mag. *Iacobus Sturm* extra confilium. „ An. eod. fub
decanatu Mag. *Andreae Böblinger.* " Praeterea quinta
„ die menfis Iunii connocati funt omnes magiftri de re-
„ gentia facultatis artium ad prouidendum libro pofterio-
„ rum Nicomachi filii in via realium vacanti , quem ma-
„ gifter *Iacobus Sturm* , Argentinus fecundum ftatutum
„ elegit, fuum de generatione librum, quem in die Aegi-
„ dii elegerat dimittens. „ An. eod. die 9. menf. Sept.
Mag. *Iacobus Sturm* Argent. in via antiquorum libros meteo-
rum praelegendos fufcepit. An. 1507. fub decanatu *Georii
Wägelin*, Achenfis , artium magiftri & facrae paginae baccalaurei. " Feria fecunda poft Ioh. Baptiftae : quia exer-
„ citium paruorum naturalium in via realium vacabat,quod
„ propterea eligebat Mag. *Iacobus Sturm*, Argentinus tan-
„ quam in ordine fequens. „ An. 1508. fub decanatu
Mag. *Iohannis Sutoris*, de Zurzach, decretorum licentiati.
" In die Aegidii fingulis magiftris de regentia facultatis de
„ & fuper electione lectionum & exercitiorum pro anno
„ tunc inftante exercitandorum vocatis, electa funt exerci-
„ tia fecundum ordinem infra fcriptum: & quidem in via
„ Scotiftarum Mag. *Iacobus Sturm* , de Argent. libros ethi-
„ cor. „ Et idem iam an. 1506. *matric. facult. theol.*
adfcriptus legitur: vti an. 1507. die 6. Maii. " In qua
„ feftum S. Iohannis ante portam Latinam celebrabatur ,
„ Mag. *Iacobus Sturm* , Argent. fecit fermonem Latinum
„ in praefentia facultatis apud Praedicatores. „ Plura de
hoc viro, fi illius defectionem ab auita religione exceperis,
omni laude digniffimo, habet *Melch. Adam.* de ICt. Germ.
p. 42.

„ men illum in tabulis ac libellis exhibeant promiffa
„ barba, nigra cuculla, & zona coriacea.   Hoc in-
„ cendium ex minima fcintilla latius euagaturum ,
„ IVLII II. preffit auctoritas, idque bonorum omni-
„ um applaufu.  *) Praeter alias aduerfitates, quibus
„ hominis virtus exercita fuit ,  hoc fatale totius
„ ecclefiae diffidium vehementer illum afflixit , ac
„ tantum non ad vitae taedium adegit.   Itaque foli-
„ tudinem ac feceffum fruftra tentatum, ingrauefcen-
„ tibus annis egit Sletftadii in aedibus MAGDALE-
„ NAE fororis, ex qua nepotes duos , quos pater-
„ no femper affectu complexus fuerat, reliquit; mo-
„ ribus ac literis eleganter inftitutos, quorum IACO-
„ BVS SPIEGELIVS, iurisprudentia clarus, prius MA-
„ XIMILIANO Caefari, mox Regi FERDINANDO fuit
„ a confiliis , apud quem nuper 10. MAIVS , natu
„ minor, in fratris locum fucceffit , aulae primori-
„ bus indolis elegantia ac dexteritate morum opti-
„ mo iure gratiffimus. Nondum tamen ftatui, vtrum
„ WIMPHELINGI mors gratulatione dignior fit, an de-
„ ploratione. Annum attigit pene octogefimum, diutius
„ etiam victurus, fi corpufculi deficientis rationem
„ vllam habere voluiffet, & fubductus eft huic fecu-
„ lo, quo nihil fingi poteft inquinatius.   Poftremo
„ nihil addubito, quin vitae innocenter actae prae-
„ miis iam fruatur apud coelites. „

Satis longum illud , quod eidem Seleftadii pofitum, & a *Bea-*
*to Rhenano* fcriptum eft epitaphium , quam plurima quoque ,

L 3                             quae

*) Conf. *Erafm.* epift. ad Raphael Card. S. Georgii fcript. Lond.
   an. 1515. 31. Mart. T. III. P. I. col. 147.  " Multis hic
„ gratiofior eft *Iulii* II. memoria , quod *Iacobum Wimphe-*
„ *lingum* , virum praeter eruditionis & fanctimoniae com-
„ mendationem, iam fenio quoque venerabilem fua ipfius
„ voce ab huiusmodi litibus abfoluit , & calumniatoribus
„ filentium indixit. „

quae ad eius vitam pertinent, complectitur: " Iacobo Wimphe-
,, lingo, Sletstadiensi, *viro clarissimo, & vnico puerilis insti-*
,, *tutionis ac professus circa literas amatori, exhortatori, pa-*
,, *trono. Cuius rei argumentum nobis exhibent, non solum edi-*
,, *tus liber* adolescentiae *nomine, & quem* εἴσοδον *inscripsit,*
,, ac elegantiarum *linguae Latinae compendium, praeter libel-*
,, *los hoc genus alios, verum etiam ipsae scholae eruditis ho-*
,, *minibus huius consilio passim commissae. Qui quam capitali-*
,, *ter luxum, auaritiam & ambitionem oderit, frugalissime*
,, *acta vita docet: & splendida saepe fortuna contempta, par-*
,, *uo semper contentus animus, sed & aduersus illa vitia gra-*
,, *ues libelli & ad oppositas virtutes inflammantia scripta apud*
,, *posteros quoque testabuntur. Religionis Christianae pius cul-*
,, *tor, quemadmodum theologum & presbyterum inprimis de-*
,, *cebat, bonos viros etiam in coenobiis degentes familiariter*
,, *dilexit. Apud Spiram Nemetum in regio illo templo aliquot*
,, *annis munere concionatoris functus est, primus sane inter ci-*
,, *ues suos, qui carmine & oratione prosa, atque editorum vo-*
,, *luminum numero in omni pene scripti genere apud eruditos*
,, *laudem meruerit. Nam Hugonis veteris theologi, praeter*
,, *commentarios rerum sacrarum, & alterius Ioannis, prae-*
,, *ter Ethicorum Aristotelicorum expositionem, nihil hodie extat,*
,, *Iacobus Spiegelius iureconsultus, & Ioannes Maius fratres,*
,, *regii secretarii vtrique, auunculo B. M. statuerunt. Vixit*
,, *annos 78. menses 3. dies 21. Obiit anno 1528. XV. Calen-*
,, *darum Decembrium. Magdalenam matrem, foeminam pla-*
,, *ne Christianae patientiae, quam difficili morbo oppressa non*
,, *modico tempore praestitit, eodem sepulchro ( id quod viua*
,, *optauerat ob amorem fratris ) iidem filii paulo post colle-*
,, *cauerunt. ,,* a)

Atque

---

a) Aliud autem epitaphium, quod *Wimphelingo* viuenti posuit *Thomas Wolphius iunior*, hodie quoque visitur Argentorati ad S. Wilhelmi, & descriptum legitur iu notis *Ioan.*
*Schil-*

*Epitaphium Iac. Wimphelingio*
*Selestadii in templo maiore ad vltimam*
*columnam in cornu euangelii, infra*
*turrim positum.*

DEO · OPT. MAX

Iacobo Wimphelingio theologo,
qui iuuentutem ad meliora studia, facer
:dotes ad vitam fanctiorem, ad opti =
mas leges, et inftituta, res publicas
editis etiam monumentis inuitare,
exhortari, reuocare nunquam cef:
:fauit. Iac: Spiegel, ac Ioan. Majus fratres
Cæf: Aug: fecretarii auunculo b. m. mu:
: nus extremum perfoluerunt. Vixit
annos LXXVIII. m. III. d. XXI. Ob. xvii Kl. Dec.
MDXXVIII.

Atque his iam ea addere oportebit, quae acta domeſtica nobis de WIMPHELINGO ſuppeditant. In rectoratu venerabilis viri magiſtri KILIANI WOLFF de Haslach, ſacrorum canonum baccalarii an. 1464. vltima die Octobr. albo academico inſcriptus eſt IACOBVS WIMPFELING *de Sleczſtat Argent. dioc.* teſte *matric. rect. antiquiſſ.* Mox an. 1466. ſub decanatu facultatis artium magiſtri RVD. RASSER de Cappeln inter baccalarios ſecundo loco legitur IACOB. WIMPFELING *de Slettſtat:* vt teſtatur *matric. facult. art. antiquiſſ.*

Porro in *actis facult. art.* decano *Rudolfo Raſſer* de Capellen an. 1466. *Dominica ante Catharinae.* " In eadem con
„ gregatione ſedecim ſcholares ſubmiſerunt ſe examini pro gradu
„ baccalariatus, quorum vnus videlicet , Nicolaus Karrer , de
„ Tieſſen retardatus ſuit propter defectum temporis vsque ad
„ proximum examen ſequens, & alter, videlicet Chriſtianus
„ Buchs, de Rauenſpurg non ſuit admiſſus ex eo , quod non
„ haberet ſufficientem licentiam ſui ſuperiorum ad huiusmodi
„ gradum aſſumendum.   Sed alii quatuordecim fuerunt admiſ
„ ad temptamen, videlicet Iohannes Linder , de Alpenſpach ,
„ Chriſtophorus Ettlinger, de Lanczhuta , Iohannes Rudelbom ,
„ de Friburgo , Chriſtophorus Kroner, de Auguſta , Ioannes
„ Oetlin, de Friburgo, Iohannes Sueuus, de Windsheim , Io
„ hannes Scheffberger , de Lantzhuta, Iohannes Heymenhoſer,
„ de Baden , Henricus Heckmann, de Hergſsheim , *Iacobus*

L 4                „ *Wim-*

*Schilteri* ad Chronic. Alſat. *Iac. de Koenigshouen* p. 1120.
( Conf. *Io. Nic. Weislinger* armament. cathol. p. 616. )

D.    O.    M.

Iacobo Wimphelingo , *theologo & oratori clariſſ. quod ingenio & literatura aetatis noſtrae gloriam auxerit* Thomas Wolphius iunior , *decr. doctor in memoriam aeterni decoris hoc viuens viuenti ſtatuit Anno M.D. IIII. die XI. Decembr. ſpreta inuidia.* *)

*) Quod erat ſymbolum *Thomae Wolphii* iunioris.

„ *Wimpfeling*, *de Sletftat*, Iohannes Tribel, de Gamundia, Hen-
„ ricus Fabri, de Blofelden, Iohannes Dür, de Rottenburga,
„ & Gotfridus de Stolhofen. Fuit tamen iniunctum Iohanni
„ Sueuo, de Windfsheim, quodfi promoueretur, abftineret per
„ medium annum a circulis & roftris, quod promifit fe factu-
„ rum, in manus decani in praefentia facultatis. „

„ Item in eadem congregatione electi fuerunt in examinato-
„ res praedictorum fcholarium, & decano condeputati Mag. Io-
„ hannes, de Meyningen, Mag. Iohannes Kügler, Mag. Nicolaus
„ de Münfingen, & Mag. Iohannes, de Ettenheim, qui fex ex
„ praedictis fcholaribus refutauerunt tamquam infufficientes ad
„ talem gradum; videlicet Iohannem Tribel, de Gamundia,
„ Iohannem Linder, de Alperfpach, Henricum Heckman, de
„ Hergfsheim, Chriftophorum Ettlinger, de Lanczhut, Iohan-
„ nem Rudelboum, & Chriftophorum Kröner, de Augufta.
„ Alios autem octo tamquam fufficientes & idoneos ad Bacca-
„ laureatus gradum admiferunt, & iuxta ftatutum facultatis eos
„ fecundum primogenituram in matriculam Vniuerfitatis loca-
„ uerunt, tali videlicet ordine: 1. Iohannem Oetlin. 2. *Iaco-*
„ *bum Wimpheling.* 3. Iohannem Scheffberger. 4. Iohannem
„ Sueuum, de Windfsheim. 5. Iohannem de Baden. 6. Hen-
„ ricum Fabri, de Blofelden. 7. Iohannem Dür, de Rotten-
„ burga. 8. Gottfridum Han &c. „

An. 1466. „ Secunda feria poft feftum fancti Thomae fuit
„ congregatio facultatis artium, in qua praedicti octo fcholares
„ promoti fuerunt per dominos temptatores toti facultati prae-
„ fentati, & per facultatem ad determinandum admiffi, & pro
„ tunc Iohannes Otlin elegit magiftrum Fridolinum de Lentz-
„ burg ad determinandum fub eodem. Henricus Blofelden no-
„ minauit eundem. Iohannes Heymenhofer nominauit magiftrum
„ Iohannem Kerer. Ioh. Scheffberger elegit magiftrum Iohan-
„ nem Stein, de Schorndorff. Sed *Iacobus Wimpfeling de Slett-*
„ *ftat*, Gottfridus Han, de Stolhofen, Iohannes Dür, de Rot-
„ tenburg & Iohannes de Windfsheim elegerunt mag. Conra-
„ dum Stürzel. „                                        „ Item

" Item in die Erhardi *Iacobus Wimpfeling* , *de Schletflat* ,
,, Iohannes Suenus de Windsheim , Ioh. Scheffberger & Ioh.
,, Dür , de Rottenburga determinauerunt fub magiftro Conra‑
,, do Stürtzel , & quilibet eorum det plus pro intitulatione. ,,
An. 1467. " Feria quinta ante *Laetare* fuit congregatio Vni‑
,, uerfitatis & tunc magiftri facultatis difpenfarunt cum Gottfrido
,, Han fub communi forma fuper anno completo poft baccalaria‑
,, tum &c. Item pro tunc fimiliter fuit difpenfatum cum *Iac.!Wim‑*
,, *pfeling,de Sletflat* fuper anno completo poft baccalariatum &c.,,

Sed nulla deinceps in actis noftris WIMPHELIN‑
GI mentio fit: licet omnia & fingula excutiendo per‑
quirendoue nihil prorfus operae ftudiique omiferimus.
Certum tamen eft , & fatis expeditum , eundem poft
id quoque temporis Friburgi haud femel commoratum
fuiffe. Teftantur id epiftolae ipfius WIMPHELINGI,
vti typis excufae , *) ita duae quoque nondum edi‑
tae : confirmant idem aliorum virorum doctorum te‑
ftimonia , & praecipue 10. BRISGOICI , theol. Fri‑
burg. qui exemplo cuidam 10. TRITHEMII catal. il‑
luftr. vir. Germ. quod is poffederat , cuique fcholia
& adnotatiunculas paffim ad marginem adfperferat ,
dum TRITHEMIVS de IAC. WIMPHELINGO acturus,
haec commemorat: *Viuit adhuc in ciuitate Spirenfi* ,
manu fua addidit : *nunc Friburgenfi.* Factum id effe
circa an. 1504. ex omnibus temporis locorumque ad‑
iunctis fatis luculenter colligi poteft.

Sequuntur iam epiftolae duae WIMPHELINGI
hucusque ineditae , atque ex fcriniis noftris in lu‑
cem protractae; quae ad rem praefentem faciunt : **)

L 5

*Pro‑*

---

*) Quod paullo poft, de 'editionibus opufculorum a *Wimphe‑*
*lingo* euulgatorum acturi, clarius adhuc oftendemus.
**) Plura, quae ad illuftrandas epiftolas iftas pertinent, &
poftea , & praecipue alio loco , vbi de *Philomufo* data ope‑
ra commentabimur , inuenire , atque ad rem praefentem
conferre licebit,

*Profundiſſimis, Conſultiſſimis, expertiſſimisque quarumlibet Fa-
cultatum profeſſoribus, excelſo, magnifico D. Reſtori, totiquè
Conſilio Vniuerſitatis, florentiſſimi Gymnaſi Friburgenſis,
dominis ſuis colendiſſimis atque obſeruandiſſimis.*

Poſt humillimam ſui ipſius recommendationem ſeſe totum
offert ad omnia officia promptiſſimum. Venerandiſſimi patres!
Inſamat me *Philomuſus*, & ſcripſit manu ſua, me fregiſſe fidem, & minatur, me virgis a ſe percutiendum. Mandatum mihi fuiſſe ab excelſo D. Reſtore, fateor, craſtina Corporis Chriſti,
ne affigerem carmina, nec alios inducerem ad affigendum quicquam contra *Philomuſum*. Ego interim nullum induxi, vt vel
vnum iota contra eum ſcriberet. Sciunt, qui apud nos bonas
literas colunt, quid eis faciendum ſit absque impulſu meo, vocatus ab eis decies, vix ſemel compareo, vrgent me alia negotia, quam furores *Philomuſi*, ad quem, abiens e Friburgo, ſe-
cretiſſime, quae nemo hominum vidit, miſi per ſuum amiciſſi-
mum ea, in quibus emendare ſe debebat. Fecit hoc idem ante me diuus Hieronymus, & dulcis Bernhardus. Nec credo,
id eſſe de mente Vniuerſitatis veſtrae, quod nihil prorſus literarum ad illum ſcribere debeam. Cum vero nuper per totam
ſere Argentinam diuulgatum fuiſſet, egregium & laudabile ſacinus
cum docto & modeſto adoleſcente, conterraneo ( & quidem filio)
meo perpetratum, conqueſtus ſum id D. doctori *Zaſio:* & ſcripſi D. *Iohanni de Blümeneck*, cuius olim Spirae procurator,
immo contra Palatinum principem ſollicitator ſui, acerrime de
hoc flagitio ipſum increpans ; fretus ſenio meo, beneuolentia
in illum mea, & iure viciniae ( vicini enim ſuimus Baſileae )
potiſſimum etiam, quod docilis & pius adoleſcens Friburgi de-
tineri potuit : in ius vocari, & iure vel diſputatione cum eo
agi, hoc fuiſſet hominis ſcholaſtici, mente ſani, honeſtum
certamen, non officium ſicarii & latronis. Venerandiſſimi Patres, per dilectionem, qua Vniuerſitati veſtrae afficior, & crebro noſtrates induco, vt ſuos ad veſtrum Gymnaſium mittant,
bonis literis & praeclaris moribus inſtituendos, obſecro, vt

V. P.

V. P. perfuadeant *Philomufo* , vt tandem ceffet ab infamatione mea , & a fpurciffimis fuis contra me fcriptis : alioquin ipfe
me coget publicare vel vnam folam epiftolam , manu fua fcriptam , quae apud me eft , quam dedit olim ex Ingolftat ad
magiftrum Friburgenfem, in qua defcribit mulieres Bauaras turpiter, turpius earum focietatem & confuetudinem , quam cum
eis fe habuiffe gloriatur , turpiffime quinque adolefcentes nominatim ( quorum adhuc duo Friburgi funt ) prouocat , incī-
tat & inflammat ad libidinem, & ad luxuriandum , turpiori-
bus, inquam, & obfcoenioribus verbis, quam Martialis aut Catullus vnquam vfus fit , vt manifeftum fiat omni genti , vter noftrum dignior fit ferula, vel virgis, quas vtique homini feni ac
prope fexagenario & facerdoti minari , mihi videtur impium &
indignum. Dominus Deus veftras humanitates adiuuet ad feliciter praefidendum florentiffimo Gymnafio , & ad plantandas
optimas literas atque virtutes. Ex Argentina quinto Cal. Decembris 1505.

E. V. P.

humillimus deditiffimusque
Iacobus Wympfeling,
de Sletftat.

*Magnificis circumfpectiffimisque quarumuis facultatum profef-*
*foribus , excelfo Rectori, ceterisque de Concilio florentiffimi Gym-*
*nafii Friburgenfis, Dominis & praeceptoribus maximo-*
*pere colendis, diligendis, & obferuandis.*

Excellentiffimi Patres! retulit quidam bibliopola Friburgenf.
hic Argentinae, Friburgi rumorem effe exortum : nos impref-
furos nefcio quid contra nationem Sueuicam : de quo ego me
cupio excufatum habeant Excellentiae veftrae. Nunquam in animum meum venit, contra Sueuos quicquam fcribere, quippe qui
cum Sueuis ad XXX. annos maximam familiaritatem habui Heidelbergae & Spirae ( immo tantam ) quod ante XXII. annos
multi Sueuorum ex Heidelberga mecum vltro afcenderint ad

Slet-

Sletstat ad nuptias sororis meae : quos hodie licet absentes fraterna caritate complector , & credo me quoque ab eis mutuo
amore diligi , & in epistola nostra clare videbitur , quid de Sueuis sentiamus.   Taceo, quod in epithomate meo Germanorum
C. LIX. ex omnium Germanorum gentibus quinqne singulariter
extollens, Suenos ipsos secundo loco posui. Bilinguis non sum ,
nec faciam, vt ille, qui libellum meum de integritate , carmine
& prosa celebrauit: nunc vero mirum in modum pungit & con-
culcat.   Nec persuadeant sibi V. P. quod studium Friburgense
aut quemcuuque eius praeceptorem , doctorem , aut magistrum
vnquam despexerim vel parui fecerim.   Absit a me , nolo blandiri: sed sciunt multi, quid ex me audiuerint , quanti fecerim
tres ordinarias lectiones in theologia & quotidianas , & assi-
dnas itidem in vtroque iure: vellem adessent , & ciues & clerici, & de me testimonium praeberent, quorum nonnullis persua-
si, vt suos vel filios vel nepotes ad vos transmittant.   Quid
multa? Pater ille magistri *Iacobi Sturm*, priusquam rediissem ex
Friburgo Argentinam, persuasus fuit a quibusdam fratribus Ord.
Praedicatorum ( habet enim sorores, & coniunctas in illius Ord.
monasteriis moniales) vt ad Coloniam mitteret filiam, & a Friburgo abstraheret.   Ego contra , quicquid Coloniae discere poterit, hoc ipsum quoque Friburgi discet, & declaraui per ordinem, quantum a laico capi potest.   Ego cupio prodesse & gratificari omnibus & singulis Fribuigensibus , nec me mouere vnquam debebit, quod vnus solus Sueuus me calumniatur, & absque omni culpa mea me persequitur : qui & contra me Basileae
turpia multa imprimi fecit.   Ego diligo, & diligam, quoad vsque
vixero Vniuersitatem Friburgensem , quae olim de me puero &
adolescente, & nuper sene bene merita est.   Cuperem istic diutius morari, istucque redire : si modo tutus essem non solum
ab illo atroci aemulo meo, sed etiam ab eis, qui Basileae contra me libellum famosum impresserunt, omnesque Suitenses contra me prouocare conati sunt, immo & summum pontificem :
yniuersique ecclesiastici status praelatos atque sacerdotes contra

me

me concitarunt. Dominus Deus veſtram rempublicam augeat:
& omnes vos ſaluos facere dignetur. Ex Argentina ſexta die Decembris. Anno Chriſti 1505.

Veſtrarum Dominat.

Humillimus, deditiſſimusque
Iac. Wimpfeling, de Sletſtat.

Ex quibus omnibus ſane conſtat, WIMPHELINGI-
VM anno 1504. & 1505. etiam apud noſtrates *) di-
uertiſſe, hoſpitemque ſe praebuiſſe bonis omnibus de-
ſideratiſſimum. Quod denuo an. 1508. contigiſſe, ex
illius epiſtola ad IAC. OTTHERVM ſcripta ( *faſcicul. I.
p. 77.* ) palam ſit: quin etiam poſtea, & praecipue
an. 1512. ſi non Friburgi, certe in vicinia noſtra hae-
ſiſſe dicendus eſt. Atque hanc ipſam ob cauſſam WIM-
PHELINGIVS ſe *eremitam ſyluae herciniae* quandoque
nominaſſe videtur. Plura hanc in rem argumenta ex
iis peti poterunt, quae de ciusdem opuſculis ac libellis paullo poſt in medium proferemus.

Varia de WIMPHELINGII vita & ſcriptis habent

IO. TRITHEMIVS de ſcript. eccl. & catal. de illuſtr. Germ. vir.

CONR. GESNERVS in Bibl. vniu. p. 366. cum IOS.
SIMLERO, & IO. FRISIO.

HENR. PANTALEON proſopograph. her. & vir. illuſtr. P. III. p. 20.

MELCH. ADAM. de vit. theol. German. p. 10.

PAVL. FREHER. in theat. vir. erudit. clar. p. 103.

HENR. WHARTON addit. ad GVIL. CAVEI hiſtor.
ſcript. eccleſ. liter. ad an. 1494. p. 220.

IAC. BVRCKHARD de ſat. ling. Lat. in Germ. P. I.
& II. c. 4. &c.

IO. NIC. WEISLINGER in armament. cathol. praecipue p. 615. ſeqq.                              P. NICE-

---

*) Ad hunc an. 1505. referendae ſunt epiſt. *Wimphel.* & *Za-
ſii* ( in epiſt. Zaſ. p. 385.)

P. NICERON memoires des hom. illuſtr. T. 38.
p. 4. ſeqq. aliique plures; quippe quo nos noſtraque
omnia referimus.

Iam vero IAC. WIMPHELINGI opuſcula, quae vel
ipſe compoſuit, vel aliorum ſcriptorum, quae is edidit, & praefationibus, epiſtolis, aut etiam carminibus
exornauit, quotquot reperire, & plerumque inſpice-
re etiam nobis licuit, habita, quantum fieri poterit,
temporis ratione, adducturi ſumus.

1. Laudes ecclefiae Spirenſis ( *carmen* ) fine an. &
loc. in 4to. ( *In Bibl. acad. Friburg.* )

Editor eſt *Iodoc. Gallicus* ( *Gallus* ) *Rubeaq.* qualem ſe in epiſt.
ad *Wimpfeling.* Heidelb. an. 1486. IV. Id. Ian. profitetur. Epiſtola prior eſt *Iac. Wimpfeling* ad reuerendiſſimum in Chriſto patrem ac dominum dominum *Ludouicum* diuina pietate antiſtitem
Spirenſem, dominum ſuum maximopere colendum, obſeruandiſ-
ſimumque, Spir. an. 1486. prid. non. Ian. Altera autem eiusdem
ad venerabiles & praeclariſſimos dominos ac patres *Vdalr. de
Helmſtat* praepoſitum, *Henr. de Helmſtat* decanum, *Wilh. Flach,
de Schwarzenburg* cuſtodem, *Otth. de Bach* ſcholaſt. *Ge. de Gemmingen* cantorem, ceterosque canonicos magnificae & inſignis eccleſiae
Spirenſis. Laudatur etiam edit. Dilling. 1564. 8. cum *Wilh. Eiſen-
grein Chron. Spir.* Synopſis iſtius carminis haec eſt: *Innocatio.
De tecto. De turribus. De capellis marginalibus. De concauitate
excelſa chororum. De tapetis ſericeis. De abſentia clypeorum.
De abſentia ſtuperſtitioſorum figmentorum. De crypta. De refugio grauidarum mulierum ad ſummum altare. De candelabro ante ſummam aram ſito. De corona in medio chori. De ſeptuaginta
lampadibus. De ſingulari excellentia campanarum. De concinna
modulatione campanarum & organorum. De ambitu. De non nimis eleuata ſepultura epiſcoporum. De ſepultura regum & reginarum. De vigiliis & cuſtodibus noſturnis. De miniſtris altarium di-
urnis, fratribus ſedium. De cantu ordinato. De alluſione organorum. De adoratione euchariſtiae in cantico, te Deum laudamus. De*

pre-

Humilimus Dediaissimusq̃ Ja.
Wympffeling de Sohlerstat

humilimꝰ dedissimusq̃ Jacobus
Wympffeling de Sletstat.

~~~~~~~~~~~~~~~~~~~~~~~~

D. Jo. busgoico Theologo a Ja wympf.
g hum exhibit Saluagog̃ ... ...
... & ceterus q̃ pp ... esestinaio
za prestare molietuR, Martii cui

dimidio Florene Absq̃ Conslutuahā
friburgi 1 4 0 8

( In fronte Codri. Oper. Bon. 1502. f. )
Dn. Jo. Calcatoris Brisgoio ꝓpron: Mizari
non suffrao. ā mente

D. Jo. Busgoico Theologo m̄
p̄curatoris

In fronte
( Orat. Ang. Anuch. Vallisumbr. etc. )

*proceſſione trium Magorum. De vigilantia decani. De honeſta-*
*te epiſcopi. De laude praepoſiti. De honeſtate caeterorum prae-*
*latorum. De ingreſſu eccleſiae ſine pompa. De continua miſſa-*
*rum celebratione. De miſſa Martiniana. De miſſis in altari*
*beatae Annae. De miſſis in ſacello ſanfli Goaris & ceteris ca-*
*pellis & altaribus. De honeſta offertorii viſitatione. De pace*
*mutua in miſſa. De cantu reſponſorii tenebrae ſextis feriis.*
*De frequenti memoria defunflorum & deuota. De ſolennitate*
*proceſſionum & ſtationum & de reliquiis. De ceteris collegiis*
*ſeſe praeſentantibus. Quod non licet beneficiatis venire absque*
*religione. Quod non licet eſſe beneficiatum in diuerſis collegia-*
*tis eccleſiis. De cauſis conferuatiuis tantae eccleſiae. De patro-*
*cinio Mariae Virginis beatiſſimae. De frequentia capituli. De*
*magnifica & larga deuotione regum & reginarum. De magno*
*miſſali in ſacrario. De foecunda bibliotheca. De praedicatore.*
*De reflore ſcholaruM. De ſufficienti competentia plebani. De*
*ſynodis. De teſtamentis. De abſentia inſtitarum & aliarum of-*
*ficinarum. Quod non ſemel licet pertranſire chorum ſub diui-*
*nis. Exhortatio ad clerum Spirenſem. Concluſio ad beatam*
*Virginem commemorans obſequia, quae ei in hac eccleſia ſedu-*
*lo impendi ſolent.*

2. Direftorium ſtatuum, feu verius tribulatio feculi : f. a. & l. in 4to. ( *In Bibl. acad. Friburg.* &
*Riegger.* )

Praemiſit *Iac. Wimphelingus* epiſtolam ad Pet. Attendorn
bibliopol. Argent. dat. Spir. an. 1489. Id. Oft. cui idem etiam
reſpondit. Vtriusque epiſtolam hoc loco in medium proferre
Iubet : *Iacobus Wimpfelingus* Sletſtatenſis *Petro Attendorn* bibliopolae Argentinenſi ſalutem, Conſuluiſti mi *Petre* , ſi tibi
imprimendae ſint orationes duae, quas *Iohannes de Keyſersberg*
ſacrarum literarum interpres profundiſſimus , & *Iodocus Gallus*
Rubiacenſis ad ſynodos Argentinenſes & Spirenſes exaftiſſime
fecerunt , ſimulque ſi illis annefleuda ſint exempla de miſeriis
curatorum. Et quaedam quaeſtiunculae : iocundae & plenae io-

ci.

ci. De orationibus duabus hoc meum eſt iudicium, quod non potuit accuratius a quoque dici. Quid fit agendum cuique epiſcopo, quales ei confules aſſumendi, qualem ſe gerat in ſuos ſacerdotes, quod uniuerſum eccleſiae ſuae ſtatum bonum dirigat. Quod vitia & cleri & plebis reſecet: quam dictum eſt a doctiſſimo *Iohanne de Keyſersberg*. Nemo ſit ſacerdotum, qui non illam ſaepe legat, vt ſciat ſe ab indoctis & illiteratis plerumque epiſcoporum conſulibus, ſcribis, ſatellitibus immerito vexari, opprimi, flocci pendi. Principes ſeculares ſummo labore quaerunt conſiliarios literarum peritos, & epiſcopi fouent conſulares & ſcribas laicos, tanquam nihil ad eos attineat, ſi violentia, ſi ignorantia, ſi legum & canonum moderamine reſpublica gubernet. Dixit ille concionator vberrime, quod ſit epiſcopi officium, ſed nec omiſit *Iodocus* ille Rubiacenſis, quid ad clerum quoque pertineat. Poſuit dialogum lepidiſſimum, quo mores & vitia cleri, quo vitam ruralium atque vrbanorum ſacerdotum pulcherrime deſcripſit, nihil ſilentio praeteriit, quod bono militi Chriſtianae religionis neceſſarium eſſe videatur. Docet & epiſtola de miſeriis curatorum, quod quemadmodum Chriſtus crucifixus eſt a Iudaeis, ita quotidie crucifigitur & tribulatur plebanus a parochianis. Quaeſtiones vero duas, quas vir humanitate clementiaque praeditus obiurgabit te impreſſiſſe. Eſt illic iocus, attamen honeſtus, vrbanus, iucundus, neminem carpens, non nimis laſciuiens, non praebens ſcandala teneriori aetati. Deſcribuntur in prima quaeſtiuncula mores eorum, qui philoſophiae dediti ſunt, quos non optet habere eximiam curam corporis ſui, non ad coaceruandas diuitias accendi, non in temporalibus oblectationibus conquieſcere. Deſcribitur ſcholaſtica quaeſtione, quod hi, qui inter ſeculares & ſpirituales ceteris ſunt infeliciores damnaque rerum ſuarum patiuntur, & aſſumpti ſunt ad nauim pereuntium potiſſime ex numero ſtudentium ſint profecti. Caueant itaque ſcholares atque ſtudentes, ne propter pigritiam, indiligentiam inconſtantiamque ſuam dum ad literas ſe ineptos reddiderunt, ad alios etiam ſtatus ſint ineptiores. Et ita in

nauim illam, vulgo *Lichtfchiff* appellatam cogantur afcendere.
Omnia haec mihi vifa funt, a bonis hominibus legi poffe, nifi
fint, qui obtorto fupercilio, curuatis naribus, eleuatis labris, di-
latatis fcapulis, fuas folas res efferunt, & ceteris prorfus vili-
penfis, vix femel in anno rifum admittant.    Vale felix.    Datae
Spirae idibus Octobris anno Chrifti MCCCCLXXXIX.

*Petrus Attendorn* magiftro *Iacobo Wimpfelingo* praeceptori
fuo falutem & obedientiam.  Tanta eft veftrorum confiliorum ma-
turitas, vt ea filentio praetermittere omnino non queam.  Accuratius tamen eisdem conformiter viuere neutiquam fufficio, praefertim cum faciendi plures libros nullus fit finis.  Quare eorundem
veftrorum confiliorum medio, vifum eft mihi de nouo nihil edere,
edita tamen in vnum coaceruare, non attendendo materiarum
diuerfitatem, magis in eis contentorum pretiofitatem, inftar naturae ( quam ars pro poffibilitate imitatur ) quae licet multos fructus producat, plures tamen cum contrariis qualitatibus gene-
rat; quis enim fructuum dulcior nuce?  Quid amarius fuo cortice?  Sane, cum haec dentes ac os iucundat & dulcorat, ille
pro certo ftridat ac amaricat.  Cum haec faucium palati linguae-
que iudicium acuat ac titillet, ifte idem omnino deftruit ac an-
nihilat.  Cum haec fe gutturi glutibilem reddat, ille fui amaritudine moleftat ac perturbat, nunquam tamen nux fine cortice, nec cortex fine nuce natura crefcere reperitur.  Sic reuera, licet in praefenti opufculo aliqua, quae mentem aedificant,
reliqua, quae diffoluunt ac rifum prouocant, fint combinata: diligenter tamen, fi fuerint infpecta, ftatus vniuscuiusque conditio, vna cum fuo fiue faciliter erit manifefta.  Ideoque praefens
opufculum *directorium ftatuum* conatus fum interpretari.  Quod
fi diligens lector fuerit amplexatus, non folum quem eliget, verum etiam ftatum, quem refutet, pleniffime confiderabit.  Quare
gratias veftrae ago humanitati, cuius ope, auxilio, pariterque
confilio praefens opufculum affectanter aggreffus, feliciter confu-
maui.  Valeat veftra reuerentia.  Datum Argentinae VIII. Calend. Nouembr. anno falutis MCCCCLXXXIX.

M

Con-

Continentur autem hoc libello I. *oratio per dominum docto-*
*rem Ioannem Geyler de Keyfersperg in praefentia epifcopi & cle-*
*ri in fynodo Argent. facta :* ( vid. fupra *fafcic. I. p. 73.* ) 2. *Ora-*
*tio magiftri Iod. Gallici Rubiac. in fynodo Spirenfi habita , prae-*
*fente domino Ludouico eiusdem ecclefiae inclito epifcopo : an. 1489.*
*IV. Id. Maii:* 3. *Epiftola de miferiis curatorum aut plebanorum :*
( Conf. *Maittaire* T. I. P. II. p. 512. ) 4. *Monopolium philofopho-*
*rum ,* vulgo *der Schelmzunfft :* *) 5. *Monopolium ,* vulgo *des*
*Lichtfchiffes :* 6. *Metrificatura de errore illuftrium doctorum de*
*fine huius mundi.*

3. Oratio querulofa contra inuafores facerdotum
fine a. & l. in 4to. ( *In Bibl. acad. Friburg.* )

Atque hanc orationem *Wimphelingo* tribuit *Io. Trithemius*
in catal. illuftr. fcriptor. German. quamque an. 1492. ab illo
faltem fcriptam , fi non etiam ftatim editam fuiffe conftat. **)
Quin etiam *Wimphelingius* ipfe in epift. ad *Albert.* epifc. Argent.
huius mentionem facit. Duae mihi oratiunculae iftius editiones
ad manus funt, quarum altera Argent. atque altera Bafil. prodiiffe videtur.

4. Immunitatis & libertatis ecclefiafticae , ftatus-
que facerdotalis defenfio , fine a. & l. in 4to. ( *In*
*Bibl. acad. Friburg.* )

Huius

---

*) Alia etiam laudatur editio: *Secta monopolii,* feu *congrega-*
*tionis bonorum fociorum :* alias *die Schelmenzunfft.* Impreff.
S. anno ( 1505.) & 1515. Et Germanice: *Der Brüder-Or-*
*den inn der Schelmenzunfft : getruckt zu Strasburg* 1516. 4.
Imitatus eft hoc fcriptum , vt videtur , atque edidit *Thom.*
*Murnerus* libellum : *Der Schelmenzunfft Anzeigung alles*
*weitläufigen Muthwills , Schalckheiten vnd Bübereyen diefer*
*Zeyt.* Augsb. 1514. Strasb. 1516. & alias faepius. Vid.
Ge. Ern. *Wuldau* Nachricht von *Thom. Murners* Leben
vnd Schrift. S. 63. Nürnberg 1775. 8.

**) Initio enim orationis ita alloquitur *Alexandrum VI. P.*
*Experta eft id quoque cum magno faepe gaudio Romana fe-*
*des, quam tu beatiffime pater fuperioribus diebus afcendifti :*
quod factum effe an. 1492. die 11. menfis Auguft. inter
omnes conuenit.

Huius quoque meminit *Wimphel.* ibid. eidemque iam adfcripfit *Trithem.* Atque hanc ipfam eodem etiam tempore, quo priorem, prodiiffe, fatis certum eft. Vtramque in *append. ad fafcicul. II.* dabimus integram.

5. Epiftolae & carmina, quibus in medium datur repudiatio filiae Regis Rom. Maximiliani I. fa&a a Carolo rege Galliae, fuperdu&a filia ducis Britonum, fponfa Maximiliani, buius partes agit IAC. WIMPHELINGVS Sletftatenfis; regis Galliae autem ROB. GAGVINVS, Ord. S. Trinit. mag. general. & orator regius 1492. in 4to.

Laudantur a *Mich. Maittaire* in annal. typogr. cont. T. II. P. I. p. 552. Sed leguntur in *Io. Linturii* append. ad fafcicul. temp. *Wern. Rollewinck, Io. Piftorii* fcript. rer. Germ. T. II. p. 587. edit. *Strun.* fol. *) Sunt autem praeter orationem ad Carolum VIII. regem Franciae, cuius iam meminit *Trithem.* epiftolae & carmina *Wimphelingii* & *Gaguini* mutua. Prodiit etiam fcriptum publicum: *Contra falfas Francorum literas 1491. pro defenfione honoris fereniffimi Romanorum Regis femper Augufti:* fine nota an. vel loci in 4to. In fine:

> *Francorum fraudes nofces regisque feueros*
> *Romani mores: haec modo pauca legas.*

( *In Bibl. Riegger.* ) Extat infertum *Io. Gottl. Buderi* nützlich. Samml. vngedruckt. Schrift. p. 2. ( Frankf. vnd Leipz. 1734. 8. )

M 2        6. De ·

---

*) In *Catal. Bibl. Vffenbach.* T. III. P. II. Suppl. VI. n. 55. p. 629. ( Francof. 1730. 8. ) recenfetur Cod. MS. fol. " exhibens varia *comitialia*, & alia *afta publica.* Leguntur in hoc volumine LXVIII. fcripta. In fine annexa *Iac. Wimphelingii* ad ( feu potius in ) Carolum Franciae regem pro Maximiliano Roman. rege ( ob fponfam noi raptam) oratio prolixa, ipfius forte *Wimphelingii* autographum, vel certe a coaeuo ipfius fcriptum: fubiectae eiusdem *Wimphelingii* in *Rob. Gaguinum* inuectiua, tum carmina, tum epiftolae. „ In Cod. quodam MS. bibl. noftrae haec quoque opufcula continentur manu aetatis illius exarata: ab editis nonnihil diuerfa, variisque etiam acceffionibus aucta: de quibus in *append. ad fafcic. III.*

6. De triplici candore Mariae ad reuerendiſſimum D. Bertholdum Hennenberg. Archiepiſcopum Magun-tinum, & principem ſacroſanƈti Rom. Imp. eleƈtorem: (*carmen*) ſ. a. & l. in 4to. ( *In Bibl. acad. Friburg.* )

Sed epiſtola *Wimphelingii* Spir. an. 1493. Cal. Maii ſcripta eſt. Subiunƈta ſunt & ipſius *Wimphel.* & aliorum, vti *Petri Schotti* Argent. ICti, *Iod. Galli* Rubiac. *Pet. Bolandi* Laudenburg. *Conr. Leontorii* Mulbron. Reuerendiſſ. Dom. Ciſterc. ſecret., *Ad. Werneri,* Themareuſ. *Iac. Han,* Argent. *Io. Bechenhubii* varia carmina. *)

7. IAC. WIMPFELINGII Schletſtattenſis elegan-tiarum medulla , oratoriaque praecepta in ordinem inuentu facilem , copioſe, clare, breuiterque redu-ƈta. Libelli huius plures extant editiones in *Bibl. acad. Friburg.* & *Riegger.*

Praemiſſa eſt *Iac. Wimphelingii* epiſtola ad *Theodor. Gres-mundt* iuniorem Moguntinum Spir. prid. Id. Iun. anno 1493. & reſponſio huius ad illum. Ad calcem vero legitur eiusdem *Theod. Gresmundt* peroratio ad leƈtorem. Ad manus mihi ſunt editiones duae ſine nota loci & anni : quarum prior fol. 27. & literis Gothicis impreſſa , altera vero elegantior fol. 33. in 4to. tertia deinde Argent. apud Matth. Brant, ſed ſine nota temporis in 4to. quarta tandem eſt Argent. apud Matth. Hupffuff an. 1506. Omnium prima videtur eſſe illa , quae in *Bibl. acad. Argent.* aſſeruatur, ſine nota an. & loc. fol. 34. in 4to. in qua duae iſtae occurrunt notae ſingulares , quibus ab omnibus aliis ſatis diſcer-

ni

---

*) Notari hic merentur, quae *Iac. Spiegelius, Wimphelingii* ex ſorore nepos, hoc de libello in ſchol. ad ſtauroſt. Io. Franc. Pici Mirand. p. 5. aduertit : " Auunculus noſter de *candida* „ *puritate Virginis matris* elegiaco pede libellos conſcripſit, „ quibus ſuper hac re theologorum & ſanƈtorum patrum ſen-„ tentias complexus eſt, ad vehementiſſimum rogatum ma-„ ximorum amicorum ſuorum, quibus mirum in modum „ diſplicuit crebra illa concertatio de macula Deiparae Vir-„ ginis in gymnaſio Heidelbergenſi , aliisque locis, quae ta-„ men magis a quibusdam *fraticellis* , quam *a ſecularibus* „ *theologis* exorta eſſe videbatur. „

ni poteſt ; nimirum, in fronte conſpicitur imago ligno inſcul-
pta , & repraeſeutans Orbilium quendam plagoſum diſcipulis
ſuis explicantem. Ad calcem vero libelli *Greſemundi* peroratio
ad lectorem in hunc modum deſinit : *Vale ex Moguncia XVII.*
*Calend. Nouembr. anno ſalutis noſtrae 1493.* Atque haec eadem
erit editio, cuius meminit *Burckhard.* loc. cit. T. II. c. 4. p. 391.
Laudautur praeterea editiones Lipſ. 1499. 1506. 1513. & Spir.
1508. 4.

Alia vero inſcriptione , & mutata nonnihil *)
forma, prodiit idem libellus : IACOBI WIMPFELINGII
Schletſtatenſis elegantiae maiores. Rhetorica eiusdem
pueris vtiliſſima. *Multa inuenies hic addita aliorum*
*impreſſioni, multa caſtigata, & in ordinem longe fa-*
*ciliorem redacta.* Tubingae, ni fallor, & quidem an.
1499. in 4to. & Phorcae in aedibus Thomae Anshelmi Badenſis anno Domini 1511. menſe Ianua-
rio in 4. & ibid. 1513. menſe Martio in 4to. & Argent. per Matth. Hupffuff an. 1515. in 4to. ( *In*
*Bibl. acad. Friburg.* )

8. THEODERICI GRESEMVNDI iunioris Moguntini lucubratiunculae, bonarum ſeptem artium liberalium apologiam, eiusdemque cum philoſophia · dialogum & orationem ad rerumpubl. rectores in ſe com-
plectentes. *In fine:* Impreſſum in nobili ciuitate *Mo-*
*guntina* per Petrum Fridbergenſem anno virginei partus 1494. in 4to. ( *In Bibl. Riegger.*)

Praemiſit auctor epiſtolam dedicatoriam ad *Ioannem de Trit-*
*tenheym* abbatem Spanheimenſem, digniſſimum ſuum praecepto-

M 3                                              rem ,

---

*) Subiuncta enim hoc loco eſt *rhetorica*, cui *Iac. Wimphe-*
*lingus* Schletſtatenſis proludebat epiſt. ad *Iacobum Sturm,*
& *Franciſcum Paulum*, diſcipulos, tanquam filios, chariſſi-
mos Heidelb. 1499. Id. Septembr. dat. Quare deceptus
videtur *Weislinger* armament. Cath. p. 614. dum primam
huius libelli editionem reſert ad an. 1493.

rem, & dominum praecipue obferuandum, Mogunt. an. 1494.
Cal. Ianuar.

Subiunctum eft ad calcem opuſculi carmen elegiacum *Iaco-*
*bi Vimpfelingi* Sletſtatenſis in dialogum bonarum artium defen-
ſorem *Theoderici Gresmundi :*

> *Indolis eximiae felicior inter ephebos*
> *Aetatis tenerae non mediocre decus.*
>
> *Non fruſtra aut temere, mea cui praecepta dicarem,*
> *Dignior ante alios tu mihi viſus eras.*
>
> *Nam cum vix ternum coepiſti apprendere luſtrum:*
> *Et nondum quartas naɛtus olimpiadas.*
>
> *Viſus es ingenio cunɛtos ſuperare coaeuos:*
> *Viſus es ornatas ſcribere litterulas.*
>
> *Viſus es inſignem bene congeſſiſſe libellum:*
> *Ingenuas artes quo canis egregie.*
>
> *Te precor, vt rarum muſis quoque tempus adoptes,*
> *Nomen vt aeternum ſic* Greſemunde *feras.*
>
> *Fac rata vota patris: facies: ſi diſcere pergas,*
> *Gaudeat ex nato ſemper vterque parens.*

Plura ap. *Freytag* in adparat. liter. T. I. p. 453.

9. Catalogus illuſtrium virorum Germaniam ſuis
Ingeniis & lucubrationibus omnifariam exornantium :
domini IOHANNIS TRITEMII abbatis Spanhemenſis
ordinis ſanɛti Benedicti: ad IACOBVM VIMPFELIN-
GVM Sletſtatinum theologum: ſine an. & loc. in 4to,
fed, vt videtur, Mogunt. circa an. 1495. edit. ( *In*
*Bibl. acad. Friburg.* )

Edidit hunc librum *Matthaeus Herbenus* Traieɛt. vt teſtatur epiſtola ad *Iod. Beyfelium*, patricium Aquenſem ex coenob.
Spanheim. an. 1495. ſcripta.

Catalogo ipſi praefixa eſt epiſtola domini *Ioannis Tritemii* abbatis Spanhemeuſis ad mag. *Iacobum Vimpfelingum* Sletſtatiuum
ex Spanheim Id. Febr. an. 1491. Quam ſequitur praeſatio eiusdem *Tritemii* in librum de illuſtribus viris Germanicae nationis

ad

ad *Iacobum Vimpfelingum* Sletſtatinum. Ad calcem libri legitur peroratio *Io. Tritemii* ad *Iac. Vimpfelingum*: qui, praemiſſa epiſt. ad *Tritemium* Spir. an. 1492. XV. Cal. Oⅸ. addi-
tionem illuſtrium Germanorum dedit. Idem liber extat in *Trithem*. oper. T. I. Francof. 1601. fol. Ceterum *Trithemius* iam
antea ediderat librum de ſcript. ecclef. Mogunt. 1494. 4to. qui
poſt iteratas editiones inſertus eſt eiusd. *oper. hiſt*. Francof. T.
I. & Bibl. eccl. *Io. Alb. Fabricii* Hamb. 1718. fol.

10. De nuntio angelico ad Philippum Comitem Palatinum, heroicum: ad Ludouicum eius primogenitum elegiacum IAC. WIMPHELINGI Sletſtatini: ſine
nota loci vel typographi: in 4to. In fine tamen legitur annus 1495. & videtur Argent. prodiiſſe. (*In
Bibl. acad. Friburg.*)

Epiſtola dedicatoria eſt ad *Georg. de Gemmingen* Spirenf.
eccl. praepoſit. Spir. X. Cal. April. 1494. *) Subluncta ſunt
praeter alia varia *Wimpuelingii* carmina, etiam *Petri Bolandi*,
Laudenb. *Barth. Gribii*, Argent. *Florentii Mundii*, Molleſh. diſticha.

11. Stilpho IACOBI VYMPFELINGII Sletſtatini,
ſine an. & loc. in 4to. (*In Bibl. acad. Friburg.*)

Ad calcem haec legitur conclufio. " Quam admiranda ſa-
,, ti commutatio, ex curiali villanus, ex familiari cardinall ſer-
,, uus agricolarum, ex elato deieⅸus, ex animarum paſtore, pa-
,, ſtor porcorum euaſit, adeo miſerabiles dat exitus Ignorantia.
,, Vincentius recepto parentum opitulamine Gymnaſii locum re-
,, petiit, iuribusque obnixe perleⅸis in principis primo Cancel-
,, larium aſſumitnr, cuius deinde praeſidio fretus ad canonica-
,, tum, poſtremo ad epiſcopi culmina concorditer eligitur, rexit-
,, que feliciter & prudenter. Valete & plaudite! *Iacobus Vym-
,, pfelingius* Sletſtatinus recenſuit. Impreſſum Anno Domini
,, 1495. in 4to. ,, *Eucharius Gallinarius* Bretheimius hocce
ad *Bertholdum Kyrsmannum* de Horb philoſophiae magiſtrum
M 4 prae-

---

praemifit epiſtolion ;  " Apologiam quandam inſtar comoediae ,
,, quae ſtatum duorum ſodalium canit , vnius gymnaſium , al-
• terius , qui Romanam curiam habitauit , nuper inter quaedam
,, Vympfelingii Sletſtatini opuſcula reperi , quam ipſe quondam
,, in Heidelbergenſi gymnaſio , dum vicecancellariatum ageret ,
,, ad licentiandos quosdam recitauit : eam arbitrabar leſtu di-
,, gnam , quemadmodum vel vtilem vel iucundam.  Hanc tuae
,, humanitati mittere decreui.  ·Nam & te credo , Iacobum nc-
,, ſtrum non ſolum plurimum diligere , ſed etiam quibuscunque
,, eius lucubrationibus vehementer deleſtari.  Vale ex Spiris
,, Calend. Sept. an. 1494. ,,  Argumentum huius libelli ita ex-
,, ponit Wimphelingus :  " Duo quondam conterranei ex ſcholis   ·
,, particularibus Vincentius ad Vniuerſitatem , Stylpho ad Ro-
,, manam ſeſe curiam receperunt.  Vincentius iurium literis in-
,, uigilans Palatini principis primum cancellarius , deinde prae-
,, ſul & antiſtes euaſit.  Stylpho ex vrbe profeſtus ſaccum bul-
,, lis apoſtolicis & proceſſibus plenum aſportabat , & eadem ſor-
,, te tempeſtate vterque communi fuit in patria.  Vincentius il-
,, luditur , magnificatur Stylpho , cuius tamen gratiae nihil ro-
,, boris ſortiebantur , qui per ignorantiam coaſtus renunciare
,, bulils , demum paſcendorum ſuum prouinciam ſuſcepit. ,,  *)
Ab hac editione , quae literis Gothicis excuſa , alia , eaque multo elegantior , & , vt videtur , Baſil. ſine anno in 4to deprehen-
ditur in Bibl. acad. Argent. Conf. Burckhard. loc. cit. p. 317.

12. Ad illuſtriſſimum principem EBERHARDVM
Wyrtenbergenſem , Theccenſemque ducem carmen
heroicum hecatoſthicon, cum eius explanatione : quae
nonnulla principibus decora & rebus publicis ſalutaria continet IAC. WYNPFELINGII Sletſtat. ( In fronte
appa-

—

*) Chriſt. Gotth. Willifch in arcan. bibl. Annaeberg. p. 75.
haec habet : Inter alia quoque (de libris impreſſis aſturus )
extat Stilpho Iacobi Wimphelingii Sletſtatini , ſcriptio in homines huius ſeculi vehementiſſime ſalſa , imo mordax , &
digna profeſto luce publica,

*apparent infignia Würtemberg.* ) *In fine:* Impreſſum per induſtrium Iohannem Pryſſe ciuem Argent. anno Domini 1495. 4. ( *In Bibl. acad. Friburg.* )

Praemiſſa eſt epiſtola *Friderici de Nyppemburg*, iuris vtriusque doctoris, eccl. maioris Spirenſ. canonici, fanctaeque Trinitatis praepoſiti ad *Eberhardum* Würtemberg. ducem: Spir. Cal. ſextil. an. 1495.

13. ISIDONEVS Germanicus ad R. P. D. GEORGIVM DE GEMMINGEN, Spirenſem praepoſitum IACOBI VYMPFELINGI Sletſtatini: ſine an. & loc. in 4to. ( *In Bibl. acad. Friburg.* )

Quae omnium videtur eſſe editio prima, & praecipua. Praemiſſa eſt epiſtola *Iac. Han* Argent. ad *Henricum Comitem in Hennenberg* canonicum & ſcholaſticum nobilis eccleſiae Argent. XI. Cal. Sept. an. 1497. Et *Iac. Wimpfelingi* ad *Georgium Gemmigerum*, Spirenſis eccleſiae praepoſit. ex Nemeto XI. Cal. Iul. an. 1496.

Alia porro extat editio cum hac inſcriptione : *Iſidoneus Germanicus ad R. P. D. Georgium de Gemmingen, Spirenſem praepoſitum Iac. Vympfelingi Sletſtatin. Epiſtola eiusdem ad filios Philippi. Com. Rhen. Palat. In Fridericum victorioſiſſimum Bauariae ducem oratio funebris. Ac ipſius epigrammata in eundem.* ſine an. & loc. in 4to. ( *In Bibl. acad. Friburg.* )

Sed, vt aduertit laudatus iam *Freytagius* in apparat. liter. T. I. p. 182. " Titulus plura promittit, quam libellus ipſe „ complectitur. Epiſtola enim *Iacobi Wimpfelingi ad filios Phi-* „ *lippi Comitis Palatini, oratio funebris*, atque *epigrammata* „ *in Fridericum Bauariae ducem* non comparent. Praemitti- „ tur epiſtola dedicatoria *Iacobi Han* Argentinenſis, ad *Henri-* „ *cum Comitem & dominum in Hennemberg*, cui inſignia gen- „ tilia Comitis ligno inciſa, adpoſita ſunt. Illam epiſtolam ſe- „ quitur ea, quam *Iacobus Wimpfelingus* ad *Georgium Gem-* „ *migerum* ex Nemeto XI. Cal. Iul. an. 1499. ( 1496. ) ſcri-

„ pfit. Illi etiam gentis *Gemmigerorum* infignia fubiecta funt.
„ Praeter nonnulla *epigrammata moralia Iac. Wimphelingi* .
„ huic editioni accefferunt *elegiacum Wimphelingi* ad Chriftum,
„ pro remiffione omnium & grauiffimorum peccatorum : *elegia-*
„ *cum* & *fapphicum Iac. Wimphelingi* ante fummum facrificium.
( quae tamen carmina iam in priore edit. leguntur ) Forte
„ eadem haec editio eft, cuius *Iacob. Burckhardus* P. II. com-
„ mentar. de linguae Latinae, quibus in Germania per XVII.
„ faecula amplius vfa ea eft, fatis , Wolffenbuttel. 1721. in 8.
„ p. 375. not. ( x ) mentionem fecit. „

Et tertia denique eft libelli editio Argent. apud
Io. Grüninger 1497. in 4to.

De ista agit *Freytag* in analect. liter. p. 1099. " Ad ra-
„ riffimos hic *Wimphelingii* pertinet liber, quippe qui ab omni-
„ bus fere, qni de *Iacobo Wimphelingio*, & eius opufculis com-
„ mentati funt, omiffus fuit. Edidit illum *Iacobus Han* Ar-
„ gentinenfis, qui epiftolam praemifit dedicatoriam ad *illuſtrem*
„ & *clementiffimum principem Henricum Comitem in Hennem-*
„ *berg, canonicum, & fcholaficum ecclefiae Argentinenfis :* in hac
„ epiftola cauffam exponit,quae illum commouerit,vt hunc librum
„ .in lucem emiferit,nominisque Ifidonei adfert rationem &c.Prae-
„ terea *Wimphelingum*, hoc opufculum , quoniam de iuuenum
„ Germanorum introductione agit ; Ifidoneum Germanicum,id eft,
„ introitum iuuenum appellaffe, perhibet , dum ἔισοδο Graece
„ introitus , & νέος iuuenis Latine dicatur. Hanc *Iacobi Ha-*
„ *nii* epiftolam alia fequitur *Wimphelingi* dedicatio , ad reue-
„ rendum pientiffimumque patrem dominum *Georgium Gemmi-*
„ *gerum Spirenfis ecclefiae praepofitum*, quam integram infe-
„ ruit *Iacobus Burckhardus* loc. cit. p. 377. feqq. Acceffit
„ quoque noftrae editioni *Wimphelingii* epiftola ad *Philippi Co-*
„ *mitis Rhen. Palat. filios, Heruici de Amfterdamis . theolo-*
„ *giae profefforis,in Friftericum victoriofiffimum Bauariae ducem,*
„ oratio funebris , & *Wimphelingi epigrammata in eundem.* „

14. IAC. WIMPHELINGII libellus grammaticalis
Argent. 1497. in 4to.                                      Quam

Quam editionem laudat *Maittaire* annal. typogr. cont. T.
I. P. II. p. 657.

15. PETRI SCHOTTI Argentin. patricii iuris vtriusque doctoris confultiſſimi, oratoris, & poetae ele-
gantiſſimi, Graecaeque linguae probe eruditi lucu-
brątiunculae ornatiſſimae. *In fine :* Impreſſa a Martino Schotto, ciue Argent. ſexto Nonas Octobr. an.
Chriſti 1498. in 4to.

*Quod minus eſt,ſupple : quod plus,abrade: quod hirtum,*
*Come : quod obſcurum, declara : quod vitioſum*
*Emenda : a curis iſtis ſint omnia ſana.*

PETRVS SCHOTTVS.

Et, quae ſequuntur, ſunt, quantum colligere licet,
inſignia PETRI SCHOTTI ligno inciſa, *arboremque*
exhibentia cum literis *P. S.* \*) Editio elegantiſſima & ſecundis curis digniſſima. ( *In Bibl. Riegger.* )

Memorabilis eſt epiſtola *Iacobi Wimphelingii*, Sletſtatini,
quam omnibus Germanis, Alſaticis praecipue, & Argentinenſi-
bus, optimarumque literarum curatoribus quibuslibet inſcripſit :
" *Petr. Schottus* Argent. ab ineunte aeuo bonas artes ſedulo co-
„ luit. Primum enim in patria noſtra, oppido Sletſtatino, Gram-
„ matices & Dialectices rudimenta, ſub *Ludouico Dringenber-*
„ *genſi* Weſtualo : deinde in Galliis philoſophiam, ſubtilisque
„ Scoti theoreumata ; poſtremum apud Italos oratoriam & poe-
„ ticam, hiſtorias & coſmographiam, caeſareasque & pontifi-
„ cias leges, cum Graecis etiam litteris hauſit, & optime di-
„ dicit : adeo, vt haud facile crediderim, ſimilem virum, no-
„ ſtro praeſertim ſaeculo Germaniam habuiſſe. Quamuis *Rha-*
„ *banum* olim ſortita ſit Germania, ſummum poetam & Theo-
„ logum, *Henricum Boyck*, & *Ioannem Theutonicum*, ſummos iu-
„ risconſultos, *Albertumque* Sueuum, philoſophum & eximium
„ &

„ & fingularem, *Thomam*que & *Vdalricum* Argentinenfes,theo-
„ logos tum acutos tum profundos.   Fuit etiam in Petro de-
„ cora & innocentiffima vita , nulli molefta , mitis grauitas ,
„ placida conftantia, blandusque vigor animi:  quippe qui om-
„ nibus prodeffe conabatur, nulli vnquam obeffe vifus eft. Nul-
„ lum offendit, nulli obloquebatur, neminem defpexit, nemi-
„ nem•iudicans, neminem damnans , nulli malum pro malo
„ reddens.   In parentes pius, in domefticos humilis, in aequa-
„ les benignus, in Deum vero femper deuotiffimus fuit.  Non
„ illum extulit aut inflauit fenatoria patris dignitas , non ami-
„ corum fplendor , neque nobilitas coguatorum. Fuit enim mi-
„ nimorum amicitiae cupitor magis,quam maximorum gloriator :
„ tranquillus , manfuetus, & fobrius, vini coenaeque temperan-
„ tiffimus : folam virtutem amans, inprimis pudicitiam & ca-
„ ftitatem colens , & afferuans ; laudis propriae pertaefus, am-
„ bitionis inimicus, cultu fimplex , vefte frugalis : praebendas
„ ecclefiafticas cumulare recufans ( vnam enim fibi fufficere
„ aiebat) confilio bene fuadens: tandem etiam ex zelo & Chri-
„ ftiana pietate populo praedicans , vt confcientiae reatum eui-
„ taret , ecclefiae, cuius erat canonicus, curam ad fefe quoque
„ pertinere arbitratus.   Quisquis omnem vitae fuae tenorem
„ introfpexerit , non inueniet in factis, dictis, & moribus fuis
„ aliquid vitii , vel aliquam leuitatem : quamuis enim innume-
„ ra magnae dulcedinis ac elegantiae carmina perfaepe cuderet,
„ femper tamen canebat , ne quid libidinofe , ne quid effemina-
„ te a virili grauitate alienum admifceret. In *epiftolis* pari ftu-
„ dio, fimili ftilo cum Cicerone contendebat , fumma femper
„ fententiarum vfus honeftate.   Omnibus , qui eum quiddam
„ interrogaturi accefferant, adeo promptus , adeo humanus, adeo
„ beneuolus erat , adeoque modefte & humiliter docuit, & eru-
„ diuit,vt cum ipfa doctrina & eruditione virtutum quoque fuarum,
„ ac humaniffimorum , placabiliumque morum , aliquam partem
„ fefe confecutos arbitrarentur.   Equidem longa & certa expe-
„ rientia diuturnaque fua a teneris annis familiaritate doctus ,

,, con-

„ condignis ingenii ſui, virtutumque ſuarum meritis, longe in-
„ .feriora ſcribo. Auimi vero virtutes & praeclaram honeſta-
„ tem ex graniſſimis atque honeſtiſſimis ſententiis penſiculare
„ poteris : non absque ſingulari fructu tuo,benigue humaniſſime-
„ que lector. *Petrum* ergo in Chriſto valere optes : mei quo-
„ que memor ſis obſecro precorque. Ex pago Sulce prope
„ Mollisheym Argentiuenſis dioceſis, ſexto Cal. Sextiles anno
„ Chriſti 1498. „

Et ad calcem quoque lucubrationum praeter *Wimphelingium*
noſtrum, *Conradus Leontorius* ( *Leonberg* vel *Lüwenberg* )
*Bohuslaus de Lobkonics* & *Haſſenſtein*, *Iohannes Symler*, *Iod.
Gallus Rubiac.* illius mortem, quae anno 1490. vel 1491. imo
potius 1492. \*) Argentinae contigit, vtroque ſtylo deplorarunt.
*Petri Schotti* lucubrationes couſtant epiſtolis, quas ad viros aetatis ſuae clariſſimos exarauit, \*\*) & variis quoque carminibus,
de quibus egit *Trithem.* de ſcript. Germ.

16. Phi-

---

\*) Epitaphium, quod Argentorati in eccleſia S. Petri iun.
viſitur, adfert *Io. Nic. Weislinger* armam. cathol. p. 780.
*Petro. Schotto. Argen. huius. diui. Petri. aedis. Canoni-
co. Presbytero. innocentiſſimo. iuris. conſulto. &. Oratori.
Poetaeque. clariſſimo. ac Graecae. Linguae. docto. Petri.
Schotti. Senatoris, Suſannaeque. filio. Pientiſſimo. Amici.
moeſti. poſuere. vix. ann. XXXII. M. II. D. III. Mort.
anno. Chriſt. M. CCCC. LXXXX. II. ID.* ( *die 13.* ) *Septemb.*

\*\*) Sunt autem *Petrus Schottus* pater, ( de quo ſupra faſcicul. I. p. 63. & faſcicul. II. p. 106.) *Ioannes Geilerus Keiſersbergius*, *Sebaſt. Brant*, ICtus. Argent. *Iacobus Wimphelingius*, *Io. Rot*, Argent. *Rud. Agricola*, orator ſummus, *Thomas Wolphius*, ſenior, canonicus Wormat. *Bohuslaus de Lobkouicz*, & *Haſſenſtein*, nobilis Bohem. *Vitus Maeler*, de Memmingen, praepoſitus S. Viti Friſing.
& literarum apoſt. ſollicitator ( de quo in *analeſt. acad.*
*Friburg.* p. 203. 213. &c.) *Conr. Leontorius*, Mulbronnenſ.
Reuerendiſſ. D. Ciſterc. Cancellar. *Iohannes Widmann,*medicus in Baden, deinde profeſſor Tubing. *Emericus de Ke-
mel*, ord. frat. minor. de obſeruant. & nuntius apoſtol. *Iac.
Hagen*, canonicus eccl. S. Petri iun. Argent. *Gabriel Byel*,
prae-

16. Philippica IACOBI WIMPFELINGI Sletſtatini
in laudem & defenſionem Philippi Comitis Rheni Palatini Bauariae ducis &c. Sempiterna ſalus domui Ba-
uaricae. ( *Sequuntur inſignia Bauarica* ) *In fine :* Impreſſum a Mart. Schotto, ciue Argentinenſ. XIII. Kal.
Decembr. anno Chriſti 98. in 4to. ( Additum *inſigne M. S.* arborem exhibens. ) ( *In Bibl. acad. Frib.* )

Epiſtola dedicatoria eſt *Iac. Wimphelingii* ad Philippum Bauariae ducem, eccl. Mogunt. praepoſitum Heidelb. XVII. Cal.
Sept. an. 1498.

*Argumentum* eſt 1. dialogus de ſapientia principibus neceſſaria : 2. de iactura imprudentum principum : 3. de ſapientia veterum principum : 4. de manifeſta ruina fidei Chriſtianae ex ignauia regum & imperatorum : 5. de bello in Turcos inſtituendo :
6. de Philippo Com. Rhen. Palat. & eius laudibus.

17. *Agatharchia*, id eſt bonus principatus, vel epithoma . conditionum boni principis IAC. WIMPFE-
LINGII Sletſtatenſis. Sempiterna ſalus domui Bauari-
cae. ( *Inſignia Bauarica.* ) *In fine :* Impreſſum a Martino

---

praepoſit. Vracenſ. *Adolph. Occo*, Friſius, archiater Auguſt. *Pallas Spangel,* ord. gymnaſii Heidelberg. *Io. Ried-
ner*, artis humanitatis profeſſor in Ingolſtat, *Io. Scripto-
ris*, eccl. Mogunt. concionator, *Io. Müller*, praeceptor
Iacobi Marchionis Badenſ. & deinde eccl. Badenſ. decan.
atque eccl. SS. Mich. & Petri Argent. canonicus, *Io. Negul-
ler*, ord. Carthuſ. *Hier. de Zanctiuis*, I. V. D. Bononienſ.
*Ant. Manlius*, Britonorienſ. *Io. Klitſch*, de Rixingen, *Io.
Meyger*, rector in Blienswiler, *Gualt. de Haleroin*, Eq.
aurat. iur. doct. ac baliuus Brugenſ. *Io. de Laudenburgo*,
ord. S. Franc. *Paul. Malleolus*, Andeloenſ. *Crato Vden-
heim*, art. liberal. mag. lud. Seleſtat. praeſect. *Io. Goezo*,
Auguſt. *Sigism. Goſſenbrot*, Auguſt. *Euch. Groshng*, Io-
annitta, *Gottfr. de Adelsheim*, vtr. iur. doctor, praepoſ.
Wimpin. *Conr. de Bondorf*, lector conuent. minor. Argent.
*Heinr. Moſer*, iur. pontif. doctor aliique : vti etiam epiſtolas ad ſummos pontifices, cardinales, epiſcopos, aliosque
viros nobiles exarault.

tino Schotto, ciue Argent. XI. Cal. Decembr. anno
Chriſti 1498. in 4to. ( Add. *inſigne typographi* ar-
borem exhibens *M. S.* ) ( *In Bibl. acad. Friburg.* )|

Epiſtola dedicatoria eſt ad Ludouicum Bauariae ducem, Philippi Com. Rhen. Palat. primogenitum, Heidelb. XV. Cal. Nouembr. an. 1498.

Synopſis autem libelli haecce eſt : 1. *De eminentia principis ſuper populum ſuum.* 2. *De animo & intentione, qua principatus eſt ſuſcipiendus.* 3. *Quis ſit finis principatus.* 4. *Qualis princeps eſſe debeat in Deum, in eccleſiam, & in Dei miniſtros.* 5. *Quae faciant contemptibilem principem.* 6. *Princeps
ſua virtute ſit aliis exemplo.* 7. *De clementia principis.* 8.
*De iuſtitia, & quantum ea in ſe complectatur.* 9. *De conſilia-
riis principis.* 10. *De munificentia.* 11. *De manſuetudine.*
12. *De tyrannide & crudelitate cauenda.* 13. *De gymnaſiis
conſeruandis & manutenendis.* 14. *De ſolerti cura circa idoneos curae animarum & ludo litterario praeficiendos.* 15. *De
circumſpectione, qua in propinquis eccleſiis, etiam cathedralibus docti floreant, & non expellantur.* 16. *De inſtitutione ſuorum librorum.* 17. *De firmo & indiuiduo coniugio.* 18. *De
ratione familiae habenda.* 19. *De libertate contrahendi matri-
monium inſeparabile.* 20. *De ambitione & dominandi libidine
cauenda.* 21. *De prouidentia futurae famis & inediae cauendae.* 22. *De cauenda auri & argenti in alienas terras alie-
natione.* 23. *De eccleſiae auctoritate non ſpernenda, eiusque
libertate non violanda.* 24. *De vſurariis, etiam Iudaeis foena-
toribus non admittendis.* 25. *De exactionibus, ſeruitiis coa-
ctis.* 26. *De frugalitate.* 27. *De non negligenda re diuina.*
28. *De non facile credendo.* 29. *De malis conſuetudinibus
non tolerandis.* 30. *De pace & bello.*

18. In puſtulas malas, morbum, quem malum de
Francia vulgus appellat, quae ſunt de genere formi-
carum; ſalubre conſilium doctoris CONRADI SCHEL-
LIG

LIG *) Heidelberg. illuftriffimi clementiffimique principis Philippi Comitis Rheni Palatini, Bauariae ducis
& electoris, phyfici fui expertiffimi : fine anno &
loco in 4to. ( *In Bibl. acad. Friburg.* )

*Iac. Wimphelingus* praefationem ad lectorem praemifit, quae
fane memorabilis eft. Epiftola. *Iacobus Wimphelingus*, Sletftatenfis lectori falutem.   Quamuis iufta Dei feueritas fiue propter
horrendam & olim inauditam blafphemiam , fiue propter fpurciffimum ( quod inualuit ) adulterium, aut cetera peccata per
fyderum fluxus aliasque caufas morbum quemdam , quem noftra tempeftate Infubres in patriam fuam Gallos inuexiffe lamentantur: non quidem ( vt vulgus opinatur ) nouum , fed fuperioribus annis tam vifum, quam aegerrime perpeffum, noftro feculo terris immifit; vt fic miferos mortales rectiffime propter
iniquitatem corripiat; ex folita tamen pietate & infinita clementia rebus a fe conditis abftrufas vires indidit , quibus peccatori
iuftas

---

*) Notari hoc loco ea merentur, quae de auctore noftro ob-
feruat *Io. Aftruc* de morb. vener. L. V. " Auctor ille me-
,, dicus fuit Philippi electoris Palatini, tefte *Ioanne Georgio*
,, *Schenckio* ( *Io. Schenckii* medic. profeff. Friburg. filio in
,, *Biol. med.* ) Cum autem Philippus ille pofthumus dictus,
,, filiusque Ludouici III. electoris Palatini, & Margaretae
,, filiae Amedaei VIII. ducis Sabaudiae natus fit an. 1448,
,, obieritque an. 1508. verifimile eft, *Conradum Schelling*
,, ( *Schellig*) qui eius medicus fuit, fcripfiffe laudatam dif-
,, fertationem circa an. 1500. quod fane & ipfa infcriptio vi-
,, deatur fatis innuere. ,, a) Et fane editio haec,fi omnia adiuncta rite confiderentur, adhuc ad fec. XV. finem referenda
effe videtur.   Libellum tamen huncce rariffimum laudatus
auctor haud vidit, vt ipfe fatetur : quemadmodum nec duo
alia fimilis argumenti , & maioris adhuc raritatis opufcula ,
quae in Bibl. noftra acad. habentur , eidem infpicere licuit:
nempe *tractatum de puftulis , quae vulgato nomine dicuntur: mal Franzos doctoris Iohannis Widmann:* ( dicti *Mei-
chinger* prof. Tubing. ) Argent. 1497. 4. & *libellum Iofephi Grünbeckii* ( fecretarii Regii , viri *florenti facundia &
excultiffima eruditione praediti* ) de *mentulagra, alias mor-*
be

iuſtas poenas experto ( poſthabitis praecipue flagitiis ) humana
viciſſim induſtria feliciter opem ferre poſſit : vt miſericordia iudicium ſuperexaltet ; & vnde vulnus eſt ortum, inde prodeat
& medela: hac ſpe bona fretus C. S. H. medicinarum doctor
egregius, vt clariſſimo pientiſſimoque principi ſuo Philippo Comiti Rhen. Palatino morem gereret, atque ex fraterna Chri-
ſtianaque charitate proximo cuique confuleret, tum propriis in-
uentis, tum ex probatiſſimis antiquiſſimisque medicinarum profeſſoribus ficut apis argumentoſa operoſiſſime congeſſit, quicquid
ad huius morbi praeuentionem curamque attinere videtur. Deſcripſit etenim, quaenam ſit haec paſſio, quibus cauſis oriatur,
qua via intercludi poſſit & euitari. Praeſeruans ſiquidem effinxit
regimen, in quo aperte demonſtrat, quibus ſit vtendum rebus,
& quae ſint cauenda, vt haec lurida peſtis effugiatur. Quam denique rationem aeris, cibi & potus, ſomni & vigiliae, motus & quietis, inanitionis repletiouisque habere debeamus, quod-
N que

bo Gallico ſine an. & loc. in 4to. licet prooem. ex natali ſolo Burckhauſen tert. Non. Maii an. 1503. ab auctore
ſcriptum dicatur. Quae opuſcula rariſſima velut in ſupplementum aphrodifiaci Aloyſii Luiſini cura Herm. Boer-
haaue an. 1728. f. recuſi editurus, & notis illuſtraturus eſt,
vt ſidem mihi fecit, V. C. Medererus, chirurgiae & artis
obſtetriciae in academia noſtra profeſſor eruditiſſimus.

a) Ad manus mihi eſt Petri Antonii de Clapis, LL. doctoris
oratio in genere demonſtratiuo in laudem Ciuitatis Vniuer-
ſitatisque Heydelbergenſis, inclytiſſimique & fereniſſimi principis Com. Rheni Palatini & Bauariae ducis. Carmen
elegiacum Roberti Gaguini in laudem eiusdem ciuitatis &
principis. Carmen fapphicum ad idem Ioannis Gallinarii,
Heydelbergenſis. Diſtichon Io. Gallinarii ad Heydelbergenſes :
  Qui patrios muros velit aut celebrare penates,
  Me legat : ornatum laudis habebit opus.
ſine an. & loc. in 4to. Praemiſſae ſunt duae epiſtolae, quarum altera eſt Io. Gallinarii ad Conradum Schelling medicinarum profeſſorem, illuſtriſſ. principis Com. Rhen. Palat.
phyficum tam accuratiſſimum, quam doctiſſimum, IV. Non.
Octobr. an. 1499. altera Valent. Celidonis ad eund. eod.
die & an. ſcripta.

194 DE IAC. WIMPHELINGO.

que affectus & perturbationes ab animo fint excludendae. Neç
operis venerei & balneorum oblitus eſt: adiecit inſuper curati-
uum ſanatiuumque regimen, moderataeque & ſalubris diaetae or-
dinatiſſimum tenorem ad res ſingulas, quas paulo ante meminimus, accommodatum: neque potionem,neque chyrurgicam ipſam
ſilentio praeteriit: Duplici huic praeſeruatiuo ac curatiuo regi-
mini medicinae plurimae ſimplices atque compoſitae neceſſariae-
que, & ad aegritudinem hanc curandam idoneae, ſecundum
vtramque medicinae partem introſertae ſunt. At vero regimen
ipſum non in praeſenti ſolum languore vtile eſt & neceſſarium,
verum etiam a multis variisque aliis valetudinibus praeſeruan-
di & curandi doctrinam affert ſalutarem: quam tu cum laeti-
tia ſuſcipe lector,,Conrado iugiter gratias habiturus immortales,
Deumque benedicito, qui hanc pietatem dedit hominibus, a quo
omnis eſt medela. Nam & de terra medicinam creauit altiſſi-
mus, & medicum honorari praecepit. Vale. ,,

19. Ad hanc quoque aetatem absque dubio refe-
rendi ſunt plures WIMPHELINGII libelli, quorum
meminit TRITHEMIVS de ſcript. Germ. loc. cit. dum
praeter alia plura haec quoque laudat opuſcula, quorum tamen pleraque typis excuſa fuiſſe haud videntur:
ſunt autem 1. *Poſtilla breuis in ſymbolum Athanaſii
lib. I.* 2. *Symbolum & officium de compaſſione beatae
Mariae ſemper Virginis ad inſtantiam Ludouici epiſcopi Spirenſis.* 3. *Prothimologia de bono modo praedicandi.* 4. *Oratio ad Cardinalem Tornacenſem.* 5. *Oratio ad Raymundum nuntium indulgentiarum.* ( Conf.
analect. acad. Friburg. p. 311.) 6. *Oratio ad Gymnoſophiſtas Heidelbergenſ. de S. Catharina.* *) 7. *Oratio*

*) De hac fortaſſis intelligendus eſt *Burckhard.* loc.cit. P.II.
C. 4. p. 397· " Silentio tamen praetermittere non queo
,, elegantem eius *orationem*,quam an. 1499. pridie Id. Aug.
,, ad Gymnoſophiſtas Heydelbergenſes habuit pro concor-
,, dia

*tio de aſſumpt. Parthenic.* 8. *Oratio ad ſynodum Wor-*
*mat.* 9. *Oratio ad ſynod. Spirenſem.* 10. *Oratio ad*
*ſynodum ruralem Sletſtatenſem.* 11. *Orationes plures*
*in decanatu & rectoratu gymnaſii Heidelbergenſis, & prin-*

N 2 *cipiis*

---

„ dia dialecticorum & oratorum , inque philoſophia diuer-
„ ſas opiniones ſectantium, quos modernos & antiquos vo-
„ cabant. Poſtquam enim Philippus Elector decreuerat ,
„ vt in academia iſta ſua Heydelbergenſi ſcholae aperiren-
„ tur, quibus humanitatis literae traderentur , idque , vt
„ ſupra a me oſtenſum eſt, *Iohannis Dalburgii* potiſſimum
„ ſuaſu atque conſilio : ſuerant, qui tam pio & vtili pru-
„ dentiſſimi principis decreto, voluntati, & deſiderio reſiſte-
„ re ſuſtinebant, reniti, atque oblatrare. Hos grauiſſimis ar-
„ gumentis oratione iſta refutatum iuit Wimphelingius ;
„ probans ſimul, *Baſileam*, *Friburgum* , *Tubingam* , *In-*
„ *golſtadium*, *Viennam* tales habuiſſe iam tum magiſtros,
„ qui oratoriam & poeticam docuerint : quibus academiis
„ vt ne Heydelbergenſis minor eſſet atque abiectior, quae
„ in Germania prima exſtiterit, ex qua multae aliae plan-
„ tatae ſint , curandum cenſuit ; nec Vniuerſitatum no-
„ men tueri poſſe academias , niſi vniuerſarum litterarum
„ doctrinae in his traderentur , nec ex ſeptem artium libe-
„ ralium, quarum baccalaureos & magiſtros creari ſaluta-
„ rique ſeſe vellent gymnoſophiſtae, numero *Rhetoricam*
„ eximendam eſſe, monſtrauit : quae a nemine prorſus me-
„ lius doceri poſſet , quam *Cicero*, *Quintilianus* , ac reli-
„ qui *praeſtantiores rhetores* atque *oratores* docuerint.
„ Quae ipſa facultas ſi ex Germania , vt nonnulli conten-
„ dere adhuc tum viſi ſint, exterminaretur porro, nullos
„ vnquam in gymnaſiis eius, in principum curiis, & apud
„ regiam maieſtatem, diſertos oratores, rhetores, atque
„ hiſtoricos inuentum iri praedixit ; nullos Germaniam
„ facundos viros habituram, qui Romane loqui aut ſcribe-
„ re poſſent : quum tamen Germani quam maxime prae-
„ ſtare id deberent, quorum maiores imperium Romanum
„ ſuo vindicarint ſibi ſanguine : iisque honeſtius futurum
„ eſſet, ſi adoleſcentes humanitatis literas docere ipſi poſ-
„ ſent ; quos propter ſolas has literas in Italicas academi-
„ as ablegare adhuc neceſſe habuerint. Quum praeterea
„ multi particularium , vt loquitur, ſcholarum magiſtri
„ pueros in vera *Latinitate*, in *Romana elegantia*, in epi-
„ ſtola-

*cipiis fententiarum, & vtriusque teftamenti, atque in pro-
motione licentiandor. habit.* 12. *Orationes ex perfonis
aliorum , & quae funt rel.* **)

20. De hymnorum & fequentiarum auctoribus ,
generibusque carminum , quae in hymnis inueniuntur , breuiffima eruditiuncula IAC. VYMPHELINGI
Sletftatini ad 10. VIGILIVM V. ( *Wacker* ) iuris doctorem & nouorum iurium ordinarium Heydelberg.

In libellum IACOBI WIMFELINGII Sletftatini ,
quem de hymnis infcripfit tetraftichon IACOB. MER-
STETTER , Ehingii theologi. a)

*Aonio refonans pangat quo carmine coetus
Chrifto dum facra fiftitur aede litans ,
Hoc tibi diuinum tandem deprompferit opus,
Quo nil vtilius candide lector habes.*

Tetra-

---

„ *ftolarum verfuumque compofitione* inftituerint iam tum.
„ vtpote quibus oratores ii tradiderint atque poetas ; infi-
„ gne dedecus fore, monftrauit, fi eiusmodi bene in fcho-
„ lis inftitui alumni , in academiam venturi, priftinas in
„ hac Latinae compofitionis lectiones continuare prohibe-
„ rentur, nobiles artes obliuioni tradere coacti &c. „

**) Fortaffis huc pertinet oratio *Io. Camerarii Dalburgii* Wor-
matienf. epifcopi oratoris illuftriff. principis Philippi Comitis Palatini Rheni Innocentio VIII. P. M. dicta, quam *Wimphelingius* alieno nomine confeciffe atque edidiffe videtur :
vbi etiam *oratio de bello contra Turcas mouendo,* cuius quidem editio Isleb. 1603. 4. vulgo laudatur , ad id tamen
temporis prima editio , quae fine nota anni & loci prodiit,
cuiusque exemplum, nifi me fallant omnia , in bibl. noftra
reperitur, referenda erit.

a) Eft mihi ad manus liber *Seb. Brant,* qui infcribitur : *ex-
pofitiones fiue declarationes admodum neceffariae ac peru-
tiles omnium titulorum legalium exacta , repetitaque opera ac diligentia interpretat.* Bafil. 1490. 4. quem olim poffederat *Iacobus Merftetter Ehingenfis , quem emit XII.
albis Moguncie anno 96to :* vti initio libri adfcriptum legitur.

### Tetraftichon PHILIPPI FVRSTENBERGENSIS.

*Inuide Caftalios laceras quur Zoile vatcs?*
*Nofcere quur pueris Enthea pleftra vetas*
*Candida coelicolae fcripfere poemata patres,*
*Tu quur ( vt firtes) Delphica dona fugis?*

fine loc. & an. in 4to. ( *In Bibl. acad. Friburg.* )

Epiftola dedicatoria eft ad *Io. Vigilium* vulgo *Wacker* Sofennium Philippi Comitis Rheni Palat. &c. confillarium, nouorumque iurium pontif. gymnafii Heidelbergenfis ordinarium lectorem, Heidelb. Cal. Sept. 1499. quam integram dare placuit:
" Nondum excidit animo meo, quod faepe mecum tu ipfe. &
,, *Capnion* nofter contuliftis, dolentes inertiam eorum, qui no-
,, lunt optimas humanitatis literas, inter noftrates alumnos dif-
,, feminari, adeo, vt viuaciffima puerorum ingenia, quibus va-
,, riae & perplexae in grammaticae rudimentis argumentationes
,, atque commentaria per plurimos annos inculcantur, nunquam
,, idonei futuri fint ad intelligendos fanctiffimos ecclefiae patres
,, atque doctores, ne ex ipfo fonte, fed femper ex riuulis bibant,
,, neque iftos bonarum litterarum aemulos crediderim olfeciffe,
,, quod in canticis ecclefiafticis multa'poetarum carmina paffim
,, funt recepta, poterat illos adducere fuprema faltem ecclefiae
,, auctoritas, vt ne poemata & verfus a foluta oratione longe di-
,, ftantes, in hodiernum vsque diem tantopere defpexiffent,
,, quos neque fcholaftici theologi putauerunt effe pedibus con-
,, culcandos. Scotus enim diftichon ex Aefopo de patientia ci-
,, tauit, & nofter Marfilius pulchros in Chrifti natalem adduxit
,, verficulos, quorum tanta eft copia in re diuina, in antipho-
,, nis, in refponforiis, in hymnis, vt fi fingulos tangere velim,
,, limites fuos epiftola transgrediatur. Nonne officii diuae Ma-
,, riae quotidiani introitus ex Sedulii difticho fabricatus eft? Non-
,, ne verfus funt *Virgo Dei genitrix, quem totus non capit or-*
,, *bis ; in tua fe claufit vifcera factus homo?* Nonne inuitatori-
,, um diui Gregorii menfuram habet : Nonne fanctae Catharinae

,, offi-

„ officium carminibus eſt reſperſum ? Nonne de vno martyre
„ canimus : *hic vir deſpiciens mundum & terrena triumphans*
„ *diuitias coelo condidit ore manu*, vbi & coniunctio per iner-
„ tiam introſerta eſt ? Nonne reſponſorium, quod incipit : *Con-*
„ *tinet in gremio coelo terraque* &c. tres verſus habet.   Et an-
„ tiphona : *Alma redemptoris mater* &c. elegans eſt heroicum ?
„ Et de ſancta cruce *crux benedicta nitet.* Itemque : *o magnum*
„ *pietatis opus*, elegiaca ſunt ? Et de diuo Petro : *Solue iubente*
„ *Deo* &c.   duo ſunt verſus.   Innumeros alios locos conſulto
„ praeterimus. Solam hymnorum menſuram ( quamobrem haec
„ incoepimus ) transcurrere, adoleſcentibusque noſtris indica-
„ re libet carminis genus, quo quisque hymnorum contextus
„ eſt, vt vel ſic a carminibus gentilium poetarum ad Chriſtia-
„ nos verſus aeque terſos atque politos transferantur, vt ſacris
„ tandem initiati, rectius hymnos legant, planius intelligant,
„ certius caſtigent, maiorique deuotione afficiantur eis poemati-
„ bus, quae ab Ambroſio, & Prudentio, ceterisque Chriſtianis
„ poetis tanto niſu, tanta diligentia, tam accurata ſyllabarum
„ menſura ſunt elucubrata.   Vale ex aedibus meis philoſophicis
„ Heydelberg. Cal. Septembr. anno M. CCCC. XCIX. „

21. Ad illuſtris domini Ludouici Comitis in Le-
uenſtein filium primogenitum D. Wolfgangum adoleſcentia WYMPFELINGII.

CRATONIS VDENHEIMII praeceptoris iuuentutis
Sletſtatinae, tetraſtichon in adoleſcentiam WYMPFE-
LINGII :

> *Coelicolum ſedes pueros quod ſcandere ſanctis*
>   *Moribus edoceas ſponte Iacobe tua.*
> *Dii tibi pro merito coeleſtia dona rependant :*
>   *Nempe tua multis cauſa ſalutis ope es.*

*In fine :* Adoleſcentia WIMPFELINGII, iuuenibus
non ſolum, verum & adultis, ad ſectandas virtutes perutilis, finit feliciter. Ex officina prouidi viri
                                                  Marti-

Martini Flach, ciuis Argentinenfis : fexto Calendas
Septembris anno millefimo quingentefimo : in 4to.
( *In Bibl. acad. Friburg. & Riegger.* )

Mox poft titulum ex paginae facie auerfa legitur carmen *Phil.
Fürflenbergii* Rinchauienf. *Wimphelingii* epiftola dedicat. eft ad
*illuſtris & magnanimi D. Ludouici Comitis in Lewenſlein, Baronis-
que in Scharpfeneck filium primogenitum Wolfgangum,* ex Heidelb.
Gymnaf. IV. Cal. Dec. an. 1499. \*) in qua Germaniae nobilitatem
ad linguam Latinam diligenter addifcendam adhortatur. Subiun-
ĉta eft epiftola *Io. Geileri de Keyferſsbergk* ad *Iac. Wimphelingium* Sletftatinum : quam fequuntur *epigrammata diuerforum
Heydelbergenfis gymnafii praeceptorum atque difcipulorum.* Sunt
autem ifti: *Iod. Gallus,* Rubeaquenf. theologus, *Theodoricus Gres-
mundus* , legum doĉtor , *Mich. Reyſer* , I. V. Licent. *Adam.
Wernherus* , Themarenfis I. V. Lic. *Io. Lyncus* , Hirshornenf.
I. V. Lic. *Petr. Bolandus* , Laudenburg. *Io. Autumnus* , vulgo
*Herbſt* , Luterburg. phil. magifter, *Io. Stock* , Eberftattin. phil.
mag. *Io. Froſchius* , Herckfenfis phil. mag. *Iac. Scheidius* , Landonienf. phil. mag. *Franc. Heckeimannus,* Landonienf. phil. mag.
*Theod. Sorſchidius* , Hernften. phil. mag. *Iac. Tregius* , Argent.
phil. mag. *Paulus Olearius,* Heidelberg. phil. mag. *Io. Glippur-
gius* , Hannenfis, phil. mag. *Petr. Guntherus,* phil. mag. *Chriſt-
mann. Maurus,* phil. mag. *Io. Reyſius,* Francof. phil. mag. *Hen-
ric. Sthenelus* , Effeling. phil. mag. *Io. Maler* , Huesheim. phil.
mag. *Io. Gallinarius* , Heidelberg. phil. mag. *frater Erhardus
Rudigerius* , Ord. Praed. ftudens domus Betlehemit. Heidelb.
*frater Guendelin. Zuingifius* , Etteling. eiusd. ord. & dom. Heidelberg. *Philippus Fürflenbergius* , Ringauienfis nobilis, *Balth.
Myelus* , Vangionenf. ICtus, *Io. Botzheimius* , Sasbachius nobilis,
*Georg. Cornwacinus,* Studgard. presbyter , *Iuo Arachnius* , Bru-

N 4                                   bacenf.

---

\*) Errat ergo *Niceronius* mem. pour fervir a l' hift. des hom-
   mes illuftr. T. XXXVIII. p. 13. dum libellum hunc anno
   1491. prodiiffe affirmat.   Atque hanc ipfam epiſolam integram inferuit *Iacob. Burckhardus* comment. de ling. Lat.
   in Germ. fat. P. II. c. 4. p. 253.

bacenf. *Io. Immolarius*, Nemetenf. *Mich. Mosbachius*, *Valent. Celido*, Heidelberg. *Laurent. Wolfius*, Spirenf. *Martinus Rodenburg*. *Felix Morungenf. Iac. Spiegel*, Sletftat. (*Matth. Ringmannus Philefius* in edit. pofter.) *Io. Vndenheimerius*, Oppenheim. *Iac. Dornbergius*, Spirenf. *Io. Heufegen*, Wynspurg. *Leon. Pellicanus*. Rubeaquenf. *Iac. Malleus*, fcriba Hernsheim. *Io. Volmannius*, Bitenf. *Phil. Sturmus*, Oppenheim. *Erafmus Syboldus*, Heidelb. *Io. Weberus*, Wimpinenf. *Io. Rockenhufen*, *Io. Spiegel*, Maurimonaft. Et *Io. Scultcius*, Bruthenf. theol. Heidelberg. canon. Varmienf. carmen de *morte* fubiecit, additis tribus figuris, quae fe huc referunt.

Adolefcentia IACOBI WIMPHELINGII cùm nouis quibusdam additionibus per GALLINARIVM *) denuo reuifa ac elimata.

Additiones hae funt: Epiftola AENEAE SILVII de literarum ftudiis. Ex LACTANTIO quaedam pulcherrima. Epiftola WIMPHELINGII. Refponfiua WOLFII. Carmen PHILOMVSI de nocte, vino, |& muliere. Moralitates WIMPHELINGII. Sententiae morales ex FRANCISCO PETRARCHA. Epitaphia quaedam in IOANNEM DALBVRGIVM epifcopum Wormatienfem. Et alia quaedam paffim inferta. Ad ludimagiftros, paedagogos, & gymnofophiftas GALLINARII hexaftichon.

*Moribus indomitam tetricis froenare iuuentam*
   *Effe modus, medium, principiumque folet.*
*Siue quod intonfa eft vitiis obnoxia pubes,*
   *Siue quod in varias flexilis ipfa vias.*
*Aurea fufficiet tibi pharmaca Wimphelingus,*
   *Quae fuperant Coi fancta recepta fenis.*

*In fine:* Impreffum Argentinae felici aufpicio impen-

---

*) *Ioannes Gallinarius*, artium magifter, Heidelberg. presbyter dioec. Argent. quarta Decembr. an. 1507. a rectore *Iohanne Cefar*, art. magiftro albo acad. Frib. infcriptus eft. Et inde mox *Budorinum*, mox *Heidelbergenfem* fe vocat.

penfis & opera Ioannis Knoblauch anno falutis 1505. 20. die Februarii *fubiunĉto figno typograph.* in 4to. ( *In Bibl. acad. Friburg.* )

Memorabilis in hac editione eft epiftola *Iacobi Wimphelingii* ad *Ioannem Harſtium*, & *Cofmam Wolfium*, [*]) incitans eos ad ftudium philofophiae, & facrarum literarum, & ad honeftatem praecipue in veftitu: " Rogaruut me *Conradus Carolus,*& *Tho-*
„ *mas Wolfius* iunior a Friburgo difcedentes: vt vos ad bonos
„ mores, & literarum ftudia faepius incitarem: licet vos id ve-
„ ftra fponte & ex bona indole faĉturos non dubitem: tamen vt
„ eis morem geram, quibus multa debeo ; non melius vos com-
„ monefaciendos arbitror , quam vt vitam & doĉtrinas domini
„ *Io. Brockingii* (*Brisgoici*) theologi integerriml (fub cuius vm-
„ bra, & inftitutione viuitis) intueamini, atque imitari ftudeatis.
„ Illius igitur optimi circumfpeĉtiflimique praeceptoris veftri
„ iuffa capeflite: ab eius humili & cafta connerfatione vobis
„ exemplum futurae vitae defumite , pudicis & modeftis coeta-
„ neis vos conjungite: cumque ex Chrifti patrimonio vobis res
„ familiaris abunde fuppetat, non ad artes quaeftuarias pro mul-
„ tiplicandis praebendis , aut augendis opibus animum inten-
„ dite , neque mercenaria lingua vel calamo in facerdotio tan-
„ dem vti velle proponatis: non vos corrumpat vel fuperbia ,
„ vel auaritia multarum beftiarum , quae cum ad nihil hone-
„ ftum aut fpirituale fint vtiles vel idoneae , femper tamen co-
„ gitant in excelfos ftatus afcendere , & per magnos beneficio-
„ rum redditus caeteris gloriofiores apparere : cum tamen id
„ non folum ad animarum fuarum fempiternum exitium , fed
„ etiam ad eorum dedecus multoque magis, quam gloriam de-
„ feruiat : euenit namque eis , quod fimiae , quae quo altius

N 5 „ pro-

---

[*]) A reĉtore *generofo Barone de Höwen* infcripti funt anno 1504. die 18. Oĉtobr. *Cofmas Wolfius de Argentina, Io-nes Harſt de Wyſſenburg*, canonicus *S. Petri iunioris.* Et eodem adhuc anno, fed a *Io. Brisgoico*, Ss. theol. doĉto-re & acad. reĉtore in album relatus eft die S. Stephani *Da-mianus Wolf, clericus de Argent.*

,, progreditur, eo magis fua detegit pudibunda. Nolite ergo fe-
,, duci, neque fequi infatiabiles curtifanos , neque beneficiofos
,, iurisconfultos, qui ex fola auaritia vsque in fepulchrum liti-
,, giofis fefe negotiis, caufisque prophanis inuoluunt : fequimi-
,, ni potius morales philofophos,& Deum timentes theologos : in
,, philofophia & facris literis veftram quaerite felicitatem,in quibus
,, & honorem Dei augere , veftras confcientias ferenare, veftra-
,, rumque auimarum falutem parere , imo curfu temporis ad
,, virtutes alios , in publicis etiam concionibus , incitare poffi-
,, tis: quo vix aliquid honeftius , propinquis & amicis veftris
,, iucundius, & ipfi fummo Deo gratius, ecclefiisque veftris vti-
,, lius poterit euenire : ante omnia Deum timete , Dominae no-
,, ftrae quotidiana veneratione obfequium aliquod impendite, An-
,, gelis veftris cuftodibus mane & fero vos committite , cafti-
,, moniam amate , impudicos adolefcentes fugite , & ab omni
,, leuitatis, lafciuiae, libidinis, fuperbiaeque fpecie prorfus abhor-
,, rete. Volo autem vos in omni geftu compofitos, praecipue ve-
,, ro in veftitu effe non fingulares, non arrogantes, non leues,
,, & hiftrionicos : vtimini veftibus more maiorum veftrorum,lon-
,, gis, claufis, non fciffis , non acu pictis , in quibus coram ho-
,, neftis parentibus, & patruis auunculisque veftris, coram re-
,, uerendiffimis epifcopis & ceteris primoribus , coramque gra-
,, uibus viris, & re ipfa religiofis absque pudore , & infamia
,, incedere, prodireque poffitis.  Induite veftes, quae difcipu-
,, los, quae philofophos,quae bonos fcholafticos, quae pios adole-
,, fcentes, quae futuros facerdotes decent, atque exornant, non
,, quibus barbari, inepti, ruftici, lenones, citharoedi, fcurrae, mi-
,, mi , ficti principum fatui , fatellites, bellouagi, atque leuiffi-
,, mi quique homines induuntur: nam turpis veftitus quid in ipfo
,, homine lateat , indubie prodit.  Oftendit enim , atque prae
,, fe fert inter caetera vitia mentis inconftantiam , animi leui-
,, tatem, deuotionis & totius religionis defectum, lafciui pecto-
,, ris fuperbiam , vanamque ex malitia gloriam , affectus libi-
,, dinem, turpiffimisque fcortis complacendi defiderium , & de-
                                        ,, mum

,, mum afininam petulantis ingenii fatuitatem. Mementote, pa-
,, ganos & ethnicos nihil de fide noftra intelligentes , veftium
,, inhoneftatem, turpitudinem, atque leuitatem defpexiffe , fu-
,, osque filios, & difcipulos ab illa retraxiffe. Extant fuper
,, hoc gentilium libri, & monumenta proborum: ne fitis, obfe-
,, cro vos, viliores leuloresque paganis. ,,

Sequitur iam altera etiam *Thomae Wolfii* iun. epiftola, quae
hic fibi locum vindicat: *Thomas Wolfius* iun. D. doctor *Cofmae
Wolfio* fuo germano fratri. " Salue mi frater, quae *Iacobus*
,, *Wimpfelingius* feculi noftri decus vnicum graui quadam , &
,, erudita epiftola tibi obferuanda fcripfit , vt ea fixa & firma
,, menti tuae infideant, quaefo , diligenter cura ; funt`enim ex
,, penitiffimis philofophiae penetralibus eruta. Quae de veftitu
,, tradidit: mirum in modum placent. Veftis enim ( vt ita di-
,, cam ) incompofita incompofitos mores denotat , quid quod
,, veftis ipfa non minus, quam lingua prodit, qualis fit homo in-
,, terior : nec probo eos , qui omnino inculti & fordidi am-
,, bulant, nec rurfus laudandi , qui delicate & molliter , hoc
,, enim mulierum eft, & eorum, qui faftu, & pompa diffluunt. In
,, huiusmodi effoeminatos, qui luxu nitidarum veftium gaudent,
,, & faftofius, quam par eft , ingrediuntur , torqueri illud ve-
,, tus adagium poteft: *Sybarita per plateam.* Quid, inquies, fa-
,, ciendum eft? Medium & quoddam temperamentum , ficut in
,, omni re, ita hic maxime mi frater obferuandum cenfeo, nec
,, enim affectatae fordes, nec exquifitae deliciae laudes pariunt.
,, Hinc non minus fcienter, quam vere Fabius Quintilianus: nam
,, & toga inquit & calceus, & capillus tam nimia cura quam
,, negligentia funt reprehendenda. Nec etiam temere *Wimphelin-*
,, *gius* nofter fcribit, in amicitiam optimos quosque vocandos ,
,, trahuntur enim a conuerfantibus mores, quod pfalmographus
,, propheta non ignorauit , dum ait: *cum bono bonus eris , &*
,, *cum peruerfo peruerteris.* Multos vidit aetas noftra , quos
,, focietas praua peffumdedit: praeterea mi frater *Cofma* nunc
,, valde tibi philofophandum exiftima, vt Alexi. pharmaco do-
             ,, ctri-

„ ctrinae munitus ,' improbis & auaris refiftere queas , quo ge-
„ nere hominum nihil eft perniciofius.　Quid non cogitat aua-
„ rus , quid non molitur , vt aurum habeat , non fratribus ,
„ non filiis , non nepotibus , non ipfis parentibus parcit , fed
„ eorum fortunis rapaciffimas manus inferere non veretur ,
„ nec quidquam eft , quod huius morbi excedat tyrannidem ,
„ cum & reliqua cum morte vna vitia diffoluuntur , hic tamen
„ auaritiae morbus poft mortem ; etiam omni conatu contendit
„ fuam vel in ipfo cadanere naturam prodere , nec fiue caufa ab
„ ecclefiafticis autoribus malorum omnium mater auaritia nun-
„ cupatur , & cum olim fuerit decus mortali , iuuare mortalem ,
„ nunc quando homo homini infidiatur , decus reputant , & qui
„ vulpinis fraudibus pollet , & multis imponere confueuit , is
„ maxime eruditione caeteris antecellere exiftimatur.　Vere
„ profecto , & nimis vere quidam in hac vrbe pro aedibus fuis
„ hoc Plautinum ex afinaria , faxo incifum iri curauit: *Lupus eft*
„ *homo homini , non homo :* quod fane huic conuenit , qui om-
„ nia & paffim & ab omnibus rapit ; felices plane & fortuna-
„ ti fumus , cum nemo ex noftra familia vitio huic tam foe-
„ do , & enormi fit obnoxius.　Quid rides ? iocari me putas :
„ At ferio fcribo.　Verum quid multis opus eft ? Habes prae-
„ ceptorem *Ioannem Brisgoium* , theologum , clariffimum vi-
„ rum , qui nullum difciplinae genus intactum reliquit , is tibi
„ in omni re fit archetypon: hunc aemulare , hunc tibi ad imi-
„ tandum propone , nunquam erraueris , fi illius veftigia feque-
„ ris , quod vel ab ipfo Apolline dictum puta.　Bene vale. *Se-*
„ *baft. Wurmfer* verbis meis faluta.　Bene vale Argentinae
„ curfim ex aedibus noftris pridie nonas Decembr. anno 1504. „
Idem *Wimphelingius* moralitat. fuis breue ad *Pet. Sturmum*
bonae indolis adolefcentem , & *Iacobi Sturmi* fratrem praemifit
epiftolion: *Sententias breuiufculas tibi a me collectas , quae ad*
*praeclaros mores & prudentiam multarum rerum deferuient , me-*
*moriae commenta dulciffime* Petre, *in opusque deducas.　Et quo-*
*niam facris non es initiandus : fed ob propagandam familiam tuam*

ad

*ad posterosque casto coniugio per liberos & nepotes traducendam,
vxorem suo tempore ducturus es, leges sacratissimae tibi discendae
sunt: non ad ambitionem, aut ex auaritia: sed his finibus, quos*
in apologia nostra pro republica Christiana c. 44. *offendes. Vale felix en Seldona VIII. Id. Nou. anno gratiae* 1504. Ceterum
quod de hac editione obseruat *Freytag* in adparat. liter. T. I.
p. 181. iam de prima an. 1500. affirmandum est : " Id vero
,, singulare & sibi proprium haec editio habet, quod fol. 80. 81.
,, & 83. (in prima autem fol. 70. 71. & 73.) tres exhibeantur
,, figurae, ligno satis eleganter incisae. Prima simulacrum mor-
,, tis, secunda hominis toga induti, pileo, in quo eminent plu-
,, mae, ornati, qui sinistra sacculum argento refertum, gestat:
,, & tertia tandem hominis in lecto exspirantis, cui prater sa-
,, cerdotem, &, nisi fallimur, medicum, vxor, & quidam ex
,, propinquis maestus adstat, refert delineationem. ,,

Alia porro est editio eiusdem libelli, ad cuius
calcem haec leguntur : Impressum Argentorati per
industrium calcographum Martinum Flach inibi inco-
lam, impensis & sumtibus prouidi Ioannis Knoblouch
ciuis inclytae vrbis Argent. anno salutis nostrae mil-
lesimo quingentesimo vndecimo secunda feria post Viti & Modesti in 4to. *) Vti etiam alia adhuc habetur editio Argent. per Matthiam Hupssuff anno Domini 1514. in 4to. ( *In Bibl. acad. Friburg.* )

Quae praeterea editiones vel antiquiores, vti Argent. an.
1506. apud Matth. Hupssuff in 4to. & Hagen. 1508. in 8. vel
etiam recentiores, vti Argent. 1515. in 4to. passim laudari so-
lent : a nobis visae necdum fuerunt.

22. Declamatio PHILIPPI BEROALDI de tribus
fratribus ebrioso, scortatore, & lusore. **)

Ger-

*) Hanc adcurate describit *Freytag* in *analect. liter.* p. 1096.
**) Reperitur haec declamatio in variis *Phil. Beroaldi* opu-
   sculis, quorum variae extant editiones, quemadmodum
   easdem recenset *Freytag* in *analect. liter.* p. 89. & in *adparat. liter.* T. II. p. 883.

Germania IACOBI WIMPFFELINGII ad rempublicam Argentinenſem.

Ad Vniuerſitatem Heydelbergenſem oratio IAG. WIMPFELINGII Sletſtat. de annunciatione Angelica.

Diſtichon ad leƈtorem:

*Dulcis ephæbe tibi placeat labor hic* Beroaldi, *Ne te corrumpant otia, vina, Venus.*

*In fine:* Finit collatio ſeu peroratio IAC. WIMPFELINGII Sletſtat. Impreſſa per. induſtrium Iohan. Prüſs, ciuem Argentin. tredecimo Kalend. Ianuarii. 1501. in 4to. ( *In Bibl. acad. Friburg.* )

1. *Phil. Beroaldi* declamat. praemiſſum eſt carmen *Io. Gallinarii*, vti etiam *Iac. Wimphel.* epiſtola ad *Iac. Sturm* bonae indolis ac nobilis profapiae adoleſcentem: Argent. XIV. Cal. Dec. 1501.

2. In Germaniam *Iac. Wimpfelingi* extant carmina *Thomae Aucupis Myropolae* Argent. & *Io. Gallinarii* Heidelb. *fubiunƈtis infign. vrbis Argent. Wimpfelingus* autem hunc libellum inſcripſit ſenatoribus, & patriciis, magiſtratuique inclitae vrbis Argent. an. 1501. *)

*Epiſtolare prohemium. Magnificis nobilibusque Senatoribus & Patriciis magiſtratuique inclitae vrbis Argentinenſis* Iacobus Wimpfeling de Schletſtat *felicitatem & reipublicae incrementum.* " Multi exiſtimant ( clariſſimi Senatores ) vrbem veſtram
„ Argentinam, & reliquas ciuitates ex hoc Rheni littore ver
„ ſus occidentem ſitas, fuiſſe quondam in manibus regum Gal
„ licorum: & ob id animantur nonnunquam praefati reges, ad
„ repetendas iſtas terras, quae tamen ſemper a Iulii & Oƈtauiani
„ temporibus in hunc vsque dieſſ Romano, & nunquam Gallico

„ regnn

---

*) Hic libellus editore *Ioh. Mich. Moſcheroſch* Argent. 1649. 4. recuſus, hac inſcriptione: *Iac. Wimpfelingii* cis Rhenum Germania : & Germanice : Tütſchland *Iacob Wymfflinger* von Slettſtat zur Ere der Statt Strafsburg vnd des Rinſtroms, ietzo nach 147. Iahren zum Trnck gegeben durch *Hans Michel Moſcheroſch* Strasb. 1648. 4. Vterque mihi a V. C. *Oberlinlo* ex Bibl. acad. Argent. vt vſibus meis inſeruiret, transmiſſus eſt.

,, regno coniunctae fuerunt, atque conftanter adhaeferunt. Sicut
,, & Ludouicus Delphinus Caroli Septimi regum Galliae pri-
,, mogenitus, cum Heluetiam, id eft, Alfatiam anno millefimo
,, quadringentefimo quadragefimo quarto intraffet: inter reliquas
,, expeditionis fuae caufas, hanc etiam adiecit, vendicare fefe
,, velle iura domus Galliae, quae vsque ad Rhenum extendi
,, dicebat: & ex hac caufa vrbem veftram Argentinam obfeffu-
,, rum fe affeuerabat. Hic error exigua ratione vetuftiffima-
,, rum hiftoriarum proceffit, confirmaturque Gallicorum opinio,
,, quod nos ipfi quoque id idem falfo putamus, & quod ex
,, noftris plerique plus Gallico, quam Romano aut Germanico
,, regno fauent. Mittuntur enim nonnunquam ad Gallicos re-
,, ges a noftratibus oratores Semigalli, qui cum a Gallis be-
,, nigne excipiuntur, affentari folent eis & fauere: fperantes,
,, fi has noftras terras reges Gallorum vincerent, fefe fub eo-
,, rum dominatu nonnihil honoris atque dignitatis confequutu-
,, ros: quod alioqnin, quoad hic Romanae aquilae dominabun-
,, tur, non poffe eis prouenire formidant. Ego vero amore vr-
,, bis & reipublicae veftrae ( fi Deus volet) oftendere me poffe
,, confido, primum verifimilibus coniecturis, deinde teftibus
,, maximis, poftremum vero hiftoriis probatiffimis: veftram vr-
,, bem & caeteras Rheni ciuitates, nunquam Gallis fuiffe fubie-
,, ctas. Vos humaniffimi circumfpectiffimique fenatores & pa-
,, tricii ineptas has meas lucubratiunculas, aequo animo fufcipi-
,, te, & me commendatum habetote. Ex heremitorio diui Guil-
,, hermi in veftrae vrbis fuburbano Pridie Idus Oct. an, 1501. ,,

Praeclara funt, quae hanc in rem habet V. C. *Ierem. Iac.*
*Oberlinus* in collectan. fuis MSS. de *Wimpfelingo*, mecum quam
humaniffime communicatis: " Litem cum *Thoma Murnero* acer-
,, bam fuftinuit de Alfatiae populis, quos hic Galliae, ipfe Ger-
,, maniae inde ab aeuo *Auguſteo* adfcriptos effe putauit. Sci-
,, licet, vt rem altius repetam, iniquiori in Gallos animo *Wim-*
,, *pfelingius* fuerat, id quod & antea iam in literis, in caufa
,, raptus Annae Britannicae fcriptis oftenderat, quumque ex ma-
,, giftra-

,, giſtratu Argentinenſi plures ad Gallorum partes propenſos in-
,, telligeret, ſimulque in memoriam ſibi reuocaret, tum Gallos
,, iura ſua in terras inter Moſam & Rhenum a Philippi Pulchri
,, temporibus praeſertim haud raro protuliſſe, tum haud ita pri-
,, dem an. 1444. Ludouicum Franciae Delphinum ſub ſpecie
,, vindicandorum iſtorum domus ſuae iurium in Alſatiam ve-
,, niſſe, & Argentinae obſidionem eſſe minatum; Germaniae iu-
,, ra ſibi aſſerenda eſſe ſtatuit. Verum haud ſatis veteris hiſto-
,, riae gnarus tempora Romana cum Francicis conſudit, editq-
,, que an. 1501. libello de *Germania cis Rhenum ad magiſtra-*
,, *tum Argentinenſem* ſcripto, Galliam vnquam ad Rhenum vs-
,, que fuiſſe extenſam negat : ipſum quoque Iulium Caeſarem
,, erroris accuſans, quod ignorauerit, inter veram Galliam &
,, Rhenum extitiſſe Auſtraſiam Vogeſumque montem, quibus
,, ea pars Alemanniae, quae Rhenum attingit, a Gallia debu-
,, iſſet ſecerni, & quae plura huius generis argumenta propo-
,, nit. Vtque & ab illiteratis legi iſte liber poſſet, in Germa-
,, cam eum linguam tranſtulit. ,, *) Et porro, poſt quaedam
interiecta ita pergit : '' Caute in hac lite ſe geſſit *Beat. Rhena-*
,, *nus* ,qui eam ἀσπονδον, grauem & irreconciliabilem appel-
,, lat in *epiſt. nuncupat.* reb. German. praefixa : ipſe tamen,
,, *Wimphelingii* licet amicus, in partes eius non abit. Sed in
,, libris rerum Germ. vera principia praebet, ex quibus vter-
,, que facile poteſt erroris conuinci. Ceterum de hac lite me-
,, rentur conferri ſcriptum haud vulgare 1623. ab anonymo ſub
,, literis A. I. F. 4to. in lucem editum hoc titulo: *Spicilegium*
,, *antiquitatum Palatinarum cis Rhenum ; Kurzer Bericht von*
,, *dem genannten kleinen Franckreich. Dachtlerus* in relat. ex
,, Par-

---

*) *Moſcheroſch* in epiſt. dedicat. ad ſenatum Argent. ita ait:
'' Vnd dieweil ja Herr *Wimpfflinger* ſelbſt, obſchon er *di-*
,, *ſes Teutſche nicht zum Truck gebracht*, gleichwol eben
,, ſolchen rühmlichen Willen zuvoran gehabt, demſelben
,, zu volge, beid diſes getruckte, ſo dann auch ſeine Hand-
,, ſchrifft vnd Original oder erſte Abfaſſung hinterbringen
,, wollen &c. ,,

„ Parnaſſo p. 37. ſub ficto nomine Theophill Elychii Argent.
„ 1619. impenſis : *Muſchelius* in epiſt. dedicat. libello : Flos
„ reipublicae Argent. inſcripto & Argent. 1653. edito praemiſ-
„ ſa : &c. „

3. Orationi tandem de annunciat. angel., quam *Wimpſelingus*
ad Vnluerſitatem Heidelberg. in ſacello B. Virginis IX. Calend.
April. an. 1500. habuit, praefixa eſt epiſtola doctoris *Sebaſt.*
*Brant* ad doctorem *Keyſersberg* Argent. XV. Cal. Oct. 1501.

23. IODOCI BADII ASCENSII ſtultiferae nauicu-
lae ſeu ſcaphae fatuarum mulierum : circa ſenſus
quinque exteriores fraude nauigantium :

*Stultiferae naues ſenſus animosque trahentes*
*Mortis in exitium.*

*In fine:* Impreſſit honeſtus Iohannes Pruſz, ciuis
Argentinenſis anno ſalutis M. CCCCC. II. in 4to. ( *In*
*Bibl. acad. Argent.* )

Praefatiunculam *Iacob. Wimphelingius* Sletſtat. praemiſit ad
*Wolfgangum Houeman* Nemetenſem, & *Franciſcum Paulum* Argentinum, optimae indolis adoleſcentes, tanquam filios cariſſi-
mos, in qua haec aduertit : " *Sebaſtianus Brant* Argentinen-
„ ſis, maximi vir ingenii, & omnis doctrinae ſplendor, ſaty-
„ ras Germanica lingua ſcripſit, quas nauem ſtultorum appel-
„ lans, hiſtoriis, ſabulis, & ſaplentiſſimorum ſententiis adeo
„ reſperſit, vt in noſtra populari lingua minime mihi perſuade-
„ am librum huic eſſe parem : cui *Iodocus Badius Aſcenſius*
„ carmine & proſa additamenta ſubiecit, plena ſacris hiſtoriis &
„ gentilibus ſabulis, dolis meretriceis, & ſaluberrimis moni-
„ tis de cuſtodiendis ſenſibus, per quos hauriunt homines,
„ quae meditationi cum inhaeſerint, pernicioſe corrumpuntur :
„ ſolatil nonnunquam, aut laxandi animi cauſa cum philoſo-
„ phiae ſtudium interceptum eſt, *Iodocum* lectitare poteritis,
„ vt a teneris annis in vos irrepat ſagax ſenſuum cuſtodia, ſu-
„ ga turpium rerum, & prudentia cauendae muliebris ſiue ſal-

O „ lacia@

„ laciae, fiue fpurcitiae. Habeant ceteri magnas opes, aurum
„ afpiciant, argento bibant , ferico niteant , fpectaculis dele-
„ ctentur, amore infaniant , thyafis fudent , voluptate carnis
„ marcefcant, alea tempus perdant, vino oleant, Romam ade-
„ ant , aftum difcant , praebendas accumulent ; difpenfatione
„ fummi pontificis vtantur , qui tamen fuper auaritia difpen-
„ fare non poteft.  Veftrum erit mi *Wolfgange* , & *Fran-*
„ *cifce*, cum *Iacobo Sturm*, filio meo dulciffimo philofophiae ,
„ id eft, fapientiae ftudio vacare , virtutes appetere , humani-
„ tatem induere, amabiles mores difcere, vitia odiffe, ad om-
„ nem honeftum affuefcere, fincere aliis conniuere, res vanas
„ & caducas nequaquam admirari , frugalitate fuperflua fper-
„ nere, inconftantiam fugere, in literis & virtutibus perfeue-
„ rare , aequanimiter omnia ferre , animi motus & paffiones
„ reprimere, cum nullo contendere, pudicitiam amplecti, De-
„ um colere, parentes & amicos diligere , animae immortali-
„ tatem cognofcere, inextinguibilem ftygis ignem timere, mor-
„ tis horam non obliuifci, ficque ex futurorum prouidentia ca-
„ ftum, incorruptumque, & ab omni labe alienum animum fer-
„ uare, vt vos Deus conditor & redemptor vefter , qui vobis
„ plurimas naturae & fortunae dotes contulit , tandem ad fe fu-
„ fcipiat in fempiternum fuum regnum perpetuo beandos. Va-
„ lete ex Heremitorio diui Guilhermi Argentinenf. tertio No-
„ nas Ianuarii anno 1502. „

24. IOAN. GERSONIS opera , quae cura & ftudio 10. GEILERI KEISERSBERGII prodierunt, quarta parte prius non impreffa auxit *) IACOB. WIM-

PHE-

___

*) Ea hic addo , quae obferuat *Lambacher* in Bibl. antiq.
Vindob. ciuica P. I. p. 269. in not. " *Ioannis Gerfonis* ,
„ fcriptoris celeberrimi , qui interfuit concilio Conftanti-
„ enfi , opera primum edidit *Ioannes Keifersbergius* Ar-
„ gentinae in fol. anno 1488. tribus diftincta partibus.
„ Noftra editio ad hanc expreffa eft quoad priores tres par-
„ tes anno 1494. Quibus deinde an. 1502. acceffit quarta
„ pars

phelingvs Argent. 1502. f. ( Vid. *fafcicul. I. p.* 75. )

25. Defenfio Germaniae iacobi wympfelingii , quam frater thomas mvrner impugnauit. Epiftola thom. wolfii iunioris D. D. ad fratrem thom. mvrner in defenfionem iacobi wympfelingii. *In fine:* Impreffum Friburgi in 4to. ( *In Bibl. acad. Friburg.* )

*Petrus Guntherus* Murena defenfionem hanc *Iac. Wimphelingii* contra *Thom. Murnerum* , ord. min. Argent. *) qui an. 1502. nouam* edidit *Germaniam*, fcripfit , vt oftendit praefatio ad lectorem. Audiri autem meretur querela ipfius *Iac. Wimphelingii* de fratre *Thoma Murner :* " *Aeneas Syluius* Vien-
,, nam Auftriae , *M. Antonius Sabellicus* Venetias , *Egidius*
,, *Viterbienfis* Bononiam , *Robertus Gaguinus* Heidelbergam ,
,, *Engelhardus Funck* Suobacum , *Capnion Pforcen.* **Petrus**
,, *Antonius de Clapis*, Bafileam , *Conradus · Celtes* Norimber-
,, gam , *Hermannus Bufchius* Agrippinam , vel verfu ; vel
,, profa extulerunt. Nos tantorum patrum exemplo , Argenti-
,, nam illuftrare, ac laudibus afficere conati, maledicimur, floc-
,, ci pendimur , pungimur , carpimur , a quodam fratre *Thoma,*
,, qui propriae patriae laudes , odio·mei ( quem absque omni

O 2 ,, cul-

---

,, pars, quae antehac lucem non viderat, opera *Io.* (*Iac.*)
,, *Wimphelingii*, excufa itidem Argentorati per eundem ty-.
,, pographum. Memorat quidem *Fabricius* Bibl. med. &
,, inf. Latin. T. III. p. 143. editionem Spirenfem anni 1499.
,, quatuor iam conftantem partibus opera eiusdem *Wim-*
,, *phelingii.* Sed hic errorem fubeffe nihil dubitandum eft.
,, Nam ipfe prologus *Wimphelingii* , in quo dicit opera
,, *Gerfonis* prius tantum trifariam diftincta effe , nunc au-
,, tem & quartam partem accedere ex intimis gymnafii
,, Parifienfis penetralibus , ac diuerfis Galliae locis , non
,, nifi anno 1501. Kal. Decembr. fcriptus effe fignatur. ,,

*) De *Thom. Murnero* praeclare nuper ac erudite commentatus eft *Ge. Erneftus Waldau* Norimb. 1775. 8. qui adcuratam tamen libelli huius rariffimi mentionem haud facit.

„ culpa perfequitur ) extinguere molitus eſt : aſpiret illi diui-
„ num numen (optamus) vt inde inuidiam abiiciat , caritatem
„ induat, verum amet, patriam colat, & humilem Franciſcum
„ humilis fequatur : Deus optimus maximus animae vtriusque
„ noſtrum propitietur. „

*Guntheri* tandem concluſio, ſeu, vt is vocat, *expurgatio* leſtu
digniſſima eſt : " His breuibus ſpero fratrem *Thomam* ſatiatum
„ iri: & ſe deinceps ab iniuriis, a contumeliis, ab inueſtiuis , a
„ detraſtionibus publicis, a calumniis in *Iacob. Wemphelingium*
„ praeceptorem temperaturum, quem merito intaſtum & illae-
„ ſum praeterire debebat, venerari debuit, ſi non eius cani-
„ tiem, ſaltem labores eius maximos, quos in agro Domini, in
„ pnlaeſtra philoſophica, in bona puerorum inſtitutione, in de-
„ ſendendo clero, in expurgandis ſummis pontificibus multis
„ annis perpreſſus eſt: ſcripſit etiam inter caetera de *conceptu*
„ *Mariae* terſum carmen mille & octingentorum fere verſuum,
„ in quo Scotiſtas & fratres minores pie ſecutus eſt.   Collegit
„ de *compaſſione eiusdem officium.*   Finxit *comoediam* contra
„ idiotas in beneficiis plurales. *Orationes* contra inuaſores ſa-
„ cerdotum, proque *ecclefiaſtica libertate* compoſuit :   vbi non
„ ſolum clerum faecularem, ſed & Druides (id eſt monachos)
„ deſendit: ſcripſit *Iſidoneum* de modo erudiendi puerulos: &
„ pro *componendis epiſtolis elegantiarum* praecepta, proque bo-
„ nis moribus mature imbibendis, adoleſcentibus *adoleſcentiam*
„ edidit: & *Philippicam* contra ſeduſtores principum.   Poſtre-
„ mum pro gloria reipub. Argentineuſis eidem dedicauit be-
„ nigno zelo *Germaniam* , arbitratus , rem ſe gratam praeclaro
„ ſenatui feciſſe: quod illius nobilis vrbis, quam a teneris annis
„ dilexit, ſplendorem, excellentiam, merita, & varia naturae
„ & artis beneficia (in quibus ceteras ciuitates excedit) per omnes
„ terras publicari curauit.   At daemon inſidiatur huic innocen-
„ tiſſimo viro & maximo vrbis Argentinenſis amatori, qui omnium
„ & ſingulorum ciuium, liberorumque, & coniugum decus, ſa-
„ mam , ſalutem exoptat : quodſi frater *Thomas* coepto non
„ deſti-

„ deſtiterit , ſed bonum praeceptorem meum carpere perget ,
„ confido eius ordinarium ſuperiorem ei taciturnitatem impoſi-
„ turum : quodſi ſuperior conniuentibus oculis alienam iniuriam
„ diſſimulans , habenas petulantis viri laxauerit , ſentiet nihil
„ mali , nihil contumeliae a Deo optimo maximo longanimi viu-
„ dice futurum impunitum : & ſapientiſſimus altiſſimi nominis
„ praeceptor meus *Wympfelingius* tantam patientiam, tantam mo-
„ derationem , tantam in iniuriam tranquillitatem induerit , vt
„ nihil ipſe reſpondeat , exſpeſtaturus ab immortali Deo iuſtam
„ vindiſtam , nos tamen eius auditores & diſcipuli contra ſcele-
„ ratorum hominum audaciam innocentiſſimum virum, patriae de-
„ cus , Germaniae illuſtratorem , adoleſcentiae patrem , omnium
„ philoſophorum , pulcherrimum & firmiſſimum praeſidium : re
„ ipſa, non ſolum nomine, aut veſte, amplaue corona religioſorum
„ amicum & amatorem defendemus, expurgabimus, curam, con-
„ ſilium , vigilantiamque praeſtituri.

Sequitur deinde epiſtola *Thom. Murner* ad *Iac. Wympfelin-
gum*, qua pollicitus eſt, Germaniam incoeptam ſe haud editu-
rum. Occaſione autem epiſtolae, quam *Thom. Murner* dedit ad
*Io. Keyſersbergium, Wimphelingus* illi reſpondit: & porro idem
videns, *Germaniam nonam* a *Murnero* editam & impreſſam contra
fidem & promiſſa, ad illum ſequentem epiſtolam miſit : *Ieſum
Crucifixum, humilem & veracem pro ſalute!* " Veniſti ad me
„ proxima quadrageſima, colloquutus, multa bibiſti, & man-
„ ducaſti mecum : omnem a me humanitatem accipiens : miſi-
„ ſti paulo poſt ad me, quae conceperas contra Germaniam no-
„ ſtram , cum literis, quibus rogaſti , vt Vulcano omnia a te
„ confiſta traderem , atque ſepelirem. Manus tua propria ho-
„ die extat, multis per impreſſionem manifeſtanda : libros a me
„ petitos, benigne tibi commodaui: imo tu ipſe tantam apud me
„ auſtoritatem habuiſti: vt me abſente ex mea Bibliotheca *Pi-
„ cum Mirandulanum* manibus tuis aſportare potueris. Super
„ haec omnia, contra famam & honorem meum , contra ſalu- •
„ tem patriae noſtrae, contra libertatem Argentinenſium, con-

„ tra

„ tra Romanum imperium, *Germaniam nonam* impriml cura-
„ uifti, tanquam ego non fim Chriftianus, vt tu, non Heluetius,
„ vt tu, non Germanus, vt tu &c. non facerdos, vt tu: quam-
„ uis tu in XIX. aetatis anno (vt pater tuus mihi retulit) facer-
„ dotio initiatus fis: profit tibi ad falutem. Vellem autem hanc
„ tuam videre difpenfationem: qui pro his, qui in XXIII. aeta-
„ tis anno fant, & quidem religiofi non minus, quam tu impe-
„ trare hanc facultatem a domino legato *Raymundo* vix tan-
„ dem potui. Excitafti canem dormientem. Cogor me defen-
„ dere, atque ita defendere, vt tibi ambae aures tinniant: vt
„ rubor in vultu fpargatur, nifi confcientiam perdideris, & in
„ peccatis cum diabolo fis obftinatus. Inuocabo Mufas, implo-
„ rabo hiftoricos, requiram omnes meos amicos, alumnos &
„ difcipulos. Citabo contra te teftes, Poloniam, Cracouiam,
„ Pragam, Germaniam, & Galliam. Baccalaureum facrae pa-
„ ginae te gloriaris Cracouienfem. Cuius auctoritate & licen-
„ tia? Cur non Parifiis? Cur non *Friburgi* lauream accepifti?
„ At fi mutato habitu (vti confeffus es) Nonne in apoftafiae cri-
„ men incidifti? Contineo me ira. Haec & alia breui typis vul-
„ gatum iri videbis. Indigne mihi hanc rem veterano ad fuafum
„ cuiuscunque rabulae fecifti, qui non fum male meritus de Ar-
„ gentinenfibus, qui prius fum Argentinenfis, quam tu Argen-
„ tinae educatus, patruos & patrueles hic habens : Argentinen-
„ fium filios doctrina vtcunque excolui, Argentinenfium remp.
„ fecretiffime ante hac contra infidias praemonui : qui eo-
„ rum honorem, & falutem, & filiorum fuorum ( quam tu
„ impugnas) quaero, & quaeram, quoad vixero. Garrias tu,quic-
„ quid velis. Tu *Keifersbergium*, tu *Wympfelingium* extin-
„ guere moliris: Dominus Deus affiftet innocentiae & integrita-
„ ti *Keyferfpergii*. Me autem pro fua maxima clementia (licet
„ fpurciffimum peccatorem) fpero conferuabit. Ex cellula no-
„ ftra Kal. Septembris 1502.

Quibus *Thom. Murner* refpondiffe, & *literas contumelia-
ffimas & fuperbiffimas refcripfiffe* dicitur. Sed in eundem

Signum chartularii

calamum ftrinxerunt *Ioannes Coricius, Io. Auriga* Baioarius, *Petrus Coquus* Sulcenfis, *Nic. Wympfelingus*, *) *Thom. Aucuparius* Argent. *Petrus Guntherus*, *Bapt. Crifpus*, Budorinus,
*Iacobus Strobacius* : *Thomas Wolphius* iun. epiftolam ad eundem exaratam, vti *Eucharius Gallinarius* ( *Henner* ) aliam ad
*Iac. Wimphelingum* fubiecit. a)

Editio haec Friburgenfis fatis eft elegans, &, ni fallor, per
*Kilianum* excufa. In fronte apparet imago ligno infculpta, *Murnerum* contra *Wimphelingum* difputantem, fed difcipulorum fuorum choro cinftum exhibens; cuius eftypon vnacum *figno* chartularii hic adiectum dabimus.

26. Declaratio IAC. WYMPFELINGI ad mitigan-
dum aduerfarium fine anno & loco in 4to. ( *In Bibl.
acad. Argent.* )

Scriptiuncula haec , quae vnica chartarum plagula conftat,
contra *Thom. Murnerum* , & quidem adhuc an. 1502. vel certe
an. 1503. edita eft : cuius praecipua quoque capita *Wimphelingii*
epit. rer. Germ. praemiffa leguntur.

27. Huc etiam pertinet libellus IAC. WIMPHELIN-
GII, cui vulgo titulum faciunt: *Carolus M. Germanus;*
hoc eft: *Germaniam a Gallia per interfluentem Rhenum
male diuidi, declaratio: ex Bibl. Barth. Agricolae I. V.*

O 4                    do-

―――――――――――――――

*) Ab acad. reftore *Henrico Kolher* , decretorum doftore, &
eccl. Friburg. reftore an. 1506. *Nicolaus Wimpfeling* de
Schlettftat Argent. dioc. die decima Septembris in album
acad. relatus : qui erat *Iac. Wimphelingi* ex fratre nepos.

a) Huius litis & controuerfiae etiam meminit *Conr. Peutingerus* in ferm. conuiual. ad *Matth. Lang* eccl. Gurc. ad-
miniftrat. Argent. Praepofit. Caefar. Maieft. Confil. ( ap.
*Schard.* fcript. rer. Germ. T. I. p. 406.) dum ait : " *Ia-
,, cobus Wymphelingus* Germaniae illuftrator contra quos-
,, dam patriae defertores pugnam fubiit , & vna cum fuis
,, peritiffimis commilitonibus *Thoma Wolphio* iuniore &
,, aliis vicit. ,,

*doctoris cum eiusdem notis marginalibus Heidelb.* 1615.
4. ap. *Niceron* loc. cit.

Qui fortaffis ab vno aut altero priorum libellorum, quos adduximus, haud differt.

28. In hoc libello haec continentur: Verficuli
THEODORICI GRESMVNDI legum doctoris: Epiftolae THOMAE WOLFFII iunioris, decretorum doctoris: Carmina ESTICAMPIANI poetae laureati.   Tetraftichon IACOBI WIMPHELINGI. Epiftola THOMAE
MVRNER. *Lector eme & gaudebis.*

*In fine:* Ioannes Strofack feliciter impreffit ( Argent.) in 4to ( *In Bibl. acad. Friburg.* )

*Theodoricus Grefemundus* iunior legum doctor *Iacobo Wym-
phelingo* S. P. D.  " Accipe grato animo carmina, quae in de-
„ fenfionem *Germaniae* tuae, & tui cudimus.  Vtinam poffem
„ tibi alia re vtiliori gratificari.  At defendere famam tuam ho-
„ neftum eft, quod vtili quandoque praeponitur.  Ego vero me-
„ rito te tueor: fi quicquam tutelae poffet effe in me, aut verfi-
„ bus meis, qui & praeceptor meus fuifti: a te non nihil litera-
„ rum humanarum me didiciffe, ingenue confiteor.  Neque me
„ vnquam praeceptoris poenituit : modo te non pudeat difci-
„ puli.  Bene vale raptim in tenebris & vmbra noctis.  Ex
„ Spira V. Id. Nouemb. 1502. „

Praeter alia, quae his pagellis contra *Thom. Murnerum* prolata funt, haec quoque ad calcem libelli leguntur :

*Thomas Murner* de fe ipfo loquitur :
    *Si nugae & faftus faciunt quem relligiofum,*
       *Sum bonus & magnus relligiofus ego.*

*Alexander de Villa Dei* ad *Thomam Murner :*
    *Hoc epulum comede.*

29. THOMAE MVRNER Argentini, diuinarum litterarum baccalaurei Cracouienfis, ordinis minorum,
honeftorum poematum condigna laudatio, impudico-
rum vero miranda caftigatio.                      N.

N. ( *Thomas Wolfius* ) Decret..doctor ( scil. ait )
*Hoc epulum comede.* THOMAS MVRNER ( *respondit* )
desiderio desideraui, hoc pascha manducare vobiscum,
antequam patiar. IOHANNES WOERNHER, Baro, do-
minusque in Mörsperg & Besordt, ad THOMAM MVR-
NER praeceptorem suum distichon:

*Hic ratione stetit non victus semper Achilles*
   *Fortunam victis saepe tulit ratio.*

### Distichon.

*Bestia saeua lupus, tigris, leo, sed mage murmur*
   *Haec tibi pro meritis, haec munera grata rependet.*

f. a. & l. in 4to. (*In Bibl. acad. Argent.*)

Scriptum hoc mordax & satyra plenum contra *Iac. Wimphe-*
*lingium* dirigitur, licet eiusdem nomen nunquam expressum appareat. Sufficiat igitur *epilogum* speciminis loco subiunxisse:
" Accipito placide N. ( *Wimphelinge* ) charissime, quae cudi-
„ mus in nostram excusationem, non in tuam confusionem,
„ quod mox sequetur exspectando.    Scripsimus itaque ob cleri
„ reuerentiam sine nomine atque conuiciis: ego ipse, qui tot leo-
„ ninis opprobriis (quae histriones, trapellos, mimos magis con-
„ decebant vti ad me N. theologiae doctor ingenue perscripse-
„ rat) publica calcographia lacessitus fueram.    Nunc vero ne in
„ angulis (vti soles) meam samam vltro denigrare praesumas,
„ tibi osferimus quod & per totius anni spatium secimus, iusti-
„ tiam nostram, eam a reuerendissimo domino vicario aut prae-
„ latis meis, aut quouis iudicante recepturus. Dicis Argenti-
„ nam vrbem nostram liberam: assentior & ego, itaque nolito in
„ libertate nostra nos eo vsque trucidare, sed precor captiuum
„ custodias, hiis ergo volui declarare me semper iuri stare cu-
„ piuisse.    Cumque video te nolle iure, sed iniuria procedere,
„ secundo tibi osferimus disputationem, namque c. 3. 5. in
„ tuam *Germaniam*, conclusiones formauimus, in quibus tam
„ ignoranter quam turpiter deficere visus es, vt non credam ipse

O 5                         „ ali-

,, aliquem hominum in tam breui fcripto tot errata vnquam dſ-
,, fendiſſe.   Tertio quoque fi inſtitiam reiicis, atque diſputatio-
,, nem offerrimus tibi honeſtam fcribendi contentionem ,  ſine
,, mendacio & conuiciis iuiuriisque, quod fi  feceris , maximas
,, tibi gratiarum aſtiones effundemus, quoniam hoc ſcribendi
,, genus mihi ſtudenti non paucam exercitationem praeſtabit.
,, Quarto tibi offerimus Vniuerſitatem *Friburgiorum*, illuc ſen-
,, tentiam tecum adepturus, prout doſtiſſimi illius Academiae vi-
,, ri decernent.   Vos ergo omnes & ſingulos; ad quos mea
,, ſcripta deuenerint, ob Chriſti amorem precor, eis fi quid de
,, me finiſtre dixerint, fidem non adhibeatis.   Quippe qui mihi
,, innocuo viro & fincero cleri fautori tot iniurias cumulauere,
,, quae fi numerentur c. 6. 8. comperietis, tum qui neque in ius,
,, nec diſputationem, ſed neque in honeſtum fcribendi genus il-
,, los per totius anni fpacium prouocare potui. Teſtetur virgo
,, Maria, & Chriſti faluatoris merita, me inuitum, poſt has
,, longas iniurias tandem fcribere coaſtum.  Tu ergo N. chariſſi-
,, me hic fifte pedem, non quanta fit fyllaba quaeque, ſed quan-
,, ta fit in te ratio, difcuſſurus, vt non puerorum more fyllabas,
,, ſed veritatem ponderare videamur.   Quid fi *effoeto* media lon-
,, ga vel breui dixerim; me difcere *) nunquam puduit,
,, quod hodie male,  cras bene: tu autem non longam dixiſti
,, fyllabam mediam, ſed tuasmet epiſtolas longiores imprimere
,, curaſti, quam tua apud me manus confcripferat.  Ego vero fi
,, fylla-

---

*) Haec enim in libell. verſic. *Theod. Grefemundi &c.* 4. leguntur: ,, *Thomas Murner* quum auditoribus ſuis publici-
   ,, tus in primo *Boetii* carmine in verſu duodecimo ſcilicet
   ,, *Et tremuit effoeto corpore laxa cutis:* hanc diſtionem
   ,, *effoeto* legiſſet media breui;  *Iacobus Wimphelingus* vir
 • ,, vndecunque clariſſimus id audiens indignabundus ſequens
   ,, tetraſtichon extemporaliter effudit:

   ,, *Nonne ſatis rex Gothorum te ſanſte Boeti*
   ,, *Affecit probris, carcere, & exilio!*

   ,, *Heu mutilat, truncat, lacerat tua carmina Murner:*
   ,, *Effoeto media nam legit ipfe breui.* ,,

„ fyllabam breuem longam protulerim, ex eo nou ero vitiofus:
„ tu autem breuem epiftolam longam fecifti; & hoc vjtium fal-
„ fificationis propriarum literarum & mendacii tibi afportauit.
„ Contineo me iam, ne chartae committerem: quod iudicis fue-
„ rat examinare. Vale foelix: fi honefte fcripferis, me tibi amici-
„ ffimum offero. Ex conuentu noftro Argentino.

*Calliopius recenfui.*

„ Ego frater *Thomas Murner* ordinis minorum praefentium
„ tenore proteftor iniuria multa intolerandaque a domino N.
„ ( *Thoma Wolfio* ) chalcographiae tradita , fcilicet a Dom. N.
„ iuniore decretorum doctore laceffitus, nihilominus amore cle-
„ ri ac fuafu reuerendiffimi domini vicarii, perpetuam tacitur-
„ nitatem me tenere voluiffe , cumque tanta benignitatis obla-
„ tio nullum potuit mihi innocuo viro adiutorium praeftare,
„ inuitus quicquid inpofterum feci ac facio, non in eorum con-
„ fufionem, fed In meam defenfionem facere cogor. „

S. Io. Hupfridt. Notar.

30. Concordia curatorum & fratrum mendicantium. Carmen elegiacum deplangens difcordiam &
diffenfionem Chriftianorum cuiuscunque ftatus, dignitatis, aut profeffionis: fine an. & loc. fed, vt videtur, edit. Argent. in 4to. ( *In Bibl. acad. Friburg.* )

Epiftola dedicatoria eft *Iac. Wimphelingi* ad reuerendum man-
fuetiffimumque in Chrifto Patrem dominum *Chriftophorum* Bafil. eccl. antiftitem, dominum clementem, & vnice obferuandum;
quae fane eft memorabilis : " Spero clariffime pater , te veri
„ & re ipfa Epifcopi more paterne ac follicite curaturum , vt
„ ecclefiae tuae ( ad quam pro merito maximarum virtutum tua-
„ rum digniffime fublimatus es ) non tam praefis, quam profis :
„ Quippe qui non pompam, non luxum, non chorea̓s, non vena-
„ tum, non equorum frequentiam, non auaritiam , non calami-
„ ftratos equites , fed cum humilitate frugalitatem , pudicitiam,
„ fanctimoniam, in pauperes liberalitatem , fapientiam & gra-
„ uitatem, bonosque facerdotes & in facris praecipue literis do-
„ ctos

„ ftos viros, amore fis profecuturus: ita vt antiquas femitas &
„ probatiffima veterum epifcoporum veftigia fequi videaris, Au-
„ guftini fcilicet manfuetudinem, fapientiam Ambrofii, facra ftu-
„ dia Chryfoftomi, largitatem Nicolai, Martini feruorem, ma-
„ turitatem Remigii, Germani parfimoniam, conftantiam Hila-
„ rii, patientiam Briccii, zelum Amandi, Arbogafti affabilita-
„ tem, contemplationem Florentii, fiduciam iu Deum Conradi,
„ & Vdalrici caftitatem. Nec tibi pofterioris feculi epifcoporum
„ exempla fpernenda funt.  Poteris enim tuto fequi in Alberto
„ Ratisponenfi mundi contemptum, Friderici Bambergenfis mun-
„ ditiam, folitudinem Eccardi, & frugalitatem Renati Worma-
„ tienfium, humilitatem Ioannis Bauari Magdeburgenfis, Sixti
„ Frifingenfis prudentiam, Sebaftiani Tridentini, Matthiae Spi-
„ renfis, & Rudolffi Herbipolenfis epifcoporum in ecclefias fuas,
„ non nepotes fidelitatem.  Teque non dubito iuprimis ad pacem
„ pronum fore: fed & omnis inter fe diffidentes ad concordiam
„ & caritatem inducturum, easque praecipue fedaturum difcor-
„ dias, e quibus offenfa Dei, Chriftianae religionis detrimentum,
„ populi fcandalum, & animarum pernicies manat: ficut dolen-
„ dum eft accidere ex mutuo curatorum & fratrum mendican-
„ tium inter fefe latratu, ad quem reprimendum conducere non
„ nihil vifa eft (quod & titulus ipfe praefefert) oratiuncula ex
„ Vrbe pridem ad me miffa: cuius fapientiffimam tuam pater-
„ nitatem prae caeteris mox cogitaui facere participem, fi in his
„ & reliquis multis epifcopi (qui non vult effe & dici negligens)
„ officiis ex longa & crebra lectione tibi plane cognitis, vigilanter
„ fuperintenderis Dei honorem, animarum ( & tuae inprimis )
„ falutem: familiaeque tuae *Vtenheimenfis* fplendorem & fempi-
„ ternam gloriam non mediocriter amplificabis, haud fimilis
„ futurus illis Epifcopis, qui viuentes arma, loricas, baliftas:
„ lanceas, comatulos pueros & puellarum faltus diligunt: fa-
„ cras vero litteras, fynodos, conciones, vifitationem, anima-
„ rum curas, cleri (praecipue curati) refpectum, ecclefiaftica
„ cautica, facrorum ordinum collationem, honeftos clericos &
„ vtiles

„ vtiles theologos, negligunt. Quamuis dum mortui iacent,
„ apud sepulchra statuis & imaginibus eorum thiara, codex &
„ baculus pastoralis ( quibus in vita raro vel nunquam vsi sunt )
„ incidantur. Dominus Deus optimus maximus te custodiat, tibi-
„ que ad foelix ecclesiae regimen clementer assistat.   Ex Argen-
„ tina Idus Februarii.   Anno Christi MCCCCIII.

De auctore huius-oratiunculae , *Wigando Trebellio* Hassone,
& gentili suo, atque instituto eiusdem acturus *Mutianus Rufus*
epistolam exarauit ad *Ioannem Burckhardum* Argent. eccl. Ha-
selocens. praepositum , sanctissimique domini nostri Papae( *Ale-*
*xandri* VI.) caeremoniar. magistrum script. Bonon. 1502. Cal.
Iun. *)

Oratiuncula ipsa praestantissima est, adeo quidem , vt si singula , quae vera, pulchra, & concinna sunt, excerpere, atque in
medium proferre, foret animus, eandem integram, omnibusque
suis constantem partibus hoc loco inserere oporteret.

Subiuncta est in discordiam Christianorum omnium gentium,
omnium statuum, imo etiam gymnosophistarum & ecclesiasticorum conquestio *Baptistae Crispi* Budorini, metro expressa : vti
etiam *Dydimi Ornythotyrae* ( *Aucuparii* ) ad Christianae & fa-
ctitiae religionis sacerdotes carmen.

31. BAPTISTAE MANTVANI Bucolica, seu ado-
lescentia in decem eclogas diuisa, ab IODOCO BADIO
ASCENSIO familiariter exposita cum indice dictionum.
Carmen eiusdem de sancto IOHANNE BAPTISTA.
Carmen sapphicum HERMANNI BVSCHII de conte-
mnendo mundo. Et alia multa non flocci pendenda.
( *In fronte tituli conspiciuntur insignia vrb. Argent.* )

*In fine* : Impressum Argentinae impensis honesti
Iohannis Pruss X. Cal. April. anno 1503. in 4to. ( *In*
*Bibl. acad. Friburg.* )

*Ioan-*

---

*) Cuius diarium curiae Romanae sub *Alexandro* VI. P. integrum extat in *Eccardi* corp. hist. Germ. T. II. p. 2017.

*Ioannes Gallinarius* Budorinus praemifit epiftolam ad *Con-*
*rad. Carolum* diuae aedis Petri iun. Argent. canonicum & fcho-
lafticum, rectoremque parochialis ecclefiae in Schletftatt anno
1503. III. Id. Mart. qui in *fcholis literariis* ( Argentienfibus )
*Wimphelingii enchiridion, quod adolefcentiam appellari voluit,*
*libellum adolefcentulis quam oppido vtilem fe interpretatum fuiffe*
teftatur. Subiunxit *Th. Wolphius* iun. ad *Iac. Wimphelingum* eod.
an. VI. Cal. Mart. epiftolam: "Salnus fis mi doctiffime *Iacobe.*
„ Eclogas *Baptiftae Mantuani*, ficut audio, tradidifti *Iohanni*
„ (*Prufs*) calcographo communi noftro amico, vt in mille exem-
„ plaria tranfcripta,latiffime diuulgentur. Debet profecto tibi plu-
„ rimum Germana iuuentus, quae diligentia tua multis doctorum
„ virorum monumentis facta eft opulentior,femper enim ex officina
„ na tua literatoria aliquid depromis, quod iuuet, quod delectet,
„ quod linguas iuuenum reddat politiores: ita funt eclogae *Man-*
„ *tuani*, quae eruditorum fententia totae funt aureae. Id quod
„ videre licet omnibus, id quod in Theocriti & Maronis carmi-
„ ne maxime admiramur. Ago Diis gratias, non proinde quia
„ natus fum, quam pro eo,quod me nafci contigit his tempori-
„ bus, in quibus tot litterarum principes floruerunt. Ego dum
„ Bononiae ingenuis difciplinis vacarem, in ipfo iubilaei anno
„ profectus fum Mantuam, vt *Baptiftam*, quem ex libris noue-
„ ram, coram quoque viderem. Id feci ductus exemplo Apol-
„ lonii Thyanei, qui ficut Philoftratus tradit, & meminit Hie-
„ ronymus, opulentiffima Indiae regna penetrauit, & latiffimo
„ Phifon amne transmiffo peruenit ad Brachmanas, vt Iarcham
„ in throno fedentem aureo & de Tantali phiala potantem, inter
„ paucos difcipulos de natura,de moribus, ac de curfu dierum &
„ fiderum audiret docentem. Ego mi *Iacobe*, ficut multa alia,
„ ita hoc praecipue quaefiui, quid ipfe in eclogis fuis intelligi
„ defideraret per *Vmbrum*, in cuius laudibus effet tam frequens
„ ac affiduus, aiebat ipfe,a fe notari Gregorium Tiphernum prae-
„ ceptorem fuum hominem Graecae Latinaeque linguae oppido
„ quam peritum, qui & verfu & profa plurimum polluit,& qui
                                                „ ali-

„ aliquot Strabonis libros Latinitate donauit. Fortaffe fcire de-
„ fideras, qua ftatura & forma fit ipfe *Mantuanus Baptifta?*
„ Memoria repeto de ea re multa a nobis olim fuiffe dicta,ideo-
„ que breuiter tibi nunc fatisfaciam. Scias id rectiffime peffe
„ de *Baptifta* dici, quod Homerus & ceteri vates de Vlyffe re-
„ tulerunt, qui corpore paruus & forma indecorus : fed inge-
„ nio maximus & animo fpeciofiffimus fuiffe perhibetur. Ve-
„ rum eft illud poeticum : *Non vni dat cuncta Deus formo-*
„ *fus, vt idem fit fimul & prudens, ac multa laude difer-*
„ *tus. Qui fpecie caruit Deus hunc venerabilis ornat viribus*
„ *eloquii : quo fit, mirentur vt vnum.* Quod etiam Hierony-
„ mus contra Pelagianos erudite expreffit. Dabit tibi puer meus
„ verficulos, quos hic nofter *Mantuanus* de me compofuit, funt
„ quidem nitidiffimi, & qui plus habeant in receffu, quam in
„ fronte oftendant. *Epithomata tua Germanica* fac tandem, in
„ lucem prorumpant, ne a maleuolis in fpongiam incubuiffe di-
„ cantur, ficut olim Augufti Caefaris Aiax. Bene vale Ar-
„ gentinae curfim ex aedibus noftris fexto Cal. Martii Anno
„ Chrifti. M. D. III. „

*Wimphelingius* eidem mox refpondit an. eod. Cal. Mart. atque eum in modum differuit: " *Baptiftam Mantuanum* extol-
„ lo, tum in poematibus fuis terfis & puris, quae absque ve-
„ neno a maturo praeceptore iuuentuti tradi poffunt : tum
„ quod amor poetices in eo non extinguit ftudium facrae paginae
„ & philofophiae: nam ex eius libello de patientia, magnum
„ eum & philofophum & theologum effe liquido conftat. Vti-
„ nam mihi liceret, vidiffe & audiffe hominem, ficut tibi licuit
„ *Thoma* dulciffime, nedum hunc videre & audire, fed & Pi-
„ cum Mirandulanum, Marfilium Ficinum, Matthaeum Bof-
„ fum, Pomponium Laetum, Petrum Marfum, Antonium Co-
„ drum, & vnicum praeceptorem tuum Philippum Beroaldum.
„ Laudo ego ingenia Italorum, qui a teneris annis bene infti-
„ tuti, neceffaria & vtilia difcunt. Illi nobis Graecorum philo-
„ fophorum, imo & theologorum ficuti Chryfoftom} & fimilium
„ libros

„ libros e Graeca lingua Latinos reddiderunt. Vtinam tandem
„ apud Germanos ( faltem in hac vrbe noftra Argentina ) in
„ dandis primis rudimentis imitemur Italos. Vtinam fopiatur
„ ftoliditas illorum, qui puerulos cafualibus & temporalibus ob-
„ tundunt, qui in grammatica circa vocatiuum, verba imperfo-
„ nalia, appofitionem , impedimenta : in dialectica vero circa
„ vniuerfale reale vsque in fenium verfantur. Spero Deum no-
„ bis tandem illam daturum gratiam, vt error quorundam de-
„ lirantium facrificulorum comprimatur , qui antiquae adhuc
„ laruae , qua ipfi corrupti funt, inhaerent, fimul etiam vt iu-
„ fania compefcatur cuiusdam fratricelli (*Marueri*) famam meam
„ vbique lacerantis, qui pro adolefcentibus apud communes ec-
„ clefiarum fcholas prima rudimenta iam confecutis gymnafium
„ (quod paedagogium vocari folet ) in hac vrbe inftitui, pericu-
„ lofum fore , mentitus eft. Vale. Ex heremitorio diui Guil-
„ hermi Kal. Martii Anno falutis noftrae. M. D. III. „

Subiecit autem idem *Wimphelingus* diftichon aliquot, quorum
vltimum eft ad omnes morituros :

*Mors certa , incerta dies , & cura nepotum:*
  *Confulat ergo animae , qui fapit , ipfe fuae.*

De hac edit. data opera egit *Freytag* in adparat. liter. T.
II. p. 947. feqq.

Repetita autem huius libri editio Argent. 1513. per Ioan.
Prufs 4to. Tubing. 1513. per Thom. Anshelmum Badenfem
4to. Argent. per Renat. Beck 1517. 4to. & rel.

Cuius opera coniuncta faepius prodierunt, vti Bonon. 1502.
f. Mediol. 1506. f. Parif. 1513. T. III. f. Lugd. 1516. Ant-
uerp. 1576. 8. T. IV. Conf. *Niceron* mem. T. XXVII. p. 104.
*Freytag* loc. cit. & T. III. pag. 18. feqq.

32. Epiftola IAC. WYMPFELINGII de inepta &
fuperflua verborum refolutione in cancellis , & de
abufu exemptionis in fauorem omnium epifcoporum
& archiepifcoporum.

Ora-

Oratio IAC. WYMPFELINGI ad Deum pro peccatorum remiffione. Epitaphium WOLFGANGI DE
VTENHEM. DIDIMVS AV. Argent. contra barbariem quorundam praedicantium:

*Aduena Sueue, folo cupiens hic viuere noftro,*
*Alfatici dulcis captus amore meri!*
*Quaefo tua noftram noli corrumpere terram*
*Lingua, fed patrio define more loqui.*

fine loc. & anno in 4to. ( *In Bibl. acad. Friburg.* )

( Praemiffa imago *annuntiationem Angelicam* exhibens.)

Iuuat epiftolam *Iacobi Wimphelingi* ad *Iacobum Bollum* ecclefiae diuae reginae coeli extra muros Larenfes decanum vene-
randum, confratrem cariffimum *), integram hoc loco adferre:
" Colloquebamur nudius inter conuiuandum de nonnullis facer-
„ dotum, praecipue concionatorum ineptiis, quas tu pro ma-
„ gnitudine zeli tui cupiebas ( fi fieri poffet ) aboleri. Senten-
„ tiam ego tuam non folum probaui, & hodie probo, fed etiam
„ ex animo tecum defidero, barbariem omnem, & quidquid in-
„ decorum eft, a Chrifti miniftris auelli. Deteftabaris ( ficut &
„ ego femper deteftatus fum ) quod magna pars praedicato-
„ rum, praecipue vero, qui ex Sueuia ad vtrumque Rheni lit-
„ tus aduolant, atque ipfi ftationarii & diuinorum quidam ad-
„ iutores, immo & qui theologi dici volunt, inepte, fuperuacue,
„ gelide interpretantur verba ipfa, quae adiectiua grammatici
„ vocant in noftram Germanicam linguam. Omne enim pene
„ adiectiuum verbum refoluere folent in fuum participium &
„ verbum fubftantiuum *fum :* quae quidem refolutio apud dia-
„ lecticos locum habet, qui tum verba ipfa refoluunt, dum
„ propofitionum praedicata & copulas inueftigant. Grammati-
„ cus vero, & praefertim in Germanico idiomate fruftra id &
„ fuperuacue facere videtur. Sic etenim dicunt illi illepidi con-
P                              „ ciona-

---

*) Meminit illius in *vita Keifersbergii ad fin. fupra p. 126.*

„ cionatores: dixit Iefus , ibat , ambulabat , fanabat , doce-
„ bat, refpondebat : Der Herre was fprechen, er was gon, er
„ was wandelen , er was gefund machen, er was lehren, was
„ antwurten, ficque de innumerabilibus ; vbi fimplex verbum
„ Germanicum fufficeret: Der Herr fprach, Er gieng, Er wan-
„ delt , Er macht gefund, Er lehret, Er antwurtet. Ille enim
„ modus eft Germanicus praefertim in Heluetia, id eft Alfatia,
„ & in Germania vltra Rhenana , quarum partes funt Ortona-
„ nia & Brisgauia: forfitan apud Sueuos,& Salalfas, atque Mem-
„ mygenfes ifta . barbaries & inconcinna tradu&io obferuari
„ folet.    Nam ex Sueuis & Memmygenfibus ifta audiuimus.
„ Mihi autem apud Rhenum Rhenenfium more loquendum effe
„ videtur. Cum enim vno folo verbo apte explicari poffit fen-
„ tentia Germanica , quae & proprie Latino vocabulo quadret
„ & refpondeat: quid opus eft absque omni neceffitate cumu-
„ lare verba? quid opus eft refoluere absque fru&u , & aliqua
„ efficaciori fonoritate? Audiui ego ipfe populares quoque non-
„ nullos, qui a facerdotibus illis rufticanis feducti funt, fimiliter
„ loqui coepiffe, quod mihi ftomachum mouebat , & audienti
„ mihi dentes ftridere videbantur, vellem omnibus illis ineptis
„ expofitoribus perfuadere poffe , ne fic Germanicam linguam
„ deprauarent , neue talem abufum patriae noftrae inferrent.
„ Et profe&o mi *Iacobe*, audiui ego, quosdam docliffimos & pro-
„ fundiffimos theologos nobiscum confentire, qui & ipfi abhor-
„ rent , & faftidiunt hanc rufticiffimam refolutionem, & fuper-
„ uacuam rufticitatem. Saepe & multum id deteftatus eft *Pallas*,
„ *Io. Keifersbergius*, vterque & praeftantiffimus theologus,& con-
„ cionator , & obferuandiffimus mihi praeceptor, quorum fen-
„ tentiae plus tribuo, quam illis ineptis & infulfis deprauatoribus
„ Latinae & Germanicae linguae.    Altera, quam deteftabaris ,
„ ineptia eft, in chara&eribus aut crucibus, quas nonnulli in re
„ diuina faciunt fuper hoftiam falutarem , non ab oriente di-
„ re&e vel recta linea manum ad fe vel occidentem verfus du-
„ centes: deinde a finiftra vel feptentrione ad dexteram aut

„ meri-

„ meridiem interfecantes, fed retrogrado & toruo inceſſu a dex-
„ tera incipientes, & inuolutis manibus digitisque quisque pro
„ ſuo libito contra eccleſiaſticam inſtitutionem, non absque le-
„ uitate & inconſideratione crucis figuram effingunt. In quo
„ ( ſicut & in aliis ) vellem vniuerſum clerum ſe ipſum caſti-
„ gare, & in meliorem ſtatum redigere, ne ( Deo permitten-
„ te ) tandem a popularibus caſtigetur, quod Sigismundum im-
„ peratorem in Conſtantienſi concilio ſaepe commonuiſſe ſerunt:
„ *Reformetis vos ipſos*, inquiebat, *aut a populo reformabimini*
„ *tandem.* De clero ſeculari loquor. Quid enim ad nos de
„ aliis, qui a ſeculari doceri nollent, qui diſciplinam epiſcopo-
„ rum fugiunt, qui ſe exemptos gloriantur in eccleſiaſticae hie-
„ rarchiae deordinationem. Nam a ſummo pontifice per medios
„ rectores legitimus ordo regiminis & correctionis adminiſtra-
„ tionem deriuari petit in ſubiectos, atque eorum libertas, qu ex-
„ tra hunc ordinem ſeorſum ſeparatos ſe iactant, non nihil Chri-
„ ſtianae nocet diſciplinae. Poſſent enim vitia multa corrigi ab
„ epiſcopis, quibus innoteſcunt, quae quia perpetuo ſedem apo-
„ ſtolicam latebunt, manent incaſtigata, & a nullo prohibentur.
„ Non enim ſummus pontifex in omnibus locis, quae exemptio-
„ nem profitentur, habere poteſt procuratores fiſci, qui ad ſuam
„ ſanctitudinem, notorios & enormes plurimorum exceſſus re-
„ ferre poſſint atque denuntiare. Vide mi *Iacobe*, quam dif-
„ ficilis ſit Chriſti fidelium reformatio, quam difficile ſit epiſco-
„ pos gregi ſuo ſuperintendere, & officio ſuo ſatisfacere. Si
„ volunt epiſcopi religioſos ad honeſtatem inducere, iactant ſe
„ eſſe priuilegiatos & exemptos. Si volunt magnos abuſus quo-
„ rundam in aſſecutione, & poſſeſſione multarum praebendarum
„ iuſtificare, allegant ſuas diſpenſationes. Reliquus clerus par-
„ tim ſublicit ſe ditioni laicorum: ille fit ciuis, ille ſocius mono-
„ polii, iſte ſub vmbra alicuius potentis, contra ſanctiſſima iu-
„ ra & contra omnem legem, excutere ſe nititur ab auctorita-
„ te ſui pontificis, ſui iudicis, ſui patris. Timent virgam pa-
„ ſtoris, & non timent incidere in dentes infernalium luporum.

„ Quia nolunt effe in vero ordine & corpore ecclefiaftico : fub
„ epifcopis & capitibus fuis, quid nifi fpuria vitulamina merito
„ funt cenfendi? Ideo etiam fanctus Bernardus abbas huius-
„ modi exemptiones vehementiffime deteftatur epiftola 42.
„ Dicit enim, miror quosdam abbates humilitatis regulam odio-
„ fa contentione infringere, & fub humili habitu & tonfura tam
„ fuperbe fapere, vt cum ne vnum quidem verbulum de fuis
„ imperiis fubditos praetergredi patiantur , ipfi propriis obedi-
„ re contemnant epifcopis. Spoliant ecclefias, vt emancipentur ,
„ redimunt fe, ne obediant. Non ita Chriftus. Item & paulo
„ poft refpondens huinsmodi abbatibus, qui monafteriorum fuo-
„ rum fe dicunt , non fuam quaerere libertatem, fubdit diuus
„ Bernardus. O libertas omni feruitute feruilior, patienter ab
„ huiusmodi libertate abftineam, quae me peffime addicat fuper-
„ biae feruituti. Plus timeo dentes lupi, quam virgam paftoris.
„ *Certus fum enim ego monachus & monachorum qualiscumque*
„ *abbas : fi mei quandoque pontificis a propriis ceruicibus ex-*
„ *cutere iugum temptauero, quod fathanae mox tyrannidi me*
„ *ipfum fabiicio.* Hanc Bernardi fententiam poffent noftri pon-
„ tifices fuis quanquam inobedientibus abbatibus inculcare. Aut
„ enim Bernardus male fcripfit ( quod abfit ) aut illi abbates
„ male faciunt, qui epifcopos non recognofcunt : & fi peccant
„ abbates , quid de aliis, qui epifcopos & fuos officiales fper-
„ nunt, fentire hodie ( fi in terris fupereffet ) Bernardum di-
„ iudicares? Laudo mi domine decane tuam follicitudinem ,
„ tuam integritatem, quae me coegit, quid de his ineptiis fen-
„ tirem, tibi tumultuario fermone & feftinatiffimo calamo per-
„ fcribere. Si mecum fentis, gaudeo : fin a mea fententia es
„ alienus; haec mea Vulcano tradas velim. Ex aula man-
„ fuetiffimi pientiffimique antiftitis Bafilienf. octauo Idus Octobr.
„ Anni falutis noftrae millefimi quingentefimi tertii. „

33. MAGNENCII RABANI MAVRI de laudibus
fanctae crucis opus, eruditione, verfu, profaque mirificum. *In fine:* Librarii de fe ad lectorem & cuias
fit? epigramma: *Ipfe*

*Ipfe magifterium tu te cognofcis abunde*
*Sed patriam fi vis: nomen & artificis?*
*Eft natale folum* Baden: *fedes mihi* Phorcys:
*Dicor & Anfhelmi Bibliopola* Thomas.

Phorc. in aedibus *Thom. Anfhelmi* Martio menfe an. 1503. fol.
( *In Bibl. PP. Auguft. Frib.*) Recufus eft liber Aug. Vindel. 1605.
fol. fed 'vtraque editio, praecipue prior \*) , rariffima eft. *Iac.*
*Wimphelingus* hoc carmen primus edidit, atque hanc praemifit
praefationem: " Rabanus Teutonicus mirificum & artificiofiffi-
„ mum opus in laudem fanctae Crucis laboriofiffimo carmine
„ contexuit; in quo multa Chriftianae fidei myfteria , multos
„ myfticos numeros, angelorum, virtutum, donorum, beati-
„ tudinum, elementorum, temporum, plagarum, menfium,
„ ventorum, librorum Mofi, huius nominis Adam, & aliarum
„ nobilium rerum vim & dignitatem, fanctae Cruci conuenire,
„ & adaptari poffe demonftrat, innectens verfum verfui, vt &
„ figurae fuos habeant verficulos, quibus imagines diuerfae re-
„ praefentantur, nec tamen legitimus ordo principalis carminis
„ a fuo curfu vel tenore abrumpitur, aut intercipitur : ita lit-
„ terae ipfae duplici plerumque ordini quadrant. Poft quodli-
„ bet etiam carmen folutus fequitur fermo, verfuum admirandam
„ profunditatem dilucide explanans. &c. „ Poftea fequuntur
carmina nonnulla, vti *Ioannis Reuchlin* Phorcenfis LL. doctoris
ad Thomam Anfhelmi imprefforem in laudem Rabani de fancta
cruce: ad magni ingenii virum, bonarumque rerum indagato-
rnm folertiffimum, fratrem *Nicolaum Keinbös* , Ordinis fancti
Ioannis Hierofolymitani, plebanum Durlacenum in mirificum
opus Rabani Mauri Fuldenfis abbatis de laudibus crucis σύςα-
σις fine commendatio *Sebaftiani Brant :* ad Chriftianos *Iodoci*

---

\*) *Magnentii Hrabani Mauri* ex abbate Fuldenfi, archiepifcopi fexti Moguntini, opera, quae reperiri potuerunt, omnia in VI. tomos diftincta, collecta primum induftria *Iac.*
*Pamelii*, nunc vero in lucem emiffa cura *Ant. de Henin*,
epifcopi Iprenf. ac ftudio & opera *Ge. Cohuenerii :* Colon.
Agripp. fumt. Ant. Hieratii 1627. fol.

*Galli* tetraſtichon : *eiusdem* ad fidelem, induſtrium, diligentem-
que impreſſorem Phorceuſem *Thomam de Baden:* in laudem car-
minūm Rabani *Theoderici' Greſemundi* legum doĉtoris : elegiacum *Ioannis Gallinarii* Heidelbergeuſis ad amatores Chriſti,
vt legant Rabanum de laude ſanĉtae crucis : ad Muſas, vt Rabanum corona ex omnibus aromatum geueribus ornent cingant-
que, elegiacum *Io. Gallinarii:* pro laude carminis operoſi & in-
ſolentioris *Georgii Symler* Wimpinenſis, in opificem.  Subiun-
ĉta eſt ad calcem peroratio *Iacobi Wimphelingii*, an. 1502. ſcripta.
De his omnibus conf. *Maittaire* annal. typogr. cont. T. II. P. I.
p. 161. *Goetzius* Merckwürdigkeit. Dresd. Bibl. II. B. V. Samml.
p. 514.

34. Statuta ſynodalia epiſcopatus Baſilienſis.  Et
*ſequitur ex altera paginae parte imago B. M. V. ligno
inciſa , oratione iſthac ſubiunĉta:*

*Pudiciſſima Dei Mater Maria, ſacrae Baſilienſis ae-
dis patrona , per ineffabilem tuam clementiam ( qua
nullius vnquam mortalium preces aſpernata es ) indigno
mihi famulo tuo, curaeque meae creditis, fida ſis adiutrix: vt per priſca ſanĉtorum patrum inſtituta , per-
que ſuaue filii tui iugum, vitam tranſigentes, iucundiſ-
ſimo ipſius aſpeĉtu perfrui mereamur.*

*Virgo parens miſerere mei: miſerere meorum:*
  *Sis precor in noſtro mitis agone comes.*

Statuta ſynodalia Baſilienſia. CHRISTOPHORI epiſcopi Baſilienſ. ad clerum ſuum oratio.

Inuentarium in ſtatuta, & alia nonnulla eccleſiarum
rectoribus, caeterisque clericis opportuna.

Indulgentiae haec pia intentione ſe & alios ſpiri-
tualiter aedificandi  lecturis aut audituris conceſſae,
( *Adiеĉta inſignia epiſcopi Baſil.* )

 *In fine :*
*Vrbs Baſilea ſacram nuper ſub praeſule iuſto
Mirata eſt ſynodum: namque decora fuit.*

           *Has*

*Has cleri leges & verba antiſtitis alta ,*
*In lucem impreſſans vrbs Baſilea dedit.*
ſine anno in fol. ( *In Bibl. Riegger.* )

Et in Concil. Germ. a *Ioſ. Harzheim.* edit. T. VI. p. 2.

Ad finem ſtatutorum haec leguntur; *Explicitae ſunt conſti-*
*tutiones in diuino. & pontificio iure fundatae, vt in marginibus*
*cernitur , ſub pientiſſimo antiſtite Chriſtophoro IX. Calend. No-*
*membr. anni Chriſti 1503. in ſolenni & ornatiſſima ſynodo edi-*
*tae: quae plane & breuiter indicant , quid ad vitam & bonos*
*mores ſacerdotum , quidque ad animas pertineat bene guber-*
*nandas , ad gloriam ſummi Dei , & ad inſtitutionem tyronum ,*
*ſiue eorum, qui nuper ſacris ſunt initiati : vt in his iuſtiſſimis*
*legibus, tanquam in ſpeculo cognoſcant officium ſuum , & quo-*
*modo vita & doctrina populos excellere , eosque exemplo ſuo ad*
*honeſtatem mouere debeant: vt clerus vna cum populo felicita-*
*tem ( ad quam conditi ſumus ) aſſequatur.* \*)

Auctorem ſtatutorum iſtorum ſe ipſum profitetur *Wimphe-*
*lingius* in libell. de integrit. c. 23. dum ait : Eſto: *dicant ſe*
*dolere , ſe abſtinere ( a concubinis ) deinceps velle : ſed profecto*
*meniuntur, cum nec honeſtas , nec pudor, nec Dei timor , nec*
*inſania, nec ſacerdotii macula , nec ſacrilegium , nec abuſus*
*parimonii Chriſti , nec populi ſcandalum , nec terror ſacrorum*
*cawnum,nec decreta conciliorum, nec metus inferni eos impellat :*
*vt meretriculas, quas tanquam vxores domi ſouent , quibusque*
*vluti mariti cohabitant , a ſe abdicent: ſicut in ſtatutis ſynoda-*
*ibus manſuetiſſimi & optimi patris* Chriſtophori Baſil. epiſcopi
*tomini mei colendiſſimi nuper mentionem feci ( & quidem tit. 15.)*

Atque is ipſe eſt *Chriſtophorus ab Vtenheim* \*\*) *Wimphe-*

P 4                                                                          *lingii*

---

\*) Extant etiam *ſtatuta Baſilienſia in ſynodo Thelſpergenſi*
    *praeſidente reuerendiſſ. in Chriſto patre & domino D.* Iaco-
    o *Chriſtophoro episcopo Baſil. anno Domini 1581. III. Non.*
    *April. publicata , & nunc tandem edita Frib. Brisg. typis*
    *roben. 1583. 8.*

\*\*) Praeter ea, quae *Keiſersberg. Wimphel. Deſ. Eraſm. Rot.*
    alii⸱

*lingii* noſtri amicus primum, dein patronus optimus atque integerrimus : epiſcopus frugalitatis amantiſſimus, omnis ſumptucſi luxus egregius contemptor , & priſcorum ſectator morum, vitaeque probatiſſimae.　Ceterum ſtatutis iſtis praemiſſa ſunt carmina *F. Conradi Leontorii* Mulbron. & *Matthiae Ringmanni* ( *Philefii* ) quemadmodum ad calcem eorundem *Theod. Vlfenius* Phriſius archiater Baſileam alloquitur :

> *Regia* Chriſtophori *cernens Baſilea ſtatuta*
>> *Praeſulis , ad clerum dicere iure potes :*
> *Diſcite presbyteri quo vos* Otenhemius *heros*
>> *Admonet exemplo , qua pietate praeit :*
> *Sollicitent alios armorum ſaeua poteſtas ,*
>> *Pomparum faſtus , ſtulta libido duces :*
> *Caſula loricam ſuperat, galeamque thyara ,*
>> *Huic paſtoralis pro gladio baculus :*
> *Viuere tranquilli virtutes principis ergo*
>> *Quaeque roget ſynodus relligione pia.*

35. Opera IOANNIS PICI MIRANDVLAE COMITIS CONCORDIAE , litterarum principis , nouiſſime accurate reuiſa ( addito generali ſuper omnibus nemoratu dignis regeſto ) quarumcunque facultatum pofeſſoribus tam iucunda , quam proficua.

IOANNIS PICI MIRANDVLAE vita per IOANNEM FRANCISCVM illuſtris principis Galeotti Piɟ filium elegantiſſime conſcripta.

Heptaplus de opere ſex dierum Geneſeos. fol. I.

Deprecatoria ad Deum elegiaco carmine fol. XX.

Apologia tredecim quaeſtionum fol. XXI.

Tractatus de ente & vno: cum obiectionibus quibusdam & reſponſionibus. fol. LXII.

Or.-

---

aliique viri doctiſſimi ſaepe, ac honorifice quidem e eodem praedicarunt, negligenda minime ſunt, quae in *Baſil. ſacra, ſiue epiſcopat. & epiſcopor. Baſil. orig. ac ſerie Colleg. Bruntrut. Soc. Ieſ. edit.1658. 8. p. 345. ſeqq.* habentur.

Oratio quaedam elegantissima fol. LXXXIIII.

Epistolae plures IOANNIS PICI MIRANDVLAE & aliorum famosorum fol. XCII.

Disputationum aduersus astrologos libri duodecim fol. CXV.·

Testimonia eius vitae & doctrinae: in principio. CAECILII CYPRIANI episcopi Carthaginensis de ligno crucis carmen fol. I.

Hoc in volumine scribunt epistolas hi viri clarissimi: *Ioannes Picus Mirandula, Io. Franc. Mirand. Gal. Comitis filius, Hermolaus Barbarus, Angelus Politianus, Frater Baptista (Mantuanus) Carmelita, Matthaeus Bossus Veronensis, Hieronymus Donatus, Robertus Saluiatus, Philippus Beroaldus, Baptista Guarinus, Christophorus Landinus, Alexander Cortesius, Bartholomaeus Fontius, Marsilius Ficinus, Baccius Vgolinus, Iunianus Maius Parthenopeus, Hieronymus Emser.*

*In fine :* Disputationes has IOANNIS PICI MIRANDVLAE, CONCORDIAE COMITIS, litterarum principis, aduersus astrologos: diligenter impressit industrius Ioannes Prüss, ciuis Argentinus. Anno salutis 1504. die vero 15. Martii. fol. ( *In Bibl. Riegger.* )

Praemisit *Hieronymus Emser* presbyter epistolam ad *Ioan. Prüss* Argent. ciuem atque chalcographum accuratissimum; in qua testatur, se *Ioannis Pici Mirandulae Comitis* lucubrationes pulchriores & rariores selegisse, atque in ordinem redactas dedisse typis exprimendas.

Praeter *Ioannis Francisci Pici Mirandulae* ( qui *Ioannis Pici Mirandulae* ex fratre nepos erat ) praefationem, adest alia *Iacobi Wimphelingii :* " Gaude candidissime lector ! habere te ,, in manibus opera *Pici*, iucunda lectu & vtilia; tum tibi ipsi, ,, tum reipublicae Christianae: in quibus accendi poteris ad amo-

„ rem omnis philofophiae & diuinarum litterarum lectionem.
„ Quandoquidem illuftris Comitis filius , nobilitate infignis, vi-
„ ribus corporis elegans , facie ornatiffimus , a teneris annis
„ eis artibus inferuiuit, quae Dei naturam, animae immortali-
„ tatem , futurae vitae certitudinem , bonorumque morum affe-
„ ctum docent. Solae *Pici* epiftolae fanctiffimis fententiarum
„ floribus refperfae, aurum aequant & argentum. Adde quod
„ duodecim in aftrologos libri, facris litteris , maximisque theo-
„ logis innixi, magno pretio aeftimari digni funt. Multa ef-
„ fingunt aetatis noftrae aftrologi in dies euentura , quae non
„ ex aftris, neque ex influxu coeli , fed vel a libero hominis
„ arbitrio, aut diuina voluntate pendent : ita vt plerique fim-
„ plicium ex eorum fomniis, aut prognofticis in errorem quan-
„ doque incidant : his omnibus refpondet *Picus :* eas vanita-
„ tes irrumpit, labefacit, caffat : ad oculum oftendit fidem eis
„ non effe adhibendam, ficut & diuus Aurelius Auguftinus plu-
„ ribus in locis aftipulatur. Vale humaniffime lector ex Argen-
„ tina anno falutis 1504. XII. Kalend. Aprilis. „

Prima autem *Io. Pici Mirandulani* operum editio laudatur
Bonon. Bened. Hectoris Bononienf. die 20. Martii 1496. fol.
atque altera Venet. Benedicti Veneti an. 1498. die 24. Auguft-
fol. Quas deinde praeter hanc noftram aliae quoque complures
infecutae funt, de quibus *Niceron* Tom. 34. p. 139. feqq. &
*Freytag* adparat. lit. T. I. p. 676. feqq. aliique plures.

36. Biblia Latina cum poftillis HVGONIS A S. CA-
RO Tituli Sabinae Cardinalis primi de ordine diui
Dominici Bafil. per Io. Amorbachium & focios 1504.
6. Vol. fol. ( *In Bibl. acad. Friburg.* )

Editio haec vti praeftantiffima, ita rariffima quoque habetur.
Primam partem bibliorum praecedit *F. Conradi Leontorii* ord.
Cifterc. Mulbron. carmen, & exhortatio ad lectorem.

Ad finem vero partis VI. legitur eiusdem *F. Conr. Leontorii* epiftola commendatitia operis iftius ad *Ant. Koberger* Norimb. ciuem clariffimum & ampliffimum: " Quod tibi vir opti-
„ me ,

„ me, quod Chriftianae reipublicae, quod omnibus quaquaner-
„ fum litterarum bonarum ftudiofiffimis amatoribus iucundiffi-
„ me & fauftiffime fortunet, explicitum perfectumque eximium
„ domini *Hugonis* Cardinalis, in vetus nouumque inftrumeu-
„ tum opus explanationum diu defideratum, tandem accipe.
„ Opus profecto pro dignitate fui nunquam fatis commendatum,
„ fiue doctrinam excellentis viri, fiue elaboratiffimum, terfiffi-
„ mumque characterem animaduertere volueris. Adeo enim
„ omnia expunctata, omnia ad intuentium oculos ordinatiffi-
„ me funt collocata, vt ipfae etiam mutae litterae, alioquin
„ parum ftudiofum allicere, trahereque ad lectionem fui vide-
„ antur. Quam ob rem *Antoni* praeftantiffime, imprimis om-
„ nipotenti Deo gratiae, & nuucupandae, & femper funt ha-
„ bendae : qui tibi, vt tuis expenfis hoc maximum opus', in lu-
„ cem noftris temporibus educi faceres, infpirauit, & vt illi ipfi,
„ *qui & pridem, & iam iterum id elaborarunt*, viros benignif-
„ fime ad perficiendum fubminiftrauit. Deinde etiam fingula-
„ res ab omnibus potiffimum ftudiofis, commendatiffimo & di-
„ ligentiffimo *Ioanni Amorbachio* inclyto Bafilienfi ciui, orna-
„ tiffimo chalcographo fociisque fuis aeque commendatis, ( fcilicet *Ioan. Petri de Langendorff*, & *Io. Froben de Hammel-*
*burg*) gratiae funt agendae, per quos hoc vt maximum, ita ple-
„ num vtilitatis opus emendatiffimum, multiplicatum profer-
„ tur, & omnibus paffim non magno aere comparandum ex-
„ ponitur. Quod igitur in huius operis frontifpicio te clariffi-
„ me *Antoni*, meritiffimis & multo clarioribus laudibus dignum
„ commendaui, ita nunc profecto explicito opere omnibus ner-
„ uis ingeniorum digniffime commendandus laudandusque iure
„ cenfebere: ingens litterariae reipublicae & ciuium tuorum de-
„ cus, & ampliffimum ornamentum. Optime vale, & me com-
„ mendatum accipe. Ex Artanallae vltra birfam Bafileorum
„ die XXIII. menfis Augufti anno 1504. quo aufpice Deo finem
„ hic apponimus. „

*Iacobus*

Iacobus *Vympfelingus* facrae paginae licentiatus circumfpe-
&o ac prudenti viro *Antonio Coberger*, ciui Nurembergenfi :
falutem optat & foelicitatem. " *Hugonis* fapientiffimi Cardi-
,, nalis clariffimas in vtrumque inftrumentum apoftillas pruden-
,, ter & falubriter *pridem impreſſum iri curauiſti*, pro fanctif-
,, fima Chriftianae religionis ftudiique facrarum & diuinarum
,, litterarum ( quae folae beant ) amplificatione. Nec minori pru-
,, dentia denuo iam idem nobiliffimum opus diffeminari multo
,, labore & magna impenfa ftuduifti. Quippe vt terfius lima-
,, tiusque in lucem prodeat, prouinciam hanc confultiffime de-
,, mandafti eis, qui antea id imprefferunt. Tametfi enim ma-
,, ximam & exactiffimam in prima impreffione caftigatiffime fa-
,, cienda diligentiam impenderint, quia tamen pro humana fra-
,, gilitate ( cum Origene tefte, non errare folius Dei fit, emen-
,, dare autem fapientis ) fieri potuit, vt prius aliquot faltem
,, characteres, vel apices, aut verba non omnia examuffim &
,, confideratiffime penficularint, iam hac fecunda mox impref-
,, fione circumfpectius reuidentes, atque intimius recognofcentes,
,, opus ipfum confummatius magisque exquifitum reddidiffe vi-
,, deantur. Proderit ergo nouus labor, tum fidei noftrae, tum
,, rei tuae familiari, & denique gloriae ipforum imprefforum.
,, Prodeat igitur nunc hoc praeclariffimum opus in orbem ter-
,, rarum ; vbi vbi Chriftus colitur & veneratur. Prodeat in-
,, quam felicibus aufpiciis; laudetur, vigeat, placeat, relega-
,, tur, ametur ad Dei gloriam, ad animarum falutem, ad Chri-
,, ftianae religionis incrementum, ad cognofcendum, atque ad
,, amandum Deum optimum maximum, ad virtutes amplexan-
,, das, ad vitia effulminanda, & ad confequendam felicitatem
,, fempiternam : quam nobis praeftare dignetur ille, de cuius
,, honore agitur in hoc volumine facratiffimo, Dominus Deus
,, in faecula benedictus ! Vale feliciffime mi *Antoni!* Ex aula
,, manfuetiffimi pientiffimique antiftitis Bafilienfis. Die XXIII.
,, menfis Augufti anno 1504. ,,

Ioannes

*Ioannes Amorbachius* ciuis Bafilienfis , beneuolo ftudiofo-
qne lectori falutem: " Id quod in eodem domini *Hugonis* iam
„ pridem expreffo opere , ftudiofe folliciteque te admonere cu-
„ rauimus, iam quoque & in hoc fub ipfo fine te, quisquis es,
„ diligens lector admonemus : bene aduertendum effe frequen-
„ tius hunc noftrum *Hugonem* doctorem eximium , qui erudi-
„ tioni quorumlibet intendens, omnibus prodeffe ftuduit , non
„ modo in fua explanatione textuum facrae fcripturae , fed &
„ gloffam magiftralem in fuis difficultatibus expofuiffe , vt &
„ ftudio fuo, quod frequens erat , efficax praeftaret adminicu-
„ lum , & ftudiofis facrae fcripturae profunda altius inueftigan-
„ di daret occafionem. Quapropter fi nonnunquam tibi vifa
„ fuerit expofitio aliena, & praeter literae proceffum , noli exi-
„ ftimare corruptum, quod a textu deuium putatur : fed dili-
„ genti fcrutamine confiderare feftina , quae difficilia in gloffa
„ magiftrali , minus erudito , videntur , & fcopulofa , inuenies
„ hic ea ipfa candide lucidiffimeque pertractata & complanata.
„ Vale. „

~ *Phil. Iac. Lambacherus* in Bibliotheca antiqua Vindobon.
cinica Part. I. pag. 12. de prima bibliorum editione cum *Hugo-*
*nis* Card. comment. quam mox laudatam legimus, acturus haec
habet : " *Biblia Latina cum poftillis Hugonis Cardinalis. fol.*
„ *Bafileae per Io. Amorbach. 1498. - 1502. Voll. VII.* Prima Bi-
„ bliorum editio , quae cum *Hugonis* Cardinalis commentariis
„ prodierit, vt ex epiftola liquet, operi praefixa. Editio, quae
„ *Lelongio, Maittairio* & aliis non innotuit, quibus quippe non
„ nifi editio pofterior de an. 1504. memoratur. „ Conf. *Io. Nic.*
*Weislinger* armament. cath. p. 760. & *Melch. Lud. Widekind*
ausführl. Verzeichn. von rar. Büch. IV. St. p. 569. aliique plures.

Et quum *Io. Nic. Weislingerus* loc. cit. p. 763. eandem
editionem Bafil. an. 1508. recufam effe exiftimat , grauiter la-
pfus videtur , cum eadem confundens editionem aliam bibliorum *cum gloffa ordinaria , apoftillis Nicolai de Lyra , additio-*
*nibus Pauli Burgenfis , & Matthiae Thöring. replicis Bafil. per*
*Io.*

*Io. Petri & Io. Froben. 1506. - 1508. in VII. Voll. fol.* *) quae
in Bibl. noftra acad. reperitur : & de qua laudatus iam *Lambacherus* haec animaduertit: " Bis *Maittaire* inferuit hoc opus
„ Biblicum annalibus fuis typographicis : primo ad an. 1506.
„ ex *La Caille* orig. typograph. *Gloffa ordinaria in Biblia aud̃.*
„ *de Lyra per Io. Frobenium , & Io. Petrum de Langendorf*
„ *fol. Bafileae* 1506.   Deinde ad an. 1508. ex *Lelongio : Bi-
„ blia Latina cum gloffa ordinaria &c. VII. Vol. ex Artanal-
„ le, vltra Birfam Bafileanam.* fol. 1506. -1508.   *Maittaire*
„ igitur duas putauit effe editiones diuerfas; cuius erroris cau-
„ fa in eo eft , quod *La Caille* confundat *gloffam ordinariam*
„ *cum poftillis Lyrani* , nec indicet , opus vniuerfum demum
„ anno 1508. abfolutum effe : *Lelongius* vero minus refte ex-
„ primat locum impreffionis.    Non enim opus impreffum eft
„ *Artauaile*, fed *Artauaile* tantum data eft epiftola fratris *Leo-*
„ *nardi Murneri* ( legendum eft *Conradi Leontorii* ) ad lectorem,
„ quae operi praefigitur. „

37. De fide meretricum in fuos amatores. Quaeftio minus principalis vrbanitatis & facetiae caufa in
fine quodlibeti Heidelberg. determinata a magiftro
IACOBO HARTLIEB Landonienfi.

*In fine :* Impreffum Auguftae per Ioannem Fro-
fchauer anno Domini 1505. 4to. ( *In Bibl. acad. Argent.* )

Verfa pagina leguntur *Io. Gallinarii* , Heidelb. & *Io. Speyfer*,
Forhemenfis carmina. Poftea fequitur editoris praefat. " *Cratho*
„ *Vdenhemius* fcholis Sletftatinis praefectus vniuerfis fuis audito-
„ ribus & alumnis tanquam filiis chariffimis S. P. D.   Copiam
„ mihi fecit *Iac. Wimpf.* diu. litt. lic. integerrimus amicus meus
„ duarum quaeftionum, quae in fine difputationis quodlibetariae
„ in

---

*) Alia porro, & prior quidem Bibliorum iftorum editio eft
   Bafil. apud Io. de Amerbach, Io. Petr. de Langendorf , &
   Io. Froben de Hammelburg an. 1501. - 1502. in VI. Vol.
   fol. quam bibliotheca noftra feruat.

„ in florentiffimo Heidelbergenfi gymnafio laxandi animi ioci-
„ que fufcitandi caufa pridem determinatae fuerunt. Prima
„ explanat fraudes meretriceas : altera flagitiofiffimum in cle-
„ ro concubinatum execratur; eas arbitror vos non infruĉtuofe
„ legere poffe, tum ne adolefcentiam veftram venereo ( vt fpe-
„ ro ) vifco nondum captam, procaciffima pelliceant fcorta,
„ tum vt facris initiati a fceleratiffimo impuriffimoque abhorrea-
„ tis concubinatu. Malo enim vos perpetuo manere laicos,
„ quam facerdotes euadere concubinarios. Nam quisquis ex
„ vobis concubinam eft habiturus ( quod abfit ) is mihi videtur
„ fimul filio Virginis & filio Veneris velle placere, is corporis
„ geftu Chriftum venerabitur, fed blandiore afpeĉtu meretrici
„ adulabitur : iisdem, quibus Chriftum delibabit labiis, meretri-
„ culae os contingere & imprimere ofculum non verebitur : is
„ oblationes fibi nomine Chrifti impenfas pro luxuriofo petu-
„ lantis fcorti veftitu expendere non erubefcit: is corpore ftabit
„ in ara, & mente cogitabit, ne quispiam interea focariam fuam
„ blando foueat complexu : is confitebitur, ore fe peccaffe, fed
„ animo nollet, meretriculam fuam fe non deinceps vifurum :
„ is ita in concubinatu obftinate perfeuerans in mortali pecca-
„ to rem diuinam faciet, id eft, miffam celebrabit; putando
„ fortaffis Deum irrideri poffe, qui, dum hoc errore ducitur,
„ videbitur mihi profeĉto nonnihil a fide Chriftiana aberrare.
„ Ex quo neceffario fequitur, vt non folum ipfe caecutiens,
„ fed & ipfum caecutientem ducere & abfoluere pertentans pa-
„ riter in aeternae damnationis foueam cadant. Is iniquiffi-
„ mus erit iudex, quandoquidem nedum diei, hebdomadae,
„ menfisue curriculo, fed totius anni fpatio noĉtesque diesque
„ cohabitans meretrici, celebrabit, facramentumque participabit
„ euchariftiae: laicum autem & folutum, habentem concubinam
„ itidem folutam, femel in anno euchariftiae participationem
„ indigne petentem a communione eiusdem prohibere folet.
„ Qua fronte, quibusue verbis, quaefo, ille gentili obftabit poetae
„ Onidio, quem me vobis nuper interpretante faftorum fexto
„ accepiftis canere.                                      „ Sic

„ *Sic agitur cenfura & fic exempla parantur*
    „ *Cum iudex alios quod monet, ipfe facit.*
      „ Concordat in id vulgatum
    „ *Regis ad exemplum totus componitur orbis.*

„ Precor praeterea Deum mifericordiffimum ) in cuius vifceri-
„ bus vos omnes viuere cupio ) vobis fore propitium , ne vn-
„ quam aliquem ex vobis cogar videre concubinarium , fed
„ pium , deuotum , caftumque facerdotem , qui digne facrifi-
„ care couetur ecclefiae, fuo apud Deum fuccurrat interuentu,
„ pro falute denique animae me fedulo fideliterque exoret. Ad
„ quod quisquis pro mea in fe fideli doctrina gratus effe volet,
„ fe ipfum obligatum intelligat.   Valete ex Sletftatino gymua-
„ fio quarto Kalendas Septembris anno Chriftianae falutis mil-`
„ lefimo quingentefimo primo.

    „ Sub praeftanti magiftro *Ioanne Hilt* Rotwilenfi difputatore
„ de quolibet acutiffimo. „

   38. De fide concubinarum in facerdotes ; quaeftio accefforia, caufa ioci & vrbanitatis in quodlibeto
Heidelbergenfi determinata a magiftro PAVLO OLEA-
RIO Heidelberg. fine loco & anno ( *fed Aug. Vind.
& an.* 1505. *quemadmodum libellus mox adductus* ) in
4to. ( *In Bibl. acad. Argent.* )

   Haec quoque quaeftio fub egregio magiftro *Ioanne Hilt* Rot-
wilenfi difputatore de quolibet acutiffimo difputata dicitur. Vtriusque vero mentionem fecit *Wimphelingus* in apolog. pro republica Chriftiana c. 21. *Retrahant te* ( *Iac. Sturmum* alloquitur ) *duae quaeftiones quodlibetares, facetiarum loco quondam
in Heidelbergenfi gymnafio recitatae; quibus non folum immunditiam, fed & infidelitatem, & fraudes, quas putanae ( puteo
es id eft foeteo foetes fic vocatae) in adolefcentes exercent, plane cognofces.*

   39. IAC. WIMPHELINGII libellum de *integritate,*
quem nunc adducturi fumus, fummopere laudat L. E.
DVPINIVS hift. de l'Egl. & des Aut. eccl. Siecl. XVI.
P. IV. p. 397.                                        IAC.

IAC. WIMPHELINGI de integritate libellus.
Endecafyllabicon ad lectorem.

*Heus incude noua nouum libellum,*
*Vero ex archetypo tibi politum*
*Lector candide Vimphelingus offert,*
*Nam quantum arbore tenuior videtur*
*Ramus: fic fuperare preffiones*
*Hic primus reliquos folet libellus.*

*In fine :* Ioannes Knoblouch, ciuis Argent. ex archetypo imprimebat an. 1505. *) III. Non. Mart. in 4to. ( *In Bibl. acad. Friburg.* )

Libelli, qui totus *Iacobo Sturmo* infcriptus eft, argumenta haec funt. 1. Praemonet *Iacobus Sturmus Wimphelingum* de duabus maculis, & futurum ftatum proponit. 2. Excufatio primae maculae. 3. Excufatur fecunda macula. 4. Ad coelibatum *Sturmus* incitatur, & ne fequatur concubinariorum coecitatem: 5. fornicationem etiam fimplicem graue effe flagitium. 6. Fornicationem fimplicem letiferum effe peccatum ex Chrifti teftimonio: 7. de primo remedio: 8. de fecundo remedio: 9. feptem orationis dominicae petitiones contra feptem mortalia adaptantur: 10. Duo prima remedia *Petrus Bolandus* breuiffimo archilochio complexus eft: 11. quae melodiae & carmina caftis conueniant: 12. quid, & quomodo orandum': 13. de tertio remedio: 14. de quarto remedio : 15. de quinto remedio: 16. de fexto remedio: 17. de feptimo remedio a perfona propria: 18. a perfona mulieris & primo a perfona fanctimonialis 19. a perfona virginis fecularis, 20. a perfona coniugatae, & viduae: 21. a perfona fcorti: 22. de octauo remedio a loco : 23. de nono remedio, a tempore, de decimo remedio ab ipfo actu & comitibus eius atque pediffequis: 24. de vndecimo remedio ab exemplo:

Q

---

*) Nihil igitur cauffae erat, cur *Niceronius* loc. cit. errorem, vti ille quidem putauit, in hac editione commiffum, quafi annus 1503. in illa perperam legeretur, corrigere conaretur.

emplo: 25. Exaggeratio remediorum: 26. de fecunda integritate, qualis virtus fit: 27. quaedam integritatis officia, quae prifci
Romani etiam gentiles obferuauerunt: 28. de integritate ftudii:
29. quae futurum ecclefiafticum incitare poffent ad ftudia diuinarum fcripturarum: 30. de integritate feruanda ab eis, qui
theologiam difcunt: 31. *S. Auguftinum* neque fratrem neque
monachum cuculla indutum vnquam fuiffe: 32. in quo eneruantur iacula blatterantium, monachum fuiffe Auguftinum: 33. in
quo oftenditur, falfum & fictum effe hoc prouerbium: *fcientia
latet in cucullis, excludendo feculares:* 34. maximos & profun-
diffimos theologos fuiffe feculares nulla vnquam cuculla indutos.
35. Conclufio cum epilogo.

*Thomas Wolfius* iunior ad doctorem *Ioannem Gallinarium* Budorinum epiftolam fequentem fcripfit: „ Nactus fum his diebus
„ *Gallinari* amantiffime, *Wimphelingi* libellum, cui titulus eft,
„ de *integritate:* quem poft noftrum a *Friburgo* difceffum intra
„ paucos dies homo philofophus ex philofophica difciplina acute &
„ grauiter deprompfit. Docet, quid bonum & integrum deceat.
„ Dum id agit: non illi vis, non granditas, non fubtilitas, non
„ amaritudo, non dulcedo, non lepos deeft. Laudauit virtutes,
„ infectatus eft vitia. Venerandus profecto colendusque *Wim-*
„ *phelingus* nofter, qui hoc,quicquid eft temporis futilis & caduci
„ fcriptis fuis in memoriam profert: ideo opinor miffus in ter-
„ ram, ne fecula noftra olim iudicentur fuiffe laffa & effoeta, &
„ nihil laudabile peperiffe. Dii boni! quid *Wimphelingo* melius,
„ quid fanctius, quid in omni genere laudis ad exemplar anti-
„ quitatis expreffius? Si quis noftra aetate philofophi nomen me-
„ retur: difperearn, fi is non eft *Wimphelingus;* quem non phi-
„ lofomatum, hoc eft corporis amatorem, non philocrimatum,
„ non philotizum, i. e. pecuniarum bonorumque cupidum cogni-
„ tum eft: non fama, qua alioquin optima & meritiffima frui-
„ tur; fed longis magnisque experimentis tali tantoque viro
„ tu praeceptore vfus, moribus, doctrina, integritate clarefcis,
„ Tu perinde ac alter Antonius Gnipho grammaticus comi es fa-
„ cilique

„ cilique natura, nec vnquam de mercedibus pacifceris: opu-
„ lentos cum fuis opulentiis contemnis magnifice; in omni re
„ vtpote homo integerrimus integritatem feruas. Tu aliquot
„ iam annis hic apud Tribotes in diui Petri templo grammati-
„ cam, rhetoricam & id genus alias difciplinas non fine laude
„ docuifti': quotidie tradens praecepta eloquentiae. Ego igitur
„ ex omni turba vel vnum *Gallinarium* elegi': fub cuius nomine
„ & aufpiciis praefens de integritate opusculum traderetur chal-
„ cographo imprimendum inuulgandumque non tam ad *Wim-*
„ *phelingi* quam *Gallinarii* mei perpetuum decus & ornamen-
„ mentum. Vale, & nos mutuiter ama. Argent. ex aedibus no-
„ ftris curfim. Pridie Kal. Februarii anno Chrifti 1505. „

In egregio hoc libello pofteriora praecipue capita attentione
quadam fingulari digniffima funt, propterea quod illis monachorum & inprimis Auguftinianorum in fe concitauerat odium, quod
eo proceffit, vt, re etiam ad pontificem delata, grauiffimam hanc
immerenti conflauerint accufationem. Sit autem fpeciminis loco
C. XXX. *De integritate feruanda ab eis, qui theologiam difcunt.*

" Audiuirus facras litteras primum toto luftro & fupra te de-
„ das fcholafticae fiue fpeculatiuae theologiae, quae ex quaeftio-
„ nibus a doctiffimis theologis in quatuor fententiarum *Petri Lom-*
„ *bardi* libros fcriptis haurltur. Deinde (& etiam quandoque
„ infra hoc luftrum) te tradas practicae theofophiae, quam con-
„ fiftere cenfeo in hiftoriis, in vitiis, virtutibus, facramentis,
„ contractibus, & caeteris humanis negotiis, quoad hiftorias fuf-
„ fecerit vtrumque inftrumentum, hiftoria fcholaftica; potes &
„ legere policraticum Francifcum Petrarcham de rebus me-
„ morandis, & inter gentiles Valerio Maximo contentus eris.
„ Poftremum in aetate virili myfticam amplectere agiographiam,
„ qua in Dei amore feruefcas, concaleatque cor tuum intra te &
„ in meditatione tua exardefcat ignis diuini amoris, & ad de-
„ uotionem, contemplandamque & expetendam diuorum beatitu-
„ dinem accendaris, ficque in folida fide perfectaque charitate
„ cordialibus fponfi Iefu amplexibus ex hoc faeculo tandem emi-

gres

„ gres, ad id conducent opera multa diui Bernardi, Doctoris
„ Seraphici, quaedam minora fratris Dauidis, Gerfonis de theo-
„ logia myftica, & multa Auguftini principis opufcula. Et
„ quamuis expediat inter fcholafticos familiarius vni adhaerere,·
„ cuius veftigia & principia fequaris, potiffimum in cuius phi-
„ lofophia inftitutus es, tamen ita ei peculiariter innitendo duo
„ cauebis vitia. Primum, ne in quacunque eius parte vel
„ fententia ab eo nunquam poffis auelli, tanquam matrimonio
„ tibi coniunctus fit, abfit a te haec zelotypia. Vident duo acu-
„ tius vno folo, & Petro Paulus reftitit, & Auguftinus retra-
„ ctationum libros fecit, & Durandus a Thoma nonnunquam
„ diffentit, & a fententiarum magiftro fapientiffimi theologi in
„ nonnullis locis recefferunt. Alterum, ne alium quemcunque
„ doctorem fpernas aut flocci pendas. Omnes enim venerandi
„ funt, qui in facris litteris fcripferunt. Fecit quisque, quan-
„ tum potuit, deferatur cuique fuus honor, parcendum eft vel
„ vita defunctis, nec acuta fuperftitum lingua funt pungendi.
„ Hoc vnum fatis fit, ne pungatur quifpiam, quod theologus
„ fuit, praeferens diuinae fapientiae ftudium quaeftuariis arti-
„ bus & cauillationibus litigiofis, quibus pecuniae corraduntur.
„ Pudeat ergo fratrem in fratrem, philofophum in philofophum,
„ theologum in theologum, viuum in defunctum mordaces ex-
„ acuere dentes,pudeat alieni ingenii opus,in quo a fide & bonis
„ moribus non aberrauit,parui pendere: non fic mordet agricolam
„ agricola, non Phrygius Phrygium, non pictor pictorem. Ne-
„ que qui in auro operatur artifex, damnat eius opera, qui in
„ argento, & qui in argento, non eius, qui in cupro vel ferro
„ ingenium & manus exercet. Eligatur & ametur aliquis vnus,
„ & peculiarius legatur, non tamen ceteri carpantur, morde-
„ antur, flocci pendantur. Efto quifpiam non omnia ex amuf-
„ fim difquifiuerit, propter alia tamen eius bene fcripta non eft
„ prorfus abiiciendus. Eft aliquid prodire tenus, fi non datur
„ vltra. Integritatem ftudii tu ferua, nec imitare quendam Em-
„ mericum, qui doctrinas Guilhelmi Ockam appellauit difcolias,

„ Mar-

„ Marfiliumque & Buridanum mirum in modum defpexit. Non
„ haec integri viri, fed difcoli verba fuiffe videntur.  In ipfo
„ denique Marfilio multis in locis Thomae & Scoti opiniones
„ non minus plane quam in propriis illorum ipforum fcriptis
„ cognofces.  Eft enim Marfilius planus, formaliter incedens,
„ fidelisque inftitutor, nullumque defpicit, & vt aequius iudex, .
„ quisquis vera fibi dixiffe vifus eft, ei adhaeret, eiusque bene
„ dicta confirmat.  Et Gabriel Biel teftis eft, Scotum in pra-
„ cticis effe refolutiffimum : Ockam vero in fpeculatiuis pone-
„ re veritates claras & palpabiles, & quisnam profundius, at-
„ que fubtilius in ethicis lucubrauit Buridano ?  Neque difcor-
„ diam & fimultatem quorundam fratricellorum fequaris, quae
„ apud Parifius ( vt ex integerrimo patre audiui ) faepe vifa &
„ audita eft.  Nam cordigeri, quorum maxima copia in vno con-
„ uentu funt, praeter Scotum nihil admittunt.  Rurfus Iacobi-
„ ni ( qui apud nos praedicatores dicuntur) folius Thomae di-
„ cta venerantur.  Et fiue propriae religionis amore, fiue alia
„ caufa, etiam vfque ad manuum iniectionem fibi inter difpu-
„ tandum contradicunt.  At fecularium fcholafticorum eft, iftas
„ contentiones pro nihilo ducere atque irridere.  Neque proba-
„ re poffum, quod vnius ordinis ex mendicantibus fratres fcri-
„ pta doctoris, qui ex alio fuit ordine, non folum prorfus afper-
„ nantur, fed neque legunt, neque opportuno tempore & loco
„ absque omni pretio ex doctiffimis lectoribus audire poffunt :
„ non eft haec Chriftiana integritas, non eft haec Dominici fin-
„ ceritas aut fraternitas. Non fic fecere ipfe Thomas, aut Scotus,
„ non Bonauentura, qui & fecularium atque religioforum te-
„ ftimoniis atque fententiis fcripta fua paffim refperferunt. Non
„ id fecit diuus Antoninus, non Robertus de Licio, non Ioan-
„ nes Nider, qui non folum diuerforum ordinum doctores, fed
„ etiam feculares quoque theologos, potiffimum Ioannem Ger-
„ fon citare non erubuerunt.  Sciebat enim Robertus in fancti
„ Thomae operibus vtiliffima multa comprehendi, vt enim de
„ reliquis taceam, nonne prima & fecunda fecundae, fum-

Q 3

maque

„ maque eius contra gentiles, & continuum fuum ln Euangeli-
„ ftas, ad morum aedificationem & ad conciones plurimum
„ conducere videntur.  Scandalifantur filii huius faeculi & fae-
„ culares quandoque iureconfulti, quotiens theologos mordaci-
„ ter & acerrime inter fe difceptantes audiunt, & minorem de
„ diuinis fcripturis, deque facris doftoribus concipiunt exifti-
„ mationem, cumque in popularibus concionibus audiunt di-
„ uerfas & contrarias publicari opiniones, quae ad rem non
„ pertinent, fed forte ad faftum & inuidiam, & hunc vel il-
„ lum theologum lacerari, querulantur fe non fieri meliores,
„ fed dubios, infirmos, atque perplexos. Haec ego plus femel
„ cum cordis amaritudine moeftus audiui.  Tu vero mi fili ab
„ his mordacitatibus abftine, nullum afpernare, nullum mor-
„ de, nulli vt zelotypus afficiaris, exiftimans, nihil pulchri, ni-
„ hil boni in aliis contineri, omnes doftos & honeftos mendi-
„ cantes aequali charitate ampleftere, cum nullo vsque ad ani-
„ mi diffenfionem difcepta, fit oris, non cordis diffenfio. In phi-
„ lofophia Ariftotelicus efto, in theologia Chriftianus fis, fum-
„ mum theologum Chriftum imitare, & poft eum diuum prae-
„ cipue Auguftinum.

„ *Auguftinum neque fratrem neque monachum cuculla indu-*
          „ *tum vnquam fuiffe.* C. XXXI.

„ Ne fumma laude digniffima principis Auguftini volumina con-
„ temnas, propterea quod monachus aut cucullatus extitiffe falfo
„ creditur, oftendam tibi, Auguftinum neque fratrem ex mendican-
„ tibus, neque cuiuscunque ordinis monachum, neque cucullatum,
„ fed neque eremitam vnquam fuiffe, & id fafturus fum ob hanc
„ caufam, quia funt huius feculi prudentes, quod cum eis ad
„ morum & vitae fuae reprehenfionem cuiuspiam theologi, qui
„ alicuius ordinis fuit, auftoritas adducitur, mox irrident cla-
„ mitantque cum cachinno.  *Quid nobis & illi fraticello fiue*
„ *monacho? Ha monachus fuit, ha frater fuit?* Haec his auri-
„ bus plus femel audiui.  Ita veritatem ab optimis patribus fcri-
„ ptam vel fpernunt vel impugnant, vt licentius peccent, atque

liber-

,, libertatis velamen habeant ad excufandas excnfationes in pecca-
,, tis, cum tamen in variis ordinibus floruerint doctiffimi & in-
,, tegerrimi patres, qui ecclefiae catholicae Chriftianaeque reli-
,, gioni fuis facratiffimis fcriptis prodeffe vehementer ftuduerunt.
,, Habuit dini Benedicti quondam ordo inter caeteros Rhabanum.
,, Habuere Carthufienfes Ludolphum, Dionyfium, & Iacobum,
,, Praedicatores Thomam: Cordigeri Scotum & Bonauenturam,
,, Carmelitae Baptiftam Mantuanum. Qui vero vocantur Augu-
,, ftiniani Thomam & Vlricum Argentlnenfes habuiffe fe merito
,, gloriari poffunt, & vrbs Argentina quoque merito gloriatur.
,, At ne futiles ifti facrarum litterarum contemtores, potiffimum
,, earum, quae a doctis fratribus aut monachis fcriptae funt, ex-
,, cellentiffima patris & principis Auguftini volumina ( quae ex
,, integerrimi Ioannis Amorbachii officina ftatim prodibunt) itidem
,, parui facere poffint: certo fciant, diuum Auguftinum non fuiffe
,, ex mendicantibus, quoniam facrofancti illi quatuor fratrum
,, mendicantium ordines poftremi ecclefiae plantatio funt nouel-
,, la. Neque fanctiffimi Benedicti regulam Auguftinus profeffus
,, eft, quoniam ficut ipfos mendicantes, fic & Benedictum aetate
,, praeceffit illuftriffimus theologiae princeps Auguftinus: fed
,, neque magni Bafilii inftituta fecutus eft nofter Auguftinus.
,, Fuit enim Bafilius ferme contemporaneus Auguftino, & vti
,, Graecus fuit, ita legem quoque fuam Graece confcripfit, Au-
,, guftinus autem fefe a puero Graecas litteras odiffe primo
,, confeffionum libro fponte fatetur. Eremitam eum non fuiffe
,, ipfe per fefe teftis eft fine decimi confeffionum libri, fic ad
,, Dominum Deum loquens: *Conterritus peccatis meis & mola*
,, *miferiae meae agitaueram in corde, meditatusque fueram, fu-*
,, *gam in folitudinem, fed prohibuifti me &c.* Cum pace & venia
,, optimi Francifci Petrarchae haec adduxerim, nam de Auguftl-
,, ni vita ipfi Auguftino potius, quam Petrarchae fides adhibenda
,, eft. Et quomodo vnquam fapientibus perfuaderi poteft, Au-
,, guftinum fuiffe monachum aut cucullatum, cum ipfe in tre-
,, decim confeffionum fuarum libris nihil de fuo monachatu vel

Q 4                          ,, minimo

„ minimo verbo meminerit , & tamen in eisdem omnem vitae
„ fuae curfum ab ipfa infantia , omnesque actus etiam minutiffi-
„ mos Domino Deo confeffus fit. Quomodo non etiam memi-
„ niffet voti fui? cucullae fuae? fcapularis fui? quomodo fieri
„ vnquam potuiffet, quod qui caetera de fe omnia prodiderit,
„ nihil prorfus commemoraret de fuo vel priore vel abbate ,
„ de nouitiatu fuo , de profeffione fua , de obedientia fua, de
„ ieiunio, de filentio, de proprietate, de ceremoniis, de cibi
„ & potus menfura , de dormitorio, de veftiario, de infirma-
„ ria , de capitulo , de colloquio , de difciplina , de mur-
„ mure fratrum in fuperiores, de falfis fratribus , aut aliquid
„ huiusmodi, in quo monachus fuiffe qualicunque coniectura ex
„ propriis fermonibus deprehendi potuiffet? De aliquibus horum
„ in regula , quam clericis in communi viuentibus praefcripfit ,
„ habetur quidem memoria , fed non poteft ex ea conuinci, quod
„ ideo monachus fuerit Auguftinus, Poffent enim hodie cleri-
„ ci faeculares in aliqua feparata domo fiue monafterio absque
„ cuculla, absque voto regulam illam obferuare, & in commu-
„ ni viuere (ficut Iacobus Philippi in fuo reformatorio fuadet)
„ non illi propterea monachi effent. Et fi Auguftinus mona-
„ chus fuiffet , quomodo non in libro confeffionum, vbi nihil
„ quod ad fe pertinet, obtinuit; mentionem feciffet regulae aut
„ ftatutorum, aut a Domino vel pro qualicunque transgreffio-
„ ne veniam pofceret, aut pro integritate obferuantiae gratias
„ egiffet , qui de omnibus aliis fiue de fe benefactis, fiue quod
„ a peccatis praeferuatus fuerit, Deum laudat, confitetur &
„ gratias agere non ceffat ? Auguftini ergo regula nuncupatur,
„ quod eam fcripfit & aliis tradidit , etfi eam ipfe aliquando ob-
„ feruarit, obferuauit eam non vt monachus, non vt cucullatus,
„ fed vt presbyter , fed vt clericus , fed vt canonicus & qui-
„ dem faecularis , hoc eft nulla cuculla indutus : nam & in ea
„ ipfa regula non prioris, non abbatis, fed praepofiti & pres-
„ byteri, qui in ea congregatione fuperior fit, facit mentionem.
„ Quod autem quartus mendicantium ordo fibi fratrum eremi-

„ tarum

„ tarum fanfti Auguftini titulum vfurpauit, ficut id ex parte
„ falfum eft, ita & aliter intelligi oportet, quam quod Augu-
„ ftinus ex eodem viuendi modo & habitu fuerit. Illi fe eremi-
„ tas vocant, cum non fint, funt etenim mendicantes, quod non
„ negant, & in ciuitatibus habitant, non eremis, vt olim Bene-
„ difti & Bernardi fratres confueuerunt, Antonius & eremi-
„ tae caeteri: neque per pagos ad colligendas eleemofynas dif-
„ curfarunt neque inter hominum turbas' habitauerunt, ergo
„ fi fefe fratres fanfti Auguftini appellari volunt, intelligi id
„ neceffe eft, quod ordo eorum nouiffime a quodam Guilhelmo
„ Parifienfi ( vt Hermannus in fuo fafciculo refert ) inftitutus,
„ Auguftini regulam acceptarit, & eam obferuare velit, & licet
„ alii etiam ordines fub illa Auguftini regula militent, quia
„ tamen alium titulum fibi defumpferunt, vt ille vocatur cano-
„ nicorum regularium, hic vero fanfti Dominici vel praedica-
„ torum, ideo fratribus illis tanquam nouiffimis permiffum eft
„ hoc nomen prius ab aliis non vendicatum, vt fe fanfti Augu-
„ ftini fratres appellarent, quod regulam eius & ipfi affumpferint
„ & obferuent, idque nominis habeant, cum alii fub eadem regu-
„ la Chrifto militantes fuos & alios quidem fibi titulos antea
„ delegiffent. Et vt id manifeftius fiat, Auguftinus trigenarius
„ primum baptifatus eft, fanftiffima eius mater ipfi tum adhae-
„ fit, nec decuerat tam integram & deuotam matronam propter
„ filium fuum monachorum inuifere cellas, quod vtique fieri
„ oportebat, fi ei adhaerere vellet, filiusque monachus fuiffet:
„ mox deinde poft baptifmum ad propria remeat, Deo viuebat,
„ inuitus a Valerio presbyter efficitur, docet, praedicat, difpu-
„ tat, Fortunatum fugat, Donatiftas, Manichaeos, Pelagianos
„ eneruat atque confutat, qualia vix a monacho (cuius eft in
„ cella delitefcere) fieri potuerunt: tandem in epifcopatu Vale-
„ rio fuccedit, neque tum monachus euafit. Denique in ma-
„ gnam Auguftini laudem hiftoriae canunt, ipfum teftamentum
„ feciffe nullum, quoniam vnde faceret Chrifti pauper non habuit.
„ Quippe qui vt fidelis & prudens Domini Dei feruus omnia vi-

Q 5                                                           uens

„ uens in pauperes prius erogauerat. Auguftinus ergo teftamen-
„ tum condere potuit, an non? Si potuit, monachus non fuit,
„ quia monachus teftamentum facere non poteft. Si non potuit,
„ inanis eft haec laus & chymerina, quod non fecerit id , quod
„ efficere non potuit : quia vero , qui haec de eo praedicarunt,
„ iu laudem eius id dici voluerint, animus eorum erat, quod po-
„ tuiffet licite quidem inftituere teftamentum, fi ecclefiae thefau-
„ ros & res alias a Domino Deo fioi creditas, de quibus rationem
„ villicationis redditurum fe fciebat , in pios vfus non antea di-
„ fpenfaffet : ergo aut monachus nunquam fuit Auguftinus, aut
„ fuperuacua & ftulta eft haec de eo panegyrica praedicatio,
„ quod teftamentum condiderit nullum.   Quid laudis afferam
„ ego Carthufienfi , Benediftino , Iacobitae , Francifcino , fi
„ de eo praedicem , nullum a fe conditum fuiffe teftamentum ,
„ cum neque potuerit, neque ei vnquam licuerit, ne codicillum
„ quidem poft fe relinquere. Auguftinus autem potuiffet , fed
„ maluit viuens fuperflua pauperibus elargiri, quam vltimam
„ fuam voluntatem poft mortem fuam exequendam quibusuis
„ executoribus demandare. Monachus ergo non fuit Auguftinus,
„ *In quo eneruantur iacula blatterantium, monachum fuiffe*
     „ *Auguftinum.* C. XXXII.

   „ Poffet in nos arma diftringere quifpiam eorum, qui Au-
„ guftinum monachum fuiffe contendunt. Inde quod Auguftinus
„ vt baptizatus eft, fpem omnem, quam habuit, in feculo dere-
„ liquit, quodque monafterium intra ecclefiam mox inftituit,
„ in quo viuere coepit fecundum regulam fub fanftis apoftolis con-
„ ftitutam.   Deinde quod vetuftas eius imagines cum cuculla
„ ( quam fratres Auguftiniani iam deferunt ) depiftas videre li-
„ cet.   Poftremum quod cum ecclefiam diuae Mariae de populo
„ Sixtus quartus a folo re aedificaret , quoddam fuit fepulcrum
„ marmoreum repertum , cuius epigramma oftendit quendam
„ fratrem ordinis fratrum heremitarum fanfti Auguftini ibi fe-
„ pultum fuiffe.   Haec funt quatuor fortiffima contra nos opi-
„ nantium iacula ( fiue vt dialeftici vocant ) argumenta :
           „ quae

„ quae ( propitio Deo ) facillime diffoluere fperamus & ener-
„ uare. Sicque refellimus. Auguftinus fpem omnem in feculo
„ dereliquit , non quod cucullam induerit , fed quia lectis
„ Pauli verbis conuerfus fuit ad Deum , ita vt nec vxorem
„ amodo quaereret, neque liberos, neque nepotes, vt neque ho-
„ noribus neque diuitiis inhiaret.   Id facere potuit manens cle-
„ ricus, canonicus, aut presbyter faecularis, cuculla nunquam
„ indutus.  Et quod haec fuerit mens eius , teftatur ipfe per
„ fefe in fine octaui confeffionum libri : Aftipulatur Gregorius
„ inquiens : Multi funt, qui poffunt religiofam vitam etiam cum
„ feculari habitu ducere &c.   Et fieri poteft , vt Romanorum
„ rex aut alius princeps deaurata chlamide vel purpura minus
„ in animo fuo tumefcat & glorietur , quam fratricellus quis-
„ piam de cuculla per multas plicas apte compofita fiue di-
„ ftincta. Monafterium inftituit, in quo fecundum regulam vixit,
„ a fanctis apoftolis inftitutam. Non eum propterea monachum
„ fuiffe neceffe eft, quia non fecundum Bafilii aut alterius regulam,
„ fed fecundum regulam apoftolorum, hoc eft fecundum euange-
„ lium & regulam fidei Chriftianae (ipfo tefte in calce octaui con-
„ feffionum libri) fecundum quam vtinam nos, qui Chriftiani dici-
„ mur , viueremus. Et poffent hodie clerici feculares huiuscemo-
„ di vitam amplecti , viuendo in communi absque monachatu.
„ Nec pullarum vfus cucullarum tum fuit , ficut & *Philomufus*
„ ad nos perfcripfit. Si enim Auguftinus cuculla vfus fuif-
„ fet, fi aliquid minimum obferuaffet , quod ad monachatum
„ pertinet, quomodo non illius in libro confeffionum fuarum me-
„ miniffet, vbi omnium meminit , quae vnquam geffit vel cir-
„ ca eum gefta fuere? Quod eius imago in fpecie & habitu cu-
„ cullati monachi depicta videtur , licet fufficere poffit ad id
„ confutandum folus Horatius inquiens : *Pictoribus atque poe-*
„ *tis quodlibet audendi femper fuit aequa poteftas :* tamen con-
„ ftat multis in locis, vt Romae in digniffima fanctae Mariae
„ maioris Bafilica ex aduerfo videri fuas imagines fub canonici
„ fpecie.  De epigrammate reperto dicimus eos , qui illud in-
„ cidi

„ cidi fecerunt, in eodem fuiffe errore, quo hodie funt multi,
„ & epigrammata faepe falfa effe videntur.   Nec bene conue-
„ niunt, nec apte fibi quadrant mendicitas in nigra cuculla cum
„ marmoreo fepulcro. Quod vero nobis obiici poffet, Auguftinum
„ ad heremitas fermones edidiffe: refpondemus Auguftinum, qui
„ coenobita fuit, & ad heremitas fermones fcripfit, non effe
„ hunc noftrum Aurelium Hipponenfem epifcopum, fed alium
„ quendam Auguftinum, quem beatiffimus papa Gregorius in
„ Angliam mifit.   Facile coniici poteft ex fermone Ioannis Rau-
„ lini Parifienfis theologi, quem in publico Cluniacenfium con-
„ uentu fecit.   Siquidem nofter Auguftinus fanctiffimum Grego-
„ rium multis annorum interuallis anteceffit. Haec non ad cu-
„ iuscunque ordinis contumeliam inferui, fed folum vt maior
„ diuinarum fcripturarum & praecipue librorum fancti Augu-
„ ftini dignitas de cetero fit & auctoritas.   Plerique enim hu-
„ ius feculi prudentes, minus de eo fentire videntur, quod mo-
„ nachus fuiffe falfo exiftimatur, qualis etiam fi fuiffet, non
„ propterea apud integros & fapientes viros eius monumenta fo-
„ rent minoris diiudicanda. „

Epilogum & perorationem rurfus ad *Iacobum Sturmum* inftituit, atque fcripfit *ex heremitorio diui Guilhermi in fuburbano Friburgenfi, anno falutis noftrae 1505.* °) ( Qua de re conferri

---

*) Pertinent huc, quae *Wimphelingius* c. 26. habet: " Talem
„ heu noui, qui multis annis fe mihi amicum fimulauit,
„ & in magnam confufionem perniciemque meam in faci-
„ em *Raymundi* apoftolici legati palam dixit effe me omnis
„ religionis & omnium religioforum inimicum. Certe haec
„ dicens bonus ille vir integritate caruit, factus impiiffi-
„ mus in me calumniator, cum a florida iuuenta familia-
„ riffimus fuerim atque amiciffimus Cartufianis & Ioannitis:
„ mihique cum illis amabiliffima faepe & iucundiffima fue-
„ rit conuerfatio: cum domus etiam meae religioforum fue-
„ rint publica vere diuerforia,& diuerforum ordinum ( prae-
„ cipue fancti Francifci bonae ac integrae vitae ) fratres ho-
„ fpitio collegerim, paupertatemque meam illis communica-
„ uerim: cum quendam conuentum ordinis fancti Domini-
„ ci,

ferri ea merentur , quae paullo ante p. 169. de *Wimphelingii*
*habitatione* Friburgensi adduximus ). Subiuncta porro est epistola *Philomusi* ad *Iac. Wimphelingium.* **) Et de concubinis ac-

qui-

---

„ ci, in quo sacrae paginae studium floret, saepe promoue-
„ rim & ad dandas illi non paruas elcemosynas praelatos
„ quosdam induxerim : cum magnam voluminum meorum
„ partem in bibliothecas monasteriorum sancti Benedicti ,
„ Canonicorum regularium, & fratrum mendicantium iam
„ dudum disperserim, cumque apud Argentinenses & *Fri-*
„ *burgenses Guilhelmitas* singulariter hospitium mihi de-
„ legerim. Quomodo autem illis cohabitare possem , qui-
„ bus amicus non essem? His argumentis non vanam glo-
„ riam quaero, sed innocentiam meam ostendo, qui bonos
„ & honestos religiosos ex toto corde semper dilexi , ho-
„ die diligo, & diligam, quoad vixero, verum quosdam cu-
„ culla & ampla coroua religionem profitentes, qui de su-
„ perbia & ambitione notati sunt , qui parochiis obsunt ,
„ qui populum seducunt, praedicando, vitam ad coelos fa-
„ cilem esse , & pro omnibus peccatis minimam displicen-
„ tiam sufficere , qui diuitibus adulantur, qui moniales vi-
„ tiant, qui profundissimum & integerrimum theologum
„ *Ioannem Keysersbergium* oderunt , eique saepe detra-
„ xerunt , qui ne *Ioanni Gersoni* quidem, aliisque secu-
„ laribus theologiae scriptoribus parcunt, quin eos suis lin-
„ guis pungant, istorum mores ego diligere non possum ,
„ neque eorum, qui confessores ordinant indoctissimos, qui
„ tria verba Latina loqui non norunt ( de quo certissime
„ constat ) qui ad aegros vocati sola sua monasteria pro-
„ mouent, qui ad sacros ordines praesentant asinos insuffi-
„ cientissimos , quales tres fuere subdiaconi adulti , barba-
„ ti, qui nuper in examine Basiliensi ad diaconatum suffi-
„ cientiae suae literas a reuerendis patribus testimoniales
„ attulerunt, quorum nullus sciebat, quidnam significaret
„ nomen hoc *manifestus*, quid aduerbium *manifeste*, aut
„ quid verbum hoc *manifesto, as , are :* quod non solum
„ ego ipse his auribus audiui , sed & plerique integerrimi
„ viri, qui mecum examini tum praesuerunt. Neque de illis
„ bene sentio, qui nolunt, vt ex fratricellis ordinandis vnum
„ verbum, nec proprium quidem nomen quaeratur, astant
„ enim & prohibent, ne hiscant, ne os aperiant, & ipsi patres,
„ qui eos praesentant, pro fratribus illis respondent. &c. „

**) Epistola autem haec est : " *Philonusus Iacobo suo Wim-*
„ *phelingo S.* Libellum tuum de integritate contra asotian

„ &

quirendis hanc *Keyſersbergii* ſententiam *Ioannis Adelphi*, & *Iacobi Ruthgeri* Argent. precibus *Gallinarius* in verſus redegit:

*Fit leue, quod ſtulto pellex ſe iungat amanti,*
*Fit graue, quo pacto ſit ſegreganda tibi:*
*Praeceptum tibi do promptum, mihi crede: reconde*
*Argentum, Cererem, vinaque: liber eris.*

Altera eſt editio: IAÇOBI WIMPHELINGI de integritate libellus cum epiſtolis praeſtantiſſimorum virorum hunc libellum approbantium & confirmantium.

RINGMANNI PHILESII iambicum ad ephebos.

*Rurſus libellum terſiorem preſſum habes*
*Vide puer ſequaris hunc procliuius.*
*Mores hic integros certe doceberis*
*Pelletur ipſa extra Venus praecordia*
*Et excitabitur ſacrae ſcripturae amor.*
*Refertur Auguſtinus vſus ſaeculo*
*Et veritatem, & imbibes conſtantiam*
*Legas precor, nec cura ſit, quod inuidis*
*Integritatis hoſtibus nihil placet,*

*Videbis*

---

„ & adoleſcentum corruptorum libidinem protreptice & „ ſalutariter coaduuatum, horis tribus beneferiatus per- „ luſtraui vtrisque luminibus, nec mihi (vt petiiſti) „ Ariſtarchi obelum indulſi. Singula capita in ea materia, „ quam concinnaſti, bene quadrant. Stilus quotidianus „ & prope ſtoicus, non tamen humi repens, ad id genus in- „ ſtitutionum applicari recte ſolet. Sanctam & theologi- „ cam rem praecipis & caſtis hominibus vtilem. Vtinam „ manducones victimarum, patrimoniique eccleſiaſti tubur- „ cinatores auribus defaecatis, extento naſo, erecto mentis „ iudicio, huiusmodi legerent hortationes, vt potius libro- „ rum thecas & pſalmorum cantica, quam puerorum cre- „ pundia vagitusque infantum auſcultaremus: ſed nec tu, „ nec quispiam alter Satyrus, taceo de proſaria ſimplicitate, „ foetudinos mores clericorum eradicabit. Seceſſit votum „ a monachis, lex a ſacerdotibus, & vbi locum habuit caſtitas, „ iam foedis Siphonibus putret Venus.

*Videbis & frugalitatis mox librum:*
*O quam mouebit ille auaros perditos:*
*Ridemus iftiusmodi cunctos viros.*

*In fine*: Ioannes Knoblouchus ciuis Argentinenfis ex archetypo denuo imprimebat anno 1506. XI.
Kalendas Nouemb. in 4to. ( *In Bibl. acad. Friburg.* )

Eadem haec eſt editio libelli de *integritate*, ſed repetita, & acceſſionibus quibusdam aucta.

Auctores, qui libellum hunc approbant & confirmant, hi ſunt: *Pallas (Spangel)* theologus Heidelberg. *Georgius Zingel*, theol. Ingolſtad. canonicus Eyſtettens. *Ioannes Romanus* vtrius-que iuris doctor, *Vdalr. Zaſius* I. C. Friburg. ( in epiſt. Zaſ. p. 385.) *Henr. Bebelius* poeta laureatus Tubing. *Beatus Rhena-nus* Sletſtatinus, *Rudigerus* canonicus: atque hi omnes literis ad *Wimphelingum* exaratis, libellum eiusdem de integritate, cal-culo ſuo comprobarunt ; & *Ioannes Aeſticampianus* Luſatius poeta laureatus, & *Ioan. Gallinarius* carminibus commendarunt. Pluribus de hac editione iam egit *Freytag* in adparat. liter. T. I. p. 168.

40. Hic ſubnotata continentur:
Vita M. Catonis.

SEXTVS AVRELIVS de vitis Caeſarum.

BENEVENVTVS de eadem re.

PHILIPPI BEROALDI, & THOMAE WOLFII iu-nioris diſceptatio, de nomine imperatorio.

Epithoma rerum Germanicarum vsque ad noſtra tempora.

THOMAE AVCVPARII Diſtichon.

*Multa breui doceo mirae breuitatis amator*
*Nos eme: nam breuibus diſcere multa potes.*

*In fine:* Iohannes Prüs in aedibus Thiergarten Argentinae imprimebat. Mathias Schürer recognouit, anno 1505. quinto Idus Martii. Conrado Duntzenhe-mio dictatore Argentinenſi in 4to. ( *In Bibl. acad. Friburg.* )

Vt

Vt iam de prioribus huius collectionis opufculis taceamus, *Wimphelingii* duntaxat libellum confideraturi : eiusdem epiftolam, quam exarauit ad *Thomam Wolfium* iur. pontif. interpretem, integram dabimus : " Videns Romanas, Venetas, An
„ glas, Pannonymque & Boemorum ac Francigenum Hi
„ ftorias, in dies lectum iri, excitaueram nuper *Sebaftianum*
„ *Murrhonem*, vt ex prifcis hiftoriographis, epithoma faltem
„ rerum a Germanis magnifice geftarum comportaret : ne cum
„ caeterae nationes egregia maiorum fuorum facinora diffemina
„ re ftudent, nos veluti fomnolenti & parui animi, gloriaeque
„ auitae contemptores perpetuo dormitare videremur.    Mo
„ rem mihi gefturus *Murrho*, quod coeperat immatura morte
„ interueniente, neque perficere potuit, neque reuidere.    Ego
„ itaque quicquid ille meo hortatu aggreffus, tanquam fragmen
„ ta poft fe reliquit, cogitabam in feriem diftribuere, augere, &
„ vtcunque abfoluere : tibique mi fuauiffime *Thoma* dedicare,
„ non folum ad gloriam nominis tui fempiternam, fed etiam
„ vt omnes Germani in hoc epitomate antiquitates Germaniae
„ videant, vitam noftratium imperatorum legant, Germano
„ rumque laudes ingenium, bella, triumphos, artium inuen
„ tionem, nobilitatem, fidem, conftantiam, & veracitatem
„ edifcant : atque vt his breuibus anfam praebeamus ftudiofae
„ pofteritati, quo maiora in dies ftudeant adiicere, & amplio
„ ribus rerum incrementis Germanorum laudes cumulare.    Ve
„ rum a Germanicis laudibus Argentinam ( vnde tibi & Seleu
„ ciam fiue Seletftadium ) vnde mihi origo eft, caeteras ciui
„ tates ex hoc Rheni littore Galliam verfus fitas, uolumus ex
„ clufum iri, quoniam eas ab Octauiani aetate (Suetonio tefte)
„ Germani inhabitarunt ; vnde & Germaniae nomen meruere.
„ Et Plinius, & Cor. Tacitus, Ammianus Marcellinus, Fran
„ cifcus Petrarcha, Blondus, Lupoldus, Hermannus, & Ae
„ neas Siluius, inter Germaniae fines illas dinumerant : eccle
„ fia quoque Romana, inter Germaniae metropoles Magunti
„ nam, Treuerenfem & Agrippinam collocauit.    Cumque fum
„ mus

,, mus pontifex legatos a  latere  ad Germaniam  mittit, in his
,, patriae quoque noftrae ciuitatibus munus  legationis fuae illi
,, exercent; quod nifi Germaniae pars effent, quas legati ad Ger-
,, maniam miffi , difpenfationes , indulgentias ac  beneficiorum
,, prouifiones in eis adminiftrant , irritae viderentur &  inanes.
,, Nam & ad Galliam alii a noftris mittuntur legati, qui in no-
,, ftris ciuitatibus partes fuas  nequaquam explent.   Adde, quod
,, ipfe Carolus Burgundiae dux, Maximiliani regis focer, ad prin-
,, cipes electores perfcripfit, fefe & Germanum effe & dici vel-
,, le: cuius tamen terrae in hoc Rheni littore fitae fuerunt: imo
,, ipfarum ciuitatum & pagorum antiquiffima nomina Germani-
,, cum fonant,& minime Gallicum.   Et fi vel Caroli magni aut
',, filiorum nepotumque fuorum aetate , hic vnquam Galli habi-
,, tauiffent, verfatum fuiffet & hic  procul dubio Gallicum idio-
,, ma.  At vbinam inueniuntur vlla Gallicae linguae veftigia ?
,, vbi libri Gallici ? vbi monumenta , vbi epiftolae ,  vbi epita-
,, phia, vbi litterae contractuum, rerum vrbanarum & ciuilium
,, aut feudorum ? ficut a feptingentis & octingentis annis Lati-
,, nae & Germanicae linguae apud  nos monumenta reperiuntur.
,, Nec mihi perfuaderi poteft, optimos Sueniae duces, qui cathe-
,, dralem apud Spiras ecclefiam, quique coenobium Diuae Fidis
,, in patria mea Seletftadio fundarunt, & locupletauerunt, magni-
,, ficas illas impenfas paternamque fubftantiam in Galliam tradu-
,, cere, ac inter Gallos profundere voluiffe.  Glorietur ergo ille
,, mendicus blattero , (Thom. Murnerum intelligit ) qui noftram
,, Germaniam atque famam difcerpit, fe & fuum patrem a Gal-
,, lis defcendiffe.   Nos mi cariffime Thoma, gloriabimur a ma-
,, ioribus noftris Germanis proceffiffe. Quorum in hoc epitoma-
,, te mirificas & antiquas laudes, inter reliquas honeftas lucu-
,, bratiunculas ( quas auidiffime reuoluere foles ) cum fingulari
,, voluptate lectitaturum te confido , operamque daturum , vt
,, non folum propediem chalcographia diffeminetur , fed etiam
,, doctiffimis viris Baptiftae Mantuano, Philippoque Beroaldo
,, Bononienfi praeceptori tuo inprimis transmittatur, ad gloriam

R                                    ,, Ger-

„ Germanorum fempiternam.  Vale felix ex heremitorio dini
„ Guilhermi Argent. VIII. Kal. Octobris 1502. „

Epiftola, qua refpondit *Thom. Wolphius* iunior , Argent.
an. 1504. prid. Cal. Ian. elegantiffima eft, vti etiam iucundiffima; dum inter alia haec habet: Non deerunt fortaffe, qui pa-
„ rum id operis probabunt; nec te (*Wimphelingium* alloquitur )
„ propterea laboris poeniteat.  Noui quosdam in hoc orbe, pene
„ dixiffem in hac vrbe ; qui tametfi initiati funt, & in claffe ec-
„ clefiaftica antefignani habentur, magis tamen ludo tefferario ,
„ aut cartulis luforiis deleftantur , quam Hieronymi , aut Cy-
„ priani fcriptis.   Sunt, qui dum in aede facra horarias pre-
„ ces pfallunt, intus & in cute torquentur, quid vernula do-
„ mi agat , & an piperatum egregie conditum fit , an bene fa-
,„ litum affabulum, an lucanicae craffae fint & delicatae, an fci-
„ te pifces frifti.   Et hi nihilominus quando nec generofo fan-
„ guine, nec moribus, nec doftrina funt fpeftabiles, vbi litera-
„ rum proceres conueniunt ( quod cum fummo dolore refero )
;, primi accumbere volunt, & fubfelliis honoratioribus federe ;
„ quafi locus ille eminentior fplendorem ipfis afferat ; cum e di-
„ uerfo locum homo , non locus hominem exornet , quod &
„ Damonidas apud Chaeronenfem Plutarchum non ignorauit, &
„ canonica decreta teftantur.   Volui haec obiter dicere, ne illi ,
„ qui fortuna duce ( quae femper coeca eft ) vel officio vel di-
,„ gnitate praediti funt, plus nimio fibi blandiantur & arrogent.
„ Impuriffimis viris ( quod nemo ignorat ) faepe honores com-
,„ mittuntur.   Inde Graecanicum illud & elegans adagium :
„ *afinus myfteria vel facra portat.* „

Edita rurfus eft haec epitome Bafil. an. 1532. apud Io. Her-
nagium, in volumine, cui titulus: *Wittekindi Saxonis rerum ab
Henrico & Ottone I. Impp. geftarum libri III. vna cum aliis quibusdam raris & antehac non lectis diuerforum auctorum hiftoriis
ab anno falutis 800. vsque ad praefentem*, in fol.  Et in *Sim.
Schardii* hiftor. opere Tom. I. Bafil. ex offic. Henricpetrina
1574. fol.

Lauda-

Laudari etiam folet editio Marp. 1562. 8. *Iacobi Wimphe-lingi epitome rerum Germanicarum hactenus a multis defidera-ta :* de qua *Io. Vogt* in catal. libr. rar. p. 726. & *Freytag* in analeft. liter. p. 1095. qui porro haec addit : " In *Bibliotheca*
,, *Hamburgenfi hiflor.* cent. I. p. 259. editio memoratur Hanno-
,, uienfis 1524. 12. quam vero *Niceron* loc. cit. an. 1594. pro-
,, diiffe fcribit. Sed forte haec pofterior alia editio eft. Titu-
,, lus illi praefigitur : *Rerum Germanicarum epitome , auctore*
,, Iacobo Wimphelingo. *Seorfum excufa. Germaniae ex variis*
,, *fcriptoribus perbreuis explicatio* Bilibaldo Pirckheymero au-
,, ctore ( iam antea prodierat Auguftae Vindel. 1530. in 8. Fran-
,, cof. 1532. in 8. in Bil. Pirckheymeri *operibus politicis, hi-*
,, *floricis , philologicis* & *epiflolicis Francof.* 1610. in fol. ex-
,, tat p. 94. - 172.) *Item Germaniae inferioris hiftoriae* & *loca*
,, *aliquot declarata auctore* Gerardo ( Geldenhaurio ) Nouioma-
,, go Hanou. apud Guil. Antonium 1594. in 12. ,,

41. IACOBI WIMPFELINGII de arte metrificandi libellus.

Tetraftichon IOHANNIS ADELFFI ad lectorem :

*Quisquis amat numeros carmen cum fyllaba tempus*
*Et cuiusque pedis naturam nofcere primam.*
*Hoc fibi iungat opus breue: carminis auctor abunde*
*Quam pofcis , promittit opem , maiora fubinde.*

*In fine :* Impreffum per Mathiam Hupfuff ciuem Argentinenf. in 4to. ( *In Bibl. acad. Friburg.* )

Conclufiuncula , vt adpellatur , *Iohannis Adelffi* Argent. con-tinet nonnulla huc pertinentia : " Habes candide lector intro-
,, ductiones profodiae a magiftro *Iacobo Wympfelingio* pro vi-
,, rili parte exactas elucubratasque. Plura autem congeri addi-
,, que potuiffent, nec inficior , quemadmodum fciolus quidam
,, ( vt fibi videtur ) addidit grammaticam quandam, quam nouam
,, dicunt, vndique mendis refertam. Bonum hunc virum hu-
,, ius libelli auctorem fuo depriuans honore, nomen obticuit. Ac

„ fi ex fuo promptuario hoc depromptum videretur.  Sed par-
„ cendum fuit teneris animis, cum non minus interdum peccet,
„ qui angufta copiofe, quam qui copiofa ftrictim interpretatur.
„ Vtcunque fit, fpero haec rudimenta ftudiofis & bonae indolis
„ fcholaribus profutura placituraque. Et bene vale ex Argento-
„ raco die XVIII. menfis Iulii anno huius feculi quinto fupra
„ quindecentefimum. „

42. Apologetica declaratio WYMPHELINGII in
libellum fuum de integritate, de eo :  An fanctus
Auguftinus fuerit monachus; cum Epiftolio THOMAE
WOLPHII iunioris.

KEYSERSPERGII epiftola elegentiffima de modo
predicandi paffionem Domini.
Oratio WYMPHELINGII metrica. f. a. & l. in 4to.
( In Bibl. acad. Friburg. )

Lectu digniffima eft epiftola Thom. Wolfii iun. ad Iac. Wimphelingum : " Mirari fatis non poffum, Wimphelinge amiciffime,
„ quorundam monachorum audaciam, qui te veluti haereticum
„ criminari contendunt, quod in tuo de integritate libello, quae-
„ dam in medium adducis, quibus coniicere fufpiciarique licet,
„ diuum Auguftinum, nec cuculla indutum, nec profeffione
„ fuiffe monachum :  quod eft, cur id genus hominem tanto-
„ pere debacchetur, infaniat, faeuiat, excandefcat, minas incul-
„ cet, coelum clamet & maria; quid obfecro haec faciunt ad fidei
„ noftrae religionisque Chriftianae tutamen ?  nec ideo fanctio-
„ res aetate noftra funt monachi, quod Auguftinus monachus fue-
„ rit, nec rurfus deteriores, fi non fuerit.   Si enim monachi
„ propter Auguftinum funt honorabiles, nos, quod feculares fa-
„ cerdotes vocamur, merito honoratiores fumus propter Chriftum
„ & Petrum.   Ad Auguftinum redeo, cuius libri ab eruditis
„ non laudantur, nec ideo expetuntur, quod fuerit vel non fue-
„ rit monachus, verum ob id vnum probantur, quod eis mul-
„ tiiugis doctrina ineft, quod variarum rerum eruditione re-
„ fplendent, quod fumma eloquentia, fummo dicendi nitore
„ fpleu-

„ fplendefcunt: Platonem non commendat, quod Athenienfis fue-
„ rit, fed quod publicum fapientiae munus illuxerit, fic &
„ ipfum Auguftinum, aut alium quempiam ex cohorte fanctiorum
„ hominum ipfa cuculla aut vile pallium non commendat, nec
„ venerabilem reddit, fed boni mores, vita cafta & integra, vi-
„ ta fine crimine, fine forde, fine macula. Cur igitur in te virum
„ optimum ob haec leuia dentes acuunt minaces illos & trucu-
„ lentos? Efto, vocent te in ius, tentent Romae iniuriarum actio-
„ nem, Pontifex maximus & Romani iudices caufa cognita in ri-
„ fum foluentur, quando intelligent, ita apud nos otiofos effe mo-
„ nachos, vt vel foli Auguftini cuculla poffit illos ad mille lites &
„ mille certamina prouocare. Valeant, qui de te male fentiunt,
„ valeant, qui de cuculla Auguftini magis quam de ipfo Augu-
„ ftino funt folliciti. Crede mihi, nemo te vnquam impune laefe-
„ rit: habes tot amicos, tot egregios difcipulos & eruditione,
„ & aetate, & diuitiis florentes, qui te nedum viuum & in hu-
„ manis nunc innocentiffime agentem, fed & vita defunctum,
„ fcriptis fuis luculentiffimis, fi opus fuerit, defendent, tutabun-
„ turque. Tu felix efto, virulentorum morfus non te contur-
„ bent, fed fac, quod facis, Deum dilige: Argentinae curfim
„ ex aedibus noftris Pridie Kalen. Augufti an. MDV.

*Wimphelingius* autem libellum hunc de integritate, fenten-
tiamque fuam, qua S. Auguftinum fuiffe monachum ibidém
negauerat, propugnaturus, plura hanc in rem profert argumenta, rationesque: quibus coronidem impofiturus, eum in modum perorauit: " Ignofcant ergo mihi venerandi patres, quibus
„ reuera nunquam mihi cordi fuit, bilem aut ftomachum mouere.
„ Nec ipfis dedecori aut minori gloriae fore putaui, nec eos fuc-
„ cenfere veritus fum, quod eos ab excelfo & illuftri liberae po-
„ teftatis epifcopo, in nullius puri hominis verba iurato vel pro-
„ feffo, legem fuam & vitae tenorem fcripfimus accepiffe. Pro-
„ fecto qui Auguftinum vero & fincero amore (amicitiae inquam
„ & non concupifcentiae) diligunt, quique ad Dei laudem prae-
„ ftantiffimos eius libros a multis lectum iri gaudent & optant,

R 3                                              „ pa-

,, parum apud illos refert, monachus fuerit nec ne, dummodo
,, ad Chriftianae fidei exaltationem nobiliffima eius fcripta paffim
,, a plurimis ammodo legantur: cogitent, qui Auguftinum ama-
,, re fe & colere fimulant, ne cum monachum eum fui fimilem
,, praedicant, non id ad Auguftini decus & gloriam, fed ad
,, fuam ipforum laudem, ne dicam libertatem feciffe videantur.
,, Dedo poftremum ego, atque fubiicio nunc has praefentes &
,, omnes alias ineptas meas lucubratiunculas (potiffimum *Apo-
,, logiam* pro republica Chriftiana ) cenfurae fanctiffimae fedis
,, apoftolicae, illius femper non folum iudicio fideliffime adhae-
,, furus, fed etiam cunctis iuffis defiderantiffime pariturus, ficut
,, & duplici iureiurando aftrictus fum : quodfi me fenem & mul-
,, tiplici aduerfa valitudine feffum, quicunque venerandi patres
,, aut deuoti cuiuscunque ordinis fratres forfitan perfequi vo-
,, lent, refugiam ego fupplex ad fummum principem & vni-
,, cum ecclefiae caput, omniumque fidelium clementiffimum
,, patrem, atque magnanimum & conftantiffimum iuftitiae de-
,, fenforem, Iulium fecundum : in cuius poteftate falus & per-
,, ditio mea fita eft.  Pro cuius falute & honore amplificando
,, omnes vires meas impendere paratus fum, vt fub excellentiffi-
,, mae fanctitudinis fuae paternis alis fecurus & intrepidus con-
,, quiefcam. ,,

Sed data opera, & omnium accuratiffime argumentum
ifthoc pertractauit, atque Auguftinum monachorum patrem
fuiffe, ac eremiticam vitam duxiffe, oftendere aduifus eft ordinis eremitarum S. Auguftini decus & ornamentum perpetuum
*Io. Laurent. Berti* in comment. de reb. geft. S. Auguft. c. 23. -
42. Venet. 1756. 4.

De *Kaiferfpergii* epiftola iam fuperius *fafc. I. pag.* 76. actum eft.

*Wimphelingii* oratio metria ad Chriftum pro remiffione peccatorum, alteri cuidam illius libello, quem paullo ante n. 32.
laudauimus, inferta extat.

Illam fequitur *ignoti amici* epiftola ad aemulum *Wimphelingii.*  Exhibet eadem epitomen libri de integritate, & ami-

cum

cum funm hortatur, vt cum reliquis fociis, *Wimphelingum* la-
ceffere definat.

Tandem ad calcem totius libelli adponitur hexaftichon
*Philefii V.* (*Ringmanni Vogefigenae*) in eum, qui fcripferat,
*libellum de integritate cum auttore fuo, flammis egere magis,*
*quam cenfore.*

> *Inclyte monftraris hoc* Auguftine *libello*
>> *Non de mendicis certo fuiffe viris*
> *Arma paraturum cernet maiora* Iacobum
>> *Liuida ni rabidus comprimet ora canis*
> *Seminet atra licet per cunttas murmura gentes*
>> *Ponam, fi quid fit Bardocuculla, fciat.*

Diligenter libellum ifthunc recenfet *Freytag* in adparatu liter.
T. I. ?. 171.

43 Soliloquium wimphelingii pro pace Chriftianorum, & pro Heluetiis, vt refipifcant.¦ Ad honorem
Regis Romanorum & principum, ad cautelam etiam
ciuitatum Sacr. Rom. Imperii, ne apoftatae fiant. f. a,
& l. in 4to. (*In Bibl. acad. Friburg.*) *)

Libellus hic fi temporis, aliaque rerum adiuncta confiderentur, anno 1504. vel certe 1505. adhuc in lucem prodiiffe videtur.

*Wimphelingius* ipfe in apol. pro rep. Chrift. c. 40. huc re-
fpexiffe videtur, dum ait: *Quodfi Bohemi fedi Apoft. & Heluc-*
*tii Romanorum regi adhaererent, vt funt bellicofiffimi, felicius*
*Turcarum gentem edomari poffe fperarem.* Et porro in epift.
ad Albert. epifcop. Argent. anno 1506. edita eiusdem foliloquii
mentionem facit.

---

*) In exemplo huius libelli, quod in bibl. noftra acad. extat,
  in fronte tituli haec, & quidem *Philomufi* manu adfcripta
  funt: *Soliloquium Wimphelingii pro pace Chriftianorum &*
  *pro Heluetiis*, *vt refipifcaut* (iniuffu & absque confenfu
  fuo impreffum.) *Ad honorem Regis Romanorum & prin-*
  *cipum* (atque procerum, quos Nicolaus Schradin turpiffime
  taxauit) *Ad cautelam etiam ciuitatum Sacr. Rom. Impe-*
  *rii, ne apoftatae fiant.* Reu. D. electo Tulln.

*Iac. Wimphelingus* ad *Iacobum* ex familia *Liebenſteinia* Archiepiſcopum & principem electorem Moguntinum epiſtolam nuncupatoriam praefixit ; ex qua nonnulla huc tranſcribere placuit :
" Ad Theologiae vero ſtudium multo plures incenderentur, ſi &
„ eius ſtudioſis ad praebendas eccleſiaſticas facilis pateret aditus,
„ vna cum his, qui ſtilo curiae ,gratiis expectatiuis, vacantiis, li-
„ tibus mouendis , ſurrogationibus, reſeruatis , ſe totos tradide-
„ runt ; ſique modernus pontifex *Iulius ſecundus* ( quem in
„ tegerrimum & conſtantiſſimum iuſtitiae zelatorem praedicant
„ certior efficeretur de multis abuſibus , de indignis diſpenſ-
„ tionibus, de dolis, & malis artibus (quales olim *Iacobus Syn-
„ ler* mihi conqueſtus eſt) & de inſatiabili quorundam auaria,
„ quorum vnus ſolus , qui neque nobilitate neque ſcientia prae-
„ cellit, contra omne ius , contra omnem rationem , contra
„ omnem honeſtatem abſorbet quatuor, quinque, aut ſex. immo
„ plures (etiam intra eandem quandoque ciuitatem ) praebendas
„ perſonatus, vicarias, quarum vna ſola doctrinae & virtuti ſuae
„ ſufficeret , & tantos rapit prouentus , quantis vna vel duo re-
„ uerendi Italiae Epiſcopi , aut .ſex, ſeptem , octo ſacrae paginae
„ vel decretorum profeſſores, eccleſiae catholicae vtiliſſimi ad-
„ modum contenti ſorent, ſi illorum auaritiae froenum pouere-
„ tur , vt ſorte ſua & ſufficienti emolumeuto ſatiati , honeſtiſ-
„ ſimos theologos & pacificos canoniſtas , qui vel pro diuinae
„ ſapieutiae vel ſacrorum canonum ſtudio patrimonium ſuum in
„ gymnaſiis cum multo laboro ſuderunt ; ad ſuperfluas prae-
„ bendas absque litibus admitterent , tum diuinus cultus auge-
„ ri, ſcandalum , murmur, odium populi in omnem clerum
„ propter illos beneficioſos ſedari, animabus deſunctorum co-
„ pioſius ſuccurri, tum fides exaltari, Boemicum virus a Ger-
„ manis arceri : cancellis metropolitanarum & cathedralium
„ eccleſiarum de doctis concionatoribus prouideri, apoſtolica ſe-
„ des ſortius| deſendi, & respublica chriſtiana proſperari poſſe:,
„ & nihilominus hi, qui curiae Romanae vtcunque ſeruierunt,
„ partem conditioni ſuae commenſuratam ( ſi ſaltem ſe ipſis
                                                    „ co-

„ cognofcere vellent, aut veram aeternae vitae fidem haberent)
„ Deo propitio effent confequuturam , quamuis non credam,
„ fummum id pontificem velle, vt quantumcunque quispiam
„ ex noftratibus in vrbe feruierit, qui omnem adolefcentiam
„ fuam non in bonis litteris, fed mulorum concurfu , fed ftabu-
„ lis purgandis, fed aliis ( forfitan vilibus ) officiis confumpfit,
„ non folum multos canonicatus, fed etiam duas aut tres pin-
„ gues animarum. curas abfumat , qui cum prorfus indoftus
„ fit, & ad erudiendam plebem ineptus de fide, de praeceptis,
„ de facramentis, de peccatis, de virtutibus, de animae immor-
„ talitate , de vita beata , vnum verbum ex diuinis fcripturis
„ non nouit: neque enim in tantis laboribus difcere potuit. Et
„ ideo tota vita fua, cancellos afcendere, vt vel euangelium
„ populo dicat vel cruciatam promoueat, non audet, fed contre-
„ mifcit & rel.

Libello autem ipfi haec materiarum fynopfis praemiffa eft :

Optatur pax Chriftianorum I.
Bellorum multiplex genus II.
Difficultas iufti belli III.
Ambitio principum caeca IV.
Milites proni ad bellum principes irritant V.
Militum ad bella impura mens VI.
Conditio quaedam iufti belli, quae rara auis eft VII.
Caufa bellorum ex diuo Bernardo VIII.
Inhumanitas ad bella pro ftipendio volitantium IX.
Si iusiurandum in Marte non violetur X.
In capiendis hoftibus maior humanitas apud Turcas & Boe-
mos , quam Suitenfes XI.
Canones & leges Suitenfium , & de eorum capitofa pertina-
cia teftimonium Aeneae Syluii XII.
Commiferatio in quorundam atrocitatem iuxta conditionem
beftiarum , quarum imaginem in fignis ducunt XIII.
Principes clementia Deo pares efficit XIV.
Alpinates inclementes Deo diffimiles XV.

R 5 De

1505. opufculi fe profitetur editorem, quod *Wimphelingus*, fortaffe criticorum cenfuram paulo acerbiorem metuens, a difcipulis fuis cremari iufferat. *) Sequuntur epiftolam duo epigrammata *Mathiae Ringmanni Philefii V.* hyponactia iambica ad lectores.

*Wimphelingii* prologus, quem praemifit, lectu eft digniffimus: " Coram Deo, qui corda intuetur, ingenue fateri, ac
,, conftanter afferere poffum, me neque praeclaram iuridicam
,, facultatem, neque facratiffimas leges vuquam defpexiffe : in
,, quibus certo fcio, contineri, quid iuftum, quid iniuftum, quo-
,, modo fuum vnicuique reddendum, quomodo poffeffionum &
,, hereditatum facienda diftributio, quomodo ad pacem & iufti-
,, tiam laborandum, & caetera innumera id genus ; fed neque
,, bonos & integros iurisconfultos in minimo floccipendiffe :
,, quippe qui ab integerrimis iureconfultis *Kiliano Volfio*,& *Conr.*
,, *Sturzelo* Reg. Maieft. Cancellario (*fafc. I. p. 1. 2.*) *primum* in
,, florentiffimo *gymnafio Friburgenfi* a teneris annis educatus
,, & inftitutus fum : deinde cum iurisconfultis in ftudio Hei-
,, delbergenfi iucundiffimam familiaritatem habui, a iureconful-
,, tis Spirae, & Argentinae maximas humanitates accepi, ab
,, eis hofpitio exceptus, ad caenas vocatus, eorum confiliis
,, adiutus fum. Notarii mihi femper amiciffimi familiariffimique
,, fuere. Procuratores beneuolenter mihi aftiterunt : aduocati
,, cauffas meas fideliter tutati funt. Quapropter neque in con-
,, temptum facultatis iuridicae, neque in odium cuiuspiam, qui
,, hanc praeclaram legum & canonum artem profitetur aut ex-
,, ercet,

*) Ideo iam in libello de integrit. cap. I. *Wimphelingius* ad
*Sturmium* haec profert : *deinde apologiam meam pro republica Chriftiana contra beneficiofos & infatiabiles litium
duces ex inuidia quadam prodiiffe, multos arbitrabaris fu-
fpicaturos, quod ego nequiuerim pares & totidem cum
illis affequi praebendas* &c. Quamuis igitur iam an. 1505.
fcripta, fequenti tamen primum anno in lucem prodiit apologia ifthaec, pia difcipulorum folicitudine ab interitu vin-
dicata.

,, ercet, *apologiam* fequentem edidi; fed duntaxat, vt compri-
,, matur quorumdam petulantia, qui cum fint non folum nudî
,, legiftae, fed etiam grammaticae, rudimentorum expertes,
,, vt propriae illorum manus euidenter demonftrant, minus fo-
,, brie de theologis & cunctis philofophis, atque oratoribus lo-
,, cuti funt, theologosque vocant auaros hypocritas, haerefum
,, auctores, in concionibus fuis fteriles, largas confcientias ha-
,, bentes, cum multis aliis probris & contumeliis, verbisque,
,, mordacitate, contemptuque plenis. Parum enim abfuit, quo-
,, minus vniuerfis theologis vefperas ficulas imprecarentur.
,, Tam atroci infamatione merito laceffitus, cogor eis, qui theo-
,, logiam fupprimere cupiunt, vtcunque refpondere, haud eo
,, animo, vt ftudium aut exercitium iuris pofitiui, quod hu-
,, mano generi & vtile, & neceffarium effe fcio, flocci facere,
,, aut theologos facris literis abutentes excufare velim, fed vt
,, diuinam fcripturam theologicamque facultatem, quam ali-
,, quanto nobiliorem, Chriftianae religioni itidem neceffari-
,, am, & a facerdotibus de Chrifti patrimonio bene prouifis,
,, perdifcendam cum Honorio III. credo, defendere videar:
,, quia profeffio mea, quia zelus in facram paginam, quia ho-
,, nor Dei, quia amor doctrinae Chrifti ( de cuius patrimonio
,, educatus fum ) quia animarum falus me impellunt, & infti-
,, gant: date veniam humaniffimi iurisconfulti, quorum nemi-
,, nem praeter hos folos, & paucos, vnquam audiui theologi-
,, am carpere aut extirpare, & fupprimere tentauiffe; ficut ne-
,, que theologorum eft, praeclara canonum aut legum ftudia fup-
,, primere velle aut eradicare. Vtrisque enim ftudiis Dominus
,, nofter, & eius ecclefia opus habet: date, quaefo veniam, fi
,, in principio, fi in medio forfitan aliquid veftras pias offende-
,, re putabitis auriculas, ne fubfiftite, ne obftupefcite, fed per-
,, gite in finem, verba verbis comportate, fententiam fenten-
,, tiae compenfate, & nequaquam in me ( vt fpero ) ftomachabi-
,, mini, fed tanquam honefti purae veritatis amatores, quae
,, vtique Ariftotele tefte amicitiae praeferenda eft, aequo animo
,, defenfionem meam accipietis. ,,                               Iu

In *proteſtatione* prologo adiecta, inter alia, *apologiam* ſuam omnibus doctis, & vere Chriſtianis Dei timorem & amorem habentibus, ipſi potiſſimum apoſtolicae ſedi & pontifici Iulio II. diſcutiendam caſtigandamque cum omni ſubiectionis humillima profeſſione ſubmittit, denuoque libellum ſuum *de integritate* ſubiicit, & cauſſam exponit, ob quam a fratribus mendicantibus laceſſitus, & infamia, calumniaque adfectus fuerit.

Apologia ipſa LI. abſoluitur capitibus, quorum argumentum tabula libello praemiſſa, ob oculos ponit, quamque huc transferendam eſſe duximus:

Capitulum primum. Odium laicorum & infamiae prouerbium in clericos vnde ortum ſit.

Cap. II.   Ex Ioannis Gerſon quarta parte hiſtoria.

Cap. III.   Franciſci Petrarchae de ſe ipſo teſtimonium.

Cap. III.   Periculoſum eſſe iuris poſitiui exercitium noſtra tempeſtate.

Cap. V.   Cauſa puſillanimitatis quorundam conſiliariorum apud potentes.

Cap. IV.   Principibus veritatem plene non audent inculcare quidam conſiliarii, praecipue pro eccleſiis & coenobiis, pro rebus publicis & ciuitatibus imperii Romani.

Cap. VII.   Aduocati nonnulli cur cauſas amice non ſtudeant componere.

Cap. VIII.   Iureconſulti & cancellarii etiam honeſti fuerunt, & ſunt noſtra aetate.

Cap. IX.   Aduocati nonnulli contra eos, a quibus lucrum ſperant, non facile conſultant.

Cap. X.   Iuriſtae curtiſani & praebendoſi reformationem pati non poſſunt.

Cap. XI.   Laicorum in clericos murmur & oblocutio naſcitur ex negligentia ſtudii ſacrarum litterarum.

Cap. XII.   De inconcinno & inepto cantu, quem laici improperant nonnullis eccleſiaſticis.

Cap. XIII.   De concubinariorum caecitate.

Cap.

Cap. XIV.　Acris cenfurae benignior moderatio.

Cap. XV.　Concubinarius publicus & notorius, nifi concubinam a fe eiiciat, non eft vere poenitens.

Cap. XVI.　Exemplum a natura.

Cap. XVII.　Teftimonium doctoris Seraphici.

Cap. XVIII.　Concubinariorum caecitas ex confefforum fuorum aut quorundam perdicatorum peccata alleuiantium diffimultatione prouenire poteft.

Cap. XIX.　Contra hoc, quod quidam frater praedicauit, minimam fufficere difplicentiam pro quibuscumque & quantumuis enormibus peccatis.

Cap. XX.　Contra praedicantes pro quaeftu.

Cap. XXI.　De falfo quodam pronoftico, quod quidam aftrologus contra theologos effinxit.

Cap. XXII.　In externis gymnafiis non euadunt noftrates deuotiores & in fide Chrifti folidiores, quam in Germanicis euaderent.

Cap. XXIII.　Deuoto facerdoti quae legenda fint, & facrae paginae ftudium effe meritorium.

Cap. XXIV.　Theologiae ftudium ecclefiafticos decere.

Cap. XXV.　Comparatio gentilium philofophorum ad curtifanos, & iura pofitiua practicantes.

Cap. XXVI.　Antiqui faecularium litterarum doctiffimi, ab eis ad facram fe paginam tranftulerunt.

Cap. XXVII.　Militis faecularis ad Chriftianae militiae milites, id eft facerdotes comparatio.

Cap. XXVIII.　Theologorum & iurisconfultorum nominatiffimorum differentia.

Cap. XXIX.　Pro theologis, qui contemnuntur, confolatio.

Cap. XXX.　Diuerforum theologiae & iuris pofitiui ftudiorum diuerfi fines.

Cap. XXXI.　Ioannis Pici Mirandulani exemplo, facra pagina foret cuilibet facris initiando amplectenda.

Cap. XXXII.　Paucissimi theologi profunt reipublicae Chriftianae

nae magis , quam multi litium patroni duces & curtifani.

Cap. XXXIII.  Diuinarum fcripturarum ftudium ad quid con-
ducat.

Cap. XXXIV.  Theologi etiam · ecclefiis collegiatis prodeffe
poffent.

Cap. XXXV.  Querimonia laicorum de paucitate theologorum.

Cap. XXXVI.  Quales nonnunquam curis animarum praefertim in rure praeficiantur.

Cap. XXXVII.  De mercenario quodam difcolo, & rectore fuo
indocto antiquoque curtifano hiftoria.

Cap. XXXVIII.  Contra difpenfationes omni honeftati con-
trarias.

Cap. XXXIX.  Praelatorum ineptia vnde oriatur, & de nomi-
nationibus puerorum.

Cap. XL.  Theologi poffent fedi apoftolicae & Romano imperio
inobedientes ad obedientiam reducere.

Cap. XLI.  Confutatio in eos,qui dicunt theologiae ftudium non
effe de pane lucrando.

Cap. XLII.  Auaritiae abundantium in fuperfluis praebendis
& iura pofitiua practicantium deteftatio, frugalitatisque
theologorum confolatio.

Cap. XLIII.  Philofophi & theologi quonam pacto etiam ecclefiaftica beneficia confequi poffent, & de malis artibus, quibus curtifani nonnunquam vtuntur.

Cap. XLIV.  Confolatio theologorum , qui a prudentibus huius
faeculi circumueniuntur, & quomodo curtifanorum auaritiae poffit obuiam iri.

Cap. XLV.  Commiferatio in eos, qui vsque in fepulchra humana iura, & in prophanis caufis patrocinia perfe-
quuntur.

Cap. XLVI.  Confcientiae aculeum feu remorfum vel fero in
aduocatis & huius mundi prudentibus fufcitari, nifi forte
de-

desperatis, & de animae immortalitate futuraque vita nihil prorsus sentientibus.

Cap. XLVII. Iurium practica non sufficit pro pane lucrando
apud multos aduocatos & curtisanos.

Cap. XLVIII. Confutatio in curtisanos & aduocatos ecclesiasticos thesaurizantes.

Cap. XLIX. Quos deceat passim & omnifariam iura exercere,
ac aduocare, & de ecclesiasticorum officio.

Cap. L. Theologus non sit prorsus expers & inscius iurium.

Cap. LI. Conclusio.

In fine quatuor reperiuntur carmina, quorum titulos hic ad-
scribimus : 1) *Theologia siue sapientia inuitat adolescentes, sacris initiandos , ad sui studium tum honestum , tum ad beatitu-
dinem conducens.* 2) *Hexastichon ex heroico & alciaico* M.
Ringmanni Vogesigenae Philesii. 3) *Philomusus theologus in
laudem sacrarum literarum,* & 4) *contra eos, qui cum sacris
sint initiati, nihilominus tamen spe quaestus quotidie replicant,
latrant, rabulantur, ac etiam contra eos, qui nihil uel legunt
uel sciunt, nisi ut infinitis se onerent sacerdotiis, & praebendis,
elegia pathetica* Ioannis Gallinarii Budorini. Et tandem : *Finit
apologia* Wimphel. *pro republ. Christiana contra epistolam* Francisci Schaczer *de Rotuila doctoris.*

*Veritas odium parit.* Theren. *Sed sub iusto iudice vincit.* Hesd.

Vt autem, quae fuerit *Wimphelingii* nostri mens sententiaque,
clarius luculentiusque intelligi queat, speciminis loco sequentia ex
eodem adduxisse iuuabit. Et quidem C. XX. *contra praedicantes
pro quaestu :* " Haud abs re dixit *Augustinus:* tutius veritas au-
„ ditur quam praedicatur, & salubrius praedicaretur de fide, spe,
„ & charitate, de obseruantia praeceptorum Dei, de exterminan-
„ dis vitiis, de plantandis virtutibus, de timendo, & aman-
„ do Deo, quam illis praetermissis sermones referri ad conci-
„ tandum populum, vt offerat, vt in suis templis indulgentias
„ quaerat, vt in fraternitates se inscribi sinat, vt posteriores
„ sanctos enixe colat : tanquam Petrus & Paulus, Baptista & ipse

S

„ Diony-

„ Dionyſius, nullius apud Chriſtum in patria ſint iam auctori-
„ tatis. Timendum eſt multos ſimplices plus aequo confidere in
„ fraternitatibus, confidere in quibusdam ſanctis, quibus peculia-
„ riter ſeruiunt, de iis loquor, qui praeceptum Dei nullum ſer-
„ uaut, & tamen vel roſaria alioquin laudanda dicunt, vel
„ certis ſanctorum vigiliis ab eccleſia non inſtitutis ieiunant, in
„ quibus certo ſperant ſe ſaluari. Multa noua inueniuntur
„ aucupia: Anna beata videtur propediem obſcurare famam, &
„ gloriam filiae ſuae ; ita noua delectant, ſtatuae ſanctorum li-
„ gneae, & lapideae, atque imagines in aris auro, argento,
„ luminaribus, & omni venerationis genere videntur pleris-
„ que in locis magis, quam euchariſtia ipſa exornari. Apo-
„ crypha nonnulli fratrum non erubeſcunt pro canonicis ſcriptu-
„ ris enarrare. Audiuimus his auribus fratricellum quemdam ex
„ mendicantibus ordinis & domus ſuae magnificaſſe indulgen-
„ tias, vt nihil ſupra: enumerabat absque omni pudore mul-
„ tos pontifices, qui dediſſent indulgentias ordini ſuo, quorum
„ plerique trecentis aut quadringentis annis ordinis ſui princi-
„ pium anteceſſerunt. Sunt alii, qui in ſummis feſtiuitatibus
„ concionantes ſubſtituunt laicos, qui eis ſcurriliter per quem-
„ dam iocum contradicant, & quaſi per dialogum verba ſua
„ impugnent, & interrumpant: *mentiris*, aiunt, *tu craſſe mo-*
„ *nache*, aut aliquid huiuscemodi ridiculum: ſit tum in toto
„ populo ingens cachinnus, his auribus id moeſtus audiui. Ita
„ euangelicam veritatem conuertunt in fabulas, & Chriſtianam
„ maturitatem transferunt in ludos ſcenicos, atque theatrales.
„ Non dubito in his omnibus mecum ſentire *Thomam Lampar-*
„ *ter* & doctum, & ſinceriſſimum ordinis diui Dominici patrem,
„ quem cum aliis quorumcunque ordinum honeſtis patribus
„ ſimplicem populum, & puſillos non ſcandalizantibus reuera
„ diligo, colo, vehementerque obſeruo. Verum *Thomas* ille,
„ dum adhuc in ſeculari habitu animarum curam regeret, opti-
„ mae vitae & famae fuit, ſicque a ſacerdotio ad ordinem ſuum
„ magnam honeſtatis radicem traxit. Quodſi aliqui ex eis mihi

„ ma-

,, maledixerint, meque perfecuti fuerint, & dixerint omne ma-
,, lum aduerfum me, non folum patienter feram, fed & gau_
,, debo & exultabo: nec enim melior fum diuo *Ioanne Gerfon*,
,, aut *Ioanne Crucero*, qui fimilem perfecutionem fuftinuerunt.
,, Scio autem bonos & Deum timentes religiofos mihi nequa-
,, quam effe oblocuturos. ,,

Cap. XXIX. *Pro theologis, qui contemnuntur, confolatio.*

" Adeo inualuit error & caecitas quorundam prudentium
,, huius faeculi, qui facras literas & earum ftudiofos defpiciunt,
,, vt cum quodam quafi ludibrio atque contemtu theologum
,, quempiam appellent. Eft, inquiunt, theologus, fubfannantes,
,, irridentes, floccifacientes, pro nihilo ducentes, tanquam ho-
,, mo fit nullius pretii, ad nihil idoneus, nullo ftatu honefto, in
,, quem fubmoueatur, dignus. Id perfaepe audiui. Sed con-
,, folantur me verba Chrifti, qui hunc theologorum contemtum
,, praedixit inquiens: Eritis odio omnibus hominibus propter
,, nomen meum. Perinde ac fi diceret: Eritis odio, propter
,, hoc fcilicet, quod de Deo, qui fum ego, quod meum eft nomen,
,, vos inueftigabitis, ftudium veftrum impendetis, difputabitis,
,, conferetis, pofthabitis humanarum conftitutionum ftudiis, qui-
,, bus alii veftri contemptores operam dabunt, vt marfupium
,, repleant, thefaurizantes & ignorantes, cui congregabunt,
,, deducentque in bonis dies fuos, at in puncto ad inferna de-
,, fcendent. Vos autem beati, quia me elucidabitis, quia vos
,, fum eruditurus, & de lege mea docturus. Nec erubefcat quis-
,, piam conciones habere ad populum, propterea quod nobilitate
,, refulget. Chriftus enim potiffimum & docuit & populo prae-
,, dicauit, neque is ignobilis, quippe qui Rex Regum & Do-
,, minus Dominantium. ,,

Cap. XXXVIII. *Contra difpenfationes omni honeftati*
*contrarias.*

" At dicent: Chrifti Vicarius nobiscum difpenfauit, vt plu-
,, ra facerdotia poffideamus, etiam incompatibilia, etiam cura-
,, ta, etiam fub vno tecto. Audiant illi, precor alterum Chri-

„ ſti Vicarium, qui dixit : *cum creſcunt dona, creſcunt & ra-*
„ *tiones donorum :* quomodo autem illi pro tot praebendarum
„ fructibus ſpoliantes eccleſias , ſpoliantes chorum , ſpoliantes
„ capitulum, ſpoliantes diuinum cultum, ſpoliantes defuncto-
„ rum animas, ſpoliantes ſacerdotes , rationem Deo reddituri
„ ſunt, qui vix vni quidem beneficio ſatisfacere poſſunt ? Et
„ cum ſe diſpenſatione Sixti IV. , Innocentii VIII. , vel Ale-
„ xandri VI. , quam importune , aut vtcunque obtinuerunt,
„ tutari voluut, cur non formidant Gregorii Magni ſententiam
„ iam pridem contra ſeſe dictatam ? Si credunt, & innituntur
„ poſterioribus pontificibus ( qui vt homines falli potuerunt)
„ cur non credunt Gregorio, qui ob veram doctrinam , & ſan-
„ ctiſſimam vitam inter Diuos eſt collocatus : cur non vel expa-
„ ueſcunt ab his decretalium verbis ad Innocentii III. ſenten-
„ tiam , in gloſſa adiectis : *non eſt tutus apud Deum , cum*
„ *quo Papa diſpenſat ſine cauſſa.* Cur non eos terret bulla
„ *execrabilis* Ioannis Papae XXII. , cur priuatus amor adeo
„ eos excoecauit, vt non videant papam ſuper auaritia ſua diſ-
„ penſare non poſſe,cur ſcripturas non legunt ; cur indignitatem
„ & inſufficientiam propriam non recognoſcunt : cur non ani-
„ maduertunt factum Clementis IV. , qui nepotem ſuum tres
„ canonicatus habentem optionem ſacere compulit , vt quem
„ vellet , ex his retineret, duos relinqueret, ſicut de ipſo Pla-
„ tina commemorat in gloriam nominis ſui ſempiternam ? „

Cap. XL. *Theologi poſſent ſedi apoſtolicae & Romano imperio*
*rebelles ad obedientiam commodius reducere.*

" Quid cauſae eſt, quod in exitium reipublicae Chriſtianae,
„ contra Romanum imperium inobedientia & rebellio ſurgit,
„ niſi ſacrarum literarum negligentia ? Chriſtus dixit redden-
„ dum eſſe caeſari quod caeſaris eſt. Petrus praecepit : Subie-
„ cti eſtote ſiue regi· quaſi praecellenti , ſiue ducibus tanquam
„ ab eo miſſis. Paulus intonando commonuit : Omnis anima
„ poteſtatibus ſublimioribus ſubdita ſit, qui reſiſtit poteſtati,
„ Dei ordinationi reſiſtit, qui autem reſiſtunt, ipſi ſibi damna-
„ tio-

,, tionem acquirunt. Itaque miferandum eft genus quoddam ho-
,, minum agrefte, fine legibus, fine imperio, liberum atque fo-
,, lutum, non habens apud fe vel curatos, vel concionatores, vel
,, faltem legum imperialium peritos veritatis amatores, qui eis
,, conftanter perfuadeant, omnem hominem in terris altiori pote-
,, ftati fubiectum effe debere. At dicent illi rebelles, ex fuo arbi-
,, trio liberam vitam agentes, contra imperium Romanum non fu-
,, mus, in vnione noftra Romanum imperium femper excipimus.
,, Ad id ego. Non fatis eft non effe contra imperium; fed cum
,, imperio confentire, atque ipfum recognofcere oportet. Quomo-
,, do autem imperium recognofcitur rege contemto? Si rex fper-
,, nitur, imperium fpernitur, ficut & qui papam fpernit, eccle-
,, fiam fpreuiffe videtur. Si autem regem aut imperium Roma-
,, num recognofcitis, & non contemnitis, dicite: vbi tributum,
,, vbi honor, vbi obedientia, vbi reuerentia legum, vbi metus
,, cenfurarum, quando comparetis, quando defertis curiae aut
,, iuftiffimo confiftorio camerae regalis, quando animaduertitis
,, in eos, qui regi noftro manfuetiffimo turpiter obloquuntur?
,, Quidnam in optimis regibus difplicet, an faeuam illorum ty-
,, rannidem accufatis? Quis *Maximiliano* Rege noftro clemen-
,, tior, & quis *Friderico* patre fuo manfuetior? quis *Alberto*
,, Frid. patruo benignior? quis *Sigismundo* Alberti focero fere-
,, nior, atque maior reipublicae Chriftianae amator? Taceo de
,, reliquis iuftiffimis manfuetiffimisque imperatoribus, hoc idem
,, conqueri lamentarique poffem de Boemorum in fanctam fedem
,, apoftolicam inobedientia atque contemtu: credo ego benignis
,, prudentium concionatorum perfuafionibus, conftanti animae
,, medicorum in confeffionibus hortatu, non minus poffe homi-
,, nes ad officium, ad condignam obedientiam, quam vi & ar-
,, mis incitari. Plurimum ergo facrae fcripturae ftudium paci
,, & vnitati Chriftianorum, ni fallor, effet profuturum. Vult nam-
,, que Cicero nofter, fapientiam, quae de caelo lapfa eft, regulam
,, effe ad omnium rerum cognitionem vtilem & neceffariam,
,, quod fi Boemi fedi apoftolicae, & Heluetii Romanorum regi

S 3

,, ad-

,, adhaererent, vt funt bellicofiſſimi, foelicius Thurcarum gen-
,, tem edomari poſſe ſperarem.

45. De vita & miraculis IOAN. GERSON; defenſio WIMPHELINGII pro diuo IOAN. GERSON, & clero
feculari, qui in libro (cui titulus fupplementum coeli-
fodinae) grauiter taxati funt & reprehenſi: ſine L. &
an. in 4to ( In Bibl. acad. Friburg. )

Praemittitur epitome vitae Io. Gerſonii, *) vtl etiam epiſtola Chriſtophori epifcopi Baſil. ad capitulum ecclefiae Lugdun.
vnacum eiusdem refponfione an. 1504. exarata. **)    Deinde
ſequitur 1. epitaphium diui Ioannis Gerſon: 2. Panegyris Gallica in diuum Ioannem Gerſonem : 3. Praefatio duplex, quam
ſiue ad vniuerfos Chriſtianae fidei cultores, praecipue philoſophos
& theologos, ſiue etiam ad philoſophiae & theologiae profeſſores,
infigne collegium Nauarrae Parifienfe inhabitantes & regentes XII.
Cal. Febr. au. 1506; dederunt amatores diuinarum literarum in
Germania.

Tandem exhibetur defenfio Wimphelingii pro diuo Ioanne
Gerſon & clero faeculari ; ex qua locum praecipue memorabilem, & attentione inprimis dignum tranfcribere placuit :
" Caeterum amiciſſime mi frater, a Gerſono faeculari te
,, transfers, conuertisque fermonem tuum primo ad faeculares
,, curatos, deinde ad reliquos facerdotes, qui in faeculo & fae-
,, culari habitu ſine cuculla Chriſto militant. Dicis enim alio
,, in loco, propter faecularium curatorum ruditatem, mendi-
                                                          ,, can-

*) Legitur etiam T. I. Oper. Gerfon. Baſil. 1518. f. & cum
   aliis id genus pluribus in eiusd. editione Lud. El. Dupinii
   Hag. Comit. T. I. 1728. f.

**) Meminit huius libelli Wimpheling. in apolog. pro republ.
   Chriſtiana c. 6.   Quem ( Io. Gerſonem ) multis & magnis
   clarere miraculis grauiſſimi teſtes referunt , & id Lugdu-
   nenſe capitulum pientiſſimo Patri Chriſtophoro Vtenhemio
   Baſilienſi pontifici digniſſimo, noſtro ſingulari tum patrono, tum refugio per literas proprias manifeſtiſſime ſigni-
   ficauit.

„ cantes ipfis in adiutorium effe datos, tanquam faeculares, ru-
„ des & inepti, & mendicantes ad animarum curam fubtiles
„ atque idonei effe videantur.   Dic obfecro mihi benigniffime
„ frater , fcientia vnde in mendicantes transferatur? a loco? a
„ cuculla? an  a ftudio?  Si locus in eis fcientiam parit, cur
„ non muli, equi & afini, intra veftrorum monafteriorum fepta
„ quandoque depafti, Latini rhetores & dialectici iam dudum
„ euaferunt ?  Cuculla fi ruditatem adimit, & fcientiam infun-
„ dit, pannus, ex quo cucullae fiunt, purpura & ferico longe
„ pretifior effet.  Si contendis & oblatras, ftudium florere ve-
„ ftris in coenobiis, profecto non  in omnibus tu ipfe fatebere,
„ nec ad vos illecti (contra tuam fententiam Gregorianis verbis
„ ftabilitam ) pueruli omnes ad academias veftras transmittun-
„ tur, & in faeculo quoque funt gymnafia, funt ingenia, eft
„ librorum copia, olim in coenobiis fepulta.  Sunt & qui in
„ priuatis extra monafteria gymnafiaque locis Chriftianas lit-
„ teras colunt, verfant, & imbibunt.  Dum plurimi veftrum in
„ amatoriis Ouidii epiftolis & aliis fpurciffimis paganisque poe-
„ tis nonnunquam delectantur.   Quid quod plerique faeculares
„ curati, pofthabito faeculo, facratiffimos  mendicantium ordi-
„ nes amplexi funt, in quibus eorum multi concionibus ad po-
„ pulum audiendisque confeffionibus praefuerunt.  Vnde haec
„ mutatio ? vt qui in faeculari habitu (vt tu afferis) rudes fuere,
„ mox induta cuculla docti & fapientes facti funt?  Cum itaque
„ dicis, faeculares effe rudes, credo vtique pro tua integritate
„ non omnes dicturus es, fed aliquos, & inter vos quoque ali-
„ quos rudes inueniri, indubie non es negaturus.  Igitur ficut
„ mendicantes rudibus curatis additi funt, fic & mendicantibus
„ rudibus ( ne dicam rudioribus ) alii fuperaddendi erunt, &
„ quando finis erit, feces fecibus expurgare.  Dicis etiam men-
„ dicantes in coadiutores curatorum effe conftitutos, propter fa-
„ cerdotum faecularium familiaritatem, tanquam nulla inter
„ priuilegiatos fratres & laicos fit familiaritas.  Si vt Gerfonis
„ opera, & fecularium facerdotum mores, rigidus cenfor acute
S 4                          „ pernl-

„ peruidifti, ita etiam oculis non inunctis aut lippus multorum
„ tui fimilium, conditionem & ingenia cerneres; fecus forfitan
„ diiudicares : Deus nouit : Curatisne, an mendicantibus laic.
„ magis familiares fint : Deus nouit : vtro iu loco, parochia-
„ rum curiis, an mendicantium coenobiis maior fit laicorum
„ conuictus & conuerfatio, vbinam conuiulis & colloquiis fre-
„ quentius interfint.    An nefcis mendicantes ad maiorem quan-
„ dam familiaritatem cum laicis contrahendam, puta vt in baptif-
„ mato & confirmatione compatres fiant, nonnunquam rogari,
„ & illos gerere morem;   quod clericis audio faecularibus in
„ concilio quondam Lateranenfi fuiffe interdictum ?   Poftremo
„ dicis, faecularium ecclefiafticorum multos effe in vita irre-
„ formatos, & male viuere, & fatis inconfiderate adiecifti, fi ta-
„ les extirparentur, modicus remaneret clerus, tanquam maxi-
„ ma pars cleri faecularis male viuat : abfit.   Efto, fint aliqui ex
„ nobis tales, hi tamen a reuerendiffimis epifcopis fuis perfaepe
„ caftigantur, nec tuipfe inficiaberis, inter veftros effe leues fiue
„ fragiles, qui in ipfis facratiffimis mendicantium ordinibus de-
„ fecerint, forfitan magis, quam perfectionem & fanctitatem fint
„ affecuti. Mittamus ifta,quoniam comparationes vix odio carent.
„ Tametfi nos vel ex animi morbo, vel ex rationis iudicio rudi-
„ tatis in intellectu, diffolutionisque aut deformitatis in affectu
„ & moribus accufes.   Noui tamen ego (Deus fcit) in fex Rhe-
„ ni dioecefibus, multos, immo innumeros curatos faeculares,
„ multa doctrina praefertim ad animarum regimen neceffaria
„ praeditos, & morum integritate.   Noui & in cathedralibus &
„ collegiatis ecclefiis eximios praelatos, canonicos, vicarios, non
„ dico aliquos, non dico paucos, fed pro magna parte, hone-
„ ftiffimae vitae, pios, pro aeternis, non fluxis, Dei cultores
„ rem diuinam fedulo facientes, modeftos, humiles, concor-
„ des, pacificos, deuotos, a concubinatu & filiis immunes, fru-
„ gales, plura,quam eis opus fit, facerdotia fiue beneficia non
„ appetentes, in pauperes absque pauperum moleftia & absque
„ nouis ancupiis largos atque liberales.   Tu ergo deinceps fua-

„ uiffi-

„ uiſſime, in Chriſtoque cariſſime frater, ne ſis tam curioſus alie-
„ nae vitae ſcrutator, ne ſis ſacerdotalium morum tam rigidus
„ index, Chriſtianiſſimum Io. Gerſon (quem tu ipſe doctiſſimum
„ atque conſcientioſiſſimum ſcripſiſti) ammodo ne laceres. In
„ curatos & paſtores, quorum oues tibi, tuisque minime no-
„ cuere, ne inuehas; reliquumque ſaecularem clerum ne mor-
„ deas, a quo tui eleemoſinas & caetera humanitatis officia, vel
„ nuper accepere, vel indies, dum egent, accipere poſſunt.
„ Valeant pii lectores, nec inuicem ſe mordeant, ſed vt veri
„ Chriſti imitatores mutuam caritatem ſeruent, non in ſeipſos
„ arma & calorem vertant, ſed in Saracenos. „

46. Contra quendam, qui ſe FRANCISCVM SCHA-
TZER appellat, complicesque ſuos expurgatio IAC.
WIMPHELINGI.

Epiſtola IAC. WIMPHELINGI ad IVLIVM II. ſummum pontificem.

Epiſtola ad ALBERTVM epiſcopum Argentinenſ.

*In fine:* Ad honorem Dei & vitae Chriſtianae defenſionem impreſſum anno 1506. in 4to. (*In Bibl.
acad. Friburg.*)

Defendit denuo *Wimphelingus* libellum ſuum *de integritate.*
In epiſtola eiusdem ad *Iulium II.* P. haec praecipue adnotan-
da eſſe cenſui, dum ait: " Nonnullis de *Sixto IV.* male lo-
„ quentibus in faciem reſtiti, & ora compreſſi. Immo contra
„ quendam *Andream Craianenſem* archiepiſcopum, apoſtolicae
„ ſedis hoſtem *epiſtolam* (cuius exemplar extat) dedi: omnes
„ eius cauillas confutans, articulos etiam multos, ab eodem
„ contra Sixtum papam quartum, & Cardinalium coetum im-
„ preſſos, ad vniuerſitatem Heydelbergenſem (cuius tunc ma-
„ giſtratum indigne gerebam) detuli, doctoresque, quid facto
„ opus eſſet, conſului: Ad quorum ſuaſum & petitionem epi-
„ ſcopum Wormatienſem adii, effecique, vt mox articuli illi
„ tanquam libellus famoſus ſupprimerentur. Quippe qui ſcie-
„ bam ex ſummi pontificis proſperitate totius eccleſiaſtici ſtatus

S 5                                 „ ſalu-

„ falutem pendere.  Omnium denique ecclefiarum matrem at-
„ que ducem credidi femper, & hodie credo, ecclefiam effe Ro-
„ manam, cui etfi pro mea tenuitate iu nullo vnquam deferre
„ aut prodeffe potuerim, hunc faltem honorem coram noftrati-
„ bus & difcipulis meis ei impendere conatus fum, perfuadens
„ & exhortans, vt iuxta illius regulam & exemplar, nonnul-
„ los diuinorum officiorum horarumque canonicarum locos, quos
„ mendofos iudicaui, emundarent atque rectificareut : familia-
„ rem quendam meum *Io. Coricium* ad petendam vrbem indu-
„ xi & adiuui : curialibus interea familiariter adhaefi & bene
„ volui : quin & ego ipfe duas gratias expectatinas fub duobus
„ fummis pontificibus impetraui, licet fteriles & inanes, pro-
„ pter praefumptum cuiusdam N. ad fummiffariam ( cuius pof-
„ feffionem obtinui ) regreffum, aut propter fubtilitates, quali-
„ bus etiam ante me *Io. Symler* victus eft, tulit ille modefte,
„ & ego feram.  Sed hoc vix ferendum effe videtur, quod ne-
„ que praebenda in ecclefia Argentinenfi faluberrimo praedica-
„ tionis officio annexa, tuta effe poteft, quin eam nonnulli
„ poft moderni eius poffefforis obitum, vigore literarnm apo-
„ ftolicarum fe iactent acceptaturos. &c. „

In epiftola vero ad *Albertum* epifcopum Argentinenfem libellos, quos ad ecclefiae & cleri honorem vtilitatemque fe edidiffe commemorat, retenfet, atque pluribus in medium adducit : " Quam vero fideliffime laborauerim pro honore cleri, pro
„ ftatu facerdotali, pro dignitate & libertate ecclefiaftica, prae-
„ beant argumentum illuftriffimae tuae paternitati, & vniuer-
„ fis, qui lecturi funt, quae olim ab amicis & praeceptoribus
„ perfuafus elucubraui, in hunc fequentia tenorem :
„ *Oratio* querulofa contra crudeliffimos facerdotum inuafores,
„ quae incipit : *Si vnquam beatiffime maximeque pontifex* &c.
„ ( n. 3. )
„ *Oratio* contra talias & exactiones, a laicis clero impofitas, quae
„ incipit : *Credine poteft* &c. ( n. 4. )
„ *Poftillae* in Prudentii quosdam hymnos a me publice lectos.
„ *Rheto-*

(

,, *Rhetorica* a me publice lecta, eius praesertim exempla. ( n.7. )
,, *Germania mea* ad rempubl. Argentinenfem, c. de triplici ſtatu
,, in ciuitate neceſſario. ( n. 22. )
,, *Apologia* mea pro republ. Chriſtiana, e. 5. ( n. 44. )
,, *Soliloquium* meum c. 28. ( n. 43. )
,, *Adolefcentia* mea, lege quinta, & ante finem. ( n. 21. )
,, *Prologus* ſtatutorum ſynodalium Baſilienſium in fine, vbi ſan-
,, ctum Bernardum citaui. ( n. 34. )
,, *Epiſtola* mea ad decanum Larenſem, pro omnibus Germaniae
,, epiſcopis conſolatoria. ( n. 32. )
,, *Annotationum,* erratorum in diuinis officiis concluſio. ( n. 20. )
,, Omnia haec opuſcula, praecipue libellum de *integritate* ( n.
,, 39. ) quem *Francifcus* impugnat, refero & ſubiicio examini
,, vniuerſitatum Parifienſis, Wiennenſis, Erfurdianae, Tubingen-
,, fis, Ingolſtadienſis, atque *Friburgenfis*, & Agrippinae. Si
,, quid in his, aliisque a me erratum eſt, ſi: quispiam propter
,, quaecunque ſcripta, in ius vocare me volet, coram renerendiſ-
,, fima tua paternitate princeps illuſtriſſime, qui iudex meus es,
,, reſpondere, tuoque iuſto decreto ſtare, vti obnoxius, ita & ſpon-
,, te paratus ſum. Ex domo validi equitis *Martini Sturmi.*
,, *Duce Deo veritas vincet, & iuſtitia triumphabit, quia por-*
,, *tae inferi non praeualebunt aduerſus eam.* ,,

47. Vita ſancti ADELPHI epiſcopi.

*In fine :* Ioannes Prys impreſſit anno 1506. 4to.
( *In Bibl. acad. Argent.* )

*Iacobi Wimphelingii* epiſtola dedicatoria eſt magnifico,` ge-
nerofoque Domino *Philippo Comiti in Hanaw*, & *Buroni in
Liechtenberg* inſcripta, ex aedibus validi Equeſtris ordinis *Martini Sturmi* XVII. Kalend. Auguſti an. 1506.

Eſt autem ſequentem in modum concepta : " Religionis,
,, hoc eſt diuini cultus obſeruantiſſimos fuiſſe gentiles & Chri-
,, ſtianos principes, antiquae tradunt hiſtoriae, ſperabant enim
,, ſe felix regimen, & de hoſtibus victoriam confecuturos, ſi
,, diuinae potentiae bene atque conſtanter fuiſſent ſamulati.
,, Quan-

„ quanta etiam piis regibus & imperatoribus cum deuotis quon-
„ dam epifcopis & praelatis familiaritas fuerit : quantis impen-
„ fis ecclefias ornarint, quanta in Chrifti miniftros beneficia con-
„ tulerint tum fanctorum legendae , tum probatiffima veterum
„ (praecipue *Lupoldi Bebenburgii*) fcripta declarant. Legimus
„ denique ipfos regum & magnatum filios, bonarum literarum
„ ftudio frequenter a parentibus fuis traditos fuiffe , hinc ad
„ bonos mores, ad religionem ( hoc eft timorem, venerationem-
„ que Dei ) ad amorem ecclefiafticorum funt incitati , adeo vt
„ fuis palatiis doctos epifcopos deuotosque theologos , ad latus
„ habere non erubuerint , quod & in fequenti fancti *Adelphi*
„ vita, generofe *Philippe*, liquido cognofces. Ipfe enim & bea-
„ tus Rufus eius auunculus ( licet vterque facrarum literarum
„ doctiffimus , licet vterque venatui & haftarum congreffui inu-
„ tilis , & ab adulationis veneno immunis ) potentiffimis tamen
„ regibus familiariffimi cariffimique fuere : verum vt prifca mit-
„ tamus, quae mihi probe nota funt, tibi referam : *Fridericus*
„ Bauariae dux & Comes Rheni Palatinus victoriofiffimus ( cui
„ vterque tuus auus & in bello & in pace fideliffime affiftebant )
„ quarumlibet literarum doctos vehementer dilexit , epifcopos
„ coluit, clerum defendit , conciones auidiffime frequentauit ,
„ quoties res ardua ( praefertim in bello ) aggredienda fuit, fta-
„ tiones & fupplicationes a facerdotibus deuote fieri procurabat,
„ nouam pro praedicatoribus domum ( in qua ftudium & reli-
„ gio floret ) funditus erexit. Reliqua monachorum & fratrum
„ coenobia reformauit. Neque enim pfalmis in choro, & mif-
„ fis in templo legi folitis, contentus erat , fed voluit etiam
„ poft rem diuinam intra fepta & cellas virtutibus effe locum ,
„ ludosque, ingluuiem , choreas, impudicitiam, adulteria, ftu-
„ pra prohiberi: tantus erat in ipfo feruor in Deum , tanta pie-
„ tas , tanta religio: hinc illi victoria , hinc illi falus, hinc fe-
„ lix ab hac vita exitus, inter theologorum, curatique fui ma-
„ nus a Domino Deo noftro conceffus fuit. Tu quoque mihi
„ magnifice *Philippe*, prifcorum principum & procerum fince-

„ ram

,, ram pietatem imitari videris. Quippe qui inter cetera reli-
,, gionis officia ad facras diui *Adelphi* reliquias ( qui dominiı̆
,, tui Deus tutelaris fine patronus eft ) fingularem geris affe-
,, ctum , id quod mihi nuper placabilis benignitas & eximia
,, manfuetudo tua patefecit: dum defiderares fancti *Adelphi* hi-
,, ftoriam ( cuius exemplar *Iacobus Scheidius* capellanus tuus
,, mihi tradidit ) a me lectum iri, per capita diftingui, impref-
,, fioni commendari : quod & pro virili mea , vt clementiae
,, tuae morem gererem , fummo ftudio feci ; & merito , quo-
,, niam *progenitores mei ex dominio tuo fuam duxerunt ori-*
,, *ginem* , & mihi quondam cum patruo tuo Ludouico cumqua
,, proaui materni germano Iacobo , multa fuit & amabilis con-
,, fuetudo. Te vero precor, ne veterani laborem abiicias. De-
,, nique auctoritate fenii mei fretus, te hortor , vt in deuotione
,, in Deum, in pio affectu erga fanctos, in beneuolentia in fa-
,, cerdotes, in clementia erga pupillos & viduas in dies cre-
,, fcas. Sic felix patriae pater , fic Deo & hominibus carus
,, eris. Frequenter enim, qui Deum fuosque miniftros vene-
,, rati funt, qui in fubditos iufte ac clementer imperauerunt,exi-
,, tu naturali functi funt ; tyranni vero vel interfecti, vel tur-
,, pem nominis fui maculam relinquere , aut faltem in prole
,, fua caftigari meruerunt. Dominus Deus tibi ad feliciter gu-
,, bernandos populos, facerdotesque tutandos, femper affiftere,
,, tandemque beatum efficere dignetur. ,,

Epiftolae nuncupatoriae fubiunctum legitur *Ringmanni Phi-*
*lefii* epigramma ad eundem *Philippum Comitem de Hanau.*

48. Ad ıvlıvm II. pontificem max. querulofa
excufatio ıacobı wımphelıngıı, ad inftantiam fratrum Auguftinenfium ad curiam Romanam citati: vt
propria in perfona ibidem compareat: propterea quod
fcripfit , diuum Auguftinum non fuiffe monachum
vel fratrem mendicantem : fine loc. & an. in 4to.
( *In Bibl. acad. Friburg.* )

Epiftola dedicatoria eft ad generofum clariffimumque Dominum

minum *Philippum de Duno* & *Lapide superiori* , nobiliſſimæ
Argentinenſis eccleſiae praepoſitum digniſſimum, dominum ſuum
obſeruandiſſimum.

Excipit illud breue *Wimphelingii* ad Iulium II. P. M. epiſtolion : " *Iulio ſecundo* pontifici maximo *Iac. Wimpheling.* Scripſi
„ beatiſſime pater! fratres Auguſtinenſes regulam & nomen ab
„ epiſcopo ſeculari accepiſſe , nec id putabam eis ſtomachum
„ mouere; cum & ſummi pontifices, qui ipſorum & alias clau-
„ ſtralium regulas coụfirmarunt ( quod longe maius eſt ) ſecu-
„ lares fuerint ſacerdotes: pualis & tu es *Iuli* pontifex optime
„ maxime, cui me & mea dedo, ſubiicio, commendoque. „

Elegia autem hecatoſticha *Iacobi Wimphelingii* haec eſt :

*Summe gregis Chriſti paſtor , pater vrbis & crbis .*
  *Seruator fidei , iuſtitiaeque parens ,*
*Iuli pontificum magnorum ſumma poteſtas ,*
  *Iuli cardineo gloria magna choro.*
*Aſpice clementi radiantis lumine frontis ,*
  *Quam tribuant ſcriptis ſenſa ſiniſtra meis.*
*Quos Auguſtini fratres alit ordo beati ,*
  *Hoſtem me dicunt ordinis eſſe ſui.*
*Falſo me accuſant clamantes ordinis hoſtem ,*
  *Ac ſuppreſſorem , quod reprobemque ſuos.*
*Cum tamen amplettar cunttos ſua vota tenentes ,*
  *Qui ſub veſte nigra candida corda gerunt.*
*Id probat ex aliis per multa volumina dittis ,*
  *Quod poſui in noſtro de integritate libro.*
*Eccleſiae plantas modo quatuor eſſe nouellas ,*
  *Mendicos fratres ſimplicitate pios ,*
*Plantatos ſcripſi: ſcripſi ergo non reprobatos.*
  *Nemo etenim plantat , quod reprobare volet.*
*Quid mihi ſuccenſent clamantes ordinis hoſtem ,*
  *Eccleſiae cum ſint planta nouella mihi ?*
*Principium ſumpſit fratrum non iuſta querela ,*
  *Quam latrant fittis vafra per ora dolis.*

E/l

*Est schola* Brisgoici *paßim celebrata* Friburgi,
  *Clara politorum nobilitate virum.*
*Inter diuersos istic discordia fratres,*
  *Conuentusque duos sex quaß lustra fuit.*
*Hic Augustinum, Guilhelmum praedicat alter,*
  *Certat vterque prior dignior hincque fore;*
*Dignior atque prior sacra in statione videri,*
  *Claustricolae plebis gestit vterque status.*
*Hic sacramento iustum subducit honorem,*
  *Tam fuerant tepidis pectora dura viris.*
Rex Romanus *erit testis ( tam corda tumebant )*
  *Flectere nec pretio nec potuisse prece.*
*Tum me* Conradus Stürtzel *clarißimus orat ,*
  *( Quo doctore vsa est nostra iuuenta bono )*
*Vt relegam historias , vt quaeram : primus vter sis,*
  *Vt voluam variis scripta probata libris.* •)
*Hoc ego dum facio , mihi pagina multa reuelat,*
  *Nescia cuius erant pectora nostra prius*
*Augustine vsus quod nunquam veste cuculla es ,*
  *Nec mendicaris , Relligiosus eras.*
*Relligiosus eras , Christique ligatus amore ,*
  *Sed mendicanti nulla cuculla tibi.*
*Hanc praeceptori rem scripsimus ordine nostro,*
  *Cui certe poteram iure negare nihil.*
*Haec summa: hinc omnis surgit certaminis ordo,*
  *Hinc crucior , patior , causa cuculla fuit :*
*Quam male res fratres pia veraque torserit ipsos,*
  *Nullus in hoc nostro climate nescit homo.*
*Et quamuis nullus mihi verbum fecerit vllum,*
  *Dixerit & coram iudice nemo diem.*

                                          *Atria*

---

•) Augustinus enim 30. anno primum baptizatus, vixit sub
  Theodosio & Valentiniano Caes. anno Christi 432. Men-
  dicantes autem diu post introducti sunt post annum Christi
  Christi 1220. sub Honorio Papa & Friderico II. P.  Ita
  *Wimphel.* ad marg.

*Atria nunc egomet heu fum ad Romana citatus,*
　　*Cum nequeam tantas ipfe pedare vias.*
*Non ut conductus pro me refpondeat alter,*
　　*Perfona in propria me bonus ordo citat.*
*Non curae fenium eft, fed nec veneranda fenectus,*
　　*Non canum curat turba feuera caput.*
*Argentinus adeft praeful cum confule teftis,*
　　*Et cum principibus clara caterua piis.*
*Quod iam fim variis morbis confectus & annis,*
　　*Et quod fim ad tantum non fatis aptus iter.*
*Et labor & ftudium, pituita, podagra, & orexis*
　　*Iam pridem vires deftituere meas.*
*Quid quod me tenerum chari genuere parentes*
　　*Et macie affectum corporeque exiguum.*
*Hinc fit, ut aut pedibus vel equo vel qualiter itur,*
　　*Non facient tantum languida membra viam.*
*Porro me iuuenem nemo quia vidit equeftrem,*
　　*Effe fenex poffem, qualis equefter ego?*
*Si mihi fuppeterent vires inuifere Romam,*
　　*Quam cuperem pedibus ofcula ferre tuis.*
*Cernere & antiquae monumenta & moenia Romae,*
　　*Atque actae vitae facta piare meae.*
*Semper ego Romam dilexi, atque illius altos*
　　*Pontifices colui femper honore pio.*
*In Craianenfem pro Sixto fcripfimus olim,*
　　*Sedis Apoftolicae tantus amor mihi erat.*
*Gratius haud quicquam nobis contingere poffet,*
　　*Vifere quam Romae fcripta vetufta tuae.*
*Sed quia decrepiti quia viribus omnihus hauft*
　　*Exoptant mollem corpora noftra thorum.*
*Iuli pontificum magnorum gloria fumma,*
　　*Oro inftitiam cum pietate tuam.*
*Fulmina non iacias, claues fufpende, precamur*
　　*Filiolum haud laedas virga paterna tuum.*

　　　　　　　　　　　　　　　　*Seruet*

*Seruet & orantem Chrisli communio plebis ,*
  *Si seruant reclam pectora nostra fidem.*
*Quod si ( ceu perhibent ) scriptis peccauimus, ipse*
  *Exemplo nobis Aurelianus erit.*
*Quippe recantetur versis palinodia verbis ,*
  *Nostraque vertemus scripta , sequendo ducem.*
*Te moueat senium, nostri miserere laboris ;*
  *Emeriti moueant militis arma tui.*
*Si noster Petri sudor fuit vtilis agro ,*
  *Si quicquam assidui summa laboris habet.*
*Fac vt quod saeuos admittunt iura per hostes*
  *Aequa libretur causa bilance mea.*
*Aut mihi patronum foueas, aut scribito, praesul*
  *Iudicis vt noster nobile munus agat.*

Quo tempore *Iacobus Wimphelingus* hanc elegiam ediderit,
non satis constat. *Niceronius* loc. cit. p. 20. illam quidem circa
an. 1512. compositam esse ceuset ; sed existimamus potius cum
*Freytagio* in adparat. liter. T. I. p. 177. illam aliquot annis
antiquiorem , & anno circiter seculi XVI. septimo vel octauo
euulgatam esse.

49. DIVVS BERNARDVS in symbolum Apostolorum.

Idem in orationem dominicam.

Idem de fide Christiana.

THOMAS WOLPHIVS iunior in psalmum *Benedicam.*

*In fine:* Ioannes Knoblochus imprimebat. Matthias Schurerius recognouit. in 4to. ( *In Bibl. acad.
Friburg.* )

*Iac. Wimphelingius* opuscula isthaec *Iacob Sturmo* Christia-
narum literarum auditori, & *Cosm. Wolphio* canonico Haselac.
dicauit literis Argent. ex aedibus *Martini Sturmi* 19. Kalend.
Decembris an. 1506. exaratis.

Sed tres isti, qui vulgo *S. Bernardi* dicuntur esse, libelli, inter

T                                   vera

vera & genuina illius opera a *Jo. Mabillonio*, aliisque viris doctis fumma diligentia ftudioque collecta ( Parif. 1667. 8. 1719.
Venet. 1765. fol.) locum non habent: quin potius *Petro Abae-*
*lardo* adfcribenda effe videntur.

*Thomas Wolphius* iunior interpretationes fuas & commentarium in pfalm. 33. *Ioanni Keifersbergio*, theologo clariffimo
infcripfit.

Subinuncta ad calcem leguntur, *Sebaft. Brant*, *Hieronymi*
*Emfer*, theologi, & a fecretis Georgii Saxonum ducis, *Henrici*
*Bebelii*, poetae laureati, *Thomae Didimi Aucuparii*, Argent.
poetae laureati, *) carmina.

*Matthias Schürerius* artium doctor epilogum addidit: " En
„ tibi fophiae amator, quisquis es, id libelli in hoc noui an-
„ ni initio veluti ftrenas offerimus. *Bernardi* fcilicet ac *Vuol-*
„ *phii* noftri lucubratiunculas politas medius fidius, lectu quo-
„ que & cognitione digniffimas, id quod ipfa lectione depre-
„ hendes. Intra dies duodeviginti, *Picus Mirandulus* prin-
„ ceps totius encyclopediae confultiff. bonis auibus prodiit in
„ lucem. Interea vale: haec Argentorati, quae infignis Heluetio-
„ rum vrbs eft, Nonis Ianuariis anno Chrifti feptimo & quin-
„ gentefimo fupra millefimum. „

50. Speculum vitae humanae, in quo difcutiuntur commoda & incommoda, dulcia & amara, folatia & miferiae, profpera & aduerfa, laudes & pericula omnium ftatuum. Auctor nobiliffimi huius libri fuit dominus RODERICVS, epifcopus Zamorenfis
Caftellanus, & referendarius papae Pauli II. in theologia, vtroque iure & omnibus aliis bonis litteris
doctiffimus, fummus Chriftianae religionis cultor &
defenfor, feruentiffimusque & conftantiffimus falutis
animarum zelator.                                    *In*

---

*) Sub rectoratu *Hieronymi Vehi* ex Niderbaden, I. V. doct.
    an. 1511. die 17. Oct. albo acad. Friburg. infcriptus eft
    *Thomas Didimus Aucuparius*, poeta laureatus de Argenti-
    na, presbyter, & vicarius ibidem.

*In fine:* IOHANNES BOTZHEMVS ABSTEMIVS,
D. D. IACOBVS WYMPHELINGIVS , *fac. pag.* Lic.
SYMPHORIANVS POLLIO , *facerdos* recognouerunt:
Iohannes Prys ciuis Argentinus in aedibus luftri,
vulgo zum Thiergarten impreffit : ad morem geren-
dum generofo domino PHILIPPO DOMINO IN DVNO
& LAPIDE SVPERIORI, Argentinenfis ecclefiae prae-
pofito , & ad preces PAVLI BVRGER eiusdem fum-
miffarii Pridie Idus Ianuarii anno falutis 1507. fol.
( *In Bibl. acad. Friburg.* )

   Praemiffa legitur epiftola ad *Paulum Burger* , ecclefiae maioris Argent. fummiffarium a *Ioanne Botzhemo* , decret. doct.
fcripta , quae fane eft notabilis : " Nouifti amiciffime *Pau-*
„ *le*, illuftrem dominum *Philippum de Duno & Lapide fupe-*
„ *riori* , infignis ecclefiae noftrae Argent. praepofitum , vtrius-
„ que noftri amantiffimum : hunc ego fatis admirari non pof-
„ fum , hominem tanta nobilitate fplendentem, opibus felicem,
„ & in principum aulis adultum , praeterea cui nihil quod
„ velit, defit, adeo & eruditorum effe & eruditionis affectato-
„ rem. Is cum menfe proximo hic apud nos degeret, fre-
„ quenter libros & cultiores hiftorias fibi afferri curauit, quibus
„ & ingenium fuum exercitaretur , & animus recrearetur , cui
„ dum infiniti codices deferuntur, vuum fibi ex omnibus dele-
„ git, qui *fpeculum humanae vitae* infcribitur, in quo commo-
„ da & incommoda , laudes & pericula omnium ftatuum miro
„ iugenii artificio defcribuntur: quo tanquam exemplari rerum
„ omnium agendarum vteretur. Mirum eft, quanta fedulitate ,
„ quanta frequentia, quanto affectu librum hunc lectitauerit ho-
„ mo claritudine natalium infignis, cum plerique huius gene-
„ ris hominum ex magna parte ( hac maxime tempeftate ) to-
„ tos fe belluinis voluptatibus dedant, oforesque fint & ftudio-
„ rum & ftudioforum. Hic autem, vt a cunabulis fere incef-
„ fanter inter literas literatosque educatus , ita ingenium fuum
„ ingenuis difciplinis femper excoluit, femperque cum doctiffi-

„ mis

„ mis verfari voluit. Vnde & id fibi peculiare affumpfit , vt
„ vbicunque hominem fingulari doctrina excellere audiat , is ab
„ eo ad menfam amicitiarum parentem vocetur, amicitiamque
„ cum eo familiariffime contrahat. Hoc *Ioanni Keyfersbergio*
„ concionatori noftro tam facundiffimo quam doctiffimo , hoc
„ *Iacobo Vuimphelingio* praeceptori meo amabiliffimo , hoc in-
„ numeris aliis omnifariam doctiffimis viris contigit. Inde &
„ mihi ( qui nondum prima literarum rudimenta deguftaui )
„ cum homine magnifico fluxit iucundiffima familiaritas , qua
„ vt peculiariter glorior , ita maxime delector. Tu vero *Paule*
„ ab eo ita diligeris , vt fine te rariffime difcumberet , mutui-
„ ter autem tu adeo hominem obferuas , adeo fufpicis, adeo
„ veneraris , vt hunc librum ( qui tunc vnicum domini folatium
„ erat ) non tam ob egregiam materiam fententiarumque ma-
„ turitatem , quarum refertiffimus eft : quam ob domini illius
„ fauorem amoremque, formis elegantioribus excudendum im-
„ preffori tradere velle videbaris : fed quid morae intercidit, ne-
„ fcio profecto, an negotia illa domeftica & forenfia, quae plu-
„ rima habes , te interceperint. Perge, qua coepifti, ftudiofis
„ benefacere, maxime cum & doctorum & doctrinarum tu ipfe
„ virtute innata fis obfequentiffimus. Non deerit tibi opera
„ *Iacobi Vuimphelingii* praeceptoris mei, viri vndecunque doctif-
„ fimi , qui curabit , vt non minus emendatus liber ab im-
„ preffore exeat , quam elegans. Vale, & me inter tuos ha-
„ beto. Datae die VI. Ianuarii anno feptimo fupra M. D. „

*Paulus Burger* vero *Philippo Domino in Duno & Lapide
fuperiori* Argent. eccl. praepofito digniffimo infcripfit an. 1506.
fext. Non. Octobr.

Carminibus auctorem & opufculum commendarunt *Sebaft.
Brant, Io. Botzhemus Abftemius,* decret. doct. *Iacobus Wimphe-
lingus , Ringmannus Philefius , Io. Gallinarius , Symphorianus
Pollio ,* facerdos Argent. *Beatus Rhenanus ,* Sletftat. *Beatus
Arnoldus ,* Sletftat. *Io. Caftmeifter* iunior.

Editio haec, *Mich. Maittairio* ignota, inter eas quoque, quae
minus

minus frequentes funt, referenda erit. Conf. *Io. Lud. Büneman-ni* catal. MSS. & libr. ab inuent. typogr. impreff. p. 31. \*)

51. BASILII MAGNI de legendis antiquorum libris opufculum diuinum.

Quos mores diligat mundus & diabolus:
*Scortum ale, fperne libros, conuiua, proiice talos*
*Aut chartas, perdens tempora, carus eris.*

Quos mores diligit Deus, & honesti viri:
*Sis caftus, difcas, fis fobrius, alea defit:*  Mundo &
*Otia contempnas, mox odiofus eris*  diabolo.

*In fine:* Finis huius libelli adeft. Impreffum Argentinae anno incarnationis dominicae millefimo quingentefimo feptimo. Die vero Lunae ante purificationis Mariae per honorabilem virum Matthiam Hupfuff 4to. ( *In Bibl. acad. Friburg.* )

*Iacobus Wimphelingus* breui quadam praefatione & exhor-
T 3  tatio-

---

\*) Plures paffim laudari folent huius opufcull editiones, vtî Rom. 1468. per Conr. Sweynheym & Arn. Pannartz f. alia Rom. aliquot annis posterior fol. (de qua *Ang. Mar. Card. Quirinus* in lib. fing. de opt. fcript. edit. ex typogr. Rom. §. 9. *Io. Ge. Schelhorn* Lind. 1761. 4.) Aug. Vindel. 1471. per Ginth. Zainer f. alia fine loco 1472. & Beronenfis 1473. Parif. fine an. per Vlr. Gering, Mart. Cranz & Mich. Friburger fol. & ibid. per eosd. 1475. Argent. 1475. per Mart. Flach f. Bifant. 1488. f. alineque: de quibus praecipue *Maittaire* annal. typogr. & edit. einend. T. I. P. I. *Sam. Engel* bibl. felect. libr. rar. p. 149. & rel. Quae editiones vti antiquitate, ita raritate etiam noftram hanc, quam adduximus, vincant necefle eft. Eiusdem libelli editionem Francof. 1683. 8. adducit *Iöcherus* in lex. erudit. art. *Rodericus.* Ceterum animaduertiffe iuuabit, *fpeculum* hoc minime confundendum effe cum *fpeculo falutis* vel *humanae faluationis*, cuius edido inter informia typographiae, infirmae adhuc, & cunls vixdum exemtae tentamina refertur. Qua de re idem *Maittaire*, & omnium exactiffime ac doctiffime *Ger. Meerman* in orig. typogr. T. I. C. V. Hag. Comit. 1765. 4.

tatione ad *Petrum Sturmum*, *) *Nicolaum Wimphelingum*, & *Hieronymum Hemmerl*, adiecto *Io. Gerfonis* carmine de animi tranquillitate, prolufit.

*Magni Bafilii* libellus a *Leonardo Aretino*, e Graeco in Latinum fermonem translatus, & *Colucio Salutato* infcriptus eft. **)

Multae autem huius verfionis, quae *Leonardum Brunum Aretinum* habet auctorem, extant editiones, quarum pleraeque alio atque alio titulo infignitae prodierunt : ex quo varii virorum doctorum errores & hallucinationes originem traxerunt. Conf. *Io. Albert. Fabricius* bibl. Graec. L. V. c. 19. *Niceron* mem. T. XXV. *Freytag* in adparat. liter. T. II. p. 846. & rel.

In *Bafilii* operum edit. Benedict. Maurina T. II. p. 92. nec tamen fecundum hanc *Aretini* translationem libellus ifte legitur.

52. IAC. WIMPFELINGII Schletftattenfis theologi oratio de fancto Spiritu.

*In fine :* Phorcae in aedibus Thomae Anshelmi anno 1507. menfe Maio in 4to. ***) ( *In Bibl. acad. Friburg.* )                                  Edidit

---

*) *Petrus Sturm de Sturmneck* a rectore *Henr. Kolher* decret. doct. an. 1506. die 2. Oct. in noftrum album acad. relatus: qui *Iacobi Sturmii*, de quo iam ante p. 163. feqq. diximus, frater erat.

**) Addi hic ea merentur, quae obferuat *Lambacher.* loc. cit. p. 87. " S. Bafilii magni *Caefarienfis Epifcopi de ve-* „ *terum fcriptorum, praefertim poetarum libris, & an* „ *homini Chriftiano eas manibus attrectare, legitimeque* „ *euoluere conueniat cum fcholiis* Vdalrici Fabri 4. *Vien-* „ *nae Pannon. Singrenius 1518.* Solus *Simlerus* ( quod „ fciam ) Epitome bibl. *Gefner.* in additionibus ex Bibl. „ Caefar. Vindob. *Vdalrici Fabri* mentionem facit, atque „ eum *proraepticon carmen de refurrectione Domini :* item „ *panegyrim ad generofum Baronem a Bolheim* fcripfiffe. „ At vero commentatum ab eo fuiffe praefentem tractatum „ *S. Bafilii*, nec ipfi *Simlero* innotuit. Verfio eft *Leonar-* „ *di Aretini*, qui omnium primus hunc eximium tracta- „ tum latinitate donauit. Quae uerfio autem in operum „ editionibus non occurrit. „

***) In fronte huius editionis confpicitur manus *Wimphelingii* libellum hunc donantis: *D. Io. Brisgoico theologo.*

Edidit orationem *Ringmannus Philefius*, *) & *inclyto ac
generofo D. Philippo de Duno , Baroni in Lapide fuperiore ,*
fummae aedis Argentin. praepofito infcripfit, Argent. Kal. Sept.
1506. quae fane lectu eft digniffima , & plura complectitur ad
opufcula *Wimphelingiana* pertinentia : " Clariffime pater , cum
„ non folum ex Ariftotelis fententia, fed aliorum etiam confen-
„ fu praeceptoribus fecundum Deos maxima debeantur , meum
„ ftudium eft, quia gratiam parem eis reddere non poffum , il-
„ lorum faltem monimenta fingulari amore complecti , venera-
„ ri , aliis communicare, & quibus poffum , laudibus extollere.
„ Sciunt , qui mei notitiam habent omnes , quam libenter de *Fa-
„ bro Stapulenfi* , & ipfo *Foroliuienfi Faufto* inftitutoribus meis,
„ altero celebri philofopho , altero poeta infigni, vtroque apud
„ Parifienfes florentiffimo loquar. Quam illorum omnia admi-
„ rer, quam collaudare foleam. Neque id quidem iniuria. Quis
„ enim talium virorum opera non laudet , non extollat ? Di-
„ cam minus remotum aliquid. *Wimphelingus* quoque doctor me-
„ us Germaniae illuftrator quicquid procudit ( femper autem
„ velut Africa aliquid noui parit ) illud omné fufpicio , & ita
„ extollo, vt nihil magis, atque hoc ipfum merito. Nam quis
„ non fufpiceret , quis non extolleret , quis non admiraretur
„ librum, cui *Ifidoneo* titulus eft de recta iuuenum inftitutione ,
„ *elegantias linguae Latinae , epitomam in rhetoricam* , tres
„ libros *elegiaco carmine* fcriptos de *Virginis Mariae triplici
„ candore* , librum de *integritate* cum eius *apologetico* , & quem
„ de *frugalitate contra praebendofos* confcripfit, *epitomam quo-
„ que rerum Germaniccrum* , eum etiam librum , qui infcribi-
„ tur *adolefcentia :* item *apologiam* illam pro *republica Chri-
„ ftiana* , & quae de *Germania* ornatiffime ab ipfo fcripta funt :
„ praeterea in *ecclefiafticas cantiones annotamenta*, atque *epito-
„ mam in quatuor Euangeliftas ;* vt taceam varias *orationes*, vt
T 4                                      „ *epi-*

---

*) Perperam *Dupinus* loc. cit. eum appellat *Rengnianum
Philofium.*

„ *epiftolas*, vt *poemata*, vt *hiftorias*, vt *foliloquium ad bono-*
„ *rem Germanorum principum* & *procerum* fcriptum, vt *officia*
„ de *compaffione Mariae* ac *fponfo eius Iofepho;* vt *ftatuta fy-*
„ *nodalia* iuffu Bafilienfis epifcopi ex facris canonibus compor-
„ tata, vt id genus innumera alia praeteream? *) Haec inquam,
„ & fic eiusmodi caetera infinita quis doctiorum hominum non
„ amplecteretur, quis non laudaret, extolleretque? Ergo vt
„ tandem ad ea veniam, quae volebam dicere, factum eft re-
„ uoluendo libros ab ipfo confcriptos, vt inter multa digniffi-
„ ma quandam *orationem* olim Heidelbergae *de fanfto Spiritu*
„ habitam, nondum impreffam, inuenirem, quam in lucem dare
„ placuit fub tui nominis fplendore; quod exiftimauerimus tuae
„ clementiae non poffe non placere qualecumque hoc; cum &
„ ipfum *Wimphelingum* & reliquos eruditos omnes magnifacias.
„ Id cum ex aliis multis, tum ex eo liquet, quod illi ( vt ipfe
„ nobis retulit ) & *Io. Keifersbergio*, eximio theologo pridem
„ ad menfam tuam inuitatis fummam humanitatem oftenderis,
„ quod manfuetus, quod affabilis, quod hilaris, quod comis
„ nobiliffimus ipfe comes affederis, non fupremo loco ( qui tibi
„ ob generis claritatem, & notabilem ftatus excellentiam iu-
„ re debebatur ) fed quemadmodum apud Brachmanas Indiae
„ fapientes fieri fcribit Philoftratus, vt fine delectu difcumbant,
„ nullum regi praecipuum locum affignantes, ita in inferiori
„ loco humilis, quafi illorum minifter, difcubueris. Vnde profe-
„ cto intelligi datur te famigeratiffimi tui parentis humilitatem
„ ac modeftiam, ficut & iuftitiam, conftantiam, integritatem,
„ caeterasque virtutes ftrenuiffime ( vt generofam prolem decet)
„ imitari. Accipe ergo bono animo & ferena fronte hanc ora-
„ tionem, ipfum *Wimphelingum* ac caeteros, qui bonas amant
„ literas, amaturus, tuoque veluti Achillis clypeo protecturus.
„ Vale ecclefiae decus. Argent. Kal. Septembr. anno falutis
„ 1506. „

53. CON-

---

*) *Wimphelingii* opufcula, quae hoc loco recenfet *Philefius*,
vix non omnia a nobis vifa, atque laudata fuere.

53. CONRADI SVMMENHART Commentaria in summam Physicae ALBERTI MAGNI.

In CONRADVM SVMMENHARTVM theologum secularem ALBERTI MAGNI interpretem hexastichon JACOBI WYMPHELINGI:

Albertus magnus *Germanae gloria terrae,*
  *Naturae & Sophiae nobile scripsit opus.*
*Quod plus interpres* Summenhart *discutit, auget,*
  *Illustrat, reserat, perficit atque polit.*
*Haec si scripta leges cupide Germanica pubes*
  *Haud dubie fructus experiere nouos.*

Epigramma solutum in eundem :

Quia te Deus erudiuit & de lege sua docuit ( *Pf.* 93. *v.* 12. ) CONRADE suauissime, beatum te dubitet nemo. Non enim haesisti literis ad pompam vel ad opes famulantibus, sed diuinae sapientiae, sed scientiae, pietatis, concordiae & charitatis, qua sola beamur.

*In fine:* WOLFG. FA. HAGE. ( id est *Wolfgangus Fabritius Capito* ) ad lectorem: Habes nunc candidissime lector, *Conradi Summenhard* theologi eruditas commentationes in *Albertum* recognitas, quam plenissime ex corrupto exemplari recognosci potuere. Quae miro ingenio literis sunt excusae a solerti *Henrico Gran*, chalcographo in Hagenaw. Haec tam magnum artificium tam amplissimum cultum redolent, vt quae ex aliis libris adhuc obscuriora videntur, hic in promptu patent ad nutum, & sine interprete ( sed frequenti exercitatione ) percipi possunt. Ocius eme, attentius legito. Ex istis enim totam & naturam & philosophiam consequere. Vale ex Hagen. cursim anno 1507. septimo Kalend. Maias. fol. ( *In Bibl. acad. Friburg.* )

Memo-

Memorabilis eſt , atque ad illuſtrandas res noſtras literarias
pertinet praefatiuncula *Thomae Wolphii* iunioris : " Sunt qui-
„ dam furaces & improbi , qui libros doftiorum hominum non
„ minus abſcondunt , quam malae matres ſuppoſititios & ſpu-
„ rios. Hi protinus eliminandi exterminandique ſunt , & in
„ peſſimam malam crucem abigendi , vtpote de re literaria &
„ ſtudioſis omnibus male merentes. At ſunt nonnulli longe
„ iſtis diſſimiles , qui vel aliquid pariunt, vel quod iam docte
„ & feliciter partum eſt, in medium proferunt. Hi ſunt omni
„ laude , omni veneratione digniſſimi. Ex eo coetu ſeu flore
„ hominum eſt *Ioannes Caeſar* , non vulgari eruditione prae-
„ ditus, qui gloſſemata terſiſſima a *Conrado Summenhardo* theo-
„ logo & philoſopho, ſua aetate haud dubie clariſſimo , in *Alberti*
„ *magni* phyſicam miro ingenio compoſita, non eſt paſſus diu-
„ tius deliteſcere , ſed ex tenebris in lucem , ex abdito & ab-
„ ſtruſo prodire iuſſit in apertum. Inuenies in hiſce commen-
„ tariis ſtudioſe lector, quod non tam ipſis tyrunculis in diſci-
„ plina phyſica , quam etiam veteranis faciet ad ſtomachum.
„ Eme, quaeſo, mox lege , & laetaberis. Vale. Haec Argen-
„ toraci raptim ſeptimo Kalend. Martii anno Domini 1507. „

Atque ex his palam fit, *Ioannem Caeſarem* artium magiſtrum Friburgenſem (*faſcicul. l. p. 6.*) huius editionis auctorem
*Henrico Gran* typographo Hagenouienſi celeberrimo extitiſſe.

54. GVILHERMVS epiſcopus Pariſienſis de colla-
tionibus & pluralitate eccleſiaſticorum beneficiorum.
*)                                                      ALBER-

---

*) *Guilielmi Pariſienſis* opera collecta , in vnum corpus redacta, & recognita , iunctim edita fuere a *Ioanne Domini-*
*co Traiano* Neapolit. Venet. 1591. II. Tom. fol. Sed illa
praeſtantior cenſetur editio, quae ſtudio & opera *Blaſii Fer-*
*ronii* Carnot. canonici ac ſorbon. theol. Aurel. 1674. II.
Tom. fol. prodiit. Huic ſane editioni aliquot inſignes,qui
in priore deſiderabantur, addidit tractatus *Ferronius* , nimirum tractatum *de Trinitate , & attributis diuinis* , librum
*de anima , ſupplementum noui tractatus de poenitentia* , &
tractatus *de pluralitate & collatione beneficiorum eccleſiaſti-*
*corum*

ALBERTVS MAGNVS de adhaerendo foli Deo. \*)
Sanctus BONAVENTVRA ad fratres mendicantes,
quales esse debeant erga praelatos & ecclefiarum rectores.

*In fine:* Habes hic dulcissime lector *Guilhermum
Parifienfem* de beneficiis ecclefiasticis, *Albertum magnum* de adhaerendo Deo, & *Bonauenturam.* Ex
primo doceberis auaritiam & congeriem fuperfluam
patrimonii Christi abiicere : ex fecundo mundum
mundanis relinquere : ex tertio docentur religiofi
paupertatis professores fuis contenti esse, & pacem
iuraque parochialium facerdotum nequaquam violare.
Prodierunt haec feliciter ad Dei laudem ex officina
Ioannis Knoblouchi anno falutis noftrae 1507. VII.
Kalend. Iulias 4to. ( *In Bibl. acad. Friburg.* )

Epistola nuncupatoria *Iac. Wimphelingii* ad *Ioannem Ryn-
cum* vrbis Agrippinae ciuem confularem, qui eidem *Guilhermi*
libellum dicauit, haec est: " Dum nuper in Argentorato vir
„ humaniffime fuauiffima conuerfatio tua, magnam mihi volu-
„ ptatem afferret: hoc tamen fingulari me gaudio affecit, quod
„ inter reliquas patriae tuae laudes intellexi, ad parochias Agrip-
„ pinas, doctrina & moribus praestantiores ex omni vestro gym-
„ nafio eligi theologos, quae magna est vrbis vestrae gloria, &
                                                  „ praeci-

---

'*corum II.* Sed illa quatuor fcripta pridem Argent. 1507,
in lucem edita fuerant, & pofterior tractatus *de collatione
beneficiorum* existit in editione Parif. 1490. in bibliotheca
*Telleriana*, vt catalogus istius biblioth. pag. 50. testatur.
Vid. *Freytag* in adparat. liter. T. III. p. 206.

\*) Editio perantiqua libelli huius *Alberti magni* de adhaerendo Deo, & vltima perfectione hominis fine an. & loco
fol. in catalogo bibl. Argent. Ord. S. Ioan. Hierofol. a *Io.
Nic. Weislinger* p. 4. Et alia fine loc. 1500. 4. in *Mais-
taire* annal. typogr. T. I. P. II. p. 732. recenfetur. Extat etiam editio: *Alberti M.* paradifus animae : eiusd. de
adhaerendo Deo Antw. 1581. 12. Omnia illius opera collegit atque edidit *Petr. Iami* Lugdun. 1651. XXI. Vol. f.

,, praecipua falus animarum.  Subiit mox animum meum, tibi
,, non ingratum fore, fi *Guilhermus* Parifienfis epifcopus ma-
,, ximus animarum zelator , de conferendis multiplicandisque
,, beneficiis in lucem prodiret.  Dedi itaque operam , vt duo
,, illius de huiusmodi negotiis tractatus imprimerentur, quos
,, & tuae mirificae manfuetudini fummaeque in me beneuolen-
,, tiae, volui prae caeteris infcribi atque dedicare , vt fub tuis
,, alis optatum patrocinium confecuti felicius in quorumcun-
,, que confpectum exirent.  In primo docentur principes, epi-
,, fcopi , archidiaconi , abbates, & reliqui praelati, proceres,
,, ciues , fenatus, capitula , canonici, qui ad praebendas , ec-
,, clefias , altaria eligendi fint, nominandique, praefentandi aut
,, inueftiendi :  non pueri , non indocti , non indociles , non
,, ecclefiae Dei inutiles,, non fcientiarum & virtutum hoftes,
,, non diffoluti & impudici , non qui officium fuum implere
,, non norunt , non quibus facra olent & carnalia redolent,
,, non quibus prius fufficienter de Chrifti patrimonio prouifum
,, eft.  In altero demonftrantur horrenda eius pericula,qui mul-
,, ta beneficia ecclefiaftica tenet & abforbet , cui pauciora pro
,, honefta vita$_e$ fuae fuftentatione fatis emolumenti praeftarent.
,, Sufcipe quaefo fautor obferuandiffime hoc *Guilhermi* nobilif-
,, fimum , diuinaque veritate innixum atque fuffultum opufcu-
,, lum , ipfumque amplectere atque defende.  Ego me tibi ite-
,, rum atque iterum commendo.  Vale vnicum vitae meae prae-
,, fidium , & in perfecutionibus meis vltimum refugium atque
,, folamen.  Ex Argent. III. Kal. Iunias 1507. ,,

   *Alberti magni* libellum idem *Wimphelingus* theologus *Io-*
*anni Eckio* & *Iacobo Sturmo* Chriftianae theologiae auditoribus
in florentiffimo gymnafio Friburgenfi prid. Kal. Iun. an. 1507.
Infcripfit: *Thomas Wolphius* iun. vero *Iacobo Wimphelingio* li-
· teris ad eum an. 1507. VII. Idus Iun. datis perfuafit , vt epiftolam *Bonauenturae* appendicis loco opufculis abs fe edendis
adiungi curaret.

55. Aui-

55. Auifamentum de concubinariis non abfoluendis quibuscunque, ac eorum periculis quamplurimis:
a theologis Colonienfibus approbatum cum additionibus facratiffimorum canonum.

Contra venerem facerdotum poeta gentilis:

*Hinc procul efte viri, fanctis difcedite ab aris,*
*Queis tulit hefterna gaudia nocte venus.*
*Cafta placent fuperis: pura cum vefte venite.*
*Et manibus puris fumite fontis aquas.*

Si apud gentiles facerdotes facrificaturos imunditia de-
teftabilis fuit, quanto magis apud Chriftianos, qni corpus Chrifti fumunt. .

Sanctus Hieronymus dicit, *o facerdos tibi licet de*
*altare viuere: non luxuriare permittitur.*

*Therentius*

*Veritas odium parit.*

*Hesdras*

*Sed fub iufto iudice vincit.*

fine an. & l. in 4to. ( *In Bibl. acad. Friburg.*) Et alia
quoque editio, cuius *in fine:* impreffum Nurembergae
per Hieronymum Hoelzel anno 1507. die vero 12.
menfis Nouemb. 4to ( *In Bibl. Riegger.* ) Atque in
edit. ferm. & var. tract. KAISERSPERGII Argent.1518.
fol. (de qua *fafcic. I. p. 90. feqq.*)

*Iac. Wimphelingio* grauiffimo illa, qua viuebat, aetate vitiorum quorumque cenfori, & probatiffimorum fimul morum fe-
ctatori, quem opufculi huius auctorem alio iam loco fufpica-
bamur, iam quidem indubitatis argumentis, & luculentiffimo
ipfius teftimonio plene conuicti *auifamentum*, vti vocat, ifthoc
non poffumus non adfcribere. Huc enim fpectant ea, quae in
epift. dedicat. ad *Fr. Io. de Hengneuilla* mox laudanda fcribit:
*dedi operam — — vt auifamentum vniuerfitatis Agrippinae de*
*concubi-*

*concubinariis nequaquam abfoluendis, contra fuam & alienam quam fouent, luxuriam, fructuofiffime, vti fpero, diffeminaretur* &c. Et, nifi vehementer fallor, *Wimphelingius* ex alio quodam id genus opufculo, quod a theologis Colonienfibus circa id temporis editum eft, fua deprompfit, atque in compendium redegit. Eft autem libri, quem in bibliotheca mea afferuo, titulus:

Directorium concubinariorum faluberrimum, quo quaedam ftupenda & quafi inaudita pericula, quam apertiffime refoluuntur nedum clericis hoc crimine polutis neceffarium, fed & communi populo praefertim erga facerdotes concubinarios quam vtiliffimum, ob infinitos laqueos, quibus tam ipfi quam indoctum vulgus propter ipfos irretiuntur.

*Therentius*
*Veritas odium parit.*

*Esdras*
*Sed fub iufto iudice vincit.*

*In fine:* Impreffum eft hoc Directorium concubinariorum primitus Aggrippinae alias Colpniae anno poft Virgineum partum 1508. Et iam denuo ibidem anno fequenti 1509. in officina litteraria ingenuorum liberorum Quentell. 4to. Sub finem opusculi fequuntur *ftatuta* quaedam contra facerdotes concubinarios ex libro ftatutorum prouincialium ac fynodalium ecclefiae Colonienfis tranfumpta: vti *ftatutum* CONRADI DE HOESTEDEN archiepiscopi Colonienfis, SIFRIDI DE WESTERBVRCK archiep. Colon. & FRIDERICI DE SARWERDEN archiep. Colon.

56. Speculum animae, feu foliloquium HEINRICI de HASSIA maximi theologi faecularis. *)

Con-

*) " Incredibile eft, verba funt *Freytagii* in aliquod lit. T.
„ II. p. 1111. quot errores viri doctiffimi & inprimis *An-*
„ *tonius Poffeuinus*, qui ex vno, faltem duobus *Henricis*
„ *de*

Contra poetas pro theologis epistola IOANNIS
CAMPANI.

De poetarum infelicitate carmen FAVSTI.

In theologorum laudem versus eiusdem.

Elegia IOANNIS PAPAE XXIII. in concilio Con-
stantiensi depositi.                                Elegia

„ *de Haffia*, quinque viros effinxit diuersos, quibus vna
„ sere eademque opera tribuit.   Ex erroribus, in trami-
„ tem eum reducere, adgressus est *Cafimir. Oudinus* in
„ commenter de scriptoribus & scriptis eccles. Tom. III.
„ col. 1252. seqq. qui vni tantummodo *Henrico de Lan-
„ genstein*, omnia illa opuscula vindicat, quae reliquis
„ quatuor a *Ioanne Trithemio*, *Sixto Senenfi*, *Guil. Ei-
„ fengreinio*, *Roberto Bellarmino*, *Iofepho Pamphilo*, *An-
„ tonio Poffeuino*, aliisque mira quadam ofcitantia, fa-
„ ctaque confufione adfcripta fuerant.   Sed ad veritatem
„ propius illi accedere videntur, qui duos omnino *Hen-
„ ricos de Haffia* exstitiffe statuunt, & *fenioris* & *innio-
„ ris* adpellatione distinguere folent.   Alterum vti iam di-
„ ximus, *feniorem Henricum de Langenstein* adpellant,
„ ex Haffia oriundum, magistrum in theologia & vice can-
„ cellarium Parifienfem, poftea facerdotem & canonicum
„ Wormatienfem, qui feculo XIV. exeunte vixit.   Refe-
„ runt praeterea, quod ab *Alberto III.* cum *trica* cogno-
„ minato, Auftriae Archiduce, euocatus Viennam con-
„ cefferit, & ibidem ab anno 1384. ad vitae exitum vs-
„ que, theologiam in Academia publice praelegerit.   In-
„ uenit etiam *Petrus Lambecius* in bibliotheca caefarea
„ Vindobonenfi, inter codices iuridicos, *epistolam* Henri-
„ ci de Langenstein, ad confules Viennenfes de *contractu*
„ *emtionis* & *venditionis* fcriptam, cuius in fine tempus,
„ quo e vinis difceffit, hisce verbis adnotatum fuiffe ad-
„ firmat: *Explicit epist. de contractibus emtionis & ven-
„ ditionis ad confules Viennenfes edita a venerabili viro
„ Magistro Henrico de Haffia facrae theologiae profeffore
„ egregio, qui folius recordationis anni 1397. vndecima die
„ menfis Febr. diem fuum claufit extremum, fcripta per
„ Petrum Lewin eius familiarem.   Orate pro eo Chrifti
„ fideles.*   Sequitur deinde hoc Epitaphium:

„ *Mortales cuncti, moueat vel tumba fepulti*
„ *Haffonis Henrici vermibus expofiti.*

„ *Mors est a tergo, fapiens homo fe paret ergo.*

                                              „ Vid.

Elegia SEBASTIANI BRANT in mortem Philippi regis Caftellae filii Maximiliani regis.

*In fine:* Vt Chriftiana iuuentus philofophicas (quas Iulianus apoftata odiebat, fciens, eas ad Chrifti religionem deferuire) facras quas litteras difcat, poeticas & turpes fugiat. Impreffum Argentoraci a Ioanne Knobloucho XVII. Kal. Augufti anno 1507. 4to. ( *In Bibl. acad. Friburg.*) *)

Mox poft libelli infcriptionem ex altera paginae facie legitur *Hieronymi Hammerlin* in laudem *Heinrici de Haffia* & gymnafil Viennenfis decaftichon :

*Au-*

---

„ Vid. commentar. de bibliotheca Vindobonens. Tom. II.
„ pag. 125. conf. de *Henrico de Langenftein* & fcriptis eius
„ quorum maxima pars mifta, in bibliothecarum loculis
„ delitefcit, praeter *Cafimir. Oudini* l.. cit, *Caefaris Ega-*
„ *fil Bulaei hiftor. academ. Parifienf.* Tom. IV. pag. 961.
„ feqq. *Hermanni von der Hardt magnum concilium Con-*
„ *ftantienfe oecumenicum* Tom. II. in prolegomen. pag. 10.
„ feqq. *Ioan. Georg. Liebknecht* Haffia *mathematica* Gieff.
„ 1707. in 4to, qui illum omnium primum mathefin in Ger-
„ maniam intuliffe adfirmat. *Nicol. Hieron. Gundlingii* voll-
„ ftändige Hiftorie der Gelahrtheit P. II. Cap. IV. feft. II.
„ §. CXXV. pag. 1889. feqq. Reliquis autem, in exponen-
„ dis rebus, quae ad Henricum de Langenftein fpeftant,
„ praeripuit palmam *Bernardus Pez* in differtat. ifago-
„ gica ad Tom. II. anecdotor. p. 74. feqq. *Ioan. Philip.*
„ *Kuchenbecker* in fupplementis ad vitam Henrici de Haffia
„ in analeftis Haffiacis. Marpurg. 1728. in 8. P. I. p.
„ 173. feqq. *Io. Albert. Fabricius* in biblioth. med. & in-
„ fim. Latinit. L. VIII. pag. 646. feqq. De altero *Henrico*
„ *de Haffia, iuniore*, quem monachum carthufianum & do-
„ mus Gelriae priorem monachorum S. Mariae fuiffe, &
„ anno 1427. mortuum fuiffe fcribunt, vid. praeter *Tri-*
„ *themium*, & *Oudinum*, *Bernardus Pez* l. cit. & *Io. Alb.*
„ *Fabricius* l. cit. p. 657. feqq. „

*) In fronte huius exempli, quod in bibl. noftra acad. feruatur, haec verba, *Wimphelingii* manu adfcripta funt: Ia. W. *Quae poetae de aliis fcribunt, fabulae funt. Quae de poetarum infelici morte fcribuntur, res verae funt & hiftoriae.*

*Auftria fis felix, tuque vrbs laetare Vienna,*
*Quae tot confpicuis es redimita viris*
*Hic* Buridanus *erat medicorum gloria fumma,*
*Hic &* Heinricus Haffia *quem genuit*
*Te* Nicolae *fimul de fpeltae colle magiftrum,* Dinkelsbühel
*Et* Thomam Hafelbach *celfa Vienna tulit,*
*Atque alios plures quorum volat inclita fama,*
*Doctores celebres theologosque pios.*
*Quam fuerit feruens* Heinricus, *confpice lector*
*Hoc opere in paruo nempe videre licet.*

Et deinde diftichon *Pii Hieronymi Baldung* iureconfulti; *)
quo pacto quifpiam placeat mundo & diabolo:

*In ftudio fint fcorta tuo, lis, alea, Bacchus:*
*Ius, fas, mite, pium defpice, carus eris.*

Atque diftichon eiusdem: quo pacto quispiam difpliceat mundo & diabolo:

*Iuftitiam, pacem cole: talos, fcorta, Lyaeum*
*Infenfus viciis, defpice, fpretus eris.*

*Iac. Wimphelingii* epiftola nuncupatoria ad *fratrem Ioannem de Hengneuilla* ord. Praemonftrat. coenobii Styuaienfis in
D. Odiliae monte egregia fane eft, & merito hic fibi locum vindicat: " Dum olim clariffime frater *F. Petrarcham* de vita folita-
„ ria, iterum atque iterum relegiffem, inuafit me grande fa-
„ ftidium priftinae vitae ac popularis frequentiae, cepitque me
„ mirificus ardor folitudinis, qui indies augebatur: vbi prae-
„ ftantes quosdam viros, & mihi amiciffimos, ad idem viuen-
„ di genus afpirare cognoui. Itaque firmiter apud me decre-
„ ueram, cum paucis eiusdem propofiti comitibus, fub optimo
„ quodam patrono & tanquam noftro patrefamilias, qui locum
                        V                    „ de-

_____

*) Erat is legum doctor publicus Friburg. deinde vero confi-
liarius in Regimine Enfishem. & poftea etiam cancellarius
Ferdinandi regis, vir iuris peritiffimus, & omnibus humanitatis ftudiis ex pari excultus, quem maxime celebrarunt
*Def. Erafmus Rot. & Vdalr. Zafius* ( Conf. *epift. Zaf.*
edit. noftr. ) De quo alias plura.

„ delegerat, & vitae neceffaria pollicltus , faepe litteris fnis me
„ vocauerat, relictis beneficiis, in abftrufo herciniae filuae here-
„ mitorio, (fortaffis ad S. Blafii) peccata mea multa & magna
„ refiduis vitae diebus deplangere.  At cum patronus ille, ad
„ altiora vocatus, nobis interciperetur, fpe mea fruftratus fum,
„ & ftatu nunc, officioque carens, & ab annexis exercitiis li-
„ ber, ne prorfus otio marcefcerem, coepi pro qualicunque fo-
„ latio  meo *vitae praecepta* & *breuiorem inftitutionem* pueris
„ (praefertim Argentinenfibus) praefcribere, *Germaniam* vt-
„ cunque illuftrare, patriam & gentiles meos (ob Ciceronis pro
„ M. Fonteio orationem) a Gallis fecernere, regem noftrum *Ma-*
„ *ximilianum* extollere, bellicofiffimos *Heluatios* ad beninolen-
„ tiam inducere, parochiis (quantum potui) confulere, *epifco-*
„ *porum auctoritatem* defendere, *facrae paginae ftudium* au-
„ gere, auaritiam & *luxuriam* carpere.    Mox emerferunt ge-
„ nimina viperarum, corruptores iuuentutis, optimarumque vir-
„ tutum ofores, qui fub falfo & ementito nomine *Francifci*
„ *Schatfer*, per libellum famofum (& quidem vulgari lingua
„ impreffum) atrociffime me carpferunt, cunctisque fere mor-
„ talibus, immo ipfi fummo pontifici, omnium Chriftianorum
„ paftori & patri, odiofum me, exterminioque dignum reddere
„ ftuduerunt.    Dedi igitur operam, vt *Guilhermus Parifienfis*,
„ ex tribus gymnafiis ad me miffus, contra infatiabilem eorum
„ (in abforbendo Chrifti patrimonio) cupiditatem, & *auifamen-*
„ *tum Vniuerfitatis Agrippinae*, *de concubinariis nequaquam*
„ *abfoluendis*, contra fuam & alienam (quam fouent) luxuriam,
„ fructuofiffime (vti fpero) diffeminarentur, vt videant leuiffi-
„ mi fycophantae, maximos atque praeftantiffimos viros, fcriptis
„ meis (quae latronibus illis ftomachum mouerunt) concorditer
„ aftipulari.  Quia enim video coecis & obftinatis, nihil quod car-
„ ni non dulce eft, nec pompam nutrit, acceptum effe, non
„ meas ammodo, fed alienas lucubratiunculas curabo impreffum
„ iri, quibus alii multi boni & finceri ad maiorem quandam
„ deuotionem, feruoremque in Deum optim. max. incitentur.
                                      „ E quo-

„ E quorum numero eſt *Albertus magnus Ratisponenſis* olim
„ *epiſcopus*, nuper impreſſus,& nunc *Heinricus de Haſſia*, theo-
„ logus & ampliſſimus & acutiſſimus, qui in gymnaſio Vien-
„ nenſi ducatus Auſtriae, quondam floruit atque docuit. Eius
„ *ſoliloquium* ſiue *ſpeculum animae* (vti ipſe vocat) mundi huius
„ contemtum ſuadens , animaeque ipſius conditiones, ex veris
„ philoſophiae medullis, artificioſiſſime deſcribens, ſtatim au-
„ tore Deo prodibit in lucem. Hoc tibi dulciſſime frater, quan-
„ ta laude dignum ſit, verbis explicare difficile poſſum. Id tu
„ placide (quaeſo) ſuſcipias, ex amuſſim legas, in eo te oble-
„ ctes, eius vnum aut duo capita, quotidie reuoluas, atque pro-
„ funde, quid ſibi velint, mediteris, vt non ſolum carnis & dia-
„ boli laqueos feliciús euadere, mundique vanitatem contem-
„ nere, ſed & Domino Deo, ſuauius per accreſcentem indies
„ amorem vniri, atque delectabilius affici poſſis. Qui te in ani-
„ mo & corpore clementer conſeruare dignetur, ad eum tu
„ pro me peccatore maximo, tuas ſaepius effunde preces. Ex
„ Argentoraco Kal. Iulii, anno MDVII. „

   *Io. Campani* vero epiſtolam *Iac. Wimphelinglus, Ioanni Spie-*
*gel* Maurimonaſt. Conſtant. eccleſiae vicario dedicauit : " Pue-
„ rum te, mi *Ioannes*, propter bonam indolem a *Cratone Vden-*
„ *hemio* mihi ſignificatam dilexi, adoleſcentem ob preces *Mat-*
„ *thiae Hildebrandi* ad gymnaſium Heydelberg. mecum duxi,
„ virum nunc te, & ſacerdotem non magno amore non poſſum
„ complecti, praecipue, cum te ſperem ex verbis tuis officii
„ ſtatus & obligationis tuae, in ordinum ſuſceptione initae,
„ nunquam immemorem futurum, nec te contra naturalem ho-
„ neſtatem, contra euangelium, contra charitatem, contra
„ ſacratiſſimos canones, contra ſynodalia reuerendiſſimi pontifi-
„ cis tui ſtatuta, laſciuiae, vanitati, aut auaritiae, caeteriſque
„ vitiis ſacerdotium denigrantibus immerſurum. Tuum praete-
„ réa erit deinceps, poetas (praeſertim ethnicos) abiicere, &
„ ſacrarum litterarum lectioni iuxta ſequentem *Campani* epiſto-
„ lam te totum tradere. Poeticae enim ſtudium, quod licuit aut

„ profuit adolefcenti, non itidem facris initiatum decere, neque
„ reipublicae nec animabus prodeffe videtur. *Campanus* huius
„ rei fummam experientiam naftus, erit contra quoscunque re-
„ latrantes, fortiffimus fententiae meae defenfor, cuius epifto-
„ la longe maiorem apud me auctoritatem habet, quam bla-
„ teronis clamofi velut onagri ( quem cum pica eius fimili depin-
„ xit ) bonos theologos lingua & calamo turpiffime mordentis ar-
„ rogantia, quae non femper manebit impunita.    Deus enim
„ nondum defiit iuftus effe iudex, & vindex flagitioforum. Vel-
„ lem autem chariffime fili, vt nonnullas *Campani* epiftolas
„ ( quibus Germanorum barbariem taxat ) in noftram verna-
„ culam linguam traduceres, ftrenuoque & magnifico militi
„ *Fritz Iacobo de Aynwil*, pientiffimi domini tui Conftant.
„ epifcopi curiae magiftro transmitteres, vt fuo ductu Ger-
„ maniae proceres fapere tandem inciperent, quaenam vitia
„ noftratibus exteri tribuant, vt ab illis fciant fibi effe abfti-
„ nendum.    E diuerfo interpretari te velim orationem *Cam-*
„ *pani* in conuentu Ratisponenfi coram *Friderico III. Maximi-*
„ *liani* Caefaris patre olim habitam, in qua prifcos Germanos
„ fummis laudibus effert, quibus haec aetatis noftrae pofteritas,
„ ad virtutem, & res praeclare gerendas gloriae faltem cupidi-
„ ne incitari poffet, ne diutius ab auita magnificentia degene-
„ rare videantur, vtque tandem maculam ( ne dicam infamiam )
„ qua nos Itali barbaros vocare folent, euadere, hiftorias re-
„ cenfere, in bello & pace falubrius confulere, ac Germanicam
„ nationem exaltare poffent.    Vtinam populares ( praecipue
„ magnates ) certo fcirent, quam iucundi fructus ex Latinae lin-
„ guae notitia fugi poffint, traderent indubie liberos fuos opti-
„ mis litteris inftituendos : litteris inquam facris & hiftoriis,
„ iuftiffimisque legibus, & his, quae bonos mores in fe conti-
„ nent ; non autem poeticis, fpurcis, obfcoenis, aut verfuum
„ cantionibus, quae fi pueros forfitan deceant, in viro tamen
„ ( etiam a Mufis cognomen habente ) non folum ftultam & va-
„ nam ambitionem, fed etiam hiftrionicam ac quafi meretricem

„ quan-

„ quandam mollitiem atque leuitatem prae fe ferre videntur,
„ dum ante triennium patri tuo perfuaderem, vt *Raymundo* fed.
„ apoft. legato latine loqueretur, fuit id ei non paruae gloriae,
„ & tu *expertus es*, paternum fermonem, quo te cardinali tum
„ commendabat, non nihil interea tibi profuiffe. Vale, & me
„ eximio praeftantique domino *Rollando Goldly* praepofito fide-
„ liter commenda, nepotesque meos ad virtutes, Deique timo-
„ rem incitare memento. Ex Argentoraco Kalen. Iulii. Anno
„ MDVII.

*Ringmannus Philefius* epiftolam ad *Wimphelingium* praeceptorem fuum fubiunxit. Tandem idem *Wimphelingius* aliam
rurfus epiftolam ad *Matthaeum* Sedunenfium epifcopum, & comitem Vallefiae an. 1507. VII. Idus Iul. Argent. fcriptam addidit, ex qua fequentia excerpere lubuit : " Audio & te ve-
„ nerandiffime pater, munus pontificium, per te ipfum quo-
„ que, non per alios folum, pro tua fumma fapientia & elo-
„ quentia, fideliter atque prudenter implere. Quippe quod po-
„ pulum tuum doceas, veritatem protegas, iuftitiam miniftres,
„ lites fubditorum absque mora & magnis impenfis ( fortem
„ interdum excedentibus) dirimas, manifefta cleri vitia non dif-
„ fimules, agreftes & imperitos ab animarum cura repellas,
„ quales olim ante librorum impreffionem forte inuenti funt, qui
„ nihil vnquam nifi *Alexandri Galli* partes in fcholis elementa-
„ riis didicere, & quidem obiter ac imperfecte, quod ftudii tem-
„ pore, vel ftipem hoftiatim petere coacti funt, vel ob inopiam,
„ coqui, pincernae, lixae, calones fuerunt, aut aliis obfequi
„ cupientes, equos alere, aues inftruere, venari, pannosue
„ lineos abluendos ad flumina geftare, aut alioquin inferuire
„ confueuerunt. Scis enim his' artibus deditum, vix edifcere
„ potuiffe, quae ad animarum regimen (quae ars artium a Gre-
„ gorio dicitur) neceffaria effe videntur. Audio & te venoran-
„ diffime pater, veluti fidelem principem, imperio Romano be-
„ ne velle, Germanorum rempublicam diligere, Regem noftrum
„ (vti decet) colere ac obferuare, ad pacem & vnionem inter

V 3            „ Ger-

„ Germanos anniti, quam & ego femper optaui, & ob id *non-*
„ *nulla fcripfi, quae ad Germanorum mutuam inter fefe beneuo-*
„ *lentiam* ( quorum infignis portio bellicofiffimi funt *Heluetii* )
„ conducere poffe viderentur. Itaque his tuis praeclariffimis vir-
„ tutibus,princeps magnanime,impulfus, te plurimum amare coe-
„ pi, atque ideo in argumentum affectus maximi fummique
„ amoris in te mei fapphicam *Sebaftiani Brant* naeniam ( qui &
„ ipfe regis noftri maximus eft cultor ) ad te mitto, quam pri-
„ dem in immaturam & nationi noftrae perniciofiffimam *Phi-*
„ *lippi* Caftellae Legionisque mortem excudit, vt fi qua ex illius
„ nobiliffimi principis occafu triftitia confectus es, hac faltem
„ lectione aliquantulum confolationem accipias. Dominus Deus
„ tibi affiftat, vt officium pontificale in coeptis laboribus, qui
„ epifcopum decent, falubriter & honorifice profequi poffis, tua-
„ que clementia & mihi & domino *Sebaftiano Brantho* gentili
„ meo propitia fit & adiutrix, qui ambo a nonnullis antichrifti
„ praeconibus nonnihil calumniae & infamationis fuftinemus,
„ patienter tamen & aequo animo, memores horum Ciceronis
„ in noua rhetorica verborum: Quiuis homo poteft quemuis tur-
„ pem de quolibet rumorem proferre, & confictam fabulam dif-
„ fipare. „

## 57. LVPOLDVS de iuribus & translatione impe-
rii.

In LVPOLDI BEBENBVRGII epitome de iuribus
regni & imperii hexaftichon SEBASTIANI BRANT:

*Imperii qui iura foues Lupolde diferte,*
   *Iure tibi imperium, Theutona gensque fauet.*
*Quo pacto Graecis Gallisque corolla recepta, &*
   *Germanis fuerit tradita, rite doces.*
*Pontifici Caefar quid debeat, imperio & quid*
   *Pontifices facro, per tua fcripta probas.*

BEATI ARNOLDI (*Arnoaldi*) ad lectorem diftichon:

*Accipe Lupoldi ftudiofe haec fcripta diferti,*
   *Antehac quae damno delituere graui.*

*In*

*In fine*: Matthias Schürerius Schletſtatinus id ex officina ſua impreſſoria Argentoraci emiſit: die VIII. Iulii anno 1508. 4to. ( *In Bibl. Riegger.* )

*Iacobus Wimphelingius* libellum hunc illuſtriſſimo Saxoniae duci *Friderico*, ſacroſanct Rom. imperii & ſupremi Chriſtiano-rum regni principi electori inſcripſit: " *Erneſlum* patrem tuum,
,, magnam prae ſe ſerre prudentiam & grauitatem, omnes ado-
,, leſcentes diiudicabamus, qui (annos ſerme ante quadragin-
,, ta) Erſordiae ipſum conſiderauimus, dum ſraternum bellum
,, inter Ludouicum & Henricum Haſſiae Lantgrauios dirimebat.
,, Eas tu patris tui virtutes, hereditario iure magnanime *Fri-*
,, *dérice* poſſidens, auges, & accumulas.    Quippe qui latinas
,, litteras amas, intelligis, veneraris, quibus nobiliſſimae Saxo-
,, nium domus ſplendorem illuſtrare, & Chriſtianorum Caeſa-
,, rum Othonum (qui & imperio & eccleſiae proſuerunt) imi-
,, tatorem oſtendere te poſſis. Scis etenim Ptolomaeum Philadel-
,, phum, Solonem, Moſen, Dauidem, Salomonem, Iulium, Au-
,, guſtum, Carolum magnum, tres Othones progenitores tuos,
,, & Sigismundum Chriſtianiſſimum imperatorem, ſua doctrina,
,, maiorem tum ſibi, tum reipublicae gloriam peperiſſe, quam ſi
,, neglectis bonis litteris, ſylueſtri venatui, furioſo haſtarum
,, congreſſui, mollibusque choreis muliebriter vacauiſſent. Alexan-
,, der magnus, (Aul. Gell. XIX. 4.) dum cognouiſſet libros,
,, quos ex Ariſtotele audierat, in vulgus ab eo editos, atque ea
,, tempeſtate armis exercituque omnem prope Aſiam teneret,
,, regemque ipſum Darium praeliis & victoriis vrgeret, in illis
,, tamen tantis negotiis, litteras ad Ariſtotelem miſit, non eum
,, recte ſetiſſe, quod diſciplinas, quibus ab eo ipſe eruditus ſoret,
,, libris foras editis inuulgaſſet. Nam qua (inquit) alia re prae-
,, ſtare caeteris poterimus: ſi ea, quae ex te accepimus, omnium
,, prorſus fient communia; quippe ego doctrina anteire malim,
,, quam copiis atque opulentiis? Iurauit *Franc. Petrarchae*, (de
,, reb. mem. L. I. tract. 2. c. 26.) Robertus Sicliae rex, dul-
,, ciores & multo chariores ſibi litteras eſſe, quam regnum, & ſi

V 4                              ,, alter-

,, alterutro carendum fit, aequanimius fe diademate, quam lit-
,, teris cariturum.   Et rex quoque noster Maximilianus, lati-
,, nam linguam probe callens, in eius eloquutione plurimum
,, delectatur.   Quoniam igitur *Friderice* clariffime, istos fapien-
,, tiffimos reges fequeris, impulfus fum, nobile *Lupoldi Be-*
,, *benburgenfis* opus, de iuribus & translatione imperii, a Mat-
,, thia Schürerio gentili meo ( qui te terrasque tuas, quas pera-
,, grauit, magnis laudibus effert ) impreffum tuae clementiae de-
,, dicare.   Liceat autem mihi ( cum venia tua ) dux inclitiffime,
,, vnum addere; quia nouum in ciuitate tua Witenbergenfi gym-
,, nafium erexifti, vt pro tua fumma virtute circumfpicias, ne
,, teneri adolefcentes, & dociles fcholaftici, qui ad tuam aca-
,, demiam connolabunt, & patrimonium fuum illic effundent,
,, a laicis, ab aemulis cleri, a fatellitibus tuis, contra omne ius
,, inhumaniter inuadantur, faucientur, transfodiantur : ne pii pa-
,, rentes ( cum ipfa fubftantia ) caros filios, non absque lacry-
,, mis & gemitu perdant, quos baculum feneftutis fuae, lumen
,, oculorum fuorum, & refiduae vitae vltimum folatium fibi
,, fperabant affuturos.   Ex Argentoraco, vbi nuper *Erneftum*
,, fratrem tuum Magdeburgenfem archiepifcopum, Germaniae-
,, que primatem, fiue patriarcham vidimus, *Guilhelmo* Comi-
,, ti Honfteinno Argentinenfi epifcopo ( Romanorum rege cum
,, principibus praefente ) confecrationis munus, pie ac deuote
,, in fummo templo conferentem. ,,

Sub finem *Beatus Arnoaldus* carmen ad libellum fubiecit.

Poft primam hanc editionem libellus faepius deinde recufus
prodiit : & praecipue Bafil. apud Pernam 1566. in collectione
quadam : *De translatione Imperii Rom. ad Germanos. Item
de electione epifcoporum, quod aeque ad plebem pertineat* Matthia Flaccio Illyrico *auctore. 8.* ( Conf. *Freytag* in adparat. liter. T. III. p. 520. feqq. ) Et Argent. typis Iof. Rihelii per Andream Rietfcldum an. 1603. hac infcriptione : Petri de Andlo
canonici Columbarienfis decret. doct. *de imperio Romano, regis,
& Augufti coronatione, inauguratione, adminiftratione, officio*

*& poteſtate electorum; aliisque Imperii partibus, iuribus, ritibus, & ceremoniis: libri duo, ad Fridericum III. Imp. ſcripti, & nunc primum typis editi.* Curante Marquardo Frehero Conſiliario Palatino. *Accedunt ſeparatim* Lupoldi de Bebenburg & Hieronymi Balbi Bambergenſ. & Gurcenſ. epiſcoporum *eiusdem argumenti libelli, multo quam antea emendatiores & auctiores.* in 4to. Et cum *Marq. Freheri* notis ex edit. *Matth. Berneggeri* Argent. 1624. & Heidelb. 1664. 4to.

58. Huc quoque pertinet eiusdem LVPÓLDI BE-BENBVRGII libellus: Germanorum veterum principum zelus & feruor in Chriſtianam religionem, Deique miniſtros. Hexaſtichon in LVPOLDVM BEBENBVR-GIVM, SEBASTIANI BRANT :

*Religioſa ducum, regum quoque catholicorum*
   *Noſcere ſi zelum vis fideique ſacrae*
*Seu quod chara illis fuerit respublica Chriſti,*
   *Eccleſiaeque ſalus & decus imperii.*
*Theutona tu inprimis gens & Germana propago*
   *Perlege* Lupoldi *dignum epitoma tui.*

Nihil ſine cauſa I. B.

*In fine :* Finit libellus nobiliſſimus LVPOLDI DE-BENBVRGENS. de veterum principum Germanorum fide, religione & feruore in Chriſtum, eccleſiam & ſacerdotes : opera & impenſis domini Io. Bergmann de Olpe ad laudem & honorem Chriſti, perpetuamque famam Germanici nominis Baſileae impreſſus anno ſalutis Chriſtianae 1497. idib. Maii. Nihil ſine cauſa. I. B. fol. *( In Bibl. Argent. Ord. S. Io. Hier.)*

Verſa pagina idem *Sebaſtianus Brant* terſo epigrammate Lupoldi opus inſcripſit *illuſtriſſimo antiſtiti, reuerendiſſimoque patri & domino Ioanni Dalburgio Vangionum praeſuli ornatiſſimo.* Iacobus *Wimphelinigus* epigrammati ſublecit litteras inſcriptas *magnanimo Friderico Camerario de Dalburgio, equiti aurato, reuerendiſſimi pientiſſimique patris 'Ioannis Vangio-*

*num*

*num aut Vormacienfium antistitis, germano clariffimo* de digniffimo Lupoldi opere, eiusque vtilitate & dignitate, vbi fimul inuehitur in degeneres Germanorum nobiles, fi qui fint: " So-
\, lus, inquit, ergo animus Deo gratus virtuteque praeditus:
„ fanctis moribus institutus generofus est, nobilis & ingenuus
„ est, infiguis & illustris est: ficut enim vere liber est, quem ve-
„ ritas ipfa liberauit: ita & vere nobilis est, quem virtus pro-
„ pria nobilem facit. Multi autem stolidi mente & degeneres,
„ non alta, fed terrena fapientes: *nobilis animi gloriam & ho-*
„ *norem a conceptu fingunt: ab utero partuque matris vfur-*
„ *pant.* O foedam gloriam & fpurca foeditate contractam-&c.
„ Vale mi Friderice: Germanicae nobilitatis decus, & antiquae
„ religionis imitator. Ex Spiris pridie Cal. Aprilis anno Chri-
„ sti 1497. „ Conf. *Io. Nicol. Weislinger* armament. cathol.
p. 666.

Saepius deinde libelli istius editio facta, vti Parif. 1540.
12. Col. Agripp. 1564. 8. & in bibl. Patrum max. T. XXVI.
p. 88. imo in linguam Germanicam translatus a *Melch. de. Fabris* Tyrolenfi Ingolftad. 1565. 8. Vterque vero *Bebenburgii* tractatus extat in *Sim. Schardii* collectione, quam infcripfit:
*De iurisdictione, auctoritate, & praeeminentia imperiali, ac potestate ecclefiaftica, deque iuribus regni & imperii, variorum auctorum, qui ante haec tempora vixerunt, fcripta, collecta & redacta in vnum opus, non folum iurisperitis, fed & theologis ac hiftoricis plurimum profuturum* Bafil. ex officina *Io. Oporini* 1566. fol. & in noua eiusdem operis editione, quae mutato titulo & ordine tractatuum Argent. 1609. fol. lucem vidit.
Vid. *Dau. Clement.* bibl. hist. critique T. III. p. 12. feqq.

59. Argentinenfium Epifcoporum catalogus, cum eorundem vita atque certis hiftoriis, rebusque geftis, & illuftratione totius fere epifcopatus Argent.

*In fine:* Ioannes Grieninger ciuis Argentinenfis formis excuffit anno natalium Christianorum millefimo fupra quingentefimum octauo, die vero vndetrigema menfis Augufti. Ca-

Caftigatoribus IOANNE ADELPHO Mülingo Argentinenfi & GERVASIO SOVPHERO Brisgoico. 4to
( *In Bibl. acad. Friburg.* )

Ex altera paginae facie exhibetur imago ligno infculpta ,
*Guilhelmum III.* epifcopum Argent. fiftens, cui in corona opti-
matum fedenti auctor librum fuum offert : ·

> *Dux cleri, patriae princeps*, Guilhelme *diferte*,
>    *Tu meus es iudex, fis operisque mei.*

Infcripfit vero *Wimphelingius catalogum* iftum reuerendis &
clariffimis dominis *Philippo de Duno* , Baroni &c. Praepofito,
*Hoiero de Barby*, Comiti &c. decano, *Wolfg. Baroni de He-*
*wen* , cantori, *Friderico Bauariae duci* , camerario , *Henrico*
*Comiti Hennenberg.* fcholaftico ; caeterisque nobiliffimae ecclefiae
.Argent. canonicis. Epiftola data eft prid. Calend. Ian. an. 1508.

*Geruafius Souphorus* Brisgoicus ad lectorem fequens fubiecit carmen:

> *Scriptis pofthabitis lector facunde iocofis*
>    *Turbula quae vatum deliciofa dedit ,*
> *Perlege pontificum vitas, moresque decentes*
>    *Aurea quos virtus fecit inire polos,*
> *Vrbs quibus Argentina nitet : tu quando thiaram*
>    *Primus abhinc tuleras praeful Amande facram :*
> *Digna quidem fcitu cernes exempla , probatam*
>    *Viuendi normam quis bene conftituet ?*
> *Ingenia at quorum viciis fi preffa videbis ,*
>    *Haud vultum ducas ; fed meminiffe velis :*
> *Inter biffenos habuit quos Chriftus amatos*
>    *Difcipulos , certe degener vnus erat*
> *Hinc & ( qua dulcis polles Iacobe ) facultas*
>    *Dicendi claret , famigerata prius*
> *Nec non pontificum ( celebras quos rite ) facrorum*
>    *Lucida portabunt te fuper aftra, preces.*

Liber ifte iterum editus cum fupplementis & notis *Io. Mich.*
*Mofcherofch* Argent. 1651. & 1660. 4to.

61. HVM-

60. HVMBERTI V. Generalis Ord. Praedicat.
fermones ad diuerfos ftatus.   Addita eft epiftola eiusdem de tribus votis fubftantialibus ; cum encomio
IAC. WIMPHELINGII, & praefatione PALLANTIS
SPANGEL SS. Theol. Prof. Hagen. ap. Henr. Gran
1508. fol. ( *In Bibl. Ord. S. Iohann. Hierof. Argent.* )

De *Humberto* legi meretur *Io. Trithem.* de fcript. eccl. cap.456.
Eiusdem opufcula, *) vti libri duo de eruditione Praedicatorum, expofitio fuper regulam S. Auguftini, **) epiftola de tribus votis fubftantialibus religionis, & fpeculum religioforum,
extant in *Bibl. Patrum maxima* Lugd. 1677. Tom. XXV. fol.

61. Fragmenta paffionis Domini noftri Iefu Chrifti a IO. GEILER EX KEISERSBERG praedicatae,
per IACOBVM OTTHERVM collectae. Argent. 1508.
menfe Dec. ex aedibus Matth. Schürerii 4to. ( *In
Bibl. acad. Friburg.* )

Opufculum iftud iam paullo ante *fafcicul. I. p. 76.* laudauimus. Illud autem hoc loco moneam, neceffe eft, aliam porro
huius libelli editionem Argent. an. 1510. 4. extare in *Bibl. acad.
Friburg.*

62. Ein tröftliche Predig Sant IOHANN CHRY-
SOSTOMI, genannt mit dem goldin Mund von dem
das kein Menfch geletzt mag werden, den von im
felbs.                                              *In*

───────────────

*) In Bibl. noftra acad. afferuntur *Tractatus folemnis* fratris
Humberti quondam magiftri generalis ordinis praedicatorum *de praedicatione fanctae crucis:* fine an. & loc. in 4to.
Monialibus Argent. quae *Poenitentes* vocabantur, celeberrimus ille *Keifersbergius,* de quo fupra p. 65. 73. *Humberti* fermones *de virtutibus* explicauit, quos multo labore
eiusdem monafterii Prioriffa *Sufanna Hörwartin* Aug. Vind.
oriunda an. 1503. collegit, viuentique adhuc auctori re-
cognofcendos tradidit: qui deinde etiam an. 1510. excufi
prodierunt. Vid. *fafcicul. I. p. 80.*

**) In *Catal. Bibl. Argent. Ord. S. Io. Hierofol.* a *Io. Nic.
Weislinger* edit. legitur eiusdem Auslegung über S. Auguftini Regel fine an. & loc. in fol.

*In fine:* Hie endet fich das clein Büchlein, das da
grofs vnd hoch zu verfton ift, aber nutze vnd gut
allen Menfchen, die es im Verftändnis mit zu Her-
zen nemen, vnd es zu mermalen lefen, die werden
es lieben, vnd ift getruckt in der loblichen freyen
Stat Strasburg durch Iohannes Gruninger im Iahr der
Geburt Crifti 1509. vff vnfer Frawen Lichtmeff-
abent. fol.

Pagina altera haec leguntur: '' Diefe Predig gibt Ermanung
„ vnd heilfame Ler zu Gedult in allen widerwärtigen Zufällen,
„ die einem Menfchen vff Erdtreich begegnen mögen. Vfs die-
„ fem hochberümpten *Iohanne Chryfoftomo* hat der hochgelert
„ Doctor *Keifersperg* vil gezogen vnd feine Ler vnd Gefchrift
„ vnder andern heiligen Lerern vaft gebrucht vnd gelefen &c.,,

Interpres orationis eft *Iac. Wimphelingius*, qui eandem *Iohanni Bock de Gersheim* equiti & ciuitatis Argent. confuli infcripfit, literis Friburg. an. 1509. exaratis. Vid. *Fortgefetz-
te Samml. von alt. vnd neuen theolog. Sach.* auf das Iahr 1747.
Anh. n. 2.

Eadem oratio Argent. apud Ioh. Grüninger 1514. fol. recu-
fa eft. Conf. *Barth. Riederer* Nachricht. zur Kirchen Gelehrt.
vnd Bücher Gefchicht. I. B. III. St. p. 317.

63. In IOHANNIS KAISERSPERGII theologi doctrina vitaque probatiffimi, primi Argentinenfis ecclefiae praedicatoris mortem: Planctus & lamentatio
cum aliquali vitae fuae defcriptione & quorundam epitaphiis.

*In fine:* τελος lamentationis in 10. KAISER-
SPERGII mortem &c. Impreffum Oppenheym anno
1510. 4to. (*In Bibl. acad. Argent.*)

*Iac. Wimphelingius* de vita *Io. Keifersbergii* commentarium
elegantiffimum confcripfit, atque huic *lamentationi* praemifit:
quem poftea auctum & emendatum dedit in edit. ferm. & var.
tract. *Io. Keifersperg.* Argent. 1518. fol.

De

De opufculo ifto iam paullo ante *fafcicul. I. p. 54.* & hoc
eod. *fafcicul. II. p. 100.* feqq. fatis fuperque actum eft : quod
integrum ibidem exhibuimus.

64. Contra turpem libellum PHILOMVSI defenfio theologiae fcholafticae & neotericorum.

Continentur in hoc opufculo, a IACOBO WIM-
PHELINGIO licent. extemporali & tumultuaria fyn-
taxi concinnato:

Virtuofa fterilis mufae ad nobilem & fubtilem
philofophiam comparatio.

Subtilis dialecticae theologiaeque fcholafticae,
quae per quaeftiones procedit, defenfio.

Theologorum de duobus vitiis, quae mulopoeta
ipfis affcripfit, excufatio.

( *Ligno infculpta eft imago Seruatoris noftri, dum*
*afino infidens Hierofolymam ingrederetur.* )

*Afino poetae infidet pica loquax.*

*Afino prophetae* ( Zachariae IX. ) *infidet faluator*
*nofter verax.*

fine an. & loc. 4to ( *In Bibl. acad. Friburg.* )

*Iac. Wimphelingii* epiftola nuncupatoria ad *Philippum de*
*Flersheim* nobilem iureconfultum , Vormatien. Spirenfisque ecclefiarum canonicum digniffimum, haec eft: " Videre potuit
„ apud *Vigilium* noftrum infignis humanitas tua, *Philippe* doctif-
„ fime, perniciofiffimum libellum, in quo fubtilis dialectica theo-
„ loglaque fpeculatiua profa & carmine typisque obfcoeniffimis
„ fubfannatur & parui penditur, ipfa vero poetica tollitur vsque
„ ad aftra. Ego multorum doctrina & virtute praeftantium affi-
„ dua prece victus, tandem ad Dei facrarumque litterarum
„ honorem ftatui viperei illius commentarioli nugis ac vanita-
„ tibus vtcumque refpondere, exorfus a poetis & a mufis:
„ oftendensque pauciffimorum poetarum lectionem iuuentuti no-
„ ftrae conducere, ipfas vero mufas (quas libelli illius editor
„ tantopere extollit) res effe fictas, falfas, & ementitas, ipfam
„ autem

,, autem philofophiam & theologiam ( quae per quaeftiones &
,, argumentationes procedit ) Chriftianae religioni plurimum ne-
,, celfariam effe.  Quoniam vero tu apud Parifios, Louanium &
,, Heidelbergam tum philofophiae tum  omnibus aliis bonis lit-
,, teris operam dedifti, perfuadeo mihi, libellum illum non pa-
,, rum tibi pro tua fumma modeftia & religione difplicuiffe,
,, quem neque crediderim parentibus aut germanis huius auto-
,, ris (fi intelligerent) placere poffe, confutationem autem eius
,, tibi admodum placituram.  Ideoque te per noftram amicitiam
,, obfecro virorum clariffime,  vt agreftem defenfionem meam
,, benigne excipias,  patienter legas, & ( vbi vbi opus fuerit )
,, apud eos, qui nimium mufis poetisque tribuunt, conftanter pro-
,, tegas,  tuaeque illi autoritatis robur atque munimen impen-
,, das. Vale, ex tuguriolo meo, 5. kal. Aug. 1510.

In fronte huius libelli in exemplo *Bibl. acad. Argent.* manu fatis antiqua annus 1510. adfcriptus habetur.

Eiusdem porro meminit auctor ipfe in comment. de vita
*Io. Keifersberg.* ( fupra p. 110. ) dum ait: *Hac fua fententia
& rogatu quoque fuo incitatus fum, vt contra turpiffimum* Philomufi *libellum ad defendendam vtramque dialecticam , & neotericorum theologiam calamum arriperem, turpesque imagines
& obfcoenos verfus illius verfificatoris confutare ftuderem. Spo-
ponderam dudum praeceptori meo* Keifersbergio *, me id facturum, cui etiam vita functo volui feruare fidem* &c.

Plura de hoc libello alio tempore, alioque loco, de *Philomu-fo,* poeta quondam noftro alias haud ignobili, data opera acturi,
in medium proferemus.

65. In hoc libello fubiecta continentur:

VALERII PROBI interpretamenta literarum fingu-
larium in antiquitatibus Romanis, cum plerisque circa fingulas literas additionibus.

Idem VALERIVS PROBVS de abbreuiaturis nomi-
num ciuium Romanorum; in iure ciuili de legibus
&

& plebifcitis. de actionibus, de edictis perpetuis, de ponderibus, de numeris. *)

POMPONII LAETI libellus de Romanorum magiftratibus. Idem de facerdotiis Rom. Idem de diuerfis legibus Rom. **)

*In fine:* Impreffum Oppenheim an. Domini 1510. ( apud Iac. Chobellium ) 4to. ( *In Bibl. acad.Friburg.* )

*Iac. Wimphelingii* epiftola ad *Theod. Grefemundum* iureconfultum, protonotarium, & facrofanctae fedis Mogunt. iudicem attentione praecipua eft digniffima ; quam vt lectoribus noftris legendam praeberem , temporis locique opportunitas poftulare videbatur : "Dum nuper ex Heydelberga cum *Ioanne Vigilio*
,, communi amico noftro ad Vangiones profectus effem , memor
,, adhuc antiquae noftrae amicitiae , non potui non Moguntia-
,, cum quoque defcendere ( tanta eft veri amoris efficacia ) vt
,, te coram cernere, te alloqui , teque vlnis amplexari poffem,
,, nec poenituit itineris, etiam fub inclementi aere fufcepti. Vi-
,, di enim & audiui, quae mihi magnam attulere voluptatem ,
,, vidi inquam non folum *Vrielem Gemmigerum* archiepifcopum,
,, tum doctum , tum iuftum, fed etiam audiui omnes fere col-
,, legiorum facerdotes in fummo templo tertio Idus Nouembres,
,, Pfalmos & facrificium alacriter , concinne, fedulo fenfim de-
,, cantantes, velut in diuino cultu absque faftidio & celeritate
,, delectari viderentur.  Vidi etiam in aedibus humaniffimi do-
,, mini *Godefchalchi Ffchenbrocker* tui concanonici, praefentibus
,, eximiis praelatis, doctiffimisque & modeftiffimis theologis col-
,, legia-

---

*) Idem libellus ab *Henr. Ernflio* Sorae an. 1647. 4. editus , reperitur etiam in *Dion. Gothofredi* auct. ling. Lat. *Hel. Putfchii* grammat. & alibi.

**) Prodierunt *Lucii Feneftellae* de fimili materia libris fubiecti Bafil. 1555. 16. 1561. 16. Parif. 1560. 4. Colon. 1607. 12. & in Rep. Romana, quam *Petrus Scriuerius* edidit L. B. 1626. 16. in *Phil. Caroli* antiquitt. Roman. Francof. ad Moen. 1643. 12. & alibi.  Vide *Catal. Bibl. Bünau.* T. I. Vol. I. L. III. p. 415. T. II. P. III. L. V. C. II. fect. 4. p. 462.

„ legiatarum ( Deo laus ) canonicis, quod apud Trebotes pia-
„ culum cenferetur, faltem quibusdam auaris bilem moneret,
„ farcophagum , in quo *Willigifi* archiepifcopi aedis diui Ste-
„ phani veftri patroni fundatoris, corpus reconditum fuiffe fer-
„ tur.   Ad haec miratus fum, te inter tantas pontificii tribuna-
„ lis occupationes poffe etiam litteris politioribus & veneran-
„ dis antiquitatibus intendere. Quippe qui ad *Valerii Probi* no-
„ tas fingulares cumulatiffime quaedam adiecifti , qui diuerfa
„ vrbis & dioecefis Moguntinae epigrammata fummo labore
„ collegifti , quae lectu iucunda fuere.   Nec minus mihi iu-
„ cundum fuit legere *Pomponium Laetum* de Romanorum ma-
„ giftratibus, facerdotiis & legibus. Et quoniam non. folum no-
„ bis nati videmur, te, mi *Theodorice* , per noftram inuiolabilem
„ amicitiam obfecro, vt *Valerii Probi* cum tuis additamentis
„ abbreuiaturas, *Pomponium Laetum* & antiquitates abs te col-
„ lectas, tandem per noftrum *Iacobum Chobellium* tam diligen-
„ tem archigrammateum , quam induftrium chalcographum in
„ lucem prodire finas, quo non folum vrbs & terra Mogunti-
„ na illuftretur, fed etiam Germanica iuuentus ad interpretan-
„ das litteras fingulares & verba apud prifcos truncata in anti-
„ quiffimis epitaphiis & hiftoriis reperta : immo etiam ad in-
„ telligendas facilius nonnullas iuris ciuilis leges idonea redda-
„ tur.   Denique, nifi me fallit memoria , dicebas te per otium
„ ( fi quod forfitan occupationibus tuis fuccifiuum  daretur )
„ fcribere deftinaffe *catalogum* & vitas epifcoporum & archiepi-
„ fcoporum Moguntinenfium ad hanc vsque aetatem noftram : in
„ quo & ego circa Argentinenfes epifcopos magnopere mihi vi-
„ deor defudaffe.   Quocirca vehementer te oro & exhortor ,
„ ne hoc inftitutum tuum vt multa alia egregia, veluti Aiax ille
„ in fpongiam incubuit, obliterari patiaris: foles enim ( pace tua
„ loquar ) alioquin etiam in his, quae abfoluta funt, edendis effe
„ tardiufculus, quod cum in multis abs te fiat , tum praecipue
„ in *hiftoria violatae crucis* per te verfibus exactiffime celebra-
„ ta, quam multi ftudioforum fruftra hactenus expectarunt.

X                      „ Vale,

„ Vale, teque Dominus Deus pro tua maxima in parentes fide
„ atque pietate diu faluum & incolumem conferuet. Ex aedi-
„ bus *Ioannis Vigilii* Canonici Wormacienfis hofpitis noftri li-
„ beraliffimi. „

Eiusdem etiam *Wimphelingii*, prout ex omnibus colligere licet,
effe videtur *peroratio* ad lectorem, quae fic habet : " Difcant
„ adolefcentes ex his antiquitatibus, abbreuiaturis & notis fingu-
„ laribus, legere, fcribere & interpretari latinas & theutonicas lit-
„ teras : quarum inuentores fumma laude digniffimi, quibus vti-
„ lius vix aliquid humanum genus habet, difcantque intelligere
„ verba truncata, fcribantque lepide, apte, & eleganter, non ficut
„ multi ex noftratibus, praecipue autem nonnulli qui inepte,
„ inconcinne, barbare multa fcribunt, qui noua vocabula fin-
„ gunt, fuperuacanea cumulant, vt inftrumenta, vt libelli,
„ paulo poft ad laxandi ventris fedem reponendi, vt caetera
„ id genus in modum immenfum ab exhauriendas pauperum
„ crumenas excrefcant. Dehortatur ab huiusmodi fuperfluita-
„ tibus Stephanus iureconfultus in doctrinali florum, multas-
„ que praeftantes doctrinas tradit fcriptoribus illis & neceffa-
„ rias & falutares. Satis etiam diferte & grauiter *Vlricus Za-*
„ *fius* huiuscemodi viros, non tam pacis, quam litium amatores,
„ in quodam lectionum fuarum exordio reprehendit. Longe fe-
„ cus fcripfit *Gregorius Haimburgius*, & alii confultiffimi viri,
„ legisque latores excellentiffimi, a quorum dulciffimo & orna-
„ tiffimo ftilo moderniores procul defecere. Nec folum in fti-
„ lo iam peccatnr, fed etiam in litteris & caracteribus, cum ta-
„ men exquifitiffime fcripferunt veteres, & litteras & vocabu-
„ la, non ficut noftrae tempeftatis quidam fcribae, praecipue
„ in lingua vernacula, qui nullum prorfus inter M. liquidam
„ & V. vocalem faciunt differentiam : eadem figura vtramque
„ litteram depingentes, tanquam non fint litterae inter fe diftin-
„ ctae. V. vocalem anteponunt confonantibus in dictionum
„ principio, quo loco in litteram F. refolui non poteft: N. ge-
„ minam in medio vocabulorum frequenter vfu pant, cum vna
„ fim-

,, fimplex fufficiat: Inter X. &'G. & P. paruum difcrimen fa-
,, ciunt: multaque alia innertunt atque confundunt, contra omnes
,, orthographiae leges, omnemque litterarum & fyllabarum na-
,, tiuam conditionem. De hoc magno abufu, aliisque multis in
,, orthographia erratis & ineptiis, pulchram congeffit admoni-
,, tionem *Nicolaus de Wyla*, *) fcriptor & interpres latinae lin-
,, guae elegantiffimus. ,,

Pluribus hunc libellum defcripfit ac recenfuit *Freytag* in
adparat. liter. T. I. p. 718.

66. Orationis ANGELI Anachoritae Vallis Vm-
brofae ad IVLIVM II. fuper Concilio Lateranenfi
confirmatio cum exaggeratione IAC. WIMPH. herc-
mitae fyluae herciniae. fine an. & loc. in 4to. ( *In
Bibl. acad. Friburg.* ) **)

Praeclara funt, quae ad illuftrationem rei iftius commemorat *Lambacher.* loc. cit. p. 163. " Angeli Anachoritae *oratio
,, pro Concilio Lateranenfi contra Conuenticulum Pifanum 4.
,, Vallisumbrofae 1511.* ***) Cum an. 1511. aliquot Cardinales

X 2                                  ,, prae-

―――――――――――――――――――――――――

*) Habetur hoc opufculum, quod *Nicolaus de Wyla* ad Iohannem Harfcher ciuem & fenatorem Vlmenfem an. 1478.
*vff den XVIII. Tag des Hornungs Indiétione XI.* fcripfit
de *orthographia* tunc temporis vfitata, & de iis, quae in
epiftolarum titulis & aliis fic diétis *curialibus* obferuari
debeant: habetur, inquam, hoc opufculum in colleétione
rariffima; *Tranflation oder Tütfchungen des hochgelahr-
ten* Nicolai von Wyle *der zyten Statfchriber der Stat Ef-
felingen etlicher Bücher Enee Siluii, Pogii Florentini,
Felicis Hemmerlin doétoris, mit fampt andern Schrifften,
deren XVIII. nacheinander vnderfchydenlichen mit iren Fi-
guren vnd Titeln begriffen find.* Stralzburg 1510. fol. De
qua *Freytag* in adparat. lit. T. II. pag. 1065.
**) Infcripta funt fronti haec verba: *Dom. Io. Calceatoris
Brisgoico praeceptori.* Et ad calcem eadem manu, quae
tamen cuiusnam fit, ignoratur *Dom. Io. Brisgolco theologo & praedicatori.*
***) Orationis huius alio etiam loco meminit *Wimphelinglus*
in peroratione ad *Guilhelmum* epifcopum Argent. ( *Henrici
de*

„ praetenderent, Iulium papam II. contra Conſtantienſis &
„ Baſileenſis conciliorum ſanctiones diſtuliſſe connuocationem con-
„ cilii oecumenici , atque ſic auctoritate , vt ferebant , ad ſe
„ delata, illud Piſis celebrandum indixiſſent , paullo vero poſt
„ Iulius II. aliud Romam connuocaſſet , apud Lateranum ha-
„ bendum; primus, qui pro hoc contra illud calamum ſtrin-
„ xerit , ſuit *Angelus Anachorita* Vallisumbroſanus, edita pri-
„ mum *oratione pro concilio Lateranenſi contra Conciliabulum*
„ *Piſanum*, propugnans , apud ſolum papam concilium oecu-
„ menicum cogendi poteſtatem reſidere: deinde datis etiam *lit-*
„ *teris ad cardinalem Bernardinum de S. Cruce, regem Fran-*
„ *corum , & Iulium II. pro vnitate eccleſiae·ſeruanda.* ⁕) Ha-
„ rum litterarum ( quae numero quatuor ſunt , priores datae
„ ad dictum cardinalem & regem Francorum, poſteriores ad
„ Iulium II. ) nemo quod ſciam , mentionem facit. Orationem
„ vero memorat *Simlerus* Epit. Bibl. *Geſner*. & ex eo *Fabri-*
„ *cius* Bibl. med. & iuf. Latinit. Tom. I. pag. 260. Qui au-
„ tem in hoc falluntur, quod putent, orationem hanc habitam
„ eſſe Romae 1512. Nam licet directa ſit ad concilium Late-
„ ranenſe, & ita ſcripta, ac ſi dicta eſſet in ipſo concilio, quod
„ anno demum 1512. decima die Maii Romae inchoatum eſt,
„ praefatio tamen ( ne quid dicam de ipſa editione ) ſatis de-
„ clarat, anno praecedente 1511. publicatam eſſe , vbi concili-
„ um Lateranenſe indictum quidem iam erat, ſed nondum coe-
„ ptum. Cuius anticipationis ipſe auctor duas cauſas allegat.
„ Primo quod conciliabulum Piſanum tunc iam incoepiſſet, cui

„, a

---

de *Hagenoia* libell. de vit. & morib. epiſcop. &c. ſubiect. )
*Angelus Anachorita Vallis vmbroſae in ſua docta terſa-*
*que oratione ſanctitudinem eius* ( Iulium II. ) *exhortatus*
*eſt* &c.

⁕) Hanc etaim editionem laudatus *Lambacher*. ibid. ex an-
tiquiſſima Bibl. ciuica Vindob. adducit: Angeli Anachoritae *epiſtolae ad Iulium II. Pontificem Max. Francorum re-*
*gem , & Bernardinum tunc cardinalem ſanctae Crucis pro*
*Chriſtiana vnitate ſeruanda Vallisumbroſae 1511. 4.*

„ a principio ſtatim eſſet obuiandum. Deinde quod timeret in „ ipſo concilio Lateranenſi tanquam in conſeſſu tantorum patrum „ ſibi vt omnium Chriſtianorum inſimo perorandi locum non „ ſore. „

Quibus ea addere oportebit, quae de hoc pontifice Iulio II. concilio Lateranenſi V. & diſſidiis cum rege Galliarum narrat, & in medium proſert doctiſſimus & integerrimus hiſtoriae eccleſiaſticae ſcriptor *Nat. Alexander* ad ſec. XV. & XVI. diſ- ſert. XI.

Operae pretium me facturum exiſtimaui, ſi *Wimphelingii* no- ſtri explicationem & confirmationem eorum , quae abs *Angelo* prolata ſint, aequis rerum illarum iudicibus examinandam, atque diſcutiendam dedero.

IAC. WIMPHEL. eremita ſyluae hercyniae peccator ANGELO ANACHORITAE -Vallis vmbroſae S.

Tua, mi frater ad *Iulium II.* pontificem maximum oratio, praè ſe ſert pium zelum quo aeſtuas , nedum ad honorem apo- ſtolicae ſedis , ſed etiam ad totius eccleſiae reformationem , vt- pote, ad boues non exaltandos, hoc eſt ( vt tuis verbis vtar) ad imperitos, rudes, ac immeritos, ad eius principatum non pro- mouendos , penſiones abdicandas , religionum diuiſiones ad vni- tatem redigendas , epiſcoporum & abbatum electiones ad ius ſcriptum reducendas , diſpenſationes temperandas, clericorum monachorumque mores, pompam , & faſtus corrigendos. Chri- ſtianiſſima tua eſt ſententia , quae non niſi ab oſore virtutum, & Chriſtianae pietatis inimico reſutari poteſt. Bene quidem ha- beret eccleſia Dei , magna ſoret ſalus & ſummorum pontificum dignitas, ſi ephebi ſtudiorum negligentiſſimi , ad perſonatus , ad magnas animarum curas, ad ſacerdotii , & doctoratus gra- dum non exaltarentur. Si cum eis, qui piſtrinis, equis, mu- lis, coquinis, penoribus , praefuerunt, alii quoque diuinarum humanarumque litterarum docti, ſimul ad inſigues praebendas aſcendere poſſent: ſi contra ſas & aequum, contra decretales ( *c. graue nimis &c. venerabilis de praebendis*) eruditiſſimi viri,

reique publicae Chriftianae vtiliffimi , a cathedralibus ecclefiis
(in quibus haftenus recepti fuere ) uon effent eiecti. Venufta-
tem (vt audio ) ecclefiarum praetendunt proceres, quaenam
haec eft venuftas? Corporis ne, an animi? Corpora illorum, nonne humanae quoque fragilitati fubjecta funt ? An vero animus
doctrina & virtute praeditus , minus venuftatis habet, quam
pueri octennis? quam aucupis? venatoris, calamiftrati? aut filii
equitum fiue praedonum? (*c. fuper inordinata de praebend.*)

Defenfionem forte ecclefiarum iactitant militares ? Dicat
*Herbipolenfis* ecclefia a quibus ciuibus? a quibus agricolis maiores palfa fit iniurias , quam a *Georgio Rozenburgio*, & quodam *de Sezenheim*, qui de nobilitate gloriantur : dicat *Conftantienfis*, quis eam acrius perfequutus fit, quam equites aut
militares? Fatebitur idipfum *IVormacienfis*, *Maguntina*, &
*Treuerenfis*, fi canonici tum nobilium, tum ( aliqui faltem &
minor pars ) ciuium filii, fapientiam amarent, Deum cole-
rent, fi ( iuxta nominis fui a regula deducti vigorem ) bonae
vitae populis exempla praeberent, quisnam eis infolens aut
Iniurius effe velit? & fi obftinatus quispiam ex liuore, vel ingenita malitia velit, relictus eft iuftitiae locus, relictus eft &
defenfioni, etiam fi pauci canonicorum ( docti tamen & non
per faltum graduati) ex ciuibus arma & infignia militaria, vel
torneamenta non admodum curantibus originem duxiffent. Nofti
tu ipfe mi, *Angele*, pontificis munus effe, absque perfonarum
acceptione plantare facram religionem, & plantatam fouere, recta nutrire, & corrigere, quae profectum virtutis impediunt,
(*c. venerabilis de praebend.*) & nofter *Iulius* verus pontifex , in bullae contra *Bentiuolum* exordio , de falute corpo-
rum & auimarum omnium fidelium rationem a fe in aeterni
Iudicis diftricto examine reddendam, ingenue confitetur : propterea tu in orationis tuae calce fuam fanctitatem alienis orationibus & fuffragiis iuuari, fouerique fapientiffime petifti.
Cum autem nullum efficacius fuffragium, nullum Deo gratius
facrificium fummo fit miffae officio, fi docti, modefti, & de-

uoti,

uoti, a praebendis non excluderentur, fi plura fufficientia facerdotia in plures facerdotes faepius, quam vnus aut pauci facrificantes diuiderentur : tum pontifices maximi, & Caefarea maieftas plures haberent coram iuftiffimo Deo pro' fua falute interceffores, immo & fupremus reuerendiffimorum patrum cardinalium coetus, ac totius ecclefiafticae dignitatis fplendor, plurium praeftantium virorum confilio, fapientia, doctrina, felicius in fua celfitudine conferuari poffet & amplificari. Atque praeclara epifcoporum auctoritas iure ipfis conceffa, minus poffet vel a tyrannis, vel a priuilegiatis, metas priuilegiorum trans-
gredientibus, vel a fubditis rebellibus, fanctiffima ftatuta per ini-
quam appellationem declinantibus, peffundari & conculcari. *( c.
monachi de fentent. excomm. c. cum excomm. de poenit. & remif.
cap. ficut de excef. prael. c. porro de priuileg. & c. tuarum
de maior. & obed.)*

Adde, quod iuxta tuum Chriftianiffimum votum, ad ciuitatem
fanctam Ierufalem, barbarorum manibus oppreffam redimendam,
& ad id, Chrifti plebem animandam, doctiffimorum hominum
prudentia, confilium, conciones, exhortationes, fupplicationes,
commodius opitularentur, victoriam, quam tu pollicitus es,
aut faltem vrbis Conftantinopolitanae recuperationem haud
dubie fperarem nobis elargitam, fi noftri iam pridem exerci-
tus, inter fefe digladiati, multo Chriftiano fanguine fufo, vna-
nimi in Turcas feruore properaffent. O quantam apud Deum
gratiam, quantam apud pofteros gloriam, quam gloriofum de
perfidis Mahometiftis Chriftum Dei Filium negantibus triumphum, fuprema fidei noftrae capita fuiffent confecuta ! Tum demum tot indulgentiarum bullae a *Sixto IV. Innocentio VIII.* &
*Alexandro VI.* conceffae, tot orationes pro principum obedientia coram fummis pontificibus auditae, non amodo vacuae &
inanes diiudicarentur. At cum iuxta Moifi caeterorumque vatum oracula (*Leu. XXV. Deut. XXV. III. Iudith. V.*) victoriam de hoftibus ob noftra facinora Deus fubtrahat ( ficut ebraels
nonnunquam fubtraxit) inprimis vitia extirpanda effe videntur.

X 4 Quod

Quod vero maius flagitium auaritia & cupiditate? a qua nulla
poteftas eos coram Deo eximere poteft, qui cum plus fatis ex
Chrifti patrimonio abundent , indies tamen plura atque plura
fibi facerdotia, cum ecclefiarum & animarum difpendio, cum
aliorum digniorum & indigentium moleftia malis quandoque
artibus clam fummo pontifice coaceruant.    Quid magis Deum
ad iram prouocat? quam contaminatiffimis manibus, ore fpur-
ciffimo, animoque & affectu effoeminatiffimo facram euchariftiam
benedicere, contrectare, fumere: & ea fumpta, mox domum,
in qua fcortum & concubina vel latitat, vel aperte cernitur,
omni pudore abiecto reuerti? Faceffat auaritia, non liceat amodo inutili & vili capellanias , ecclefias , praebendas , dignitates , penfiones , cum regreffu, (collatoribus & gratias habentibus intolerabili) ad nos afportare, cum ii, qui XX. annis in vniuerfitatibus docuerunt, aut in ecclefiis praedicarunt, iam effoeti
pro tranquilliori ftatu nihil prorfus affequi poffint.    Non liceat
amodo concubinas in pompa, in deliciis , in matronarum &
virginum fcandalum ( quod & *Raimundus* Cardinalis ad Germaniam nuper legatus vehementiffime deteftabatur) educari.
Concubinae fiquidem ( quae fuis dominis illudunt, & eos infames, fufpenfos, irregulares, indigne facrificantes reddunt )
in otio, lafciuia, crapula exultant, argento, auro, gemmis, ferico refulgent, in conuentu honeftiffimarum matronarum, in
inceffu per plateas, in primitiis, in nuptiis, in dedicationibus,
in conuiuiis, in choreis, in exequiis, in compaternitatibus pri-
matum , honorem, clementiae vel dominatus titulum vendicant,
& pauperrimi. fcholaftici , ecclefiae olim profuturi, ipforumque
miferi praeceptores, immo ipfi plebani, populo¦ & clero die ac
noctu in febre, in pefte, in puftulis, in lepra, in morbo co-
mitiali , in fitu & fqualore obnoxii & obfequiofi, neceffaria vix
alimenta confequuntur. ' Quod' fi cuiquam illorum ( qui pudorem cum pudicitia perdiderunt ), fanctiffimas de vita & honeftate, deque mulierum cohabitatione decretales, mi frater, oblecceris,
mox relatrabit, vel tolerabilius fuum effe facinus, eo flagitio

quod

quod in coelum clamat, & lex Caefarea flammis *cap. clerici de exceſſibus praelat.* poenis ecclefiafticis condemnat, vel Inter- minabitur, fi concubinam a fe depuleris, nullam filiam, nullam vxorem a fua libidine (adeo falax eſt) tutam fore atque fecuram. Ad has feces redacta eſt puriſſima religio Chriſti : ita facra con- cilia, ita facri canones, ita fummorum pontificum pia decreta ( quia conciliorum celebratio tot annis interpolata eſt ) ab eis obferuantur, qui ad facerdotium ( cui caelibatum norant anne- xum) fponte afpirarunt, coacti non funt, qui ad praebendas, ad ecclefias aut earum emolumenta inhiare non ceſſant, quibus & ipfi, & fcorta, & filii in voluptate & faſtu delicatiſſime nutriantur.

Idcirco mi *Angele*, qui animarum, virtutum, totiusque Chriſtianae difciplinae caelo flagras, & ad Concilium profe- quendum fummum pontificem hortatus es, tuum erit, facrorum canonum & Chriſtianae vitae contemptum in medium afferre, magna tibi erit auctoritas apud fupremum ecclefiae paſtorem, de quo bene meritus es, quippe qui eius fanctitatem defendis, ficut & ego quondam patruum eius *Sixtum IV.* contra *Andre- am Craianenfem* archiepifcopum pro virili defendere conatus fum : licet interim ex duabus gratiis expectatiuis, ne mini- mum quidem beneficiorum propter alienas fraudes, igni ple- ctendas, confequi potuerim. Da igitur operam, confule, effice, vt auctoritate Papae & reuerendiſſimorum patrum in con- cilio Lateranenf. congregandorum Boemia ad Petri claues redeat, Conſtantinopolis ab impio Turco tandem erepta, ad Chriſti fidem refurgat, vt fanctiſſimorum (etiam Conſtantienſis) conciliorum maieſtas non eneruetur, quod a quodam fratre *Thoma* deuio at- temptatum eſſe dicunt, vt aequa lance & infimorum de clero & primorum vitia caſtigentur, vt pro annua exactione, & poe- nis pecuniariis ( *de poen. c. 2. & c. 3. )* ( in ecclefiarum vti- litatem & pauperum eleemofynam iuſte difpertiendis ) templa non interdicantur, quanto minus, ob mutua debita laicorum, vt canonici in fefe caſtigandis epifcopo manum non claudant, vt epifcoporum fynodalia ſtatuta iuri innixa, non fpernantur,

nec epifcopi ad ea caffanda compellantur, ( *extirpanda Io.*
*XXII. Papae )* vt ex iugi praelatorum & rectorum abfentia,
diuinus cultus non tepefcat, animarum falus non negligatur, ecclefiarum bona & libertates non intereant, aedificia non corru-
ant, monumenta non perdantur, hofpitalitas & eleemofynae non
minorentur, vt vuus folus in eadem ciuitate aut fub eodem tecto non duas, tres, aut quatuor praebendas aut dignitates vfurpet,
vt exigua & curata beneficia indignis penfionibus nequaquam
grauentur, ( *c. quando in temp. & c. referente de praebend. c.*
*cum non ignores, c. de multa & c. illud eo tit. )* vt viri docti (etiam theologi) ad ecclefiaftica ftipendia promoueantur, vt
duae faltem praebendae in qualibet collegiata folis theologis ad-
aptentur, vt fumptus in fcorta hactenus facrilege profufi, amodo in efurientes fcholafticos, folum panem & offam vica-
tim petentes, in puftulatos, in reliquos egenos pie conuertan-
tur, vt curatis vitae neceffaria, abbates, commendatores, praepofiti, decani, canonici deputati non refcindant, vt curato per
tres conformes fententias competentia adindicata, filentium a
conferuatore apoftolico non imponatur, vt ludi theatrales, lu-
dibria, & monftra larnarum in ecclefiis non fiant, vt non foli
pauci in matutino pfallant, vt fymbolum Nicaenum non obtrun-
cetur, vt fub canone miffae perfonae a feffione ceffent, vt monachi iuxta regulas, clerici iuxta canones, ficque laici eorum exemplo iuxta decalogqm viuant, ( *c. de monach. de praeben-*
*dis c. extirpandae eod. tit. Clement. de celebrat. mif. c. cum*
*decorem de vita & honeft. )* vt mendicantes contra *Clementi-*
*nam dudum*, immo contra ius naturae immutabile nihil agant,
nec in curatos cum fcandalo in concionibus inuehant, vt priui-
legiati, ad examen pro facris ordinibus idoneos (faltem Latinos)
folenniter profeffos, habitu ordinis indutos praefentent, vt regulam & honeftatem obferuantibus, nullum fit piaculum, tepi-
dos & laxos fui ordinis, fibi in difciplina coniungere, vt monachi & praebendarum deuoratores non mox quemlibet a fuo
immediato iudice pro re leui ex liuore ad tribunal Romanum in

ius

ius trahant, vt milites ordinum pro fide pugnantium, condigno
fuos facerdotes profequantur honore, vt puellarum monaſteria
fornicibus non aſſimilentur. Ad haec recenſenda , tu mihi *Angele* anſam & audaciam praebuiſti, quae licet dudum facratiſſi-
mis canonibus, partim indicta, partim interdicta fint , operae
precium tamen eſt, vt papae, conciliique poteſtate (ad eccleſiae aedificationem non deſtructionem tradita)executioni deman-
dentur, ne in puriſſima Chriſti religione, vetuſtatis conſuetudo,
confeſſa vitia pro virtutibus habeat & defendat, ( *c. iam dudum
de praeb.*) Multa enim hactenus per patientiam tolerata funt,
quae fi deducta fuiſſent in iudicium & concilium exigente, Chriſtiana iuſtitia, non debebant neque amodo debent tolerari.

67. De vita & moribus epiſcoporum aliorumque
praelatorum & principum libellus, etiam priuatis perfonis vtilis lectuque iucundus, ad Guilhelmum III.
Epiſcopum Argentinenſem.

Breue feu epiſtola GREGORII magni papae de
caſtiganda incontinentia & impudicitia facerdotum.

*In fine:* Excuſſum Argentinae in aedibus vulgo
zum Thiergarten per Bernardum Beck, 1512. 15.
Kal. April. in 4to. *(adiecto inſigni typograph. )* ( *In
Bibl. acad. Friburg.*)

Opufculum iſthoc *Henrici de Hagenoia* Nicolao quondam
epiſcopo Spirenſi transmiſſum , fed iam in bibliotheca Heidelbergenſi repertum, ſtilo mutato, *Iac. Wimphelingius* in lucem protraxit , atque *Guilhelmo III.* ex Comitibus Hoenſteinis Alſatiae Comiti prouinciali, & epiſcopo Argent. dedicauit; quemadmodum pluribus id in epiſt. nuncupat. profecutus eſt : " Ingra-
„ titudo quam turpis fit, ex facris litteris edoctus, ne tuae in
„ me munificentiae immemor eſſe videar clariſſime princeps,
„ opufculum *Heinrici de Hagenoia* Nicolao quondam Spirenſi
„ epiſcopo transmiſſum, & a me nuper *Georgioque Gemmigero*
„ praepoſito Heidelbergae in Bibliotheca philofophorum reper-
„ tum ( ſtilo mutato, ac locis originalibus ope *Georgii Vbelini*
„ iure-

„ iureconfulti ad latera paffim adiectis ) clementiae tuae dedica-
„ re conftitui. Nam & fi quae *Heinricus* epifcopis caeteris-
„ que praelatis & principibus fuggerit, tibi pro tua fumma re-
„ rum gerendarum prudentia , iam dudum perfpecta fint : vo-
„ lui tamen ex hoc , pignus & indicium qualecumque vel meae
„ oftendere gratitudinis , vel maximae in te obferuantiae atque
„ caritatis, quamuis me non mediocriter quoque impulerit ge-
„ nialis amor patriae, vt gentilis meus *Heinricus*, pro fua di-
„ gnitate ex tenebris prodeat & reuluifcat, vt Hagenoia & ipfa
„ Alfatia praeclaris in hunc vfque diem ingeniis pollens illu-
„ ftretur , tuoque epifcopatui ( ex quo *Heinricus* nofter pater-
„ nam duxit originem ac Heidelbergenfi gymnafio ( in quo
„ doctiffimi nuper neoterici floruerunt ) non nihil laudis ac-
„ cedat & honoris. Nec amodo in hac tua clariffima diocefi
„ homines docti ( quibus Pius papa fecundus fummos pontifices
„ multa · debere fatetur ) defuturi funt , fi modo ipfis magnos
„ ftudii labores patrimoniique iacturam in gymnafio perpeffis
„ condigna praemia , & honeftos ftatus confequendi, quicquam
„ fpei foret relictum, quibus cum mulotribis, cum coquis, & pi-
„ ftoribus, non erat integrum, floridam aetatem , absque bo-
„ nis litteris ignauiter confumere. Spero te clementiffime prin-
„ ceps, pro tua fumma induftria non nihil in hac re indies co-
„ gitaturum, ficut & *Bertoldus* Maguntinus Archiepifcopus,
„ tuus Auunculus a Pio papa tertio noftrae nationi plurimum
„ affecto, pro ecclefiarum honore impetraturus erat, timeus, fi
„ doctis facrofancta fedes apoftolica non fuccurreret, pro ani-
„ marum curis, pro concionibus, proque aliis diuinis & Chri-
„ ftianae fidei necelfariis caufis, theologos vel aetate fua defu-
„ turos. Quis enim adempta fpe praemii, cum patrimonii ia-
„ ctura & multo labore, litteris ecclefiae vtilibus & necelfariis
„ inuigilare volet? Conftat autem quendam, ortus macula fpur-
„ cidum , qui ex formulari ( vti vocant ) fuo , inftrumenta
„ depingere didicit , ac apud Tyberim paucis annis ferui-
„ uit, bullis vtcunque extortis , hoc anno in tres collegiatas tuae

„ dio-

„ diocefis ecclefias irruere , veneranda capitula vexare , hone-
„ ftos ritus ac pias leges rumpere, nedum ad praebendas fed
„ etiam decanatus afpirare, nobiles & doctos vel excludere, vel
„ graues ab eis penfiones emungere, ad vicarias quoque nobi-
„ liffimae tuae cathedralis hactenus a legitimis, a graduatis, &
„ alias dignis,deuotisque viris poffeffas manus extendere, ac fum-
„ miffariam, a qua per fas aut nefas eiectus fum, occupare vel-
„ le. Tam inaequalis, iuri ac honeftati, immo rationi contra-
„ ria facerdotiorum diftributio, religioni Chriftianae iacturam,
„ fidei opprobrium, animarum perniciem , facrofanctae fedis
„ apoftolicae contemptum, ecclefiarum ruinam, indocti vulgi
„ in clerum murmur, ac Domini Dei ( cuius honor diminuitur )
„ iram afferre videtur : qui tibi ad ecclefiam feliciter regendam
„ pacemque inter difcordes faciendam ( ficut perniciofum
„ Martis impetum nuper fedauifti) diu affiftat. Ex caftello *Wick-*
„ *germi.* Pridie nonas Octobris, anno noftrae falutis vndecimi
„ poft MD. „

68. Moriae encomium ERASMI ROTERODAMI
declamatio.

Argent. ex aedibus Schurerianis menfe Octobri
an. 1512. in 4to. ( *In Bibl. acad. Friburg.* )

Libello huic *Iac. Wimphelingii* epiftola ad *Def. Erafmum
Rot.* fubiuncta extat: " *Defiderio Erafmo Roterodamo Iacobus*
„ *Wimphelingius* Seletftatinus Germanus Germano , theologo
„ theologus, difcipulus praeceptori S. D. Nemo tibi perfua-
„ deat *Roterodame* dulciffime , me in *defenfione theologiae neo-*
„ *tericorum* contra *Philomufum*, Moriam tuam taxare voluiffe.
„ Nam & fi iunioribus & adhuc ingenio vegetis, nobilem phi-
„ lofophiam, & fubtilem logicam Ariftotelis, eiusque metaphy-
„ ficam , ac theologos neotericos exiftimem , tum ad acumen
„ ingenii exercitandum, tum ad elidendas haerefes, non effe
„ prorfus inutiles; eis tamen folis tota vita vfque in fepulchrum
„ inuolui & implicari, Chrifti Paulique, ac quatuor ecclefiae
„ luminarium doctrina neglecta, probare non poffum, cum

„ tam

„ tam caecus amor in neotericos , in vnum praefertim fui or-
„ dinis, quosdam Vulcanum perferre coegerit, quosdam ab *Au-*
„ *guftino, Gregorio, Leone, Guilhelmo Parifienfi, Ioanneque*
„ *Gerfon* adeo auellat, ita vt nec ad hiftorias , nec ad decreta
„ pontificum , nec ad conciones, fed neque ad orandum, fcriptis-
„ que aut ore perfuadendum , idonei fatis effe videantur.   Et
„ cum maxime opus effet, ad res ciuiles aut ecclefiafticas, ad ne-
„ gotia contractuum, praebendarum, regiminis animae, & ad cau-
„ fas in generalibus conciliis pertractandas , eorum opera ne-
„ mo feliciter vti poffit.   Liceat eis & expediat quaeftiones le-
„ gere , concertare, argutias meditari.   Liceat huius ordinis
„ doctum , & fuam opinionem alterius religionis fcriptori ( an
„ ex faftu aut zelo nefcio ) praeferre.  Sed & expedit atque de-
„ cet, antiqua & fumma religionis noftrae lumina nequaquam
„ obliteratum iri.   Ni fallor, affentitur aliquantulum nobis Au-
„ lus Gellius libri noni capite vicefimo fecundo , ex Platonis
„ Gorgia longam & elegantem fententiam citans.  Sic & nofter
„ *Icolampadius* nobis confentiens, abhorret ab eis theologis ,
„ qui theologiam ad verbofam loquacitatem , & ( vt *Gerfon* ait )
„ ad chymerinam mathematicam redigunt, qui Ariftotelis , Auer-
„ rois, & Auicennae probatiores fententias creberrime profe-
„ runt, ex lege, ex prophetis, ex euangelio, & Apoftolis ad-
„ ducunt nihil , fragilemque arundinem pro defenfandis dictis
„ fuis leuant, & coelitus miffum enfem nunquam fuperabilem,
„ in quo fidere poffent, vagina reconditum feruant.  Ille idem
„ *Icolampadius* etfi fcholafticam theologiam in omnibus probet,
„ vifi funt tamen ei complufculi ex eius cultoribus in Rachele
„ lippefcere , in Lia fterilefcere : affectiue virtutis ftomacho
„ incoquibiles recipere cibos, vnde & intellectiue perturbari
„ oculos neceffe eft, obliti, quia Deus ipforum fcientiam deftruet,
„ obliti, quia fcientia inflat , caritas aedificat, fic fcandala quo-
„ tidie fuborientia docent.  Quapropter mi *Erafme*, fi vtriusque
„ noftrum animus recte perfpectus fuerit, nec tua Moria meae
„ defenfioni, nec defenfio mea tuae Moriae videbitur refragari.

„ Quam

„ Quam mi humaniſſime *Deſideri* deſiderabiliter a me leɾtam,
„ perſuaſi conciui, gentilique meo *Matthiae Schurerio*, denuo
„ a ſe impreſſum iri,vt plurimi noſtratium tuarum lucubrationum
„ leɾtores auidiſſimi fruɾtum ex ea capiant atque voluptatem. Be-
„ ne vale in Domino. Ex Argentoraco, XIV. Kal. Septembres,
„ an. ſalutis noſtrae MDXII.

*Moriae encomium* iam antea , vt obſeruat *Wimphelingius*
in epiſt. Argent. apud eundem Matth. Schürerium, & quidem
an. 1511. 4to typis impreſſum prodiit. Conf. *Maittaire* annal.
typogr. cont. T. II. P. I. p. 225. De aliis & paene innumeris huius libelli editionibus agunt ii praecipue, qui de *Eraſmi*
vita & ſcriptis commentati ſunt ſcriptores plurimi , iique do-
ɾtiſſimi: quo autem praeciſe tempore prima omnium in lucem
exierit editio, non ſatis conſtat: licet plerumque eam,quae Pariſ.
ſine anni iudicio apud Aegid. Gourmont 4to prodierit, quamque
( *Maittaire* T. II. p. 195. ) ad an. 1508. retulerit , primam eſſe
plerumque ſtatuant.

69. Modus praedicandi ſubtilis & compendioſus
STEPHANI HOEST, theologi viae modernae Heidelbergenſis.

Oratio eiusdem ad ſynodum Spirenſem : in 'qua
exhortatur clerum ad honeſtatem vitae , & ad ſtudia
literarum.

Tetraſtichon eiusdem in ambitionem cuiusdam
fraterculi.

Oratio PALLANTIS SPANGEL, theologi Heidelberg. ad Caeſarem Maximilianum , in arce illuſtriſſimi
principis comitis Palatini habita ex tempore. *)

Epitaphium IOANNIS KEISERSBERGII praedicatoris Argentinenſis. **) Tetra-

---

*) Extat in *Freher.* T. II. p. 465. De *Pallante Spangelio*
plura habet *Frid. Iac. Beyſchlag* in der Lebensbeſchreib.
*Io. Brentii* I. Th. VII. Cap. ſ. 5. ( Nürnb. 1735. 4. )

**) Quod iam ſupra *faſcicul. I. pag. 70. not.* adduximus.
In

Tetraſtichum contra belli ſequaces, in ſangui-
nem Chriſtianum graſſantes, ne manibus laborare
cogantur.

Rithmus Germanicus de eodem.

*In fine:* Finit Argentoraci ad honorem dignitatis ſacerdotalis, & gloriam Caeſaris noſtri Maximiliani ſempiternam. Ex aedibus Ioannis Prüs iunioris. Anno 1513. 4to. ( *In Bibl. acad. Friburg.* )

Legi meretur epiſtola *Iac. Wimphelingii* ad *Io. Preus* ( vel
*Prufs* ) iuniorem, ciuem Argentin. " Lucubrationes *Stephani*
„ *Hoeſti*, & *Pallantis Spangel*, qui eloquentiam ſapientiae con-
„ inuxerunt ● tibi communico. Hi duo magni theologi Heidel-
„ bergenſes, nec inuidi, nec auari ( quamuis ille Scoti, iſte di-
„ ui Thomae doctrinam ſecutus ſit ) vtramque legem, & qua-
„ tuor excellentiſſimorum theologorum ac eccleſiae luminum
„ ſcripta non neglexerunt. Libenter ego tibi exemplaria lectu
„ digna impertiar, cum neque hactenus cuiusquam impreſſorum
„ vota fruſtratus ſim, quamuis nunc contra me libelli ſamoſi
„ ſub capitis poena prohibiti, ac mendaces inuectiuae imprimam-
„ tur, quas contemno & irrideo : exemplo ſaluatoris noſtri,
„ qui quotidianas blaſphemias patitur : exemplo etiam Caeſa-
„ ris *Maximiliani*, qui infandos morſus *Guilielmi Briconeti* Lo-
„ douienſis placide ſubridens contempſit. Verba haec diuina
„ me conſolantur : *mihi vindicta & ego retribuam.* Illudque
„ Homeri : Deus vlciſcetur, quamuis flagitioſos obtrectatores,
„ ſi vindice careant, ipſorum malitia ad torquendum eos ſuffi-
„ ciat. Scio denique cum Paulo miniſterium Deo in omni pati-
„ entia per infamiam & bonam famam eſſe exhibendum. Nec
„ ego, melior ſum *Ioanne Gerſon, Ioanne de Vueſalia, Ioanne*
„ *Crucero, Ioanne Capnione*, qui talia ſuſtinuerunt. Nec meli-
„ or ſum probatiſſimo *Georgio Zingelo*, quem verſiſex (*Iac. Phi-*
„ *lomu-*

---

In *Bibl. Vffenbach.* Catal. MSS. T. III. p. 465. codex erat,
qui praeter alia plura MSS. hoc epitaphium *Io. Botzkemi*
complectebatur.

„ *Iomufus* ) ardente lauro clamofior crudeliffime Infamault. Va-
„ le feliciter ex eremo. „

70. Eine heilfam troftliche Predig Doctor IO-
HANS GEILER VON KEISERSBERG Predicanten der
loblichen Stat Strafsburg. Die er zu Bifchoff AL-
BRECHTEN von Strafsburg vnd anderen erwirdigen
Prelaten, vnd feiner gantzen erfamen Priefterfchaft
vor Zeiten gethon hat, ir vnd ires Gefinds Reformation antreffen vfs wolgezierten Latein durch IA-
COBVM WIMPFLINGEN darzu durch groffe Bit be-
wegt inn tutfche Sprach verändert, vnd transfe-
riert.

*In fine:* Vnd ift difs Büchlin getruckt zu Strafsburg in des vorgemelten hochgelerten Doctors vnd
Predicanten, loblicher Gedechtnifs, der er von feiner Criftenlicher Ler vnd guten Exempel feines heiligen Lebens wol wirdig ift, zu der Ehre Gottes,
vnd Vnterweifung der Räthe vnd Hoffgefind, der
Geweltigen, auch all andere Geiftliche vnd Welt-
liche zu tugendreichen vnd erfamen Wandel zu bringen, dafs defter e Gottes Zorn, Straff vnd Plagen,
vorab die Platern vmb vnfer offenbarlich Lafter über
vns bifsher erzögt, durch vnfer Bekerung vnd Befferung abgeftellt, geminert, vnd gemiltet werden.
Amen. Vfsgangen Montag nach fant Nicolai anno
Domini 1513. 4to.

Oratio haec facra recenfetur, immo & integra exhibetur *in
der fortgefetzten Samml.* von alt. vnd neuen theol. Sach. 1747.
Beytr. VI. p. 795. *feqq.*

71. Caftigationes locorum in canticis ecclefiafticis,
& diuinis officiis deprauatorum IACOBI WIMPFELIN-
GII Sletftattenfis. Sunt autem caftigationes hae, quae
fequuntur.

1. Totius officii de vifitatione Dominae noftrae.

Y                        2. Hym-

2. Hymnorum. 3. Sequentiarum. 4. Antiphonarum. 5. Refponforiorum. 6. Colleſtarum.

Epiſtola FRANC. WILER ordinis Minorum. IOANNIS GALLINARII Heydelbergenſ. Phaleucion endecafyllabon in *Caſtigationes* mendarum ecclefiaſticarum.

> *Hunc cleri dociles legant libellum,*
> *Mendas qui ecclefiae volunt videre.*
> *Hunc omnes puerum legant magiſtri:*
> *Qui facros apices putant docere.*
> *Deuotus legat & probus facerdos:*
> *Quo Chriſto referat preces politas.*

*In fine:* Argentinae Ioanne Schotto impreſſore 1513. 4to. ( *In Bibl. acad. Argent.* )

Lectu digna eſt epiſtola dedicat. *Iac. Wimphelingii* ad illuſtriſſimum, manfuetiſſimumque principem *Fridericum* Bauariae ducem, fanctiſſimarum ecclefiarum Moguntinae, Treuirenſis, & Agrippinae Canonicum, Argentinenſemque praepofitum, dominum fuum clementiſſimum : " Non auctoritate, vel iudicio „ proprio ( quae magna eſſet temeritas ) fed originalium lo„ corum & caſtigatiſſimorum exemplarium comparatione, non„ nulla in quibusdam diuinorum officiorum locis deprauata eſſe „ iam dudum exiſtimaui. Cum enim vel ipfas primaeuas ori„ gines, vel ecclefiae Romanae ( cui multum tribuo ) libros „ introfpiciens, fententiarum, aut verborum diuerfitatem con„ fiderarem: dignum ratus fum, non alios ad noſtrorum, fed „ noſtros ad aliorum codices, regulam & tenorem eſſe caſtigan„ dos. Alius forfitan nihil intereſſe putabit : inconcinna & in„ epta, atque ab ipfa primaeua compofitionis integritate aliena „ in re diuina lectum iri. Mihi vero *Aurelium* fecundo de do„ ctrina Chriſtiana lectitanti, longe fecus vifum eſt. Is que„ ritur : fefe auferre non poſſe de ore cantantium populorum „ *fuper ipfum autem floriet fanctificatio mea*, quod etfi nihil „ fententiae detrahit, auditor tamen peritior mallet hoc corrigi,

„ vt

,, vt non *floriet* , fed *florebit* diceretur. Nec quicquam dicit
,, *Aurelius* impedire correctionem, nifi confuetudinem cantan-
,, tium populorum: ficut principi facrarum literarum Augufti-
,, no haec vna barbaries in pfalmo vifa eft infipida , ita mihi
,, faepe non iniuria crediderim , in diuerfis rei diuinae officiis
,, plurima falfa & ruftica difplicuiffe. Dignus profecto eft Deus
,, opt. max. vt in fcripturis facris, & in pfalmis, hymnis, canti-
,, cisque fpiritualibus ( in quibus cantantes & pfallentes eum lau-
,, dare nitimur ) nullus foloecifmo aut barbarifmo relictus fit
,, locus: fed vt vel originalium, vnde fumpta funt, feruetur in-
,, tegritas: vel ea lege verba coaptentur, qua coaptauerunt hi,
,, qui priores nobis non fine auctoritate & ratione locuti funt.
,, Si enim ( vt Ciceroni placet) ratione vti, atque oratione pru-
,, denter, & agere, quod agas, confiderate, omnique in re, quid
,, fit veri, dicere & tueri decet, contraque errare, labi, decipi
,, tam dedeceat, quam delirare & mente captum effe: quanto
,, magis turpe & indecorum in re diuina, in laude fummi Dei,
,, fuaeque matris, atque Diuorum exiftimandum eft, mendofa
,, verba, corruptos fermones, ineptas & deprauatas compofitio-
,, nes pati & fuftinere. Locos vero aliquos a *Ioanne Keiferfz-*
,, *bergio* concionatore optimo, vehementiffime rogatus, mea
,, fententia mendofos duntaxat indicaui : non quod meo, fed
,, doctiffimorum, inprimis tuo, clementiffime princeps, iudicio
,, adquiefcatur. Peruideri denique poterunt vtriusque inftru-
,, menti paginae, & antiquiffimae ipforum auctorum lucubrati-
,, unculae, Romanae quoque ecclefiae, & religioforum quorum-
,, libet exemplaria. Qualia ego multis in locis penficulate, de-
,, dita opera, ad Dei honorem fum contemplatus, tibique fin-
,, gulariter dedicaui, qui diuinas laudes amas & adiuuas : ficut
,, & ecclefiarum ornamenta decusque foues, auges, amplificas.
,, Quae omnia illuftriffime princeps, tuae clementiae offero at-
,, que fubiiclo, vt pro tua ineffabili humanitate fufcipias, pro
,, finceriffima pietate legas, pro fagaciffima circumfpectione di-
,, iudices. Et fiquidem honeftum & rationabilem hunc labo-

„ rem putabis, gratum tibi & acceptum fore non dubitamus.
„ Sin a ratione & veritate nos aliena cogitauiffe deprehenderis,
„ Vulcano committas, Dominus Deus tuam infignem humanita-
„ tem ad laudem & decorem ecclefiae fuae diu faluam & in-
„ columem tueatur atque conferuet. Ex Heydelberga pridie Idus
„ Decembr. anno Chrifti 1500. „

    F. *Francifci Wyler* ord. minor. de obferuant. epiftola ad *Iac.*
*Wimpfeling.* ex Zabernia epifcopali an. 1498. ( ita enim legendum
eft 1598. loco ) exarata haec habet : " Celebri fama vulgandum
„ crediderim, optime & doftiffime vir, in aetheraque leuandum,
„ quod hodie quoque cum mundus totus in maligno ponitur,
„ aurum ecclefiae obfcuratur , mutaturque color optimus, quo
„ aureo fulgebat olim , inueniantur viri, quibus cura fit de re-
„ bus ipfis, quibus Deus colatur, & is in fuis collaudetur fanftis.
„ Poterit plane hoc fpem aliquam afferre victis,folamen arftis in
„ rebus egenis praeftare. Grates Deo, qui fuam pene defolatam
„ non dedignatur inuifere fanctam ecclefiam , implens dictum
„ fuum , quo fe manfurum nobifcum pollicitus eft vsque ad con-
„ fummationem feculi. Equidem hiftoriam quam ex multis in
„ noftra Argentinenfi ecclefia cantatam nouimus , compofitam
„ a quodam Pragenfi archiepifcopo , tempore concilii Pifani,
„ de Virginis intemeratae vifitatione in nota fatis elegantem ,
„ repudiandam ex duplici caufa dignum arbitror , prout hoc
„ ipfum non paruae reputationis homines , quin verius doctif-
„ fimi & celeberrimi putant : tum , quia compofitor ipfius ca-
„ tholicae quidem fidei affertor , fed . ei genti, quae nunc per-
„ fidia haeretica maculatur , praefuit , quod non mediocriter
„ poffet animos nonnullorum turbare ; tum, quia in latinita-
„ te & fententiarum inuolutione imperite comportata , bene in-
„ tuenti parum doctus appareat. Non quidem reuellentes de-
„ uotionem factoris , qui mente fincera , intentioneque optima ,
„ pro re fumma, Virginisque immaculatae laude, quod potuit, fa-
„ cere ftuduit : fed extollentes magis non modo decorem me-
„ lodiae ( quod Auguftino tefte parum eft ) fed pulchritudinem

                                                    „ veri-

„ veritatis verborum ftemmate aftructam, vt laus diuina in cor-
„ de non fordeat ipfa dubietate verbis inuoluta , fed magis de-
„ uotio accrefcat ex verborum concinnitate accepta , & fi me-
„ lodia in aure muliebri canore dulcefcat , nec in verbis defit
„ ornatus, quem grandi foenore extollunt fecularium cantionum
„ inftructores. Sic nempe aurum aufertur Aegyptiis , quate-
„ nus in arcam proficiat Ifraelitis. Cum igitur inter complu-
„ res hiftorias de eo fefto factas, ea praeferatur , quae a fan-
„ ctiffimo quondam Sixto papa IV. compofita eft , & ex dictis
„ fanctorum Ambrofii , Bafilii, & Dionyfii comportata, & meri-
„ to digneque , tum auctoris dignitate , tum materiae pretio-
„ fitate , ab omnibus debeat affumi, affumptaque diu fuiffet in
„ noftra fancta Argentinenfi ecclefia, fi non caruiffet nota , qua
„ in ecclefia more ipfius recitari folent hiftoriae. Egoque hac
„ querimonia pulfus, quia afferui, me habere notam ipfam feu
„ cantum : rogatus per te , quatenus labore affumpto notam
„ ipfam confignarem, tuaeque follicitudini contraderem , latius
„ per impreffionem diffeminandam. Feci rogatum tantundem
„ laboris ex caritate, qua Virginem ipfam primo , te deinde ,
„ ac *Ioannem Keifersbergium* , & *Florentium Hundt* noftrum
„ contubernalem diligo , eidem rei morem geffi , & tranfcri-
„ ptam ecce praefentium transmitto latore , rogans, vt ea, qua
„ fcripta eft & transmiffa caritate, gratanter & beneuole fufcipia-
„ tur. Cuius fi tantum placet, quantum litteram ipfam placu-
„ iffe probatum eft , grates Deo, fin aliter, non deerit, qui la-
„ bori meo vices foluat Iefus Chriftus , in quo te valere per-
„ opto. „

Ex quibus fane conftat , *caftigationes* iftas *Wimphelingii* ,
quibus breuiffimam illam, vt vocat, de *hymnorum* & *fequentia-*
*rum auctoribus* &c. eruditiunculam an. 1499. praemififfe videtur ( fupra n. 20. pag. 196. ) diu ineditas latuiffe ; donec tandem in lucem exierint, maleuolorum hominum reprehenfionibus
ereptae.

Non alienum ab hoc loco , aut ingratum lectoribus fore exi-

ftima-

ftimauimus, fi prima huius libelli *capita*, ex quibus *Wimphe-*
*lingii* inftitutum fane laudabile & pium dignofci queat, integra
exhibuerimus :

*Indecorum effe, in tanta fcripturarum abundantia mendicare*
*inepta, praefertim in laudem Virginis Mariae.*

" In maxima rerum abundantia mendicare, flagitiofiffimum
„ eft, cum ad laudem Reginae coeli, ad officia quaeque de ea
„ in ecclefia Dei legenda atque decautanda fons fcripturarum ex-
„ uberet, cum non defint prophetarum oracula, non euangeli-
„ cum teftimonium, non praeftantiffimorum luminarium docto-
„ rumque, qui de ea affatim fcripferunt, ornatiffimae deuotif-
„ fimaeque fententiae.   Pudendum eft ( ne dicam flagitiofum )
„ vfurpare in eius laudem inconcinna verba, incondita vocabu-
„ la, ineptas fententias, erroneos aut apocryphos fermones, in
„ quibus neque euangelii, neque ecclefiafticorum doctorum ali-
„ qualis véritas, neque grauitas vlla, neque deuotio, neque
„ mentis eleuatio praefentitur.

*Ineptiae & negligentiae canticorum ecclefiafticorum*
*vnde ortum habeant.*

„ Huiuscemodi ineptias, & vitiofos verborum contextus
„ olim irrepfiffe & affumptos effe, non in ecclefia Dei Roma-
„ na, fed in nonnullis dioecefibus dolendum eft. Viderint, quo-
„ rum intererat, quibus maior fortaffe cura fuit diuitiarum acer-
„ uandarum, ditandorum nepotum, nobilitatis fuae illuftran-
„ dae, & infignia equeftris ordinis propagandi, maior follici-
„ tudo venatus, aucupii, equorum, circumducendae choreae
„ vel thyafi, fplendidi apparatus, & omnis pompae fecularis,
„ quam quod fedulo meminerint, qualiter clerus fuas horas
„ perfoluiffet, qualis effet cantus, qualis res diuina, quae
„ verba, quae fententiae, quales libri, qui errores, quae men-
„ dae, quanta officiorum, quae dicerentur abfurditas, quam
„ deprauati errores, quam vitiofa & illepida Deoque & matri
„ fuae ingrata compofitio.

*Confu-*

*Confutatio antiquitatis & confuetudinis maiorum, quae*
*in omni re in melius mutanda frequenter ab*
*imperitis obiicitur.*

„ Errare me mordaces aemuli dicent, perfiftentque in fua
„ vitiofa antiquitate, ac folo vetuftatis errore ineptias fuas de-
„ fendent, clamitaturi : Ante decem luftra , ante duo, tria,
„ quatuor faecula fic lectitauerunt ; fic cantauere maiores no-
„ ftri.   Quibus ego refpondebo, idem hoc fuiffe argumentum ,
„ quo Symmachus Theodofium , & nonnulli alij ceteros im-
„ peratores moliti funt a Chriftiana religione abftrahere, quod
„ antiqui idola coluerunt.   Sequendi funt patres noftri, obfer-
„ uandae veteres ceremoniae. Saturnus, Iupiter, Mars dii ha-
„ beantur.   Non nos progenitoribus noftris fumus meliores, ne-
„ que prudentiores videri velimus. Probata & vera funt, quae-
„ cunque veteres in vfu habuerunt.   Tantam credunt pernica-
„ ces effe vetuftatis auctoritatem , vt inquirere in eam fcelus
„ effe dicatur. Audi rabula. Audi virtutum hoftis. Antiqui do-
„ mos culmis texerunt, aqua pro potu , corio pro moneta vfi
„ funt, cur tu magnificam domum , cur tu diuerfa electiffimi
„ vini genera, cur tu aurum tantopere fitis & argentum?

*Doctorum theologorum, qui etiam poetas & oratores*
*viderunt , iudicio fequentes annotationes*
*offerimus & fubiicimus.*

„ Etfi multa paffim deprauata, tamen aliquos folum locos
„ aperiemus , doctiffimorum hominum fententiam & iudicium
„ expectaturi , eorum potiffime, qui facras literas , qui veram
„ grammaticam, qui oratoriam, qui poeticam probe nouerunt.
„ Barbaros autem & omnium bonarum literarum indoctos ne-
„ quaquam verebor, quantumuis nomen meum fint laceraturi.
„ Non formidabimus, inquam, acutos dentes & mordacem lin-
„ guam imperitorum, quales nouimus plerosque, qui in con-
„ cionibus coram populo Alexandri Galli verficulos citauerunt,
„ quique *animaduerto*, verbum in eo loco, quo diuus Augufti-
„ nus pro caftigo & punio eleganter vfurpauit, pro confidero

Y 4                              „ in-

„ ineptiſſime & falſo ſunt interpretati. Tales inquam barbaros
„ & ignauos, acerrimos tamen aliorum iudices non vsque adeo
„ expaueſcam : quin pro honore Dei, ex amore matris ſuae ,
„ in laudem & decus Chriſtianae eccleſiae, in reuerentiam diui-
„ narum ſcripturarum quae mihi abſurda vel inſulſa videntur
„ carptim attingam, breuiuſculas quandoque rationes ſuperaddi-
„ turus. Quod ſi doctis ( quorum cenſurae me ſubiicio ) erra-
„ uiſſe videbor, paratus ſum, errata mea caſſare, aut Vulcano
„ committere.

### De temeritate quorundam, bene ſcripta falſo caſtigantium & elegantiam floccipendentium.

„ Sunt profecto nonnulli, qui ſibi ipſis multa tribuunt glo-
„ riabundi & multiloqui, qui non timent ſacras ſcripturas ca-
„ ſtigare, libros radere, errores ſuos conſtantiſſime defendere,
„ qui cum neque theologiam, neque minimum eius libellum
„ audierint, nihilominus vt vanitate ſua inflentur, ſuggerit
„ eis ſalutis noſtrae aduerſarius, vt quod ignorant, id ſcire
„ ſe falſo credant, quod rectum eſt, deprauent, quod ab eis
„ male mutatum eſt, pertinaciter defendant. Et non modo
„ non ſacras litteras a doctis praeceptoribus didicerunt, ſed
„ neque veram grammaticam, neque poetas vllos, neque dif-
„ ferentiam carminis & proſae plane norint, & hi tamen au-
„ dent caſtigare hymnos, quorum maxima pars diſtrictiſſima le-
„ ge verſuum exactiſſime compoſita eſt. Immo in numerum
„ hymnorum & ordinem collocari non eſt dignum, quicquid
„ ſoluto campo absque menſura ſyllabarum a quocunque ſuerit
„ congeſtum. Nec enim proſa vniformi melodiae quadrat ſicut
„ verſus, quod in hymno de ſancto Gregorio, & Goare in ec-
„ cleſia Spirenſi, & de ſancto Andrea in Wormatienſi, & de
„ compaſſione Dominae noſtrae in Argentinenſi clare deprehen-
„ di poteſt. Miramur & miſeramur amentiam tam arrogantium,
„ qui hymnos audent effingere, nulla carminis lege ligatos. Quod
„ ſi idem iudicium eſſet, diſcernendi inter elegantes & ruſticas,
„ inter veras & falſas, inter metricas & proſaicas ſcripturas ,

„ qua-

„ quale eſt examinandi aureos nummos, ſi leues, ſi ponderoſi ,
„ ſi monetae currentis, ſi reſutatae, ſi elixi, ſi fului: arbitra-
„ rer ego, eos vel ad conſcribendos, vel ad caſtigandos hym-
„ nos, & caetera eccleſiae cantica longe magis eſſe accommo-
„ datos. E quorum grege ſuit ſacerdos ſemel in anno ſacrifi-
„ caus, qui propter epigramma proſaicum in quendam mortu-
„ um a me rogato conſcriptum, & quidem plane, ſed non co-
„ quinaria ( vt aiunt ) latinitate, quale ipſe praeſcripſerat, in
„ faciem meam irrupit irae plenus, flammantibus oculis, tre-
„ mulis labris, & iurgantibus verbis, quidnam noui molirer?
„ cur non antiquis epitaphiis contentus eſſem? Aiebam me Ro-
„ manam antiquitatem & Latinam elegantiam ſequi, ac dilige-
„ re, cupereque, vt poſteri noſtri hoc idem ſacerent, ne ſem-
„ per ab exteris barbari vocaremur. Reſpondit pernicaciſſimus
„ vir. Quid nobis de Roma ; quid de Italia? Hic in Alſatia
„ ſumus. Nonne bene diƈtum eſt: Anno Domini milleſimo &c.
„ mortuus eſt dominus Ioannes, & requieſcat anima eius in
„ pace. Amen? Ceſſi importunitati, dedi locum furori : licet
„ enim ſcirem hominem litterarum omnium indoƈtiſſimum, ſed
„ locupletem admodum & beneficioſum, neſciebam tamen eum
„ eſſe inimicum bonarum litterarum & omnis bonae doƈtrinae.

*Speratur praeſentis lucubratiunculae vtilitas , & ſi hac*
*aetate forſitan propter quorundam peruicaciam*
*nihil habitura ſit momenti.*

„ Tametſi multis ſuae prudentiae innitentibus nihil perſua-
„ deri poſſit, ideoque haud facile ſperem, his noſtris annotatio-
„ nibus errores peruicaciſſimorum quorundam poſſe aboleri, ſal-
„ tem hoc efficiemus, vt ex his noſtris monumentis, puerorum
„ boni praeceptores ipſos pueros doceant, ipſisque indicent men-
„ das & inſulſas deprauatasque ſcripturas , vt tandem poſt lu-
„ ſtra octo aut decem, cum vita functis, qui hodie vivunt, obſti-
„ natis & pertinacibus ſacrificulis, adoleſcentuli bene educati, in
„ viros & ſacerdotes euaſerint, dum omnia haec a nobis con-
„ ſiguata bene & caſtigate in eccleſia Dei legantur atque decan-
„ tentur. „ & rel.          Y 5          72. THEO-

72. THEODERICI GRESEMVNDI carmen de hiſtoria violatae crucis, & eius vita. Cum interpretatione · HIERONYMI GEBVILERI ſcholarum ſummi templi Argentoratenſ. moderatoris.

*In fine:* Excuſum Argentinae per Renatum Beck ciuem Argentinenſem anno 1514. in 4to. ( *In Bibl. acad. Friburg.* )

*Hieronymus Gebuilerus,* qui opuſculi huius editionem procurauit, eidem epiſtolam nuncupatoriam ad *Bernard. Comitem in Eberſlein,* iuniorem eccleſ. Treuerenſ. & Argent. canonicum, XV. Cal. Mart. 1514. praefixit : *Iacob. Wimphelingius* aliam epiſtolam ad *Theodericum Zobelium,* Mogunt. eccleſ. canonicum, & ecclefiaſticorum morum cenſorem die 5. menſ. Mart. 1512. exarauit, quam hoc loco legendam fiſtimus : „ *Theoderici* „ *Greſemundi\*)* carmen elegantiſſimum in facrilegam *Schelkrop-* „ *pii* faeuitiam iam pridem optaueram, in lucem prodire, vt

„ ephe-

---

\*) Vitam *Theod. Greſemundi,* quae ibidem legitur, hic ſubneċtere placuit: " *Theodericus Greſemundus* ex patre ſui
    „ nominis medico Veſtualo, & matre N. Imolaria Neme-
    „ tenſi Spirae natus, philoſophicis doċtrinis in Maguntia-
    „ co traditur.   Oratoriae inprimis ſtudioſus, cum dialeċti-
    „ cae praeguſtamenta iureconſulto neceſſaria hauſiſſet, no-
    „ lebat eum pater ad lauream ſeu magiſterium philoſophiae
    „ progredi, ne ingenium nobile, tempusque pretioſiſſimum,
    „ in ſuperuacaneis logicorum concertationibus fruſtra con-
    „ tereret.   Quippe quod ea aetate, plerique praeceptorum
    „ cruda & inania de quidditatibus ac vniuerſalibus, de re-
    „ lationibus, plus iuſto ingeniis diſcipulorum inculcabant.
    „ Quae etfi ad ſpeculationes theologicas conferant, ad pie-
    „ tatem vero, ad bonos mores, ad conſultandum, ad res-
    „ publicas gubernandas, ad ius dicendum, ad purgandos
    „ animos, & ad caetera humana ciuiliaque negotia, nihil
    „ prorſus ſuffragari videbantur.   Cum igitur a patre ad
    „ terſiores, pro legibusque capeſſendis vtiliores litteras vr-
    „ geretur, ex oratoribus & hiſtoricis omnem bene dicen-
    „ di medullam puer adhuc imbibit, vt quotquot in pater-
    „ nas aedes diuerterent praeclaram indolem admirati, ar-

„ gumen-

*I*

„ ephebis palam lectum ab impio eos faltem ludo dimoueret,
„ cuius nonnullos praegnantiores locos, non puduit anno fupe-
„ riore *Ioannem Keifersbergium* in cancellis Argentinenfibus af-
„ ferre in medium. Non poteft fuo pondere carere, quod tan-

„ tus,

---

„ gumento praefcripto, ex iuffu patris breui ad eos orna-
„ tiffimas fcriberer epiftolas. Laudes etiam philofophiae
„ & liberalium artium luculentiffime dialogis complexus
„ eft, vt non ab Alemannis parentibus, fed ab Italis (qui
„ Latinum fermonem fere cum lacte materno imbibunt)
„ natus videretur. Ad Italiam dein a patre miffus, Fel-
„ finae & Patauii leges didicit: Ferrariaeque lauream ac-
„ cepit, reuerfus in Germaniam leges palam profeffurus,
„ ex fuggeftu quaeftionem (vt aiunt) repetere ac contra
„ fefe debellantium atque argumentationes deducentium ia-
„ cula (veluti denuo diiudicandus) refellere cogebatur,
„ fama enim tum erat apud Latias quasdam academias,
„ aut in vrbe Roma, noftrates vel barbaros, fiue auri fiue
„ obfequii intuitu, facile gradibus aliquando fuiffe infigni-
„ tos. Temptatus itaque, & vt aurum probatus, Caefa-
„ reas leges ferme adhuc ephebus magna auditorum bene-
„ uolentia profeffus eft. Accitus quandoque in fenatum
„ cuiusdam principis cum caeteros confiliarios ex animi
„ proprii non legum ductu, in caufis decernere animaduer-
„ teret, ftudii fui pertaefus eft, nam cum neque vellet
„ (aut forte non facile faecularis ei aftus fuccurreret) fuco
„ impias adumbrare caufas, inertiae tribui veritus eft filen-
„ tium, quod ex confcientiae innocentiam amantis puritate
„ procedebat. Integerrimus enim virtutumque amantiffi-
„ mus, ac vitiorum omnium acerrimus hoftis erat, quam-
„ obrem ad quendam amicum in hanc fententiam fcripfit.
„ *Ingenium meum pater penficulatius confiderare debue-*
„ *rat, non modo fi fit viuax, foecundum & velox, fed eti-*
„ *am fi fit verfipelle, fi malis artibus accommodum, fi in-*
„ *uidum, nam fi pro ductu naturae meae (reiectis artibus*
„ *quaeftuariis) usque modo inhaefiffem, nihil prorfus ef-*
„ *fet, quod quererer, poteram enim modico, poteram*
„ *mihi tantum & Mufis viuere, accedit inuitae & his di-*
„ *fciplinis reluctanti Mineruae meae temporum noftrorum,*
„ *conditio moribus naturaeque meae repugnans, nefcio*
„ *blandiri, nefcio ftruere technas, nefcio innocentes cir-*
„ *cumuenire, nocentes defendere, detrahere, maledicere,*

„ *calum-*

„ tus , tamque difertus concionator publicitus citauit. Neque
„ de hiftoriae illius violatae crucis veritate fubdubitandum eft.
„ Quid enim cupidus lufor ira exaeftuans non audet? Quid ho-
„ mo perditus, Deique contemptor agere formidat? Apud Ma-
„ gun-

---

„ calumniari, & fi velim verba, non fuccurrebant. Nocuit
„ mihi taciturnitas , nocuit innocentia. Romam paulo poft
„ fiue religionis, fiue antiquitatum amore adiit. Fuerat
„ enim religionis obferuantiffimus , antiquitatum indaga-
„ tor ac conferuator diligentiffimus. Quam vrbem breui
„ faftidiens ad fuos rediturus prius ab amico ad *Ioannem*
„ *Keifersbergium* doctrina & vita probatiffimum adducitur,
„ qui modeftiam eius,benignitatemque confiderans, paterue
„ ipfum hortabatur, vt in dextro biuii Pythagorici trami-
„ te perfiftens, fpretis mundi carnisque blanditiis, omnem
„ vitam in finem ( ad quem a Deo conditus effet ) fedulo
„ referret: placuit enim *Keifersbergio* plurimum indoles
„ *Theoderici* , adeo vt eius carmen *de violata cruce* ( quod
„ febriens ex voto luferat ) in nonnullis concionibus ( qui-
„ bus ludum nocte natalis Chrifti a folo nomine Chriftianis
„ fieri folitum execrabatur ) in fuggeftu citaret. Quanta
„ *Theoderici* gloria a tanto viro , in tanto templo, in tan-
„ ta cleri populique frequentia , teftem auctoremque veri-
„ tatis afferri. Maguntiacum profectus affidente *Bertoldo*
„ *de Monte Gallinario* archiepifcopo, breuem, fed elegantif-
„ fimum ad clerum in facrofancta fynodo habuit fermonem:
„ munerique fupremi illic tribunalis praefectus , talem in
„ iure dicendo fe praeftitit , vt vix alter eo fuerit vnquam
„ vifus aut iuftior, aut aequior, in adeundoque fe facilem,
„ nec tamen plus iufto familiarem praebuit, fciens ex con-
„ uerfatione aequali contemptum nafci dignitatis , nec in
„ cognofcendo excanduit, nec precibus calamitoforum col-
„ lacrymatus eft, fed more conftantis & recti iudicis ita
„ ius reddidit, vt auctoritatem dignitatis ingenio fuo auge-
„ ret, eum vero iudicandi magiftratum, crebra ftudia gran-
„ desque curas efflagitantem, vt Deo & ecclefiae liberius
„ inferuire poffet: iam pridem abdicare ftatuerat , nifi fa-
„ cerdotium diui Stephani ( cuius fcholafticus erat ) pro
„ fui ipfius decoro ftatu, proque parentibus liberaliter edu-
„ candis neceffaria non fuppeditaffet: fuit enim in paren-
„ tes pientiffimus , & in omnes humaniffimus , vt vel ri-
„ gidiores morum cenfores , qui fub religionis typo maio-
„ rem

„ guntiacum impietatem hanc admiſſam cur dubitem, cum apud
„ Argentoracum, vir profanus nullo ſacro ordine praeditus, ſa-
„ cerdotium tamen ementitus, in ara vti ſacerdos ſacrificauerit,
„ miſſas in ſummo templo cantarit, idololatriae anſam dederit,

„ ſonte

---

„ rem ſanctimoniam prae ſe ferunt, eius vitam mirum in
„ modum admirarentur atque probarent : nulla ei mulier-
„ cula infamis cohabitabat, ſciebat enim id virtuti ac viri-
„ li honeſtati contrarium, ſanctionibusque pontificiis inter-
„ dictum, opesque eccleſiaſticas in alios, quam ſcortì alen-
„ di ( *cuius pretium vix eſt vnius panis* ) vſus eſſe conuer-
„ tendas : ſciebat ſacerdoti praeſertim id eſſe indecorum at-
„ que pudendum , nec ſimul virginem puriſſimam , Dei
„ matrem Mariam cum foedo & ìnſanì ſcorto rite poſſe ve-
„ nera·i, munditiaeque cordis, quae Deo accepta, Deoque
„ digna ſit, corporis quoque munditiam coniungi oportere,
„ nec a quoquam Deum ex toto corde poſſe diligi, qui per
„ delitias vetitas vagumque concubitum ( quem & Hora-
„ tius gentilis deteſtatus eſt ) diffluens, extra taedas iuga-
„ les meretriculae cohaereret : abſtraxit eum ab hac infa-
„ mi ſpurcitia, religio, pietas in parentes, genialis pudor,
„ infamiae metus, ruina & ſcandalum, ac murmura vulgi,
„ honeſta ſolatia, dulcisque bonorum hominum ( *Theoderi-*
„ *ci* praecipue *Zobeli* ) conuictus, ac demum interna iu-
„ cunditas, ac animae pax furorem libidinis eiiciens, qua in
„ ſacris libris, in legibus, in hiſtoriis, in cauticis (mu-
„ ſicus enim erat ) in pudicis verſiculis edendis, & an-
„ tiquitatibus disquirendis fruebatur : multis enim vita fun-
„ ctis epitaphia excudit, quorum aliqua ſaxis inciſa ſunt :
„ ad multorum preces epigrammata varia, tum ſale tum
„ iocis reſperſa cecinit, in aedibus Heidelbergae *Vigilia-*
„ *nis*, quas inhabitarat, doctiſſimis perſaepe viris ( *Iohanne*
„ etiam *Capnione* ) a *Vigilio* ad coenam vocatis, terſiſſimos
„ verſiculos de negotiis, de quibus diſſerebatur, aut de ſer-
„ culis delicatioribus appoſitis extemporaliter edidit, in
„ lancemque coniecit, ad innumerosque amicos epiſtola
„ lectu iucundiſſima miſit : *Iacobumque Wimpfelingum* a
„ nonnullis fraterculis ( vtinam non in libero plusquam in
„ libris Aurelii verſatis ) contra Chriſti legem & caritatis
„ ordinem indigne vexatum, libelliſque famoſis infamiae
„ & neci crudeliter expoſitum, dulciſſimis litteris conſola-
„ tus eſt. Fuit *Theodericus* gracili corpore, ſtatura medio-

„ cri,

„ fonte facro pueros abluerit, fcelera confitentium relaxarit, ve-
„ ram euchariftiam fuis profanis manibus attigerit, aliisque fu-
„ mendam porrexerit, & is propterea in Rubeaco nudus in flam-
„ mas eft conieftus, fauillasque redaftus.  Videbit indubie tua
„ clariffima humanitas, vir praeftantiffime, non absque fingulari
„ voluptate hanc faluberrimi operis impreffionem, docebunt illud
„ fpero fideles ludi literarii magiftri fuos ingeniofos alumnos,ad
„ Dei laudem, ludi fugam ad aeternam gloriam noftri *Grefe-*
„ *mundi*, & vniuerfae Germanicae nationis.   Valeat vterque
„ meus *Theodericus*.  Ex Argentoraco. 5. die menf. Martii.
„ CCCCC. XII. „

    In violatae crucis hiftoriam a *Theoderico Grefemundo* heroi-
cis verfibus confcriptam *Hieronymus Pius Baldungus*, I. V. doftor ita cecinit:

> *Noxia luforum compendia, damna, furores,*
> *Fataque* Grefmundi *docta Thalia canit.*

Eiusdem

---

„ cri, honefto vultu, capillo fubnigro, caefiis oculis, ani-
„ mo tranquillo, fine bile, fine infolentia, fine faftu, fine
„ perturbatione, fine blafphemia, fine duplicitate.  Occu-
„ buit immaturo fato, aetate adhuc florida, nondum ofta-
„ uum vitae luftrum attingens, ex paffionibus vuluae fuf-
„ focatus, non minori luftu vniuerfae vrbis Maguntinae,
„ quam graui bonarum litterarum iaftura.  Si plura his
„ de moribus aut lucubratiunculis *Theoderici* laude digna
„ candide leftor indies expertus fueris, adiicere precamur
„ fatagas, vt ad preculas pro eius falute fundendas pofte-
„ ri facilius incitentur.  Speramus autem hoc nobile car-
„ men de violata cruce ( quod praeftantiffimi Italorum
„ quandoque mirati funt ) a fideliffimis gymnafiorum mo-
„ deratoribus paffim leftum iri, praefertim in Heluetia
„ ( hoc eft Alfatia ) & Argentinenfi epifcopatu illud ( ni
„ nos opinio fallat ) fuis alumnis interpretabitur *Hierony-*
„ *mus Gebuiler* in Argentoraco, *Ioannes Sapidus* in Se-
„ letftadio, *Geruafius Sopherus* in Offaburgo, vt ephebi
„ doftrinis *Theoderici* admoniti aleae ludum deferant, pro-
„ pter ludum ftudia litterarum non negligant, in ludo non
„ pereant, aes non profundant, tempus non amittant, ira,
„ auaritia, blafphemia, caeterisque vitiis ludo cognatis non
„ contaminentur. „

Eiusdem in commendationem operis endecasyllabum.

*Exemplo mala turba ludionum*
*Deterrere : tuum stupesce* Schelkropf
*Qui ludi nimius ferox periclo*
*Et damni impatiens furente dextra*
*In Christi simulacra saeuus ensem*
*Torquens vulnificum, cruore plagas*
*Respersas rude ligneumque robur*
*Miratus scelus ignibus piandum*
*Digno supplicio necis rependit*
*Haec vt gesta fient amice lector*
Gresmundi *facilis referre Clio*
*Doctis & grauibus modis parata*
*Lecturo, mihi crede perplacebit.*
*Tum finem repetens subinde dices :*
*Illustrem comitabitur poetam*
*Inuitum licet & nihil petentem*
*Vinax gloria, fama, laus perennis.*

*Hieronymus Vehus* Badensis \*) in eandem historiam:
*Docta Maguntini quae sunt hic carmina vatis*
*Inclyta, perpetuae nomina laudis habent.*
*Carmina fortiferos tibi dissuasere fritillos,*
*Et chartas fortis idque genus dubii.*
*Ludus iners gladios stringit, fera bella, tumultus*
*Hostiles turbas, vulnera, leta, necem.*
*Furta, latrocinium, paricidia moesta, rapinas,*
*Improba blasphemae verbaque vocis agit.*
*Quod vel in hoc scieris quem dicunt nomine* Schelkrop
*Horrenda a stygio nomina dicta cane.*

*Hunc*

---

\*) Qui primum in academia nostra legum professor , deinde
consiliarius, ac cancellarius Marchionis Badensis erat, vir
de republica & religione praeclare meritus. De quo alias
plura. Conf. interea *Io. Christ. Sachs* Einl. in die Ge-
schicht. der Marggraf. Bad. III. Th. p. 119. seqq.

*Hunc ludo infami captum per corpora diuum*
   *Iuuit sacrilegas commaculasse manus.*
*Pro magno dignas persoluit crimine poenas,*
   *Est sua supplicio diluta culpa graui.*

Atque his quoque accedit *Oecolampadii* ad *Wimphelingium*
carmen :

" *Icolampadius Wimphelingo* in *Wolfgangum Comitem* in *Li-*
„ *wenstein* incendio absumptum , cui tuam nuper adolescentiam
„ dedicasti , epitaphium ex tempore lusi , oro vt legas & iu-
„ dices. Vale. „

*Hic mea* Wolfgangi *comitis lege fata viator,*
   *Quomodo sint vitae stamina rupta meae.*
*Altera spes patriae, patrisque domusque voluptas*
   *Nobilitatis honos, gloria pubis eram.*
*Integer, innocuus, iucundus, amabilis, aequus*
   *Omnibus, irarum nescius, atque doli.*
*Impiger ad Martis ludos, & Pallados artes,*
   *Nec minus in Superos relligiosus eram.*
*Ante diem morior, spesque est elusa meorum,*
   *Totaque cum primo gratia flore ruit.*
*Creuerat ardentis Vulcania flamma triclini :*
   *Excitor, & circum me stetit ignis edax.*
*Suadet, dissuadetque fugam, sed strenuus ausu*
   *Vulcanum penetro, flamminomamque domum.*
*Heu frustra, nempe ille meos populauerat artus,*
   *Membraque pulchella despoliata cute.*
*Vix paucos superesse dies conceditur aegro*
   *Dulcis ab exhausto vitaque corde fugit.*
*Exitus ille meus, sat vixi, nam bene vixi,*
   *Virtutis reperi praemia digna meae.*
*Tuque pie viuens nunquam de morte quereris,*
   *Nec fati rigido concutiere metu.*
*Forsan adhuc superest mihi paruula noxa retento,*
   *Vt Deus ignoscat: dic miserere pium.*

                            Ceterum

DE IAC. WIMPHELINGO.  353

Ceterum hoc *Grefemundi* carmen infertum eft *Ge. Chrift. Io-*
*annis* fcript. rerum Mogunt. T. III. f. 393.

73. CHRISTIANI DRVTHMARI, Grammatici,
expofitio in Matthaeum Euang. familiaris, luculenta,
& lectu iucunda, cum epitomatibus in Lucam, & Ioannem. S. Martini Epifcopi ad Mironem regem ( epiftola).

*In fine* : Excufum Argentoraci opera & impenfis
probati viri Io. Grunigeri anno Incarnat. Dom. 1514.
menfe Augufto die decima fol. ( *In Bibl. Argent. Ord.
S. Io. Hier.* )

Conf. *Io. Nic. Weislinger* catal. libr. impreff. bibl. Argent.
Ord. S. Io. Hierofol. p. 60. & in epift. dedicat. armament. Cath.

Atque de hoc opere haec aduertit *Io. Lud. Bünemann* in
catal. MSS. & libr. impreff. p. 25. " Editio ita rara, vt ra-
,, riffima *Serueti* opera & *Iord. Bruni* Not. Spaccio de la be-
,, ftia trionfante fere aequet , ne dicam fuperet : eo factum ,
,, vt *Gesnero, Simlero, Maittairio*, aliis ignota , ab aliis e. g.
,, *Labbeo, R. Simonio* plane negata, aut dubia reddita. Con-
,, fulendi de fumma raritate *Tenzel* Mon. Vnterr. 1693. p. 293.
,, *Caue* hift. litter. in *Druthmaro* &c. *Wendler* de cauff. libr. rar.
,, §. 4. *Schelhorn* amoenitat. literar. Tom. II. pag. 429. &c. ,,
Quibus adde, quae *Bünemann* ibidem in praefat. & *Ioannes
Vogt* p. 246. cum aliis pluribus hac de re monent. Omnium
autem adcuratiffime editionem ifthanc defcribit ac recenfet laudatus iam *Schelhornius* in amoenitat. hiftoriae ecclefiaft. & liter.
Tom. I. p. 823. " Hac vero occafione huiusce editionis plenio-
,, rem notitiam fubminiftrare iuuat. In ipfo frontifpicio , titu-
,, lo fupra recitato, adiecta funt excerpta quaedam ex bulla qua-
,, dam Leonis X. fuper reformatione ecclefiae , in quibus non-
,, nulla de adolefcentum inftitutione praecipiuntur , appofitis
,, illius papae infignibus. In altera paginae eius, quae titulum
,, exhibet, facie hoc continetur priuilegium : *Maximiliano Cae-
,, fare Augufto auctore. Iacobus Oesler, I. V. D. per imperi-
,, um Romanum artis impre_/foriae cenfor & fuperattendens ge-*

Z                              ,, *nera-*

„ *noralis praefentibus: edicit & cauet : ne quis alius fubfcri-*
„ *pto preffore dempto abhinc lapfu triennii opus hoc probe ca-*
„ *ftigatum fecundario vel imprimat , vel fecundario preffum in*
„ *imperii limitibus venale praeftet. Multa decem marcarum*
„ *auri , vna cum huiusmodi librorum fecundario imprefforum*
„ *confifcatione. Datum ad 14. Cal. Febr. anno Chrifti 1514.*

„ Secundum folium complectitur *Iacobi Wimphelingii* dedi-
„ cationem ad *Georgium Nigri* ex Lapide Leonis humanae
„ & diuinae philofophiae profefforem ordinarium Heidelbergen-
„ fem , in qua vir integerrimus *Druthmarum* hoc elogio con-
„ decorat: Chriftianus *nofter Matthaeum fideliter interpretatus*
„ *doctis quibusue inter alia volumina confulto eft manu verfan-*
„ *dus , qui prifcos & fanctiffimos patres tum Graecos & Lati-*
„ *nos citat : ac multa quae caeteri filentio tranfierunt vtiliter*
„ *affert. Stilo vtitur plano, quem non modo tropis & colori-*
„ *bus, verum etiam poetarum verfibus, hiftoriis , fabulis , an-*
„ *tiquitatibus refpergit. Confeffores plebem feducentes arguit ,*
„ *haerefes indicat , vocabulorum originem, & radicem fimplicio-*
„ *ribus aperit : ad exemplaria Graeca lectorem remittit: myfti-*
„ *cos fenfus ac pias exhortationes inferit, vocesque Graecas di-*
„ *lucide explanat , ac Euangeliftas in cortice diffidentes conci-*
„ *liat atque concordat. Scripfit annos ante feptingentos, quan-*
„ *do plerique omnes etiam magnatum ac procerum filii ( fi le-*
„ *gendis fanctorum & hiftoriis fides habenda eft ) facris litte-*
„ *ris tradebantur.* Quibus verbis fequentia fubnectit: *Vtinam*
„ *& nunc quoque facrae paginae ftudium floreat , quo facilius*
„ *& Graeci & Boemi ad Romanam redeant ecclefiam. Graecis*
„ *enim nocuiffe ignorantiam facrarum litterarum* Beffarion *Car-*
„ *dinalis teftis eft : Et Boemis quo minus errata deferant, con-*
„ *ftantium theologorum defectum obeffe, ex magiftro* Ioanne Ro-
„ rello, *canonico Pragenfi , accepi. Denique fummi pontificis*
„ *auctoritatem , totiusque cleri tranquillum ftatum fubfiftere vix*
„ *poffe ,* Georgius Gemminger *Spirenfis Praepofitus conftanter*
„ *( Deum teftor ) affeuerabat; nifi concionibus & parockiis de-*

„ *fti*

„ ſli theologi ſaeculares paſſim praeſicerentur : vt plebs ad
„ ſubiectionem & ad obedientiam, quatenus diuina lege indicta
„ eſt, non tam cenſuris & armis, quam vel publicis ex cathe-
„ dra vel priuatis in aurem perſuaſionibus moueretur. Sicus
„ & Gabriel Biel Spirenſis ſummus aetate noſtra theologus ſe-
„ dem apoſtolicam & pontificem defendit, extulit, magnifica-
„ uit. Innitebatur huic conſilio Bertholdus Hennenbergenſis,
„ Maguntinus archiepiſcopus, teſte Wolfgango Schelwlck Fran-
„ ciſci Hoenſteini Argentinenſis canonici praeceptore, & nunc
„ Deo & hominibus amabilem Albertum Brandenburgicum pro
„ ſuo maximo, ad Dei gloriam fideique exaltationem affectu
„ ſperamus ad id niti, ne doctiſſimis eccleſiaeque vtiliſſimis in-
„ docti ſterileſque muliones in redditibus eccleſiaſticis, praeci-
„ pue magnis parochiis praeferantur. Et aliis quoque pru-
„ dentibus viſum eſt hac ſola via ſubditorum ( quae paſſim ſer-
„ pit ) rebellionem comprimi, Chriſtiani ſanguinis effuſionem
„ ( qualis prok ſub Iulio II. facta eſt ) ſopiri, & ad votum
„ diui quondam Bernhardi, Franciſcique Petrarchae, Pii II. &
„ III., Beſſarionis, & Raymundi Cardinalium, Franciſci Philel-
„ phi, Angelique Anachoritae Vallis vmbroſae ( vt de zelo Cae-
„ ſaris Maximiliani taceam ) terram ſanctam nobis reſtitui: im-
„ mo & iuxta bullam Leonis decimi ad Vilhelmum pium Ar-
„ gentinenſem epiſcopum nuper miſſam, perfidos Turcas peni-
„ tus poſſe conculcari. Tu mi Georgi humaniſſime tuos admo-
„ ne nonnunquam auditores, vt ex ſuggeſtu concionaturi Chri-
„ ſtianum hunc nequaquam abiiciant, diſſimiles Hericiis vni
„ tantum addictis. Exhortare quoque, vt ex declamationibus
„ Ioannis Icolampadil ad vitam verbis conſonam imbuti, ſalu-
„ tares doctrinas prauis morum exemplis nequaquam eneruent.

„ In folio tertio legitur eiusdem epiſtola ad Balthaſarem
„ Gerhardum, domus Ioannitarum viridis Inſulae Argentinen-
„ fis Commendatorem, An. M. D. XIII. penult. April. ex Se-
„ letſtadio data, in qua laudat eius conſilium de diuinarum lit-
„ terarum ( tempore a ſacrificio, pſalmiſque libero ) inſtituenda

Z 2                              „ Io-

„ lectione , fe vero, cui illam demandare voluerat *Gerhardus* ,
„ tum fenio, tum obfequio , quod patriae fuae impendendum
„ fit, excufatum cupit, quod id muneris detrectet, fuique lo-
„ co *Paulum Phrigium*, vel *Henricum Rincum* commendat. In
„ aduerfa huius folii facie comparent ea, quae de *Druthmaro*
„ *Ioannes Trithemius* in opere fuo de-fcriptoribus ecclefiafticis
„ commemorauit.

    „ Prima quarti folii facies fiftit elenchum capitum LVI. in
„ quae Matthaei euangelium vsque ad paffionis Chrifti hiftoriam,
„ iis fubiunctam, difpertiuit *Druthmarus*, altera vero ac duo
„ fequentia folia indicem operis alphabeticum continent. Hunc
„ folio VII. excipit prologus auctoris ad monachos ftabularios,
„ in quo inter reliqua ait : *ftuduiffe fe plus hiftoricum fenfum*
„ *fequi, quam fpiritalem; quia fibi irrationabile videatur , fpi-*
„ *ritalem intelligentiam in libro aliquo quaerere , & hiftoricam*
„ *penitus ignorare, cum hiftoria fundamentum omnis intelligen-*
„ *tiae fit, & ipfa primitus quaerenda & amplexanda , & fine*
„ *ipfa perfecte ad aliam non poffit tranfiri.* Poftmodum ipfa
„ eius expofitio euangelii fecundum Matthaeum ad folium vsque
„ XCIII. exhibetur, quam breuis expofitio Lucae fequitur, hanc
„ vero fol. XCVII. euangelii Ioannis compendiaria expofitiun-
„ cula, cui fol. XCIX. annexa eft homilia in caput XIII. Mat-
„ thaei, quam tandem vltimo loco S. Martini epifcopi ad Mi-
„ ronem regem de quatuor virtutibus epiftola excipit, atque itâ
„ integrum volumen foliis duobus fupra centum abfoluitur. „

    Prodiit etiam haec *Druthmari* expofitio Hagen. 1530. apud
Io. Sercerium per *Menradum Molterum* reftituta 8. : " Si quis
„ legerit, verba funt *Lambacheri* loc. cit. p. 132. epiftolam nun-
„ cupatoriam, huic editioni praefixam, iurabit hanc editionem
„ omnium effe primam ; fiquidem *Molterus* contefatur, fe feri-
„ ptorem hunc , e fqualidis pulueribus, quibus velut in vincu-
„ lis fupra quingentos annos & amplius detentus erat , reftitu-
„ iffe, idque ad exemplar vetuftiffimum ex Bibliotheca D. An-
„ dreae apud Wormatiam. Si igitur *Labbeus* nòn facile addu-
                                         „ ci

,, ci potuit, vt crederet aliam vetuſtiorem editionem extare, quae
,, allegabatur excuſa anno 1514. Argent. curante *Iacobo Wim-*
,, *phelingio,* non absque ratione id fuit. ,,

74. Diatriba IAC. WIMPHELINGII Seletſtatini ,
ſacrae paginae licentiati

De proba inſtitutione puerorum in triuialibus, &
adoleſcentum in vniuerſalibus gymnaſiis.

De interpretandis eccleſiae collectis regulae XVI.
De ordine vitae ſacerdotalis.

Ad contemptores litterarum, & bellorum ſectatores:

*Cur homo Marte peris? quem febris, puſtula, peſtis,*
   *Bilis, vina, Venus, nix, aqua, flamma necat.*
*Natus es ad Martem? vir belli es? praelia quaeris?*
   *Bellum cum vitiis, daemone, carne geras.*

*In fine :* Excuſum Hagenaw per Henricum Gran
expenſis Conradi Hiſt anno Domini 1514. menſe Au-
guſto. 4to. ( *In Bibl. acad. Friburg.* )

Mox ex altera paginae facie ſequitur epiſtola nuncupatoria
*Iac. Wimphelingii* ad *Io. Sigriſt* Rubeaquenſ. iureconſultum, aedis D. Thomae Argent. ſcholaſticum, clerique Argent. morum
cenſorem: " Cum pridem contra execrandum quendam libel-
,, lum neotericos ſacrarum litterarum interpretes pro virili tue-
,, ri coepiſſem, iamque vltimam operi manum apponerem:
,, mouerunt me elegantes praeſtantiſſimi cuiusdam viri litterae
,, ( quarum partem mox in opuſculi huius frontiſpicio viſurus
,, es ) vt poſt diuinarum ſcripturarum defenſionem, vipereique
,, illius commentarioli confutationem, his, qui puerorum inſti-
,, tuendorum prouinciam ſuſceperunt, leges quasdam non pa-
,, rum, vti ſpero, profuturas perſcriberem, ne ( quod Fredericus
,, Saxonum dux in gymnaſii iſtius, quod ad Albis ripas inſtituit
,, publicatione meminit ) procerum, aliorumque filii bonarum lit-
,, terarum ſtudiis idonei, praeceptorum vel ignauia vel incuria
,, impediantur negliganturque, Tibi autem vni potiſſimum haec

,, iu-

„ Iudicanda difcutiendaque transmifi, quod fructuofam puerorum
„ inftitutionem fummopere defiderare te fciam, id quod & offi-
„ cium hoc tuum ( cui integerrime iam aliquot annos praefuifti)
„ expoftulat. Quod fi edenda tibi haec videbuntur, tuo aufpicio
„ & auctoritate in lucem prodeant , ad commonefaciendos vt-
„ cunque paruulorum in triuialibus palaeftris praeceptores. Ab-
„ fit enim haec a me temeritas, vt doctiffimos iftos & praeftan-
„ tes in praeclaris vniuerfitatibus patres erudire praefumam.
„ Sin vero indigna tibi vifa fuerint, vt in publicum exeant ,
„ tu ea Vulcano tradas. Vale, & mihi praecipias facile morem
„ gefturo. Ex fylua hercinia X. Kal. Septembris anni 1512. „
        Capita diatribae haec funt :

I.  De facill ad gradus promotione ex *Francifco Petrarcha.*
II. Ludimagiftri non paffim cuiuslibet grammaticam pueris tra-
    dant.
III. Latinus fermo non poteft femper alludere Germanico , &
    de corruptis puerorum locutionibus.
IV. Pueros ad frequentiam Latini fermonis effe cogendos.
V.  Superfluae maiorum vanitates praetereundae.
VI. Quae poemata , quorum epiftolae, quae *Plauti* & *Teren-*
    *til* comediae pueris fint interpretandae. Et de praece-
    ptorum incuria , & feditionibus fcholafticorum.
VII. Germanos in patria fua bene inftitui, & doctos atque elo-
    quentes euadere poffe.
VIII. De non negligenda fcriptione, & quidem caftigata.
IX. De religione & pietate in Deum.
X.  De ftatu non praecipitanter eligendo.
XI. Reformata laxae vitae monafteriis praeeligenda.
XII. Ne propter ftatum coniugalem litterarum ftudia defe-
    rantur.
XIII. De facerdotio & concubinatu horrendo.
XIV. Captatur beneuolentia a iureconfultis, iurisque & legum
    ftudium neqnaquam defuturum, atque theologos in ec-
    clefia Dei effe neceffarios.

                                            XV.

XV. Sacris initiandi bene in Latina lingua, atque in collectis
( vti vocant ) interpretandis inflituantur a ludimagiſtris, & verba Aeneae cardinalis contra ordinarios noſtros.

XVI. Ad collectas facilius interpretandas regulae fedecim.

XVII. De vocabulis in orationibus ecclefiae frequenter & peculiariter vfurpatis.

XVIII. In aliis etiam promouendi ſuut & erudiendi facros ordines recepturi, praecipue curati.

XIX. Mores cum ſtatu ne mutent.

XX. Ne otio aut auaritiae, fed frugalitati fint dediti.

XXI. Ordo vitae facerdotalis qualiter inſtituendus.

Specimen eorum, quae a *Wimphelingio* praeclare hac de re
adnotata ſuut, daturo mihi vnum alterumque locum paullo lu-
culentiorem adducere licebit : Ita enim

C. VII. *Germanos in patria fua bene inftitui, & doctos
atque eloquentes euadere poſſe.*

Si iſto tenore tam breui, & plana via ex oratoribus, & paucis ( quos meminimus ) poetis noſtra iuuentus inſtitueretur, animus mihi praefagit,illam non minus grammaticae doctam & eloquentem in terris noſtris euadere poſſe, quam fi Latium cum
maiori ſumptu defatigata, & ab euangelicis forſitan moribus auul-
fa petiuiſſet. Neque enim noſtrates, qui in fola Germania litterarum ſtudio dediti ſuere, omnes barbari permanent & indocti.
Quod liquido cognoui ex ornatiſſimis *Georgii Syntzenhoffer,* Ratisponenſis canonici litteris, quas ad *Ioannem Vigilium* Wormatienfem canonicum, hofpitem atque patronum meum humaniſſi-
mum nuper dedit, & is tamen neque Galliam neque Italiam
ſtudii caufa penetrauit. Sunt & alii eloquentiſſimi, multarum-
que litterarum doctiſſimi viri,qui in Alemannia fola infigniter ſtudio & doctrina profecerunt. Incidunt obiter mihi *Florentius
Infiacenfis, Haringus Friſius, Sebaſtianus Branttus, Iacobus
Hanius* inreconfulti, Argentinenſis vterque. Fuere quoque medici fubtiliſſimi *Erhardus Knabius,* & gener ſuus *Iodocus Mar-*

Z 4                                                          *tini,*

*tini.* Vixere quondam, & nonnulli adhuc fuperftites funt, theologi probatiſſimi atque excellentiſſimi *Ioannes Crucerus* a fratribus quibusdam pro iuſtitia perfecutionem paſſus, plurimumque vexatus , *Stephanus Harſt* , Ladenburgius , *Gabriel Biel,* Spiranus , *Conradus Summenhardus* (quorum opera Pariſiani & colunt & admirantur) *Eggelingus Brunſuicenſis , Ioannes Geiler Kaiſersbergius,* Argentoracenſis cleri laurea & decus, *Pallas Spangel* , *Iodocus Gallus Rubeaquenſis , Ioannes Croner Scherlingus* , *Andreas Pfadt Brambachius* , *Georgius Zingel* , ſcientia & vita probatiſſimus, & *Georgius Northoffer* nudius a latrone flagitioſiſſimo miferabiliter occiſus.   Et hi tamen ( quos ſupra nominauimus ) propter capeſſendas litteras omnes ad externa gymnaſia minime ſunt profecti.   Taceo de multis aliis mihi incognitis , qui in vniuerſitatibus Germaniae , eloquentia & omnium fublimiorum artium doctrina & notitia viſi ſunt non mediocriter excelluiſſe.   Quid quod plerique in philoſophia , facris canonibus, & legibus, atque in ſaluberrima medicina optime in Germania prius inſtituti, duntaxat Italiam hac cauſa petiuere, vt illic breuiori tempore minoribusque impenſis optata doctoratus inſignia confequerentur.

Cap. VIII.   *De non negligenda ſcriptione, & quidem caſtigata.*

Et quoniam puerorum magiſtris a me verba fiunt, obſecro, vt illos exhortentur, ne propter affluentiam chalcographiae manu propria ſcribere prorſus omittant, ſed admoneant, vt diſcant non ſolum legere & interpretari Latinam linguam , verum etiam ad ſcribendum incitentur , ſaltem cum epiſtolia a ſe facta exhibent : ſcribantque apte & eleganter , non ſicut hi, qui inepte, inconcinne , barbare multa ſcribunt , qui noua vocabula fingunt, fuperuacanea cumulant, vt ſcripturae ſuae paullo poſt ad loca laxandi ventris proiiciendae , ob corradendas pecunias, mirum in modum excreſcant.   Satis diferte ac grauiter *Vlricus Zaſius* huiuscemodi homines non tam pacis quam litium amatores , ſuam iuris ciuilis lectionem poſt vacantias nuper exorſus

apud

apud Friburgenfes palam reprehendit. Longe fecus autem fcripfit *Gregorius Haymburgius* & caeteri excellentiffimi confum-
matiffimique iuftiffimarum legum profeffores, a quorum dulciffimo & ornatiffimo ftilo moderniores quidam procul defecere. Nec folum iam in ftilo, fed etiam in notis & charaЄteri-
bus, ipforumque figuris peccatur. Quos errores praeceptor puerulis cito declaret, & cauere perfuadeat, ne cum inepte fcribere fuerint affueti, ab ineptiis illis nullo poftea tempore auellî
poffint. Profecto exquifitiffime fcripferunt veteres ac maiores
noftri, & literas & vocabula, non ficut noftrae tempeftatis nonnulli etiam ( fi dicere fas eft ) qui apud epiftolarum magiftros
in magnatum quorundam penetralibus & cancellariis calamum
voluunt, qui nullam prorfus inter N. liquidam & V. vocalem
faciunt differentiam, eadem fpecie ac figura vtramque literam
depingentes, tanquam non fint litterae inter fe diftinЄtae, cum
haec inferius, illa fuperius claufa effe debeat. V. quoque vocalem confonantibus in diЄtionum Germanicarum principio ( vt
digamma fiat ) anteponunt, quo quidem loco in litteram F. refolui
nequaquam poteft: ficut cum vocalium aliqua fuerit fecuta, N.
geminam in medio vocabulorum frequenter vfurpant, cum fimplex fufficiat: S. breue & claufum itidem quandoque ad medium
applicant. G. pingunt quod ab X. aut P. difcerni non poteft. Et
alia multa nunc fua propria auЄtoritate inuertunt temere, atque
confundunt contra omnes orthographiae leges, contra omnem litterarum ac fyllabarum natiuam conditionem. De his ineptiis
& abufibus, aliisque fimilibus in orthographia erratis, pulcherri-
mam congeffit ( vernacula lingua tamen ) admonitionem *Nico-*
*laus de Wila*, Latinae linguae fcriptor & interpres elegantiffimus, quem nuper vidi apud noftrum *Iacobum Chobellium* ciuitatis Oppenheimenfis archigrammateum. Faciant etiam puerulî
differentiam inter C. & T. litteras poft S. longam fcribendas, ne litteras illas absque interuallo applicent, & appendant ipfi litterae S. ita vt intelligere nequeas, fi fta vel fca, ftabo vel fcabo,
ftola vel fcola, ftu vel fcu, & huiusmodi infinita, legendum fit.

Z 5

Scri-

Scribant itaque *studeo, scutum, scribo, strideo*, T. & C. mutas, ab ipsa littera S. separantes. Vt puerilia haec insererem, hospes meus humanissimus & in me beneficus *Iacobus Chobellius* iterum atque iterum exhortatus est. *)

Cap. X. *De statu non praecipitanter eligendo.*

Admoneat tempestiue & sedule praeceptor paruulos & adolescentes, ne absque parentum aut contribulium consilio quemcunque statum amplexentur, & in hac re inculcetur eis hoc *Petri Bolandi* tetrastichon:

*Quod duraturum est, non arripe praecipitanter*
*Scilicet aut claustri, coniugiiue statum.*
*Fiat vt hoc doctos, sed vt istud iure parentes*
*Consule, ne facti postmodo poeniteat.*

Persuadere conatus est *Petrus* ille summus noster amicus, verbis his Senecae innixus, *quod faciendum est semel, deliberandum est diu:* ne pueri nondum propriam fragilitatem, nondum sortissima importunae carnis tentamenta, diraque bella experti, properent ad coenobia. Nec etiam si cogantur a patre, quacunque ex causa, forte propter nouercam iuuenem aut opulentam, aut a matre propter vitricum placabilem superinducendum. Effugiant potius iram minasque parentis, suam propriam, sed non filialem fragilitatem animo ponderantis. Scholas quaerant externas, stipem petant, bonas literas discant, probitatem ament, seruiant, laborent, in Deo confidant, qui non deserit sperantes in se. Propitia tandem sors eis offeretur. Nempe spatiosus est mundus. Sunt, in quibus est pietas, & qui pauperculis afficiuntur scholasticis, & ciues & sacerdotes, dantur nonnulla iam stipendia his, qui bonas litteras (praesertim sacras) colunt. Erecta sunt iam pridem pro illis collegia, sicut *Heidelbergae Dionysiana,* & *Friburgi Sapientiae, Cartusiana*que *domus,* & aliae

aliis

---

*) Eadem sere *Wimphelingius* alio iam loco attulit, nimirum in perorat. *Valerii Probi* & *Pomponii Laeti* libell. subiuncta: (supra p. 322.) quamque ideo, secus ac opinatus est *Freytagius, Gresemundo* tribui haud posse censui.

aliis in gymnafiis. Profpiciant ergo pueri, & vt id confiderent,
crebro a ludimagiftris admoneantur, ne in puerilibus annis ex
fimplicitate ad monafteria blanditiis illecti, vel minis, aut ver-
beribus compulfi, ipfos tandem poeniteat, vti multos poftea
aetate prouectos, qui vel tandem apoftatarunt, vel libros ex bi-
bliothecis auulfos diftraxerunt, vel parentibus tartaream paludem imprecati funt, fancteque iurarunt, fi eos apud inferos
excruciari certo fcirent, ne minimo quidem dupondio illis, vt
eriperentur, opem laturos. Exploratum eft, reformato diui Dominici in patria noftra monafterio, ex publicis vicarii querelis,
puerulos quandoque inuitos in ea loca induci, qui & conati funt
facro fedis apoftolicae permiffu, reiecto facro habitu, primae-
uam diui Petri vitam amplecti. Nonne illis fatius erat, nunquam
fuiffe profeffos, ne perennem confcientiae aculeum triftes expe-
rirentur & inquieti? Querela contra reformationem palam in
foribus templorum facta eft, de carnium abftinentia eis, qui
vefci foliti fuerint, minime confentanea. Sed aliae forfitan funt
carnes, non pecudum, non volucrum, in quibus foedum folatium & olens voluptas quaeritur, perpetuam in Deo caftamque voluptatem extinctura.

Cap. XI. *Reformata laxae vitae monafteriis praeeligenda.*

Ante omnia vero caueant, ne ad ea loca permanfuri fubin-
trent, in quibus laxa, lenis, libidinofa, lubrica, diffoluta vita agitur, ad quae mulierculis patet aditus, vbi choreae fiunt,
vbi neque ftudium, nec vera & integra religio floret, licet magnus in choro clamor, licet multa ad populum facrificia fiant,
non forte absque hypocrifi, fi modo fcorta atque vxores intus de-
litefcant, poftmodum in cucullis aut alioquin exiturae. Mife-
ret me paruulorum, qui huiuscemodi locis committuntur, cum
( vt *Plutarchus* ait) inquirendi funt filiis praeceptores, quorum
vita nullis obnoxia criminibus & irreprehenfi mores. Cum
enim alioquin iuuentus ad lafciuiam prona fit, fi viderit gran-
daeuos ( praefertim cucullatos, qui maiorem religionem prae
fe ferunt) in vitia prolabi, eo magis lafciuior erit, arbitrans maiorum

iorum exemplo culpam fuam aut nullam effe , aut leuiufculam , ficque perfiftens libertate freta , mendofumque fpeculum intuita, non mediocri fe periculo expofitura eft. Quadrant huic *Petri Bolandi* confilio faluatoris noftri verba ( ni fallor ) quibus Pharifaeos caftigauit, inquiens : *vae vobis fcribae & Pharifaei hypocritae , quia circumitis mare & aridam , vt faciatis vnum profelitum: & cum fuerit factus, facitis eum filium gehennae duplo, quam vos.* Nec multum aliena ab his fuut verba diui Thomae Aquinatis , quae in prima fecundae , quaeftione nonagefima fexta , articulo fecundo, in fecundi argumenti diffolutione affert. Credidit *Petrus* multos in puerilibus annis ad coenobia non reformata vtcunque illectos , fi vigefimum aetatis annum attigiffent , nunquam illuc ingreffos fuiffe , fed fperaffe fe apud ecclefiam aliquam , vel cathedralem vel fecundariam non minus Deo feruire , & animae falutem parere potuiffe , ficut & fi fola voluntas adfit , apud illas & Deo feruire & animae falus impetrari poteft. Ego quoque confideraffe mihi videor in quibusdam cathedralibus,& aliis apud Rhenum ecclefiis moderatum cantum, pfalmorum lectionem non praecipitem, hymnorum dulcem melodiam , ceremonias exquifitas , morae patientiam in choro, ftationes honeftas , miffarum frequentiam , feffiones faepe interruptas,filentium & profeffionem Nicaenam non abruptam,iucundumque cleri in ambitu congregati ad chorum,& rurfum e choro illuc inceffum, ecclefias non nominauerim, ne vel alias offendam, vel illis videar affentari. Quod vero *Petrus* Blefenfis ait , extra vniuerfitatem & monafteria vitam non effe , ego id illum de bene reformatis intellexiffe puto.

Cap. XII. *Ne propter ftatum coniugalem litterarum ftudia deferantur.*

Neque fi ftatum vtique coniugalem fubire volent , propterea mox a litterarum ftudio defiftant, tanquam ad fecularia negotia pertractanda litterae praeftent impedimentum. Quid enim litterae *Iulio ?* quid *Augufto ?* quid *Carolo magno ?* quid *Sigismundo ?* quid *Ioanni ?* quid *Francifco Pico Mirandulano ?* quid

archi-

archiepifcopis noftris electoribus hac aetate doctiffimis ? quid *Adolpho de Naffau* iudicii Camerarii praefidenti ? quid *Ludo-vico de Lapide Leonis?* quid magiftratibus Italicis ? quid aliis denique multis obftiterunt , quo minus terras & populos rege-re, ac egregia facinora in pace & bello, foris & domi, potuerint perpetrare ? quid Latinus fermo ? quid iurisprudentia *Ioanni Rin-cho* Agrippinenfi patritio, patrono meo , benefactorique fingula-ri impedimenti affert ? quominus rempublicam & domefticam prudenter regere, rem familiarem iufte augere , in propriis ne-gotiis eleganter loqui poffit ? Egit ille propriam caufam , pru-denterque in ea perorauit coram graui & iufto inclytae reipubli-cae Argentinenfis fenatu.

Cap. XIII.   *De facerdotio & concubinatu horrendo.*

Quod fi facerdotio puerorum & adolefcentum animus , non otii fed Dei caufa forfitan afficitur, praemonendi funt a fuis praeceptoribus, caftimoniae, coelibatus, & continentiae , ad quam erunt obnoxii, ne iam facris initiati concubinas affumant, in per-nitiem animarum fuarum fempiternam , ne mulierofi, pufillani-mes , Deo ingrati, Chrifti patrimonio abutentes, indigne facri-ficantes, euchariftia fumpta mox ad fcorta fua ( quae domi co-quunt, aut otio indulgent ) redeant. Ne miferabiles diaboli mar-tyres fponte fcientes , videntes, volentes ad tartara feftinent. Deteftabatur vehementiffime *Raymundus* cardinalis Gallus ad Germaniam legatus, tot effe in facerdotum domibus ( vt verbo fuo vtar ) putanas. Quare flagitiofiffimus ille *Francifcus Scha-tzer* latro & proditor perfidiffimus in libello famofo contra me plus femel impreffo, non recte de *Raymundo* iudicauit.

Cap. XXI.   *Ordo vitae facerdotalis qualiter inftituendus.*

Exurgens igitur a lecto facerdos , pfalmis ac hymnis cum modeftia maturitateque lectis, & re diuina fummoque facrificio deuote vel faciendo vel aufcultando tempus ante meridianum tranfigat, prandio moderate cum benedictione & gratiarum actio-ne (vti canones perhibent) fumpto, folatiis honeftis, aut leui ma-nuum opere, feu deambulatione (non tamen per plateas & fora

discur-

difcurrens, nec apud operariorum officinas affiftens ) aut horti
plantarumue cultu, ludoue inuetito cum paribus animum rela-
xet. Refiduum diei tempus, lectione non poetarum gentilium,
non *Platonis*, non *Auerrois*, non *Alexandri Afrodifaei* ( quos
tres Italiae peftes *Iacobus Faber* Stapulenfis appellaffe fertur )
fed explanationum in pfalmos , in euangelicam hiftoriam , in
Paulum , in reliqua fcripta, quibus ecclefia crebrius vtitur, tra-
ducat aut libros conglutinet , feu characteribus aut paragraphis
exornet, aliudue pium & decens, in quo vel delectetur vel inftitutus fit, agat. Pfalmis vefpertinis cum defunctorum officio
lectis, temperatam coenam adeat. Tres *Gerfonis* veritates , &
completorii quadragefimalis hymnum , cum ceteris peculiaribus
fupplicationibus ( quales inter alia faluberrima iucundiffimaque
dogmata idem Chriftianiffimus *Gerfon* abunde miniftrabit ) enixe
ad Deum atque diuos ante fomnum effundat , caueatque ne
vllo pacto diuinae legis immemor, ore vel opere Deum contem-
pfiffe videatur , feruaturus vel amore decori naturalem ( quam
pagani fuaferunt ) honeftatem ; verborum *Mufonii* philofophi ,
quae a M. Catone multis ante annis Numantiae ad equites dicta funt , femper meminerit, quae vt ante oculos crebro cerneret
*Francifcus* cardinalis Senenfis, *Pius* poftea papa tertius ( vtinam diutius fuperftes) in cubili fuo litteris aureis iuffit infcribi,
tefte *Heinrico de argenteo monte* Wormatienfis ecclefiae cantore. Eft autem haec fententia libro noctium Atticarum decimo fexto ab Aulo Gellio repetita. Cogitate cum animis veftris fi quid
per laborem recte feceritis, labor ille a vobis cito recedet , bene
factum a vobis dum viuetis, non abfcedet. Sed fi quae per voluptatem nequiter feceritis, voluptas cito abibit , nequiter factum
illud apud vos femper manebit. Hoc itaque tenore vita laudabiliter inftituta facerdotes officiis in templo peractis, in propriis
penetralibus fecretum a familiae ftrepitu feceffum, tanquam iucundam ac quietam coenobii cuiuspiam manfionem abftrufam & folitariam fibiipfis conftituant, fingantque & perfuadeant, fe quafi mo-
naches quosdam effe, quippe qui ad obedientiam & coelibatum fe

aftrin-

aftrinxerunt, Chrifti regulam & apoftolorum in euangelio tradi-
tam obferuare laborent : tum non folum a multis coniugii moleftiis & oneribus, fed etiam ab indifcreto quandoque & duro prae-
lato liberi, in confcientia fecuri , ex bona fama fine fcandalo
Deo & hominibus dilecti , ac in omni tranquillitate vitae hilares & quieti, ad fuperos tandem feliciter perducentur. Qui vero animarum curae praefunt , non afpernentur *manuale curato-*
*rum* dulciffimi fautoris mei *Ioannis Vlrici Surgandi* , *) nec inutilia fibi crediderint *ftatuta fynodalia,* quae follicitante *Chriftopho-*
*ro Vtenhemio* Bafilienfi antiftite magno cum labore pie congeffi.
Nec folum curatos ipfos, fed etiam alios qnoscunque Chrifti facerdotes ( quibus faltem a Deo gratia data eft ) qui memoria &
eloquentia praediti funt, qui philofophiae moralis, librorumque
de anima fundamenta libarunt, obfecro, vt ad Dei laudem animarumque falutem annitantur ad faciendas interdum populo
conciones , nec aduertant, fed prorfus contemnant impios morfus auarorum, praebendas multiplicantium, contentioforumque &
lites fouentium, qui omni momento fiue excelfo & potenti, fiue
humili agricolae parati funt ( aere faltem oblato ) in rebus profanis confulere, fcribere, patrocinari, & irrident eximium quandoque virum ac iureconfultum, fi concionem habuerit, cum ludibrio ipfum vocitantes doctorem beguinarum. Vobis o facerdotes etiam iureperiti , etiam nobili fanguine creti , qui gratiam
hanc confecuti eftis , longe honeftius erit , longeque falubrius
concionari, hoc eft loqui de Deo , loqui pro Chrifto , extollere coeli reginam, laudare diuos, defendere fidem , fummum-
que & maximum pontificem , & facrofanctam ecclefiam Romanam tueri, diffuadere vitia, promouere virtutes, inftituere pueros , adolefcentes, puellulas ad caftimoniam , ad timorem Domini, & ad religionem, id eft ad vitam & difciplinam Chriftianam ! Nolite ( precor ) erubefcere in tam fancto concionandi

opere,

---

*) Praefto mihi eft editio Magunt. per Iohan. Schöffer 1508. 4.
Similem habet infcriptionem libellus, qui adpellatur : *ma-*
*nuale parochialium facerdotum* fiue an. & loc. 4to.

opere, non vos auellant opprobria & obtreſtationes rabularum
& beneficioſorum.   Chriſtus enim Dei filius concioues habere, &
ſimpliciſſimo populo praedicare non erubuit.  Non erubuit *Pau-*
*lus*, Romani ciuis filius, non diuus *Gregorius* , non diſertiſſi-
mus *Leo*, non epiſcopi Graecorum doctiſſimi, vti *Ioannes Chry-*
*foſtomus* & caeteri, ſed neque noſter illuſtriſſimus princeps *Au-*
*guſtinus.* Nec hodie erubeſcit noſtra aetate *Matthaeus epiſcopus*
*Sedunenſis*, nec nobilis diuinarum litterarum canonumque doctiſſimus, & vita probatiſſimus *Leonardus de Egloffſteinio* Bambergenſis canonicus , non alii multi , honeſtiſſimorum ciuium
filii , philoſophiae , ſacrorum canonum , diuinarumque litterarum gradibus inſigniti, quales nunc ( propitio Deo) per multas Germaniae dioeceſes in eccleſiis parochialibus viſuntur. Olim
forte talium penuria fuit, quoniam librorum copia deerat, nunc
ex inuenta apud Germanos ( Dei dono ) nobiliſſima chalcographia,librisque per eam multiplicatis multi indies docti prodeunt,
qui non inutiliter animarum curae praeficiuntur.

75. DESIDERII ERASMI ROTERODAMI de duplici copia verborum ac rerum commentarii duo.

Nec non epiſtola reſponſoria ad IACOBVM WIM-
PHELINGIVM Seleſtatinum de laudibus *ſocietatis lite-*
*rariae Argentinae,* cuius nomine prius ſcripſerat ERA-
SMO Argent. apud Matth. Schurerium 1514. 4to.
( *In Bibl. Riegger.* )

Memorabiles inprimis ſunt epiſtolae duae , quae libro huic
ſubiunctae leguntur, quaeque eo etiam nomine magis commen-
dandae, quod in praeſtantiſſimis & locupletiſſimis quibusque
epiſtolarum *Deſ. Eraſmi* collectionibus deſiderentur.

*Deſid. Eraſm. Roterodamo Iac. Wimpheling.* Seletſtat. nomine
ſodalitatis literariae Argentinenſis S.  Iumento nonnunquam ine-
ptiori, manticae & ſarcinae imponuntur, ſic & mihi veterano, minusque idoneo , ſodalitas literaria apud Argentoracum id oneris
impoſuit, vt te omnium nomine ſaluum iubeam , tibi bene eſſe
exoptem, tuas literas, quae ſtatus tui certiores nos efficiant, ad

nos

nos propediem mittendas expoftulem. Credimus te quoque a
Bafilienfi gymnafio humaniter exceptum , atque perbenigne fo-
ueri inter doctos doctiffimum. Praecipue vero in conuictu phi-
lofophico nihil tibi, quod iucunditatem praeftare poffit , *Beatum
Rhenanum*, qui te alioquin colit, amat, obferuat, fperamus ne-
gaturum. Commendat fefe tibi vniuerfa noftra fodalitas literaria , *Sebuft. Brantus, Iacobus Sturmus, Thomas Rappius, Thomas Aucuparius, Matthias Schurerius, Ioannes Rudalfingius,
Stephanus Tielerus, Ioannes Guida, Petrus Heldungus, Hieronymus Gebuilerus, Ioannes Ruferus, Ottomarus*, & caeteri,
quorum nomina me fugiunt, & ego inprimis. Vale. Ex Argentoraco , prima Septembris. M. D. XIIII.

*Defiderius Erafmus Roterodamus , Iacobo Vuimphelingo ,*
Germanus Germano, theologus theologo, literarum fcientiffimo,
literarum fitientiffimus S. D. Quid ais mi *Vuimphelinge*, ita-
ne tu vocas iftud, boui clitellas , quod tibi potiffimum ad nos
fcribendi datum eft negotium? At mihi plane videtur illud,quod
Graeci dicunt παροιμιαζόμενοι τὸν ἵππον εἰς πεδίον.
Nam cuius humeris aptius ifta fediffet farcina , aut cui rectius
hoc muneris delegare poterat Argentinenfis illa fodalitas ( fic
enim tu vocas ) non literatiffima modo, fed & humaniffima,quam
*Vuimphelingo* , cum bonarum literarum apud fuos facile principi , tum omnis humanitatis antiftiti ? Neque vero commiffurus
eram, vt vos anteuerteretis officio literarum, ni labor hic re-
cognofcendi, locupletandique meas annotationes, quas in nouum fcripfimus *teftamentum*, ita totum me fibi affixum , ac veluti piftrino alligatum haberet, vt vix etiam capiendi cibi fuppetat otium. Non enim vfque adeo ftupidus eft *Erafmus*, vt
tam inauditam in fe benignitatem, non intelligat : neque tam
obliuiofus, vt non meminerit: neque tam inciuilis, vt diffimu-
let, neque tam ingratus, vt non pro virili conetur refpondere.

Nam quoties mihi venit in mentem,tam celebris eruditiffimo-
rum hominum coetus, quam obuiis (vt aiunt) vlnis me nouum
hofpitem exceperit, quam fingulari confuetudinis iucunditate

A a                                        feffum

feffum refecerit, quanta benignitate fouerit, quanto ftudio Germanum fuum complexus fit, quanto candore, quamque amice fufpexerit etiam, hunc homuncionem longe pofitum infra mediocritatem, quibus ornarit, imo pene onerarit officiis, quam hofpitaliter dimiferit, quam officiofe produxerit, partim apud me pudore quodam fuffundor, quippe mihi confcius, quam iftis tam magnificis officiis non refpondeat noftra tenuitas, & *curta*, quemadmodum ait Perfius, *domi fupellex* : partim Germaniae noftrae gratulor, quae tam multos, tam eximios gignat, & alat viros, non folum omni doctrinae genere praecellentes, verum etiam pari morum integritate, parique modeftia praeditos. Quin & ipfe mihi ( cur enim non effundam in finum tuum affectus meos? ) nonnihil placeo, blandiorque, quod viris longe probatiffimis videar, non aufim dicere, probatus, fed certe non improbatus fuiffe. Neque enim vfque adeo perfricui frontem, vt iftas laudes, quas mihi vos tribuitis, agnofcam. Et tamen nonnihil faueo meis laudibus, quas ego certe fic interpretor, vt exiftimem in hoc tributas, quo vel exhortaremini ceffantem, vel animum adderetis parum forti, vel amicum nudulum veftris opibus ornaretis ac locupletaretis, quafi non pecuniam modo, verum etiam gloriam oporteat inter amicos effe communem. Nam nec errare iudicio poffunt tam eruditi, nec derident tam amici, nec adulantur tam integri, nec fimulant Germani. Dicerem amore lapfos, nifi hic ipfe vefter in nos amor e iudicio natus effet. Neque enim ob id me talem indicaftis, quod immodice amaretis, fed ob id coepiftis amare, quod talem iudicaueritis. Atque vtinam aliquam, & iudicii veftri portionem mihi poffem afferere! Nullam profecto gloriam malim, quam talium virorum calculis approbari. Verum hoc magis debeo pro veftris laudibus, quo minus promereor, fiquidem meritam laudem aliquoties, & inimicus tribuit inimico : eius nomine debemus maxime, quod gratuito donatum fit. Sed vt finiam, fiue defidi calcar addere voluiftis, debeo pro ftudio, fiue putidulum erigere, debeo pro officio : fiue nudam corniculam veftris plumis exornare, debeo

pro

pro benignitate, fiue facit amor quidam in nos propenfior, vt talis videar, qualem praedicatis, magis debeo pro tam fingulari beneuolentia; fiue eft in me nonnihil eorum, quae tribultis, debeo pro tam candido fuffragio.

Iam vero non me fugit, & illud vobis deberi, quod ornatiffimus Argentinenfis reipublicae vterque praefeftus magiftratus, qui me praefentem tam admiranda complectebatur humanitate, tam non vulgari profequebatur honore, nunc abfentem, & tam procul abfentientem, falutationis officio profequitur. Negas futurum, vt vnquam illis veniam in obliuionem, immo ipfe nunquam definam iftos vere proceres & meminiffe, & dictis pariter ac fcriptis pro virili celebrare, quibus emoriar, fi quid vnquam vel expertus fim humanius, vel viderim omni virtutum genere cumulatius. Crede mihi *Vuimphelinge*, nullo fermone confequi queam, nedum epiftola, quantam animo perfenferim voluptatem, quamque iucundum mihi fuerit fpectaculum, antiquae cuiuspiam, ac philofophicae ciuitatis videre fimulacrum, tot egregios optimates, vel ipfa (quod aiunt) fronte, totoque corporis habitu, fingularem prudentiam, fummam integritatem, ac plane maieftatem quandam prae fe ferentes, fed mira conditam modeftia. Felicem fe fore putat apud Homerum Agamemnon, fi fibi decem contingant Neftori fimiles. O faepius felicem Auguftiffimum *Maximilianum*, cui tot funt in vna republica Neftores, vel potius Scipiones, & Catones, aut fi quid his quoque vel fapientius, vel incorruptius! Si quando grauitatem hominum contemplabar, prorfus veteres illos Areopagitas mihi videre videbar. Si morum integritatem, multos Ariftides videre me putabam. Si mores placidos, ac fedatos, meros Fabios imaginabar. Rurfus vbi victus & cultus, fobriam munditiem, & mundam frugalitatem perpendebam, prifcorum Lacedaemonienfium imago quaedam obuerfabatur animo. Demum quoties infpicerem, vt mira quadam temperatura factum effet, vt viciffim & feueritatem condiret morum comitas, & comitatem ornaret grauitas. Illa quondam laudatiffima Maffilienfium res-

publica fefe nobis repraefentabat , quae miris modis Romanam
difciplinam , cum Graecorum vrbanitate copulaffe legitur , pror-
fusque iis fuiffe inftitutis, vt ab vna virtute omnium ciuilium
exempla omnia peti poffent. Licuit apud vos in vna ciuitate,
cunctarum laudatarum dotes confpicere , Romanorum difciplinam, Athenienfium fapientiam , Lacedaemoniorum continentiam. Maiorem in modum me delectabat mirificus ille rerum con-
centus, ex diuerfiffimis veluti fonis in fummam modulatus concordiam. Videbam tot fenes absque triftitia, tot imaginibus illu-
ftres absque faftu , tot potentes absque fupercilio, tot plebeios,
clariffimorum heroum ornatos virtutibus, tantum hominum numerum fine vlla turba. Denique videbam monarchiam absque
tyrannide , ariftocratiam fine factionibus , democratiam fine tu-
multu, opes absque luxu, felicitatem absque procacitate. Quid
hac harmonia cogitari poteft felicius ? Vtinam in huiusmodi rempubl. diuine Plato tibi contigiffet incidere ! Hic nimirum, hic
licuiffet illam tuam ciuitatem vere felicem inftituere. Diuus
Hieronymus in epiftola facundiffima pariter , & eruditiffima ,
quam ad Geruntiam fcripfit de monogamia,inclytae ciuitatis iftius
facit mentionem, vt intelligas & olim fuiffe nobilem , eamque
tum a barbaris euerfam deplorat. Quid fi nunc eandem con-
fpiceret ? Vnam tribus irriguam fluuiis , fic munitam , fic &
opibus florentem & ciuibus, fuper omnia talibus ornatam inftitutis, a talibus gubernatam proceribus? An non illi nomen
commutaret, proque Argentorato, Auratam appellaret ? Adde
his , quod diutina iam pace fruitur immunis ab expilationibus,
immunis ab infaniffimis bellorum tumultibus, quibus iam annis
aliquot mundus fere mifcetur vniuerfus. Fruitur Clementiffimo
principe *Maximiliano*, cuius potentiam non aliter fentit , nifi
cum illius benignitate , fapientiaque iuuatur. Atque haec demum
vere magno Imperatore digna laus. Vt enim mundus hic Dei
potentiam non aliis modis experitur, quam illius in fe benefi-
centia; ita pulcherrimum eft imperium , quod ciuium libertatem tuetur , non opprimit, quod opes fuorum auget , non ex-

ter-

terminat, quod omnia reddit florentiora. Huiusmodi eft fummi
numinis imperium in mundum, huiusmodi animi in corpus, vt
vbique profit, laedat nusquam.    Verum hisce de rebus dabitur
alibi locus copiofius, & exactius differendi.

Iam dudum finem exigit epiftola, & interpellant, intermifli
labores.    Proinde fac, vt egregiis iftis, & optime de me meritis primatibus, nominatim autem clariffimo viro *Heinrico Ingoldo*, Argentinenfis reipublicae praefecto maiori, reliquisque proceribus optime de me meritis, viciffim meo nomine falutem an-
nunties, & fi quid erit, quod meo ftudio, meis literis, mea
induftria praeftari poffit, id totum iftis audacter ex me pollicea-
ris.    Ad haec magnopere te rogo, vt elegautiffimam iftam fo-
dalitatem, hoc eft Mufarum, & Gratiarum omnium collegium,
diligentiffime meis refalutes verbis : nominatim, incomparabilem iuuenem *Iacobum Sturmium*, qui maiorum imagines, morum illuftrat integritate, iuuentutem ornat fenili morum grauitate, doctrinam haud quaquam vulgarem incredibili modeftia mire condecorat.    Deinde *Thomam Rappium*, ipfis oculis, ipfo
vultu, fuauitatem & candorem ingenii prae fe ferentem.    *Thomam* item *Aucuparium*, quem ego fane vel ob hoc laurea dignum exiftimo, quod ab omni faftu longe fit alieniffimus, cui
morbo fere genus hoc homiuum videmus obnoxium.    Hunc cum
plurimi faciam, tamen quo parcius laudem, ipfe fuit in caufa,
qui me fuo carmine laudarit, non dicam, quam vere, fed prorfus amantiffime : ne quis illud in nos iaciat, *mutuum muli fca-
bunt*. Ad haec *Matthiam Schurerium*, virum cum aliis multis
nominibus egregie charum mihi, tum hoc etiam chariorem, quod
hunc quoque fertilis illa tot eruditorum hominum, tot felicium
ingeniorum edidit Seleftadium, cui & *Beatum Rhenanum*, &
*Ioannem Sapidum* debeo, & ipfum denique *Vimphelingum*. *Matthiam* igitur, nifi vehementer amem, merito dicar ferrum, &
adamantem geftare in pectore, adeo me prior & officiis fuis, &
beneficiis ad amicitiam prouocauit, neque committam, vt animo certe ftudioque fuperatus videar, etiam fi ille priores occu-

A a 3

pauit.

pauit.    Affequar aliquando & officiis , fi modo non defint animo vires.    Ad haec falutabis accuratiffime *Hieronymum Gebui-
lerium*, vnum omnium, quos adhuc viderim, humaniffimum,
qui me fuis laudibus, doctiffimis quidem illis, fed plane, vt
Germanus germane dicam, vaniffimis, ad coelum vsque vexit,
& fic orationis fuae praeftigiis mihi impofuit, vt prorfus ipfe
mihi viderer aliquid effe, vixque poft biduum ad me redierim,
quis effem agnofcens.    Praeterea *Ioannem Rudalphingium* plane
μουσικότατον non arte folum, fed & moribus, hoc eft fefti-
uiffimum, & compofitiffimum, qui me vna cum *Hieronymo* ad
proximum diuerforium eft profecutus.    Neque praeteribis *Oto-
marum* ( *Lufcinium* ) hominem citra oftentationem, vt mihi videtur, eruditum, qui nos fuam toties vocem mutantibus can-
nis, vt vel lufciniam vincerent, adeo delectauit, vt diuina quadam voluptate rapti videremur. Eadem opera falutabis optimae
fpei iuuenem *Ioannem Ruferium*, noftri, vt vifus eft, ftudiofiffi-
mum.    Item elegantiffimos iuuenes, *Stephanum Tielerum*, *Ioannem Guidam*, *Petrum Heldungum*, & vt finiam, caeteros
omnes, quorum & fi nomina me fugiunt, tamen memoria praecordiis intimis penitiffime infculpta eft, ac femper erit.    Nam
*Sebaftianum Brant* ( vt eximium ) extra omnem & ordinem, &
aleam pono.    Quem ego virum mi *Vuimphelinge*, tanti facio,
fic amo, fic fufpicio, fic veneror, vt magna quaedam felicitatis
pars acceffiffe mihi videatur, quod illum coram intueri, coram
alloqui, & amplecti contigerit.

   Iam quod fcire cupis, quomodo reliquum iter fuccefferit,
paucis accipe.    Ad oppidum Seleftadienfe, tuam patriam, feliciter perueni.    Ibi continuo primores reipubl. haud fcio, cuius
indicio de meo aduentu facti certiores, per publicum nuntium
treis exquifitiffimi vini mifere cantaros, xenii nomine, fed eos
cantaros, vt vel decem tricongiis fatis effe poffint. Inuitarunt
ad prandium in diem pofterum, verum excufaui, properans
ad hoc negotium, in quo nunc fum. *Ioannes Sapidus*, tuus in
literis alumnus, qui te moribus quoque mire refert, quique te
                                                                    non

nou fecus, ac patrem & amat, & fufpicit, Bafileam vsque nos
eft profecutus. Illic admonueram hominem , ne me proderet,
delectari me paucis amiculis, fed exquifitis, ac delectis. Primum itaque non aderant alii, quam ii, quos maxime volebam.
*Beatus Rhenanus*, cuius ego prudenti modeftia , & acerrimo
in litteris iudicio vehementer delector , nec eft quicquam huius
quotidiana confuetudine mihi iucundius. Item *Gerardus Liftrius*
medicae rei, non vulgariter peritus, ad haec Latinae, Graecae,
& Hebraicae litteraturae pulchre gnarus: denique iuuenis ad
me amandum natus. Ad haec *Bruno Amorbachius* fingulari
doctrina, trilinguis & hic. *Ioanni Frobenio* reddidi litteras ab *Eraſmo* miſſas, addens eſſe mihi cum eo familiaritatem arctiſſimam ,
ab eodem de edendis illius lucubrationibus negotii ſummam mi-
hi commiſſam, vt quidquid egiſſem, id perinde vt ab *Eraſmo* geftum , ratum fore : denique me illi adeo fimilem , vt qui me videret , *Eraſmum* videret. Is poftea rifit intellecta fraude. So-
cer *Frobenii* refolutis omnibus, quae debebantur in diuerforio ,
nos vna cum equis, ac farcinis, in fuas aedes traduxit. Poft biduum huius Academiae doctores, per theologicae profeſſionis decanum , & alterum quendam , in pofterum diem nos ad coenam vocarunt. Aderant omnes omnium facultatum, vt vocant,
doctores. Aderat & *Ludouicus Berus* , aut fi Latine mauis ,
*Vrfus*, huius Academiae rector, apud Parifios theologicam lauream aſſecutus, vir aetate quidem virens adhuc, fed ea doctrina,
ea vitae caftimonia, ea denique prudentia, vt exiftimem eum non
vulgare decus fuae Germaniae appofiturum. Eft enim Bafilienfis, quam vrbem , & alias' non incelebrem, doctiſſimus ille *Gui-
lielmus Copus* , alter noftri temporis Hippocrates, fic & moribus, & literis illuftrauit , vt nulli nobiliſſimarum cedere debeat.
Erant me quotidianis officiis oneraturi, ni iam accinctus ad laborem inftitutum, rogaſſem, vti me mihi relinquerent. Contulit huc fefe noftri vifendi caufa, *Ioannes Gallinarius* , vir varia doctrina praeditus, ad haec moribus doctrina dignis. Eft
hic quoque poeta laureatus, *Glareanus*, mire candidus, ac fefti-

A a 4 uus

uus & optimae fpei iuuenis. Ab *Vdalrico Zafio* , qui Friburgi
magna cum laude leges Caefareas profitetur, vnas atque alteras
accepi literas , ex quibus mihi perfpicere videor, hominem non
tantum eruditum, & eloquentem, verum etiam raro quodam ingenii candore , ac fingulari praeditum prudentia. Audio paffim
apud Germanos effe viros eleganter eruditos, quo mihi magis ,
ac magis arridet, & adlubefcit mihi mea Germania, quam piget,
ac pudet tam fero cognitam fuiffe. Proinde facile poffum adduci,
vt hic hyemem vsque ad Idus Martias. Deinde confectis, quae
volo in Italia negotiis, ad Idus Maias vos reuifam. Atque id
faciam lubentius , fi velut de eodem, quod aiunt, oleo , eademque opera , vniuerfas lucubrationes meas hybernis his menfibus
liceat emittere. *Adagiorum* opus iam excudi coeptum eft, fupereft nouum teftamentum a me verfum , & e regione Graecum,
vna cum noftris in illud annotamentis. Tum *epiftolae diui
Hieronymi* a nobis recognitae, & a fuppofititiis, ac notis re-
purgatae, nec non & fcholiis noftris illuftratae. Praeterea *Senecae oratoris* omnia *fcripta* non fine maximis fudoribus a nobis emaculata. Fortaffis & fcholiorum nonnihil adiiciemus, fi
dabitur otium. Sunt & alia minutula, de quibus minus folliciti fumus , quae fi fufcipiet hic chalcographus , abdemus nos
teftudinum ritu, non ad fomnum, fed vt toti verfemur in hoc
negotio. Ex Italia reduces, vti fpero, dies aliquot falutandis
& cognofcendis Germaniae proceribus fumemus. Nam hos
vere proceres exiftimo, non qui funes aureos collo circumferunt,
quique parietes & veftibula pictis maiorum imaginibus ornant ,
fed qui veris ac fuis bonis, hoc eft eruditione, moribus , eloquentia patriam fuam, ac fuos non folum illuftrant , fed etiam
adiuuant. Epifcopo Bafilienfi nondum tuas reddidi literas , in
quibus facile coniicio, nihil aliud effe, quam amica quaedam de
*Erafmo* mendacia. Vide, quam fim ambitiofus. At primum non
aderat in hac vrbe, nunc occafionem omnem fugio , quae me
a libris auocet. At non tu gratulaberis *Erafmo* tuo, qui propitia Iunone, & Ilithia, feliciter enixus eft? Audis foecundita-

tem

tem meam, qui faepius pariam, quam ipfi cuniculi. Quoque magis gratuleris, edidi foetum faxeum, non fine laboriofif-
fimis nixibus. Ita mihi femper faueat Lucina, mi *Vuimphelinge?*
Ludis, inquies, 'in re tam mifera ? Qui minus quam Socrates,
qui iocans bibit cicutam, iocans mortuus eft. Abfolutiffimum virum D. *Ioannem Reuchlin*, tot literis, tot linguis praeditum',
vt plura corda, quam Ennius habere videatur, vnicum, mea
fententia, totius Germaniae decus, lumen, & ornamentum, tam
procul hinc abeffe doleo, vt aegre literis etiam colloqui liceat.
*Sapidum* cum viderem a nobis vix auelli poffe, tetrafticho fum
confolatus, & quo pignus effet charius amanti, vel deamanti,
ac depereunti magis, meis digitis fcripfi, id ad te mitto. *)
Mitto & hoc, quod ex itinere fcripferam ad incomparabilem virum *Sebaftianum Brant.* **) Nam in eo voculas aliquot mutaui. Adieci, quod ad *Aucuparium* non fcripferam, fed effu-
tieram. ***) Porro tempus, & res aliquando fuppeditabit oc-

A a 5 · casio-

---

*) Ad *Ioannem Sapidum* fuum, in difceffu.
   *Quando diftrahimur abfens abfentis* Erafmi
      *Candide* Ioannes *hoc tibi pignus habe,*
   *Quoque magis fpatium feiunget corpora noftra:*
      *Mutuus hoc propius pectora iungat amor.*

**) Ad *Sebaftianum Brant* Phalecium *Erafmi Roterodami.*
      *Ornarunt alios fuae Camoenae*
      *Ornas ipfe tuas magis Camoenas:*
      *Multos patria reddidit celebres;*
      *Vrbem tu celebrem, celebriorem*
      *Multo conftitnis*, Sebaftiane
      *Lingua, moribus, eruditione,*
      *Libris, confilio, feueritate.*
      *Sic cum foenore plurimo rependis*
      *Acceptum decus, e tuo viciffim*
      *Illuftrans, patriamque, litterasque.*

***) Ad *Thomam Didymum Aucuparium* poetam laureatum
   *Erafmi Roterodami* carmen :
      *Quas mihi tranfcribis doctiffime* Didyme *laudes,*
      *Vt funt maiores, quam quas agnofcere poffim,*
      *Ni prorfus frons nulla foret, fic rurfus eaedem*
*Sunt*

cafionem idoneam teſtificandi animum erga proceres vrbis Argentinenſis. Saluta venerabilem dominum Priorem Ioannitam, amicum tuum. Bene vale, frater honorande, & amice incomparablis. Baſileae XI.ˑCal. Oct. M. D. XIV.

Eiusdem etiam libri editiones poſteriores, *) quibus feorſim excuſus eſt, aliae mihi praeſto ſunt ex Bibl. acad. Friburg. ad vſus meos translatae: vti Argent. apud Matth. Schurer. 1516. 4. Baſil. apud Ioan. Froben. 1516. 4. Seleſt. in aedibus Laz. Schurerii menſe Nouembri an. 1519. ibid. Calend. Maii an. 1521. 4. & quae porro paſſim a *Maittairio*, aliisque ſcriptoribus laudari, denotarique ſolent.

76. Sermo ad iuuenes, qui ſacris ordinibus initiari & examini ſe ſubmittere petunt. Cum epiſtolio IAC. WIMPHELINGII ad HIERON. GEBVILERVM, & reſponſo eiusdem.

Legant haec ſedulo, qui ſacris ordinibus initiari cupiunt. Legant & examinatores, ſeu iudices, & ita iudicent, vt ab alio iudicandi.

*In fine :* Argentorati ex aedibus Schurerianis menſe Septembri an. 1514. 4to. ( *In Bibl. acad. Friburg.* )

Eſt

---

*Sunt adeo doctae, talique e pectore natae,*
*Vt minime libeat, quas das reſcribere: veras*
*Eſſe perinde optans, quam ſunt lepidae, atque venuſtae,*
*His ego non ſane ( placeo mihi ) tu mihi Vates*
*Lauro digne places, nam dum me reddere magnum*
*Carmine magnifico docte conniteris : ipſum*
*Te oſtendis vere magnum, vereque ſtupendum,*
*Vt qui viribus ingenii poſſis elephantum.*
*Reddere de muſca, nihilique attollere tricas,*
*Sed quo iudicium minus approbo, maxime Vates*
*Hoc mage laetor amore tuo, candoreque mentis.*

*) Editionem Argent. 1513. menſe Ian. apud Matth. Schurerium 4. procuratam adſert *Maittaire* annal. typogr. cont. T. II. P. I. p. 251.

Eſt autem haec *Wimphelingii* epiſtola : " *M. Hieronymo*
,, *Gebuilero* gymnaſii ſummae aedis Argehtin. moderatori vigi-
,, lantiſſimo *Iacobus Wimphelingius* Seletſtanus S. *Deſiderins*
,, *Erasmus Roterodamus*, Germaniae decus , hinc abiens ro-
,, ganit , hanc *Cancellarii Eboracenſis* orationem a me, noſtro
,, *Matthiae Schurerio* imprimendam demandari , quod eam fu-
,, turis Chriſti miniſtris plurimum profuturam arbitraretur, ex-
,, optans ad ſacra fidei myſteria, ſummumque ſacrificium ido-
,, neos eligi ſacerdotes, qui non tam otii, quam Dei cauſa ad
,, id ardui muneris aſpirarent, qui vires ſuas prius emenſi, ſi
,, carnem & laſciuiam, ſi paſſiones edomare diuino ductu poſ-
,, ſint, in ſe ipſis forent experti. *Curritur paſſim*, ait Bernar-
,, dus ( *de eo, quod nemo poteſt conuerti niſi praeuentus Serm.*
,, *XXVIII.* ) *ad ſacros ordines, & reuerenda ipſis quoque*
,, *ſpiritibus angelicis miniſteria, homines apprehendunt, ſine*
,, *reuerentia, ſine conſideratione, abſtinentes remedio nuptiali,*
,, *& in omne deinceps flagitium effluentes. Eſſet autem ſine du-*
,, *bio melius nubere, quam uri & ſaluari in humili gradu fi-*
,, *delis populi, quam in cleri ſublimitate, & deterius viuere,*
,, *& diſtrictius iudicari.* Cui alludit diuus *Ioannes Gerſon* de
,, vita ſpirituali animae ( *Lect. IIII. Corol. XIIII.* ) his verbis:
,, *Rara ſit electio in ſacerdotum introductione, propterea malum*
,, *illud tam late ſerpit, quam multiplicantur imeuus, inutiles,*
,, *& lubrici ſacerdotes, de quibus ſtultiſſimum eſt ſperare, quod*
,, *poſt ſuſceptum ſacerdotium, caſtior ſit eorum vita & hone-*
,, *ſtior, & non potius diſſolutior, quando iam habent illud, a*
,, *quo prius ex mala vitae fama formidare poterant expelli,*
,, *ſicut & de ſtolidis, & ignauis, qui ingenium bonis literis*
,, *non intenderunt, adagium eſt : Quae Ioannes non didicit,*
,, *ea dominum Ioannem difficile eſſe diſciturum.* Quamobrem
,, *Hieronyme* iucundiſſime, tuis oro perſuadeas diſcipulis, vt
,, priusquam ſe continentiae terribilibusque ſacris aſtringere
,, temptent, hunc ſermonem legant, aut ex te ( veluti nu-
,, per elegantiſſimum *Stephani Hoeſti*] Heidelbergenſis theo-
,,logi

„ logi fermonem ) audiant, ne in cleri numerum obiter illapfi,
„ & iam a ferula aut repulfae metu liberi, mox per luxum, lu-
„ dum, leuitatem, lafciuiam, blafphemias, caeteraque imma-
„ nia vitia praecipites diffluant, ac vbi vel infcitia fua, vel
„ malo vitae exemplo, plures animas orco quam olympo trans-
„ miferint, ipfi quoque in ftygias tandem flammas perpetuo cru-
„ ciandi mifere dimergantur : neceffe enim eft, vt fcandala ve-
„ niant, vae autem ei, per quem fcandalum venit, & nunc
„ maxime, cùm & fummo, aliisque pontificibus in reforma-
„ tione neceffaria ab vtroque clero aures obftruantur. Cenfo-
„ res denique & iudices eorum, qui facris colla fubiicere ge-
„ ftiunt, veluti pater, & fummus amicus obfecro, vt habita
„ aetatis, doctrinae, famae, ac morum ratione, nec prece,
„ nec pretio deliniti, in hoc diuinum minifterium ineptos affu-
„ mant, tamque graues, & conftantes fefe praebeant, vt eorum
„ cenfurae, vel ( vt aiunt) examini adeffe vereantur, qui ado-
„ lefcentiam fuam bonis neglectis literis, aucupio, ludo, fcor-
„ tis confumpferunt, qui aperto pectore, crepidisque incifis, &
„ armis a latere pendentibus, vt ftradiotae, vt carnifices pro-
„ dire audent, ne fi huiuscemodi ftolidos, & fceleratos in
„ quibus neque fcientia, neque religio, ad fummam fidei no-
„ ftrae dignitatem admiferint, minus Chriftum pro fe paffum
„ diligere, minus Chriftum futurum iudicem timere videantur,
„ quippe cui tales miniftros, qui *Bernardo* tefte ( *eodem fermo-*
„ *ne quo fupra* ) non modo non placant, fed magis irritant,
„ in animarum pernitiem, in populi ruinam, in omnium mur-
„ mur, & odium, in facrarum rerum contemptum defignarunt,
„ quomodo enim aliorum animabus feliciter praeerit, qui fuae
„ ipfius nullam prorfus habet rationem ? quomodo pure facrifi-
„ cabit, qui vel a thoro fordido ad aram ( quod de tribus fub
„ vili vefte fraterculis, vel in vnius eorum primitiis *Georgius*
„ *Gemmiger* teftatus eft) vel ab ara ad fcortum e veftigio fe trans-
„ fert, quomodo Chrifti legem, quomodo animae immortali-
„ tatem, quomodo pudicitiam alios docebit, qui ne ipfe qui-
„ dem

„ dem grammaticae rudimenta plane norit ? qui nihil philofo-
„ phiae vnquam imbibit, qui ab adolefcentia fua calamiftratus,
„ & noctinagans, puellas, & fcorta inquinatiffime, lididino-
„ fiffimeque ( pudore cum pudicitia perdito ) fit infectatus? qui
„ nec de diuini nominis, aut diuorum ( vt Valentini , & Qui-
„ rini ) abufu, nec de fuperflua , & malitiofiffima viui ( quod
„ bos abnueret ) compotatione, nec de obfcoeniffimis, & impu-
„ riffimis verbis erubefcit , falutis propriae immemor , famae
„ fuae negligens, ingratus ei, de cuius fanguine viuit , eius
„ contemptor, fub quo iudice ftabit. Haec pio zelo eorum ex-
„ aminatoribus, qui ad facerdotium feftinant: qui vero in aca-
„ demiis vniuerfalibus inertes , & ineptos , philofophiae gradi-
„ bus ornant, eos quam paterne admonuerim ( fi lubet ) in *dia-*
„ *triba* noftra ipfi poterunt indies contemplari. Vale ex Ar-
„ gentoraco, cuius prudens fenatus *Erafmum* noftrum , ob fa-
„ mam excellentis doctrinae, *Heinrico Ingoldo* dictatore, fin-
„ gulari honore nuper affecit, fed & plerique ex politiorum li-
„ terarum cultoribus, illum ( te interprete ) humaniter excepe-
„ runt , & iucundo conuictu peramice dignati funt. Vrbs bea-
„ ta, quae requiem fatigationi, pietatem faeuitiae , clementiam
„ homicidio, vitam morti, pacem bello praefert : felix popu-
„ lus, quem regum fiue difcordia, fiue infania non fatigat, qui
„ fua induftria , manibus, vel agris contentus, ex alieno incen-
„ dio , & crudeli ftrage, inhumanum quaeftum non fectatur! „

*Hieronymi Gebuileri* epiftola ad *Iac. Wimphelingium* die 10.
Septembr. an. 1514. exarata , fermoni exhortatorio cancellarii
Eboracenfis fubiuncta extat : quam *Leonis X.* P. bulla *de animae immortalitate , de ftudio philofophiae & poeticae moderan-
do, canonumque & theologiae praeferendo* , in Concil. Lateran.
V. feff. 8. publicata, excipit, cum aliis quibusdam carminibus ,
eiusdem inprimis argumenti.

Atque haec quidem omnia, quae de WIMPHE-
LINGIO, eiusque opufculis in medium hucusque pro-
tulimus, multa fane funt & varia, nec fortaffis omni
cari-

caritura vel vtilitate, vel amoenitate: qua fefe com-
mendent lectoribus, literarum literatorumque amanti-
bus. Creuit enimuero fub manibus opus,& veluti non
cogitanti tanta acceffit rerum dicendarum copia , vt
omnis, quae adhuc fupereft, materies vnum in fafci-
culum nec addi, nec apte fatis inter fe colligari potuiffe videatur.   Quare inftitutum , quod femel fu-
fceptum eft, feruaturus integrum ac firmum , rem
inchoatam potius abrumpere, & ad aliud tempus, cu-
rasque pofteriores ftatuimus differre, quam cum ordinis, propofitique noftri difpendio euagari latius, aut
a recto tramite aberrare longius.

ADIVNCTA.

# ADIVNCTA.

## I.

Oratio querulofa contra inuafores facerdotum. *)
Flaminum: vatum: facerdotum, Gymnofophiftarum,
philofophorum, Druidum In Teftipremos conqueftio.

Si vnquam, beatiſſime maximeque pontifex *Alexander*, opus
fuit auxilio & defenſione Romanae fedis, qua Chriſti fideles pro-
tegantur : hoc tuo pontificatu id inprimis neceſſarium eſt : quo
non pecora, fed homines, non Saraceni, fed Chriſtiani, non

blas-

---

*) Duae nobis, vt iam p. 178. diximus, ad manus ſunt edi-
tiones libelli iſtius antiquae ſatis, & memorabiles, quarum
altera Argent. literisque Gothicis excuſa, altera vero Bafil. prodiiſſe videtur: fed tertiae etiam Delphis apud Bata-
uos adornatae meminit *Io. Chriſt. Goetzius* in den Merck-
würdigkeiten der Königl. Bibl. zu Dresden II. B. 4. Samml.
S. 365. " *Oratio querulofa contra inuafores facerdotum.*
„ *Flaminum: vatum: facerdotum Gymnofophiftarum phi-*
„ *lofophorum Druidum in Teftipremos conqueſtio. Eine al-*
„ *te Edition mit Gothifchen Buchftaben. Zu Ende ſtehet:*
„ *Delf in Hollandia 6. Blätter. Ingleichen eine andere al-*
„ *te Gothifche Edition in 4. von 8. Blätteren* ( qua eadem
„ & nos vtimur ) In vnſer erſtes Exemplar hat ohne Zwei-
„ fel deſſen vormahliger Befitzer, *Martin Friderich Sei-*
„ *del* in Berlin, aus deſſen Bibliotheck es in die *Beſſerifche*
„ gekommen, ein ſchändliches Kupfer geklebet, welches
„ verurſachet, daſs ich es nicht weiter, ſondern diefe Re-
„ de vor ein Paſsquill, oder Soldatifche Satyre wider die
„ Geiſtlichkeit gehalten, bifs mir das andere Exemplar,
„ oder der Nachdruck in die Hände gefallen, woraus ich
„ geſehen, daſs diefe Rede keine Schmächfchrift, ſondern
„ eine ernſtliche Klage in fich halte wieder die damahls in
„ Schwange gehenden Plackereyen, vnd Raubereyen ei-
„ niger Edelleute vnd Gewaltigen, welche inſonderheit
„ der Geiſtlichkeit auffätzig geweſen, vnd diefelbe durch
„ vnerhörte Martern, welche die Sittſamkeit zu befchrei-
„ ben nicht geſtattet, gezwungen, ihr Geld vnd Gut her-
„ zugeben. Sowohl obgedachter *Seidel* als der *Herr von*
„ *Beſſer* haben einige Stellen aus Scribenten angeführet,
„ die von diefer gegen die Geiſtlichen ausgeübten Grau-

„ ſam-

blasphemi, fed Dei miniftri, non latrones aut patriae proditores, fed boni ac innocentes facerdotes, a crudeliffimis faeuiffimis-
que

---

„ famkeit handeln. Wir wollen vns begnügen nur zwey
„ Verfe davon aus *Remy Belleau* dictamine metrifico de
„ bello Huguenotico , fo ein Macaroniſches Gedicht ift ,
„ herzufetzen, nemlich:

„ *Et foecunda premunt tractis genitalia cordis,*
„ *Vt dicant vbi fcutorum requiefcat aceruus.*

„ Es mag diefe Klagfchrift, die an den Pabft *Alexander*
„ VI. gerichtet , vnd zu Anfang feiner Regierung gefchrie-
„ ben vnd gedruckt ift , wohl eine grofe Rarität feyn, wie
„ obgedachte Befitzer angedeutet haben. Das befte darin-
„ nen ift das Zeugnifs der Erfindung der Buchdruckerey,
„ welches vm fo viel mehr Nachdruck hat , weil diefe Re-
„ de zu Delf in Holland gedruckt worden. Die Worte
„ vnfers Verfaffers klingen alfo : *Duarum nobiliffimarum*
„ *artium inuentione prae caeteris nationibus iam pridem*
„ *meruerat eximiam Germania laudem : quarum altera*
„ *rei bellicae, altera philofophicae famularetur. Conftat*
„ *enim , olim bombardas , & noftris iam temporibus cal-*
„ *chographiam , hoc eft impreſſoriam artem in nobiliſſima*
„ *Germaniae vrbe Maguntina fuiſſe repertam.* An vnfer
„ erftes Exemplar ift noch folgendes Pafsquill angebunden :
„ Munus carthaceum fiue folium euanefcens feftini aucto-
„ ris ftylo farcaftico ante annos 90. in Iefuitas confictum ,
„ nunc demum ab interitu vindicatum, & ftrenae loco pa-
„ tronis ablatum a Georgio Ferdinando a Löfchhaimb no-
„ bili Auftriaco nuper abdicato Papifmo ad orthodoxam
„ religionem conuerfo 1696. 4. vier Blätter. Ich führe
„ diefe Schrift defshalben an , weil in der Vorrede gemel-
„ det wird, dafs der faubere Editor die vorhergehende
„ Schrift zu Berlin bey *Seideln* angetroffen habe. Sciunt
„ rerum hiftoricarum periti, fpricht er : ante hos CC. an-
„ nos in Germania hoc fupplicio vehementer in ecclefiafti-
„ cos, maxime in Belgio faeuitum fuiffe. Qua de re ad-
„ huc extat totius cleri Germanici ad papam Alexandrum
„ VI. querela, in formam orationis reducta, & tunc tem-
„ poris Delfis in Hollandia publice typis vulgata , cuius
„ exemplar hic Berolini adhuc in Bibliotheca cuiusdam Phi-
„ liftoris afferuatur. *Beffer* hat auf den Rand gefchrieben :
„ Clariffimi *Seidelii*; nunc vero poft eius obitum in mea
„ heic Dresdae. Ich zweifle , ob der Editor fich durch
„ diefe fchändliche Schrift bey feinen Patronen beliebt, vnd
„ der neuangenommenen Religion Ehre gemacht habe. „

que & omnium hominum flagitiofiffimis graffatoribus, nouis &
nullo vnquam feculo auditis tormentorum generibus, contra ius,
aequum, naturam, pietatem, miferabiliter affliguntur.

Quippe nemo eft alius, qui id prohibeat, nemo eft, cuius animam tam abominanda nequitia tangat, nemo eft, qui ftomacho
& indignatioue tam horrendi flagitii vel guttam Chriftiani fanguinis in fefe habere demonftret.

Numa Pompilius proximus Romuli fucceffor in Deos & facerdotes religiofiffimus fuiffe perhibetur. A C. Iulio & Oeta-
uiano vsque ad Conftantinum plurimi Imperatorum, quamuis
alioquin gentiles ac pagani fuiffent, aliqua tamen faltem a) ex
parte religioni b) facerdotibusque detulerunt. Conftantinus dixiffe fertur, fi propriis videret oculis Chrifti facerdotem, aut
eorum quempiam, qui monaftico habitu circumamicti funt, pec-
cantem, fuam fefe chlamydem explicare, ac eum cooperire voluiffe: ne a quoquam videretur.

Fuere deinceps, pofteaquam c) a Graecis in Germanos Imperium absque vllo interuallo translatum eft, in Germania principes in Deum pientiffimi, in Chriftianam religionem feruentif-
fimi, ipfius cleri ecclefiafticaeque libertatis acerrimi, conftantiffi-
mique defenfores. Annalibus nota res eft. Experta eft id quoque cum magno faepe gaudio Romana fedes, quam tu *beatiffi-*
*me Pater* fuperioribus diebus pro meritis tuis afcendifti.

Fuerunt etenim, qui fummos pontifices contra perfidos tyrannos magnifice defenfarunt, & eiectos faepe in Petri cathedram
gloriofe reftituerunt; & Romanae nonnunquam ecclefiae largi-
fluas liberaliffimasque donationes impartiti funt. Fuere, qui a
Chrifti religione femel affumpta nunquam declinarunt, qui fidem

Ca-

---

*Correctiones*
a manu ignota quidem, fed antiqua tamen
factae.

a) *Deletum.* b) *Add.* faltem. c) Quum.

Catholicam in extremas Saxonum, Phryfonum, Danorum, ceterasque longinquiffimas regiones propagarunt.

Fuerunt profecto, qui fumma reuerentia, fummaque obferuantia diuinum cultum egregie profecuti funt: qui infignes ecclefias funditus exftruxerunt, dirutas inftaurarunt, fanctiffimisque reliquiis ex media Palaeftina, per mare, per faxa, per ignes, adductis ornauerunt: clerum & Chrifti facerdotes dotarunt, priuilegiisque ac libertatibus mirifice munierunt ; amarunt , & coluerunt, protexerunt. Tanta fuit pietas, tanta deuotio, tantus feruor, atque zelus pientiffimorum Germaniae quorundam imperatorum in Deum, in Chriftum, in diuam parthenicen, & in ipfos demum Chrifti facerdotes.

Nec veteres folum Germanorum reges, *Carolos*, *Ludouicos*, *Lotharios*, *Othones*, *Henricos*, *Conrados*, *Albertos*, *Fridericos*, fed pofteriores etiam nobisque contemporaneos ea virtutum finceritate & praeftantia conftat excelluiffe. *Carolus* enim *IV*. pro libertate cleri, pro perfonis ecclefiafticis, piam & fanctam legem condidit, qua facerdotum inuafores-vsque in quartam voluit generationem caftigari.

*Sigismundus* Caroli filius, ille circumfpectiffimus prudentiffimusque Germanorum imperator ( quem Chriftianiffimus theologus ob actuofae & contemplatiuae vitae excellentiam Dauidi regi affimilauit ) Cum poft longam Huffitarum perfidiam folertia fua coepiffet in Pragenfem ecclefiam Canonicos vicariosque reducere, & omnes honeftos ecclefiae ritus rurfum inftaurare: cum nulli effent ecclefiae Cathedrali redditus, iuffit ex regio fifco per fingula Canonicorum capita hebdomodatim aureum nummum diftribui, minoribus clericis dimidium dari , a) in alia quoque templa donaria magna conferri.

*Fridericus III.* Maximiliani pater ( cui Dominus omnipotens propter benignitatem b) & manfuetudinem fuam, & quoniam non erat vir fanguinum, tribus & quinquaginta annis regiam

digni-

_____

a) *Add.* atque. b) bonitatem.

dignitatem conceffit, is inquam *Fridericus* coenobia fundauit, epifcopatum nouum erexit, ob honorem Romanae fedis fchifma de medio prudenter abftulit, bis in Vrbe maximum pontificem adiit: clerum dilexit, nulli vnquam ecclefiaftico moleftus aut iniurius fuit. Nunc vero poft eius lachrymabilem cafum fiue temporum malitia, fiue fecreto Dci iudicio, vaftantur ecclefiae, coenobia fpoliantur, monachorum granaria frumentis onufta ex- uruntur, a) clerus obruitur, clerus offenditur, clerus nouo poe- narum genere a latronibus atrociter impuguatur, ac torquetur.

Latrones eos vocamus, quoniam nonnulli facerdotum (qui- bus hoc nouum tormenti genus inflictum eft) mifere necati funt, immo latronibus eos longe iudicamus deteriores. Siquidem in b) latronibus c) eft vtcumque fcelerum fuorum aliqua verecun- dia: nam illi occultas montium fauces & abftrufas nemorum cauernas, defertasque folitudines diligunt: atque ita illic ab eis delinquitur, vt tamen delinquentium facinus tenebris & nocte veletur, hi vero impuri facerdotum tortores palam faeuiunt, & in audacia fua tuti media luce ferocitatis fuae arma, paffim proftituunt: inque publicis ftratis, in mediis villis & vicis, nefandi ficarii non tam ad faeuiendum praecipites, quam im- pune fine verecundia & metu faeuientes gloriantur fefe non mi- nus in latiffimis campis, quam domuum fuarum latibulis tutos effe & fecuros; an non latronibus eos liceat affimilari, qui quod latrones exhorrefcerent, impudenter admittunt.

Nempe latrocinio turpius eft iudicandum, eam corporis par- tem viri a viro contrectari, vinciri, ferisque indiffolubilibus in- cludi, quam natura prorfus abditam & abftrufam effe voluit, quam (in altero praefertim) non folum non tangere, fed nec oculis quidem d) contueri, nifi cum fumma turpitudine quis- piam poteft. Neque id viros vnquam effeciffe compertum eft. An non hoc facinus latrocinio videtur execrabilius? in quo qui graffantur, neque gloriam, neque voluptatem, neque aliquem

B b

que-

---

a) Excutiuntur. b) *Deletum.* c) Ineft. d) *Add.* lafciue aut petulanter.

quaeftum affequuntur, fed folum vt fuae fceleratiffimae libidini & innatae ferocitati, fummeque in clerum liuori, odio, inuidiae, & rancori fatisfaciant, Deum contemnunt, naturam humanam exurunt, a) rationem abiiciunt, facrilegium & immunditiam impudenter admittunt, quoniam quidem pudorem cum pudicitia perdiderunt.

Qui vel Graeca vel Latina lingua fcripferunt hiftorias, faepe Germanos tum furiofos, tum crudeles fuiffe affeuerant: quid vero nunc futurum eft ; cum hanc nouam & inauditam terribiliffimamque b) poenam, a Germanis inuentam, in Germania contra clerum in vfu habitam, & a magnatibus diffimulanter toleratam cognouerint exteri hiftoriarum fcriptores ; an non eos non furiofos, fed ipfam furiam: non feroces, fed ipfam ferocitatem: non tyrannos, fed tyrannidem ipfam fcriptis fuis funt appellaturi, eos inquam, qui hac inhumana ftupendaque ferocitate graffantur, qua turpior a feculo non eft audita, qua abominabilior in nullis vnquam annalibus lecta eft, qua immanior a maximis tyrannis, Nerone, Caligula, Domitiano, ipfisque fingularibus tormentorum exploratoribus, Dionyfio & Phalaride c) nunquam vel excogitata fuit vel inuenta?

Duarum nobiliffimarum artium inuentione, prae ceteris nationibus iam pridem meruerat exiuiam Germania laudem, quarum altera rei bellicae, altera philofophicae famularetur. Conftat enim olim bombardas, d) & noftris iam temporibus calchographiam, hoc eft, imprefforiam artem in nobiliffima Germaniae vrbe Maguntia fuiffe repertam.

Nunc vero nouum tormenti genus inuentum eft, quo facerdotum genitalia comprimantur ; e) nec vllo pacto eis fuccurri poffit, nifi cum pecuniis & omni fua facultate, quam vtcunque f) corradere queant ad arces, aut ad alia quaeuis loca a latroni-

a) Exuunt. b) Crudeliffimamque. c) *Add.* vel furiis ipfis. d) *Add.* Et hoc quidem apud Friburgenfes. e) *Add.* aliaque fiant plura, quae honeftas vetat referre. f) Vt quocunque modo.

tronibus deftiuata, fine mora feftinare videantur a). Haeccine
eft gloria Germanorum? Hoccine ingenii noftratium laudabile
inuentum? Hiccine illorum magnus honos, qui cum obftare
poffint, tolerant? Sunt, qui diffimulant, qui rident: non vero
tam is, qui redigit facerdotes in tam miferam & tam pudendam
captiuitatem, quam is, qui cum poffit hoc prohibere, contemnit,
id facere exiftimandus eft. Nunquid enim nobilitatem, potentiam, gloriam a fummo Deo magnates acceperunt, vt tantum
flagitium filentio tranfeant? tantum latrocinium patienter tole-
rent? raptores & latrones tuto per terras fuas paffim quotidie
circumuagari finant, qui quoslibet inuadant, innocentes oppri-
mant, clerum facrilegis manibus capiant, conftringant, truci-
dent? Profecto id eorum fuit officium: vt ab arcium fuarum refugio procul excluderent, a terris & patria in exilium fempiternum exterminarent, fordidos iftos canes, temerarios latrones, &
effoeminatos innocentum flaminum carnifices atque tortores.

. Ne mihi fuccenfeatis optimates & terrarum gubernatores,
obfecro. Vifum enim eft actionem & querelam hanc popularem
effe, & vniuerfum ecclefiafticum ftatum contingere. Ideo b) iufte me, non immerito c) loqui potuiffe, nunc praefertim, cum
maxime opus fit: quando nemo, quorum intereft, ea vobis in-
notuiffe d) videatur. Cato Vticenfis cum nimiae taciturnitatis
accufaretur; refpondit: Ego vero tunc demum hanc taciturnitatem meam abrumpam, cum talia dicere valebo, quae non funt
digna taciturnitate.

Quocirca cum optimates maxime deceat bonis moribus, iuftitia, clementia, manfuetudine, ceterisque virtutibus effe praeditos: cumque praecipuum fit illorum officium, vt ecclefiafticam libertatem manuteneant, clerum defendant, orphanos &
viduas protegant, depraedationes, violentias, ac latrocinia in terris fuis exerceri prohibeant: cumque perpauci, aut nulli fint
confulum, qui haec officia principibus perfuadeant, quam vtilis,

---

a) Cogantur. b) *Add*. que. c) nec fine cauffa. d) indicaffe.

quam fan&a, quam iucunda foret eis hiftoriarum cognitio, quam
accommodati patriae re&oribus effent libri de moribus & vita
principum concinnati; vnde caperent exempla, quae poffent imitari, & quae vitanda funt, vitare condifcerent. Ideoque Deme-
trius Phalareus Ptolomaeum regem monere folebat, vt libros
de imperio, regnoque compofitos, le&itaret, in quibus fcripta
documenta continerentur, quae amici monere non auderent.

Quodfi noftrates principes ample&erentur maiorum fuorum
veftigia, qui religiofiffimi, qui iuftiffimi, qui acerrimi tyrannidis effulminatores fuerunt, nequaquam in hac noua cleri poena
diffimularent. In qua diffimulare impium, ignofcere inhumanum,
non prohibere pernitiofum, allucinari vero, a) feu vt aiunt, per
digitos contemplari, inconfultum: dum enim tanta licentia paffim per omnem impietatem facinoris contra clerum graffari iam
licet; quid caufae eft, cur non indies tandem nefandiffimi latrones audeant in praetores, in equites auratos, in ciues, imo
in ipfos quoque principes, b) fordidas & truculentas manus in-
iicere? qui enim in facerdotem crudelis ac impius eft, in quem
rogo, clemens aut pius erit? a quo vnquam, fi lucri fpes & opportunitas interueniet, manus fuas continebit?

An vos latet principes, quod omne malum nafcens facile op-
primitur, inueteratum fit plerumque robuftius. An nunquam
vulgi di&erium audiuiftis: *Hodie mihi, cras tibi?* An ignora-
tis, quanta mutabilitas folent effe fortunae, quouam clauo,
quo robore eius rotam adeo fiftere poteritis, vt vobis perpetuo
fit futura fecunda; quo magis alludit, blanditur, fauet: eo fallit
ex abrupto & de improuifo grauius, nocetque acerbius? Tum vero
more patriae praepofteris iterum vtemur confiliis? Tum iterum
afta agemus? Poftea enim quando c) negotium inertia noftra
negle&um eft (vt eft tritum adagium) Teutones prudenter &
profunde confultare deliberareque folemus. Enimuero quoniam
hanc pernitiofiffimam peftem, primo non obtruncamus in limi-

ne,

a) *Add.* & conniuere. b) *Add.* noftros. c) quam.

ne , facile propediem inualefcet, adeo vt negotiari liceat nemini : immo ne domi quidem tutus eris.   Identidem quoniam dubios ac incertos bellorum euentus Germani non prouidemus ,
fit , vt in lites ac bella vehementer fimus procliui, C. Iulio Caefari longe diffimiles , qui fimultates contra nullos tam graues
excepit vnquam , vt nou occafione oblata libens deponeret.

Quodfi, o nobiliffimi proceres, vos inhumanius acceptos, a reuerendis epifcopis effe iudicatis , ac eam in rem mutua gerere
bella forfan operae pretium fit: an ideo bellum Chrifti militibus
indicendum fuit?   An ideo eos capi, nudari in membro fecre-
tiffimo, impudenter conftringi licebit? Et quid commifere Chrifti milites? Eftne, cum tam atrociter in eos faeuitur, cur tantifper diffimulare debeatis? Nunquid & ipfi homines funt, nunquid
facris initiati, nunquid innocentes , nunquid Dei miniftri funt ?
de quibus ipfe locutus eft: *Nolite tangere Chriftos meos.*

Sed tanta eft veftra coecitas, tantum odium, tantus furor,
vt in eos granius, quam in latrones peccari nequaquam prohi-
beatis, quos vt patres oportebat venerari.   Proh pudor! Germani quondam principes, proceres, atque fatellites pro Chrifti fide,
pro terra fancta recuperanda, pro Romanae fedis defenfione, pro
ecclefiaftica libertate tutanda, bella fufceperunt , fanguinem fu-
derunt, animas Deo fponte dedicarunt, a) atque ita fibi primum nominis fui memoriam fempiternam , deinde pofteritati
fuae perpetuam ac immortalem gloriam , poftremum vero nationi noftrae fummam laudem, excelfumque Romani regni folium
gloriofe pepererunt.

Iam vero laus noftra in vituperium, virtus in  vitium , lux
in tenebras, gloria in ignominiam , decus in probrum , honeftas in turpitudinem , militia in latrocinium , bellum cum Chrifti inimicis geftum in Chrifti milites atque miniftros verfum eft,
tanquam non fit Deus iuftus iudex, qui fempiternam vindictam
fumat de latronibus illis, de complicibus, de hofpitantibus, de

B b 3                                            con-

---

a) *Add.* fuorumque vitam ac fortunas omnes obtulerunt.

confentientibus, de his, qui cum prohibere poffint, id facere omit-
tunt, tanquam non fint a Chrifti grege ecclefiafticaque communione feclufi, & in fathanae poteftatem traditi : quo fit , vt ex
vno in alium mifere prolabantur errorem; ecclefiae namque cen-
furas floccifaciunt, veluti nunquam Chriftus dixiffet : *qui vos*
*fpernit , me fpernit: qui vos audit , me audit*, veluti non etiam
imperatores pientiffimi gladio fpirituali fincere detuliffent.

Ignorantne , *Fridericum* fecundum iuftiffima lege fanxiffe,
vt ecclefiafticae libertatis violator totius anni curriculo in cenfuris temere perfiftens, banno mox imperiali fit obnoxius, a a) quo,
nifi prius ecclefiae reconciliatus, nulla prorfus ratione poffit liberari.   Ignorant etiam , vt arbitror , hi libertatis ecclefiafticae
violatores non folum facerdotes , fed etiam eorum agros, praedia , & poffeffiones a b) primaeua hominum focietate, ab omni
tributo ac exactione liberas fuiffe.   Cui profecto libertati Aegyptiorum quoque reges ne in minimo quidem derogauerunt. Nam
cum quinta pars frugum alioquin ab vniuerfis Pharaoni regi pro
more folueretur , terra tamen facerdotalis , ab hac conditione
prorfus exempta manfit & immunis. Haec fuit gentilium & paga-
norum religio,haec Aegyptiorum in fuos facerdotes obferuantia?

Nonnulli vero noftratium, qui Chrifti fideles dici volunt minime contenti magna decimarum portione , quae diuino iure facerdotibus debentur, c) inuidia & liuore marcefcunt. Poftquam
enim paternas opes ludo, venere, baccho, inglunie, & omni lafciuia dilapidarint atque diffiparint, ecclefiarum prouentus fitire
& profequi moliuntur.   Cumque ad reliquos facerdotum redditus honeftum eis iter nequaquam pateat, faeuiunt in corpora,
d) in genitalia frendent, in ipfos quoque inermes facerdotes armati debachantur.   Quodfi illis forfan tortoribus aut diffimulan-
tibus infolens aliquis violentiam inferre videatur, illico pacem
quandam decennalem ab fereniffimis imperatore & rege in communis patriae falutem adinuentam appellant, in mediumque ad-
du-

---

a) *Deletum.*  b) in  c) debebantur.  d) *Add.* Proh facinus!

ducunt, si saltem in rem suam, esse confidunt. At si sacerdotis referret, inter se communi illa pace gaudere & frui, non videbis, qui pacis illius meminisse velit, adeo in rebus propriis tenacem, in alienis vero breuem & lanquidam memoriam habemus, atque cum in hunc modum imperatoriae sanctiones propriaeque leges memoria exciderunt, cumque summi maximique pontificis mandatum irridetur, cum ecclesiae potestas contemnitur, miseri patiuntur sacerdotes. Ignorant procul dubio, sereniſſimum regem *Maximilianum*, cuidam Romani pontificis auctoritate in ius vocato respondisse: ne papae mandatum pro nihilo ducas, cui & nos non possumus non obedire.

Verum adduci nunquam potero, vt humaniſſimos & pientiſſimos principes nostros in hac terribili sacerdotum persecutione credam adeo tam dissimulasse, si a viris, quorum consilio familiariter vtuntur, mature & fideliter praemoniti fuiſſent ; multa enim flagitia perpetrantur, quae clementiſſimi principes ignorant, & cum forte magnum aliquod facinus nostri duces ac reges olfacere coeperint, e vestigio consules, qui parti laesae non fauent, crimen commiſſum mitigant, alleuiant, calumniatoribus adhaerent, raptoribus aſſistunt, graſſatores purgant, latrones excusant, sacrilegos rei militaris peritia commendant : quo fit, vt diuina humanaque misere subuertantur, adeo vt ad summum principem, maximum regem, terribilem apud reges seculi, qui principum spiritus auferet, qui gentium consilia diſſipat, qui populorum cogitationes reprobat, vnicum & a) maximum efficaxque refugium miseri sacerdotes habeamus.

Itaque te omnium clementiſſime Deus obtestamur, si propter peccata nostra temporaliter potius macerari nos voles in corpore, quam suppliciis deputari aeternis, conuertas saltem hanc ignominiam in poenam tolerabiliorem minusque pudendam. Nam etsi peccatores, tua tamen creatura sumus, tui filii sanguine redempti. Tibi filium, si non omnes, multi tamen omni cum veneratione pie in ara offerimus ac repraesentamus.

---

a) sed.

Tu deinde, o maxime pontifex *Alexander*, Vrbis pater & orbis, summum iuftitiae fundamentum, vnicum cleri refugium, cuius poteftas ineffabilis, cuius gladius ex vtraque parte acutus, fines attingit orbis terrarum, a) non flumina, non montes, non non muri, aut aliae quaeuis munitiones, nec vlla ei b) poffunt arma refiftere. Tu folus es. fpei noftrae anchora, tu bonus efto paftor, qui pro fuis ouibus animam ponat, fub vmbra alarum tuarum Chrifto cupimns militare. Sed heu in noftris corporibus exercetur crudelitas, quae in Saracenos, in Iudaeos, in latrones, in haereticos nunquam fuit attentata: fecure non poffumus ecclefias adire, non poffumus aegros, fubditosque tuto vifitare. Sed neque in ipfis manfionum noftrarum penetralibus tuti aut fecuri effe poffumus. Confule pater filiis, adiuua pontifex, clerum, miferere tibi fubditae deuotaeque Alemanniae, quam felicis recordationis *Nicolaus* huius nominis *IV.*, alam ecclefiae magnam appellabat: deftructo enim facerdotio quid gloriae, quid honefti, quid fpei in vniuerfa noftra natione reliquum effe valebit? hoc in Bohemorum regno cum moerore & luctu liquido videre licet.

. Tu quoque, o *Maximiliane*, gloriofiffime victoriofiffimeque Regum, imitare veftigia maiorum nobiliffimae domus Auftriae, qui femper clementiffimi, iuftiffimique fuere, fequere veftigia parentum tuorum *Friderici* & *Leonorae*, quorum vterque Romanos pontifices coluit, ecclefiam honorauit, clerumque magnopere dilexit. . Memento nullam laudis victimam, nullumqua altaris facrificium (quo nihil Deo gratius) vnquam celebrari, in quo non fingularem pro tua falute memoriam faciant facerdotes. Memento, precamur, dum apud Cymbros & Flammyngos in horrendam & iniuftiffimam captiuitatem incidiffes, *Innocentium VIII.* fummum pontificem fuis cenfuris, omnemque clerum fua interceffione, fuo facrificio, fuis fermouibus, pro tua liberatione fideliter follicitos fuiffe. Ne finas obfecramus coenobia, templa, metropoli-

---

. a) *Add.* cui. b) etiam. .

politanas, cathedrales & collegiatas ecclefias, a tuis praedeceffo-
ribus fundatas, exftructas, magnificeque dotatas fub tuo regno
diripi, labefactari, fpoliari: ne finas Chrifti miniftros a flagitiofiffimis viris diutius per infidias obferuari, capi, ligari, igno-
miniofiffimisque tormentorum generibus affligi.

Vos quoque praeclariffimi Germaniae principes, vosque lau-
datiffimi proceres, per fanguinis veftri nobilitatem efflagitamus,
ne vllo pacto ab honeftatis, facerdotumque defenfiouis officio
flectamini, & fi quid ab affentatoribus veftris, noftris autem
aemulis, honeftum & rectum, imo Deum ipfum minime curantibus aduerfus nos perfuafi eftis, a fententia recedatis, ne vos in
praebenda a) tam flagitiofis carnificibus clementia vna cum eis
fempiternum dedecus, perpetuam notam atque ignominiam re-
portare contingat, qui fe fe in tanta crudelitate, qua paffim in
clerum faeuiunt, vel impia veftra pietate, vel inhumana diffimulatione frui & tutos effe gloriantur: quin potius explofis tam
nefandis tortoribus, & de cetero nunquam ad arces veftras ( de
quarum refugio fefe veftro cum dedecore iactitant ) intromiffis,
gloriam vobis atque pofteritati, totique patriae noftrae confe-
quimini fempiternam, quamuis hos improbos, maledicos, frau-
dulentos, infidiatores atque praedones, non folum leges, fed
& ratio, naturaque omni fupplicio dignos effe decernat. Leges
enim volunt incolumem effe atque tranquillam ciuium atque facerdotum coniunctionem, quam, qui dirimunt, eos morte, exi-
liis, vinculis, damno coercent, atque hoc multo magis exigit
ipfa naturae ratio, quae a lege diuina illuftratur.

Neque folum hi, qui quotidie facerdotibus per iniuriam no-
cent, fed etiam, qui cum prohibere poffint, non cohibent, a legibus claudicare, rationem fpernere, claritudinemque fanguinis
fui perdidiffe iudicandi funt. Nam & imperia, magiftratus, &
rempublicam adminiftrandam capeffentibus, moleftias, offenfio-
nesque cunctorum repellere, ac communem totius humani ge-

neris

---

a) exhibenda.

neris reconciliationem & focietatem colere, tueri, feruare inprimis
decet : ne vnacum illis fpurciffimis nebulouibus atque raptoribus ignominiam & infamiam contraxiffe, propriamque gloriam &
laudis amplitudinem neglexiffe videantur. Ideo Romani quondam principatus & imperatores ex hac vna re maximam laudem capere ftudebant , fi prouincias , fi ciues, fi focios aequitate
& fide defendiffent.

Quodfi vos , neque lex , neque ratio , neque honeftas, neque
veftra gloria ad cleri defenfionem inftigat , veftra faltem veftro-
rumque vtilitas idipfum perfuadeat. Definet enim prorfus videri quidquam in nobiles , in ciues, in populos iniquum , cum
impunita & diffimulata tranfibit in facerdotes tanta crudelitas:
quam admittere vererentur , fi vos fentirent innocentiae defenfores , violentiae hoftes , iuftitiae cultores , & omnis peruerfae
depraedationis inimicos effe futuros. Sin autem diuturniorem
veftram patientiam animaduerterint , fuapte nunquam a tanta ferocitate funt ceffaturi : quam licet in clerum iam inchoarint ,
facile tamen in alios quoque cum tempore fenfim exercere ftude-
bunt. A facerdotibus autem manus fuas continuiffent, fi vlla vena nobilitatis , fi gutta Chriftiani fanguinis, fi fcintilla naturalis
honeftatis aliqua faltem in eis fuperfuiffet.

Itaque per nobilitatem veftram , per iuftitiam , per leges ,
per honeftatem, per gloriam veftram , per pofteritatis laudem ,
per veftram & veftrorum quietem obfecramus, principes atque
magnates clariffimi, vt clerum defendere pro officio veftro ftudeatis. Honeftiffima fiquidem erit haec veftra defenfio ; primum
quod iniuriam accipientibus, non facientibus opem feretis, deinde
quod hominibus contra lupos, innocentibus contra tyrannos , facerdotibus contra blasphemos, Dei miniftris contra latrones: poftremum quod his, a quibus tanquum diuinae gratiae cooperato-
ribus & inftrumentis , veftra falus non mediocriter pendet : a
facerdotibus enim baptizati eftis, confirmati eftis, abfoluti eftis,
euchariftiae facramentum fumitis, rem diuinam quotidie auditis,
a facerdotibus crebro facrificio peccata veftra delentur , profpe-
ritas

Jacobs brun argentinest  Ad pag. 267.
not.
(In fronte Adolescentiae Wimphel. ex Bibl.
acad. Argent.)

— ritas o'tinetur, diuina gratia & optata faepe victoria impetratur,
a facerdotibus tandem, cum vobis moriendum est, expectabitis,
vt peccata vestra audiant, ab eisdem vos absoluant, in viam
falutis dirigant, moneant, exhortentur, Deum pro vobis orent,
& cum nemo vobis succurrere poterit, oleo vos facro perungant:
cumque omnes amici a vobis recesserint, vt oculos vestros claudant, & ecclesiasticae fepulturae corpora vestra tradant, proque
celeriore ab inferis redemptione victimas Deo falutares offerant.
Nec vos moueat, si non omnis forte clerus fancte ( vt par quidem esset ) viuat. Nam neque omnes In gratia confirmati fumus, & quemque fuum praestolatur iudicium, sed vos difcutere &
examinare eos non tentetis, quos neque maximi quidem imperatores ausi fuerunt vnquam diiudicare. Dixi.

*Impie tu latro quem certe lamia tygris,*
*Quem lea truxue draco gennit vel cerberus ipfe,*
*Et nutriit, quisnam rogo tam crudelia te dic*
*Supplicia edocuit vetita omni lege? nec ipfi,*
*Tormentum Syculi par inuenere tyranni.*
*Quod nunquam ausa fuit fub caelo natio, folus,*
*Tu Germane facis, quid enim tibi testiculisque*
*Sacrificium, quos dira nouis tua machina poenis*
*Afficit, hac testes vinctus miser vsque facerdos,*
*Angitur, vt properet quo infferis inclite latro,*
*Turpia tu faciens, nos turpia fcribere cogis.*
*Flereque: tartareis tortor stringende cathenis,*
*Heu tua mens stygia restat crucianda palude. *)*

II.

***)** In editione nostra Basiliensi, vt videtur, fubiuncta habetur
imago satis lepida, & ad rem praesentem, de qua disseruit
*Iac. Wimphelingius,* adcommodata: quam, quum paucis
quibusdam mutatis, vt fignum quoddam, ac veluti hederam
fuspensam, plures prae se ferant libelli a *Wimphelingio* hac
de re editi, veluti *auifamentum* de concubinariis ( n. 55. )
& *quaestiones* de fide concubinarum in facerdotes ( n. 37.
38. ) tabula quadam expressam, aerique incisam exhibere
lubuit.

## II.

Immunitatis & libertatis ecclefiafticae, fta-
tusque facerdotalis defenfio. *)

Credine poteft inter vniuerfos mortales, infeli-
cior effe quisquam facerdote Chriftiano ? cui ad feru-
lam fames, frigus, verbera fuftinenda fuerunt, vbi
ex ephebis autem exceffit, facris initiatus fi pauper
eft, nemo neque Iudaeus quidem illo defpectior eft.
Sin Deus illi neceffaria vnde viuat, contulit : proh !
quantas propinquorum moleftias , quantam aemulorum inuidiam & calumniam, quantam domefticorum
infidelitatem patitur! Quacunque etiam vel dignitate,
vel opulentia fulgeat , naturalem & legitimum fui
fanguinis hacredem habere non poteft, in quo faciem
fuam contempletur, quemue fperet nominis fui memoriam ad pofteritatem effe propagaturum, quamuis
multos inueniat rerum fuarum cupidos, qui quotidiana fuae mortis expectatione recreentur.

Inualuit enim feculo noftro auaritiae peftis, incru-
defcitque morbus ille peftilens vsque adeo, vt nonnulli clementiffimorum principum feductores, eis perfuadere non ceffent, facerdotium plus fatis opibus abundare, vt dum ad immane facrilegium animos innocen-
tiffimorum Regum induxerint, ipfi ex eodem igne ca-
lefa-

---

*) Adfperferat paffim *Iod. Lorichius* , theologus Friburgenfis
aetate fua celeberrimus , & de academia inprimis noftra
egregie meritus, notulas quasdam & obferuatiunculas, quas,
quoniam a viro alias quidem docto, fed , prout illa ferebant
tempora, hisce in quaeftionibus nimium quandoque religiofo
profectae funt, minime negligendas duxi : litem tamen ipfam,
de qua & *Wimphelingius* & *Lorichius* difputant nonnihil ve-
hementius, meam in praefens haud facturus : quippe qui
iam alias animi mei fententiam aperuerim candidiffime, atque declararim luculentiffime.

lefactos fe effe gaudeant & exultent. Tantus error,
temeritas, maleuolentia, cupiditas, inuidia, corruptores illos agitant & impellunt, vt quidquid confilio
fuo ab ecclefiafticis rapi poffe crediderint, perfidiam,
iniuftitiam, diuinamque offenfam non metuant, dummodo malis moribus ac ratione peffima, voti fui com-
potes efficiantur.

Cum enim vfurpandae rei fpes in corde eft (quam
Cerberus aut Thefyphone fuggeffit) illico effundunt
tartareum virus, pientiffimisque principibus licere id
fuadent, vt minuant, aut tributo grauent facerdotum
aes, agros, aedes, lacus, vicos & arces, anfam ad manus facile praeberi, omniaque ex fententia profpere
fucceffura pollicentur. O callidum mendacium, o confules probos, quam docte, quam aftute dolum, fal-
laciamque effingunt? Affentatores etenim ifti & fanguifugae omnia fe fimulant fcire, nec quidquam fciunt,
quod quisque in arca habet, id fciunt, & fitiunt, in aures optimorum principum fufurrant, totius patriae &
omnis reipublicae iacturam floccifaciunt, dummodo
ipfi in tuto pofiti, opibus, magiftratu, libertate be-
entur.

Quisquis hac caufa principum curias confectatur,
ha quoties fubdole blanditur, blande confulit men-
dax, auarus, rumorum & celati indagator, quod in
corde verfat, id ad honorem, gratiam, & vtilitatem
priuatam accommodat, de honefto, de republica, de
pace, de exterminandis raptoribus, de clero non tru-
cidando, cogitat nihil. Nouimus hoc hominum genus. Nouimus hanc reipublicae peftem atque pernitiem. Nouimus, huiuscemodi vir, quibus motibus fit
praeditus, bonum malum, malum bonum effe dicit,
turbat, mifcet fasque nefasque, rapax, auarus & inuitus, facrum, profanum, publicum, priuatum iudi-
cat,

cat, cum, quod fitit, manu tangere non poteft, inuenit fui fimiles, qui fublato diffimulanter poenae metu,
rapiant, diftrahantque, fic alienum imbuit ingenium
fuo modo: facile enim fceleratus fatuos mores &
turpidos comparat.

. Omnia vero haec ex auaritiae fonte manant. a)
O virus lethiferum! *Quid non mortalia pettora cogis
auri facra fames?* Tu Chriftum vendidifti. Tu Chrifti facerdotium nequaquam attingendis genitalibus, in-
extricabiles feras affigere docuifti. Tu cogis argentum
inter abftrufa foeminei pudoris clauftra manibus inda-
gari? Proh fcelus indignum! O inhumana crudelitas!
Vbi pudor? Vbi materni ventris reuerentia in hisce
graffatorihus, quos tu infelix auaritia feducis? Nihil
veri, nihil fancti, nullus Dei motus, nulla fides, nullum iusiurandum, nulla religio, ficut de Hanibale Tit.
Liuius fcribit. Nam fi boni effent, fi apud eos in pretio foret, fides, fama, virtus, decus, honeftas, modeftiffimis principibus fedulo dicerent, boni principis
officium effe Dei facerdotes honorare atque tueri, non
perfuaderent ad diffimulandas tantas ecclefiafticorum
iniurias, ad diffundendum ex inferiori ad fuperiorem
Germaniam, Boemicum virus. .

Latrant vero in Chrifti feruos principum & rerum publicarum fanguifugae hoc pacto. Sacerdotes plus fatis abundant, impure viuunt, fcorta fouent. Quid autem obfecro facerdotes habent, quod
veftrum eft? Quidnam vos ecclefiae donaftis? Plerumque hi magis improperant clero diuitias, qui minus, aut magis profecto nihil eis tribuerunt. Quodfi
aliquid maiores veftri tradidiffent, eftne id gloriofum
ac excelfis animis dignum, rurfus vfurpare velle?
Efto,

---

a) Haec ipfa eft peftis, quae etiam clericos, omnemque ftatum
ecclefiafticum paffim infecit ac peffumdedit. *Lor.*

Esto, clerus nonnullis vestrum ( qui saepe paternas opes, ludo, venere, ingluuie, pompa, & omni vanitate distrahitis ) sit abundantior , an ideo licuit rem ecclesiasticam vel exigere, vel tributis onerare ?

Erratis longe vos inuidi detractores , qui terrenas etiam opes, iurisdictionem & dominia deblatteratis a sacerdotibus esse tollenda , qui ad primam Apostolorum tenuitatem, sine equis, sine thesauris, sine calceamentis, sine possessionibus, cogitatis ecclesiasticos redigere & detorquere. a) Nescitis ecclesiasticos bonorum temporalium esse capaces , illaque eis ex debito non ex eleemosyna pertinere , qui & rationabiliter dotati sunt , ne viliores essent antiquae legis sacerdotibus, qui omnium rerum decimas, oblationes & primitias iure diuino recipiebant. Itaque possunt hodie sacerdotes multo aliter viuere ac conuersari, quam olim Apostoli propter temporum, locorum, aliarumque circumstantiarum variam conditionem.

Male ergo vos liuidi susurrones , principibus & patriae protectoribus persuadetis, licere eis res ecclesiasticas diuino dono excrescentes minuere, obtruncare, talliis opprimere. Aut vos alienam fortunam fastiditis, aut falso putatis, Christi patrimonium & peculium clericorum profectitium a veris dominis eripiendum, propterea quod tum diuina clementia, tum cleri parsimonia, frugalitate, bonoque & ordinato regimine illud crescit. Refriguit vetus ille feruor secularium principum, qui ecclesiam magnifice donauerunt,

a) Vtique iam Christus apud Matth. 19. ait: *centuplum accipiet,& vitam aeternam possidebit*. Profecto non sine singulari diuinae prouidentiae consilio Romauum pontificem bonis & ditionibus pluribus abundare hodie videmus: ne scilicet vel extorris viuere,aut mutuis principum dissensionibus implicitus, alienoue imperio obnoxius vnquam esse debeat. *Lor.*

runt, neceſſe eſt nunc, vt ecclefiaſtici prudenter tem-
* poralia feruent, quibus ad Chriſti feruos educandos,
ad facrificium , ad rem diuinam , ad aedes facras in-
ſtaurandas, ad vaſa pretiofa, ad omnem cultum & ornatum amplificandum ,  & ad ecclefiarum innumeras
neceſſitates quotidie emergentes vti poſſint.

Cum enim ( Ariſtotele teſte ) omnium rerum prima cura eſſe debeat religionis ,  facrificiique diuini ,
deinde reipublicae , poſtremum vero priuatae , fi vos
feculares, quae ecclefiarum funt, quae ad rem diuinam attinent, in vfus veſtros ( in quos conuerti nequaquam debent) abfumpferitis, futurum eſt , a) vt
cum neque vos ipfi, neque respublica bonis ab ecclefia receptis, beatior euaferit, facrofanctam quoque religionem & omnem Chriſtianum cultum poſteritas fentiat tandem vel minui , vel labefactari.    Non minus
autem ecclefiaſticis de republica fpirituali, quam fecularibus de republica mundana prouidendum eſt.

Ceterum in omni regno , in omni republica funt,
qui opibus abundant, funt, qui prouentus , praedia ,
thefauros innumeros habent, funt & pauperrimi, qui
ſtipem hoſtiatim petunt :  ergone mendicis iure per-
miſſum eſt, domos potentiorum irrumpere, arcas, gra-
nariaque perfringere & euacuare ? Abfit, vt tam iniu-
ſta crudelitas ferpat in humanam focietatem.   Deus
optimus maximus ordinem alium in rebus humanis
fapienter inſtituit, quo voluit , ob illuſtriorem huius
mundi ornatum in quouis ſtatu manifeſtas eſſe diffe-
rentias, pulchramque diſtinctionem, vt ordine quodam
diuino ima mediocribus, mediocria fummis , pacifice
fubeſſe, ac per temporalem etiam tum auctoritatem ,
tum abundantiam longe ab eis diſtare videantur. Itaque

---

a) Vere vaticinatur. *Lor.*

que in ecclesiastico statu sunt sacerdotes quidam diui-
tes atque potentes, sunt mediocres, sunt & mendici,
quos ne a vestra quidem exactione siue subsidio putatis esse releuandos.

Abusum denique diuitiarum sacerdotibus impro-
peratis : & vos quoque prouidete, vt quas ab ecclesia recepistis decimas, in illius euidentem defensionem
ac vtilitatem conuertisse videamini.  Non enim ecclesiarum decimas recipere potuistis, vt in proprios
vsus conuerteretis: quodsi sacris initiatus, ecclesiasticis forte bonis abutitur , pretiosissimum- quod habet
pignus, animam scilicet immortalem, iustissimo Deo
interponit : & quoniam impuros mores , flagitiosam-
que vitam sacerdotibus detractores obiicitis ; quisnam
obsecro in hac misera vita tot laqueis plena, in quocunque statu perfectus est ? Si vtique zizaniam inter
triticum vt crescat sinere non potestis: *) ecce sacerdos quisque suum iudicem habet; estote vos ipsi de-
latores, actionem pro religionis & morum zelo insti-
tuite : sentietis haud frustra pro virtute & honesto
( cuius tam seruidi amatores estis ) coram iustis iudicibus ecclesiasticis operam vos impendisse.

Est ergone aliud quiddam, quod vobis in clero
displiceat? Nonne sacerdotes sunt, qui vobis spiritualia seminant ? Magnumne est, si a vobis temporalia
sunt recepturi ? Nonne sacerdotes sunt, qui populi vestri frequenter auribus insonant & inclamant : omnis
anima potestatibus sublimioribus subdita sit : Reddite
omnibus debita, cui tributum, tributum, cui vectigal,

C c                                       ve-

---

*) Vae hominibus ita sentientibus ! quid Deus agere deberet,
si homines ita de hominibus iudicant? Feramus licet, vnus
alterius infirmitates., & non irascamur fratri, si a recta virtutis via declinauit : sed lugeamus, contristemur , & auctorem omnis boni deprecemur. *Lor.*

veſtigal, cui timorem, timorem, cui honorem, honorem. Et iterum: Subiecti eſtote ſiue regi quaſi praecellenti, ſiue ducibus tanquam ab eo miſſis. Serui
ſubditi eſtote in omni timore dominis, non tantum bonis & modeſtis, ſed etiam diſcolis? Quid vsque adeo
vel dignitatem vel perſonas eccleſiaſticas contemnitis?
Nonne & Chriſtus ſacerdos ſuit? Nonne in clero ſunt
principes principumue filii? Nonne apud ſacerdotium
ſuprema dignitas, ſummusque principatus, qui regiam
quoque celſitudinem tranſcendit & excellit, nedum
antiquitate, ſed & vtilitate, & honore? Nonne inter
eccleſiaſticos principes ſunt electores digniſſimi, quam
excelſam poteſtatem maximus ille ſacerdos Gregorius
V. Germanus, Germanis adduxit in memoriam priſca-
rum virtutum ſempiternam? Nonne & ſacerdotes laicorum filii ſunt: quos ſi eccleſia non paſceret, nonne
a parentibus eſſent alendi? *) Nonne ob eam cauſam
optimates prolem quandoque ſuam ſacris faciunt initiari, & ad eccleſiaſticum gremium, vnde viuant, ad-
ſcribi, vt ceteri cohaeredes perpetuo reddantur illu-
ſtriores?

Male igitur de ſacerdotibus ſentire videmini, qui
cum Iuda proditore vnguentum & opes a Magdalena,
id eſt Chriſtianiſſimis ac deuotiſſimis olim principibus
in Chriſtum & eius ſeruos eſſuſas doletis, quique inuidia & auaritia capti, innocentiſſimum Chriſti clerum cogitatis vendere, extinguere, tributis & talliis
opprimere ac onerare. Eſtote contenti ſtipendiis veſtris, Baptiſta dixit: Ne ſperetis glorioſiſſimos principes (quos conſilio veſtro in quamuis partem flectitis)
eccleſiaſtico theſauro beari. Regibus enim & principibus,

*) Nonne etiam ciues ſunt, nonne ſratres & ſodales veſtri?
quid igitur ciues in ciues inſurgitis? quare inuidetis ſratri
vitam, qua vos ipſi per Dei gratiam ſruimini? Lor.

pibus, quibus sua sibi deesse persuadetis, quemadmodum arbitramini, aliena, quae per exactiones accesserint, salutem vnquam aut incrementum allatura: praecipue si ea, quae Dei, quae ecclesiarum, quae Dei ministrorum, quae viduarum sunt & pauperum, contra manifestissimam summi pontificis prohibitionem contrectarint?

*Bonifacius* enim VIII. terribiliter prohibuit, ne ecclesiastici principibus aut rebus publicis tallias, tributa, exactiones, aut aliud quiddam, sub quocunque vel doni, vel subsidii colore, de ecclesiarum prouentibus impendant, aut dare polliceantur, sed neque consentiant. Vtrosque vero & ecclesiasticos dantes, & laicos recipientes grauissima excommunicationis, interdictique poena voluit e vestigio notari. Et quamuis *Clemens* successor non in vrbe (vbi libertas & fons iustitiae) sed apud Gallos, vbi ius in armis fuerat, de hac re sententiam ferret ; suo enim tempore curia Romana in Gallias translata est, ibique ad septuaginta quatuor annos cum magno Christianorum incommodo remansit: nihilominus ipse ad concilium Lateranense inuiolabiliter obseruandum remisit, quod itidem anathematis censura damnauit eos omnes, qui ecclesiasticos talliis, collectis, aut exactionibus grauare nituntur. Et si vrgentissima quaedam necessitas, quam episcopus vna cum clericis prospexerit, cui releuandae laicorum facultates non suppetunt, immineret, ad subsidia tamen per ecclesias absque omni coactione praestanda inprimis necesse est, consulti Romani pontificis consensus & auctoritas praecedat.

Quodsi vobis summorum pontificum parua videtur auctoritas, ne saltem paruifacite vniuersalis ecclesiae decretum, concilia enim ecclesiam repraesentant. Attendite *Lateranense* concilium. Circumspicite, quan-

tas

tas vobis poenas minetur. *Conſtantienſis* quoque ſyno-
dus in bulla, quam *Carolinam* appellant. Si neque ſummos pontifices, neque ſacratiſſima concilia, neque Dei
ecclefiam animaduertitis, feueritatem legum imperialium formidate. Imperatores etenim Chriſtianiſſimi
Deo & ecclefiae ſuae deferentes fanxerunt, vt nulla
communitas, perſona publica vel priuata colleꟅtas,
exaꟅtiones, vel angarias ecclefiis aut eccleſiaſticis per-
ſonis imponant, quodſi fecerint, & ab ecclefia requi-
ſiti emendare contemſerint, triplum refundant, & nihilominus banno fubiaceant imperiali. Si quid enim
parſimonia vel prouiſione eccleſiaſtici congeſſiſſent, id
in pauperum vſum miniſtrari, aut colleꟅtum id religionis lucrum exiſtimari debere volebant. Siquidem eccleſiarum bona vfui publico ſpirituali deputanda, &
quicquid ecclefiae conſecratur, ad ius pertinere facerdotum probe ſciuerunt, nam, etſi laici, cum ſint mun-
dani, fubire debeant onera reipublicae mundanae, bona tamen eccleſiarum, quae Dei funt, obnoxia ſolum
funt reipublicae ſpirituali.

Nec dubitabant imperatores, & ſibiipſis, & reipublicae vehementer profuturum, ſi in templis, quae
ipſi ceterique deuotiſſimi principes Deo immortali
erexere, diuinus cultus maxime perpetuoque obſer-
uaretur, ſique facrificiis & rei diuinae magnificentius
ſplendidiore cum apparatu fuiſſet indultum. Credide-
runt enim pientiſſimi principes, Deum immortalem
magis propitium, beneuolentioremque in eos eſſe, a
quibus magis veneraretur. Si ergo fideles & boni
conſules exiſtimari vultis, perſuadete principibus, vt
imperatorum, praefertim *Friderici II.* & *Caroli IV.*
leges non transgrediantur, minasque & poenas illarum imprudenter fubfannare vos ipſi ne videamini.
ProfeꟅto qui priuilegia facrofanꟅtis ecclefiis praeſti-

terunt,

terunt, ea ipfi voluere firma illibataque obferuari :
quodfi etiam humanas ac imperatorias leges abiicitis,
Deum faltem fpeftate, iuftitiam colite, honeftatem
fouete, ad id, quod iuftum & honeftum eft; principum animos erudite ; tallias autem, exaftiones fiue
fubfidia laicis a clero praeftari, inhoneftum & iniuftum eft, non legitimum, fed legi contrarium eft, neque facile, fed nec poffibile quidem, praeter fummae
poteftatis confenfum.

Quodfi o principes clariffimi , fufurrones veftrae
pietati fatagunt perfuadere, vt neque fummos pontifices, neque reges aut imperatores in pretio habeatis,
fed eorum mandata obftinatiffime recufetis , fpernite
fubdolos confultores, nam fi eorum fuafu, capitibus
veftris non deferetis, a vobis aut liberis nepotibusque veftris, fubieftae tandem plebis obedientiam, iufto Dei iudicio continget auferri. Fugite confules do-
lofos, fugite blandos quosdam apoftatas, quos neque
ordo, neque ftatus, neque profeffio, neque integritas,
permittit fefe hisce fecularibus confiliis , vbi contra
diuinas & humanas leges traftatur, cum ignominia
propria intromifcere. Cumque o vos optimi principes auditis, eos etiam, qui doftrinam aut religionem
prae fe ferunt, in ecclefiafticos fuo confilio faeuire,
eorumque bonis inhiare, cogitate illos liuore & inuidia, vel adulatione, non refto rationis iudicio duci.
Apoftatae enim ex bonis peffimi & fraudulentiffimi quotiens nobis nocere putant, mel fibi lingere videntur.

Cogitate clariffimi principes , neminem vnquam
extitiffe, qui ecclefiafticos perfecutus, finem fuum attigerit cum honore. Ecclefiarum quidam tyrannus
apud inferos vifus eft; hic aquis eft obrutus, ille fitu
& fqualore carceris interiit, alius equo delapfus, fubito extinftus eft : ficque ex omni fere natione, ma-

ximos

ximos poſſem recenſere viros, qui eccleſiaſticis mo-
leſti, miſere tandem perierunt. Horum igitur exempla vos a malis abducant, non pernitioſa nugatorum
& ſanguiſugarum adulatio corrumpat : quales enim
ipſi ſunt, talia conſilia praebent. Si vero ſaperent,
comprimenda dudum fuiſſet eis vox atque oratio, quibus,ſi dignam fraude poenam ferrent, linguam magni-
loquam & ora retundi oportebat, qua ſaepe in Dei
miniſtros conceptum corde venenum effundunt.

Vos autem nolite ſequi conſilia malignorum, ſcientes blaſphemos, & in ipſam quoque Chriſti matrem
iniurios eos eſſe principes, qui vel Dei miniſtros iniuriis afficiunt, vel loca Deo & ſanctis dedicata violant, vel per quos bona temporalia ad ſuſtentandos
miniſtros, Deo & ſanctis conſecrata diripiuntur, aut
quouis modo minuuntur, ſicut Guilhelmus Pariſienſis
auctor eſt : ſcientes etiam huiuscemodi rerum eccle-
ſiaſticarum direptores, Deo immortali exoſos eſſe, vt
eſt manifeſtiſſima apud Machabaeos hiſtoria contra Simonem praepoſitum proditoremque templi, & Heliodorum, qui mandatum a rege acceperat, vt omnem
templi Hieroſolymitani ſubſtantiam ad ſe transportaret,
ſed omnipotentis Dei ſpiritu, apparuit illis quidam
equus, terribilem habens ſeſſorem, qui cum impetu
Heliodoro priores calces eliſit, apparueruntque duo
iuuenes, qui eum ex vtraque parte flagellabant, ſine
intermiſſione multis plagis verberantes. At quamuis
hodie Deus aemulos & perſecutores ſuorum ſacerdotum, non tam ſubita poena palam conterreat, tamen
proh dolor! vindictae tarditatem, interminabilium poenarum grauitate compenſabit. Scitote o principes, Da-
gobertum Francorum regem in collegiorum,coenobio-
rumque fundationibus confiteri, ſeſe eccleſiarum quandoque Dei fuiſſe deſtructorem & diſſipatorem, ſed a
Deo

Deo per vifionem poenis atrocibus addictum,intercef-
fione diui Dionyfii patroni fui, poenae dilationem, &
poenitentiae tempus obtinuiffe, quique idipfum cunctis
fidem Chriftianam profitentibus,notum fieri dignum duxit, ad exemplum correctionis, vt quisque fidelis au-
dito fuo periculo, ab ecclefiarum Dei vaftatione fe
contineret.

Nec vos ad ecclefiafticae libertatis defenfionem,
Chriftiana folum exempla,fed etiam antiquiffima &gen-
tilia prouocare poffunt. In Aegypto *) enim, venden-
tibus fingulis Pharaoni poffeffiones fuas tempore famis,
cumque quinta pars frugum regi praeftaretur, terra tamen facerdotalis ab hac conditione libera fuit & immunis, quae tamen prius a rege tradita eis fuerat. Sacerdotibus etiam ftatuta cibaria ex horreis publicis prae-
bebantur, neque compulfi funt vendere poffeffiones
fuas, neque in maxima rerum penuria & acerrima fame quantumuis paruum tributum,aut tallia,vel exactio
praediis facerdotalibus fuit iniuncta. **) Nolite vos
Chriftiani principes, minus effe pii & religiofi primatibus gentilibus, regibusque paganis. Spernite Iuliani
apoftatae facrilegam cupiditatem, fugite a Bohemico
ritu venenato : verum vt Chriftianos & fideles, pios-
que principes decet, quantumcunque in clerum latrent
fanguifugae, non folum vos ipfi non offendatis, fed
nec alios finite iacturam afferre vel corporibus, vel
rebus facerdotum & ecclefiarum ; fic facietis officium
veftrum & Dei gratiam impetrabitis, & vobis, ac liberis, nepotibusque veftris fortunam, gloriam, famam,
nominisque memoriam parietis fempiternam.

C c 4   ADDEN-

---

*) At ab Aegyptiis omnes fere alii populi fua hauferunt. *Lor.*

**) Quid iam de aliis populis, Graecis, Romanis,imo & Tur-
cis, eorumque omnium in facerdotes & facra veneratione,
ftudio, & liberalitate dici hoc loco poffet ? *Lor.*

# ADDENDA
## ET
# EMENDANDA.

**P**ag. 161. *Iac. Wencker* in collect. Arch. & Cancell. ad *Bern. Mallinckrodt* de Archicancell. & Cancell. &c. p. 428. aduertit, Iacobi noſtri patrem forſitan fuiſſe illum *Iacobum Wimphelingum de Brumat*, ſiue *Brumpt*, qui anno 1443. die Iouis poſt Erhardi ob ductam vxorem Argent. matriculae ciuium inſcriptus fuerit. Quod tamen recte corrigit V. C. *Oberlinius* in aduerſariis ſuis MS. dum ſcribit: " Nomen „ patris declaratur in monumento alio, quod in eodem „ apud Seleſtadinos templo : *Magdalenae Wimphelingiae* „ *Nicolai F. nuptae primum Iacobo Spiegel, dein Io. Maio* „ poſitum legitur. „

—— 178. not. *) lin. 3. Sane eſt mihi ad manus editio anno 1505. foll. 4. cuius epigraphe : *Secta monopolii, ſeu congregationis bonorum ſociorum.*

—— 196. ante n. 20. add. *Index alphabeticus* ſiue repertorium D. *Iohan. Bekenhaub* (*Beckenhaub*) Moguntini in ſcripta Diui Bonauenturae ſuper quatuor libris ſententiar. fol. Sequuntur I. varii *articuli erronei* omnium pene facultatum in Anglia & Pariſius ſtudioſe & autoritatiue condemnati cum *reuocationibus* eorundem; 2. Seraphici profundiſſimique Doctoris ordinis fratrum minorum Diui *Bonauenturae* Cardinalis & ſanctorum catalogo adſcripti opus non minus ſubtiliſſimum, quam ſpeculatiuum ſuper primo ſententiarum. 3. Praefatio *Io. Bekenhaub* Moguntini ad euangelicae theologiae ſummum doctorem dominum *Nicolaum Tinctorem* de Guntzenhauſen imperialis eccleſiae Bambergenſis praedicatorem. 4. *Nicolai Tinctoris* de Guntzenhauſen doctoris theologiae praedicatoris imperialis eccleſiae Bamb. allocutio, ad M. *Ioannem Bekenhaub* Mogunt. dat. ex Bamberga

berga 1491. m. Martii die fecundo. 5. *Iacobi Wympfling*
Sletftatenfis theol. doctoris ad quoslibet theologiae ftudiofos
&c. Ex *Nuremberga* nobiliffima Germaniae ciuitate An.
1499. 6. *Bonauenturae prologus* in I. librum fententiarum. Sub finem libri I. legitur : " Diligenti atque per-
,, uigili cura reuerendiffimi magiftri noftri facrae theolo-
,, giae doctoris Parifienf. fratris *Stephani Bruliferi* ( vel
,, *Bruleferi* ) dudum eadem fcripta Maguntiae partim, par-
,, timque Methis dilucidantis , & per honorabilem virum
,, dominum *Antonium Coberger* Nurenbergen. ciuem no-
,, uiffime impreffum. ,, Vid. ( *Ge. Iac. Schwindelii* ) Thef.
Bibl. T. II. n. 27. p. 38.

Pag. 196. ad n. 20. *add.* Alia etiam eft editio : " Hymnl
,, de tempore & de fanctis : in eam formam, qua a fuis au-
,, ctoribus fcripti funt, denuo redacti & fecundum legem car-
,, minis diligenter emendati atque interpretati.

   ,, *In fine :* Et fic terminantur hymni vniuerfales per an-
,, ni circulum : fecundum ritum ecclefiae Rom. cum inter-
,, pretatione notabili : adiunctis vocabulorum quorundam
,, expofitionibus. Impreffi per Iohan. Knoblouch : infignem
,, Argentinorum imprefforem vltima die Martii 1513. 4to. ,,
( *In Bibl. Conf. Lycei.* ) Ab *Herm. von der Hardt* Autogr.
Luth. & coaeu. T. II. p. 60. laudatur editio Argent. 1519.
Sed, vt videtur, perperam omnino.

—— 198. ante n. 21. add. *Marfil. ab Inghen* memoria, oratione atque epigrammat. quamplurimis celebrata Heidelbergae
1499. 4to. In fine legitur *Iacobi Wimphelingii* epigramma :

   *Felix* Anficare ( Gensfleifch ) *per te Germania foelix*
     *Omnibus in terris praemia laudis habet.*
   *Vrbe Moguntina diuino fulte* Ioaunes
     *Ingenio , primis imprimis aere notas.*
   *Multum relligio , multum tibi Graeca Sophia*
     *Et multum debet lingua Latina tibi.*

Vid. *Dan. Gerdes.* florileg. hift. crit. libr. rar. p. 141.

**Ibid.** ante n. 21. *add.* De menfuris fyllabarum epithoma ficuti fuccinctiffimum, ita & fructuofiffimum. *In fine :* Impreffum per Iohannem Schottum, ciuem Argent. nono Kalend. Ian. Anno falutis humanae 1500. 4to. ( *In Bibl. Riegger.*) *Iacobus Wimpfelingius* Sletftatinus Io. Zuigio Nemetenfi & Philippo Fürftenbergenfi amicis cariffimis falutem dicit plurimam: *Vidit & legit humanitas veftra lucubratiunculam* Petri Schottl Argentin. *de menfuris fyllabarum exactiffime comportatam : obfecro ut vel pauciffimis verfibus veftris opufculum ipfum exornare ad legendum adolefcentiores inxitare dignemini : lectu enim mihi dignum videtur. Valete ex cafula noftra philofophica Heidelbergae V. Kalend. Deeembr. an. 1500.*

—— 215. not. *a)* lin. 4. poft verba : *T. I. p. 400.* add. & *Goldaft.* polit. imp. P. XX. p. 824.

—— 229. ad n. 33. lin. 6. poft verba: ( *In Bibl. PP. Auguftin. Frib.* ) *Add.* Et in *Bibl. Riegger.*

**Ibid.** lin. 9. poft verbum : *praefationem : add.* Argent. 1501. quinto id. fextil. fcriptam.

**Pag.** 230. ad n. 33. lin. 9. poft verbum; *fcripta: add.* Wimpheling. de integrit. c. 11. *Videto conclufionem meam in Rabanum de laudibus fanctae crucis.*

—— 231. ad n. 34. lin. 3. poft verbum : *Riegger. Add.* Extat etiam exemplum *in Bibl. acad. Frib.* quod olim poffederat *Io. Pludanus eo tempore officialis Bafil. 1512.* quae verba in fronte libri leguntur.

Porro *add.* eiusdem *Wimphelingii* teftimonium in diatrib. de puer. inftitut. c. 21. *nec inutilia fibi crediderint ftatuta fynodalia, quae follicitante Chriftophoro Vtenhemio Bafil. antiftite magno cum labore pie congeffi.*

—— 243. verba : *in egregio hoc libello* &c. *Add.* Infignis hanc in rem eft epiftola *Io. Trithemii* ad *Iac. Wimphelingium* exarata : ( in edit. Hag. 1536. 4. p. 289. & alibi. )

Ioan. Trith. *Abbas monafterii Diui Iacobi Herbipolenfis,*

Iac.

## ADDENDA ET EMENDANDA.

Iac. Wimphelingo *Seleſtadienſi amico vnico atque cariſſimo ſalutem.*

*Literas ex Argentina, quas duodecima die menſis Iulii emiſiſti ad me, eiusdem die viceſima ſecunda recepi. Eas vero, quas te antehac dediſſe ſcribis, necdum in notitiam mihi peruenerunt. Detulit mihi deſtinatum a te libellum,* ſanꞔto abbati Bernardo *inſcriptum ſuper ſeptem poenitentiales pſalmos,* dominus Gaſpar epiſcopus Bethleemitanus, *reuerendiſſimi Praeſulis noſtri generalis in pontificalibus vicarius. Is autem, qui mihi literas tuas exhibuit memoratas, ſimul tuo nomine tradidit libellos duos, Argentinae nuper impreſſos, alterum* Wilhelmi epiſcopi Pariſienſis *de collatione &* pluralitate beneficiorum : *Alterum* Alberti Magni Ratisponenſis epiſcopi de ſeruore charitatis, *quos me animo ſuſcepiſſe gratiſſimo non dubitaueris. Tribulationibus, quas pateris, ex corde fideliſſimo compatior, & ſiquid me poſſe pro tua pace exiſtimas, fac ſciam, moxque paratum ad omnia inuenies. Confide in Domino Ieſu, & ambula firmiter in via veritatis, & ipſa veritas te liberabit. Vnum hoc ſolum te moneo, promptulus ne ſines in antea negociis & rebus te occupare clauſtralium : quia quod extra te ac conditionem ſtatus tui, nihil ad te. Quid enim ad te, Auguſtinus cucullatus fuerit, an togatus ? Scripſiſti in libello illo tuo de integritate, Bedam non fuiſſe monachum & pleroſque alios, quos ego inter monachos computauerim in libro de ſcriptoribus eccleſiaſticis, quod niſi mihi deſerres, amico te facile probaturum polliceris. Congrediamur inter nos, ſi placet, quos ego monachos ſcripſi & Bedam maxime, tu monachos non extitiſſe minime docebis. Videris mihi non ſatis transaꞔti temporis perluſtraſſe hiſtorias, qui Bedam fuiſſe monachum ignoras. Sed ego tibi parcendum duxi, quem fratrum eremitarum S. Auguſtini vexationibus plus quam ſatis tribulatum intelligo. Scire vis a me, an tibi locus eſſe poſſit cum ſucceſſore meo*

in

*in Spanheim, & quis ipse sit, quoniam penitus fugere consortia hominum velis mundanorum. Mihi quidem in abbatia Spanheimensi Prior, quem nouisti, successit, pars non modica, licet occulta persecutionis meae. Vereor autem te apud illum manendi locum non esse habiturum, propterea quod princeps Cynonotorum viris parum inclinatur literarum studiosis, quod experieris, si illo pergas. Mecum autem viuere cupientem te non penitus aspernor, sed hoc suadeo primum, vt exploraturus gentem, & locum ipse venias, & si res tibi fuerit animo, qua conditione consequaris effectum, consilio tractabimus. Ego enim quicquid possum, amore tui libentissime facturus sum. Est mihi coenobiolum pauper & exiguum, sed quietum & philosophami satis accommodum, sola me penuria molestat librorum, quibus, vt nosti, in Spanheim eram ditissimus. Vale mi Iacobe, eumque me esse tibi persuade, qui te deserturus sum nunquam. Ex monasterio meo iuxta Herbipolim vicesima septima die mensis Iuiii. Anno Christi 1507.* Huc accedit Paul. *Langius* in Chron. Cittic. apud *Io. Pistor.* script. rer. Germ. T. I. p. 1267. ex edit. *Strunii :* " Iacobus *Wim-*
„ *phelingus,* sacerdos & theologus vita & doctrina alioqui
„ conspicuus, sed scribendo plurimum acerbus & spino-
„ sus passim ceterorum & vitam & scripta cynice taxan-
„ do. Qui cum in libello suo de *integritate* mores religio-
„ sorum, & ingenia etiam antiquorum patrum taxasset, li-
„ brumque de scriptoribus ecclesiasticis *Ioannis Trithemii*
„ abbatis & quondam praeceptoris mei, temere & insipi-
„ enter reprehendisset, nostroque ordini tres praestantissi-
„ mos ecclesiae doctores, Gregorium videlicet magnum,
„ Alquinum Coroli M. magistrum, ac venerabilem Bedam
„ subtraxisset, eos cucullatos siue religiosos extitisse, scri-
„ ptis negando, sicque aliis ordinibus fecisset quibusdam,
„ iussu ac instinctu memorati abbatis Trithemii, viri vn-
„ decunque doctissimi, sub cuius tunc certo tempore mi-
„ li-

„ litabam obedientia , in archiſterio diui Iacobi prope Her-
„ bipolim , ſcripſi contra eum , imo eius deliramenta,opus
„ bipartitum in laudem & defenſionem clauſtralium omni-
„ um.  Edidit inſuper idem *Iacobus* & plura alia opuſcu-
„ la parua , quae impreſſa venduntur palam. „

**Pag.** 267. not. *) lin. 5. *add.* " Nec tamen inficias imus , in
„ vrbe (Romae ) reperiri , qui bonorum virorum cauſas
„ acerrime tutentur — — inter quos fide & dexteritate
„ cumprimis extiterint Michael Sanderi iurecouſ. & poli-
„ tioris literaturae amator maximus. — Huic proxime ac-
„ cedit *Iacobus Brunius* conterraneus noſter & philoſo-
„ phus non poenitendus. „ vt ait *Thom. Wolphius iun.* in
„ pſalm. 33. *benedicam* &c.

—— 286. lin. 4. loco *illud* lege illam.

—— 301. ad n. 55. Alia porro mihi ad manus eſt huius libelli editio , a caeteris haud diuerſa , quae Col. vt videri
poſſet , excuſa prodiit.  Nam finis ita habet : *Vale ex Co-
lonia Anno Domini MDVII.*

—— 313. ad num. 58. *add.*  Ex qua editione , dum mihi eadem iam praeſto eſt , integram iuuat recenſere epiſtolam
nuncupatoriam :

" Magnanimo *Friderico Camerario de Dalburgo,* Equiti
„ aurato reuerendiſſimi pientiſſimique patris *Ioannis* Van-
„ gionum aut Vormacienſium antiſtitis, germano clariſſi-
„ mo *Iacobus Vympfelingius* , Sletſtatinus S. P. D.

„ Reuerendiſſimus optimusque pater *Marcus* , eccleſiae
„ quondam Rom. Cardinalis & Aquileienſis Patriarcha :
„ dum Spirenſes olim bibliothecas ſolatii cauſa luſtraret ,
„ incidit in quoddam *Lupoldi Bebenburgenſis* opuſculum
„ ſuae mox paternitati adeo placitum, adeo iucundum : vt
„ libellum ipſum conſciſum & in in plures librarios diſtri-
„ butum, vna noſte exſcribi ſibi curaret ( poſtridie enim
„ abire ſtatuerat) Id cum ego nuper ex fratricello quodam
„ audiuiſſem , cogitaui non nihil eſſe , quod tantus eccle-
„ ſiae

„ fiae princeps tantopere fuae pietati communicari feftina-
„ uiffet. Cum librum intueor: en video de *zelo fidei ac*
„ *feruore veterum principum Germanorum*, plurima lectu
„ digna commemorari , nec paffus fum diutius libellum
„ latere: fed exemplar ab eo tranfcriptum, qui primus le-
„ geret : vix te diguiorem fore quemquam iudicaui ; quia
„ nobilis, & virtuti deditus, quia in me benignus femper
„ & humanus, quia litteras optimas diligis , ad quarum
„ feruidam lectionem te frater,pientiffimus antiftes iam du-
„ dum accendit: quia relligionem & ecclefiam obferuas :
„ quia in tuo ipfius dominio ecclefiafticos habes, quibus be-
„ nefacias: quia principum maximorum confilio faepe foles
„ intereffe : & eis perfuadere potes, vt quoad religionem
„ Deique miniftros, veterum principum Germanorum prae-
„ clara veftigia fequantur. Perfuadebis itaque,vt non folum
„ fint deuoti in Deum, & pii in clerum, fed etiam vt foe-
„ dus cum vicinis principibus percutiant & pacem feruent.
„ In exterorum autem & alterius gentis amicitia ne plus
„ aequo confidant, vt liberos fuos doctrinis & linguae La-
„ tinae tradant: vt fcholafticorum gymnafia diligant , fo-
„ ueant, amplificent, vt coenobitarum reformationem coe-
„ ptam defendant: vt imperatorem recognofcant: nec fum-
„ mi pontificis mandata obftinatiffime recufent , nec facile
„ credant: neminem, vt cuicunque nubat, cogant: fidem
„ publicam illaefam feruent: defenfionem, qua Dei miniftri
„ & alii quicunque nituntur, non facile refignent , aut a fe
„ reiiciant, teftamenta & vltimas quorumlibet voluntates
„ nequaquam violent: nec vlli principum fine iuftis & ne-
„ ceffariis caufis bellum inferant: nec in terris fuis rapto-
„ res fecure vagari poffe permittant. Nam praedones in
„ terra principis contra quemcunque vagari poffe : neque
„ ratio, neque fubditorum quies, neque gloriae propriae
„ maieftas, fed neque Chriftiana religio pateretur. Laus
„ haec vna eft, & maxima principis claritas ; fi raptores
„ & piratas ita coerceat, vt omnes aduenae tuto fe terras
„ eius peragrare poffe glorientur. Perfuadebis denique, ne
„ circa Deum ac religionem negligentiores exiftant : ne
„ Dei miniftros fpolient aut fpoliari finant : ne quod ec-
„ clefiafticis viris a veteribus illis principibus pie dona-
„ tum eft, ipfi non folum non augeant , fed nec temere
„ contra Deum, iuftitiam , aequitatem , gloriam propriam
„ diripiant quidem. Nam & fanctiffimus ille *Guilhelmus*
„ *Parifienfis* antiftes, blafphemos & iniurios in ipfam quo-
„ que Chrifti matrem eos principes effe putat : qui vel
„ Dei miniftros iniuriis afficiunt, vel loca Deo & Sanctis
„ dedi-

„ dedicata violant : vel per quos bona temporalia ad fuften-
„ tandos miniftros Deo & Sanctis confecrata diripiuntur,
„ aut quouis modo minuuntur. Huiuscemodi quoque ty-
„ rannos fuperis exofos efle , manifefta eft apud veteres
„ Machabaeos hiftoria, contra Simonem praepofitum pro-
„ ditoremique templi , & Heliodorum : qui mandatum a
„ rege acceperat : vt omnem templi Hierofolymitani fub-
„ ftantiam ad fe transportaret : fed omnipotentis Dei fpi-
„ ritu apparuit illis quidam equus, terribilem habens fef-
„ forem : qui cum impetu Heliodoro priores calces elifit :
„ apparuerunt duo iuuenes, qui eum ex vtraque parte fla-
„ gellabant, fine intermiflione multis plagis verberantes.
„ At quamuis hodie Deus aemulos & perfecutores fuorum
„ facerdotum non tam manifefta poena fubito conterreat :
„ tamen ( proh dolor ) vindictae tarditatem interminabilium
„ poenarum grauitate compenfabit : *) quas non folum eua-
„ furi ellent duces , atque reges, fed & virtutis & honefta-
„ tis fama cunctos pellicerent ad amicitiam fuam : atque
„ memoriam nominis fui , feliciumque liberorum & ne-
„ potum parerent immortalem, fi veterum principum Ger-
„ manorum fanctam pietatem amplecterentur.   Tu quoque
„ Friderice mi , fi principum horum vitam imitabere : fa-
„ tisfacias fpei meae , quam de tua nobili & praeclara in-
„ dole iam dudum concepi : non enim folum parentes tui
„ nobiles extitere : nec tu tam natus, quam factus es nobi-
„ lis.   Nam licet parentes imitere ( cum venia loquor )
„ non ipfi quidem fed propria te virtus tua nobilitauit.
„ Corpus enim & patrimonium a parentibus accipimus :
„ virtutem autem , quae fola nobilem facit, parentes trans-
„ ferre non poffunt : ergo nec nobilitatem.   Saepe pater
„ in filio claritatem vidit : quam in fe ipfo non habuit, &
„ e diuerfo fplendorem fuum in filiis obfcuratum fuiffe ple-
„ rique parentes doluerunt.   Quantum Friderice putas :
„ Iulium Caefarem patre fuo fuiffe clariorem ?  quantum
„ vero credis Africano filium fuum obfcuriorem fuiffe ?
„ filium quidem pater amare poteft . illuftrare non poteft.
„ Solus ergo animus Deo gratus, virtute praeditus : fanctis
„ moribus inftitutus generofus eft , nobilis eft , ingenuus
„ eft , infignis , & illuftris eft : ficut enim vere liber eft ,
„ quem veritas ipfa liberauit : ita & vere nobilis eft,quem
„ virtus propria nobilem facit.   Multi autem ftolidi men-
„ te & degeneres, non alta, fed terrena fapientes, nobilis
„ animi gloriam & honorem a conceptu fingunt , ab vte-
„ ro

*) Conf. Wimphel. orat. pro immunit. & libert. eccl. defenf.
in adiunct. p. 408.

ADDENDA ET EMENDANDA.

„ ro partuque matris vfurpant. O foedam gloriam , &
„ fpurca foeditate contractam! quis enim odor ftemmatis,
„ nifi horror fpermatis? quae generis gloria, nifi genita-
„ lium ignominia? Abfit quidem talis gloria generofo ani-
„ mo & vere nobili : cui vnum bonum, virtus eft : vnum
„ malum peccati turpitudo: cuius gloria in puritate cordis,
„ in ferenitate mentis, in teftimonio confcientiae , in vir-
„ tutis cultu, & bonarum ftudio literarum confiftit.  Lo-
„ quor tibi Friderice confidenter, fperans, a te veritatem
„ magis, quam adulatoris blanditias amatum iri.  Memor
„ enim es, Senecam dixiffe: hominem blande loquentem
„ agnofce tuum laqueum effe: habet enim fuum venenum
„ blanda locutio.  Vale mi Friderice , Germanicae nobi-
„ litatis decus, & antiquae religionis imitator.  Ex Spiris
„ pridie Kal. April. Anno Chrifti millefimo, quadringen-
„ tefimo nonagefimo feptimo. „

Pag. 323. ad n. 66. add.  " Angelus Eremita Vallis vmbro-
„ fae anno 1509. mortuus, ab Eudofio Locatello lib. 2.
„ hiftoriae Vallumbrofanae cap. 5. cum titulo beati Do-
„ mini laudatur, non indicato die mortis : qui ad hunc
„ diem cum titulo fancti refertur a Wione, eumque fecu-
„ tis Derganio, Menardo, Bucelino.  Non eft in catalogo
„ Beatorum nobis a Vallumbrofanis dato. „  Vid. Acta
SS. ad diem 23. T. V. p. 235.

——— 345. lin. vlt. Dum de caftigationibus locorum in canticis
ecclefiafticis a Wimphelingio editis fermo fit , fequentem
etiam libellum ( qui in Bibl. Conftant. Lycaei exftat ) ob
argumenti fimilitudinem , & materiae nexum laudare atque
excitare lubet : " Sequentiarum luculenta interpretatio : ne-
„ dum fcholafticis, fed & ecclefiafticis cognitu neceffaria
„ per Iohann. Adelphum, phyficum Argentinenf. collecta
„ an. 1513. fine loc. 4to. „
         Tetraftychon Iacobi Merfletter :
„ Aonio refonans pangat quo carmine coetus
    „ Chrifto: dum facro fiftitur aede litans.
„ Hoc tibi diuinum tandem deprompferit opus,
    „ Quo nihil vtilius candide lector habes. „
    Sed idem carmen legitur Wimphelingii eruditiunc. de
hymnor. & fequent. auct. &c. ( fupra n. 20. p. 196. ) prae-
miffum.. Io. Adelphus infcripfit libellum Io. Eneo ( alias
Enheim ) presbytero Treuerenfi. In Herm. von der Hardt
autogr. Luth. & coaeu. T. II. p. 60. profertur editio an.
1519. facta.

FRIBVRGI BRISGOVIAE,
Typis IOANNIS ANDREAE SATRONII.

# AMOENITATES
## LITERARIAE
## FRIBVRGENSES.

FASCICVLVS III.

*VLMAE,*

APVD AVG. LEBRECHT. STETTINIVM,
Bibliopolam.

1 7 7 6.

# MATERIA

## FASCICVLI III.

### DE

# IAC. WIMPHELINGII

theologi vita & fcriptis

*Pars pofterior.*

Accedunt Tabulae aliquot
aeri incifae.

## DE
# IAC. WIMPHELINGO,
## ILLIVSQVE SCRIPTIS
### VLTERIOR PERTRACTATIO.

Magna cum voluptate commemoramus lectoribus noftris reliquos, qui adhuc fuperfunt, IAC. WIMPHELINGII libellos : quos ob rerum grauitatem, praeftantiam, ac varietatem vti apprime vtiles, ita longe iucundiffimos effe, facile inter omnes conuenit.

Quamobrem incoeptum laborem inftitutumque noftrum nauiter, quantum licet, perfequuturi, rem ipfam aggrediamur, atque totam opufculorum a WIMPHELINGIO editorum continuationem feriemque ad exitum perducamus.

77. In hoc libello, amice lector, iam primum in lucem edita continentur:

ISOCRATIS de regno gubernando ad NICOCLEM liber, a MARTINO PHILETICO interprete, Diuo Friderico III. dicatus.

QVINTII HAEMILIANI CIMBRIACI Poetae & Comitis Palatini Epicedion tetracolon in Diuum Fri-

D d 3                    deri-

dericum III. Imp. ad Maximilianum Rom. Regem,cum epiftola praeliminari IACOBI SPIEGEL mire erudita.

ALOYSII MARLIANI Mediolan. ad IAC. DE BAN-NISSIS Caef. fecretarium epiftola elegantiffima, qua calamitofa Philippi Hifpaniarum regis in Hifpaniam nauigatio graphice defcribitur.

IOACHIMI VADIANI ·Heluetii carmen maximo-rum Caefarum Friderici III. patris & filii Maximilia-ni laudes continens an. MDXIIII. in fecundaria Fri-derici fepultura & parentatione emiffum ad Maximil. Caef. Aug.

IAC. WIMPHELINGII Seleftenfis ad IAC. SPIE-GEL ex forore nepotem expurgatio contra detractores.

*In fine :* Leonhardus & frater eius Lucas Alant-fee ciues & bibliopolae Viennenfes, `Caefarisque & rerum Caefarearum ftudiofiffimi, hos Auguftales li-bellos prodire voluerunt in lucem, expenfis fuis, im-primentibus eos & typis effigiantibus Hieronymo Vie-tore & Ioanne Singrenio calcographis fociis , fum-ma vigilantia , ob optimorum principum iuuandam pro virili aeternitatem. Viennae Auftriae Idibus Fe-bruarii , Anno MDXIIII. Imp. Maximiliano P. F. Au-guft. in 4to. ( *In Bibl. Riegger.* )

Libellum hunc viris eruditis laudatum paffim , & a *Nice-ronio* ( loc. laud. pag. 18. ) *Xyfto Schierio* Auguftin. ( in com-ment. de primis Vindob. typogr. pag. 28. ) aliisque nominatim excitatum, quaefiui multum diuque , omnibus bibliothecarum no-ftrarum latebris fruftra excuffis: donec tandem cafu,& fortuna ita ferente in manus inciderit meas, pluribus cum aliis id genus li-bellis colligatus, iuftumque in ordinem compactus. *)

*Wim-*

---

*) Volumen iftud libellorum id genus non paucorum erat olim *Ge. Giengeri*, ICti clariffimi, & viri de republica vniuerfa egregie meriti. a) Iufcriptio enim, & carmen manu *Gien-geri*

Ad pag. 413.

Codicis o lector dñm cognoscere si vis
   Illig: hec moneo vatica ñia legas
Gemma tibi geminū, quod cernis, nanq; Georgi
   Giongar, demonstrat nomen vtriunq; tibi
Grecaria sed interius natale solum dant Vlmam
   Sueuiam qua gaudet principe terra libens.
Diligit is studium, iuuat et libet iste legentem
   Et faciet huiꝰ vidras, sed veter inde rapi;
      Vtctite nihil seruiig :~

*Wimphelingii* noftri expurgatio contra detractores ad illius vitam resque geftas intelligendas apprime vtilis, lectuque iucundiffi-
D d 4                                   ma

---

*geri* noftri fcriptum ( vt in *tabula* adiecta adparebit ) fatis
fuperque id teftantur. Sunt autem haec, quae in libro ifto
collecta funt, opufcula : 1. *Valerii Maximi* dictorum & factorum memorabilium libri nouem. Ad exemplar Aldi.
Argent. 1514. ex aedibus Schurerianis Regnan. Caef. Maximiliano P. F. Aug. 2. *L. Flori* bellorum Romanorum
libri quatuor ex vetuftiffimo exemplari nouiffime ac diligenter excerpti Viennae Auftriae per Hier. Vietorem, & Ioannem Singrenium , fumptibus Leonardi & Lucae Alantfee
fratrum , ciuium Viennenf. Ioanne Heckmann artium doct.
ac facrae theologiae licent. gymnafii Viennenf. rectore ac
moderatore digniffimo anno 1511. 10. Cal. Aug. — Annotationum in L. Florum *Ioannis Camertis* , ord. Minor.
facr. lit. doct. eximii libellus : ibid. 1511. Id. Septembr.
3. *L. Feneftella* de Rom. magiftratibus nitori tandem natiuo reftitutus, mille fluentibus vlceribus curatis, induftria doctiffimi *Ioannis Camertis* , theol. prof. cum locorum omnium ob commune optim. liter. incrementum annotationibus.'
Acceffit : *Albrici* philofophi & poetae doctiffimi libellus de
Deorum imaginibus. Viennae Pannoniae in aedibus Hier.
Vietoris, Francifco Sfortia gymnafii moderatore. an. 1510.
4. Non. Decembr. 4. *C. Plinii fecundi* Nouocomenfis de
viris illuftribus in re militari, & adminiftranda republ. *Sue-
tonii Tranquilli* de claris grammaticis & rhetoribus. *Iulii
Obfequentis* prodigiorum liber. Argent. ex aedibus Matth.
Schurerii menfe Martio 1514. ductu Leonhardi & Lucae
Alantfee fratrum. Regnan. Imp. Caef. Maximiliano P. F.
Aug. P. P. Editor erat *Beatus Rhenanus.* 5. In hoc libello &c. cuius fcilicet titulum paullo ante dedimus integrum. 6. *Pindari* , viri doctiffimi , bellum Troianum ex
Homeri longo opere decerptum,& caftigatiffime impreffum.
Viennae Auftriae per Hier. Vietorem & Ioannem Singrenium 1513. 6. Non. Iul. ( Infignia typographica vide fis
in *tabula* adiecta ) 7. Iefus , Maria. *Dictys Cretenfis* de
hiftoria belli Troiani , & *Darfes Prifcus* de eadem Troia-
na. Venet. per Chrift. Mandellum de Penfis 1499. Mart.

a) De familia & meritis ampliff. viri *D. Ge. Giengerii* plura habet *Ge. Ederus* in Cat. rect. archigymn. Vien. p. 65. auct. a
*Paul. de Sorbait* ( Vien. Auftr. 1670. 4. ) " An. 1516. re-
„ ctore M. *Ioach. Vadiano* Heluet. Poeta laureato, & profef-
„ fore

„ fore in re poetica : Magno totius reip. commodo in artibus
„ liberalibus primam lauream hic confequitur vir nobiliffi-
„ mus & celeberrimus ICtus *Georg. Gienger* Vlmenfis,fiſius
„ *Damiani Giengeri* Praefecti in Naw.   Is vbi iurispruden-
„ tiae amore multa celeberrima peragraffet gymnafia , at-
„ que doctorea floreret dignitate , ex Cancellario Conftan-
„ tienfi , Imperii rebus exercitatiffimo , Regis Ferdinandi
„ fit Confiliarius in ampliffimo fenatu Tyrolenfi Auftriae
„ fupra Onafum.   Cuius prudentia & humanitas vsque
„ adeo grata fuit Regi ; ita perfpecta fides & integritas, vt
„ ei huc Viennam vocato fupremi Aulae Regiae Cancellarii
„ vices committeret : quas per annos VII. integros ex inna-
„ ta fua modeftia & prudentia , quod pauciffimis contingit,
„ citra cuiusque vel offenfionem vel inuidiam feliciffime futti-
„ nens, eam meritus eft gratiam , vt ampliffimo & illuftrif-
„ fimo Sueuiae Ducatui praeficeretur.   Cum autem regia
„ Maieftas fibi viri huius confilio & prudentia vix carere
„ poffe videretur, paullo poft iterum huc ad fuae Maieft.
„ latus & confilium arcanum reuocatur.   In quo officio
„ ita antiquam retinet pietatem , vt veluti numen aliquod,
„ non ab ipfa tantum aula , fed a tota veneretur republica.
„ Qui vt antea femper modeftiffimus fuit & humaniffimus,
„ ita iam in reuerenda fenectutis dignitate fpeculum eft hu-
„ militatis, atque perpetuum totius Sueuiae decus & orna-
„ mentum.   Ad haec , quod non tantum viro huic optimo ,
„ fed Caefari noftro Ferdinando Auguftiffimo contigit ab
„ hoc genere fingulare , fratres habet octo viros nobiles ,
„ & clariffimos, quos fuo exemplo & ftudio eo vsque in-
„ ftituit & prouexit, vt omnes Caefari feruiant in fummis
„ confiliis & officiis : *Antonius Gienger* Caef. Maieft . Con-
„ filiarius rationum Camerae Auftriacae albo gymnafii ad-
„ fcriptus eft an. 1520. fub rectore Vdalrico Kauffmanuno,
„ maximus ftudiorum fautor.   Hi omnes originem fuam
„ ducunt a *Iacobo Gienger* Equite & praetore Vlmenfi,qui
„ floruit circa annum 1324.   Filiam huius *Georgii* noftri
„ *Giengeri* ICti honeftiffimam Conftantiam duxit in vxo-
„ rem nobilitate clariffimus, & eruditione nobiliffimus D.
„ Leonhardus Puchler a Weittenegg Tyrolenf. Caef. Mai.
„ Confiliarius Camerae aulicae , & fereniffimi regis Bohe-
„ miae Dom. Maximiliani Cancellarius : vir multarum ar-
„ tium peritiffimus , modeftia & prudentia focero fimilli-
„ mus, fingularis ftudiorum fautor & Maecenas fcholae
„ huius optimus. „

De *Giengero* noftro quaedam habet *Iac. Wenckerus* in collect. arch. &c. p. 445. 659. Ad manus mihi eft : *Concio funebris*

*Insignia Typographica.*
*Hier. Vietoris. et Jo. Singrenii.*

ma videbitur omnibus, qui tanti viri memoriam , & praeclara
in rem literariam merita grato fecum auimo & debito honore
funt profecuturi. *)

D d 5                        Iaco-

---

nebris in obitum honeftiffimae & piae matronae Magdalenae
Ilfungae , nobilis & magnifici viri D. Georgii Giengeri a
Rotteneck, I. V. doftoris clariffimi ; inuiftiffimique Ferdinandi Caefaris arcani confiliarii , & praefefti Laureacen-
fis digniff. coniugis, habita in exequiis eiusdem a Wolfgango Schrantzio I. V. doftore , nomine celeberrimi archigymnafii Viennenfis ; 16. Iunii , Anno Domini 1561. Viennae
Auftriae. Adieftae funt elegiae ac epicedia doftorum aliquot virorum in eiusdem obitum. Viennae Auftr. ex aed.
Mich. Zymmermanni 4to.

*) Iacobus Spiegelius expurgationem ifthanc Petro de Motta
inscripfit, quae epiftola, quum fit leftu digniffima, integram
hic dare lubuit :

" Reuerendo ac nobiliffimo Domino  Petro de Motta, fa-
,, crarum litterarum doftori fupereximio, protonotario apo-
,, ftolico, Caef. Maieftatis Confiliario, ac magno Archidu-
,, cali Hifpaniarum principis Eleemofynario , Domino &
,, Patrono venerando, Iacobus Spiegel Seleftanus falutem
,, & commendationem.

,, Auunculi contra liuidos obtreftatores expurgationem ,
,, Petre , doftorum nobiliffime , & nobilium doftiffime ,
,, daturus in publicum : Tuum praecipue fibi nomen in-
,, fcribi efflagitauit.  Prodit igitur iam nunc in vulgum ,
,, quidquid acciderit, repofitura apud te vnum , ceu quod-
,, dam diuiuitus pofitum Chriftianae doftrinae afylum, cuius
,, folum ftudium vere beatos elficit, quia omnia fcre ftudia
,, voluptatis & vtilitatis nonnihil afferre funt folita,fola au-
,, tem diuina non voluptatem modo & vtilitatem,fed fummam
,, pollicentur felicitatem. Ideo vero te elegit , ipfa expur-
,, gatio, quod perfpexit te apud fapientiffimum Maximilia-
,, num Imp. Aug. maxima pollere auftoritate,propter tuam
,, fingularem doftrinam , prudentiam, fidem, conftantiam ,
,, integritatem , continentiam , benignitatem , pietatem, reli-
,, gionem, ac reliquas tuas heroicas virtutes , quibus prae-
,, claris natalibus tuis ornamentum adiecifti fempiternum ,
,, venerandamque illam Imperatoriam Maieftatem ad te
,, amandum , adde & colendum inuitafti.  Verbo abeile
,, adulationem vniuerfa curia mecum confitetur,cuius omnes
,, in te ita conuertifti oculos, vt non modo hoc, quo prae-
,, ful-

*Iac. Wimphel. Iac. Spiegel* nepoti falutem. Scis ex Marone, famam malum facile ferpere.haud facile dilui. Tuum itaque erit, *expurgationem* hanc meam paffim diffeminare,vt aemulorum meo-

rum

,, fulges honore, verum pontificio & item ampliore dignif-
,, fimum effe exiftimet. *Auuncularis* autem *expurgatio* fa-
,, cile contemnet & fi&a & leuia, vel candida au&oris fui
,, freta confcientia, vel au&oritate tua munita. Nequiffi-
,, mi vero ifti nebulones, monftra nulla virtute redempta,
,, infamatores latrocinantes, omni pefte abominabiliores,
,, fua ipforum quamuis contaminatiffima confcientia im-
,, probiffimi, qui cum integerrimos, puriffimosque inpri-
,, mis eruditos viros connigrare ftudent, nomina tamen
,, fua prodere non audent, fed fi&itiis nominibus bonam
,, bonorum famam attentant, publica effent queftione dis-
,, quirendi: vt fic condemnati infamia non folum iuris,
,, fed ad plurium terrorem vltore ftigmate notarentur, in-
,, teftabiles efficerentur, & fidem teftium ( facris id iuben-
,, tibus legibus) perderent. Circumfertur quoque *inuecti-*
,, *ua* contra auunculum verfificis cuiusdam a calcographis,
,, vt imprimant; probiores nonnulli publicare recufarunt.
,, Non dubito tamen (vt funt mali & daemones & homines
,, bonis femper contrarii) quin tandem aliquis inueniatur,
,, qui edat. Verum id tamen me beat,quod auunculo gra-
,, uia vitia capitaliaque crimina inuri, impingique non nifi
,, falfo poffunt. Vixit iuftam ha&enus aetatem, & hodie,
,, vt opto, ita fpero inter philofophos philofophus, inter
,, facerdotes facerdos, inter homines homo, humaniter vi-
,, uit. Nec minus confolatur, quod diuino iudicio calum-
,, niatores praepotentes, minarumque & moleftiarum fca-
,, tentes, nec non inanium gloriarum flatores caufam & li-
,, tem homini iam emerito & valetudinario ignominiofe mo-
,, uiffe vifi funt. A cucullari illa poftulatione *Iulio II.*
,, pont. liberatus eft. Famofus autem ille & praegrandis
,, diuorum hominumque maculifta propriorum fcriptorum
,, publica coram multis apud Tyberim & Neccarum in edi-
,, tiore loco caftigatus eft palinodia. Quod re&e euenit ma-
,, gifterculis illis & theologiftis, qui myfteria, facramenta-
,, que diuinarum litterarum profiteri poffe fe confiduut,fine
,, deuotione, fine pietate, fine religione, a fa&itia, fine
,, reuerentia & fine humilitate. Quo fit, vt neque vim
,, neque finem ftudii fui agnofcant, fed poft fuum fenfum
,, ambulantes euanefcant in cogitationibus fuis, miracula
,, fin-

rum obtreſtationem veritas patefaſta conuellat, qui mihi labem in-
uſſerunt, me ſuo more vagum eſſe, & locis crebro mutatis vacil-
labundum, atque peruicacem: cum infans parentibus, adoleſcens

prae-

---

„ fingentes, viſiones ſomniantes, & nonum Aeſſiſium ex
„ ſartore ſuſcitantes, quod in *libro de frugalitate,* *) quem
„ auunculus conſcripſit, & ego ſub tuo quoque patrocinio
„ commodum in lucem editurus ſum, non reliquit intaſtum.
„ Metrificum autem genuinas calumnias ſusque deque acci-
„ pio: ſed abſurdum, praepoſterum, & ſupernacaneum cen-
„ ſui in praeſentiarum diffuſore ſermone altiorem locum
„ apud te pro commendando *auunculo* repetere, cum poſt
„ contraſtam Argentorati primaria & clariſſima Elſatum
„ vrbe notitiam, *Collaurio* praeſente & auſtore, oſto ſere
„ abhinc annis de eo beneque & ſentiendo & loquendo, lu-
„ cubrationesque eius probando luculenter monſtraueris,
„ quam eum habueris charum, & quam benigne eum in
„ clientum tuorum rationarium inſcripſeris. Suffragabi-
„ tur idcirco illi auſtoritas tua, quam ego, dum opus faſto
„ erit, confidenter appellabo. Interea autem temporis *ex-
„ purgatio* ſub vmbra tua conquieſcat, quam opuſculis his-
„ ce annectere libuit, auſtior, vt exiret aliquanto libellus,
„ quanquam & ſeorſum in lucem prodire poterat. Nemi-
„ nem enim eſſe exiſtimo, quem non obleſtet ſamae at-
„ tentatae, ac propemodum ex inſidiis oppugnatae prae-
„ ſtrenua defenſio. Quodſi haec paucula, quae hoc codicu-
„ lo in ſolem dedimus ad delicatum ſtomachum inprimis
„ tuum, deinde vero caeterorum, quibus ordine nuncupa-
„ ta ſunt, ſacere cognouero, operoſam impendam operam,
„ vt paulatim in maioribus & grauioribus cum viris ſtudio-
„ ſis, tum vobis omnifario honore dignis gratificer. Sunt
„ enim in mundo nonnulla, quae, niſi me animus ſallit, di-
„ uulgata gratiam inuenient in ſtudioſorum oculis, & non
„ ( vt puto ) proletariam. Et inprimis Philoſtrati Flauii
„ Heroicorum, Iconum, Sophiſtarum & Epiſtolarum bra-
„ ſteata, aureaque opera, ab Aldo ante Graece impreſſa,
„ nuper iuſſu *Matth. Coruini* regis Hungariae, vt multa
„ alia, traduſta per *Antonium Bonfinem,* virum, vt ex ſcri-
„ ptis apparet, vtriusque linguae admodum eruditum, re-
„ perta vero & indicata a *Vadiano* noſtro amico, vultus
„ teſtorio nihil ſimulante, quum cum *Georgio ( Tanſletter )*
„ *Collimitio* medico & mathematico, itidem amico haud pro-
„ trito,

*) Qui tamen, quantum-ſcio, nunquam eſt editus.

praeceptoribus, facerdos praelatis, fuo in loco pedem figens, facile acquieuerim. Ego annis triginta duabus tantum in ciuitatibus vitam duxi, focum tenui, philofophos, facerdotes, & religiofos hofpitio excepi, quas ex legitimis caufis vltro citroque mutaui, ecclefiam meam faepe, & fere quot annis, fateor, fed vrgente confcientia refpexi. Apud Rhenum a Bafilea vsque ad Agrippinam per annos quinquaginta, amicos aut praelatos me vocantes : facra, aut indulgentiarum loca, Diuorum reliquias, vt nudius *fanBi Trutperti* coenobia, bibliothecas, viros egregie doctos, vti *Stephanum Pruliferum*, & *Petrum Rauennatem* cum iucunditate vifitaui. Tot annis ( puta decem luftris ) femel thermas filueftres ob incolumitatem, bis Bafileam, bis Agrippinam, amicis inftantibus, femel Herbipolim, magiftratum Heidelbergenfem gerens, ex officio acceffi. Interea neque Galliam, nec Italiam, fed neque Sueuiam vidi, nifi thermae ferarum in Sueuia fitae indicentur, nec viduarum, nec procerum domos, in quibus tener foemineus fexus alitur, in patrumfamilias abfentia. Hoccine eft diuagari? Hoccine eft vno in loco confiftere non poffe? Nec fum mancipium, nec fum cellae addictus, neque fum

aeris

---

„ trito, Budae autumno exacto ageret, & illuftrem illam
„ ( vt mihi retulit) bibliothecam curfim perluftraret, quam
„ & ego his Februis, quamuis obiter, fumma tamen cum
„ iucunditate vidi. Philoftrato *Io. Cufpinianus* vir difer-
„ tae prudentiae iam fruitur, qui eum, pulchro. *Io. Grem-*
„ *perii* accedente minifterio, ex Pannonia inferiori Viennam
„ aduexit, qui & eum ftudiofis, quo minus profit, non
„ praecipiet. Nihil enim a *Cufpiniano* noftro plus eft alie-
„ num, quam bibliotaphon videri. Id quod humaniffimus
„ Aldus in quadam eleganti ad eum epiftola praeclare con-
„ fitetur. Siquidem nouit, magni non effe animi, aliorum
„ monimenta occultare, praefertim ea, quibus eruditiores
„ vel meliores efficimur. Sed iam mihi terra confpicienda,
„ occupatior cum tu fis, & mihi, quam initio ftatueram,
„ prolixior exciderit calamus : cupio abs te C. M. tum
„ clariffimis ac cumprimis obferuandis patronis meis D.
„ *Iacobo Villingero*, & *Io. Rennero* commendari, quia non
„ fim nefcius, quantum apud omnes & ponderis habeas
„ & gratiae. Vale ex Vienna Kalend. Febr. 1514. „

aeris adeo tenax , vt in fumptus viarum crumenam laxare non
aufim. Confiderare poterant aemuli mei, nifi famae meae inui-
derent, & quieti me vno in angulo, vno in facello templi , in
quo non inepte, fed rite fenfim, & hilariter pfallitur, fola fpe.
diuinae mercedis, tot horas ex Dei dono, cum patientia quiefce-
re poffe, quot ipfi contemplatione opimarum diftributionum confueuerunt. Vale cum vxore, & facrarum legum ftudia in finem,
cui a Deo deftinatus es, referas,ne te, fi ad faftum aut opes ini-
que partas abufus fueris, ad impia tartara dimergant. Ex Heremo Kalend. Nouembr. 1512.

\*

\* \*

Iacobus Wimphelingus Seleftenfis , *Fratribus , qui vrbem
& orbem perambulant , ac facerdotibus , qui in quatuor , quinque, fex , octo , decem ecclefiis , locis , pagis , collegiis, facellis ,
xenodochiis , ciuitatibus , curas , praebendas , capellanias , vicarias , canonicatus , dignitates , penfiones occupant , pauperum
medullam fugunt , propter praefentias de ecclefia ad ecclefiam ,
propter corpora de ciuitate ad ciuitatem mouentur , ecclefias
multas expilant, perfonis Deum laudantibus , & pro animabus
benefactorum orantibus fpoliant , in vna fola vtcunque pfallunt ,
falutem & detractionis finem !*

\* \* \*

Infamaftis inter alia, me vno in loco more veftro confiftere
non poffe, qui in domo paterna fub magiftro Heidelbergenfi *Ludouico Dringenbergio* apud fcholas triuiales, ab infantia in duo-
decimum aetatis annum permanfi. Mortuo tum patre, ( Anno
Chrifti 1464. \*) *Friburgum* miffus fub *Conrado Sturzel* & *Ioanne Keiferfpergio*, alimentis , & hofpitio *Kiliani Wolphii* philofophiam quadriennio audiui.

Mox vt atrociffima lues fcholafticos difpergit, ex amiciffimo-
rum confilio *Erfurdiam*, quae tum magni nominis erat , adii,

coe-

\*) Conf. *fafcic. II. p. 167.*

coeptum philofophiae ſtudium profecuturus.  Poſt multos men-
ſes a patruo grandaeuo, podagroſo, & effoeto, per litteras vo-
cor , qui mihi de beneficio eccleſiaſtico prouidere cogitabat.  Videns autem, me teneris adhuc viribus , & ſtatura imperfeĉiore,
iubet, vt *Erfurdiam* repetam, quoad denuo me vocet , ac via-
ticum praeſtat.

Ego in ipſo itinere graui morbo laborare coepi, vix *Spiram*
vehiculo , & alienis humeris ( quibus ad currum, menſam, &
cubile geſtabar) perueni.  Accerſio Chyrurgicum; is me a fine
autumni, vsque ad medium Decembris mederi fruſtra tentabat.
Bona fortuna ( imo diuina prouidentia ) diuerterat in hoſpitium
meum vir quidam doĉtus, & pius, qui meam imbecillitatem
conſiderans, ſedulo ſuadet, vt ad praeſtantiores & medicos &
Chyrurgicos *Heidelbergam* proficiſcar, perſuaſitque ; obſequor.
In naui & bigis adducor, viribus ope medicorum & diuino numine reddor.  Quid facerem ? ſaeuit hyems.  Comeatus in ſta-
bularios & medicos abſumptus eſt.

Hortantur hi, quibuscum familiaritatem contraxeram , vt
in eo Gymnaſio perſiſterem ; quod graue mihi erat, patruo in-
conſulto.  Cui mox per litteras rem omnem pateſeci: is non
admodum indignatus, gaudere ſe renuntiat, quod *Heidelbergae*
quocunque euentu coaĉtus ſim permanere.  Quippe qui multis
annis illic optimas ( ſub optimis neotericis praeceptoribus ) litteras imbiberat: nouumque comeatum vltro trausmittit.

Philoſophiae ſtudium proſequor.  Magiſterii lauream nanci-
ſcor. ( Anno Chriſti 1471. )  Ius pontificium audio ; quod tamen iutra biennium faſtidire coepi, propter ambages gloſſarum,
alio remittentium, vbi materia inuenta minus quandoque inſtitu-
to quadrare videbatur, & quia fere omnia ex vnius hominis voluntate pendere, eisque facile derogari intellexeram, potiſſimum
autem propter anguſtiam & penuriam philoſophiae & metaphy-
ſicae, quarum primitias libaueram, ampliorem medullam inqui-
rens: parum enim de Deo, de Angelis, de anima , ſuisque po-
tentiis, de virtutibus, de vita , morte , & paſſione redempto-

ris

ris noftri in textibus ex gloffis inueniebam : multa vero de ele-
ftione , de praebendis, de dignitatibus , de iudicibus , de iudi-
ciis , de poftulando, de procuratoribus, de infinitis litium moleftiis, caufarumque forenfium amfractibus, a quibus ingenium
meum prorfus ( licet de pane lucrando effe dicerentur ) abhor-
rebat. Didiceram enim adolefcens illud Hieronymianum, *facile contemnit omnia, qui fe femper cogitat moriturum ;* nec illud Saluatoris verbum ignorabam : *Quid prodeft homini , fi totum mundum lucretur.*

Ideoque me ad facras litteras contuli , fciens earum ftudium magni effe apud Deum meriti , confifus etiam me patruo
in ea re gratificaturum, aliosque ad earum ftudium ( fodalita-
te quadam inita ) permoui , & incitaui. Nec hodie in eas litteras incidiffe poenitet, aut pudet ; exemplo praeftantiffimorum
virorum , *Pallantis , Keifersspergii , Eggelingi , Iacobi Fabri*
Stapuleu. *Io. Brisgoici , Iac. Lampi* , vtriusque *Pici Mirandulani* , & aliorum , qui absque cucullis , Dei amore flagrantes,
huic ftudio fefe dedicarunt. *Baccalaureus* tandem poft folitos
labores ( vti vocant ) *formatus* enado. ( Anno Chrifti 1483. )

Graffari coepit atra lues *Heidelbergae*, pellit & praeceptores
& difcipulos , datur venia cunctis, quo velint, abeundi. Ego patriam inuifo , illic fententias ex pio venerabilium magiftrorum
meorum affenfu finiturus. Interea temporis vacat munus concionandi *Spirenfe*. *Andreas Brambachius* , infignis theologus
neotericus ex magna in me caritate , mei apud Nemetenfem antiftitem ( licet abfentis, tamen cogniti ) facit mentionem.

Peftis vbi in feptimo menfe deferbuit, *Heidelbergam* ex in-
reiurando collegii ( quo me *Fridericus* optimus princeps do-
nauerat ) reuertor. *Andreas* iubet , vt fecum Spiram ad Prae-
fulem pergam. Metuebam ego , me tantis cathedrae laboribus
in tam fpatiofa facra aede , imparem fore , cui fragile corpus ,
vocemque gracilem natura dediffet. *Andreas* inftat , vt faltem
ad tempus labores illos fubeam : facile aliorum doctiffimorum
Heidelbergenfium exemplo , qui experientiae , vel ( vt aiunt )

pra-

practicae caufa *Spiram* ad tempus habitaffent, & *Heidelbergam* rurfum petiffent, reuerfurus.    Cum adhuc vacillarem, *Andreas* vt verus fautor ait " obfecro te mi *Iacobe*, vt munus hoc pro ,, tuo faltem honore ampleǎaris, quippe qui a competitoribus ( vt ,, tibi impedimento forent ) infamatus es , te non ex legitimis ,, parentibus , fed facerdote natum effe ,, Rumori huic caufam dediffe reor, quod patruo perfaepe ( quod & nepoti meo ad me familiare eft ) fcribens ob ampliffimam largitionem fuam patrem ipfum in epiftolarum mearum fuprafcriptionibus vocarem.

Ego aliquantulum ftomachatus, ad matris meae honeftiffimae famam , integritatemque defenfandam, ac maculam mihi falfo inuftam eluendam , *Spiram* pergo; cum honeftiffimis facerdotibus atque praelatis, indies iucundiffimam familiaritatem contraho, quorum ope, vt ob crebras infirmitates, ab onere concionum eximerer , dignum meis meritis facerdotium confequebar. Tenens autem in memoria protritum illud Petri Blefenfis diǎerium , *extra vniuerfitatem non eft vita ;* faepe, fateor, animo voluebam, quonam paǎo, ad *Heidelbergenfem* Academiam reuerti poffem , fed tum *Ludouicus* praeful , tum *Georgius Gemmiger* praepofitus Spirenfis in decimum quartum annum me diftinebant.  Hoccine eft vna in vrbe diu manere non poffe ?

Venit interea Spiram *Chriftoph. Vtenhemius*, a me fcifcitans , fi fecum ad folitudinem quandam fecedere poffem, afferens *Ioanni Keifersspergio* & *Fr. Thomae Lamparter*, viris Chriftianiffimis, fuum futurae vitae inftitutum admodum placere : adftipulabar cum gaudio: relegeram enim F. Petrarcham de vita folitaria , atque fubiiciebam , fimilis vitae cultores , haud procul a Maguntiaco in valle Mariae vna conuerfari.  Audiens id *Chriftophorus*, rogat, vt omnem illorum conuerfationis tenorem experirer.   Defcendi: & a patre illorum , cui ( ni fallor ) *Iacobo* nomen erat, quaecunque de fomno, de vigilia, de alimentis, de re diuina, de laboribus, de leǎione poft prandium, & aliis id genus fcifcitabar, fideliffime imbuebar.

*Spiram* vix reuerfus fum, & ecce *Philippus* princeps eleǎor

man-

manfuetiffimus decreuerat, in fuo Gymnafio lectiones nouas in oratoria, in poetica, in Graecis litteris (cum legiftarum collegio) inftituere, perfuafus, me ( quamuis ineptum ) ad eam rem inchoandam, nonnihil efficere poffe. Quamobrem epiftolarum eius magifter *Iacobus* ( *Merboldus*, *) vt videtur ) ore, & *Io. Vigilius* ( alias *Wacker* ) Vangionum iam Canonicus, patronus meus, litteris mihi perfuadebant, vt *Heidelbergam* pro tam fanfto negotio ( ad quod alioquin inclinatiffimus eram ) redirem.

Abeundi *Spiram* cum fructibus percipiendis omni fpe adempta, ex permutatione ( ductu *Pallantis* optimi patris) *Heidelbergam* reuertor, benigniffimo principi aut reipublicae litterariae tantifper morem gefturus: quoad *Chriftophoro Vienhemio* nobis locum, & victum ( vti pollicebatur ) temporis curfu prouidere licuiffet. Quodfi *Spirae* ea effet euagandi, fructusque ex facerdotiis percipiendi, quae *Argentinae* eft libertas, praebendam me Spirenfem hodie arbitror poffidere: poteram enim vel ex folis facerdotiorum prouentibus frugalem in Gymnafio traducere vitam.

Cum *Heidelbergae* diuum Hieronymum, ac alia quaedam in tertium annum palam interpretor; *Chriftophorus* promiffi me commonefacit, litteris vocat, omnia ad folitudinem effe parata fcribit. *Argentinam* vado, ecclefiamque cuidam neceffario aedificaturo, & iura eius quaedam iuris ftrepitu defenfuro ceffi: equidem nec architectonicam didici, nec litibus coram tribunali deducendis affectus fui ; cumque apud *Io. Keiferspergium* paucis diebus delitefcerem, fcribit vtrique noftrum *Chriftophorus*, fe Bafilienfem epifcopum effe defignatum, me, vt ad fe afcendam, vehementer exhortans.

*Keiferspergius* admiratus, curnam ( heremo pofthabita ) pontificatum defumpferit ( cum hac aetate refraenandi cleri nihil loci relictum fit ) me obfecrat, vt *Argentinae* maneam, quoad quartam *Gerfonis* partem reuideam, difpungam, in ordinem digeram, inuentariumque fuperaddam, atque calumnias, quibus ipfum

E e                                        qui-

quidam Auguftinianus impudenter affecit , conuellam , & explodam. *)   Facile potui gerere morem cariffimo praeceptori, qui, fi adhuc fuperftes effet , & a quodam fratre Thoma deuio , ad eneruanda facra concilia *Ioannem Gerfon* mifere floccipenfum , eique caecitatem inuftam cognofceret , o quanto zelo ad veritatem , finceriffimique viri gloriam tutandam accenderetur ?

Multis poftea *Chriftophori* praefulis litteris accerfitus , Bafileam afcendo, *ftatutaque fynodalia* ( quod inprimis fua paternitas optabat ) colligo. **)   Quibus vix finitis, procuratores mei ex *Argentorato* fcribunt , me ex gratia apoftolica ( de cuius efficacia iam dudum defperaneram ) fummiffariam quandam adeptum effe. Defcendo , chorum vifito, paucis tamen diebus. Communis enim omnium fama volabat, *Ioannem Burchardum* eiusdem ecclefiae decanum , in ea praebenda quietem & pacem mihi nequaquam conceffurum.   Memor adhuc ego, quid praeftantiffimis inreconfultis, *Ioanni Simler* , ac *Hieronymo Weiblinger* ab ifto viro contigiffet : fimul enim a *Ioanne Schutzio* fideliffimo meo contra bonos Auguftinianos defenfore praemonitus,fponte templum exeo, patienter cedo iniuriae, vindictam diuinae cenfurae referuo.

Ortum fuit eo tempore Bauaricum bellum, timebaturque Heidelbergenfis obfidio. *Martinus Sturmus* ordinis equeftris , & *Mathias Paulus* caufarum forenfium patronus, fingulares amici mei, ex me quaerunt, quidnam agant cum filiis fuis , meo fuafu Heidelbergam ante triennium miffis.   Reuocantur ephebi, qui ne otio, aut lafciuia perirent, ego ipfe eos propter bonam indolem admodum mihi caros *Friburgum* adduco ***) haud breui tempore ( vti decreueram ) ne ex prauo confortio lacuum biuii Pythagorici callem ( Argentinae nuper ductu *Sebaftiani Brant* ,

&

*) Vid. *fafcicul. I. p. 75.* Add. *Lambacher* Catal. Bibl. cim. Vindob. p. 269. qui corrigit *Fabricium* bibl. med. & inf. Lat. p. 143.

**) Vid. *fafcicul. II. p. 230.*

***) Vid. *fafcicul. II. p. 163.* & *not. ibid.*

& optimis multorum ingeniis & memoriis delectabiliter repraesentati) amplecterentur. Pofthac *Petrum* quoque *Sturmium* legum ftudio tradendum, itidem *Friburgum* praemitto, *) ac Argentinenfium Epifcoporum Catalogo expleto (in quo Erckenbaldum & Baldum cum vnus fit, duos putaui, exemplarium mendis deceptus) *Petrum* ipfum fequor, eius mores toto anno penficulatim obferuans. Et hodie facile flecti poffem, vt bonorum ciuium dociles filios, ad Gymnafium aliquod meis fumptibus adducerem. Scio enim, quanti fit, mollem iuuentam, ab honeftis, manfuetis, pudicis, Deumque timentibus praeceptoribus, in bonis literis, ac praecipue in praeclaris moribus fideliter educari.

Vifum deinde mihi fuit, haud temere *Petrum* e Friburgo transferendum; praemitto illum Argentoratum, breui fecuturus. Vbi affum, rogor non folum a patre, fed & ab aliis optimis ciuibus, vt cum *Petro* liberos quoque fuos Heidelbergam adducam. Quo cum aduentaui, efflagitauit me *Pallas* humaniffimus, pauperum & reipublicae pater, aliique digniffimi praeceptores, vt contra turpiffimum cuiusdam verfificatoris libellum, tum philofophorum, tum facra neotericorum fcripta, & fubtiliffimas quaeftiones tutari molirer. **) Ego natura facils & exorabilis, nec ceruicofus, neque inmanfinus, tantis patribus, ac benefactobus cur non pronus obfequerer: cum ad aliorum, qui minus de me meriti funt, preces multa prius elucubrauerim, quod mihi nulla lege, nullo canone, nullo mandato, nullo ftatuto, videbam (nec hodie video) interdictum?

Vix opufculo meo contra verfificem perfecto cum ad hyemandum *Heidelbergae* me aptaffem, exoptans modeftiffimis principibus, virisque omnifariam doctiffimis, pudendum concubinatum & Deo moleftam facerdotiorum coaceruationem afpernantibus conuerfari: en adeft nuncius, adeft comeatus, en adfunt

E e 2                                                                   lit-

---

*) Vid. *fafcicul. II. p. 294. not.* *)
**) Certe hoc loco intelligit apologiam fuam contra turpem libellum *Philomufi:* qua de re *fafcicul. II. p. 318.*

litterae Caefareae & commentarii , quos *inftruftiones* curiales appellant , quibus vrgeor , vt Heidelberga foluam , ac negotium,
quod olim ad Dei gloriam Germaniaeque decus in lucem prodibit, ex voto Caefareae Maieftatis abfoluam. *)

Quo ( vt par erat ) vtcunque completo , *Bafilienfis antiftes*
quinas non absque comeatu ad me litteras mittit, obnixius ad-
monens , vt in coenobio opera fua reformato aliquo faltem tempore fanctimonialibus praefim. Argentina itaque deferta ( in qua
nec amici , neque folatia , nec occafiones Deo feruiendi mihi de-
fuerunt ) hunc locum epifcopo , patrono meo morem gefturus
acceffi , **) concionibus, expiatione confcientiarum , ac re diuina caftiffimis virginibus ( quamdiu mihi integrum , Deoque vifum fuerit) pro virili inferuiturus, etiam fi mihi nonnulli monachi, aut praebendarum deuoratores , palam & paffim fint grauiter oblocuturi.   Boni vero patres , & frugales facerdotes ex
his facile cognofcent , quibus haud futilibus, haud inconftantis
animi temerariis incentiuis, Gymnafiorum aut ecclefiarum modica ( circa Rhenum ) loca per decem luftra mutarim : fperans,
aemulorum linguas, hac expurgatione comprimendas, ad quam
edendam grauis Seneca me impulit , referens : *Qui non curat,
quid de fe alius dicat, vel fentiat , aut flagitiofus eft , aut dif-
folutus.*

78. Ad LEONEM X. pontificem maximum carmen IACOBI WIMPHELINGII contra prodigos in
fcorta in tanta pauperum , puftulatorum , & puerorum expofitorum multitudine : fine loco & anno: in
4to. ( *In Bibl. acad. Friburg.* )

Carmen iftud elegiacum ad aetatem hanc omnino referendum
effe videtur ; fi eorum, quae in eodem narrantur, & quae aeuum
ifthoc praecefferunt, ratio habeatur. Editum autem eft,vt manife-
ftiffima

ftiffima oftendunt typorum indicia , Argent. ex officina Schureriana.

    *Ioannes Kierherus* ad *Laz. Schurerium* hanc praemifit epi-
ftolam : " *Iacobus Vuimphelingus* amator ftudioforum adolefcen-
„ tum, ad virtutes inducere, & a vitiis eos abftrahere , fcriptis
„ & ore femper conatus eft.  Sed ob id odium contraxit multo-
„ rum & infidias, vsque adeo , vt etiam in facra aede de vitae
„ periculo fuerit metuendum.  Quapropter fefe excufaturus ,
„ confugit ad fummum pontificem *Leonem* modernum pientiffi-
„ mum atque doctiffimum , cuius fanctitudini fuam piam affe-
„ ctionem declarat, vt eius praefidio ab aemulis & impoftori-
„ bus fecuritatem adquirat. Hoc tu carmen digneris mi, *Lazare,*
„ communicare nedum fodalitati literariae vrbis Argent. ( cu-
„ ius ipfe *Iacobus* fundamenta iecit ) verum etiam omnibus eius
„ difcipulis, puta quatuor nobilibus *Sturmis, Othomaro Philome-*
„ *lae* ( *Lufcinio* ) *Lucae Pathodio , Hieronymo Frentzelino , Con-*
„ *rado Paffereno, Leonardo Fontano , Laurentio Duntzhemio, Ge-*
„ *orgio Ingoldo , Iacobo Scheffero , Ioanni Ditzelero* , & caeteris
„ non ad fcorta , fed ad omnem honeftatem ab ipfo inftitutis.
„ Vale ex Nemeto , & *Vuimphelingo* ex me falutem dicito. „

    *Iacobi Wimphelingii* ad *Leonem X.* P. M. contra aemulos
excufatio :

> *Maxime pontificum , terrae coelique poteflas ,*
>   *Cui fine diuino non data confilio.*
> *Quo cernis nil maius , equos feu Phoebus ab ortu ,*
>   *Seu requiem feffos ducat in occiduam.*
> *Fama volat tua per totam celeberrima terram ,*
>   *Et fuper aethereos it tua fama lares.*
> *Cuncta fibi plaudunt , quod eum fua fecla tulerunt ,*
>   *Aurea per quem funt reddita fecla fibi.*
> *Cuius & aufpicio fuperis Aftraea relictis ,*
>   *Rurfus ad humanum eft virgo vocata genus.*
> *Vnde tibi merito paffim foluuntur honores ,*
>   *Iureque te , quicquid fpirat , in orbe colit.*

                     *Quid*

*Quid quod in humanis ea, quae funt optima, rebus,*
  *Te penes haec primas, obtinuiffe patet.*
*Vnde tibi tantae vis ac iniuria curae eft,*
  *Hinc tuus hic feruet relligionis amor.*
*Pace nihil melius, facis, omnia pace fruuntur,*
  *Pace tui te nunc aufpice Chriftigenae.*
*Vtque alios Chrifto repares, non Marte laboras,*
  *Sed pace, exemplo, relligione, fide.*
*Summa tibi Leo fcriptarum cognitio rerum,*
  *Tum pietas, grauitas, gratia, fumma fides.*
*Et quia tu tantus pater es, vel denique maior,*
  *Ne contemne tuam maxime paftor ouem,*
*Quae te cognofco, vtque regas nos mille per annos,*
  *Crebrius oro pium facrificando Deum.*
*Sed referam, qua te moeftus ratione fatigem,*
  *Curque aufim, fummum follicitare Deum.*
*Saepius optaui, fuperos pronusque rogaui,*
  *( Quo nihil in toto dulcius orbe foret )*
*Relligio, virtus, pietas, concordia, feruor,*
  *Floreat & crefcat gloria digna Deo.*
*Optaui, vt doctis arae denturque pudicis,*
  *Pafcere non pafci, qui indubie peterent.*
*Qui decreta fciunt, qui Chrifti dogmata norunt,*
  *Theologos inquam, quos odiunt alii.*
*Inuenies vnum, qui bis fex occupat aras,*
  *Bis fex inuenias, nec quibus vna datur.*
*Quippe bonis ftudiis teneram triuere iuuentam,*
  *At manuum aut linguae munera nulla ferunt.*
*Saepius ingenuos iuuenes hortatus, vt ipfi*
  *Pythagorae laeuum non graderentur iter.*
*Ne fcortatores, ne blafphemos, nec auaros,*
  *Exemplar caperent moribus vsque fuis.*
*Pro fcortis inopes optaui, vt alantur ephoebi,*
  *Qui ftudio poffent fructificare fuo.*

                                        *Nefcio*

*Nefcio quo genio notiffima crimina carpfi,*
      *Hinc odium, kinc morfus , hinc laquei, inde minae,*
*In me famofos etiam fparfere libellos ,*
      *Sic veri caufa plurima fuftinui.*
*Cum mihi de quouis mandat Deus ipfe propinquo*
      *Iureque de clero fim mage follicitus.*
*Angor , quod populi in clerum detractio , murmur,*
      *Crefcit , & ( vt vereor ) haec Leo caufa fubeft.*
*Scorta nitent gemmis , vix panem acquirit egenus ,*
      *Scorta gerunt torques, tegmine nudus eget.*
*Nulla probae comes eft , fed multa pediffequa fcorti.*
      *Scorta in fublimi, puluere cafta fedet.*
*Scorta iubent, prohibent, dominantur, fcorta triumphant*
      *In luxu, inque fitu foemina cafta gemit.*
*Nullo matronae diftant difcrimine fcortis ,*
      *Non ea , quae fcortum , militis vxor habet.*
*Ipfe ego detexi coram meretrice capillos ,*
      *Caftam matronam praeteriiffe ratus.*
*Addo facerdotes , fi forte prius moriantur ,*
      *Scorta domus , cenfus, pocula, vina tenent,*
*Plangunt haeredes , & lamentantur egeni,*
      *Scorti flaua Ceres, pauperis eft palea.*
*Vilia funt inopum, fcorti eft pretiofa fupellex.*
      *Sic tua diftribui munera Chrifte vides ?*
*O Cicero, o Seneca, o Socrates , vos ne eftis in orco ?*
      *Et nos cum fcortis fumet in aftra Deus?*
*Ifta tuam Maieftatem Leo fcire volebam,*
      *Qui luxum & morbos iam refecare ftudes.*
*Fac fcorta vt lateant nidore illecta culinae ,*
      *Vnde faginantur, dum fame pauper obit.*
*Purius vt valeat clerus Leo facrificare ,*
      *Et magis vt placeant vota precesque Deo.*
*Sicque tibi eueniat contra victoria Turcas.*
      *Inque tuas redeant inclyta bufta manus.*

E e 4

Ioan-

Sequitur *Io. Sapidi* confolatorium ad *Iac. Wimphelingum:*

*An doleam* Vuimphelinge *tuam dulciffime fortem*
*Quod te quisque fuum turbat ad arbitrium?*
*An laeter magis, hoc animi tibi robur ineffe,*
*Quod te a iuftitia flettere nemo poteft?*
*Natus es aduerfis quae te fine fine fatigent,*
*Donec in hac fletus valle fuperftes eris.*
*Vt tandem placida poffis gaudere quiete*
*Cum facro domini monte locatus eris.*
*Nemo poteft nifi per vallem confcendere montem*
*Ima prius fuperat, quisquis ad alta petit.*
*Fide fenex, ea funt certe praeludia pacis,*
*Dat Deus hac pacem conditione fuis.*

**79.** Germania AENEAE SYLVII. In qua candide lector continentur.

Grauamina Germanicae nationis.

Confutatio eorundem cum replicis.

De Concilio Conftantienfi & Bafilienfi:

Defcribuntur hic vrbes, ciuitates, ecclefiae, Epifcopatus, Abbatiae, Principatus, & nobiliffimae familiae Germanorum.

Impugnatur Conftitutio Synodi Bafilienfis de collatione beneficiorum cum replicis in bulla LEONIS X. de ecclefia reformanda fundatis.

De Concordatis principum.

De officio papae & fuis officialibus.

De veritate Chriftianae religionis.

Profectio IACOBI Marchionis Badenfis ad vrbem Romam, eiusque oratiuncula ad papam, eiusque refponfio: cum literis commendaticiis FRIDERICI III. & MAXIMILIANI, ceterorumque Germaniae principum.

De duobus falfariis Romae fub INNOCENTIO VIII. combuftis.

Cum

Ad pag. 430.

Immunij den mhd derst Mef
bis gen dilgun in vro"

Lucas Rembold Plageno
nens Ivanerotta Administratõ
dõg ki Huenbÿrg

Sum Matthiae Wert
wrin, D

(In fronte: Aeneae Sÿluii Germania. &c )

Ad pag. 541 not.

Est M. Matthei Wertemÿn Ex dono d toti
serbr, ẑ ᷒antonis Caurfilii qurp Irlaÿgr
finno ·50.

(In fronte: Hier. Emseri Assert. Missae Christi=
anorum Contra lutheranam missandi
formulam. &c )

Ad pag. 548.

Erhrd. Battman.

Cum gratia & priuilegio Caefareae Maieftatis.

*In fine :* Excufum in inclyta vrbe Argentinenfi per Renatum Beck in aedibus zum Thiergarten, Anno virginei partus, fesqui millefimo XV. XVI. Kal. Iul. 4to. (*In Bibl. acad. Frib.*) Vid. *tabula* aeri incifa.

Plura fane funt, eaque egregia, quae hoc opufculo continentur.

Initium facit epiftola *Martini Meyr* Cancellarii Moguntini ad *Aeneam Syluium* tum Cardinalem Senenfem, poftea Pium II. P. M. an. 1457. fcripta, & grauamina decem nationis Germanicae contra fedem Romanam, & querelas de concordatis haud feruatis exhibens. *)

*Martinus Meyr*, Cancellarius Maguntini praefulls Domino *Aeneae Cardinali Senenfi*, patri optimo S. P. D. Cognoui ex litteris amicorum te Cardinalem effe creatum. Congratulor & tibi, qui pro tua virtute digna confecutus es praemia, & mihi, cuius amicus in ea dignitate conftitutus eft, in qua me meosque necceffarios aliquando iuuare poterit. Illud mihi moleftum, quod in ea tempora incidifti, quae fedem apoftolicam afflictura videntur. Nam Domino meo archiepifcopo frequentes afferuntur de Romano pontifice querelae, qui neque Conftantienfis neque Bafilienfis decreta concilii cuftodit, neque fe pactionibus anteceffforis fui teneri arbitratur, nationemque noftram contemnere & prorfus exhaurire videtur. Conftat enim electiones praelatorum paffim reiici, beneficia dignitatesque cuiusuis qualitatis & Cardinalibus & protonotariis referuari. Et tu quidem ad tres prouincias Teutouici nominis, fub ea formula referuationem impetrafti, quae hactenus infolita eft & inaudita. Exfpectatiuae enim gratiae fine numero conceduntur, annatae fiue medii fructus,

E e 5 abs-

---

*) Quam ediderunt etiam *Io. Wolfius* in lect. memorabil. T. I. p. 853. *Vit. Lud. Seckendorfius* in hift. Luth. Lib. I. §. 2. add. 4. *Melch. Goldaftus* in polit. imperial. P. XXIII. pag. 1039. & cum obferuationibus quibusdam *Iac. Frid. Georgi* de grauam. nat. Germ. contra fed. Rom. L. L c. 6. §. 7. aliique plures.

absque vlla dilatione temporis exiguntur , & plus etiam quam debeatur, extorqueri, palam est. Ecclesiarum regimina non magis micrenti, sed plus offerenti committuntur , ad corradendas pecunias nouae indulgentiae indies conceduntur. Decimarum exactiones inconsultis praelatis nostris Turcorum caussa fieri iubentur. Causae, quae tractandae terminandaeque in partibus fuerant, ad apostolicum tribunal indistincte trahuntur : excogitantur mille modi, quibus Romana sedes aurum ex nobis ( tanquam ex barbaris ) subtili extrahat ingenio, ob quas res natio nostra quondam inclyta , quae sua virtute suoque sanguine Romanum imperium coemit, suitque mundi domina ac regina,nunc ad inopiam redacta , ancilla & tributaria facta est, & in squalore iacens,suam fortunam, suam pauperiem , multos iam annos moeret. Nunc vero quasi ex somno excitati, optimates nostri, quibus remediis huic calamitati obuiam pergant, cogitare coeperunt : iugumque prorsus excutere, & se in pristinam vendicare libertatem decreuerunt. Erit haec non parua iactura Romanae curiae , si quod cogitant Romani principes, effecerint. Quantum itaque de tua noua dignitate laetor , tantum commoueor & angor , tuo tempore hoc parari.    Sed Dei fortasse alia est cogitatio , & illius profecto sententia obtinebit.    Tu interim bonum habeto animum , & quibus repagulis fluminis impetus coerceri possit , pro tua sapientia cogitato , & vale optime. Ex Hasthaffenburga pridie Kalendis Septembris. M. CCCC. LVII.

Sequitur deinde priuilegium impressorium \ *Maximiliani I.* Imp. *Renato Beck* ciui & chalcographo Argent. concessum.

*Io. Guidae* disticha quaedam :

*Germanos vario describens ordine ritus*
    *Siluius Aeneas , res , loca , templa , vias.*
*Toxica commiscet scriptis tibi Roma fauendo ,*
    *Mellitis nostras & nimis ardet opes.*
*Lector adesto sagax , latet en sub melle venenum ,*
    *Laudamur , nostras vt tribuamus opes.*
*Sanctio concilii damnatur Basiliensis ,*
    *Quam iuri nixam Francia docta colit.*    Epi-

Epiſtola nuncupatoria *Iac. Wimphelingii* ſacr. liter. licent. ad *Albertum* Brandeburgicum; Maguntinae & Magdeburg. eccl. archiepiſcopum, S. R. I. principem electorem, per Germaniam Cancellarium, eiusdemque primatem haec eſt: " Reuerendiſſi-
„ me pater, & princeps excellentiſſime! *Aeneae Syluio* multis an-
„ nis in Germania verſato, Germanicoque ſauore & imperato-
„ riae maieſtatis ( *Friderici III.* ) intuitu ad dignitatem Cardi-
„ nalatus aſſumpto, *Martinus Maior, Theodorici* Erbacenſis prae-
„ deceſſoris tui epiſtolarum magiſter, nonnulla Germaniae gra-
„ uamina pateſecit, quae principes imperii perferre nequirent.
„ *Aeneas* vt Italus, noſtrum veritus aurum ſuae nationi ſubdu-
„ ci, *Martini* querelas multis verbis confutat, ac Germaniae
„ blandiens, eius vrbes, templa, familias, nobiliſſimas praeci-
„ pue domos, dulcibus praeconiis exornat. Tuum inprimis auum
„ *Albertum* Brandenburgicum ( quem Teutonicum Achillem vo-
„ cat ) ſummis de prudentia & re militari laudibus afficit, prin-
„ cipum ac magnatum, ſiue comitum & baronum filios, ad epi-
„ ſcopatus aſſumendos eſſe aſſeuerans, noſtrates tamen etiam
„ pontifices & eorum contribules tum luxus, tum ſacrilegii ar-
„ guens, aurum noſtrum ſitire videtur. Quod igitur *Martinus*
„ ( ſi ſuperſtes foret ) indubie facturus erat, id oneris amicorum
„ ſuaſu deſumpſi, Germanus pro Germano, Heydelbergenſis
„ pro Heydelbergenſi, imperii filius, pro imperio, vt ſicuti *Mar-*
„ *tino Aeneas,* ſic ego *Aeneae* per replicas ( vti vocant ) reſpon-
„ derem: quas nulli potius dedicandas, quam ampliſſimae tuae
„ magnificentiae, excellentiſſime princeps, iudicaui, vt ſicut ab
„ aurea Maguntia per *Martinum* Cancellarium conqueſtiones
„ Germanorum exortae ſunt, ſic ad eam mea qualiscunque con-
„ firmatio, a ſacris litteris iureque pontificio nequaquam aliena
„ reuertatur, quam tua magnificentiſſima paternitas, pro ineffa-
„ bili tua virtute & doctrina, apud me clariſſimi cuiusdam co-
„ mitis ore, probatiſſimorum hominum litteris ſaepe praedica-
„ ta, pie ſuſcipere, clementer audire, ac felici auſpicio tutari
„ dignetur. Neque enim ad excitandam rebellionem *Aeneae* re-
„ ſpon-

„ fpondeo, qui femper inobedientiae ofor fui , ( Matth. XXII.
„ Rom. XIII. I. Pet. II. ) quae omnem ecclefiae & imperii or-
„ dinem turbat, factiones fufcitat, difciplinae refiftit, & facris
„ literis inimicam vendicat libertatem.   Nec *Aeneae* dicta refel-
„ lere coepi, vt cogitem ad almae Vrbis minifteria reftringenda,
„ in qua fi quifpiam ex noftratibus bonarum litterarum cultor,
„ apud honeftum praelatum vitae fuae ac honori fufficientiffi-
„ mum nactus facerdotium huc redeat , eiusque fundationi &
„ fundatoribus, totiusque ecclefiae faluti, pfallendo facrifican-
„ doque refpondeat , cenfuumque ac monimentorum curam ha-
„ beat, ne ( vti in patria mea ) oblitterentur, quisnam illum,
„ non & adiuuare & fingulari amore profequi dignaretur ?  Si-
„ cut neque te clariffime pater, non ab omnibus virtutum ama-
„ toribus coli, diligi, & obferuari, mihi vnquam perfuaderi po-
„ teft, qui licet clariffimus, clariffimi principis electoris fis filius,
„ te tamen nec veftis , neque muneris pontificii piget aut pudet,
„ neque maiorem equorum, canum, ferarum , & fifci, quam ani-
„ marum & pauperum habes rationem.   Animarum inquam ,
„ quae vitiorum diffimulatione ac fynodorum defectu pereunt,
„ in quibus fanctiones prouinciales facro iuri innixae, & a fa-
„ crofancta fede apoftolica confirmatae repeterentur : admone-
„ renturque a Latinis oratoribus hii, qui ex Chrifti patrimonio
„ viuunt, amafias & nothos ( pauperibus & confanguineis prae-
„ teritis ) fub Chriftianae fepulturae carentia, ex teftamento
„ nequaquam inftituere haeredes. ( De teftam. & vlt. vol.) Pau-
„ perum inquam , quos diuinae & pontificiae litterae canunt ,
„ non folum ex ecclefiafticorum ( vt boni fint difpenfatores )
„ abundantia pafcendos, fed & pontificibus fingulariter debere
„ effe commendatos, qui fanctorum patrum decretis & euange-
„ lio fidem habent, noftris contra *Aeneam* replicis haud fefe lae-
„ fos arbitrabuntur, quibus omnes fana doctrina veraque Chrifti
„ religione pollentes confidimus aftipulari. Dominus Deus clarif-
„ fimam tuam celfitudinem, ad felix ecclefiae tuae nobiliffimae
„ regimen , ad facrofancti Imperii Romani incrementum , ad

„ to-

„ totius cleri gloriam & libertatem conseruandam longaeuum
„ conseruet. Ex eremo XIV. Kal. Iunii. Anno virginei par-
„ tus, XV. post millesimum, quingentesimum. „

*Nicol. Gerbelius* prolusit carmine ad gloriam immortalem
Leonis X. ecclesiam reformare cupientis: vti *Othmarus Nacht-
gall* (Luscinius) Argent. de zelo Leonis X. P. deque frugalitate
ad ecclesiasticos:

*Nudus quum tua sit sors Christus presbyter, auri*
  *Cur tua tam torquet viscera sacra fames.*
*Quam facile aereae pergunt sine mole volucres,*
  *Tam viues tenuis si tibi victus erit.*
*Saepe rates ventus grandis male quassat onustas,*
  *Dum leuis in portum cymba repente volat.*
*Quid refert, si non niteat tibi multa supellex.*
  *Candidus at sit amor, spesque fidesque Dei.*
*Sufficit exiguus virtuti census, inerti*
  *Si tumeas fastu, quid satis esse potest.*
*Non mihi multorum cedant stipendia soli.*
  *Ne fratri rapiens, scandala saeua ferant.*
*Nec fas ad luxum finit vt res suppetat vlli,*
  *Pontificisque recens sanctio sacra vetat.*
*Hic decimus domini caulas Leo protinus implet,*
  *Dum passim sentes desecuisse cupit.*
*Sauciat aethereos animos scelerata cupido,*
  *Ne se vincta tricis tollere possit humo.*
*Exemplo es diues opibus damnate cruentis*
  *Lazari erat dum mens libera iuncta Deo.*
Vuimphlingi *haud aliter praesens docuit liber aetas,*
  *Subdita cui quondam nostra tenella fuit.*

Tandem sequitur *Aeneae Syluii* S. R. E. Cardinalis ac Senensis episcopi responsio prolixa admodum & diffusa, ita vt libri potius formam molemque referat: a) quemadmodum ipse

fate-

---

a) *Aeneas* autem, vt aduertit *Herm. von der Hardt* in concil.

fatetur auctor in epist. ad *Antonium* tituli S. Chryfogoni S. R. E.
Presbyterum Cardinalem, & epifcopum Nerolenfem Romae Kal.
Febr. 1458. exarata. Illius autem Meyerianae epiftolae partibus, vt fcribit *Edm. Richerius* hift. concil. general. L. IV. P. I.
C. I. p. 6. *Aeneas Syluius* Cardinalis Senenfis *non figillatim
refpondit, fed quibusdam tantum, quatenus conducere arbitratus eft ad Curiae Romanae potentiam & dominatum magis fla-
biliendum.*

*Barth.* (*Latomus*) *Arlunus* ad lectorem tetraftichon fubiecit:
  *Quem iuuat exiguis Germanos vifere campos*
    *Sumptibus, & culti nofcere dona foli*
  *Hanc peragret filuam flores quae fundit amoenos,*
    *Atque refert variis munera grata locis.*

*Wimphelingius* vero refponfa & replicas ad *Aeneam Silnium,*[*]
ad falutem & decorem S. R. I. amore patriae Germanicaeque na-
tio-

cil. Conftant. T. I. P. V. pag. 185. potius hoc nomen libello dedit : *Defcriptio de ritu, fitu, moribus, & conditione Germaniae*, qui mox Lipfiae, inuenta nuper typographia, eodem feculo typis excufus prodiit. Eft enim
haec libelli infcriptio : *Enee Siluii* de ritu, fitu, moribus,
& condicione Theutonie defcriptio. Ad lectorem :
  *Germanos mores vrbes & religionem*
    *Climata Theutonici & flumina cuncta foli*
  *Nomina quae gentis quam clara Alemana poteftas*
    *Hic legis* Aeneas,, *quod pius ipfe dedit.*
*In fine :* Finit *Enee Siluii* feu Pape Pii de ritu, fitu, moribus ac condicione Almanie opus celeberrimum, ac lectu
iucundiffimum, accuratiffimumque per Baccalarium Wolfgangum Stockel de Monaco, opidanum Liptzenfem Lyp-
tzick impreffum & bene emendatum Anno a natiuitate Crifti 1496. Die vero nona menfis Aprilis 4to *in Bibl. Riegger.*
Extat idem libellus infertus Aen. Silu. Oper. edit. Bafil.
1571. f. pag. 1035. Laudatur etiam edit. Rom. 1584.
Vid. *G. Cauei* hift. liter. fcript. ecclef. Vol. II. in append.
*H. Whartoni* p. 175. *Aeneae Sylvii* Germania excerpta ex
eo libro, quo grauamina nationis Germanicae a *Mart. Meye-
ro* IC. Maguntino fedi Romanae obiecta diluit, ap. *Schard.*
T. I. p. 449.
[*] Tres funt *Aeneae Sylvii* ad *Mart. Meyerum* epiftolae, quae
huc

tionis confcripfit : quae etiam infertae *Melch. Goldaft.* polit. imper. P. XXIII. n. 4. p. 1045. & *Freheri* fcript. Germ. T. II. p. 687.

Sunt autem haec , quae *Wimphelingius* in medium protulit , omnino praeclara , & ad libertatem ecclefiae Germanicae
defendendam aptiffima : " Germaniam exaltatricem fuam *Aene-*
„ *as Siluius* iure laudat , Italus vero ipfe nationi fuae vehe-
„ menter ( vt decuit ) affectus , ne ad eam aurum fegnius mit-
„ tamus , nobis de culmine regio, a Graecis in nos translato ,
„ mellitis verbis blanditur, quod maiores noftri fuo fanguine &
„ ope Romanis exhibita pepererunt , blanditurque de domefti-
„ cis noftris, ecclefiafticisque opibus ac ornamentis. Et fi Ger-
„ mania labore partis aut frugalitate floreret opibus , an quic-
„ quam fuperuacanei poterit quotidianis vfibus fupereffe, fi no-
„ ftra templa , fi Dei cultum , fi noftras vrbes , fi vias & res-
„ publicas, fi patriam ( ab hoftibus ) fi xenodochia, fi pupillos,
„ fi puerulos expofitos, fi viduas, fi puerperas, fi morbo Gal-
„ lico fiue puftulis aut lepra infectos, fi ceteros valetudinarios
„ & mendicos, quorum porticus templorum plenae funt (vti Chri-
„ ftiana pietas exigit ) feruaturi fumus.

„ Quod *Aeneas* religionem a fuis ad nos profluxiffe gloria-
„ tur, inquiens : Roma vobis Chriftum praedicauit verum De-
„ um , cuius religio barbariem omnem generi veftro deterfit.
„ Fatemur ingenue Chriftum a clauigero & difcipulis eius ad
„ nos a Roma miffis nobis praedicatum, at ab eodem ( a quo
„ omne datum optimum ) ad fidem Roma ipfa illuftrata eft, quo
„ Germania : ideoque non minus pro accepta religione ad gra-
„ titudinem ( cuius nos *Aeneas* vult memores effe ) Roma
„ Chriſto, quam Germania Romae obnoxia effe videtur. Nam
„ &

huc potiffimum fpectant , fcilicet n. 338. 345. & 369. in
Oper. edit. Bafil. 1551. & 1571. fol. Conf. *Io. Ioach.*
*Müller* Reichstags Theat. Kaif. Friderich V. T. I. III.
Vorftell. C. VIII. p. 603. *feqq.* De variis editionibus epiftolarum vid. praecipue *Sig. Iac. Baumgart.* Nachricht. von
ein. Hall. Bibl. B. II. S. 170. & eiusd. Nachricht. von
merkwürd. Büch. B. I. S. 178.

„ & Petrus natione Iudaeus, ex Palaeftina veniens Romanis
„ Chrifti fidem praedicauit, eadem ergo radice, ne ingrati ac-
„ ceptique a Iudaeis beneficii immemores effe arguantur , au-
„ rum argentumque quotannis in Syriam, fi Chriftum profitere-
„ tur, effet transmittendum.   At diceret *Aeneas*, Petrum fedem
„ Romae, non Hierofolymis habuiffe.   Cui refponderi poffet,
„ eam prius Antiochiae fuiffe cathedram.   Verumtameu grati-
„ tudinem amplecti geftimus, eam vero , quae non tam fplen-
„ dore feculari & externis ceremoniis, quam imitatione mo-
„ rum, caftimonia, humilitate , modeftia , diuitiarum & deli-
„ tiarum contemptu , liberalitate in pauperes, caeleftium rerum
„ amore & deuota commiferatione in Chrifti crucem & paffio-
„ nem exhibetur, atque his virtutibus ab ecclefiae exordio ab
„ primis paftoribus (aurum haud emulgentibus) Germaniae prae-
„ dicatis ( in quibus iuxta *Roterodami* Moriam verus eft cultus
„ longeque caelitibus gratiffimus ) ingratitudinis vitium euadere
„ confidimus.   Fatemur enim, nos Chrifto multa debere , quo-
„ circa illi templa , facella, aras, & cultum inftauramus, & ma-
„ iores noftri ad eius honoris augmentum facerdotia fundarunt.

„ Addidit *Aeneas* ante baptifmi gratiam, nihil immundius,
„ nihil tetrius, nihil fpurcius natione noftra fuiffe : tanquam fo-
„ li Germani ante Chrifti fidem , falfos Deos, obfcoenaque vitia
„ fectati fint.   At non de Germanis fatyrici Latini cecinerunt.
„ Nec Paulus immaniffima & execrabiliffima Germanorum fla-
„ gitia in primo ad Romanos capite taxauit.   Quod autem *Ae-*
„ *neas* prifcis Germanis, maximum de filiis cacadaemoni litatis
„ crimen obiicit; id *Cicero* in oratione pro *Marco Fonteio* Gallis
„ tribuiffe videtur.   Et fi Germani tum gentiles ab hac impie-
„ tate dudum liberati funt , beneficium hoc ( *Aenea* tefte ) in
„ Adrianum Caefarem eft referendum , quotquot in nos ma-
„ gna & fingularia beneficia a Romanis collata *Aeneas* iacti-
„ tat, totidem & forte vix minora, noftrates Caefares ope
„ Germanorum in eos contulerunt.   *Carolus Magnus* quid ege-
„ rit pro eorum falute ? quid *Otthones* victoriofiffimi, quid ma-

„ gni-

„ gnificus *Sigismundus* , quid *Fridericus III.* pacificus , quid
„ pia eius proles *Maximilianus* , qui nifi Romam coleret, *Iulius*
„ fede fua pulfus fuiſſet : quid reliqui multi Germani ex tri-
„ tis hiſtoriis pueri probe norunt ?

    „ Neque nos religionem accepiſſe parui pendimus , pro qua
„ nos *Aeneas* Romae multa debere contendit , licet e diuerſo
„ nobis illa pro nobiliſſimae excellentiſſimaeque artis impreſſo-
„ riae per noſtratium ( Argentini cuiuspiam & Maguntini ) fa-
„ gaciſſimam ac vigilantiſſimam induſtriam inuento non nihil
„ debere videatur. Hac enim arte omnes optimae & fidei & mo-
„ rum doctrinae, diuerſis etiam linguis confcriptae in vniuerſum
„ orbem propagantur , hac arte litterae fummorum Pontificum
„ quae mandata , quae auctoritatem , quae fumme neceſſaria
„ Romanae fedis religionisque negotia continent , vna die a
„ duobus aut tribus ad dignitatem facrofanctae fedis Apoſtoli-
„ cae conferuandam magis magisque multiplicari ac diſſemina-
„ ri poſſunt , quam a librariis ducentis tota hebdomada fcriben-
„ do fatigatis. Cum itaque religioni facrofanctaeque Romanae
„ ecclefiae maximum fructum, atque leuamen attulerimus, cum
„ Chriſtianam religionem in nullo vacillantes, profiteamur, cum
„ pro ea fanguinem fundere ( *Aenea* teſte ) proni & parati fimus :
„ indigne pro noſtra finceritate, qua mandata ( vt par eſt ) reci-
„ pimus , condonationes fufcipimus , vrbem petimus, aes mitti-
„ mus, barbari vocamur. Si enim iuxta *Aeneam* religio barba-
„ riem deterfit, & nos religionem colimus & amplectimur, im-
„ merito & iniuſte foedo barbarorum titulo, vt fclaui & manci-
„ pia ( a quibus aurum emulgendum fit ) contaminamur.

    „ Verumtamen *Aeneas* illuſtriſſimam patriam noſtram, vr-
„ besque noſtras & facras aedes , munificis laudibus extulit ,
„ vt praeconiis forte dulcibus illecti ad fideliſſimas, fuaeque na-
„ tioni profuturas , admonitiones benignius aures noſtras ac-
„ commodaremus, & ad profundendam in exteros rem familia-
„ rem fimus beneuolentiores : quapropter conſtitutionem *Bafili-
„ enfis* concilii ( pro quo vel ipfe *Aeneas* ad Agrippinos fcripfe

F f                              „ rat )

„ rat ) *) a fapientiffimis iuftiffimisque patribus,facrofancti ductu
„ flaminis, conditam eneruare ftuduit, ne nos eidem, ficut ceterae
„ Chriftianiffimae nationes innixi, conftrictis marfupiis ad expen-
„ dendum aurum fimus tardiores. Nempe fanctio Bafilienfis fy-
„ nodi ab Eugenio indictae, ftomachum *Aeneae* mouet, veluti ad
„ hoc tendat, ne Germanica natio iuffionibus Apoftolicae fe-
„ dis obedire, & ne quid pecuniarum ad Romanam curiam de-
„ ferre cogatur. At ego neminem vel pontificum vel princi-
„ pum noftratium effe crediderim, qui iuffa pontificis maximi
„ honefta contemnat. Immo aurea Maguntia peculiarem fe Ro-
„ manae ecclefiae filiam profitetur. Nec vllos effe crediderim,
„ qui prohibeant pecunias fummo omnium noftrum paftori &
„ patri debitas transferri. Pergunt nihilominus illuc noftrates
„ quotidie peregre, pro referuatis, gratiis & difpenfationibus
„ aurum expenditur, caufae ( etiam prophanae ) ne dum per
„ appellationes illuc trahuntur. Condonationes ( in quibus vel
„ fedes Apoftolica, vel ordo fcriptorum parte fua gaudet ) nulla
„ natio promptius fufcipit, quam Germanica. Epifcoporum &
„ Abbatum quorumdam noftratium confirmationes nunquam va-
„ cuis ad nos manibus reductae funt. Quod ante haec fecula no-
„ ftri praeftitere maiores, quod legitimum eft, quod iuftum eft,
„ quod tolerabile eft, id ammodo praeftitum iri nemo noftra-
„ tium refragabitur: at plus aequo a nobis emungi. Corinthio-
„ rum fimiles nos facit, ad quos arguendos electionis vas into-
„ nabat. Sufiinetis, fi quis vos in feruitutem redigit, fi quis de-
„ uorat, fi quis accipit.

„ Tametfi Bononia, Perufini, ecclefiae vicarii, & reliqui
„ populi ecclefiae Romanae fnbiecti, aut nihil, aut quantum
„ velint ( quod *Aeneas* lamentabiliter meminit) conferant: ideo
„ ne nos noftra immoderatius elargiri vlla lege cogemur? Quod
„ autem Roma, tot & fere innumeros miniftros, diuerfisque mu-
  „ ne-

---

*) V. C. *Kollarius* in analect. Vindob. T. II. col. 686. feqq.
primus in lucem protraxit Aeneae Siluii *libellum dialog.
de general. concil. autt. & geft. Bafil.*

„ neribus praefectos habet ( vt *Aeneas* ait) quos indies multipli-
„ cari dicunt, ea ne de cauſſa res familiaris Germanorum ex-
„ haurienda eſt ? Operoſum ſane eſt, Romam omnium cauſſa-
„ rum iure fori pertractandarum pondera ſolam ſuſtinere, at
„ ſunt ( praeter imperatoriam iurisdictionem ) in noſtris quoque
„ terris clariſſimae metropoles, iurisprudentia & integritate iu-
„ dicum ſuffultae, ad quas a noſtris cathedralibus ( quae proxi-
„ mam iudicandi ſedem habent ) ſi quispiam ſe oppreſſum ra-
„ tus fuerit, per appellationem refugium habere poſſet. Quemli-
„ bet autem noſtratium vel prophanum proximo ſuo iudice con-
„ tempto, pro re leniſſima, ex vindictae quandoque liuore &
„ propria in perſona ( vti expertus ſum ) ad Romanum tribu-
„ nal trahi, aequum eſſe, diuus Bernardus nequaquam iudicabat.
„ In arduis tamen & grauiſſimis cauſſis Romam appellandum
„ ( vbi ſuprema & maxima poteſtas, vbi ſumma prudentia, iu-
„ ſtitiaque viget ) inficias ibit nemo.

„ Quocirca ſi Caeſari , ſi noſtris reuerendiſſimis archiepiſco-
„ pis, & reuerendis epiſcopis, ſua iudiciaria poteſtas inconcuſſa
„ maneret, ſacroſancta ſedes Apoſtolica, tanto laborum pondere
„ ac moleſtia nequaquam obrueretur. Nam neque Germanis ſtu-
„ dium ac integritatem deeſſe, vltro *Aeneas* illis aſtruit verbis :
„ *Vidimus iudicia veſtra, & conſiliis veſtris , quae de republica*
„ *gerebantur , ſaepe interfuimus, omnia & prudenter & grauiter*
„ *adminiſtratis. Nec facile a recto tramite deflectimini, nec vobis*
„ *ciuiles leges, nec iura deſunt pontificalia, litterae quoque &*
„ *omnium bonarum artium ſtudia apud vos florent.* Nec video,
„ curnam lex Baſilienſis tantopere ſpernenda confutandaque ſit :
„ quippe quae nihil mea ſententia continet, niſi quod Dei gloriam
„ fouet, quod ratio ſuadet, quod aequitas poſtulat, quod naturae
„ lex ſuggerit, quod canones mandant, quod religioni & honeſto
„ conſentaneum eſt. Commemorat enim, quipam eccleſias ere-
„ xerint, ſacerdotia dotauerint, in eisque idoneos miniſtros in-
„ ſtituerint ad propagandam fidem, ad bonos mores, & exem-
„ pla virtutum, ſicut & Clemens V. iuſtum eſſe conformiter de-

„ cre-

„ creuerat his verbis: ( Clem. I. de aetate & qualitate ) *Cum*
„ *ecclefiae,quibus praeficiuntur perfonae minus idoneae, fcientia,*
„ *moribus vel aetate, grauia propter hoc ( vt docet experientia)*
„ *perferant in fpiritualibus & temporalibus detrimenta: & re-*
„ *liqua.* Quamobrem Clemens vt bonus ouium Chrifti paftor,
„ prudensque & fidelis facerdotiorum difpenfator, epifcopis di-
„ ftricte iniungit, vt ftatuta canonica fuper praeficiendis perfo-
„ nis & obferuent, & faciant a fuis obferuari, fi diuinam offen-
„ fam & fedis Apoftolicae debitam vitare velint vltionem. Non-
„ ne idem eft noftra aetate Deus ? nonne eadem fedes Apoftoli-
„ ca, quae fuit tempore Clementis : quorum offenfa & vltio
„ fit pertimefcenda ?

„ Haud ab re igitur pia fanctio fynodi Bafilienfis ( cui fa-
„ pientiffimi ac praeftantiffimi patres interfuere ) narrat, a fan-
„ ctis patribus fanctos canones conditos effe pro felici regimi-
„ ne ftatus ecclefiaftici : quodque, quamdiu canones illi ob-
„ feruati fuere, in Dei ecclefia floruerit honeftas, difciplina, re-
„ ligio, pietas, charitas, & pax, & quod ex ambitione & aua-
„ ritia ( quae patrum decreta contemnit ) fubfequutae fint :

„ Morum corruptiones atque deformationes.

„ Status ecclefiaftici dehoneftationes.

„ Vfurpationes grauiffimae.

„ Praefertimque haec fieri per praelaturarum & dignita-
„ tum, aliorumque beneficiorum ecclefiafticorum refernationes,
„ & per

„ Gratiarum ad vacatura beneficia expectatiuarum,a iure val-
„ de exorbitantium multiplicationes, & per

„ Innumerabiles concefliones, grauiffimaque, & importabilia
„ onera,

„ Quibus ecclefiae & perfonae ecclefiafticae afflictae, oppref-
„ fae, & quafi ad internecionem redactae his diebus confpiciun-
„ tur. Nam

„ Ecclefiarum & beneficiorum pecunias indigni exterique
„ occupant.

„ Ma-

„ Maiores dignitates opulentioraque beneficia perfonis con-
„ feruntur incognitis & non probatis.

„ Pauci in ecclefiis refident , quia cum fint plurales , vbi-
„ que refidere & praefentias deferuire non poffunt , vultusque
„ commiffi fibi gregis non agnofcunt.

„ Animarum cura neglecta , temporalia lucra folummode
„ quaeruntur.

„ Chrifti cultus diminuitur.

„ Animarum cura negligitur.

„ Subtrahitur hofpitalitas.

„ Ecclefiarum iura depereunt.

„ Ruunt aedificia.

„ Populi denotio attenuatur.

„ Clerici fcientiis & virtutibus effulgentes, qui in aedifica-
„ tionem plebis vacare poffent , & qui pro animarum & eccle-
„ fiae publicis confiliis forent opportuni , diuinarum humana-
„ rumque fcientiarum ftudia deferunt , propter promotionis ad
„ beneficia fpem eis ablatam.

„ Votum alienae mortis oritur.

„ Lites infinitae , contentiones , & rixae, rancores, & odia ,
„ inter Chrifti miniftros fufcitantur, nutriuntur, atque fouentur.

„ Pluralitatis beneficiorum execrabilis ambitio fouetur.

„ Pauperes clerici cum rerum fuarum difcrimine per calum-
„ niofos cauillofosque opprimuntur.

„ Beneficia per litium anfractus iniufte faepius occupantur.

„ Beneficia inofficiata relinquuntur.

„ Beneficia fimoniace acquiruntur.

„ Iuuenibus bonae indolis euagandi licentia praebetur , qui
„ litteris & virtutibus intendere deberent.

„ Praelatis & ceteris ordinariis collatoribus ius fuum atque
„ minifterium aufertur.

„ Ordo ecclefiae hierarchicus confunditur. Plurima aduer-
„ fus diuina atque humana iura in animarum pernitiem & ec-
„ clefiarum oppreffionem & conculcationem perpetrantur.

F f 3                          „ Cum

„ Cum pace & venia *Aeneae Syluii* difcernant boni & aequi
„ iudices,qui faltem enixe penficularunt,fi non ecclefiis parochia-
„ libus,ad quas gratiae apoftolicae & referuata fe non extendunt,
„ dum vacauerint, de idoneis paftoribus celerius & maturius
„ prouideatur, quam his,quae fub referuatis aut gratiis cadunt,
„ quippe quae interdum propter diuerfos collitigantes, varias-
„ que ipforum folertias aut vafritias ad biennium aut trienni-
„ um, certo & idoneo paftore caruerunt : cumque vix tandem
„ aliquis collitigantium, victor aliorum in parochia aliqua vt-
„ cunque euaferit, vel in ea perfonaliter non refidet, vel fi
„ refidet, non praedicat, nec cancellos afcendit, vt faltem pro
„ fummo pontifice, & pro facrofancta ecclefia Romana, pro-
„ que Caefarea maieftate, aut contra Turcas ad Deum preces
„ a populo fieri exhortetur. Non fic vfu euenit de ecclefiis
„ quibusdam parochialibus, ad quas contentiofi per gratias apo-
„ ftolicas aut referuata non afpirant, ad quas omnes, cum va-
„ cant, e veftigio de idoneis rectoribus, falubriter absque lite,
„ absque multa pecuniarum effufione prouidendas, vel vniuer-
„ fitates, vel fenatus, vel ecclefiarum tutores, vel deputati,
„ vel capitula ftatim deliberant, & ad Dei honorem animarum-
„ que falutem bonos ac doctos viros eisdem absque controuer-
„ fia & litibus praeficiunt,qui perfonaliter refidentes, per feipfos
„ euangelium praedicant, populum verbo & exemplo aedificant,
„ ac fuas oues in viam falutis, vt veri paftores, dirigunt, de quo
„ fanctiffimi in Chrifto patres fummique cunctorum fidelium pa-
„ ftores & fructum fpiritualem confcientiarum fuarum maiorem,
„ tranquillitatem, & pacem, animarumque fuarum coram Deo
„ iuftiffimo iudice releuamen confequuntur, quippe qui de ani-
„ mabus omnium Chrifti fidelium exactiffimam Domino Deo ra-
„ tionem in extremo & horrendo iudicio funt redditui, ficut
„ & Iulius II. in exordio bullae fuae contra Ioannem Benti-
„ uolum armis (vtinam in Turcas conuerfis) Bononia pulfum
„ ingenue confitetur, & Platina recenfet in Caeleftino.

„ Eft etenim ( *Aenea* tefte ) pontificis maximi proprium mu-
„ nus,

,, nus,Chrifti oues vbique exiftentes pafcere. Pafturam autem eam
,, effe oportet, quae in caulas Domini, hoc eft, in viam falutis,
,, omnes ( fi poffibile fit ) perducere conetur.  Conueuit ergo,
,, Romanum pontificem maguum facerdotem curare, vt euange-
,, lium Chrifti ( quod eft optimum pabulum ) omnibus fincere
,, praedicetur, vt omnes errores , omnis blafphemia , omnis
,, plantatio, quam Chriftus non plantauit, eradicetur, vt pellan-
,, tur a finibus Chriftianis impugnatores noftrae religionis , vt
,, fchifmata remoueantur, vt bella fopiantur , vt furta, rapinae,
,, incendia, homicidia, adulteria, ebrietates, crapulae, conten-
,, tiones, fimultates, odia, rixae de medio tollantur , vt pax
,, & iuftitia ofculentur , vigeatque concordia, vt honoretur Deus,
,, & illi laudes atque hymni canantur.

,, Ad remouenda vero fchifmata, ad blafphemiam, ad bel-
,, la, ad furta, & cetera ( quae recenfuit *Aeneas* ) flagitia diffua-
,, denda ipfis fummis pontificibus efficacius cooperaturi funt,non
,, ephebi, non mulorum duces, non citationum infinuatores ,
,, fed iuris pontificii, diuinarumque litterarum periti, tum in
,, concionibus, tum in explandis, ( in auriculari confeffione )
,, confcientiis: bono nimirum fpiritu lex Bafilienfium decreuerat,
,, tertiam praebendarum partem facrarum litterarum doctis effe
,, conferendam.  Sciebant enim optimi patres, doctos & exem-
,, plares theologiae profeffores ex facris litteris fanctae Romanae
,, ecclefiae dignitatem tueri , & plebem ad officium inflectere
,, poffe, ficut Dominus praepofitus *Gabriel Biel* ( ab ingeniofo
,, theologo *Ioanne Eckio* fic vocatus ) in fchifmate Maguntino
,, fubtiliter fcribendo & conftanter praedicando accuratiffime fe-
,, cit, & extant hodie qui fummi pontificis maximam auctorita-
,, tem,reuerendiffimorum patrum Cardinalium gloriam,ac omnem
,, libertatem ecclefiafticam , fcriptis, lectione, difputationibus ,
,, piis monitis, concionibus rationabilitur defendere, extollereque
,, poffent, fiquidem hac noftra aetate ad obedientiam , ad pa-
,, cem, ad virtutes, populus facra doctrina, piis monitis, fe-
,, cretis confiliis, ac bono vitae exemplo, & concionibus, facilius

„ inducitur, quam acrimonia, pompa, minis, terroribus, ar-
„ mis aut cenfuris. Sacrofanctae igitur Romanae ecclefiae, fum-
„ misque pontificibus non folum in aula, in cubiculis, iu penu,
„ in coquina, in piftrino, in equorum carceribus apud Tyberim,
„ fed etiam in aquilone, a diuinarum pontificiarumque littera-
„ rum cultoribus poteft fideliffime vtiliffimeque inferuiri.

„ Quicquid de aliis facerdotiis a Roma ( quae *Aenea* tefte fa-
„ crarium eft veritatis & vnicum religionis domicilium ) actum
„ fuerit, circa tamen illa, quibus animarum cura cohaeret ( vt
„ funt decanatus & parochiae ) tempeftiuiffima, circumfpectiffi-
„ maque per bonos viros, moribus & doctrina probatos, quorum
„ Germania fcatet, nedum in gymnafiis, quorum non pauca
„ poft *Aeneam* erecta funt, prouifio & Deo gratiffima, & fummis
„ pontificibus maxime decora, animabusque mortalium faluber-
„ rima effe videtur, ne fit populus Domini, ficut oues absque pa-
„ ftore. Cum vtique honeftius fanctiusque fit, ouibus Chrifti in
„ Chriftiana vita fideliter inftituendis, de bonis idoneisque pafto-
„ ribus prudenter confulere, quam barbaris & indoctis folum
„ paftorum nomen habituris, de lana, lacte, Cerere, & Bacho,
„ auro, argento, in luxu ac otio pafcendis, ex carnali affectu aut
„ vilis obfequii contemplatione prouidere. Et inuenirentur in Ger-
„ mania non turpium fabularum, fed omnis nobiliffimae philo-
„ fophiae, Chriftianarumque litterarum, ac iuris pontificii ad-
„ prime docti, fine tamen penfionibus, prouinciam parochiarum
„ ftudiofe regendarum ( fi vocarentur ) fubituri, quibus ad eas
„ alioquin ( ficut neque ad canonicatus ) nihil loci patere poteft.
„ Studii enim aeftuantes amore, iuuentutis florem vel in pene-
„ tralibus, vel in mulorum carceribus apud exteros delitefcendo
„ ignauiter confumere recufarunt, fiquidem eos genius fuus a
„ lucro traxit ad virtutem, a diuitiis ad difciplinam, ab otio
„ aut turpi minifterio ad honorificas litteras, quas ad ornatum
„ animae, ad conciliandam Dei gratiam, ad aedificationem mo-
„ rum, ad inftructionem fimplicium, ad dignitatem facrofanctae
„ fedis Apoftolicae tutandam, ad concionandum, ad patrocinia

„ pau-

„ pauperum, ad miniftrandam iuftitiam, & ad Chriftianam re-
„ ligionem plantandam accommodatiffimas effe cognorant: quod
„ fi ingenio adhuc vegeto difcurrerent, fi labores rufticos per-
„ ferrent, fi fcriptionibus, fi gratiis, fi referuatis, fi penfioni-
„ bus ( auro quandoque numerato redimendis) intenderent, ad
„ munus indies ecclefiafticum, diuinis laudibus & animarum
„ faluti, fummisque pontificibus,ac toti ecclefiae profuturum fte-
„ riles forfitan efficerentur.

„ Cum autem nullum Deo gratius facrificium fit, rememo-
„ ratione dominicae paffionis, fi docti & modefti ad facrifican-
„ dum prompti praebendas acciperent, fi plura fufficientia fa-
„ cerdotia in plures facerdotes faepius, quam vnus aut pauci fa-
„ crificantes, iuxta veram iuftitiam diftributiuam diuiderentur:
„ tum pontifices maximi, Caefareaque maieftas plures forti-
„ rentur pro fua falute interceffores, immo & excelfus reue-
„ rendiffimorum patrum cardinalium coetus, ac totius ecclefia-
„ fticae dignitatis fplendor multorum doctrina excellentium,con-
„ filio, eloquentia, & fapientia felicius in fua celfitudine confer-
„ uari poffet. Hoc eft ( ni fallor ) quod lex concilii Bafilienfis
„ intendit, vt euangelium Chrifti omnibus fincere praedicetur,
„ vt a multis honoretur Deus, vt a multis Deo laudes atque
„ hymni decantentur, hoc eft, quod & nos ipfi volumus, vt mul-
„ ti fint, qui Deo feruiant, Deum laudent, finguli in fingulis
„ fufficientibus facerdotiis Deum honorent, atque facrificent,
„ vt & fummi pontifices & imperatores, totaque ecclefia de il-
„ lo facrificio ( quo nullum efficacius ) fructum acquirat, ho-
„ ftes vincat, pacem & incolumitatem accipiat, gratiam hauriat,
„ & gloriam confequatur fempiternam. Et quoniam lex illa Ba-
„ filienfis religionem a Romanis acceptam, cupit propagari,
„ diuinum cultum augeri, animarum falutem procurari, officia
„ a facerdotibus impleri, vltimas voluntates expleri, vitia euel-
„ li, virtutes inferi, non vsque adeo veluti facrilega vltra Sau-
„ romatas explodenda effe videtur. Lex, inquam, culus editio-
„ ni inter ampliffimos conftantiffimosque alios patres, *Iulianus*

F f 5

„ fau-

„ fanƈti Angeli Cardinalis, *Cufanus* item noƈter , & *Ludouicus*
„ Arelatenfis ( quem miraculis claruiffe perhibent ) interfuere ,
„ quam & totum Franciae regnum , doƈtiffimis & integerrimis
„ refertum, fufpicit , ampleƈtitur , fouet , eique innititur , ex ea-
„ que fecuritatem & innocentiam fua opinione defumens , pri-
„ matem fuum colit , feu patriarcham , quali nobiliffima Germa-
„ nia non caret, cuius magna eƈt auƈtoritas : nam & ei vel Ar-
„ chiepifcopi obedientiam debent. ( Diƈt. XCIX. de primatibus.)
„ *Retineat* ( inquit Gregorius) *apoƈlolica fedes proprium vigo-*
„ *rem , at a fe conceffa aliis fua iura non minuat.* Quae quia
„ mater eƈt , non nouerca, & ( vt *Aeneas* teƈtatur ) tutus portus
„ affliƈtorum, & dulce refugium miferorum , fciensque ex Gre-
„ gorio ad Marianum epifcopum Rauennatem , non plus pecu-
„ niae , quam animabus ƈtudendum ( quoniam redemptor noƈter
„ a facerdotls officio non quaerit aurum, fed animas ) Chriƈtia-
„ niffimam & obfequentiffimam Germaniam maternis tandem
„ alis compleƈtatur. Quae cum ( *Aenea* teƈte ) hofpitalis fit ,
„ humaniffima fit , & quae pauperibus , quae pueris & liberis
„ ( foeminas non faƈtidiens) plena eƈt, leuiorem ei, tolerabiliorem-
„ que farcinam imponat ; Gregorii Magni exemplo, qui fufce-
„ ptis a Patritio Galliarum quadringentis folidis immortales gra-
„ tias egit.

„ Germaniam ergo benigniffima noƈtra mater & facrofanƈta
„ fedes Apoƈtollca ( apud quam fumma conƈtantia , fumma ve-
„ ritas , fumma religio ) hac faltem pietate , largitionumque mo-
„ deratione dignetur , vt Archiepifcopis noƈtris & Epifcopis in-
„ tra paucos annos e vita hac mifera fublatis , mitius , clemen-
„ tiusque cum fuccefforibus agatur : quod enim illi praeƈtant ,
„ idipfum plerumque a miferrimis agricolis & ciuibus, cleroque
„ ( maxime rurali) corraditur & emungitur , quo perfaepe pa-
„ tresfamilias pro liberis educandis , ipfique facrificuli , quorum
„ beneficia nonnunquam opulentiffimis incorporata funt , pro vi-
„ ta fuƈtentanda opus haberent , ne feditio tandem vulgi faepe
„ de hac re murmurantis ( vt his auribus, Deum teƈtor, audiui)
„ in

„ in ecclefiafticos fuboriatur, neue Bohemicum virus ( quod ab-
„ fit ) latius ferpat. Haud ab re *Leo II.* Platina auctore & *Lu-*
„ *douicus* Galliae rex inter diuos relatus largitiones iftas inter-
„ dixerunt.  Durum equidem eft, non quadringentorum, quibus
„ Gregorius gratias agens fatiabatur, fed viginti aut eo amplius
„ millium aureorum nummum exactione clero & plebi nuper
„ impofita, & ea quidem nondum diffoluta, propter nouum
„ Archiepifcopum aliam & aequalem propediem popularibus &
„ Chrifti miniftris impofitum iri : potiffime cum veterem pro
„ pallii vfu iam pridem praeftitam fummam decem duntaxat
„ millium fuiffe, memoriae proditum fit, quae quia a praedecef-
„ fore reddita non eft, fucceffor fuam decem, & antecefforis
„ aequalem diffolui neglectam tradere cogebatur , quibus in
„ fcrinium feu regiftrum ad pofteritatis memoriam forte con-
„ fignatis viginti millia vfque ad noftram aetatem ab omnibus
„ Archiepifcopis exigi dicuntur.  Confideret quoque pia ma-
„ ter noftra propter noua officia indies ( vt fama eft ) excre-
„ fcentia pro confirmationibus fummam augeri : thelonia prin-
„ cipum electorum declinari , prouentusque diminui : propter
„ bella & bellifequos multam tellurem iacere incultam : venas
„ montium mineralium ( quos *Aeneas* tanquam terrarum noftra-
„ rum explorator egregie recenfet ) effe exinanitas : *concordatis-*
„ *que principum, \*)* quibus edendis *Aeneas* affuit, exemplo Califti
„ ipfo tefte, pia mater non contraueniat,ftygios regreffus nonnun-
„ quam falfos & fictos ( quod in me ipfo expertus fum ) ordi-
„ nariis collatoribus intolerabiles eneruet : per campliffima re-
„ feruata curialibus etiam molefta , non vfque adeo & tam
„ crebro Germaniam grauet , nec innumeras ad vnum collato-
„ rem gratias in terris, ecclefiae Romanae non fubiectis, con-
„ cedat , quod non folum lex Bafilienfis, verum etiam *Aeneas*
„ ipfe illegitimum ludicauit.

„ Lex enim praeter damna in prooemio recenfita , alia
„ etiam

*) Vid. in *concordat. nat. German. integr.* T. I. p. 16. feqq.
& p. 135. feqq.

„ etiam oriri incommoda narrat , ex multiplicatione gratiarum
„ expectatiuarum.  Primo quod clerici in gratiis confisi , patri-
„ monium & parentum opes exhauriunt : secundo quod hi , qui-
„ bus aut maior proximum circumueniendi astntia , aut ad
„ litigandum facultas suppetit vberior , beneficia sibi vendicant :
„ tertio quod sub inuolutionibus praerogatiuarum , aut antela-
„ tionum, & aliorum gratias eiusmodi concomitantium plurimae
„ fraudes committuntur.  *Aeneae* autem verba haec sunt : *Ve-*
„ *rum esse fatemur , huiusmodi gratias non esse omnino proba-*
„ *biles , eisque fortasse moderatius esset vtendum , nam passim*
„ *concedi quibusuis hominibus , & ad vnam collationem multos*
„ *concurrere, haudquaquam probamus, non ambigimus , diuum*
„ *Calistum si paululum a molestia Turcarum requieuerat , huic*
„ *rei prouide occursurum, qui & hanc gratiarum consuetudinem*
„ *ab initio sui pontificatus abolere voluit.*  Ecce, quomodo *Aeneas*
„ defert huic Basiliensi constitutioni , & ego nihil hic impium,
„ nihil improbandum , nihil detestandum , nihil a ratione alie-
„ num video ,  tametsi *Ludouicus Delphinus* , in sacrosanctum
„ concilium Basiliense dirimendum ( Platina teste) cum maxi-
„ ma patriae parentumque meorum iactura ab Eugenio sit la-
„ cessitus.

„ Impetrare igitur studeat natio nostra de sede apostolica
„ non male merita ,  ne *concordata principum* casssentur ,  ne
„ preces regine in mensibus ordinariorum reiiciantur , ne or-
„ dinariis collatoribus per reseruata aut regressus ius suum aufe-
„ ratur , quod neque *Aeneas* probauit.  Cuius profecto haec
„ verba sunt : sicut indignum est ordinarios cuncta sibi retine-
„ re , pari modo detestabile censemus, apostolicam sedem vel
„ nihil vel parum illis dimittere. Impetret quoque natio nostra
„ a matre sua ( quae subditos suos iuxta *Aeneam* vt filios, non
„ vt seruos habet) ne seculares suo iure patronatus priuentur
„ per quod ceteri a sacerdotiorum fundatione absterreantur,
„ sicut in cathedralibus aliisque Germaniae ecclesiis , a regi-
„ bus, a principibus , a magnatibus , a proceribus, a ciuibus,

„ a

„ a rebus publicis facerdotia fundata funt , quorum merito
„ gauderent effe patroni & collatores. Impetret quoque natio
„ noftra, ne familiares fuiffe impune mentiri liceat eos , qui
„ nunquam fuerunt, ne noftrates gratiis & priuilegiis proximo-
„ rum fedis aut pontificis familiarium & alienigenarum innixi,
„ principum ( etiam electorum ) filios in affequendis praeben-
„ dis antecedant , cum non oriundos ex Germania *Sixtus IV.*
„ ad Germaniam habere expectatiuas prohibuerit. Impetret
„ etiam , ne facerdotia pinguia poffidentibus , fenio vel morbo
„ confectis iniquiffimae lites moueantur , fub quarum penden-
„ tium typo , verfipelles nullo iure freti, in praemortuorum be-
„ neficia vel iura fubrogentur , per quod afflictis addatur
„ afflictio, ne confumptis & confummatis gratiis, precibusue re-
„ giis, in maximam aliorum pauperum iacturam , denuo li-
„ ceat vti , ne canonicus diues per interpofitam illuftrem perfo-
„ nam, gratiam ad aliam eiusdem ecclefiae praebendam im-
„ petret , eamque tantisper occupet , donec in fuam vtilitatem
„ conuertat, ( c. ex parte tua de cler. aegrot. ) ne quisquam duos
„ aut tres canonicatus in diuerfis vnius & eiusdem vrbis col-
„ legiis, & in cathedrali vicariam, fimul omnium corpora rapiens
„ & abforbens ( propterea nullum locum pro penfione alteri
„ quantumuis docto & bono ceffurus ) feclufis officiis, dignita-
„ tibus , parochiis , capellaniis , penfionibus, in maximum Dei
„ contemptum , animarum, benefactorum, & rerum publicarum,
„ ciuiumque & pauperum iacturam ( vt de perniciofiffimo fcan-
„ dalo taceam ) vfurpet ( contra can. in ecclefia de inftit. &
„ de praeb. c. ad haec & c. quia.) `Impetret quoque natio no-
„ ftra , ne per temerarias ac diuturnas lites, tanti fumptus &
„ impenfae excrefcant, quantis vel nouum facerdotium erigi,
„ vel cenfus ad vitam , quantos beneficium, pro quo certatum
„ eft, infert, emi potuiffent : ac ne in facerdotiis opulentiffimus
„ quisque panem ab ore pauperum refecans, tota vita pro nouis
„ facerdotiis contendat, ac per fas & nefas intret , vti ex *Phi-*
„ *lippo* Agrippino Archiepifcopo, fuperiori menfe heu vita fun-

„ &c

„ &o ( qui & ecclefiae & facrofan&o Romano imperio princeps
„ fuit vtiliffimus ) audiui, & pridem ex altero quodam praela-
„ to his auribus accepi : quosdam auariffimos, qui multas pen-
„ fiones, multos canonicatus, multas ecclefias, innumeras ca-
„ pellanias poffederant, multisque pauperibus lites indignas mo-
„ uerant, in ius traxerant, per concuffionem a beneficiis eiece-
„ rant, fi hodie adhuc fuperftites effent, propter fraudes &
„ aftutias, quibus vfi funt, & iam demum in lucem prodeunt,
„ flammis in cinerem & fauillas effe exurendos.

„ Quodfi technas, mutuasque circumuentiones, quas alter de
„ altero illius generis hominum, nouem pene luftris, vltro me
„ praefente & audiente, conqueftus eft, fcribere vellem vel pof-
„ fem, vtriusque ferme inftrumenti paginam aequarent. Quod
„ grauius bellum nobiliffimae Germaniae facrofan&oque Romano
„ imperio indici poffet, quam ab auariffimis, vix vmbra fucati
„ iuris quandoque fuffultis, iniuftiffimas & fumptuofiffimas li-
„ tes concitantibus, quibus pauperes nonnunquam obruunt, &
„ patriam exhauriunt ? Quippe qui domefticorum curam non
„ habentes, ideoque infidelibus deteriores, ( Timoth. V. ) ac
„ ferme patriae proditores, eam ad inopiam redigi floccipen-
„ dunt, dummodo ipfi multas & pingues praebendas ac digni-
„ tates, in luxu, otio, pompa vi&uri affequantur : per quorum
„ inexpleblem auaritiam, & ambitiofiffimam facerdotiorum ( ma-
„ lis etiam artibus) coaceruationem ( quam etiam *Aeneas* in no-
„ ftratibus manifeftiffime taxat ` profani fua vitia, & equites,
„ qui e fella viuunt, fuas rapinas attenuare, palliare, immo
„ excufare nituntur. Taceo de condonationibus, quarum diuer-
„ fa in concionibus interpretatio plebeculam vel perplexam, vel
„ frequentia ad mala procliuem reddere poteft. Earundem ve-
„ ro, & confeffionalium, non per duo aut per tria aera ( vt
„ *Aeneas* refert ) fed hebdomodali fumptu redemptorum fufpen-
„ fio, quam molefta, quam amara fit popularibus, perfaepe pu-
„ dore ac metu perculfus ex eis intellexi.

„ Hu-

„ Huiuscemodi, maioraque Germaniae grauamina ( quae ad
„ fedem apoftolicam *Aeneas* vult effe referenda ) *Bertoldus Hen-*
„ *nenbergenfis* pontifex & princeps Maguntinus fapientiffimus,
„ cum faepe ac multum animo reuoluiffet, audiens cum folido
„ gaudio *Francifcum Senenfem* ad fumma fedis apoftolicae fa-
„ ftigia pro meritis nuper exaltatum, fciensque eum nobiliffimae
„ nationi noftrae vehementer affectum, mox propria manu ple-
„ raque confignare coepit, quorum ab eius fanctitudine, vel
„ remedia vel leuamina, pro diuini cultus, noftraeque natio-
„ nis incremento fefe impetraturum confidebat. Ego itaque in-
„ ftituti & voluntatis tanti Archiepifcopi, tantique principis ele-
„ ctoris confcius, ad refpondendum *Aeneae*, vice *Martini*, laceffi-
„ tus fum. Impulit & me amor Imperii ac nationis, amor
„ ftudii facrarum litterarum, quarum hii, qui cum labore &
„ patrimonii detrimento docti ecclefiaeque vtiles euadunt, facer-
„ dotia difficile confequuntur. Impulit & me commiferatio in
„ pauperes agricultores, quos Hebraei vexant, quandoque ac
„ tyranni premunt, quorumque egeftatem apoftolici legati nu-
„ per experti funt : affectus quoque me coegit in populum Dei,
„ qui mandauit vnicuique de proximo fuo ( Ecclef. XVII. ) per
„ rectores doctos & honeftos falubriter prouidendum. Impulit
„ & me *Leonis X.* moderni pontificis, fumma fanctimonia,
„ maxima iuftitia, flagrantiffimusque religionis Chriftianae ze-
„ lus, quo iuxta munus proprium ab *Aenea* repetitum, ad fi-
„ dem exaltandam, fua fanctitas aeftuans, defiderat, non fo-
„ lum ephebos a ludi litterarii magiftris in bonis moribus,
„ ac in his, quae ad religionem pertinent ( feftis praecipue die-
„ bus ) erudiri, diuturno poeticae ftudio prohibito : vt hoc or-
„ dine Chriftiana difciplina ( *Ioanne de Gerfon* aftipulante ) fe-
„ licius reparetur, verum etiam ad diuini cultus augmentum,
„ animarumque falutem, nonnullos ecclefiafticis redditibus in
„ aliorum damnum aut fcandalum repleri, conformiter ad con-
„ ftitutionem Bafilienfem indignum iudicauit. ( Ex bulla Leo-
„ nis X. de reformatione ecclefiae. )

„ Quo-

,, Quonam pacto prudentius aut falubrius *Leo* noster opti-
,, mus maximus , piis in ecclefia moribus reducendis confu-
,, lere potuiffet , quam luxum & auaritiam , fuo fanctiffimo de-
,, creto ( ex bulla feffionis IX. ) primum a ftatu excelfiore ,
,, diguioreque praeditis eliminando? Populus enim ( quem ver-
,, ba minus, quam opera monent ) exempla virtutum , in clero
,, frugali confiderans , facilius omne honeftum fuopte ingenio
,, ampleſtetur , ficque prifca difciplina reflorere poffet , & a re-
,, ligione Chriftiana , noftrisque facris fufcipiendis infideles
,, minus abftraherentur, & pauciores e noftris ad inferos pro-
,, perarent, vbi ductu *Leonis* in ecclefiaftico ( ficut in reipubl. )
,, corpore vt totum faluum fit , quidquid eft peftiferum , fuerit
,, amputatum. Nec omnibus tamen *Aeneae* locis ( quorum ple-
,, rique facile refelli poffent) fed paucis folum tumultuario &
,, feftinato ( per ceteras occupationes) ftylo refpondimus , in
,, nullius profecto contemptum aut iacturam , fed vt *Aeneae* fu-
,, turus lector, ex noftris refponfis veluti praemonitionibus, in-
,, ftar Vlixis a dulci Syrenis cantu caueat , ne fuauiffimis eius
,, laudibus ( quibus Germaniam profequitur ) facilem aurem
,, praebens, atque delinitus, res aduerfas, calamitatemque Chri-
,, ftianiffimae Germaniae indies ingrauefcentem negligens , fa-
,, lutis ac dignitatis propriae nationis & patriae, decorisque fa-
,, crofancti Romani imperii amplificandi minorem habeat ratio-
,, nem. ,, *) Hactenus *Wimphelingius*.

Deinde fequuntur ea, quae ad vtramque profeftionem Romanam , quam anno 1489. & 1491. *Iacobus* Marchio Badenfis ad
Innocentium VIII. P. M. inftituit , **) pertinent , & a *Ioanne*

*Mül-*

---

*) Plura hac de grauiffima & vtiliffima concordatorum mate-
ria fuppeditant *Barthelius* , *Horixius* , *Nellerus* , *Dürrius* ,
*Endrefius* , aliique libertatis Germanicae affertores & vin-
dices fortiffimi. ( Conf. *Concord. nat. German. integr.* var.
addit. illuftr potiffimum T. I. & T. III. Francof. 1771. 8.)
**) Conf. *Io. Dan. Schoepflin.* Hift. Zaring. Badenf. T. II. L. IV.
C. IV. p. 311. & *Io. Chrift. Sachs* Einl. in die Bad. Gefchicht. III. Th. S. 147. vbi tamen editio ifthaec , infigni
certe typi errore , ad an. 1550. refertur.

*Müller* de Raftetten I. V. doct. & ecclefiae Badenfis decano, qui cum *Iohanne de Berwangen* Hochbergenfis prouinciae praefide, & *Adamo Frey* ecclefiae Badenfis cantore *) Marchionem Romae agentem gubernarat, defcripta fuere.

Praeclare hoc illuftrat epiftola *Ioannis Guidae* ad eximium vtriusque iuris doctorem *Hieronymum Vehum* illuftris domini Chriftophori Marchionis Badenfis confiliarium: " Ductu commu-
,, nis noftri praeceptoris *Vuimphelingii*, *Vehe* dulciffime, *Aene-*
,, *am Syluium*, quem coram vides, in capitalem feriem redi-
                                  G g                    ,, gens,

---

*) Quaedam de eodem tanquam concine fuo profert *Io. Henr.*
  *Maius* Phorcenfis in annotat. ad vit. *Io. Reuchlini* Phorcenfis p. 85. (Francof. 1687. 8. ) " E Iureconfultis nomina-
  ,, bo *Nicolaum Gerbelium*, & *Adamum Fry* feu *Frey*,
  ,, vtrumque Capnioni familiarem. Hunc tamen an in iu-
  ,, reconfultorum numerum referam, forte haud abs re dubi-
  ,, to, propterea, quod facro ordini initiatus cantor eccle-
  ,, fiae, vt vocant, collegiatae Badenfis fuit aliquamdlu ;
  ,, deinceps vero in Aula Badenfi *Cancellarius* factus eft.
  ,, Qua de re extant ipfius ad *Reuchlinum* litterae, quibus
  ,, fignificat, ciuis litteras *etfi aliquantulum fe*, *quum in*
  ,, *fufcipiendo Badenfis Cancellariae officio fuum flatum cle-*
  ,, *ricalem*, *pluribus*, vt aiebat Reuchlinus, *commifcue-*
  ,, *rit fecularibus negotiis*, *increpent*, *tamen iucundiffimas*
  ,, *fibi fuiffe*, cum hortetur, ne diuina negligeret, hocque
  ,, vnum credi fibi vult, non ambiiffe fe eiusmodi munus,
  ,, *fed in fufcipiendo eo* principis ac domini *fui voluntati ob-*
  ,, *temperaffe*, *vt ei pro collatis beneficiis*, *gratias, fi quas*
  ,, *poffet*, *referret: nec eo etiam animo fufcepiffe*, *vt per-*
  ,, *petuo fcriberet*, *fed vt aliquamdiu alteris vices gere-*
  ,, *ret.* Quicquid vero huius fit, illud hinc fatis liquet,
  ,, fuiffe *Freium* noftrum virum eruditione ac prudentia
  ,, infignem, qua de caufa etiam Chriftophorus Marchio Ba-
  ,, denfis eum filio fuo *Iacobo* comitem dedit, cum anno
  ,, 1489. Romam ad *Innocentium* VIII. Pontif. proficifcere-
  ,, tur, praefulis munus dignitatemque absque fuco & fal-
  ,, laciis, vt fieri alioqui folet, prenfaturus. Vid. libellus
  ,, infcriptus: *Profeffio* Iacobi *Marchionis Badenfis ad vr-*
  ,, *bem* Romam, *eiusque oratiuncula ad* papam, *eiusque re-*
  ,, *fponfio*, *cum litteris commendatitiis* Friderici III. & Ma-
  ,, ximiliani *caeterorumque Germaniae principum*, excuf.
  ,, *Argentorat.* Anno felquimillefimo XV. ,,

„ gens, non potui huic eiusdem auspicio inuitatus non subnecte-
„ re peregrinationes binas *Iacobi* Marchionis Badensis, Illustris
„ Christoferi moecenatis tui primogeniti, quas ad Sanctissimum
„ Innocentium Papam. VIII. non sine magna familiae suae glo-
„ ria expediuit : quam *Aeneas*, quamquam etiam alias, hanc
„ tamen praecipuis laudum ornamentis accumulat. Nec id spe-
„ ro ingratum fore illustri tuo principi, cum aeterno decori
„ toti profapiae Badensi futurum persuasum habeam. Etenim
„ praeter diuturni itineris fatigationem quis vnquam Germano-
„ rum principum, tanta humanitate, tanta industria, tantoque
„ sermonis ornatu summum pontificem salutasse perhibetur ?
„ Quis iuquam tanta benignitate Cardinalium coetum adiis-
„ se, ac omnium in se animos direxisse legitur? Accedit ad
„ hoc commodum, quod ex historiis, si publicatae fuerint, non
„ pauci adipisci poterunt. Has igitur, *Vehe* humanissime, gra-
„ ta manu excipe, foue, ac amplectere. Has inquam domus
„ Badensis ( cui consilio ac prudentia haud parum prodesse
„ poteris ) perpetuum decus ac ornamentum. Et bene vale,
„ *Guidam*que tuum vel inter postremos tuorum colloca, Ar-
„ gentorati XXIIII. Kal Maias. Anno Sesquimillesimo XV. „

De *duobus falsariis* Romae sub Innocentio VIII. combustis
historiam conscripsit idem *Io. Müller*, Marchionis Badensis in itinere Romano dux & consiliorum auctor. Falsarii fuerunt *Franciscus de Forliuio* presbyter, canonicus, causarumque in vrbe
sollicitator, & *Dominicus de Viterbio*, clericus, primam nactus
tonsuram, coniugatus, & apostolicarum litterarum scriptor. HI
per aquam arte confectam, litteras ex bullis apostolicis legitime scriptis, & sigillo, signaturisque roboratis, vel in toto vel ex
parte aboleuerant. Illis ergo deletis, alias adulterinas litteras,
fictasque bullas inscripserunt. Materia substitutarum litterarum
fuit : vt per eas clericis in sacris constitutis indultum constaret,
qui vxores ducere possent : de esu carnium diebus ab ecclesia prohibitis : de vnione, separatione, incorporationeque ecclesiarum :
de pluralitate beneficiorum, aliisque multis & diuersis casibus,

de

de quibus difpenfaretur. Poft inquifitionem & confeffionem An.
Chr. 1489. 14. Cal. Nou. ante fcalas vel gradus D. Petri in fuggeftu ligneo, ab epifcopo quodam iuffu pontificis, degradati, manibus fecularis magiftratus traditi, vehiculo impofiti, appenfis
litteris falfificatis, vt aiunt, in campum Florae vecti, igne,funt
cremati.

Ad calcem tandem reiicitur *fincera additiuncula* ad replicas
pro *Martino Maiero* contra *Aeneam Syluium*, a *Wimphelingio*
confcripta: " Qui *Aeneam*, inquit, fedulo relegerit, fuorumque
,, verborum pondus accurate introfpexerit, mea refponfa gra-
,, uiter non feret, imo *Aeneas* fi ad nos redire, aetatisque
,, noftrae mores cernere poffet, nobis indubie aftipularetur.
,, Primum pro eximio fuo in Germaniam amore, quam velu-
,, ti patriam fuam duxit, deinde pro zelo in Chriftianam re-
,, ligionem, pro qua vel fenio grauis bellum in Turcas moue-
,, re tentarat, poftremo pro fua laudabili frugalitate, qua,ad
,, cardinem orbis terrarum exaltatus, referuatumque fuum ex-
,, cufans, paucis fe contentum effe poffe *Martino* refcripfit,
,, & iam dudum a facrofancto concilio Bafilienfi ( cui & Ab-
,, bas Siculus Ludouicus Pontanus, Ioannes Lucas cuiusdam
,, patroni mei praeceptor interfuerunt) in auxilium Hildeboldi
,, fenioris indigne vexati, huc orator miffus, vrbe perfpecta
,, eiusque collegiis, diui fe Thomae praepofitum, maiora non
,, defideraturus, exoptare cuidam dixit, in ponte Brufce. fibi
,, aftanti Veftphalo, ex quo *Ioannes Symler* & *Breitenbachius*
,, fefe audiuiffe mihi aliisque perfaepe retulerunt. Accedit huc
,, quod cum voto meo de inhabitanda ad mortem eremo fru-
,, ftratus effem, vitam in patrio folo finiturus ftatim loci ex
,, cleri fecularis paucitate pertaefus fum.   Nam etfi in pueritia
,, & adolefcentia mea pluris illic honefti facerdotes in baptif-
,, mali facraeque communionis templo Deum coluiffent, hoc
,, tamen tempore, quo grandaeuus patriam reuifo, praeter cu-
,, ratum fuosque myfteriorum difpenfatores, vyum duntaxat,
,, facellanum gemens offendi : licet enim ecclefia plures habuerit

,, ca-

„ capellanias a faecularibus fundatas, illae tamen interim (qua
„ forte nefcio) ab opulentis & maiora facerdotia tenentibus ob-
„ tentae funt, qui dum in opimis alibi beneficiis, aut apud
„ Tyberim pinguiora venaturi, moram habuere, exiguis, quos
„ in abfentia perceperunt, prouentibus contenti, facerdotia pa-
„ triae, quae fingula frugalem facerdotem fuftentare poterant,
„ ad inopiam vergere neglexerunt: ficque beneficia patriae di-
„ minuta, cultus Dei labefactatus, & parochia clero feculari
„ deftituta eft, in patria inquam mea & quidem populofa, in-
„ que praeclaro facrofancti imperii Romani vico, apud quem
„ Carolus Magnus natalis Dominici diem (Reginone tefte) cum
„ principibus glorififfime quondam celebrauit. Cuius calami-
„ tatis gratia ex eremo in patriam accerfitus cum honefto fena-
„ tu, aliisque zelo Dei flagrantibus ad id nitimur, vt duae aut
„ tres facellaniae ignauiter ad miferiam redactae in vnam, ali-
„ menta refidenti, & cum ecclefiae rectore Deum honoranti fup-
„ peditaturam, facrofanctae fed. apoft. fauore & auctoritate con-
„ flari & coniungi poffint, cuius rei Guilhelmus Antiftes no-
„ fter pientiffimus, digniffimique praelati & capitulum fuum
„ fundamenta iecerunt. Quo minus vereor, me bonis ac Chri-
„ ftianis viris bilem concitaturum, quando certo fcient, me
„ non animi morbo noua moliri, fed iufto diuini cultus, pa-
„ triaeque amore, *Martini Maioris* querimonias pro-Germania
„ dudum ab eo factas cum exaggeratione confirmaffe. Vt
„ enim de Deo terribili, qui maior eft omni laude, taceam, non
„ tamen minus aequum, minusque decorum mihi vifum eft,
„ Germanum fuae, quam Italum Italicae nationi & patriae fu-
„ iffe affectum. Quod autem *Aeneas* haud ad gloriam noftra-
„ tum epifcoporum haec verba fuo tractatui inferuit: *Quodfi*
„ *vnum Romanus Pontifex minus dignum presbyterio donaue-*
„ *rit; fupra mille inuenias rudes, ignaros, hebetes, & pror-*
„ *fus ineptos ab ordinariis effe promotos:* id ad honorem &
„ excufationem antiftitum Germaniae nuper in *diatriba* (*c. 15.*)
„ confutaui. „

Adcu-

Adcurate libellum iftum recenfuit atque defcripfit *Herm. von der Hardt* in magn. Concil. Conftant. T. I. P. V. p. 228.

80. HEINRICVS DE HASSIA plantator Gymna-fii Viennenfis in Auftria contra difceptationes & con-trarias praedicationes fratrum mendicantium fuper conceptione beatiffimae Mariae Virginis,& contra ma-culam fancto Bernhardo mendaciter impofitam. *)

In theotocochrenontas, id eft Deiparae temerato-res hexaftichon OTTOMARI LVSCINII Argentini:

*Define Chriftiparam natiuae inuoluere culpae,*
   *Quam temeras, genitrix eft veneranda Dei.*
*Angelus haud fenfit, nec Adam contagia labis,*
   *Et matrem hac audes contaminare Dei.*
*Quam bene conatus referunt ceffiffe gigantum,*
   *Tam prodeft fuperis conferuiffe manus.*

G g 3                                    Sine

---

*) Conferri meretur *Lambacherus* in Cat. Bibl. ciu. Vindob. T. I. p. 202. " Controuerfiam de immaculata Virginis „ conceptione primo motam fuiffe conftat a. Ioanne Scoto „ circa initium faeculi XIV. qui eius *affirmatiuam* graui-„ bus adftruxit argumentis , *negatiuam* contra tuentibus „ fratribus Ordinis praedicatorum. At circa finem eius-„ dem faeculi haec ipfa controuerfia reaffumpta eft ab „ Henrico Montefono eiusdem ordinis praedicatorum ; ac „ eius negatiua acrius, quam ante propugnare coepit, ad-„ ducto etiam in medio tefte S. Bernardo. Id quod *Hen-*„ *rico de Haffia*, alias etiam de *Langenftein* dicto, occafio-„ nem dedit, vt in defenfionem immaculatae conceptionis „ praefentem ederet tractatum. De ipfo auctore noftro „ fcriptores paffim agunt, ac omnium ampliffime *Oudi-*„ *nus* Tom. III. pag. 1252. Quod autem *Henricus de*„ *Haffia* in titulo editionis noftrae dicatur *plantator Gym-*„ *nafii Viennenfis*, id eo modo intelligendum eft ,quo Al-„ bertus III. dux Auftriae dicitur fundator einsdem Acade-„ miae. Hic nimirum anno 1384. caeteris facultatibus „ adiecit etiam theologicam, atque adeo ftudium generale „ reddidit , accerfito hunc in finem Parifiis *Henrico de*„ *Haffia* , natione quidem Germanico, fed doctore Sorbo-„ nico,

Sine loco & anno 4to. \*) ( *In Bibl. Acad. Friburg.* )

Epiftola nuncupatoria *Iac. Wimphelingii* ad *Henricum Bana-riae ducem* ex regio fanguine, comitibusque Rheni Palatinis, Agrippin. & Argent. eccl. canonicum, & Aquenf. praepofitum:

" *Heinr. de Haffia* fummi nominis theologus inter egregia ingenii
" fui monumenta libellum edidit,in quo mirum in modum frater-
" culorum quorundam mendicantium vanas & fteriles, parumque
" ( noftro *Erafmo Roterodamo* ad Leonem decimum tefte ) Chri-
" ftianae pietati affines contentiones deteftatur atque damnat:
" partesque diuae Virginis Mariae, ac melliflui Bernhardi tutan-
" das fufcipit, quod ad eorum vfque ignominiam iftas fratrum
" diffenfiones proferpere videret: is cum nuper manus meas in-
" cidiffet, ratus fum, me rem non omnino ingratam optimis
" quibusque Chriftianis facturum, fi eum libellum publicae ftu-
" dioforum vtilitati legendum exhiberem, idque fub illuftriffi-
" mae dominationis tuae titulo, quod plurimum & auctorita-
" tis & gratiae libro huic acceffurum non dubitarem, fi tuum
" clariffimum nomen mox in fronte ipfa legeretur.   Neque in-
" decorum vifum eft, doctiffimi huius theologi, & qui animo tam
                                                    " ferui-

---

" nico, qui ibidem per plures annos docuerat.   In Catalo-
" go rectorum & illuftrium virorum Archigymnafii Vien-
" nenfis edito a *Georg. Edero* 1559. de eo legitur ad an-
" num 1384.   *Primi Collegae fuerunt* Henricus Langen-
" ftein de Haffia, Henricus de Oeta &c.   Et ad an. 1375.
" *Fuerunt autem primi in hac academia theologi* Henri-
" cus de Haffia, Henricus de Oeta &c. Ad an. 1397. *Obiit*
" Henricus de Haffia *primus in hoc gymnafio theologiae*
" *profeffor.* "   Conf. *Script. Vniuerfit. Viennenf.* P. l. p.
35. ibid. 1740. 8. & *fafcicul. II.* not. \*) p. 302. add.
*Lud. Schoenleben:* orbis vniuerfi votorum pro definitione
piae & verae fententiae de immaculata conceptione Deiparae Libb. IV.   Et quarti quidem eft titulus: *Sexagena do-*
*ctorum Viennenfium immaculatae conceptionis affertorum &*
*vindicum:* quique etiam fcorfim editus Clagenf. 1659. 4.

\*) Prodiit iam antea Mediolani 1480. fol. & Argent. ac Ba-
fil. 1500. 4. Conf. *H. Wharton.* p. 120. *Mich. Maittaire*
annal. typogr. T. I. P. I. p. 412.

,, feruido Chriftianam pacem concordiamque fouere nititur, la-
,, bores, illuftriffimae dominationi tuae dicare, qui vt es na-
,, tura omnium manfuetiffimus, benigniffimus & humaniffimus,
,, totusque concordiae & pacis cultor & amator : ita conten-
,, tiones, lites, & diffidia acerrimo femper odio es perfequutus.
,, Mouit autem me ad eam rem non nihil, quod viderem li-
,, tes iftas, morfus & controuerfias ( vt funt fratrum inter fe
,, irae iuxta Euripidem acerbiffimae) iam indies magis ac ma-
,, gis inualefcere, idque, proh dolor, inter eos, quos minus, im-
,, mo minime decebat, quippe qui nefcio quid altius ac fubli-
,, mius ceteris Chriftianis fefe profeffos gloriantur: vt enim
,, perpetuum illud & indelebile odium, quo diuerforum ordi-
,, num aut profeffionum fratres, tum inter fefe, tum praecipue
,, in facerdotes curatos debachantur , fileam ; eo dementiae
,, ( non absque iufto dolore meo) res deuenit, vt eodem orti
,, patre, eisdem imbuti inftitutis, eodem infigniti nomine,
,, tanto tamen in alios, fuae etiam profeffionis fectatores (quos
,, ob incorruptiorem vitam reformatos vulgo nominant ) odio
,, flagrent, vt cum videant eos ab omni muliebri contagio iux-
,, ta diuinam legem & fuum inftitutum alienos, frugalem quan-
,, dam ac caftam vitam agere, anfam inde calumniandi (vn-
,, de laudare faltem, fi non imitari vellent, debuerant ) temere
,, arripuerunt, horrendum fcilicet quoddam, infandumque & in-
,, fame crimen, vel in publicis ad plebem declamationibus
,, bonis illis patribus dente theonino mendaciter impingentes:
,, non fine graui Chriftianae religionis infamia, nobiliffimaeque
,, Germaniae noftrae (quae ab hoc immani crimine femper im-
,, munis habita eft ) turpiffima nota & pudenda labe, peftilen-
,, tiffima hac opinione falaces ipfi imbuti, vt hominem absque
,, fpurcis ac venereis iftis voluptatibus haud viuere poffe ar-
,, bitrentur, ceteros omnes ex fefe fortaffe metientes: tanquam
,, Chriftus nos fefellerit in euangelio blande exclamans: *Sunt*
,, *ennchi, qui fe ipfos caftrauerunt propter regnum Dei , qui*
,, *poteft capere, capiat :* tanquam fanctus Bonauentura mentitus

G g 4                    ,, fit

„ fit hifce fuis ftiii Parifiani verbis : *Si vis continere , neceſſe*
„ *habes mulieres effingere & carnem macerare , maxime ſi iu-*
„ *uenis es , quodſi hoc feceris , & continentiam amare coepe-*
„ *ris , fiet tibi non ſolum non difficile , immo per omnia facile :*
„ tanquam vana ac falfa ſint tot praefentiffima contra beſtiales
„ has illecebras remedia a Guilhelmo Lugdunenſi , Thoma Ar-
„ gentino , Ioanne Gerfon , Ioanne Pico Mirandulano , noſtrique
„ feculi decore *Erafmo Roterodamo* elegantiffime ſimul ac ve-
„ raciffime defcripta : tanquam fabulae ſint, quae de Agnete, Aga-
„ tha, Lucia , Fide , totque millibus Chriſtianis virginibus paſ-
„ ſim leguntur : tanquam fabula ſit Iofephi puriffimae virginis
„ Mariae fponſi , ac Ioannis in officio fucceſſoris baptiftaeque, &
„ Heinrici caefaris atque coniugis, Iacobi denique Maguntini, &
„ Friderici Auguſtani praefulum caftimonia , vt interim tot
„ egregia ethnicorum exempla praeteream qui nullo Chriſti prae-
„ fidio freti, nullis adacti facramentis , ita conſtanter tanteu
„ foedis illis voluptatibus reſtiterunt , vt nulla pene ſit hiſtoria,
„ quae non eximia cum aliqua laude horum meminerit : neque
„ ego crediderim , omnes eos , quos non reformatos vulgo appel-
„ lant, etiam ſtudentes , quoniam facerdotes, qui quotidie facri-
„ ficant , ita venereis iſtis voluptatibus immerfos eſſe & addi-
„ ctos, quin & aliqui faltem inter eos reperiantur, qui hone-
„ ſtis folatiis , facrificio quotidiano, ſtudio ac lectione facra-
„ rum litterarum , memoria mortis, metu infamiae, metu of-
„ fenfae diuinae, pio in Crucifixum affectu, confideratione mo-
„ mentaneae voluptatis, & poenitentiae appendicis, furorem hunc
„ vincere didicerint.   Cur igitur frugalibus iſtis & bonis pa-
„ tribus id negatum arbitrantur? Verum omiffis his, ad *Hein-*
„ *ricum* noſtrum redeo, inclitiffime dux *Heinrice,* quem digla-
„ diationes iſtas non folum theologo, fed & Chriſtiano quolibet
„ indignas ita deteſtantem, vt poffis verum agnofcere theologum,
„ illuſtriffimae tuae manfuetudini dicatum , ſtudiofis quibusque
„ ad fouendam pacem, ad defendendam matris Dei, fanctique
„ Bernhardi gloriam, legendum offero, vt per fe alioqui fa-
                                                            „ tis

,, tis illuſtris acceſſione clariſſimi nominis tui longe reddatur illu-
,, ſtrior, ſimulque vt cum aliter ingentibus illis tuis, quibus
,, afficere me ſoles, beneficiis reſpondere minime poſſim, hac
,, ſaltem prefatiuncula, grati aliquid, tuique amantiſſimi qua-
,, lecunque animi mei indicium tibi oſtendam, quem dominus
,, Deus, auctor omnis boni & conſeruator, in eximiis & prae-
,, claris virtutibus ( quas hactenus coluiſti & amaſti ) ammodo
,, confirmet, vtpote ſine duritia in pauperes pium, ſine bile
,, magnanimum, tranquillum & manſuetum: ſine technis ve-
,, racem & integrum, ſine ſoeda & vetita carnis ſpurcitia cae-
,, libem, mundum, & pudicum, ſine faſtu humilem, comem, at-
,, que modeſtum, nedum ad immortalis animae tuae cunctis re-
,, bus praeferendam ſalutem, ſed & ad gloriam illuſtriſſimae
,, familiae tuae ſempiternam. Ex curia tua Argentoracenſi.
,, ſeptimo Kalend. Iulii. Anno noſtrae ſalutis XVI. poſt Mille-
,, ſimum quingenteſimum. ,,

*Ioannes Gallinarius*, Briſacenſis eccleſiae rector, *) paci a
Chriſto cunctis Chriſtianis indictae dicauit:

*Quid precor horriſoni genitrix diſcordia belli*
 *Ludiſicas miris pectora noſtra modis?*
*Cur Machumeticolae non das tua ſemina genti?*
 *Quae Mariae natum non putat eſſe Deum.*
*Sat ſumus illuſi, ſatis eſt fudiſſe cruorem,*
 *Quid nos Chriſticolas praecipitare ſtudes*

G g 5 *Ruſti-*

---

*) *Eraſmus* in epiſt. 650. ad Marc. Laurinum col. 753.
( T. I. P. 1. ) *Henricum Gallinarium* adpellat, quem hic
,, *Ioannem* nominari patet: " *Sletſtadium* vsque profuge-
,, ram: ſed ſic affectus ex itinere vt primum Briſaci apud
,, *Henricum Gallinarium*, eius loci parochum, biduo re-
,, ſocillarim corpuſculi laſſitudinem, ac febrim lenierim.
,, Deinde apud *Beatum* amicum omnium candidiſſimum re-
,, ſocillatus quatriduum aegre me Baſileam receperim, ſed
,, hic quoque apud *Gallinarium* reſocillatus: verum inte-
,, rim obfirmato animo, vt ſi reſciſſem *Carolum* diutius
,, apud nos commorari,ſartis viribus retentarem iter &c. ,,

*Ruſticus agricolam`, rex regem , miles ephebos*
  *Perſequitur dociles , doctiloquosque patres.*
*Gaudet presbyteros ignauum ſpernere vulgus ,*
  *Carpere curatum relligioſus ouat*
*Iuriſtam artiſtae taxant , reliſta modernum ,*
  *Spernunt iuriſtae theologosque graues.*
*Cordigeri laudant Scotiſtica dogmata fratres ,*
  *Quae rodit ſtudio ſaepe Thomiſta ſuo.*
*Et noua Marſilium Verſoris ſella refutat ,*
  *Ac pie te Gerſon heu Iacobita premit.*
*Geſſit Alexander per prolem triſtia bella*
  *Iulius in proprio corpore bella gerit.*
*Exanimis liuor cunctas vexat modo gentes ,*
  *Heus odium , praedas , & fera bella mouet.*
*Factio philoſophos , corrumpit factio ciues ,*
  *Et regem ſpernit infima nobilitas.*
*Heluetium Sueuus , iam torquet Gallicus Anglum ,*
  *Fidis Germanis detrahit Auſonius.*
*Teuthones heu Phriſios vrgent , Guelphi Gibelinos ,*
  *Et proceres tendunt ciuibus inſidias.*
*Sic auidi crebro ingeminant conamine rixas ,*
  *Quisque ſuos fratres ludificare ſtudet.*
*Hoc facit , immanes quod non proſternere Turcas*
  *Poſſumus , & gentem dilacerare ſacram ,*
*Proh pudor! illuſtres haud ſic ſperare triumphos*
  *Diſcitur , & rabidos perdomuiſſe Schytas.*
*Si cupitis veſtro Turcas diſcludere regno*
  *Chriſticolae , vnanimes , vos precor , eſte viri.*

Quae autem ſubnexa eſt ad lectorem *Wimphelingii*, vt videtur , peroratio, hic omittenda haud erit: " Suſcipe tandem hi-
„ lari vultu benigne lector, qui beatam virginem Mariam , ſan-
„ ctum Bernhardum,& Chriſtianam pacem amas, epiſtolam *Hein-*
„ *rici de Haſſia*, quae ſicut matris Dei & diui Bernhardi ho-
„ norem defenſat, ita faſtum, ambitionem , inuectiuas mutuas &
                                                          „ diſ-

„ diſſenſiones quorundam fratrum mendicantium execratur. Hu-
„ ius ſiquidem *Heinrici* doctrinas, non ſolum *Ioannes Picus Mi-*
„ *randulanus*, & *Ioan. Eckius*, ſed caeteri quoque doctiſſimi ſu-
„ ſpiciunt, colunt & venerantur : veruntamen, & ſi non omnia
„ ſorſitan examuſſim preſſa inuenies, id ſcias, non *Renati* preſſo-
„ ris, aut *Othomari Luſciniae* caſtigatoris incuria, ſed exempla-
„ rium inopia contigiſſe. Vnum enim duntaxat, & id quidem
„ mendis reſperſum, in manu habuimus. Plura vero conqui-
„ rere, multo etiam adhibito ſtudio, nequiuimus, quamuis paſſim
„ apud eos, inprimis qui dulciſſimi Bernhardi veſtigia peculia-
„ riter ſequi ſeſe profitentur, diuerſis litteris & interceſſionibus,
„ maxime *Iodoci Galli Rubeaquenſis*, *Friderici Griſei* concio-
„ natoris in arce Budorina, & *Ioannis Friderici* canonici in Orin-
„ gaw impetrare conati ſimus. Cur minus obtinuerimus, incer-
„ tum eſt, ſi forte neglectu litterarum, ſi ignauia luſtrandi bi-
„ bliothecas, ſi contemptu lucubrationis a ſeculari theologo edi-
„ tae, ſiue frigido in proprium patronum affectu, cuius glori-
„ am amplificari, exiguae ſorſitan eis curae eſt, ſeu demum ſor-
„ dida illiberalitate communicandi ſua, cum bonum quodlibet
„ ( Ariſtotele teſte ) quo communius, eo diuinius : tandem vero
„ a piis canonicis regularibus in Trutenhauſen obtinuimus li-
„ bellum a priori noſtro exemplari pleriſque in locis praeſertim
„ in capitum ſectione diffidentem. Suſcipe ergo candidiſſime le-
„ ctor, quantum labore noſtro excudi potuit, dominam noſtram
„ venerare, immunemque a contagio crede, nec dubites Bernhar-
„ do maculam falſo inuſtam : faſtum, ambitionem, iactantiam, diſ-
„ ſenſiones, clamores, iracundiam, inuectiuas, aſſentationes, &
„ furorem ( quo pro ſaba ad ſummum tribunal trahunt ) fra-
„ trum mendicantium, quallum *Heinricus* meminit, nimisque ze-
„ lotipum eorum in vnum ſui ordinis doctorem cum aliorum
„ contemptu affectum ne imiteris. „

Idem quoque *Wimphelingius* epiſtolam ad nobilem bonae indolis adoleſcentem, *Wernherum de Vrſi rupe*, vulgo *Berenfels* \*)

exa-

───────────────

\*) Eadem haec epiſtola *Io.Nyderi* formicario ſubiuncta habetur.

exarauit, atque fubiecit. " Fidem ſerua , memor eorum , quae
„ mihi faepe ſpopondiſti , te primum a blaſphemia & adbibi-
„ tione , caeterisque grauibus vitiis ( vti vere nobilem decet )
„ deinde a bellis externorum regum temperaturum. Quid enim
„ tibi, & furori, aut ſuperbiae regum : vt propter eos, aut turpem
„ quaeſtum , corpus tuum vulneribus, & animam aeternae per-
„ ditioni tradas , inque innocentes, Chriſtianos nunquam antea
„ viſos , qui tibi nihil vnquam iaēturae attulerunt ( pauperes
„ inquam, qui ſuo labore ipſis etiam regibus e terra vinum &
„ cererem proferunt ) graſſeris, eos iugules , eorum tuguria ſuc-
„ cendas, altilia, & pecora deuores , vinum abſorbeas , resque
„ caeteras vſui liberorum, & ſoluendis principum tributis, ſacer-
„ dotumque & ciuium obuentionibus neceſſarias rapina vel ſur-
„ to depopuleris : veluti hac aeſtate in Alſatia miſerandis agri-
„ colis & coenobitis, piisque ſacerdotibus, vni praecipue decano
„ in rure, proh pudor , a ſemicaligatis laborem fugientibus, nec
„ hoſtibus quidem, lamentabiliter euenit, duētu decoētorum ? A
„ bellis te abſtrahat obſecro vel adagium hoc Roterodami , *dul-*
„ *ce bellum inexperto* , omnium denique virtutum accipe exem-
„ plar non ſolum ab honeſtiſſimis parentibus tuis , verum etiam
„ ab integerrimo ſapientiſſimoque proauunculo tuo *Chriſtophoro*
„ *Vtenhemio* Baſilienſium antiſtite, patrono,& refugio meo ſingu-
„ lari. Et vale, bonas literas, praecipue Ciceronis, diui Hie-
„ ronymi, noſtrique Roterodami nunquam aſpernaturus , nec a
„ ſacris litteris te abſtrahat nobilitas. Nam & illarum profeſ-
„ ſor fuit doētiſſimus *Philippus de Ratſamhauſen* aeque nobilis,
„ epiſcopus quondam Euſtetenſis : datae Argent. Kalend. Iulii.
„ Anno Chriſti XVI. poſt M. CCCCC. „

81. NYCHOLAI DÜNCKELSPÜHEL traētatus hoc
volumine contenti:

I. De dileētione Dei & proximi.

II. De praeceptis decalogi.

III. De oratione Dominica.

IV. De tribus partibus poenitentiae.

V. De

V. De octo beatitudinibus.

VI. De septem peccatis mortalibus, & septem
virtutibus illis oppositis.

VII. Confessionale.

VIII. De quinque sensibus. *)

M. HIERONYMI GEBVILERII ad lectorem
carmen hexastichon.

*Dogmata diuinae cupiens sanctissima legis,*
*Carius hunc librum lector amicus emat.*
*Edidit hunc quia Teuthonicus tibi gratior esto,*
*Itala quo vinci Caesia iure potest.*
*Austrica quem sophiae sacris inhiare Vienna,*
*Instituit: sobole hac Sueuica terra nitet.*

IACO-

---

*) *Auctor* Anonymus de scriptor. antiquiss. ac celeberrimae
Vniuerf. Viennenf. P. I. p. 92. de his *Nicolai* nostri tra-
ctatibus obseruat sequentia: " *Ioannis Nicolai Dünckel-*
„ *spühl, I. V. ac Ss. Theol. Doctoris studii Viennensis Au-*
„ *stralis profundissimi de dilectione Dei, & proximi sermo-*
„ *nes XI.* Quos eosdem esse suspicor cum Libris II. de prae-
„ cepto charitatis a *Trithemio* laudatis :
„ *Sermones de praeceptis Decalogi.* Msc. in Bibl. Acad.
„ Vien. & apud *Trith.* & *Posseu.*
„ *De oratione Dominica.* Apud *Trith.* & *Posseu.* Item
Msc. in Bibl. Vniuerf. Viennensis. fol.
„ *Liber de tribus partibus poenitentiae,* apud *Trith.*
„ *Sermones de octo Beatitudinibus* Msc. in Bibl. Acad.
Vien. apud *Trith.* & *Posseu.*
„ *Sermones de septem peccatis mortalibus,* & *virtutibus*
„ *oppositis.* Msc. in Bibl. Acad. Viennen. apud *Trith.* &
„ *Posseu.*
„ *De Confessione* opusculum Msc. fol. in Bibl. Academ.
„ Viennen.
„ *De quinque sensibus* &c. „
Alios, qui de eodem pertractant, scriptores, vti *Anton.*
*Posseuinum* appar. sacr. T. II. *H. Wharton* loc. laud. p. 99.
*Caf. Oudinum* de script. eccl. T. III. p. 2302. *Io. Fel. Os-*
*fingerum* in Bibl. Augustin. in annotatt. subiunct. n. 10. &c.
sciens praetereo.

IACOBO OESSLER I. V. Doctore, Caefareae maieftatis per Germaniam artis imprefforiae generali conftituto Cenfore cautum eft, ne quis in imperii Roman. limitibus opus hoc doct. NYCHOLAI DÜNCKELSPÜHEL, a data praefentium vel fecundario imprimat, vel fecundario quomodolibet ac vbilibet impreffos vendat ad fexennium : fub poena decem marcarum auri iufti, partim fifco Caef. Mai. partim praefato Cenfori mulcta cedenda. 1516.

*In fine :* Chrifto opt. max. gratiam conferente, finem preffurae tractatuum NYCHOLAI DÜNCKELSPÜHEL pofuit Ioan. Schottus Argent. 3. Kal. Septembr. Anno falutis 1516. fol. ( *In Bibl. Acad. Friburg.* )

Opera ifthaec *Wimphelingius Conrado* ( *Wickgram* ) Auren. epifcopo, Dom. Guilhelmi III. Argent. praefulis in pontificaiibus vicario, domino, & praeceptori plurimum obferuando *) infcripfit : " *Ioannes Keiferspergius* tuus, humaniffime pater,
„ auunculus, doctrina & vita fpectatiffimus, vt in concionibus
„ fuis ad diuinum honorem, animarumque falutem idonea fem-
„ per afferret: nulli vnquam eorum, qui in facris litteris quic-
„ quam elucubrarunt, adeo affectus fuit, vt alium quemcun-
„ que, cuiusuis doctrinae aut fectae afpernaretur. Etfi enim
„ antiquos illos, praeftantiffimosque theologos, Auguftinum, &
„ Hieronymum, eorumque fimiles crebro legeret, eos etiam,
„ quos fcholafticos vocant, iam dudum imbibiffet, illos tamen,
„ qui de rebus agendis, de vitiis & virtutibus, de facramentis,
„ de ferenandis confcientiis, de pietate fcripta reliquerunt, pe-
„ culiariter venerabatur. Inter quos eximio ac fingulari affectu
„ profecutus eft *Nycholaum Dünckelfpühel*, Germanum theolo-
„ gum clariff. Conftantienfis concilii ( ad quod fub Imperatore
„ Sigismundo, ab Vniuerfitate Viennenfi miffus erat ) decus &
„ fplendorem, quod ei folidus, planus, diffufus, ad mouendos

„ ani-

─────────────────────

*) Vid. *Fafcicul. I.* p. 127. feqq.

„ animos facilis, ad concionandum vtilis, Chrifti euangelio con-
„ formis, & ad vnam veramque Chriftianam religionem plan-
„ tandam foecundus effe videretur : quem Antoninus quoque
„ veluti doctiffimum aliquem in teftem & authorem citauit.
„ Huius *Nycholai* opera quaedam , gaudeo *Ioannem Schottum*
„ Argentinum, a lafciuia, ab otio, a barbarie, ac ingratitudi-
„ ne immunem, ductu reuerendae tuae paternitatis , ad com-
„ munem Chriftianae fidei & vitae profectum, & ad maiorem
„ Germaniae gloriam, multo labore fuo & induftria diffeminan-
„ da fufcepiffe. Ex illis nempe *Ioannes Keiferspergius* multa,
„ velut apis argumentofa, defumpfit : quae hic beneuolis lecto-
„ ribus clariora reddentur & diffufiora. De quibus, quae *Keifer-*
„ *spergius* inter concionandum meminit ad hos tractatulos per-
„ faepe remittens , fine his plane intelligi non poffunt. Hic
„ pius curatus' perdifcet, oues fuas verbo falutis pafcere. Hic
„ quoque cognitu perfacile erit : quonam pacto vel confeffor, vel
„ concionator perplexas confcientias tranquillas reddere : ad
„ Domini timorem , & pietatem auditores flectere : fidei my-
„ fteria, reique diuinae arcana explanare poffit. Hic absque
„ blanditiis & affentatione, Chriftiani plane imbuuntur de pe-
„ riculis peccatorum, de miferia in peccatis perfeuerantium,
„ de bona & felici morte, de iudicio nouiffimo , de duplici
„ tranfitu vel ad vitam beatam , vel ad ignes fempiternos.
„ Quisquis eft falubrium litterarum amator, confulto hunc *Ny-*
„ *cholaum* empturus eft, confultius vero lecturus eft, nec enim
„ laboris in lectitando , neque tantilli aeris , pro tam grandi
„ ac fido *Ioannis Schotti* labore , expendendi vnquam poenite-
„ bit , propter animae fructum, quem & in fe & in aliis con-
„ fequetur. Confultiffime *Ioannes Keiferspergius* tuam reue-
„ rendam paternitatem in minoribus agentem , nobili philofo-
„ phiae , facrisque litteris tradidit : quarum adminiculo cum
„ populo Dei praeeffe, animabus confulere, & ex fuggeftu
„ apte concionari poffis : nihilominus earum ftudium id tibi
„ ornatus attulit: vt facerdotio faeculari praeditus , & his fo-
„ lis

„ lis litteris addictus, munere pro meritis fungaris pontificali.
„ Consulto inquam diuinae te sapientiae tradidit pius auun-
„ culus, quem vti in teneris annis habui praeceptorem , in vi-
„ rili aetate hospitem , in senecta, dum ab auaris & hypocritis
„ affligerer , confolatorem , ita necessitudinem ab annis supra
„ quinquaginta cum eo conflatam, cum tua reuerenda paternita-
„ te spero duraturam.    Sic me tandem eidem tuae reuerendae
„ paternitati, tuumque ex fratre nepotem *Gregorium Vuickgra-*
„ *mium* vnice commendo.    Ex Argentorato Kal. Septembris
„ Anni salutis. M. CCCCC. XVI. „

Sub finem vero *Wimphelingius* hanc addidit ad pium lectorem perorationem : " Scripferunt docti coenobitae plurima Chri-
„ stianae religioni conducibilia, plerique eorum adiecere quaestio-
„ nes, & certamina fcholastica, dialecticae nodis, Aristotelicisque
„ fententiis refpersa : vt fileam obfcuras distinctiones , quiddita-
„ tes, relationes, formalitates, & id genus alia, quae magis qua-
„ lecunque ingenii acumen indicant, quam ad pietatem & deuo-
„ tionem, Christianamque vitam inflammant. Id quod non folum
„ *Laurentius Valla,* fed noster etiam *Erafmus Roterodamus* non
„ admodum probare videntur. Nec Domino nostro Iefu Christo
„ gratum arbitramur : in tot bellis, in tam larga Christiani fan-
„ guinis effusione, inter tot fimoniaca, vfurariaque commercia, in
„ tanta facerdotiorum ( vix tenui officio exhibito ) abundantia, in
„ tam delicata fcortorum , neglectis pauperibus, educatione, ne
„ dicam, ditatione, poft tantas Christi, & fuorum doctrinas, poft
„ tot Augustini ac Hieronymi, & vtriusque *Pici Mirandulani* fa-
„ cra volumina, poft tot Martyrum conftantiam, poft tantas bo-
„ norum monachorum vigilantias & abstinentias, in publico cer-
„ tamine, feu difputatione, fub dubio quodam differere, aut ven-
„ tilare : fi poft hanc breuem & miferam vitam altera fit expe-
„ ctanda. Ex faecularibus vero, fola Christi religione (absque cu-
„ culla ) contentis, fuerunt etiam, qui ad firmandam fidem, ad fo-
„ uendam pacem & charitatem, ad eliminanda vitia, ad plantan-
„ das virtutes, ad inflammandum hominis affectum in Deum, di-
„ uerfa

„ uerfa ingenii fui monimenta pofteritati tradiderunt. Qualis fuit
„ *Guilhelmus Altifiodorenfis,Guilhelmus Parifienfis,*magifter *Mar-*
„ *filius, Petrus de Halliaco, Ioannes Gerfon, Henricus de Huffia,*
„ caeterique innumeri. Quibus neque inferior fuit (cum venia lo-
„ quor ) nofter *Nycholaus Dünckelfpühel,*de quo iufte gaudet flo-
„ rentiffimum Viennenfe gymnafium praeceptore & patrono. Gau-
„ det non indigne nobiliffima Germania,de tam praeclaro gentili.
„ Gaudet haud immerito laudata Sueuia de tam excellenti conci-
„ ue, qui Viennam doctam reddidit, Germaniam decorauit , Sue-
„ niam extulit,facrofancto concilio Conftantienfi pondus & aucto-
„ ritatem adiecit. Ne vero laus noftra tanquam cuiuspiam faecu-
„ laris de faeculari fufpecta fit : afferamus irrefragabilem *Ioannis*
„ *Trithemii,* abbatis Spanheimenfis auctoritatem , qui in fuo de
„ fcriptoribus ecclefiafticis libro de noftro *Nycholao* fic fcripfit :

„ *Nycholaus Dünckelfpühel , natione Teuthonicus , Viennen-*
„ *fis gymnafii in Auftria decus, & Rector , in fcripturis fanctis*
„ *doctiffimus , & in feculari philofophia multum eruditus , inge-*
„ *nio clarus , fermone fcholafticus , vita & conuerfatione infignis,*
„ *fcripfit multa & praeclara volumina , quibus nomen fuum ad*
„ *pofteros cum gloria transmifit. Claruit perfonaliter in con-*
„ *cilio Conftantienfi, miffus ab Vniuerfitate Viennenfi , fub Sigis-*
„ *mundo Imperatore. Anno Domini M. CCCC. XX.*

„ Lector vale, & valeat preffor *Ioannes Schottus,* a teneris
„ annis mihi quam chariffimus. Argentinae ex curia pientiffimi
„ Bauariae Ducis Henrici &c. III. Kalend. Septembris. Anno
„ Chrifti 1516. „

82. Formicarius IOANNIS NYDER theologi profundiffimi, pulcherrimus dialogus ad vitam Chriftianam exemplo conditionum formicae incitatiuus, hiftoriisque Germaniae refertiffimus.

Mentionem paffim faciens de principibus, epifcopis , praelatis, facerdotibus, monachis, monialibus,
beguinis, & beghardis, rebuspublicis , ciuibus, con-
iugatis, viduis, virginibus , maleficis, necromanti-

H h

cis,

cis, incubis & fuccubis, maniacis, ac caeteris lectu
dulcibus & vtilibus. 1517. 4to. *) *In fine:* Formi-
carium 10. NYDER fumptibus prouidorum Io. Knoblouchi, & Pauli Götz, Ioannes Schottus praelo fuo
Argentinae reftituit. ( *In Bibl. acad. Friburg.* )

*Iac. Wimphelingii* epiftola nuncupatoria ad *Heinricum de He-*
*icen* epifcopum Curienf. eccl. Argent. cuftodem, & thefaurarium
ac archidiaconum haec eft: " Scio, clariffime pater, magnifi-
„ cam tuam clementiam femper exoptaffe noftrae religionis · in-
„ crementum, moresque Chriftianos florere, tum in omnibus, tum

„ prae-

---

*) Praeclara funt, quae hoc de libro adnotata legimus in *P. I.*
  *Script. Vniuerf. Viennenf.* p. 119. " *Ioannis Nyderi For-*
  „ *micarius, Dialogus ad vitam Chriftianam exemplo for-*
  „ *micae incitatinus hiftoriisque Germainae refertiffimus.*
  „ Seruatur Mfc. in Bibl. Acad. Viennenf. Item in Membr.
  „ Mfc. Bafil. in bibl. publ. recenfitus apud Spizelium. Quin-
  „ quies editus eft, titulo paulum variato ; bis quidem in
  „ incunabulis typographiae fol. absque loco, anno, typo-
  „ theta, extatque Parif. in Nauarr. Tertium pleniffimo ti-
  „ tulo: *Formicarius Ioannis Nyder theologi profundiffimi :*
  „ *pulcherrimus Dialogus ad vitam Chriftianam exemplo*
  „ *conditionum formicae incitatiuus, hiftoriisque Germaniae*
  „ *refertiffimus, mentionem paffim faciens de principibus,*
  „ *epifcopis, praelatis, facerdotibus, monachis, moniali-*
  „ *bus, beguinis & Beghardis, rebus publicis, ciuibus, con-*
  „ *iugatis, viduis, virginibus, maleficis, necromanticis, in-*
  „ *cubis & fuccubis, maniacis, ac caeteris lectu dulcibus, &*
  „ *vtilibus.* Argentinae typis Ioannis Schotti 1517. in 4to.
  „ Quarta editio prodiit Parifiis curantibus Engelb. & Io-
  „ anne de Mantef 1519. in 4to. Quintam ex omnibus ma-
  „ reddidit emendatiorem Coluenerius, notisque egregiis il-
  „ luftrauit Duaci 1602. typis Balth. Belleri in 8vo. Prae-
  „ terea feorfum prodiit liber V. Formicarii in *Malleo Ma-*
  „ *leficorum* Tom. I. hoc titulo: *Fratris Ioannis Nyder*
  „ *Sueni Ord. Praedic. facr. theologiae profefforis & haere-*
  „ *ticae peftis inquifitoris liber infignis de maleficis & eo-*
  „ *rum deceptionibus* &c. „ Conf. etiam *Wharton.* loc.
  laud. p. 131. *Anton. Senenf.* bibl. Ord. Praedic. p. 149.
  ( Parif. 1585. 8. ) *Iac. Quetif,* & *Iac. Echard.* de fcript.
  Ord. Praed. T. I. ( Parif. 1719. — 1721. f. ) & rel.

,, praecipue in illis,qui ex ftipendiis ecclefiafticis viuentes (etiamſi
,, maguatum ſint filii ) virtutum exempla ceteris praeferre debe-
,, bant :· quos minus decuit ſummi Chriſti & diui Pauli doctrina-
,, rum,ſacrorumque canonum,laſciuiam & auaritiam prohibentium,
,, effe contemptores.   Idipſum quoque ſtomachuum monet pien-
,, tiſſimo Argentinenſium antiſtiti, & Alſatum principi *Guilhelmo*
,, *III.* moderno: qui nedum pacis ,   fed & omnium virtutum ,
,, omnisque Chriſtianae diſciplinae ſummus amator,   ex animo
,, cuperet, in viros ecclefiaſticos debitam reduci poffe reforma-
,, tionem.   Verumtamen *Leo X.* , paſtor & pontifex fidelium
,, amantiffimus, pondus & auctoritatem ſacrorum canonum in-
,, nouaturus, edictum contra transgreffores conſtitutionum ſa-
,, cri Concilii Lateranenſis pridem publicari curauit ,   qui diui-
,, nas & humanas leges, *Leonis*que iuſſa , & ſuorum epiſcopo-
,, rum ſtatuta   negligunt ,   viderint ,   ne   Chriſtum   inquientem :
,, *Qui vos fpernit , me fpernit* , contempſiſſe videantur.   Quodſi
,, veteribus ſacrisque ſcriptis tepide forſitan moueantur : flectat
,, eos ad pietatem iſte libellus *Ioannis Nyderi* Germani , theo-
,, logique praeſtantiffimi : qui ( ſicut & Salomon in adagiis ca-
,, pite VI. ) quosque ad virtutes inducere nititur exemplo for-
,, micae, hiſtorias resque ſua aetate geſtas afferens, vt ea, quae
,, omnium ſtatuum hominibus vel bona vel mala acciderunt, per-
,, moueant, terreantque animos legentium.   Quocirca pater ex-
,, cellentiffime, dedi operam , vt hoc hiſtoriis Germanicis lectu
,, iucundiffimis refertiffimum opuſculum , ſub tuae paternae cle-
,, mentiae auſpicio in lucem prodiret, quo non ſolum teipſum,
,, dum a publicis Argentinenſis ecclefiae ( cuius vna columna
,, es ) negotiis liber quandoque ſueris, oblectare : fed & caete-
,, ros, vt in Deum pii ſint , ad eius lectionem incitare poſſis.
,, Dominus Deus tuam clariffimam celſitudinem diu ſaluam con-
,, ſeruet ad ecclefiae decus,  & dulce praeſidium meum : mihi
,, vti ab octo lyſtris perſpectum, ita & eximie in animo charum.
,, Argentoraci Kalend. Decembribus. Anni 1516. ,,

   Idem porro *Wimphelingius* ad finem libri reiecit epiſtolam

nobili adolefcenti *Wernhero de Berenfels* infcriptam : quemadmodum paullo ante ad ıf. 80. animaduerfum a nobis fuit.

83. Lamentatio PETRI AEGIDII in obitum Caefaris MAXIMILIANI. Et in hanc fcholia pauca in
gratiam amici a IACOBO SPIEGEL Seleftadienfi ad-
iefta.

Epitaphia eidem Caef. diuo infcripta P. AEGI-
DIO auftore.

Laudes MAXIMILIANI teftimonio probatiffimorum fparfim collefctae.

Oratio Germaniae ad Deum opt. max. & principes pro libertate Germanica.

*In fine:* Argentorati apud Ioannem Schottum in
Thomae loco. Sine an. in 4to. ( *In Bibl. acad. Friburg.* )

Initium facit *Iacobus Spiegel* epiftola, quam *Io. Lucae* infcripfit : " Vnus & alter interceffit dies , quo tu enixe cupis,
,, fi quae in pium pii *Maximiliani* obitum˙epicedia apud me fo-
,, rent, tu horum effes particeps. Laboraui magis ac magis,
,, vt defiderio tuo aliqua ex parte fatisfaciam. Inter caetera vi-
,, di multa, quae etfi bono tonfilio a viris grauibus fcripta
,, fint, at exfcribenda chalcographiis minime videbantur. Ve-
,, rum ne tu plane repulfam videare pati, Θρηνωδιαν , fiue
,, lamentationem *Petri Aegidii* Delphi , viri etiam primis ad-
,, fcribendi, ac dini Caef. *Maximiliani* Aug. laudum praeconis
,, vocaliffimi , nuper inter funeralia eius praepropere effufam, ad
,, te mitto. *Philippi* item *Brettani* orationem funebrem, quae lu-
,, culenta fatis, & affefctum vt mouet penitiffime , ita & gloriae,
,, famaeqque *Maximil.* eft buccina. Ea omnia tu fronte laeta
,, fufcipies, tibique haec vera feruabis funeralia. *Aegidii* car-
,, men viuidam venam in promptu habet, ac lamentationem in-
,, tegre mouet. Acceffit D. D. *Io. Geyler Keiferfpergii* , olim
,, a facris huius vrbis nobiliffimi, epiftola ad auunculum meum,
,, quam inter chartaceam meam fupelleftilem ( Iam aulicis le_

,, ua-

„ uatus moleftiis ) inter legendum forte reperi , qua viuentem
„ adhuc Caefarem ludicat : quam ego fupprimere nolui.

*Scilicet vltima femper*
„ *Expectanda dies homini eft , dicique beatus*
„ *Ante obitum nemo , fupremaque funera debet.*

„ Alias huius enchiridii appendices tu in triumphatorem , feli-
„ cem , patrem patriae Caef. *Maximil.* eodem vultu lege , lecta
„ fpero placitum iri.    Pauxillum fchollorum adiunxi , vt car-
„ men id lucernam olens , tibi elucidatius redderetur , quum
„ tibi Graeca non admodum fit lingua familiaris , neque nifi
„ meliore fydere natis placeat.    Vale , & D. *Iacobo Villingero*
„ ( dum fuerit integrum ) me commendes.    Ex Argentorato
„ Kalendis Maii. Anno Chriftian. MDXIX. „

Duae autem funt epiftolae, *Io. Keifersperngii* , & *Iac. Wim-*
*phelingii* theologorum praeftantiffimorum , quae libello huic infertae extant: “ *Io. Geyler de Kaifersperg* , ecclefiae Argentin.
„ a concionibus facris , D. *Iac. Vuimphelingo* theologo, S. P. D.
„ In Conftantia dies XI. manfi , vt recepto nuntio a Regia ma-
„ ieftate, intelligere poffem, quo ad eam diuertere deberem. In-
„ terea Argentinam nuntium miferat cum quinquaginta florenis,
„ qui me non reperit , mihi autem fignificauit , vt mox e Con-
„ ftantia in fauces Alpium Iuliarum , quod noftra lingua Fief-
„ fen appellatur, me reciperem.    Quo dum veniffem feria fe-
„ cunda ante Magdalenae , die ipfa Magdalenae rex in ecclefia S.
„ Magni, vbi diuina audierat, me acclamauit, vbi effem.    Ego
„ autem in cella eius monafterii delitefcebam.    Vocatus ergo
„ ante fores ecclefiae me falutauit, & excepit , & vt patientiam
„ haberem, voluit.    Itaque craftina Magdalenae , dominica fcili-
„ cet, poft prandium me vocauit , & ita familiariter confiden-
„ terque mihi foli cum folo cor fuum aperuit , ita vt ipfe mi-
„ rarer, quod homini ignoto, cum quo nullos vnquam fermo-
„ nes, neque familiaritatem mifcuerat, tantum confideret. Pla-
„ ne omnem maieftatem fepofuit.    Et quum aliquando byrre-
„ tum de capite ob refrigerium , quia aeftus erat , ponerem '

· H h 3                „ pu-

„ putans, id per me fibi in reuerentiam fieri, operire caput co-
„ gebat. Duo fubfellia in facratiſſimo loco aequalia poni iuſſit,
„ ibi confedimus, & locutus eſt, quae mihi plane loqui non li-
„ cet. Neque temere me vocauit, voluit autem, vt nemini pa-
„ tefacerem, fed quaſi fub fecreto confeſſionis retinerem. Fi-
„ nito itaque colloquio, fed & dialogo inter nos fcriptis incoe-
„ pto, S. R. maieſtas fcripto fententiam fuam pofuit, & vt
„ ego e regione refponderem voluit. Quo faƈto, alterum diem
„ ſtatuit, vt in idipfum rediremus. Latinus bonus, fed fcripto
„ melior, quam verbo. Inter loquendum quum fieret de fuis
„ aemulis fermo, inquit: *Dudum putridus ſi haec & haec &c.*
„ Interea praedico omni die feſtino in eodem loco, vbi dicunt
„ Regiam maieſtatem iam aperte, iam occulte intereſſe. Scripſit
„ autem & mihi D. meus Auguſtenf. & inſtanter rogauit, ne re-
„ deam Argentinam, niſi prius eum propter caufas, quas pa-
„ tefecit, inuiferim. Hoc efficiet, ne tempeſtiue, ſicut paraue-
„ ram, redire poſſim. Vale, & Deum pro me ora. Ex Fief-
„ fen fecunda Auguſti. Anno. Chriſti MDIII. „

*Iacobi Wimphelingii* epiſtolam alio iam loco excitauimus, to-
tamque legendam dedimus ( in *comment. de Zaf. vit. §.* 30. *not.
e. p.* 33. )

Omnia autem opufcula iſthaec colleƈta habentur in *Marq. Freher.* fcript. rer. Germ. ex edit. *Struu.* T. II. p. 761. & alibi.

84. F. BAPTISTAE MANTVANI Carmelitae theologi faſtorum libri XII.; quibus praemittitur Carmen
ad Iulium. II. pontificem maximum.

Carmen ad Leonem X. pontificem maximum.

Vita auƈtoris a fe ipfo defcripta Carmine elegiaco.

Item & alia quaepiam.

*In fine*: Faſtorum libri F. BAPT. MANT. contente
admodum emaculati, ſtanneis charaƈteribus excepti
funt Argentorati, inſtinƈtu & aere Matthiae Hupfuff,

men-

menfe Martio anno 1520. 4. *) ( *In Bibl. acad. Fri-burg.* )

Memorabilis imprimis eſt *Iac. Wimphelingii* epiſtola ad Matthiam Schurerium gentilem ſuum, " Reperi ex inſperato in Bi-
,, bliotheca nepotis mei *Iacobi Spiegel*, Imperialis ſecretarii,
,, *Baptiſlam Mantuanum* in libris Faſtorum lectu digniſſimum,
,, in quibus noſtra iuuentus, vitam & bonos fines Diuorum,
,, absque fabellis, & alia ſcitu vtilia, ſine veneno ( quo Ti-
,, bullus, Propertius, Catullus, Lucertius, Marullus, & ho-
,, rum laſciui ſimiles reſperſi ſunt ) a teneris annis imbibere,
,, feque & caeteros aliquando delectare poſſet, ea ſi chalcogra-
,, phia propagarentur, confido *Hieronymum Gebuuilerum, Ioan.*
,, *Sapidum, Geruaſium Sopherum*, caeterosque politiorum, &
,, Chriſtianarum literarum profeſſores, ſuis diſcipulis interpre-
,, taturos. Chriſtiani enim ſumus, & eſſe, & dici volumus.
,, Proinde ſi tu, mi *Matthia*, ſalutiſerae iuuenum inſtitutioni con-
,, ſulere, & caſtrorum clauſtralium, qui ex his carminibus de-
,, licias per otium capient, faſtidia leuare voles, exemplar ſpe,
,, non indignaturi nepotis, a me accipies, cum expreſſa *Bapti-*
,, *ſtae* effigie, vt in operis tui veſtibulo iucundum tanti viri,
,, maturitatisque, & modeſtiae ſuae, vti prae ſe ſert, praebeat
,, ſpectaculum. Sunt haud dubie vobiscum, qui eam nobiliſſimi
,, vatis & theologi imaginem pictura, & caelatura aptiſſime red-
,, dere poſſint. Nam & ab annis quinquaginta, quibus vrbi
,, veſtrae Argentineuſi affectus ſum, memini, in ea pictores prae-
,, claros, ſculptoresque excellentiſſimos floruiſſe. Vale, & inco-
,, lumitatis tuae ( quam cum ſummo gaudio intellexi in te re-
,, ſumere vires ) rationem habeto. Ex patria noſtra communi.
,, Kalend. Maii. Anni Chriſti. MDXX. ,,

Legitur hic quoque *Eraſmi* epiſtola ad *Wimphelingium*, quae, quum in collect. epiſtol. *Eraſmi*, quotquot vidimus, ( vi-

dimus

---

*) Perperam omnino *Niceronius* Memoir. des hom. illuſt. T. XXVII. p. 119. & ex eo *Freytagius* adparat. lit. T. III. p. 29. hanc *faſtorum* editionem an. 1518. adſcribunt.

dimus autem plerasque omnes ) haud extet : vnacum ea , ad
quam fe referre videtur, *) hoc loco integram adducturi fumus:
*Erafmi Roterod.* refponfio eft fequens : " *D. Erafmus Rotero-*
„ *damus Iacobo Vuimphelingio* fuo falutem dicit. Viuimus ,
„ valemus , tui meminimus , te amamus omnes , & fi tuo fiat
„ commodo , aduentum quoque tuum expectamus. Nouum te-
„ ftamentum iam ad ad metam properat, Hieronymus belle pro-
„ cedit. Demiror iudicium *Sapidi.* Iuro, quisquis is fuit , qui
„ hoc illi perfuafit , nihil illo ineptius. Malim hemiftichium
„ Mantuani, quam treis Marullicas myriadas. Cura , vt reuale-
„ fcas, & podagram vna cum fcabie profligas. Scripferam *Ab-*
„ *bati Volfio* , verum epiftola periit , nefcio cuius culpa. Scri-

„ pfi ,

---

*) Vid. *Erafmi Roterodam.* Oper. omn. T. III. P. poft. col.
1550. epift. 46. " *Iacobus Wimphelingus* Domino *Eraf-*
„ *mo* S. Viui ne adhuc , an vita functi funt , aut inter
„ martiales & feroces inhumanitatem quandam contraxe-
„ runt dominus *Erasmus Roterodamus , Ioan. Oecolampa-*
„ *dius , Beatus Rhenanus :* vt tanto tempore nihil ami-
„ ciffimis fcribaut, renuntient, fignificent de ftatu, de va-
„ letudine , de reditu, de fine operum Hieronymianorum ?
„ Ego fane vlcerum pleniffimus , podagram incidi , quae
„ fi non erraffet, pauperem enim obruit , quae morbus di-
„ uitum effe fertur, iam pridem me Bafilea vidiffet : mu-
„ lam enim cum famulo mifit ad me praeful Bafilienfis.
„ Sed proh dolor , neque equitare , nec domum egredi pof-
„ fum, tantis doloribus dies atque noctes afficior. In *ca-*
„ *talogo Archiepifcoporum Moguntinorum* , quem interim
„ collegi, a) *D. Erafmi Rot.* honeftiffimam feci mentio-
„ nem. *Oecolampadium* fpero huc ad Seleftadium rediturum,
„ vt fecum adducat , quae illi traditurus fum ad max.
„ amicos meos Heidelbergae perferenda. *Beatum Rhena-*
„ *num* praeftolatur grandaeuus pater, defiderii plenus. Om-
„ neis vos tres valere peropto. Ex Seleftadio 15. Ianua-
„ rii anno 1516. „

a) Quam tamen editum fuiffe, haud affirmauerim. *Ger. Io. Vof-*
*fius* de hift. Lat. L. III. c. 10. ex *Iac. Spiegelio,* & *Iof. Sim-*
*lero* laudat quidem eiusdem vitam Dietheri archiepifcopi Moguntini : fed , dum neque locum , neque annum editionis
commemorat , palam fecit omnibus, nihil eiusmodi abs fe
vifum vnquam fuiffe.

„ pfi , ne quercreris , me non fcripfiffe. Bene vale , falutat te
„ coetus omnis doctiffimus, me excepto, tuique amantiffimus,
„ me non excepto. Bafileae poftridie Purificationis. An. XVII. „

85. DIVO MAXIMILIANO iubente pragmaticae
fanctionis medulla excerpta.

*In fine* : Seleftadii in aedibus Lazari Schurerii
menfe Maio. Anno 1520. in 4to. ( Sequuntur Laz.
Schurerii infignia his additis: *Cui indignum vifum eft,*
*haec Vulcano tradi, fed cenfuit operae pretium, vt ad*
*gloriam Dei opt. max. fuique cultus, & Germanicae*
*nationis incrementum, ac Maximiliani Caefaris memo-*
*riam immortalem ex fua officina ederentur.*) ( *In Bibl.*
*acad. Friburg.* )

Libellum ifthunc in lucem protulit *Iac. Spiegelius* Seleftadienfis, fecretarius regius, & *Wimphelingii* ex forore nepos, literis ad
*Maximilianum a Bergis*, Dominum in Seuenberg, Caef. & Cath.
Maieft. in Germaniis oratorem, & a commiffis, exaratis: " Erat
„ Auunculus meus, *Maximiliane* generofe heros, hoc opufculum
„ Vulcano daturus, nifi improbo ( ni fallar ) facinori obftitif-
„ fem , vt viri bonorum litterarum antiftites, inter quos velut
„ pretiofum margaritum emicat diguatio tua , non difficile te-
„ cum iudicabunt. Siquidem periiffet ampliffimum virtutum
„ Diui *Maximiliani* teftimonium, qui Germaniam reparare me-
„ ditatus eft, vti vel introferta prae fe ferunt. Cuius tamen co-
„ natus a multis defideratus eft, haud praeter improborum, qui
„ iam adauctae gloriae quemuis alium noui ornamenti accef-
„ fum inuidebant, vel fati malignitatem, fi modo eft, quod
„ aiunt, fummam rerum coeco difpenfare nutu, quamuis puto
„ rectius credi poffe, non fine Dei voluntate hoc tam fanctum
„ quam neceffarium *Maximiliani* confilium morte fua interce-
„ ptum, *Carolo* Principi noftro auiti imperii fucceffori conferua-
„ tum, vt qui potens eft, magna faciat, pro vero Dei optimi
„ maximi cultu reftituendo, ac huius patriae nationis dignita-
„ te afferenda. Profecuturum autem eum hoc confilii, mihi cum

„ multis fpes certa manet, quia ifthuc hodie felicitatis per-
„ uentum eft, quo nuda veritatis imago de optimis quibusque
„ libere praedicatur, quae multis retro faeculis magno huma-
„ ni generis·malo inuolucris obtefta fuit.   Reducunt eam apud
„ Germanos *Capnion*, *Roterodamus*, *M. Catharus*, *Pirckaime-*
„ *rus*, *Capito*, *Oecolampadius*, *Phrygio*, *Ritius*, *Otho Brun-*
„ *felfius*, *Huttenus*, qui fe hac comite fibi, fi vsquam, in Ro-
„ mana triade placere haud obfcure fatetur.   Nimirum liber
„ homo, libero argumento patriam libertatem vindicandam iure
„ expoftulat.   Apud Gallos *Iacobus Faber* pietatis vnicum fpe-
„ cimen, & *Budaeus* orbis Gallici decus, improbos temporum
„ fuorum mores fparfim taxant.   Quis apud Italos *Io. Fran-*
„ *cifco Pico Mirandulano* de moribus corrigendis orationem con-
„ texuit Chriftianius, atque eo argumento, quod multis aliis
„ Chriftianiffimis iampridem vifum eft, quippe ne labante re-
„ ligione in cupediis, in delitiis popinalibus, & in luxu men-
„ fario, in equitio numerofo & eleganti, in inftrumento lau-
„ to epifcopii, in fupelleftili, in vafis argenteis, in vefte ftra-
„ gula, a) & peripetafmatis, b) in ftipendio cohortis hono-
„ rariae fericatorum & calamiftratorum, in anitio, & accipi-
„ trariis, in venatico minifterio inftrumentoque, in ferculorum
„ ftruftoribus, in fcurris, in ludiis, in acromatis, c) in thy-
„ melicis, d) in eis, quos a cauillis habent, & voluptatibus, in
„ delitiarum mille nominibus.   Adde etiam & in alea, & in
„ eis denique, quae non nifi fubdititio nomine in rationes re-
„ feruntur.   Sed quod felix fauftumque fit, nobis illuxit faecu-
„ lum longe omnium foeliciffimum, quo Germanici Principes,
„ haud dubie maximo Regum *Carolo* autore, verum religionis
„ cultum reftituent, fine quo concordiae impedimenta e me-
„ dio tolli quandoque poffe, imprudentiae eft, cogitare, nifi ipfe
„ fim

---

a) Vefte ftragula: id eft, operimento equorum & mulorum.
b) Peripetafmatis: id eft, aulaeis tapetis.   c) Acromatis:
id eft, narratione mimica.   d) Thymelicis: id eft, citha-
raedis.

,, fim omnis confilii inops. Vnicum eft hoc celfitudinis Re-
,, giae factum vere regium, & *Carolo* tanto Principe dignum,
,, ad quod, dignationis tuae erit, & Maieftatem fuam & prin-
,, cipis apud eam loci viros cohortari fedulo. Aget idem te-
,, cum magnus ille vir, *Mercurinus*, ( *Gattinarius* ) fupremus
,, Regiae aulae Cancellarius, quem eruditio non protrita, can-
,, dorque animi non finunt deflectere a via recta. Quoties hu-
,, ius viri recordor ( recordor autem faepius ) toties fubit men-
,, tem, praeftantis eum doctrinae adminiculis contra temerari-
,, os cafus celfum femper & erectum iuiffe, & aduerfus for-
,, tunae infeftiores impetus animo praefentiore firmatum. Hoc
,, eft praecipuum literarum peritiae officium, maxime autem
,, eius, quae in ftemmata tam fplendida incidit. Quare, vt
,, dicam libere, quod fentio, nifi vos veftrique ordinis viri huic
,, negotio intenderitis omnes neruos, de altero, qui nihil aeque
,, quam in ordinem redigi metuit, detrectat, fugit, nunquam
,, quicquam boni fperandum eft, cum ille vt apud victricis
,, veritatis ftrenuiffimum adfertorem Germanum equitem legi-
,, mus, magna ex parte fit peffimus, & fuis elatus titulis ty-
,, rannidem exerceat in ipfos mundi principes. Non mentior
,, ego fortaffe, fi his fontibus omnia fere mala, quae mea ha-
,, bet memoria, dixerim profecta effe. Nec fane mirum, quan-
,, do malum omne prodire de templo Chryfoftomus cenfet, &
,, Hieronymus referente *Mirandulano Comite* praedicto, fcribit
,, fe inueniffe neminem, qui feduxerit populos, praeterquam fa-
,, cerdotes. O infortunati Principes quibus hoc genus cenfu-
,, ram ademit! Rurfum o fortunatos Principes, quibus quam fi-
,, millimi tui a fententiis contigerunt! Neque enim fieri poteft,
,, vt Euripides aiebat, vt qui optimis fortiffimisque parentibus
,, nafcerentur, quin & ipfi tales euadant. Porro quod libel-
,, lum hunc vel breuitatis gratia, tibi, vt fpero, placiturum
,, in mille exemplaria tranfcriptum, tuo dedicatum nomini di-
,, uulgarim, boni quaefo confulas. Siquidem inpraefentiarum
,, maiora non habeo, neque dum adornantur ea, hoc meae

erga

„ erga te obſeruantiae quantulumcunque monumentum inter-
„ mittere volui.  Monitiones ad diuum *Maximilianum* velut
„ non inſalubreʂ, quo munuſculum grandeſceret, adieci, quæ
„ te dormitantem non excitarent, ſed currentem, vt aiunt,
„ incitarent.  Iam vale, & *Spiegellii* tui memor viue in corona
„ eruditorum, quos das largiter epulis tuis accumbere, *Peu-* .
„ *tingeri*, *Stabii*, *Ritii*, *Rorarii*, *Sbrulii*.  Opto & tuam ſortu-
„ nam & gentis a *Bergis* totius quam florentiſſimam permanere :
„ cuius virtutes inſigniter inſignes effecit magnus ille *Eraſmus*
„ *Roterodamus*.  Ex aedibus noſtris Seleſtadii die 15. Maii.
„ M. D. XX. „

Quum *Maximilianus I.* Imp. conſilio & hortatione ordinum
Imperii aſſiduis, & adhuc inauditis Germanorum aduerſus curiam
Romanam quereliʂ ac *grauaminibus* finem impoſiturus, *ſanctio-*
*nem Gallorum pragmaticam* \*) pro ſundo ponere, atque vna
cum illa *Germanorum Albertina* magis ſemper ac magis ſtabi-
lire conaretur ; id potiſſimum negotii *Iac. Wimphelingio,* theologorum tum temporis facile principi, & de vuiuerſa Germania
iam alias praeclare merito, demandauit : vt compendium aliquod

---

\*) Patres concilii Baſil. Eugenio IV. P. ſynodum iſtam trans-
ferre primum alio, deinde etiam diſſoluere adniſuro, decreta ſua Galliae, Germaniaeque regibus obtulerunt confir-
manda, vltroque aſſumenda.  Carolus VII. Galliarum rex,
habito apud Bituriges ſolemni procerum, antiſtitum, aliorumque doctiſſimorum hominum conuentu 1438. ad confir-
manda ſynodi Baſileenſis decreta, memorabilem illam conſtitutionem edidit, quam *ſanctionem pragmaticam* a) vulgo
vocant ſcriptores.  Sed & Germania porro concilii Baſileenſis decreta ſuſcepit lubenter, ſeruato tamen vtrinque
temperamento, & aequa rerum moderatione.  Acceptio haec
quomodo ſub Alberto II. rege Moguntiae 1439. XXVI.
Martii ( praeſentibus etiam tum Cardinale ſancti Petri ad
vincula, tum legatis regis Francorum, & regis Caſtellae,
& ducis Mediolanenſis ) ab oratoribus regis, archi - & epiſcoporum, ſtatuumque Imperii ſuis cum limitibus ſacta ſit,
narrant *Od. Raynaldus* ad an. 1439. n. 19. *Claud. Fleu-*
*ry* hiſt. eccl. T. XXII. h. a. n. 51. ſeqq. aliique : ipſum vero

quod, feu *medullam* ex eadem decerptam, ad Germanorum mores adpifcaret, fuisque acceffionibus locupletaret. Commonftrant
id duae, *Maximiliani* Imper. fcilicet, & *Wimphelingii* epiftolae:

\* \*

*Maximilianus* diuina fauente clementia, E. Romanorum Imperator femper Auguftus &c. Honorabili, denoto, nobis dile-
&o, *Iacobo Wimphelingo* Seleftadienfi, Sacrae Theologiae Profeffori, familiari noftro. Honorabilis, deuote, dilecte. Mitti-
mus in praefentiarum ad te Secretarium noftrum cum *Pragma-*
*tica fanctione regni Franciae*, commifimusque ei, tibi noftro
nomine nonnulla referenda, quae cum ex mente noftra proficifcantur, cupiamusque omnino, interueniente opera & induftria
tua, in talibus nobis fatisfieri : ideo horamur te, & per
tuam in nos, & facrum Romanum imperium obferuantiam (quam
opufculis & lucubratiunculis tuis iamdudum habuimus comper-
tam ) requirimus, vt non modo Secretario noftro indubitatam
adhibeas fidem, fed te eum in his, quem etiam non requifitus
a nobis praeftitifti, exhibeas ; qua re hoc tempore a te nihil
nobis gratius fieri poterit. Cupimus autem dictum fecretarium
noftrum

---

ro *acceptationis inftrumentum* commemoraffe duntaxat contenti. Primus omnium eodem ad communem patriae vtilitatem vfus eft, aliaque ad concordata nationis Germanicae rite intelligenda, ac penitus redintegranda, larga manu fuppeditauit ICtus vere Germanus, *Ioannes Horixius*
in opufculo, cui infcripfit titulum : *Concordata nationis*
*Germanicae integra : fiue noua & accurata concordati Ca-*
*lixtini & praecipue concordatorum principum fub Eugenio*
*IV. nec non concordatorum Afchaffenburgenfium fub Nico-*
*lao V. editio:* Francof. & Lipf. 1763. 4. & in collectione :
*concordata nationis Germanicae integra, variis addita-*
*mentis illuftrata:* T. I. Francof. & Lipf. 1771. 8. Conf.
*Steph. Alex. Würdtwein* in fubfid. diplomat. iur. eccl. German. T. VII. & VIII. Atque hanc ipfam Germanorum
*fanctionem pragmaticam Albertinam* dixeris, haud inulta
Minerua.
En comparationem vtramque inter pragmaticam, Gallorum
fcilicet & Germanorum inftitutam, breuiterque defignatam !

| *Concil. Bafil.* | *Sanctio Pragmatica Gallorum :* |
|---|---|
| Decreta Seff. I. Seff. II. | I. De conciliorum generalium auctoritate ac poteftate, temporibusque & modis eadem connocandi & celebrandi. |
| Seff. XII. & XXIII. | II. De electionibus, earumque confirmatione : *cum quibusdam limitationibus.* |
| Seff. XXIII. | III. De referuationibus fublatis. |
| Seff. XXXI. | IV. De collationibus: *cum quibusdam limitationibus.* |
| Seff. XXXI. | V. De caufis : *cum limitationibus.* |
| Seff. XX. | VI. De friuolis adpellationibus. |
| Seff. XXI. | VII. De pacificis poffefforibus. |
| Seff. XXIII. | VIII. De numero & qualitate Cardinalium : *cum limitationibus.* |
| Seff. XXI. | IX. De annatis: *cum quibusdam limitationibus.* |

*Concil.*          *Sanctio*

| Concil. Basil. | Sanctio Pragmatica Germanorum : |
|---|---|
| Decret. *Frequens.* Seff. I. | I. De auctoritate & poteftate facrorum generalium conciliorum , temporibusque, & modis eadem conuocandi, & celebrandi. |
| Decr. *Sicut in conftituenda* (vel : *quemadmodum in conftruenda*) Seif. XII. Decr. *Licet dudum.* Seff. XXIII. | II. De electionibus : *cum quibusdam declarationibus.* Et de electione caffanda , ex qua turbari poffet ecclefia. |
| Decret. *Pridem.* Seff. XV. | III. De conciliis fynodalibus & prouincialibus. |
| Decret. *Et quia.* Seff. XXIII. | XXI. De referuationibus tollendis : *cum declaratione.* |
| Decret. *Saluatoris.* Seff. XIX. | IV. De Iudaeis & neophytis. |
| Decret. *Placuit :* & alia de qualificationibus & ordine promouendorum. Seif. XXXI. | XXIV. De collationibus beneficiorum : *cum declaratione.* |
| Decret. *Ecclefiafticae folicitudinis.* Seff. XXXI. | XXV. De caufis,& de appellationibus. |
| Decret. *Vt lites.* Seff. XX. | VIII. De modo appellandi vel non appellandi. |
| Decret. *Quicunque.* Seff. XXI. | X. De pacificis poffefforibus non moleftandis. |
| Decret. *Cum fummo pontifici.* Seif. XXIII. | XX. De numero & qualitate Cardinalium. |
| Decret. I. Seff. XXI. | IX. De annatis tollendis : *cum declarationibus.* |
| *Concil.* | *Sanctio* |

| Concil. Bafil. | Sanctio Pragmatica Gallorum: |
|---|---|
| Seff. XXI. | X. — XVIII. De celebratione diuini officii , & aliis ad facra pertinentibus : *cum qui-busdam limitationibus.* |
| Seff. XX. | XIX. De concubinariis. |
| Seff. XX. | XX. De excommunicatis non vitandis. |
| Seff. XX. | XXI. De interdictis temere non ponendis. |
| Seff. XXIII. | XXII. De fublatione Clemen-tinae : *literis.* |

a) Pragmatica haec An. 1438. a Gallis condita, legitur apud *Puteanum* (Du Puy) Comm. fur le Traité des Libertes de l'Egl. Gall. T. II. p. 6. & *Richer.* in Hift. Concil. gene-ral. Hiftoriam eius dedit *Putean.* l. c. Tom. I. vbi: Hiftoi-re contenant l'origine de la pragmatique Sanction faite a Bourges par le Roy Charles VII. l'an. 1438. & fon etab-liffement; comme elle a eté obfervée , & les moyens dont les Papes fe font fervi pour l'abolir. add. *Thomaff.* in vet. & nou. Eccles. difcipl. P. II. Lib. I. c. 45. & *Petrus de Marca* in C. S. & I. L. VI. c. 9. §. 8. 9. vbi pragmaticam cum temperamento , quod decretis Concilli Bafil. adhibue-runt Galli, exponit. Conf. V. C. *Chrift. Wilh. Kochius* in comment. hift. iurid. de collat. benef. Sect. II. C. I. §. 4. Viguit illa diu apud Gallos, contradicentibus quidem mul-tis , abrogataque femel , *Ludouico* IX. Imperante, animum-que regis flectente Pio II. P. mox iterum reuocata fuit in vfum , & tanquam lex imperii ad *Francifci I.* tempora flo-ruit: qui tandem celeberrima illa *concordata* cum *Leone X.* Bononiae iniit, Romae poftea in concilio *Lateranenfi* 1516. publicata.

Editiones *pragmaticae fanctionis* , quae mihi ad manus funt, paucis recenfere iuuat: quarum altera eft antiqua fane
Parif.

| Concil. Basil. | Sanctio Pragmatica Germanorum : |
|---|---|
| Decret. 3. — II. Seff. XXI. | XI. — XIX. De celebratione diuini officii &c. |
| Decret. Quicunque. Seff. XX. | V. De publicis concubinariis. |
| Decret. Ad vitanda scandala. Seff. XX. | VI. De modo communicandi his, qui dicuntur excommunicati &c. |
| Decret. Quoniam. Seff. XX. | VII. De modo & forma ponendi interdictum in loco, & diuina refumendi. |
| Decret. Licet in apostolicis. Seff. XXIII. | XXII. De fublatione Clementinae literis de probatione. |
| Decret. Vt lucidius. Seff. XXX. | XXIII. De communione facramenti euchariftiae. |

Parif. 1486. 4. excufa: *finiunt decreta Basilienfia & Bituricenfia, quam pragmaticam vocant, gloffata per magistrum* Cofmam Guymier *in vtroque iure licentiatum , & Parifii impreffa per Iohannem Bonhome librarium Parifienfem Anno Domini 1486.* Altera autem itidem Parif. 1507. 8. *finiunt decreta Basilienfia nec non Bituricenfia, quae pragmatica fanctio intitulantur : gloffata fubtiliter & profunde per magistrum* Cofmam Guymier *in vtroque iure licentiatum.* Vna cum *repertorio nouiter per ordinem alphabeti defuper compilato per* Petrum Cambefort *licentiatum in decretis: Impreffaque Parifius per* Magiftrum Andream Bocard: *Impenfis* Iohannis Parui & Guillermi Euftachii *bibliopolarum Parifien. qui circa omnium emendationem diligentem curam fecerunt adhiberi , & nouam ex margineis quotationibus tabulam adiungi: Anno Domini 1507. die IX. Augufti.* Praeterea mihi eft editio *concordatorum* inter Leonem X. P. & Francifcum I. R. initorum,fine loco & anno quidem, fed fatis antiqua, per D. Gerlier 8. facta. Gallica vero interpretatio *fanctionis pragmaticae ,* vti *concordatorum* prodiit Parif. 1561. 8. cuius exemplum poffideo. De aliis vero, vti Lugd. 1488. 1497. 4. Lugd. 1538. Parif. 1551. 8.

noftrum ( quoniam eius opera diuitius carere non poffumus)
cum hoc voto noftro a te expeditum, quam primum ad nos
remitti. Datum in oppido noftro imperiali Vberlingen, die 18.
Menfis Septembr. An. Dom. M. D. X. regni noftri Romani XXV.

Inuictiffimo D. noftro Imp. *Maximiliano*, *Iac. Wimphelingus*
Seleftadienfis humillimam commendationem. Victoriofiffime Caefar, Lecta Caefareae tuae Maieftatis epiftola, moxque accepta a fecretario inftructione, totis ad id viribus me accinxi,
vt id, quod Caefarea tua Maieftas defiderat ( quantum cum Deo
& absque confcientiae vulnere fieri poteft ) efficiam. Ab ineunte
enim aetate omnem operam meam Caefareae primum tuae Maieftati, deinde Germanicae nationis & facri Romani imperii
amplificationi deuoui atque dedicaui. Quamuis me voto tuo &
inftituto longo imparem fciam, & multi fint in aula tua, qui
hoc munus abfolutiffime implere valeant, quibus maior eft eruditio, maiorque rerum iftarum communium experientia : funt
& apud reliquos Principes, & apud Senatus rerum publicarum
optimi doctiffimique viri, qui Germaniam exornare, & ad pacem
concordiamque vniuerfalis ecclefiae, atque ad totius cleri ad
Chriftinam difciplinam reducendi famam & gloriam perfuadere
poffent, in qua re non modo tua Maieftas, fed & tui in imperio praeceffores Carolus magnus, eiusque filius Ludouicus
Pius, Othones, denique Cuonradi, Friderici, & Henrici, nouiffime autem Sigismundus fumma induftria operam nauarunt,
impellente ipfos indubie zelo & charitate in Deum opt. Max.
& gratitudine in Chriftum pro ipfius in humanum genus beneficiis, praecipue autem amariffimae paffionis.

Neque enim Chriftus pauper pro nobis factus eft, vt nos in omni
rerum opulentia & luxu de ipfius patrimonio cupiditatem noftram
& ambitionem prodamus. Neque famem pertulit vt nos ingurgite-
mur,

---

cum gloffis *Cofm. Guymier* additt. *Phil. Probi*, & anott.
*Fr. Pinffonii* Parif. 1666. & rel. & concordatorum Tolof.
1518. &c. quippe quas infpicere mihimet non licuit, pluribus agere fuperfedeo.

mur, neque labores, caſtimoniam , & dira tormenta ſublit, vt nos
in otio, in laſciuia, inque omnibus delitiis & voluptatibus verſe-
mur. Neque hi, quibus res eccleſiaſtica ſua debet incrementa,
quantum ad ditionem temporalem attinet, huc reſpexiſſe videntur,
vt in otio tantum clerici degerent, omnibus rebus ad vota fru-
entes, citra tamen laborem. Alia certe cauſa ſuit, cur illi ſe-
que ſuosque nonnunquam ſpoliantes, eccleſiam ditandam cenſue-
rint. Nimirum vt commodius diuinis officiis vacare poſſent
abſque ſollicitudine deſuturi victus, quem ex agris, nemoribus,
pratis ac aquis facile colligere liceret. Et vt pauperibus Chriſti,
viduis, orphanis, & ſenibus, quos robur corporis prorſus de-
ſtituit, ac aegrotantibus eleemoſynam liberalius impertirent.
Sic enim in inſtitutionibus canonicae profeſſionis, quas auſpicio
imp. Ludouici Pii conſcriptas putamus, ab Epiſcoporum concilio comprobatas, ſic inquam legitur : *Res eccleſiae (ſicut a*
*ſanctis patribus traditur, & in ſuperioribus capitulis contine-*
*tur) vota ſunt fidelium, pretia peccatorum, & patrimonia*
*pauperum. Fideles namque fidei ardore & Chriſti amore ſuccenſi*
*ob animarum ſuarum remedium, & coeleſtis patriae deſide-*
*rium, ſuis propriis facultatibus ſanctam locupletem feccrunt*
*eccleſiam, vt iis & milites Chriſti alerentur, eccleſiae exorna-*
*rentur, pauperes recrearentur, & captiui pro temporum oppor-*
*tunitate redimerentur. Quapropter vigilanti ac ſolerti cura*
*prouidendum eſt his, qui eius facultates adminiſtrant, ne eas in*
*ſuos ſolummodo vſus conuertant, ſed magis (iuxta poſſibilita-*
*tem rerum) Chriſto famulantium, imo eorum, in quibus Chri-*
*ſtus paſcitur & veſtitur, curam gerere penitus non negligant.*
Subſcribit huic ſententiae Proſper, aſſerens, viros ſanctos res
eccleſiae non vendicaſſe in vſus ſuos vt proprias, ſed vt com-
mendatas pauperibus diuiſiſſe, nam hoc eſſe poſſidendo contemnere, non ſibi ſed aliis poſſidere, nec habendi cupiditate eccleſiae
facultates ambire, ſed eas pietate ſubueniendi ſuſcipere. *Quod ha-*
*bet,* inquit, *eccleſia, cum omnibus nihil habentibus habet commu-*
*ne, nec aliquid inde eis, qui ſibi de ſuo ſufficiunt, erogare, quan-*

*do nihil aliud eſt habentibus dare quam perdere.* Hactenus aliena
retulimus. Proinde cum omnes Chriſti religionem profeſſos, eidem ſeruatori noſtro gratos eſſe expediat, magis tamen id pe-
culiares eius miniſtros, hoc eſt ſacerdotes, ſacris initiatos, &
de liberalitate tanta imperatorum & procerum, caeterorum-
qne fidelium aſſatim prouiſos, vt ab aratro & manuum laboribus alieni ſimus, tantorum beneficiorum decet meminiſſe, quo
noſtra vita populo bilem non moueat, nec ad oblocutionem
& odium praebeat anſam, ſed vt aedificentur laici, amicitia
mutua floreat, offendicula & ſentes euellantur, reuerendi an-
tiſtites cum ſuo clero pietati dedito ſint in ſua veneratione, &
in ipſum quoque ſummum Pont. Sacroſanctamque Rom. eccleſiam, vniuerſorum filialis affectus, & in ſpiritualibus obedientia
fulciatur.

Quapropter, ſereniſſime Caeſar, celſitudini tuae, quae tam
honeſto & ſancto negotio Chriſtianiſſime afficitur, non potui
nou morem gerere, collectis tumultuarie nonnullis, quae de-
dita opera, & apud diuerſas eccleſias & in conuentibus prae-
ſtantium virorum, partim vidi, partim ex fide dignis audiui,
quae mihi, ſi tollantur, ad Germaniae commodum, & ad diuini cultus amplificationem plurimum conducere videntur. Et
eo ad id abſoluendum, tuaeque Maieſtati in omnibus obſequen-
dum promptior fui. Primum, quod nepotem meum *Iacobum
Spiegel*, tuae Maieſtatis Secretarium ex labore meo maiorem
tuam in ſe beniguitatem aſſecuturum confiſus ſum, deinde quod
ſub Imperio Rom. natus & alitus, merito, vti natura ſubditus,
tuae inſeruio voluntati. Poſtremo vt hac opera, patriam meam,
Maieſtatis tuae patrocinio commendatiorem facerem. Seleſtadium
enim natale mihi oppidum omnibus terris charius, in Alſatiae
meditullio ſitum, prouinciis Auſtriacae ditionis paruo ſane interuallo cingitur. Quantum enim Briſages abſunt, quantum
Sunangii, quantum vallis Albertica, in Voſego: vt de minu-
tioribus locis taceam? Si igitur Seleſtadium vel a Gallis, vel
ab aliis hoſtibus (quod abſit) premi contingat, quis illi melius

lius fubuenire poffit, quam Princeps Auftriacus ? Si quidem vi-
cinus vicino Deus eft. Et folet nonnunquam ingentis effe beneficii caufa, paruum obfequium in tempore exhibitum. Ex Argentorato Calendis Nouembr. M. D. X. — Hactenus *Wimphe-*
*lingius.*

Ipfam vero *medullam Wimphelingianam* , vtut iteratis iam
fubinde typis excufam, & variis variorum auctorum collectionibus infertam, *) hoc tamen loco integram exhibere conftitui-
mus , hac potiffimum de caufla , quod *Vdalricus Zafius* ICtus
Friburgenfis longe celeberrimus, ea, quae de *actionibus & aftu-*
*tiis Curtifanorum* fubiunxit *Wimphelingius* , fingillatim manu
fua defcripta, & additionibus quibusdam fiue auctoris, fiue etiam
fuis aucta, vel aliter non raro lecta, nobis reliquerit, pofterorum
memoriae commendanda.

I i 3

Epito-

---

*) Integra quidem leguntur apud *Herm. von der Hardt* l. c.
T. I. P. V. p. 219. Sed ap. *Goldaft.* Conftit. imperial. T. III.
p. 123. & *Freher.* T. II. p. 684. *Georgi* loc. cit. p. 316.
aliosque mutila omnino & manca. Non poffum non ea, quae
*Lambacherus* (in Bibl. cin. Vindob. p. 162.) vir egregie
doctus alias, fed nefcio, qua finiftra opinione, & antece-
pta rerum informatione in transuerfum actus, hoc loco com-
minifcitur, in medium adducere : " De hac ipfa autem
„ pragmatica fanctione etiam in Germaniam introducenda
„ ( fi vera funt, quae praefenti libro produntur ab eius edi-
„ tore *Iacobo Spiegelio* ) cogitauit & anno 1510. Maximi-
„ lianus I. imperator. Nam praemittitur epiftola Maximi-
„ liani, miffa eo anno ad *Iac.Wimphelingium* per *Iacobum*
„ *Spiegelium* vna cum fecreta commiffione , quam refpon-
„ foria *Wimphelingii* prodit , fpectaffe dictam fanctionem
„ pragmaticam , quatenus quoad collationem beneficiorum
„ ex iisdem caufis in Germaniam introducenda effet, ex
„ quibus obtinebat in Francia. Sed vt verum fatear, ne-
„ fcio, an fides *Iac. Spiegelii* tanti effe debeat , vt creda-
„ mus, aequiffimum imperatorem Maximilianum contra fo-
„ lemnia concordata Germaniae quicquam molitum effe. Mi-
„ hi certe vel eo res eft fufpecta, quod *Iac. Spiegelius* eam
„ non nifi mortuo Maximiliano in publicum emiferit , &
„ eo quidem tempore, quo *Spiegelius* videri poteft, in gra-
„ tiam

\* \*

Epitome in Prooemium Pragmaticae fanctionis.

*Prooemium.*

*In prooemio pragmaticae fanctionis narratur, quod ab ex-
ordio nafcentis ecclefiae, reges Franciae, praelati, & proceres, in regno & Delphinatu erexerint & dotauerint ecclefias,
coenobia, & alia loca facra, ad gloriam Dei & ad augmentum
diuini cultus.*

*Item quod inftituerint in illis locis miniftros idoneos ad pro-
pagandam fidem, ad bonos mores, & exempla virtutum.*

*Item quod a fanctis patribus conditi funt canones pro foe-
lici regimine ftatus ecclefiaftici.*

*Item quod quamdiu canones illi obferuati fuerunt, floruit in
ecclefia Dei honeftas, difciplina, religio, pietas, & pax.*

*Additio ad pragmaticae prooemium.*

Similia narrare poffet Caefar. tua Maieftas, quomodo ecclefiae

---

„ tiam Lutheranae factionis ( cui fauebat, & poftea etiam
„ adhaefit ) iuuenem imperatorem Carolum V. conficto eti-
„ am exemplo gloriofiffimi aui, ac praedeceffuris, aduer-
„ fus fedem apoftolicam incitare voluiffe. Praefertim cum
„ eo ipfo tempore grauamina pararentur contra eandem fe-
„ dem apoftolicam in proximis Comitiis Wormatienfibus
„ imperatori offerenda. De reliquo, cuius magni momenti
„ fit hoc opus in libertatis ecclefiarum German. tuitione
„ ( vti putant quidam referente *Dan. Gerdefio* Floril. libr.
„ rar. p. 300. ) certe non perfpicio. Nam funt paucula
„ tantum excerpta ex pragmatica fanctione, cum additio-
„ nibus *Iac Spiegelii*, quae nil aliud funt, quam tritae
„ inuectiuae in curiam Romanam. Videtur aliquid magni
„ fubeffe, fufpicandi occafionem dediffe, quod *Marquard.*
„ *Freherus* epiftolam Maximiliani apud *Wimphelingium* &
„ huius refponforiam ad Imperatorem, cum annotatione
„ capitum opufculi infernerit Tom. II. fcript. rer. Germ.
„ p. 379. feqq. fubiungens, *reliqua fe vt nimis prolixa
„ hoc loco omififfe.* Sed fucum feciffe *Freherum*, proque
„ leuitate contentorum opufculi, cuius ipfum forte pude-
„ bat, prolixitatem caufatum effe, eo certius eft, quod
„ praetenfa prolixitas vix vnam alteramque paginam oc-
„ cupaffet. „ .

fiae cathedrales & collegiatae in Germania erectae ; & ampliffi-
mis poffeffionibus dotatae funt a Rom.Imperatoribus,ab illuftriffi-
mis ducibus, & caeteris principibus. Sicut in *Lupoldo* de zelo
& feruore veterum Principum Germanorum clariffime reperitur. Et certo conftat, multas ecclefias a *Carolo magno* & *Henrico* Caefare erectas,& dotatas. Spirenfem ,a ducibus Sneuiae
& Auftriae locupletatam &c. Argentinenfem a *Dagoberto* rege
Auftrafiae exaltatam, ficque de aliis ecclefiis, & coenobiis Germanicae nationis, in Auftria, Saxonia, vtraque Burgundia, caeterisque Germanorum Principum regionibus erectis atque dotatis.

*Confequenter exordium Pragmaticae narrat, quod ex am-
bitione & auaritia ( quae patrum decreta contemnit ) fubfequutae funt :*

*Morum corruptiones atque deformationes.*

*Status ecclefiaflici dehoneflationes.*

*Vfurpationes grauiffimae.*

*Praefertim haec fieri , per praelaturarum & dignitatum,
aliorumque beneficiorum ecclefiaflicorum referuationes , & per
gratiarum ad vacatura beneficia expectatiuarum a iure valde
exorbitantium multiplicationes , & per innumerabiles conceffio-
nes , grauiffimaque & importabilia onera, quibus ecclefiae &
perfonae ecclefiaflicae regni afflictae, oppreffae, & quafi ad
internitionem redactae, his diebus confpiciuntur. Nam ecclefiarum & beneficiorum pecunias indigni exterique occupant.*

*Maiores dignitates, opulentioraque beneficia perfonis con-
feruntur incognitis & non probatis.*

*Pauci in ecclefiis refident , quia, cum fint plurales . vbi-
que refidere & praefentias deferuire non poffunt , vultusque
commiffi fibi gregis non agnofcunt.*

*Animarum cura neglecta , temporalia lucra folummodo
quaeruntur.*

*Chrifti cultus diminuitur.*

*Animarum cura negligitur.*

*Subtrahitur hofpitalitas.*

*Eccle-*

*Ecclefiarum iura depereunt.*

*Ruunt aedificia.*

*Populi deuotio attenuatur.*

*Clerici regni noftri, fcientiis & virtutibus effulgentes, qui in aedificationem plebis noftrae vacare poffent, & qui pro re-giis & ecclefiae publicis confiliis forent opportuni, diuinarum humanarumque fcientiarum ftudia deferunt, propter promotio-nis ad beneficia fpem eis ablatam.*

*Votum alienae mortis oritur.*

*Lites infinitae, contentiones, & rixae, rancores, & odia inter Chrifti miniftros fufcitantur, nutriuntur, atque fouentur.*

*Pluralitatis beneficiorum execrabilis ambitio fouetur.*

*Pauperes clerici, cum rerum fuarum difcrimine per calum-niofos cauillofosque opprimuntur.*

*Beneficia per litium anfractus iniufte faepius occupantur.*

*Beneficia inofficiata relinquuntur.*

*Beneficia fimoniace adquiruntur.*

*Iuuenibus bonae indolis euagandi licentia praebetur, qui literis & virtutibus intendere deberent.*

*Praelatis & caeteris ordinariis collatoribus ius fuum atque miniflerium aufertur.*

*Ordo ecclefiae hierarchicus confunditur.*

*Plurima adverfus diuina atque humana iura, in animarum pernitiem, & ecclefiarum regni noftri oppreffionem & conculca-tionem perpetrantur,*

### Sicque

*Iura coronae noftrae depereunt, atque thefauri regni no-ftri in externas regiones deportantur.*

Praemiffa haec *Carolus VII.* rex Francorum, caeterique prae-lati ecclefiarum cognofcentes talia, ftimulantibus eorum confci-entiis, absque grauiffima Dei offenfa diutius diffimulare non potuerunt.

Itaque decreta haec Bafileenfis fynodi partim vt iacent, par-tim cum quibusdam moderaminibus aut epikeis recipienda con-fenferunt.                                    *Additio*

*Additio ad prooemium Pragmaticae.*

Vt ad oculum haec omnia vera effe, demonftretur, difcernant boni & aequi iudices ( qui faltem diligenter confiderarunt) fi non floreat diligentior diuinus cultus, ordinatior cantus, fi non fiant pauciores in choro confufiones, fi non fint minores factiones, minores lites, minor pecuniarum effufio, minora offendicula feu fcandala, minor concubinarum pompa & luxus in illis collegiis & ecclefiis, ad quae per gratias apoftolicas non patet aditus. Exemplum fumatur de ecclefia parochiali *Friburgenfi*, *) de collegio Badenfi, Heidelbergenfi, & Nouae ciuitatis Spirenfis dioecefis, vbi licet parua fint collegia, mediocresque praebendae, quasdam tamen alias, quas infatiabiles Curtifani occupare, & in quibus poft crebras lites, patrimoniorumque diffipationes, praebendas pinguiores poffidere poffunt, in omnibus diuinis officiis, in omni ecclefiaftica difciplina, & in perfonarum concordia, pace, & tranquillitate excellere videntur. Ignofcant mihi multi optimi facerdotes, qui & in cathedralibus & in collegiatis denote Deo feruiunt, quibus contentiones, lites, leuitates, euagationes, confabulationes, & caeterae diffolutiones admodum difplicent. Exemplum denique fumatur ab ecclefiis parochialibus, ad quas gratiae apoftolicae fefe non extendunt, quibus de idoneo rectore feu curato citius prouidetur, quam his, quae fub gratiis cadunt. Quippe quae interdum propter diuerfos collitigantes, variasque ipforum aftutias, ad biennium aut triennium, certo & idoneo paftore caruerunt, & cum vix tandem aliquis curtifanorum victor aliorum in parochia aliqua vtcunque euaferit, vel in ea non refidet, vel fi refidet, non praedicat, nec cancellos afcendit, vt faltem pro fummo pontifice, proque facrofancta ecclefia Romana, proque Caefarea Maieftate, aut contra Turcas, ad Deum perces a populo fieri exhortetur. Non fic contingit de ecclefiis parochialibus, ad quas Curtifani feu curiales per gratias Apofto-

I i 5                                    licas

---

*) Vid. tamen in *analect. acad. Friburg.* p. 58. feqq.

licas non admittuntur. Exemplum fumatur de ecclefia parochiali *Friburgenfi*, Heidelbergenfi, Badenfi, Vlmenfi, Fran-
cofurdenfi, ad quas, cum vacant, e veftigio de idoneis rectoribus
falubriter abfque omni lite, abfque multa pecuniarum effufione prouidendas, vel Principes, vel vniuerfitates, vel fenatus,
ius praefentandi habentes, mature, & ftatim deliberant, & ad
Dei honorem, animarumque falutem, bonos atque doctos viros
eis abfque controuerfia praeficiunt, qui perfonaliter refidentes
per feipfos praedicant, populum verbo & exemplo aedificant,
ac fuas oues in viam falutis ( vt veri paftores ) dirigunt, de
quo fummis pontificibus, paftoribusque noftris gaudendum & ex-
ultandum effet, qui & recte agerent, fi ad fimiles quoque curatos in aliis locis fideli populo praeficiendos fint cooperaturi.
Ipfi enim de animabus omnium Chrifti fidelium pretiofo eius
fanguine redemptorum exactiffimam domino Deo in extremo iudicio rationem funt reddituri. Sicut *Iulius* fummus pontifex
nofter in exordio bullae fuae contra Ioannem Bentiuolum, fponte & humillime confitetur, & Platina in Coeleftino V. eidem
reuerendiffimos dominos cardinales affirmaffe narrat, omnia
mala tum accidentia in die iudicii fibi imputatum iri.

### De electione. Cap. I.

*Generalis refervatio omnium ecclefiarum, monafteriorum, &*
*dignitatum electiuarum per Romanum pontificem fieri non debet,*
*neque fallis eft vtendum, praeterquam in terris ecclefiae Ro-*
*manae fubiectis.*

*Quod omnibus illis ecclefiis per electionem & confirmatio-*
*nem canonicam, fecundum iuris communis difpofitionem proui-*
*deatur.*

*Quod priuilegiis & confuetudinibus rationabilibus per hoc non*
*derogatur.*

*Nec fummus pontifex contraueniat, nifi ex legitimis cauffis*
*in bullis nominatim expreffis.*

*Papa in affumptione fua haec fe iuret obferuaturum.*

*Electione praelati vel epifcopi facta, confirmator non folum*

(ra-

( *ratione confirmationis* ) *aliquid quantumcunque paruum non exigat, fed etiam gratis oblata fub nomine fubuentionis, fubfidii, gratitudinis, aut alio colore, praetextu cuiusuis confuetudinis aut priuilegii, per fe vel per alium nullatenus recipere praefumat.*

*Qui his contrauenerit, ipfo iure confirmationis perpetuo fit priuatus.*

*Nec fummus quidem pontifex aliquid pro confirmatione accipiat, alioquin futuro concilio deferatur.*

### De referuationibus.

*Omnes referuationes reuocantur, exceptis illis, vel quae in corpore iuris expreffae funt, vel quae in terris ecclefiae Romanae fubiectis fiunt.*

### De collationibus.

*Praeter damna, quae in prooemio narrata funt, alia etiam incommoda oriuntur ex multiplicatione gratiarum exfpectatiuarum.*

*Primo, quod clerici in gratiis, patrimonium & parentum opes exhauriunt.*

*Secundo, quod hi, quibus aut maior proximum circumueniendi aftutia, aut ad litigandum facultas fuppetit vberior, beneficia fibi vendicant.*

*Tertio, quod fub innolutionibus praerogatiuarum aut antelationum, & aliorum huiusmodi gratias concomitantium plurimae fraudes committuntur.*

*Propter iftas & alias in prooemio expreffas cauffas ftatuit fancta Bafileenfis fynodus :*

*Quod fummus pontifex, gratias expectatiuas aut nominationes ammodo nulla ex caufa concedat.*

*Poteft tamen difponere papa de vno beneficio ad collationem, in qua decem, & de duobus ad collationem, in qua fuerint quinquaginta & vltra beneficia,*

*Locus eft praeuentioni, fi ordinarii fint negligentes.*

*Ordinarii hunc ordinem in conferendis beneficiis & dignitatibus feruent.*

In

*In omnibus metropolitanis & cathedralibus ecclesiis sit theo-logus.*

*Tertia pars praebendarum conferatur graduatis, praeci-pue theologis, nisi forte esset, qui duas prius obtineret prae-bendas, quarum vna ad aestimationem valeret ducentorum flo-renorum Camerae, hoc est ducatorum.*

*De parochialibus ecclesiis sic prouideant ordinarii.*

*In ecclesiis parochialibus, quae in ciuitatibus aut villis mu-ratis existunt, instituantur personae idoneae, quae ad tres an-nos in theologia vel altero iurium studuerint, seu magistri in artibus sint.*

### De numero Cardinalium.

*Ecclesiae Romanae Cardinales sint numero tantum viginti quatuor. Nec assumantur minores triginta annis. Sint magistri, doctores, vel licentiati in iure diuino & humano. Sit saltem ter-tia vel quarta pars de magistris aut licentiatis theologiae. Pau-ci vero ex eis sint filii, fratres, aut nepotes Regum & magno-rum Principum.*

### De annatis.

*Statuit haec sancta synodus, quod in ecclesia Romana & ali-bi, in confirmatione electionum, admissione postulationum, prae-sentatione, inuestitura, sacris ordinibus, ac pallio, nihil penitus ante vel post exigatur, ratione litterarum, bullae, sigilli, an-natarum, communium & minutorum seruitiorum, primorum fructuum: scriptoribus tamen, abbreuiatoribus & registratori-bus litterarum seu minutarum, pro ipsorum labore competens salarium solui potest, ad laborem autem, non ad fructuum bene-ficii valorem respici debet.*

### Ex glossa.

*Hoc decretum de annatis, ante dissolutionem Concilii, quod ab Eugenio papa indictum fuit, factum est, & multi Reges Franciae, immo & beatus Ludouicus, qui miraculis claret, & in numerum diuorum relatus est, prohibuerunt, ne tales anna-tae in regno Franciae exigerentur.*

Haec quoad Pragmaticam sanctionem.

*Additio*

*Additio ex Platina , qui defcripfit vitam*
*pontificum.*

Leo II. Papa fancte inftituit , ne ad Archiepifcopatum affumptus, pro vfu pallii, aliorumue officiorum, quicquam ecclefiae perfolueretur , cum ex hac largitione multa quotidie
mala orirentur. Legatur *Platina* in Leone fecundo , *Robertus-
que Gaguinus* in Epitome Regum Galliae , fub Carolo feptimo,
& tamen Robertum virum fanctum ac Integrum extitiffe , *Sifri-
dus Schon* iureconfultus, eius quondam auditor, nobis narrauit.

*De actionibus & aftutiis quorundam*
*Curtifanorum.* 1)

Curtifani plerique, feu Curiales, non 2) de omnibus dico ,
3) contra *concordata Principum* excogitant, & fingunt multos
fanctiffimi domini noftri Papae, reuerendiffimorumque Cardinalium familiares , etiam fi non fuerint, vt beneficia eorum referuata effe contendant. Quippe 4) fi quifpiam folum femel in
tenello vel aula comederit , vt hoc pacto praelati in terris
noftris fua collatione in menfibus ordinariis priuentur. Narra-
bat id olim reuerendus dominus *Ioannes Camerarius Dalbur-
gus* Vangionum antiftes, pio *Philippo* Comiti Rheni Palatino
ac Principi electori, cum Nemetenfe priuilegium caffari tenta-
batur, quo doctores rite & legitime , non ob preces & munera
promoti, a cathedrali templo, annuente non gratis *Sixto* IV. 5)
eiecti funt , ne bullatos pariter recipere capitulum cogeretur,
tefte *Henrico Helmftattino* Decano , qui minus quandoque idoneis , & praepropere infignia conferri afferebat , ita 6) docti
indoctorum vitio difpendium patiuntur. 7) Quinimo Curtifani nonnulli ( vti fama fuit ) ftudebant laicos quoque primare
fuo

---

1) *Anifamentum* , vti vocauit *Zafius* , *de aftutiis & malis*
*artibus Curtifanorum a Iac. Wympfelingio Seleft. amico meo*
*praecipuo confcriptum & ab Huld. Zafio defcriptum Fri-*
*burgi.* 2) *Add.* autem. 3) loquor. 4) *Add.* qui omnes
adhibent artes fraudesque, vt. 5) *Add.* contra omne ius
& fas. 6) *Add.* vt. 7) paterentur.

fuo iure patronatus. Audiatur Reuerendus Epifcopus Bafillenfis *Chriftophorus*, & *Erasmus ad lacum*, vulgo, *Zu dem Vuyer*, & 1) quidam Curialis conatus eft, praeclarae vrbi Nurembergenfi auferre collationem duarum parochiarum fine praepofiturarum, & transferre in reuerendum Epifcopum Bambergenfem, vt ammodo fub gratiis caderent apoftolicis, ficque pro fe aut fuis, ex Roma impetraret, quod ex Nuremberga defperabat. 2) Ex eius ore ego ipfe 3) audiui, fed mors hominem ifta molientem diuino nutu intercepit.

Curtifani etiam quidam nuper conati funt, *preces* fupprimere *regales* 4), quibus & pertinaciffime reftiterunt non absque contemptu Caefareae tuae Maieftatis, ne dicam ignominia quadam Germanicae nationis, ac fi propter quaeftum temporalem, commodumque priuatum non erubefcerent propriae patriae (quam omnes naturaliter amant) effe proditores.

Curtifani nonnulli inexplebili auaritia fua praeftant (vt vereor) occafionem, vt laici a nouorum beneficiorum fundatione, aetate noftra plurimum retrahantur. Quis enim vir prudens patrimonium fuum clero dicare volet, timens, haeredes aut pofteros fuos iure patronatus & collationis (quod ipfa dotatio tribuit) non folum priuandos, fed etiam piftores, aut coquos, aut alios indoctiffimos 5) de fuis bonis in luxu & otio effe fouendos: praecipue cum nec pfallere, nec facrificare norint, aut nolint? Quod fi populares interdum pro clero faeculari annuos redditus inftituunt, fola fundant ftipendia, vel (vti vocant) officia, non autem facerdotia, in quibus aliquis inueftiatur, timentes illa quocumque euentu, vel obitu poffefforum in Vrbe aut Italia venire in manus eorum, qui (cum bona venia) perfpicaciores habent oculos ad aurum in abfentia percipiendum, quam ad rem diuinam. Quod fi miffis in fundatione inftitu-

---

1) *Abeft.* 2) *Add.* fe obtenturum. 3) *Add.* haec. 4) *Add.* inde iam ab antiquiffimis temporibus per praedecefores tuos interponere folitas. 5) *Add.* vel concubinarios, aliosque id genus infames.

ſtitutis per religioſos cucullatos 1) vel alios , ſex numis pro
miſſa contentos , ſorſitan ſatis ſiat , reſiduis fruſtibus ad beneſi-
ciatum ( vbi vbi ſuerit) transmiſſis : nemo tamen in pſalmis,
in miſſis , in vigiliis , in veſperis , in matutinis decantandis, &
in viſitandis mortuorum ſepulchris, vicem illius abſentis implet:
ſicut in Seleſtadio patria mea , tuo & Imperii Romani fideliſſimo oppido , clerum & proceres venerante, multis annis vnus
ſolus *Beatus Diemus* (proh dolor) reſedit, cum ſuiſſent illic vndecim Capellaniae, a laicis olim ſundatae, ac per abſentiam poſſeſſo-
rum in redditibus attenuatae, nunc vero earum vnione faſta,
& collatione in conſules, confirmante ſacroſancta ſede Apoſtolica ( apud quam 2) ſumma fides 3) eſt & integritas) translata, Capellani reſidentes diuinum pro virili cultum conſerua-
bunt. Cuius diminuendi metu, quidam Praepoſitus Curtiſanis
plurimum 4) affeſtus, de ſacello ſub ſua nuper parochia erecto,
& in decus Diui Wolfgangi dotato , vehementer anxius ſuit,
ne ſuturis temporibus 5) manus incideret Curialium : 6) his auribus ex eo audiui. Nam & nonnulli huius generis ſacrificuli
totum nitebantur ſuarum Capellaniarum corpus abſentes, omnibus miſſis neglectis, abſorbere , iactitantes : & ſundationi &
vltimae ſundatorum voluntati de plenitudine poteſtatis 7) eſſe
derogatum ; id, teſte Deo, ego ipſe audiui. Contra hanc Impietatem eorum , qui eccleſias expilant, priuilegia rumpunt, diuinum
cultum obtruncant , ius patronatus praelatis & laicis auferunt,
qui ſatiari non poſſunt, qui pauperibus panem ab ore praeripiunt,
qui ſuper ſtatutis, ſuper ſacratiſſimis canonibus a ſpiritu ſancto
conditis , ſuper iuramentis praeſtitis ſuper pactis & tranſactio-
nibus , & ſuper vltimis voluntatibus diſpenſationes aut relaxa-
tiones vtcunque extrahunt, 8) ac contra tam execrandam auaritiam 9) Deo & bonis hominibus moleſtam , raro audiuimus
reli-

---

1) *Add.* & praecipue minoritas illos degeneres. 2) *Add.*
hac in re. 3) ſuit. 4) minime. 5) *Add.* in. 6) *Add.*
quod. 7) *Add.* pontificiae. 8) vel blanditiis , vel pecunia , vel indignis etiam ſaepe obſequiis. 9) *Add.* & contra
deteſtabilem prorſus ſimoniam.

religiofos cucullatos (quibus heu facilis patet ad fuggeftum afcenfus) reprehenfionem aut admonitionem afferre, timentes forfitan, magnos fibi in ieiunio pifces fubtrahi, aut fuos conferua-
tores Apoftolicos, & aduocatos, quorum in litibus (ad quas eos
pronos *Capnion* 1) expertus eft) opera nonnunquam vtuntur,
offenfum iri. Veritas enim odium parit. Id quod quidam men-
dicans ex ordine eorum, quos Magiftros noftros vocant, nuper reiecto omni pudore infinuabat: cui cum haec Chrifti verba
paterne inculcarem, *Nolite timere eos, qui poffunt corpus occi-
dere*, quodque concionatores euangelici pro veritate morti exponere fefe deberent, fubfannando clamitabat: hoc faciat caca-
daemon vice mea. O hypocrifim, o affentationem Chrifto inimicam, & magnatum feductricem!

Curtifani quandoque a proximis fanctiffimi domini noftri Papae familiaribus 2) iura gratiarum expectatiuarum vtcunque
mendicaffe, aut obtinuiffe dicebantur, vt filios etiam illuftrium
principum & comitum gratias habentes, a poffeffione in patria
noftra expellerent,& vifi funt principum electorum filii nothis 3)
annuas praeftitiffe penfiones, quod ad pacem, mutuamque facerdotii & imperii concordiam minime deferuire videtur.

Curtifani quandoque praelatis, aut aliis infirmis, aut fenio
confectis, qui fupra triennium, immo ad decem aut viginti annos praebendas vel facerdotia rite, pacificeque poffederunt, absque omni cauffa legitima lites mouent, in ius vocant 4), vt
ipfi in loca defunctorum mox furrogentur: ficque nedum patroni collatione fua fpoliantur, fed & hi fua fpe deftituuntur, qui
5) gratias apoftolicas multo labore vel aere extraxerunt. Ex
multis vnus occurrit *Michael Architectus*, cognatus *Cratonis
Vdenheymii*, qui, licet legitime tribus luftris facerdotium Spi-
rense

---

1) *Add.* vt de me ipfo hoc loco fileam. 2) *Add.* amicis,
amicabus. 3) *Add.* lenonibus, meretricibus. 4) *Add.* &
quo dolo, qua arte, quibusque machinationibus nituntur.
5) *Add.* antea.

renfe poffederit , timet tamen fibi ex hac gente negotium fieri. 1)

Curtifani plerique raro etiam fui fimiles, qui per gratias
Apoftolicas aut alioquin ad beneficia intrant, 2) quietos & pacificos manere finunt , fed lites ipfis mouent , vt faltem ter-
reant , vtque beneficia quantumuis parua penfionibus grauentur:
& oriuntur faepe lites diuturnae , quibus pecuniae ex Germania transferuntur , & nonnunquam amicorum opes, qui clerico
litiganti ipfis coniuncto affiftunt, exhauriuntur. Immo tanta,
proh pudor , nonnunquam in deducendis litibus auri & argenti
fumma profunditur , quanta tantum beneficium fundari potuiffet, pro quo certatum eft ; faltem tanti redditus ad vitam
hominis comparari potuiffent, quanti funt prouentus facerdotii
aut praebendae, pro qua litigatum eft. De tam indigna patri-
moniorum profufione, pius quidam Carthufianus cognomento
*Alantfe* , lamentabilem ad Reuerendum Epifcopum Bafilienfem
dedit epiftolam , cum frater eius *Auguftinus* litigando propemodum defeciffet : nec ego crediderim tantam Reipublicae perniciem , tantamque impietatem optimos quofque magiftratus,
Heluetiorum exemplo, fi plene certiores redderentur, in ciuitatibus fuis effe toleraturos. 3)

Curtifaul aliqui non erubefcebant interdum in eodem templo duas occupare praebendas (faltem ad tempus ) etiam plures Capellanias fub vno tecto, immo in omnibus collegiatis,
duabus aut tribus, & in ipfa quoque cathedrali ecclefiis in vna
& eadem ciuitate fitis , canonicatus & vicarias impudenter
vfurparunt, in maximum diuini cultus detrimentum , animarumque fuarum non mediocrem iacturam. Immo nonnulli praebendis, parochiis, & penfionibus abundantiffime prouifi affecta-
runt, & acceptarunt tenuiffima & minutiffima facerdotia, vix treis
aut quatuor aureos nummos abfentibus ipfis importantia , cum

K k                                         rifu

1) *Add*. Ita faepe Roma contra Romam excitatur. 2) Intra-
runt. 3) *Add*. O bona Germania, his tandem edocta exemplis, quid ages inpofterum !

rifu quodam afferentes, vnum pro fynapi, alterum pro ollis, aliud pro fcopis emendis fibi profutura. 1)

Quinque fiquidem Curtifani occupauerunt fedecim vicarias & canonicatus fimul in vna ciuitate, demptis capellaniis, dignitatibus & officiis in eisdem ecclefiis, & multis pinguibus parochiis extra ciuitatem. Sicque caffantur vltimae fundatorum ( qui diftributiones quotidianas pro animarum fuarum falute auxerunt) voluntates, & diuinus cultus mirum in modum diminuitur. Quoties enim celebrantur officia defunctorum, vndecim vigiliae & totidem miffae omittuntur, & fraudantur pii fideles, qui fe pluribus vigiliis & miffis lectis, vel auditis citius fperauerunt ex igne purgatorio liberandos, quod vtique omni honeftati, & rationi, naturaeque legi plurimum aduerfari videtur. 2)

Nec

---

1) *Add.* Haec eft Curtifanorum noftrorum impudentia: hoc eft fummum, quod inter Chriftianos oritur, fcandalum. 2) *Add.* Sed quid fperemus ab iis, qui quum concubinarii plerumque fimul fint, ab facris, diuinisque officiis penitus abhorrent; vti id amico cuidam, theologo alias doctiffimo, fed nimium mulierofo exprobraui. a)

a) *Io. Conr. Diethericus* in auctar. ad *Matth. Flacii Illyr.* Catal. teftium verit. p. 274. (Francof. 1672. 4.) teftatur, ad manus fuas inexfpectato deuenilfe codicem epiftolarum *Aeneae Syluii*, fub cuius finem manu *Geruafii Sopheri* Brisgoici, academiae quondam noftrae notarii ( de quo alias ) fubiuncta fuerit *Iac. Wimphelingii* epiftola, qua facerdoti amico fualiffet, vt concubinam a fe remoueret. Eandem epiftolam hoc loco repetendam effe putaui, quum ad praefens *Wimphelingii* inftitutum pertinere, eademque fortaffis effe videatur, cuius ipfe hoc loco meminit. *Conditionem tuam humiliter mihi patefecifti, rogaftique, vt fi quid in te deprehenderem reprehenfione dignum, charitati tuae detegere dignarer. Quid autem reprehenfibilius? quid miferabilius accidere poteft viro docto, magna auctoritate & facerdotis culmine praedito, quam dulciffimam libertatem vltro perdere, in foedam feruitutem fponte fe redigere & magnificare fcortum, cuius, Salomone tefte, pretium vix eft vnius panis? Quid periculofius, quam a Deo recedere, Dei praecepta flocci facere, Dei beneficia obliuifci, famam*

pro-

Nec vero allegare poſſunt Curtiſani tenuitatem praebendarum aut
canonicatuum: nam quaelibet illarum praebendarum aut canonicatuum ( in quibus illi perſonaliter non reſident , praeſen-

---

*propriam negligere , in eo ſtatu viuere , in quo non au-
deas tuto mori? Meretriculam quisquis amat , mancipium
eſt ſcorti, ligatus vinculo tartari. Scis tu ipſe publicam
iſtam clericorum & mulierum cohabitationem a ſacris canonibus , quos profiteris , interdictam. Scis ſacra concilia vetuiſſe. Scis hominem per hoc reddi infamem , eſſe
fabulam vulgi, & ſcandalum parere vniuerſis. Naſcun-
tur filii , qui non ſemper ad praeclaras virtutes aſpirant,
qui tandem proprios patres odere , dum ab aliis originis
exprobrationem pati coguntur. Impenditur de Chriſti patrimonio & matri & filiis , quod aequius fuit in Chriſti
pauperes diſpenſaſſe. Sunt pueruli illi ſaepe glutinum per-
petui vinculi , & indiuiduae ſocietatis ; vix enim absque
matre propria dulciter & humaniter poſſe educari timen-
tur; ſicque coniunctio parentum ob filiolos extramatrimo-
niales perdurat usque ad mortem. Praemortuo patre, &
quidem ſine poenitentia matris ( quod periculoſiſſimum diiu-
dico, quoniam non praeceſſit vera contritio , neque virile
propoſitum omni modo ab illa abſtinendi ) Mater , quae indubie ſibi prouidit , nouas delitias quaerit , in otio & laſciuia viuit : cui melius erat labore & inedia pro peccatis ſuis poenam ſuſtinuiſſe, vt & minus pater etiam apud
inferos torqueretur ; cuius poena tanto magis creſcit,quan-
to illa de Chriſti ſanguine , quo donata eſt , magis luxuria-
tur atque laſciuit. Horrendum eſt ita deſipere , vt homo
gratiam Dei perdat , minus deuote horas perſoluat , minus digne ſacrificet , ſacrificio peracto , & adhuc Euchariſtia in ventre poſita , mox domum reuerſus inueniat , in-
ſpiciat, arrideat, alloquatur , aſſideat , combibat , com-
manducet ei , quae ſcelerum praeteritorum radix & incita-
bulum fuit , & futurorum eſſe poteſt , immo indubie futura
eſt , non enim propter Ieſum , neque propter Lazarum domi manet. Quisquis Euangelio credit , Deumque amat , &
infernum timet , merito ab omnibus abſtinet , quibus ſcit
Deum offendi, & eo citius , quod tanto minus id poterit ,
quo diutius in furore coepto perſeuerabit. Qui non eſt hodie , cras minus aptus erit. Et quare hoc? Innaleſcit amor,
effoeminatur virilis animus, paſſio profunditur, habitus medullis inſidet , roboratur conſuetudo , & dum conſuetudini*

non

tias quotidie deferuiendo ) enutrire poffet iuris aut theologiæ
licentiatum , frugalem & honeftum faltem , & a luxu alienum,

eccle-

_____

*non refiftitur , fit neceffitas , quod tandem yel interueniente
mortis hora , inuitis nobis faciendum eft ; immo nolimus velimus , fuftinendum eft , feparationem dico, id nos prudentia , confilio, rationisque ductu anticipare , praecipereque
debemus , ne, cum homo muliercnlam Deo praepofuerit , eique teneriss , delicatius , & firmius , quam Deo viuens ad-
haeferit , tandem vita funcus in perpetuum a Deo ( quem
prae meretricula minus dilexit ) feparetur. Vult & prae-
cipit fefe Deus ex toto diligi corde. Totum cor apud Deum
non eft, cuius magna pars eft apud meretricem. Et Ethni-
ci & Chriftiani doctiffimi dicunt ( fateor ) hominem etiam
fapientem absque amore effe non poffe. Quid autem amabit
fapiens ? Amabit Deum , amabit eius matrem, amabit proximum, amabit virtutem, fapientiam, litteras facras,patriam,
parentes fratres , & propinquos. Et hic amor honeftus eft,
mundus eft , quietus eft , dulcis eft , follicitudine caret , turpi
defiderio caret , libidinis aeftu non ardet, actus venerei fpur-
citia non foetet , moleftias , iurgia , quaevelas muliebres &
fupercilia humidi cordis , puerorum ( ne dicam fpuriorum )
infamiam annexam non habet. Hoc in amore non funt fu-
fpiria , non ardens cura , non zelotypia , non metus frau-
dis ; vacat enim omni libidine ( vt Cicero ait ) omnique tu-
multu & angore animi , quae maxime vitanda funt fapientibus. E quorum numero tu & effe & exiftimari cupis.
Tu ipfe index ifto , fi fapiens is merito dici poffit, qui Deum
negligit , contemnit, parni facit , pofthabet, is inquam, quem
neque pudor , neque amor Dei ab infamia ifta , & libidino-
fo amore publicaque fcorti cohabitatione diuellit. Deus fcit
( nifi ego bona fortuna certior factus , manibus & pedibus
prohibuiffem ) ante vt credo biennium ad proceffum Vicarii
bonae memoriae foribus fummi templi affixum , in quo fuper
expellendis concubinis minaciffima verba introferta fuere ,
quosdam fic fubfcribere voluiffe: quando ille & ille &c. ( &
tu notanter ex officio tuo adiungendus eras ) fuas amoue-
rint meretriculas , caeteri quoque fuas excludent , & nos
noftras excludemus. Inde cogita , fi non de te & aliis
quibusdam , qui rerum potiuntur , qui principi defunco
proximi fuere , per quos principatus magna ex parte re-
gitur , multi fermones conterantur te abfente , te forfitan
nefciente. Cogita , fi non fis fabula cleri , fabula vulgi ,
lapis offenfionis aliorum , qui gaudent fub vmbra tua fe*

*fe*

*se conflanter excufare. Taceo quod principi moderno ( quem dicunt publicum illum concubinatum vehementer deteflari ) labes inuritur ; quippe , quod te trique fimiles , ad latus fuum proximos , aut familiariffimos habet , per quos gubernaculi moderamina fiant. Sunt profecto , qui tuo fese exemplo tueantur , funt , qui in tuas & aliorum quorundam manus infpiciunt. Haeccine parua eft contumelia principi, ab his , quorum ductu omnia pene reguntur , iuftum & pium, fanctosque & puaicos mores , minus obferuari , minus in pretio haberi ? Ab his denique , qui totius patriae facerdotum iudices funt atque cenfores ? Crede mihi , audiuiffe me ex quodam , cui fidem habeo , principem vita functum non femel dixiffe:* " Miror vitam & mores quorundam meo-
" rum familiarium & confulum, & eorum praecipue, qui
" docti funt , qui litteras callent , te etiam nominatim ex-
" preffo, fi fe folitis fuis deiitiis fperant beari poffe. Fa-
" teor me, *ait princeps*, ab ipfa iuuenta lubricum fuiffe ,
" nec eo magis diligo praeceptores meos , qui mihi vo-
" luntatis meae laxarunt habenas ; nec tamen vnquam
" aliquam ex meretriculis in domum meam collocaui, cui
" perpetuo & indiffolubili nexu adhaererem , ficuti faciunt
" plerique ex noftris. " *En! quomodo non folum infimis facrifculis , fed & ipfi facerdotum principi , anfam quafi ad peccandum tu & tui fimiles praebere potuiftis. Quodfi forfitan officii tui , cui praefectus es , tandem pertaefus fueris adeo , vt ecclefiae tuae, quam aulae ferutre malis , quisnam ex omni totius vrbis & terrae clero vicarii manus te vno laudabilius poterit adminiftrare ? fi vna fola haec labes abs te fuerit efficaciter abflerfa. Memor adhuc fum verborum , quibus coram me fere ante quadriennium in curia principis mox prandio peracto , folus cum folo vtebaris. Ecce fignum , fi oblitus es ! Superuenerat te allocuturus* Petrus Mufeler , *qui fermonem noftrum intercipiebat. Narraueras tu ipfe , vt virum bonum decet , plurimos communis patriae noftrae in clero defectus , adiiciebas, vifitationem in rure fumme effe neceffariam , & reliqua. En quantum boni , quantum honoris diuini tu ipfe confilio , prudentia, & eloquentia tua procurare poffes? En quot animae tuo ductu faluari poffent , quas alioquin ad inferos dimergi metuendum eft. Profecto , vt ex tui ipfius verbis coniicio, in te viget religio , timor Domini , zelus animarum. Credo te ipfum plus femel compungi , & meditari aliquando , in quam periculofo infamique flatu viuas , in quo vtique coram Chrifto , iufto iudice , in mortis tuae hora, tibi incognita , comparere minime velis. Rum-*

K k 3                                        *pe*

*pe ergo moras, folue vincula ; abfcinde funem , vendica priftinam libertatem , excute iugum feruitutis tuae. Efto fpeculum pudicitiae, qui libidinis incitamenta plerisque dare potuifti. Efto e gremio grauium & honeftiorum facerdotum. Efto vel imitator fratris tui , viri procul dubio cafti , pudici , virginei , ac per hoc iam iam apud fuperos, vti fpero, beati. Addo poftremum, finge, quam amas , cui cohabitas , puftulis , aut Gallico morbo infectam effe , finge leprofam , finge morbo regio aut hydrope laborantem , finge mortuam effe. Nunquid non viuere & in Domino gaudere velles? Quod tum facere etiam inuitus cogereris , iam facito lubens. At dices , quomodo feparabor ? quomodo liber ero? Illa , vt vereor , aedes meas non deferet , fi innitam exclufero; clamorem contra me fufcitabit ; proles , quae nondum adoleuit , quomodo educabitur? Memor fum, vt hanc querelam tuam exaggerem, quod optabas apud me, nuper in curia principis , fub diuo , quempiam officialem feu iudicem diuortii veftri auctorem. Iudex ille fit ratio tua, prudentia tua, circumfpectio tua , fit timor Domini, amor Crucifixi , memoria beneficiorum Dei : timor fcandali , pudor infamiae : timor horae mortis ; timor gehennae ; timor difficilioris feparationis , quo diutius tardaueris. Exempla accipe ab aliis fenibus , canis filicerniis , qui a fcortis vetulis , rugofis , edentulis , grandioculis , nulla perfuafione poffunt feparari , tanquam illorum quisque diceret : Hanc mihi , nifi mors adimet , nemo. Ecce vim diutinae conuerfationis. Incipe ergo paulatim feueriore effe vultu , & grauior , maturiorque in vniuerfis actibus & moribus domi tuae , illa etiam praefente. Incipe & benigniter et perfuadere pericula mutui veftri conuictus : Tandem vtique ab hoc ludo defiftendum effe , non fic iri ad aftra, vtrumque veftrum fieri infanum , immo tandem , & forte propediem in morte alterum ab altero feparandum. Satius id effe & longe honeftius , fi in vita, dum vita & incolumitas fupereft , id fiat. Amici & propinqui ex vtraque parte venerandi fint , atque colendi. Principis , cui haec vnio difpliceat , gratiam amittere , iramque eius & repulfam te flocci pendere nolle. — Si in ea tum fcintilla eft honeftatis, fi verae religionis vel modica vena ei adhaeret, & ipfa quoque tandem compungetur , praeponetque fempiternae falutis fuae contemplatione veftram diffolutionem , (etiam cum labore) delitiis , otio , & ambitioni. Quodfi & tua & fua pericula non animaduerterit , fi falutis animarum veftrarum rationem non habuerit , fi Deum , fi mortem , fi infernum non expauerit , haec vna leuitas , immo infidelitas ,*

*meri-*

ecclefiaeque Dei vtilem, qui & facro imperio Romano falubri-
bus confiliis fuis prodeffe poffet. Itaque vbi interdum funt decem & octo praebendae, vix fex aut octo refident, chorum

K k 4                                               fal-

---

*merito tibi eam reddet fufpectam, & dignam, quam abs
te reiicias. Quamuis vix putem, eam tam leuem & obfli-
natam, vt his omnibus, quae recenfui, & tu longe magis
prudentia tua exaggerare potes; ad Domini timorem &
ad refipifcendum non moueatur; fiquidem proftibulares maiori impudentia fuffufae nonnunquam ad vere poenitendum
compunguntur, & fi locus daretur opportunus, in quo
honefte fuftentarentur, multae ex ipfis miferrimam illam
vitam defererent, poenitentiaeque rigorem amplecterentur.
Nec te credo coram illa dixiffe vnquam aliquid, aut feciffe, quod tu in dedecus & ignominiam tuam timeas ab ipfa
prodire in lucem. Quodfi etiam more muliebri, aut mere-
tricio pungente lingua fua perget, nemo vir bonus, nemo
vir grauis ea vera effe fibi perfuadebit; conftat enim hoc
hominum genus, praecipue quum fe fpretum fenferit, vindictae appetentiffimum effe, leuitateque & perturbationi-
bus duci, non ratione, non veritate; immo fi te verbis in-
ceffere, aut ante fores perftrepere, aut vtrumque contra te
obblaterare volet, poterit intra vrbem hanc tribus verbis
& quatuor nummis impetrari, vt apparitor aut reipublicae famulus, perpetuum ei filentium imponat. Prolem
cum apta literis erit, commendatum iri fuadeo viro graui,
ac fideliter pueros inftituenti, fuo tempore philofophiae, facrisque literis applicandam, quo denotior humiliorque eua-
dat Chrifti minifter. Sacerdotium fufficiens, non in tuo
quidem collegio, ei prouidere poteris; neque enim probo
parentum & filiorum facerdotum in vnis ecclefiis coniunctionem. Pontifex, fateor, contra facratiffimos canones dif-
penfat, fed infamiam non aufert, fed neque populi rumorem compefcere, neque fcandalum e medio tollere poteft;
ficque patres filiis, & filii parentibus maculam inurunt,
& reliqui cleri populique fufurros & morfus contra fe fufci-
tabunt. Ad ftudia literarum & facerdotis ftatum fuafi,
non ad Hymenaeum & nepotes, quoniam ex hoc foetu neque tui nominis memoria honefte propagari, neque familia
tua, propter lineam transuerfalem laudabiliter illuftrari
poteft. Longior paullo ac diffufior nonnihil eft, fateor,
haec Wimphelingii epiftola, fed & luculenta, & memorabilis adeo: vt merito hunc fibi locum vindicet. Rieg.*

faltem ibi quotidie frequentantes. Sicque perit hofpitalitas 1).
truncantur eleemofynae 2), damnum patitur respublica , qua-
niam fedecim honefti clerici in fedecim locis refidentes, maiorem
hofpitalitatem , maiorem eleemofynam , maius commodum reipublicae, mechanicis, atque vicinis inferrent, quam folum quinque fedecim loca occupantes. Nec timeat auarus nummos, & aurum longe magis, quam Deum & Dei cultum amans, fi finguli
refiderent , non crefcere indies truncum , vti vocant , aut quotidianas diftributiones, nifi vt impius & infidelis vacillet , de veritate inquientis: *Primum quaerite regnum Dei,& inftitiam eius,*
*& haec omnia adiicientur vobis.* Vbi enim ex fancta confuetudine cuncti adeffe coguntur, praefentias ipfas vel ex ftatutis, vel
ex teftamentis, aut fidelium munificentia, non minus augeri,
argumento fint Nemetenfes.

Curtifani aliqui etiam in beneficiis maxime opulentis contra
*cap. dolentes referimus de celebr. miff.* rariffime facrificare fine
celebrare videntur , immo nonnulli eorum , neglectis omnibus
miffis, more laicorum femel in anno corpori Chrifti communi-
cant, vnde & quisque Romanus imperator totaque ecclefia Catholica , immo & fummi pontifices iacturam non mediocrem fu-
ftinent. In omni euim miffae officio pro eorum falute peculia-
ris memoria fieri confueuit ; maximum vero miffarum effe fructum nemo ambigit vere Chriftianus, quem quisquis vltro impe-
dierit, & dominicae paffionis repraefentandae fuppreffor, & diuini iudicii contemptor, immo Dei ofor effe videtur : at qui ftultus fuit in culpa , fapiens erit in poena. 3)

Curti-

---

1) *Add.* fed augetur prodigalitas. 2) *Add.* fed amplifican-
tur reditus. 3) *Add.* Vtinam Curtifani huiusmodi improbi , caufidici maleuoli , clerici impudici & concubinarii,
facerdotes indigni & irreformabiles tandem aliquando aut
corrigerentur , fi fieri poffet , aut faltem dignitatibus ecclefiafticis excluderentur ! Sed faepe iam furdo narraui fabulam. a)
a) Praeclare *Defid. Erafmus* in epift. ad Reu. in Chrifto Patrem ac D. D. *Paulum Volfium* religiof. abbatem monafterii,

Curtifani nonnulli eos, qui a teneris annis in publicis gymnafiis amore ftudii, cum patrimonii diminutione, cumque multis miferiis & laboribus, gradus tandem vel in theologia vel iure non obiter, fed digne confecuti funt, proque ftatu honefto in ecclefiis aut collegiis confequendo, gratias Apoftolicas extrahunt, miris modis 1) quandoque moleftiis affecerunt, & non admodum Chriftiane inquietarunt, ne cum pace ad praebendas afcendere potuiffent, immo & qui viginti & eo amplius annos in vniuerfitatibus publice legerunt, bonasque doctrinas ad fidei Chriftianae exaltationem profeffi funt, non fuere prorfus fecuri & tuti ab eis, qui cellae vinariae, piftrino, & coquinae, aut vilioribus officiis praefuerunt, ficque docti & ftudiofi viri facro imperio & Chriftianae ecclefiae vtiles, beneficia confequi non facile poffunt. Exemplum fumatur a *Petro Wackero*, qui licet doctiffimus & integerrimus, cum viginti quatuor annos Heidelbergae in vtroque iure legiffet, ex gratia expectatiua nihil prorfus, nec vicariam quidem in cathedrali confequi potuit. Poffent & huc adduci *Iacobus Rackenfpurger* in facris & pontificiis litteris doctiffimus, & *Ioannes Collaurus* iureconfultus, qui nec Caefarea tua Maieftate (cui feruierunt) vt ab importunis moleftiis & vexationibus immunes,& liberi forent, freti funt atque gauifi: & praeclarus iuris interpres *Heinricus Colherus*, licet moribus & vita exemplaris, licet frequenter ad populum praedicaret, licet plebem ad ecclefiam traheret, non potuit tamen absque litium fumptibus & moleftiis manere tranquillus & quietus. Taceo hic *Othmarum Lufcinium*, quem facrae & pontificiae, immo etiam Graecae litterae commendant. Taceo *Iacobum*

K k 5

---

fterii, quod vulgo dicitur curia Hugonis: " Admone — — „ *Wimphelingum*, vt adornet τὴν πανοπλίαν mox cum „ Turcis conflicturus, quandoquidem iam fatis *diu bellum* „ *gerit cum concubinariis*. Spes eft fore, vt illum aliquan- „ do videamus epifcopum, mitra bicorni pedoque confpi- „ cuum, fublimem mula vehi. „ Inter *Erafmi* epiftol. n. 329. T. III. P. I. col. 347. *Rieg.*

1) *Add.* ac infinitis.

*cobum Landesbergium* nobilem & eruditum. Taceo *Ioannem Storckium* & *Ioannem Mannium*, municipes meos, Romae diu conuersatos, quibus coniicio perspectam integritatem, & innocentiam, metumque vulnerandae conscientiae, quo difficilius & tardius sacerdotia nanciscerentur, obstitisse. 1) Ex hac radice, quod docti, & praesertim theologi ab auaris impediuntur, sorte pauci nunc extant, qui ad regendas animarum curas & ad docendos in cancellis populos apti sunt & idonei. Neque enim facile, qui mulis praefuerunt, crebroque per plateas cucurrerunt, sacras aut pontificias literas accurate versare, ac animo imbibere, siue complecti potuerunt, vt Christi tandem Euangelium simplicibus agricolis ( quorum labore & sudore clerus & proceres souentur ) praedicare possint. Nihil hic affero de theologastris, qui vt Petrum Hispanum cum Tartareto, & quartum Gabrielis vel audierunt vel lectitaruut, obiter sublimati insolescunt. 2)

Curtisani quidam neque nobiles, neque docti, & si titulo doctoratus glorientur 3), non timent bullam *execrabilis* Ioannis XXII. nec *cap. de mult. de praebendis*, nec *cap. qui nonnulli,*

*de*

---

1) *Add.* Taceo *Iac. Sturmium* ingenio, eloquentia, & genere nobilem, qui voluit aliquando in ecclesiasticorum haberi numero, sed cum videret, nulli aliter quam per sordes patere aditum, subito mutauit sententiam. Taceo tandem *Nicolaum Gerbelium* iureconsultum,& in vtraque lingua doctissimum,qui Argentorati & alibi amicorum vsus est opera, qui illi sacerdotium impetrarent: sed nihil effecit primum : deinde poenituit ipsum propositi.

2) *Add.* Et vtinam docti & piarum litterarum cultores vtriusque theologiae Christianae & legalis inprimis professores, ac harum alumni philosophiae studiosi, post sudores superatos & attenuatas patrimonii sui vires, possent consequi sacerdotia aeque, vt mulotribae, & ministri ad Tyberim. Sed quid ad Tyberim? Cum & apud nos proh dolor, gentilii iuris sacerdotia ad delectum sauoris, non virtutis aut meriti referantur. Quod quam calamitosum sit, & reipublicae Christianae quam pestilens, nemo est bonorum, qui non intelligat, qui non lugeat.

3) *Add.* sed immerito.

*de clericis refidentibus* ; nec curant verba Pii II. , qui fic ad
Regem Franciae Ludouicum XI. fcripfit : *Viris doctis in vniuerfitatibus litterarum studia fectantibus fubueniendum esse non
ignoramus, ab iis enim Catholica fides defenditur, & doctrinae
lumen propagatur* ; nec attendunt, quod fuper eorum auaritia
nequaquam possit difpenfari, quam olim *Francifcus Petrarcha*
ad Vrbanum V. deteftatus eft. Audiuimus denique Innocentium
VIII. cuiusdam in facerdotiis nimium opulenti ampliorem a fe
attentatam rapacitatem ore proprio cohibuisse, quippe quum nec
rite promotus doctor , neque fanguine nobilis effet.

Curtifani quandoque non folum fingulares perfonas, quae in
vniuerfitatibus bonas litteras didicere, fed etiam totas quarundam vniuerfitatum respublicas in beneficiis pro exaltatione fidei
incorporatis vexauerunt. Ni fallor , *Friburgenfe* \*), Tubingen-
fe, & Moguntinum gymnafia teftimonium hic perhibere possent.

Curtifani , & fi aliqui graduati, & iuris pontificii periti funt,
vigilantius tamen videntur renoluere materias praebendarum ,
dignitatem, referuationum, & regularum cancellariae,fimiliumque
ftudiorum,quibus praebendae pro fe & fuis accumulantur, & thefauri Romani imperii in externas regiones transportantur 1), nec
propriae patriae iacturam timent, modo eorum marfupia auro ,
domus pretiofa fuppellectile , coquinae cupediis ex cumulo praebendarum refarciantur. Taceo hic de libellis , replicis , & id
genus caeteris, nec Euangelio , nec iuftitiae maturius obtinen-
dae admodum confentaneis, ( *l. properandum C. de iudic.*) quae
minus coniugatos legum peritos dedecerent.

Sanctiffimi domini noftri Papae & Reuerendiffimorum patrum
Cardinalium aut aliorum familiares, quandoque pro feruitiis nequaquam ad fpiritualia ordinatis , fed ad prophana , vtpote vel
in poenu, coquina, piftrino , equorum carceribus, vel aucupio
exhibitis, in fuorum laborum mercedem, beneficia a Germanis
principibus, aliisque deuotis maioribus longe in alium finem fundata

\*) Conf. *Analect. Acad. Friburg.* Rieg.   1) *Add.* quam tra-
ctare ftudia rerum diuinarum, S. literarum, vel SS.Patrum.

data recepisse perhibentur, id quod sacris litteris vti simoniacum interdictum est, si saltem scripta Thomae Aquinatis ( *II. 2. q. c. ar. V.* ) sacra censentur.

Curtisani plerique nunquam hactenus contenti fuere,nunquam beneficia vacantia explorare cessarunt, vt ea impetrarent, nunquam litibus finem imposuere, sed vsque in senectam & senium, & ferme in sepulchrum assiduam dederant operam, vt alios beneficiis itidem dignos, & nondum honeste prouisos gratiis, priuilegiis, antelationibus, regressibus, instrumentis, a sclauis ipsorum scriptis, aut quibuscunque astutiis impedirent, vincerent, & expellerent, quod reuera Domino nostro displicet, neque id Dionysius, nec Phalaris, neque Nero, neque Turcus aequum iudicaret.

De iis, & aliis auarissimorum sacerdotia sine fine multiplicantium, fraudibus & astutiis, pie admonendus esse videtur 1) summus pontifex *Pius* 2) omnium fidelium & Germanorum quoque pater & pastor ( quo inscio multa contra ius & aequum fiunt) vt sua tandem potestate aliquantulum froenum & moderamen adhiberet. 3)

Nec tamen suspicandum est, omnes Curiales praescriptis technis, astibus, vel cupiditatibus irretiri. Sunt inter eos haud dubie, qui & Deum colant, & stygias poenas & quidem sempiternas formident. Sunt, qui in Vrbe absque dolo beneficium

suffi-

---

1) *Add.* modernus. 2) Iullus. 3) *Add.* Sperare enim licet, fore vt eadem, quam prae se fert, animi constantia, & fortitudine, sicut in iuribus sedis Romanae vindicandis, ita etiam in abusibus hisce tollendis, & reformandis moribus Curtisanorum praecipue vsurus sit. — Hactenus *Wimphelingius*, & *Zasius*, qui haec descripserat. His enim absoluitur omnis isthaec scriptiuncula. Quae ergo sequuntur, aut ab alio quodam, aut ab ipso quidem *Wimphelingio*, sed post id temporis adiecta esse videntur. Quid enim ea, quae de *Carolo* & *Ferdinando* Maximiliani nepotibus hoc loco dicuntur, ostendunt aliud: aut quomodo haec iam anno 1510. de iisdem nondum pubertatem adeptis, affirmari potuissent? *Rieg.*

# DE IAC. WIMPHELINGO. 515

fufficiens confecuti, ad loca praebendarum reuerfi, in eisque refidentes, Deo & ecclefiae feruiunt, amicisque & pauperibus be-
nefaciunt, in animo fuo pleno contenti, nequaquam ex auaritia ad plura & pinguiora afpirantes. Quippe qui fe fciunt propediem morituros, & credunt fe villicationis fuae domino Deo
rationem effe reddituros. Sunt & qui mihi libenter opem tu-
liffent ( duo faltem praepofiti ) in iis quae mihi Ipfi praeter omnem culpam in fenecta, fub pilleolo, contigerunt, ficut & aliis
plerisque, qui itidem conqueftionem fecerunt de aftu eorum,
qui Romam fanctam nunquam adiere, quos Curtifanos Ger-
manicos appellant. De quorum vita, & finibus ( fi Deus volet )
alio loco fcripturi fumus. Tuum vero erit. Sacratiffime Caefar,
fi per grauiffimas maximorum negotiorum occupationes, quae
in hanc infatiabilem & execrandam impietatem, animo Chriftia-
niffime concepifti, profequi ipfe forfitan non poteris, ea vt ad
Dei gloriam, ecclefiae vnitatem, Germaniaeque incrementum
foeliciter expleantur, caeteris Imperii Romani Principibus, praecipue vero tuis clariffimis Nepotibus *Carolo* & *Ferdinando* demandare, vt & huiscemodi fycophantiae & technae Chrifti facerdotibus indecorae fopiantur, & onera grauaminaque Germanorum ( quorum aliqua mox fubiiciemus ) accedente fummi &
maximi Pontificis atque paftoris confenfu, & auctoritate, tolera-
biliora reddantur & leuiora.

86. Grauamina Germanicae Nationis cum remediis & auifamentis ad Caefaream Maieftatem.

*In fine:* Ad incrementum Germaniae & Dei gloriam, Seleftadii impreffum in officina Schureriana.
Sine an. 4to. ( *In Bibl. acad. Friburg.* ) *)

Licet

---

*) Alia porro extat editio : " Grauamina Germanicae natio-
,, nis ad *Carolum* electum Rom. regem. Quibus addita eft
,, oratio ad eundem in praefentatione decreti, vt aiunt,
,, electionis habita, cum eiusdem refponfione. Item gra-
,, tiarum actio eiusdem regis ad electores. Epiftola ad
,, cum-

Licet annus editioni huic praecife additus non fit; praefentem
tamen ad aetatem referri eam, & proximo quidem poft *medullam*
illam,quam commemoratum iuimus, loco collocari oportere,aliun-
de fatis conftat.  Nam libellus hic *grauaminum* & poft *medullam*
fcriptus, & editus quoque fuit, vti omnia teftantur temporis,
aliaque rerum adiuncta.   Ita enim ad finem medull. fanctionis
pragmat. legimus: *onera grauaminaque Germanorum . quorum*
*aliqua mox fubilciemus* &c.  Et in epift. *P. Raefterifci* ad *Iac.*
*Wimphelingium* an. 1511. his grauaminibus fubiuncta mentio
fit expreffa *medullae illius pragmaticae* &c. a)

                                                    Atque

---

,, eundem S. D. N. Leouis P. M.  *In fine:* Coloniae apud
,, Eucharium Ceruicornum & Heronem Fufchs, anno vir-
,, ginei partus 1520. menfe Augufto. 4to. ,, ( *In Bibl. acad.*
*Argent.* ) Seorfim porro orationes &c. prodierunt fine an.
& loco. fed me quidem indice : Argentor. ex officina Schurer. 1520. 4to.   Repetitae funt poftea, nouisque typis excufae in *Freher.* fcript. rer. Germ. ex edit. *Struu.* T. III. p.
189. feqq.  Ceterum *Iac. Spiegelius* regi a fecretis editionem
ifthanc procurauit, vt teftatur in epiftola, *Volzio* abbati,
*Vimphelingio* & *Phrygioni* theologis, *Rhenano,* & *Sapido*
viris philofophis, ceterisque literarii fodalitii Seleftadienf.
amiciffimis infcripta : '' Saluum fit fodalitium litterarum
,, patrium.  Huius Auguftanae aedis haud incelebris no-
,, minis Canonicus *D. Bernardus Adelmann, de Adel-*
,, *mansfelden,* nudius quartus orationem coram *Carolo*
,, recens Caefare electo principe, & domino noftro cle-
,, mentiffimo, habitam in praefentatione decreti ( vt aiunt )
,, Electionis.  Item orationem refponfiuam mihi communi-
,, cauit, quas ftatim fratris ( vterini fcil *Io. Maii* ) ama-
,, nuenfis opera, exfcribendas curaui, vt ad vos protinus
,, irent. Si lecta placuerint & dignae veftro, fiquidem meo
,, iudicio, vifae funt, vt publicentur, nihil eft, quin exe-
,, ant in multitudinis vfum, vna cum regiis litteris, qui-
,, bus gratiae agantur electoribus, quod *Carolum* Auguftum
,, defignauerint, ac pontificio breui, quo Leo magnus fa-
,, cerdos Carolo noftro congratulatur.   Valete & trium-
,, phate barbariei victores inclyti : falutat vos omnes *Chu-*
,, *radus Peutingerus.*  Ex Augufta Vindelicorum Kalen.
,, Martiis 1520. ,,
 a) Quare minus recte *Georgius* de grauam. nat. Germ. L. I.
                                                    C. VII.

Atque haec quidem *grauamina nationis Germanicae* \*) prout

---

C. VII. §. 5. p. 277. fcripfit : grauamina ifthaec an. 1518.
Seleftadii ex officina Schurer. cum licentia Imp Maximiliani
ad incrementum Germaniae & Dei gloriam impreffa prodiiffe; quum dicto potius anno in Comitiis Auguftanis eadem
denuo propofita fuiffe conftet : fiquidem ex *append.* verbis:
*Multa prope ad inftitutum Caefaream conferre poffe videtur
Chriftianiffima Reuerendiffimi Domini Erhardi Leodienfis
epifcopi admonitio habita in connentu principum Auguftano
anno decimo octauo poft milleftmum & quingentefimum :* ex
his, inquam, verbis, aliud quidquam colligi haud poterit.
\*) *Paulus Langius* ( in Chron. Cittic. ap. *Piftor.* fcript. rer.
Germ. T. I. p. 1279. his de grauaminibus adcuratius paullo differens, grauiffime conqueritur ac lamentatur : " Eo-
,, dem anno ( 1513.) *Leo* papa eius nominis X. natione
,, Florentinus , ex potenti ac famigerata *de Medicis* dicta
,, familia progenitus , omnium Cardinalium conuenientia
,, & voto , Iulio defuncto , in apoftolico fucceffit culmine,
,, quem idcirco , vt verum , vt vnicum beati Petri fuc-
,, ceffOrem, & indubitatum Chrifti Vicarium, veneramur,
,, amplectimur , colimusque. Aft cum adhuc nobis cum
,, Dei gratia fit in humanis, vitam eius, fcriptura vetante,
,, laudare & gefta pauefco, vereorque defcribere. Verun-
,, tamen cum iam pridem pleraque magna , & infolita
,, memoratuque atque ftupore digna , & ordinare & fta-
,, tuere exorfus fit, quorum pleraque chalcographicis etiam
,, excufa literis, paffim modo circumferuntur, venundan-
,, tur , & vulgantur , ne temporum mutabilitate oblite-
,, rentur, & depereant, fed potius & nobis,noftrisque fuc-
,, cefforibus nota fiant , noftramque bibliothecam augeant
,, & exornent, nonnulla ex iis, & quidem memorabilio-
,, ra huic operi, non tam pro eius mirificentia, quam de-
,, core & complectione inferere placuit. Patrio itaque more
,, ( vt opera eius de eo teftimonium perhibent ) auri fitien-
,, tiffimus eft , nimirum cum Romanorum auaritiae Flo-
,, rentinorum accefferit cupiditas, aurique facra fames cre-
,, uerit in immenfum, crefcitque vsque modo amor num-
,, mi , quantum ipfa pecunia crefcit, faeuiorque ignibus
,, Aetnae ardet amor habendi , quemadmodum & pul-
,, cherrime concordans dictis Nafo inquit : *Creuerunt &
,, opes & opum furiofa libido. Quo mage funt potae, plus
,, fitiuntur aquae.* Amore equidem auri , & nunc Romae
,, cuncta venalia funt , auro mediante, fimonia toleratur ,

,, prae-

„ praebendarum pluralitas in infinitum conceditur, be-
„ neficia dignitatesque, cuiusuis qualitatis, & cardinalibus
„ & protonotariis atque amicis papae referuantur; ex-
„ pectatiuae gratiae fine numero conceduntur; annatae fiue
„ medii fructus absque vlla dilatione temporis exiguntur.
„ Quinimo ipfae annatae, in quas tempore *Calixti* papae
„ tertii ad quatuor principes confenferunt annos, non
„ modo adhuc durant, fed in dies magis crefcunt, duri-
„ usque premunt, & opprimunt. Et nifi iidem principes
„ remedium adhibere procurent, omne aes & aurum pe-
„ detentim hoc malo e Germania corrafum & hauftum,
„ Romam velut in facculum pertufum & inexplebilem
„ voraginem portabitur. Dimembrationes monafteriorum,
„ & ecclefiarum permutationes, quemadmodum Hallis,
„ inter canonicos regulares & fratres praedicatores, nunc
„ de nouo & noftro hoc praefenti anno, quo haec fcribo
„ Domini videlicet 1520. dolenter cernimus fieri, iniuftif-
„ fime admittuntur: ecclefiarum quoque regimina non ma-
„ gis merenti, fed magis offerenti committuntur; electio-
„ nes praelatorum paffim reiiciuntur, & Romanis tribu-
„ untur; pro palliorum archiepifcopalium redemptione in-
„ ingens pecunia in damnum ecclefiarum, contra fanctio-
„ nem *Leonis* papae eius nominis fecundi, immo contra
„ facri Bafilienfis Concilii decretum, pro vfu pallii, alio-
„ rumue officiorum confirmatione, & impetratione, ni-
„ hil perfoluendum ftatuentis, exigitur, & extorquetur.
„ Quam quidem exactionem praeter fimoniam complura
„ alia fequuntur incommoda. Nam noftra aetate archiprae-
„ fules pecuniam, quam pro pallio, feu etiam confirma-
„ tione obtinenda, Romam mittere coguntur, immediate,
„ quatenus ipfi indemnes maneant, & thefauros fuos non
„ minuant, aequiualentem, immo multo ampliorem fub
„ nomine fubfidii extorquent pecuniam, quemadmodum
„ nuper in Archiepifcopatu Magdeb. contigiffe haud abs-
„ que querela pauperum (proh dolor) audiuimus. Per
„ praedicta itaque & fimilia, quae ex Romana curia ma-
„ nant grauamina, per orbem Chriftianum ruinae, de-
„ ftructiones, & aerumnae oriuntur. Nec mirum, cum
„ ipfa Germaniae fuprema & principalis, quondamque
„ potentiffima, Maguntinenfis Archiepifcopalis ecclefia ob
„ eas res caufasque maximis & permultis onerata fit de-
„ bitis, & vehementer exhaufta. Proinde non immerito
„ cum fupra memorata *grauamina*, fub ifto Leone papa
„ decimo in Gallia plus folito graffari iam pridem incipe-
„ rent; Vniuerfitas Parifienfis pro conferuatione & bono
„ eccle-

ut tum edita fuere, vna cum *remediis* & *anifamentis* , integra
fub confpeftum dare hoc loco vifum eft. \*)              \

\*

\*        \*

## Grauamina nationis Germanicae & facri Romani Imperii , decem.

I. Quod ad feruandas bullas , pacta, priuilegia, & litteras, ab
antecefforibus , absque omni derogatione conceffas , fucceffores pontifices, *teneri*: fe non arbitrantur , immo per crebras
difpenfationes , fufpenfiones , reuocationes ad cuiuscunque
( etiam vilis ) perfonae inftantiam contraueniunt. a)

II. Quod *electiones* praelatorum quandoque reiiciuntur. b)

III. Quod *electionibus praepofiturarum*, quas quarundam ecclefiarum capitula multo aere impetrarunt, contrauenitur, Spira fcit & Hafela, cuius bulla de eligendo praepofito eneruata
eft , eo adhuc fuperftite, qui dederat. c)

L l                          IV.

---

„ ecclefiarum totius regni , contra eundem papam ad con-
„ cilium appellauit generale, & potiffimum, quod idem
„ papa Leo in quodam caetu fiue conciliabulo Cardinalium
„ Romae celebrato , Bafilienfe Concilium damnare & irri-
„ tare praefumpferit , quod praedicta grauamina interdixit
„ & prohibuit. Sed de hoc infra anno Domini MDXVII.
„ quo haec omnia gefta funt, latius. „   Add. *Georgi* de
grauam. L. I. C. VII. §. 4. 5. 6. feqq. & *Concord. nat. Germ.
integr.* T. III. p. 173.

\*) Leguntur ap. *Ortuin. Gratium* in fafcicul. rer. expetend.
& fugiend. p. 167. ( edit. Col. an. 1535. f. ) & cum append.
*Ed. Brown.* p. 334. (Lond. 1690. f. ) & ap. *Goldaft.* in
polit. imperial. P. XXIII. p. 1038. feqq. Conftit. imperial.
T. II. p. 119. & Germanice in eiusd. Reichs Satzung. p.
215. *Freher.* T. II. p. 677. feqq. *Lünig* Teutfch - Reichs-
Archiv P. II. general. continuat. I. p. 299. & rel. licet varia in variis hisce auctoribus defideres , vel omiffa , vel
nec fatis integra.

a) *Meyerus* in epift. ad *Aen. Sylu.* fuperius p. 431.   b) Idem
ibid.   c) Vid. *analyt. demonftr. cuiusdam Germani ex littera & mente concordatorum Germaniae , praepofituras
&c. non effe referuatas fedi apoft.* Sect. III. §. 11. Col.
1764. 4.

IV. Quod *beneficia* & *dignitates maiores*, cardinalibus & protonotariis referuantur. a)

V. Quod *expeßatiuae gratiae* absque numero conceduntur, b) & multae interdum ad vnum collatorem. Vnde furgunt quotidianae lites, & pecuniae dilapidantur. Tum illae, quae pro bullis gratiarum, quae nunquam effectum fortientur, expofitae funt. Tum illae, quae pro litibus deducendis confumuntur. Inde apud quosdam ortum eft prouerbium: *Quisquis gratiam expeßatinam ab vrbe extraxerit, centum aut ducentos aureos nummos in ciftam fimul ad ipfam gratiam reponat, quibus ad profequendam litem opus habebit.*

VI. Quod *annatae* absque dilatione & fine mifericordia (etiam epifcopis intra paucos annos mortuis) exiguntur, interdum plus, quam debeatur, extorquetur, c) propter noua officia & nouos familiares. Exemplum de Moguntina & Argentinenfi.

VII. *Ecclefiarum regimina* minus dignis committuntur, d) qui ad mulos magis, quam homines pafcendos & regendos effent idonei.

VIII. *Indulgentiae nouae* cum reuocatione aut fufpenfione veterum (laicis contra clerum murmurantibus) ad corradendas pecunias conceduntur. e)

IX. *Decimae* fub praetextu expugnandorum Turcarum exiguntur, nulla expeditione fubfecuta. f)

X. *Caufae*, quae in Germania (in qua & docti & iufti iudices funt) terminari poterant, ad tribunalia Romana indiftincte trahuntur. g) Quod fanctus Bernhardus ad Eugenium papam fcribens, valde reprobare videtur.

## Remedium contra grauamina nationis Germanicae.

*Si Caefareae Maiefati confultum vifum fuerit, proponatur fummo pontifici & facrofanctae ecclefiae Romanae, quod graue immo intolerabile fit nationi Germanicae, ammodo tantas*

expen-

---

a) Idem ibid. p. 431. b) Idem ib. c) Idem ibid. p. 432. d) Idem ibid. e) Idem ib. f) Idem ib. g) Idem ib.

*expensas & molestias pati , tantas pro confirmatione archiepisco-*
*porum & episcoporum inferre annatas , praesertim quae in qui-*
*busdam episcopatibus successu temporis auctae , in quibusdam*
*duplicatae esse dicuntur.*

*Nam sedes Moguntina ( vt dicitur ) olim solum dedit decem*
*millia florenorum , quae cum quidam illic electus dare renueret ,*
*sicque vsque ad mortem suam persisteret , electus post eum, con-*
*firmationis cupidus , se opponere timuit sedi apostolicae, offerens*
*antiquam summam , puta decem millium florenorum : is nec con-*
*firmationem impetrare potuit , nisi & reliqua decem millia simul*
*redderet , quae adhuc extabant a suo praedecessore nondum per-*
*soluta. Sicque cogebatur dare viginti millia florenorum , quae*
*tunc indubie in registrum camerae signata sunt , & vsque ad*
*nostram aetatem a singulis archiepiscopis exacta , & nedum vi-*
*ginti millia , sed & viginti quinque, propter noua officia, & no-*
*uos pontificum familiares. Tandem excreuit summa vsque ad*
*viginti septem millia: quae archiepiscopus* Iacobus *cogebatur nu-*
*per persoluere , vt retulit vicarius in spiritualibus Moguntinens.*
*Sicque in vita vnius hominis septies viginti quinque millia a so-*
*lo archiepiscopatu Moguntino pro confirmatione archiepiscopi Ro-*
*mam peruenerunt.*

*Et cum archiepiscopus* Iacobus *vix quatuor annos sedisset in*
*archiepiscopatu, mox post eum electus dominus* Vriel *, ad mi-*
*nus viginti quatuor aut viginti quinque millia coactus est per-*
*soluere , quorum partem mutuo forsan accepit a mercatoribus ,*
*sed vt illis satisfaciat , imponere coactus est subsidium aut exa-*
*ctionem in suos populos & pauperes agricolas , quorum aliqui*
*nondum satisfecerunt tributo aut exactioni , pro pallio a suo*
*praedecessore* Iacobo *impositae. Sicque non solum euiscerantur*
*nostrates , & ad extremam inopiam rediguntur ( de qua Reue-*
*rendissimo domino* Bernardino *sanctae crucis Cardinali & nu-*
*per legato constat ) verum etiam incitantur ad rebellionem &*
*quaerendam vtcunque libertatem, & vbi possunt, inter se susur-*
*rant de saeuitia in clerum.*

*Admo-*

*Admonendus etiam videtur summus pontifex, quod per varia bella, terrae Germanorum passim desolatae sunt, ac per crebras mortalitates numerus viuentium diminutus. Sicque ob paucitatem cultorum, agri pro magna parte inculti iacent, & ipsa thelonea diuersis euentibus attenuata, & venae minerales exhaustae sunt, pereuntque indies prouentus, ex quibus archiepiscopi & episcopi (aliis etiam honestis & necessariis impensis grauati) sedi apostolicae annatam persoluere possint.*

*Non sine caussa, Iacobus archiepiscopus Moguntinus iam fere moriens dixit, se de morte sua non adeo dolere, quam ob id, quod subditi sui pauperes, iterum pro pallio grauem exactionem dare cogerentur.*

*Mitius ergo summus pontifex, velut pius pater filiorum suorum amator, ac fidelis & prudens pastor, cum filiis suis Germanicae nationis agat, ne propediem vel in vniuersos Christi sacerdotes persecutio suboriatur, vel instar Bohemorum plerique ab ecclesia deficiant Romana.*

*Mitius saltem agat, quotiens archiepiscopus aut episcopus ad paucos annos rexerit, sicut de episcopis Bambergensibus accidit, quorum tres intra paucos annos mortui sunt.*

*Quid de aliis multis episcopatibus, siquidem Germania (Aenea Siluio teste) supra quinquaginta episcopatus habet. Quid de abbatibus, quorum aliqui Romae confirmantur?*

*Esto, quod in Germania maiores essent ex agris, ex mineris, ex theloneis obuentiones: indigeret tamen Caesarea maiestas & caeteri principes, thesauro & neruo belli contra hostes, praecipue infideles, & ad conseruandam in Germania pacem, atque ad iustitiam vnicuique ministrandam.*

*Ad quod consistorium regalis camerae cum magnis impensis sancte institutum, maxime deseruit.*

*Praeterea opus habet Caesarea maiestas, pecuniis, ad comprimendos imperio rebelles, & ad exterminandos ficarios atque latrones, quorum nonnulli ecclesiis nocere, earum bona diripere, immo in clericorum personas saeuire atque grassari non erubescunt.* *Demum*

*Demum natio nostra non solum pro reparatione ecclesiarum*
*& monasteriorum auro indiget & argento, sed etiam pro hospi-*
*talibus, pro pueris exposititiis , pro viduis , pro puerperis ,*
*pro orphanis , pro filiabus pauperum ( ne stupro cadant ) de-*
*sponsandis , pro domestica inopia laborantibus , pro annosis &*
*effoetis , pro valetudinariis , ac pro pustulatis , quorum ( proh*
*dolor ) plena est Germania , alioqui etiam populosa , vti sexum*
*minime fastidiens muliebrem.*

## Remedium pro ciuitatibus imperii & animarum salute.

*Si sollicitante Caesarea Maiestate , a sede apostolica impetra-*
*retur ( quod* Vriel *archiepiscopus Moguntinus impetrauit ) ne de-*
*inceps in ciuitatibus imperii , quisquam duos simul possit habere*
*canonicatus aut vicarias , in diuersis eiusdem ciuitatis ecclesiis*
*sed vt singuli in singulis distributiones deseruirent. Tum minue-*
*rentur lites , respublica maius sentiret commodum, plures docti,*
*imperio & fidei vtiles , promoueri possent , plures missae lege-*
*rentur , & omnis diuinus cultus alacrius & laudabilius perage-*
*retur. Sicut de Basilea & Spira exemplum adduci posset. In*
*vtraque enim ciuitate , nullus simul in diuersis ecclesiis plures*
*canonicatus aut vicarias , ex sanctissima consuetudine possidere*
*potest. Ideo vtrobique religio & diuinus cultus egregie floret ,*
*& summi pontificis (* Aenea Siluio *teste ) interest curare , vt*
*honoretur Deus , & illi laudes atque hymni canantur.*

*Expediret rebus publicis & animarum saluti, si summus pon-*
*tifex immutabiliter sanciret, vt in quolibet collegio duae ad mi-*
*nus essent praebendae, gratiis non subiectae, ad quas duo theo-*
*logi, aut vnus theologus , & alter Canonista duntaxat promo-*
*ueri possent.*

*Atque vt idonei , puta , philosophiae , canonum , & sacrae pa-*
*ginae docti, eo promptius curas subirent animarum , expediret,*
*quod auctoritate apostolica , monasteria & collegia parochiis*
*( quas sibi incorporatas tenent ) sufficientia & certa emolumenta*
*inferre cogerentur. Hoc enim ( si* Aeneae *creditur ) papam de-*

*cet*

*eet curare, vt euangelium Chrifti ( quod eft optimum animae fa-bulum ) omnibus fincere praedicetur, vt omnes errores, omnis blafphemia eradicetur, vt bella fopiantur, vt furta, rapinae, incendia, homicidia, adulteria, ebrietates, crapulae, conten-tiones, odia, & rixae e medio tollantur. Ad harum rerum per-fuafiones, Theologi & Canoniftae magis idonei, quam Curtifani auari effe videntur. Immo & theologi docti, concionibus apti, fummum pontificem, reuerendiffimosque dominos Cardinales in fuo honore & auctoritate, fermonibus fuis commodius tueri & conferuare poffent.*

## Auifamenta ad Caefaream Maieftatem.

*Sicut regnum Franciae,* pragmaticam *habet* fanctionem *( cui in conferendis beneficiis innititur ) fic imperium Romanum habet* concordata principum, *vtque ea illaefa conferuentur, intereft Caefareae Maieftatis. Raro tamen hactenus per fummos ponti-fices violata funt, & auditores rotae iuxta illa hucusque fertur iudicaffe. Etfi aliquis curialium per quamcunque difpenfationem conaretur illa infringere, quod epifcopus vel princeps, vel fena-tus eiusdem loci ( principiis obftando ) in faciem ei* concordata *inculcaret, pie exhortans, ne contraueniat, quoniam audacia fua fuftineri nequaquam poffet, cum & Turcae & Iudaei pacta fidemque feruent. Quis Curtifanorum tam infolens aut ftultus eft, vt contra voluntatem epifcopi, principis, aut totius alicuius communitatis in aliqua ciuitate habitare praefumat.*

*Poffet etiam Caefarea Maieftas, per litteras aut oratores, facile in regno Franciae experiri, quomodo illic beneficia confe-rantur, & quam auctoritatem in conferendis beneficiis habeat fummus pontifex. Secundum hoc poffet moderamen fieri in im-perio Romano, & froenum inexplebili auaritiae Curtifanorum ad-hiberi. Si praeclarae vniuerfitates, praecipue facultas theologica Parifienfis approbauerit modum illum, qui (de difponendis & con-ferendis beneficiis in Francia feruatur, nemo dubitet, Caefaream Maieftatem & principes Germanos, fi fe ifti modo conformaue-rint, apud Deum tutos fore & excufatos. Praefumendum enim*

eft,

*est*, quod tanti praelati, tanti doctores, tam probati viri, qui in regno Franciae ac in studio Parisiensi viuunt, nihil approbent, quod contra Deum, aut contra iustitiam committeretur.

Prouideat tamen Caesarea Maiestas, ne archiepiscopi electo-res in hoc sancto instituto a se dissentiant, sibique non adhaere-ant, propter censuras apostolicas, quas timebunt, & populus interdictum diu non sustinebit.

Prouideat etiam Caesarea Maiestas, ne fratres mendicantes contra ipsam praedicent, qui sedi apostolicae libenter deserunt, timentes perdere priuilegia sua, vtinam Christo & naturae inni-xa: quamuis iustissimam causam dudum habuissent, contra tan-tam auaritiam, tantosque abusus praedicandi.

Timeat Caesarea Maiestas, ne papa mandet electoribus, vt ad electionem noui regis Romanorum procedant. Sicut contra Fridericum II. Landgrauius Thuringiae, & Guilhelmus Hollan-diae Comes (iubente papa) fuerunt electi.

Timeat Caesarea Maiestas, omnes praelatos ecclesiarum, prae-cipue praepositos, qui ex iuramento tenentur auisare papam.

Timeat Caesarea Maiestas, ne sanctissimus Dom. noster Papa obedientiam a subditis auferat, ac circumiacentes populos prouo-cet, vt in terras Caesaris seu archiducatus Austriae irruant, quod isti homines sub colore obedientiae apostolicis mandatis prae-standae, promptissimo animo sunt facturi.

Timeat Caesarea Maiestas censuras apostolicas, a quibus san-ctissimus Dom. noster Papa non abstinebit.

Timeat Caesarea Maiestas, ne papa argutissimis locis rudi populo persuadeat contra pragmaticam, seque excusans, simpli-cium beneuolentiam captet, allegaturus, quod ecclesiam sancti Petri in urbe magnis impensis instauret, & certis in locis con-tra Turcas aedificet, quodque bellis suis, nulli unquam fecerit in-iuriam, quoniam recuperet terras ad ecclesiam siue patrimonium sancti Petri pertinentes, ad quod ex officio teneatur. Circum-spiciat ergo, & deliberet Caesarea maiestas, qualiter sapientissi-

*me*

mo *suo consilio omnibus illis Romanorum subtilitatibus ( si neces-*
*sitas exegerit ) sit responsura.*

## Conclusio & pia exhortatio ad Caesar. Maiestat.

*Nihil sanctius, nihil Deo gratius, nihil sempiterna memoria*
*dignius efficere poterit Caesarea Maiestas, quam vt tantas Ger-*
*manicae nationis molestias & exactiones moderetur, vt laicis cle-*
*rum persequendi occasionem auferat, vt parochias ( quarum*
*aliquas episcopatus Italicos* Aeneas *aequare scribit ) ex fauci-*
*bus Curtisanorum, concionari, consulere, & consolari nescientium,*
*rapiat, vt diuinum cultum augeat, vt auaritiae & impietati*
*Curtisanorum froenum imponat, vt ius patronatus laicorum in*
*vtrisque, & nominationes canonicorum, callationesque ecclesia-*
*sticorum in ordinariis mensibus conseruet, vt multorum illustrium,*
*nobilium, & ciuium filiis in Germania consulat, qui in vniuer-*
*sitatibus ab adolescentia diuinas & humanas litteras discunt, vt*
*& ipsi extra curiam Romanam, absque inquietissimis vexatio-*
*nibus, sumptuosissimisque, interdum etiam indignis litibus ad*
*praebendas ecclesiasticas ascendant, qui & imperio Romano, con-*
*siliis, & toti ecclesiae, orationibus suis, opem ferre possint. Ne-*
*que enim minima caussa est, cur tantopere floreat Franciae re-*
*gnum, nisi quod tantos tamque praestantes in omni bona doctri-*
*na viros multos habet. Si Caesar hanc impietatem eneruauerit,*
*si Germaniam tributo graui oppressam, in pristinam libertatem*
*vendicauerit, si doctis & honestis ad praebendas aditum fecerit,*
*tum vere liberator Germaniae, libertatisque restitutor, tum ve-*
*re pater patriae perpetuo ab omnibus passim poterit appellari,*
*nec minorem sibi gloriam Germaniaeque fructum afferet, quam*
*si prouinciam aliquam bellicis ei viribus adiecisset. Sicque non*
*minores vni* Maximiliano *Germania gratias debebit, quam his*
*omnibus, qui a translato ex Graecis in Germanos imperio, mul-*
*tis antea temporibus regnauerunt.*

P. Ruesteriscus D. Iacobo Vimphelingo diuinarum
litterarum Licentiato S. D.

Remitto ad te, vir ornatissime, fido cum hoc commensali meo,

medul-

*medullam* illam *pragmaticae* perquam fcite fincereque abs te ex-
cerptam, vna cum prudentiffima Caefareae maieftatis inftruftio-
ne. Faxit Deus optimus maximus, vt aquila noftra circumfpe-
&iffima oculatiffimaque ipfa eft fummo culmine ( perinde vt li-
liatus princeps ) eripiat conferuetque, ne fcilicet pofthac beneficiorum ifti harpagines vniuerfam hanc nobilem Germaniam
medullitus extenterent, eneruentque. Negotium ipfum me Her-
cle, commodiffimum atque diuinum fummopere commendo. Nec-
non cum tuam ea in re diligentiam, tum Caefareae maieftatis
ad rempubl. Germaniae zelum haud inmerito maximi facio, ni-
rificeque laudo. Nihil prorfus demendum in ipfo fa&o, adüci-
endumue ( hac praefertim peftifera tempeftate, proindeque nobis
inquietiffima) operae pretium duximus. *Aeneam Siluium* de
Germaniae fitu propediem aut ipfe reducam, aut fido cum ta-
bellione ad fuum remittam au&orem. Vale fauftiffime, *Raefleri-*
*fco*que tuo, tametfi fcabro & inculto, vtare pro tua finceritate, vt
voles. Datum feftinanter, & ex tempore, vrgente contubernali
hoc meo, probatae vitae viro, quem tuae humanitati commendo. Kalend. Decembr. Anno Chrifti. M. D. XI.

*Sereniffimo Rom. Caefari Augufto Maximilinno*
*Iac. Regius familiaris.*

Audiens nuper, facratiffime Caefar, Maieftatem tuam Romae
adeundae accin&am, fcripfi *Ioanni Collauro* a fecretis, vt Caefaream Maieftatem tuam de nonnullis commonefaceret, quae ad
fplendorem nominis tui, Germaniaeque decus non parum attinere
videbantur, vt ea a facrofan&a fede apoftolica tecum referres.
Nihil enim credidi impetrare te non poffe, quod a *Iulio II.* Pont.
max. a tua Caef. Maieftate falutando effes petiturus. Inter caetera vero *Ioannem Collaurum* de vno fingulariter reddidi certio-
rem, quod fel. recordationis praedeceffor tuus *Henricus* Romanus Caefar, praebendam quandam (quae ob id regia vocatur)
in Argentinenfi ecclefia fundauerit, cuius omnes in imperio Romano fucceffores iure fundationis procul dubio collatores fuerunt,
& adhuc effe deberent, ficut & hodie Caefar. tua Maieftas dua-

rum

rum fimilium praebendarum ( quas progenitores tui in templo
Spirenfi de fuis erexerunt ) ius patronatus habet. Quomodo autem ab eo iure erga praebendam Argentinenfem ( forte propter
interregnum ) Romanorum Rex ceciderit , .& ad praepofitum
illic deuolutum fit , prorfus ignoro , hoc tamen multis perfuafum eft: Caefaream tuam Maieftatem, ius illud patronatus a fummo pontifice denuo in vtroque menfe ex aequitate facile confequi
poffe , vt ammodo ad Dei laudem & ecclefiae decus, vir quispiam fcientia & vitae honeftate confpicuus , tuaeque maieftati
cognitus, non inutile quoddam beftiae aut coquinae mancipium,
fed neque leno, neque catamitus, liber & alienus a fcientiis &
pietate eidem praeficeretur. Tuae enim maieftati , cunctisque
tuis in imperio Romano fucceforibus , mores & merita perfonarum longe clarius, quam exteris gratiarum difpenfatoribus, poterunt effe manifefta. Sed & hoc quoque Deo gratiffimum, animabus falutiferum , tuae autem maieftati in primis honorificum
vifum eft : fi a facrofancta fede apoftolica de quorundam abufibus erudienda , inuiolabili lege impetrares, ne deinceps quicunque vel natali obfcurus, vel omnium bonarum literarum Indoctif-
fimus, contra diuinam naturalemque legem, contraque facratiffimos canones, duo aut tria facerdotia fub vno tecto , tres aut
quatuor praebendas aut canonicatus in diuerfis collegiis intra
eadem Romani imperii moenia fitis , totidemque pingues parochias, qualicunque difpenfatione ( ne dicam diffipatione ) a fummis pontificibus effet confecuturus , cum tot canonicatuum aut
ecclefiarum parochialium quaelibet , alterius aut vtriusque iuris facraeue paginae licentiatum , immo doctorem honefto ftatu
nutrire poffet, adeo vt finguli fingulis effent contenti, & in animo tranquilli.    Hac re vix aliquid Deo gratius , Germaniaeque
vtilius Maieftatem tuam arbitror efficere poffe. Taceo, quod hoc
pacto pii adolefcentes , qui in gymnafiis multo labore , bonarumque literarum amore , patrimonium fuum expenderunt , parte
ecclefiaftici ftipendii nacta , cohaeredes in haereditate paterna ad
rerum publicarum augmentum releuare, Chriftoque feruire, &

pro

pro totius Imperii ac imperatoris falute preces effundere poffent.
Sic quoque per fingulas ecclefias miniftri inftituerentur idonei,
facrae paginae, facrorumque canonum docti, praebendas facilius
confequerentur, ac caeteri litteris virtutibusque praediti, ad
Chrifti patrimonium afcenderent, occafio defiderandae mortis
alienae tolleretur. Neque effent tot lites totque contentiones,
cum magno rei familiaris per totam Germaniam detrimento, neque effent tot fraudes, non vexarentur infontes ab eis, qui nihil,
nifi contendere, acceptare, inquietare, vexare, norunt, non quibus proximum circumueniendi maior aftutia, aut ad litigandum
facultas fuppetit vberior, fub innolutionibus praerogatiuarum,
antelationum, regreffuum, & laqueis inftrumentorum a propriis
feruis fcriptorum, tot fraudes, tot deceptiones permitterentur,
adolefcentibus, qui litterarum ftudio, virtuofisque operibus intendere deberent, non daretur anfa euagandi, nec per litium am-
fractus turbarentur. Non confunderetur ecclefiafticus ordo, non
fineretur vnus folus ad nullam rem Deo gratam, aut fidei noftrae vtilem idoneus, turpiter occupare ftalla & loca in omnibus ecclefiis, intra eandem imperii ciuitatem fitis, ficque parochiis per barbaros quandoque mercenarios prouifis, falubrius
per doctos confuleretur, nec diminueretur diuinus cultus, nec
animarum fuffragia obmitterentur, non effent vacua ftalla, non
caffarentur voluntates vltimae, mimis perderentur litterae, mo-
numentaque beneficiorum, non periret hofpitalitas, non eleemofynae, non domus & aedificia caetera ecclefiarum corruerent,
non bona & praedia alienarentur, non effent tanta murmura &
odia vulgi in cunctos fere facerdotes, propter paucos auariffimos ac infatiabiles. Neque ego primus fum, cui tanta facerdotiorum multiplicandorum cupiditas ftomachum mouet. Nam &
*Francifco Petrarchae*, viro probatiffimo haec impietas admodum
difplicuit, qui nec expauit ad Vrbanum V. in modum fequentem perfcribere: *Audiebam te ambitioni antiquae ( quae priorum licentia in immenfum creuit ) froenum ponere, & vt vno
aut paucis pro dignitate virtutis aut fcientiae, beneficiis conten-
ta*

*ta effet edicere, iufte inquam grauiterque.* Nam quid turpius, quam vnum aliquem ( parta forfan faedis artibus copia ) naufeantem cernere multis hinc inde melioribus penuria fameque laborantibus. Et fapientiffimus *Gregorius Nazianzenus* his verbis aftipulatur : religioni ac doctrinae noftrae opprobrium nafcitur, quod facerdotia ambitione potius & gratia, quam meritorum iudicio deferuntur. Et *Francifcus Picus*, princeps illuftris, in oratione ad concilium Lateranenfe lamentatur, facras aedes & templa lenonibus, catamitis & lupis fuiffe commiffa. Caetera funt plurima tibi, facratiffime Caefar, pro tua fumma prudentia procul dubio cognita, quae Caefaream Maieftatem tuam ad huiufcemodi auaritiae caeterorumque vitiorum froenum & moderamen a facrofancta fede apoftolica impetrandum permouere poffent. Dominus Deus tuae Caefareae celfitudini ad foelix imperii regimen, Chriftianaeque religionis amplificationem propitius opem ferre dignetur.

## *MAXIMILIANVS.*

Summum ecclefiae paftorem & omnem clerum exemplo cariffimi patris noftri *Friderici* Romanorum imperatoris tertii hactenus venerati, non paruos dignitatum & ecclefiarum parochialium prouentus ex terrarum noftrarum finibus, clericis & praelatis abfentibus-clementer inferri permifimus. Quos & clam pro humana fragilitate delinquentes, cum Conftantino praedeceffore noftro chlamyde operire non dedignaremur. Verum cum ex noftra largitate Diuini cultus decrementum profluat, vnde diuinae laudis, pfalmorum, & miffarum amplificatio debuerat proficifci, noftra intereft ( qui absque meritis in folium Romani imperii electi fumus ) vt inter caeteras maximas pacis & belli occupationes, vigilanter quoque circumfpiciamus, ne ecclefiae pereant, ne religio labafcat, ne diuinus cultus diminuatur, & ne animabus defunctorum ( qui ecclefiis & facerdotibus de fuo patrimonio benefecerunt ) contra vltimas ipforum voluntates tardius fuccurratur. Quod manifeftiffime experti fumus, & indies experimur, ex ineffabili atque a nullo difpenfabili quorundam

aua-

anaritia prouenire, qui in beneficiis affequendis nullum finem
conftituunt. Per quorum abfentiam (cum in vno folo perfonaliter refideant, & diftributiones deferuiant) diuinus cultus diminuitur, vltimae benefactorum voluntates caffantur, defunctorum
animae tardius ex igne purgatorio eripiuntur, aedificia labant,
ecclefiae decrefcunt, ecclefiaftica libertas laeditur, literae & monumenta perduntur, hofpitalitas & eleemofynae minorantur, patrimonia parentum & nerui rerum publicarum ex crebris huiusmodi auarorum collitigationibus euanefcunt, clerici pro doctrina
fua & virtute beneficiis digni, fuaque prudentia ecclefiis in temporalibus & fpiritualibus vtiles, a praebendis repelluntur, impediuntur, indigne vexantur, iniufte eis lites mouentur, fcandala laicis praebentur, ipforumque odium & murmur in reliquos
honeftos facerdotes excitatur atque augetur. Eas ob res ex officio Caefareae maieftatis, ex amore incrementi cultus diuini, ex
zelo rerum publicarum, hortamur & requirimus: ne quisquam
ammodo in vna noftrarum noftrique Romani imperii ciultate canonicatum aut vicariam poffidens, in altera eiusdem ciuitatis
ecclefia, aliam praebendam occupet, nifi primam infra anni fpacium in perfonam idoneam ac ecclefiae vtilem fit dimiffurus. Neque alium in beneficiis affequendis per iniuftas lites aut ambages indigne vexet, aut circumueniat, nec quemcunque, qui non
fit de numero defcriptorum familiarium, iuxta *concordata prin-*
*cipum & pacta nationis Germaniae* falfo familiarem fuiffe fingat,
in ordinariorum collatorum praeiudicium. Nec laicis ius patronatus auferre tentet, nec exiles praebendas, potiffimum vero
curatas ecclefias, penfionibus grauet. Nec in adipifcendis beneficiis & bullis, quacunque fraude, dolo, falfis inftrumentis,
corruptis teftibus, fimonia etiam palliata vtatur. Neque regreffum aut alia facris canonibus inimica, contra ius, aequum, honeftum, & rectam rationem impetrare praefumant, fub poena criminis laefae maieftatis, & grauiffimae noftrae offenfae. Quam
non folum ipfi fic contra Deum & omnem honeftatem exorbitan-
tes, fed & omnes eorum fautores, auxilium, confilium, hofpi-

tium

tium & mutuum dantes, omnesque nuncios, curſores, ſollici-
tatores, notarios, procuratores, fideiuſſores & reliquos amicos
incidiſſe volumus, condignam pro tantis iniquitatibus & noſtri
huiusmodi mandati contemptu poenam accepturos. Ex Oeni-
ponte. ( An. 1510. )

## Appendix. *)

Praemiſſis admonitionibus nedum Imperio, ſed & eccleſiae
ſalutaribus, ac ad mutuam pacem & concordiam deſeruientibus:
poſſet etiam inter alia multa adiungi, ſummusque pontifex certior
reddi, de lapſu & ruina domorum caeterorumque aedificiorum ad
eccleſias & ſacerdotia pertinentium. Siquidem ( exempli cauſa )
vnus ſupra triginta annos, ex parochia patriae noſtrae ſummis
pontificibus hactenus deuotae, multa & magna emolumenta *in ab-
ſenti & in portatis* ( vt eorum verbis vtar ) corraſit & abſumpſit,
nec tamen ad docendum populum ſuae curae creditum, cancellos vnquam aſcendit, nec quicquam in domo egregium illic aedi-
ficauit. Argumento ſunt, & publice teſtantur miſerabilia trium
rei diuinae miniſtrorum cubicula, quae minimus fratricellus, aut
opilio forte aſpernaretur. Sed neque praeſentias aut diſtribu-
tiones quotidianas in aſſe aut dipondio auxit, nec anniuerſari-
am ſaltem ſuiipſius memoriam inſtituit, nec ad bibliothecam templi parochialis minimum quidem libellum ex teſtamento legauit,
nec eleemoſynam pro pauperibus fieri procurauit. Caeterum adiici
poſſet, quod vnus Curtiſanus ineptus & barbarus ad pſallendum
& ad ſacrificandum non magis aptus, quam onager, immo aſi-
nus, palam a ſuo notiſſimo & amiciſſimo appellatus, in otio viuens, plura vtcunque conquirere poteſt ſacerdotia, quam eximie
doctus, ad rem diuinam, ad conciones, ad conſultandum, ſa-
croſanctamque eccleſiam Romanam rationabiliter defenſandam,
non mediocriter accomodatus.

Praeterea quod piſtor, aut cocus, leno, aut nebulo, immo

( cum

---

*) Quae, niſi vehementer fallor, nonniſi poſtea acceſſiſſe, &
fortaſſis a *Iac. Spiegelio* ex ſchedis Wimphelingianis deſum-
ta eſſe videntur.

( cum venia ) catamitus opimas praebendas & parochias occu-
pans plus emolumenti ex Chrifti patrimonio abforbet, quam la-
boriofiffimus & fideliffimus magnae parochiae cuiuspiam popu-
lofae rector cum fuis vigilantiffimis adiutoribus, immo etiam
capellanis, qui eosdem adiutores in miniftrandis facramentis,
audiendisque confeffionibus occupatiffimos, in horis canonicis,
miffis, & vigiliis cantandis adiuuant & releuant.  Huiuscemodi
releuamen & adiutorium per fex capellanos in patria noftra perpetuo continuandum fperamus, poftquam vnione facta ex benignitate facrofanctae fedis apoftolicae ius capellanias iftas conferendi in confules reipublicae noftrae in vtrisque menfibus translatum eft, qui nullis ammodo conferent nifi eis, qui perfonaliter
refidentes, diuinum officium impleturi, & vltimis fundatorum
voluntatibus funt fatisfacturi. Multum quoque ad inftitutum Caefareum conferre poffe videtur Chriftianiffima Reuerendiffimi domini *Erhardi* Leodienfis epifcopi admonitio habita in conuentu
principum Augustano, Anno decimo octauo poft Millefimum &
quingentefimum.

87. In AVRELII PRVDENTII Clementis Caefar-
auguftani V. C. de miraculis Chrifti hymnum ad omnes
horas IACOBI SPIEGEL Seleftadienfis interpretatio.
Cum gratia & priuilegio. *)

*In fine :* Seleftadii in aedibus Lazari Schurerii
an. 1520. fol. ( *In Bibl. acad. Friburg.* )

Dedica-

---

*) Memorabile eft *priuilegium Caefareum* , quo Prudentiani
  hymni editionem munitam fuiffe conftat : " *Maximilianus* &c.
  „ Cum inter alia, quae pro Romani imperii gloria & in-
  „ cremento continue difponimus , ftudia bonarum artium
  „ non extremum locum fibi vindicant , quae ficuti meren-
  „ tur, femper fereno vultu complectimur, atque fouemus :
  „ cupientes, vt omnia debito ordine circa ea dirigantur ad
  „ rectam & perfectam inftitutionem fcire defiderantium. Et
  „ cum intellexerimus non fine magna animi noftri difpli-
  „ centia , quod quidam chalcographorum illis ex auaritia
  „ &

Dedicatio libri digniſſima ſane eſt, quae non tantum relegatur ſaepius, ſed etiam hic inſeratur integra:

\* \* \*

" *Magnifico clariſſimoque viro Domino* Iacobo Villinger *Cae-*
„ *ſareo Quaeſtori ac Conſiliario, Domino in Schonberg, inſigni*
„ *bonarum litterarum patrono,* Paulus Volzius *Abbas Hugoni-*
„ *cae curiae,* Iacobus Vuimphelingius, Paulus Phrygio *Doctor*
„ *Theologus,* Iacobus Vuolphius *ſecretarius reipubl. Seleſtadienſ.*
„ Beatus Rhenanus, Martinus Bucerus, Io. Sapidus, Beatus
„ Arnoaldus, Io. Guntherus, Lazarus Schurerius, Io. Reſtatius,
„ Martinus Egerinus, Ioan. Maius, Lazarus Igerinus, & Io.
„ Priſcus *Sal. dicunt.*

„ Mira-

---

„ & imperitia multum officiunt cum magna iactura eorun-
„ dem ſtudioſorum, cum antiqua & noua exemplaria ab
„ eruditis viris magno labore exquiſita & ad vnguem emen-
„ data, ſiue etiam difficillimo ſtudio de nouo inuenta &
„ elaborata, vt quamprimum edita vel impreſſa fuerint, in-
„ ſidioſe conquirunt, ac non ſine mendis & vitiis frequen-
„ ter tanquam de induſtria in graue damnum, iacturam ac
„ dedecus, nedum eorum, qui compoſuerunt, conquiſiue-
„ runt ſiue caſtigarunt, ſed etiam totius reipublicae litera-
„ riae, denuo furtiue contra voluntatem edentium impri-
„ munt. Quod ne de iis, quae de mandato noſtro impri-
„ muntur, contingat, volentes prouidere motu proprio,
„ & ex certa noſtra ſcientia hoc edicto ſancimus, ne quis
„ ea, quae Honorabilis *Ioan. Stabius,* Hiſtoriographus &
„ Coſmographus noſter fidelis dilectus iuſſu noſtro, vel
„ etiam ſua voluntate impreſſoribus ſub ſuo titulo & no-
„ mine, vel alias demandaret, ſiue libri, membranae, char-
„ tae, picturae, volumina vel qualiacunque forent, imprimi
„ audeant. Quocirca ſtatuimus, & diſtricte praecipiendo
„ mandamus omnibus librorum, picturarum & figurarum
„ impreſſoribus vbilibet per ſacrum Romanum imperium
„ conſtitutis, ne libros, membranas, chartas, picturas,
„ volumina, vel quaecunque alia, quae praefatus hiſtorio-
„ graphus noſter ſub ſuo titulo & nomine emiſerit ſine ſua
„ expreſſa voluntate & licentia a decem annis a die edi-
„ tionis ſequentibus denuo imprimant ſeu imprimi faciant.

„ Sub

,, Miraberis haud dubie de tanta falutatorum turba vir mag-
,, nifice, & negotium arduum effe putabis, nimirum alicuius
,, reipublicae, vel prouinciae tuam opem implorantis.  Sic enim
.,, hactenus in magnis rebus ob fingularem tuam prudentiam te
,, funt vfi diuus *Maximilianus* Aug. & *Carolus* nuper Caefar,
,, vt quicquid tibi proponitur, arduum, atque adeo momenti
,, alicuius effe debeat.  Falleris, fi tale quid nunc a nobis ex-
,, pectas.  Neque enim vllam tibi moleftiam fumus exhibituri,
,, nihil a te poftulatnri, quod grauatim fis facturus.  Offerimus

M m             ,, tibi

,, fub poena amiffionis librorum vel talium rerum impref-
,, farum, & decem marcharum auri puri, eidem *Ioanni Sta-*
,, *bio* applicandarum.  Mandantes etiam omnibus bibliopo-
,, lis ac aliis inftitoribus quibuscunque, quod fi tales li-
,, bri, membranae, chartae, picturae, & caetera huius-
,, modi voluntate & fcitu praefati Hiftoriographi noftri in
,, aliis locis extra Rom. Imp. denuo imprimerentur, ne
,, per imperium & dominia noftra patrimonialia occulte
,, vel manifefte vendant, aut vendi procurent fub praeno-
,, minata poena.  Dantes autoritatem eidem *Stabio* hifto-
,, riographo noftro vel eius commiffariis, autoritate propria
,, capiendi & plectendi, vt fupra contrafacientes, toties quo-
,, ties huic fanctioni noftrae contrauentum fuerit. Harum te-
,, ftimonio literarum &c.  Datum in oppido noftro Lyntz
,, die prima Ianuarii MDXII.   Per Regem

,, Ad mandatum Caefar. Maieftatis proprium.

,, *Ioannes Stabius* Caefar. & Cathol. Maieftatis hiftorio-
,, graphus, facra auctoritate Romana cenfura fibi a quon-
,, dam Caefarea Maieftate Auguftae memoriae diuo Maxi-
,, miliano conceffa, ad rogatum *D. Iacobi Spiegel* fuae di-
,, ctae Caefar. & Cathol. Maieftatis Secretarii, *Lazaro Schu-*
,, *rerio* Ciul & Calchographo Seleftadienfi canit, ne quis
,, hoc opus in feptennio imprimat fub poenis in priuile-
,, gio expreffis. ,,

Inde iam corrigi poterunt ac fuppleri ea, quae ex *Püttero*
von dem Büchernachdrucke &c. in *Fafcic. I. p. 87. emendan-*
da effe duximus. Praeterea in *Thef. bibl.* T. III. p. 113. recenfetur : *der fchwangern Frauen und Hebammen Rofe-*
*garten*, cum figuris ligno infculptis Argent. 1513. 4. cui
opufculo praefixum priuilegium *Maximiliani* Imp. dat. Colon. 24. Sept. 1512.

,, tibi donum ; at quis non vltro fufceptrices muneribus ma-
,, nus extendat: iis maxime, quae a viris ftudiofis proficifcantur,
,, & literaria fiut, quae donantium beneuolentiam oftendunt:
,, & fufcipienti aeternum decus conciliant, cum caeteris mu-
,, neribus vel aureis vel argenteis obnoxii reddamur iliis, qui
,, dederunt, veluti prodita noftra libertate, quae perditur, cum
,, munus accipimus? Quale donum offertis, inquies, & cuius?
,, Audi vir inclyte, paucis tibi rem totam explicabimus. Cum
,, nuper *Iacobus Spiegel* elegans Iureconfultus, & humanarum
,, litterarum impenfe peritus, ciuis nofter, muneris fui vacatio-
,, nem Auguftae Vindelicorum impetraffet, fic enim inter vos
,, Dom. Confiliarios conuenerat, vt domum quisque fuam fub
,, facrum quadragefimae tempus peteret, Seleftadium venit: vbi
,, cum a nobis, vt par erat, falutaretur, poft longam de me-
,, lioribus ftudiis difputationem, & horum ducibus, *Erafmo*,
,, *Capitone*, *Zafio*, *Mart. Luthero*, *Phil. Melanchthone*, *P. Mo-*
,, *fellano*, *Eobano Heffo*, *Vrbano Regio*, & aliis, tandem in-
,, quit *Vuimphelingius* fodalitii caput ac ornamentum: *pulchre*
,, *de literis cum humanis tum diuinis a vobis differtum eft. Sed*
,, *qui fit,vt cum Poetas omneis, etiam parum pudicos Martialem*
,, *videlicet & Conftantinopolitanum Marullum manibus ftudiofo-*
,, *rum paffim teri videamus, vnus* Aur. Prudentius, *quo Chri-*
,, *ftiani merito gloriari poffunt, fic negligatur, fic incognitus ia-*
,, *ceat, imo contemptus, vt a paucißimis legatur, a paucioribus*
,, *teneatur, cum tamen is vnus inter omneis poetas praecipue*
,, *dignus fit hominis Chriftiani lectione?* Quem fermonem vt ac-
,, cepit *Spiegelius*, ftatim puerum ex mantica depromere iubet
,, Commentarium a fe fuccifiuis horis elucubratum in Hymnum
,, *Prudentii*, cui titulus eft, *ad omnes horas*, ab aliquo lectore
,, forfan adfcriptus, nam varius reperitur. Atque allatum li-
,, brum in manu tenens, ad nos conuerfus, *charißime patrue*,
,, *vosque viri infignes*, inquit, *en frugem modicam ftudiorum*
,, *meorum, quibus mihi paulifper proximis menfibus vacare con-*
,, *ceßum eft. Audio pronis (quod aiunt) auribus vobis placere*

,, Pruden-

,, Prudentium, *omnibusque omnium vestrum probari calculis, qui*
,, *mihi semper dignissimus lectu indicatus est. Argumento sit*
,, *vel hic commentariolus, quem in Hymnum omnium horarum*
,, *scripsi.* Qui *si vobis talis visus fuerit, qui lucem ferre possit,*
,, *& studiosis adulescentulis prodesse, non stabit per me, quo mi-*
,, *nus euulgetur, non quidem, vt mihi laudem aliquam pariat,*
,, *quae modica poterit esse, sed vt Christianissimi poetae lectio*
,, *studiosis familiarior fiat per nostras interpretatiunculas noni-*
,, *hil adiutis. Nuncupabitur per vos, cui libebit. Id vobis li-*
,, *berum esto.* Qua sane re intellecta multum omnes gauisi
,, suimus, quod id sponte offerret, quod non instantissimis ab
,, eo precibus eramus extorturi. Et tum quidem tu statim con-
,, cordibus totius sodalitii suffragiis delectus es, magne studioso-
,, rum Maecenas, cui Commentarius *Spiegellianus* dicaretur,
,, multis quidem de causis. Primum, quia decet, vt aulici car-
,, men, ab aulico glossulis expositum, aulico patrono confecre-
,, tur. Nam aiunt Theodosio, huiusque filiis Arcadio & Ho-
,, norio charum fuisse Prudentium, non secus ac tu diuo *Ma-*
,, *ximiliano* Aug. fuisti, & nunc es Caesari *Carolo.* Deinde
,, quia memoria *Villingeri* multum apud nos est plausibilis, quod
,, tu videlicet prima in literis stipendia Selestadii feceris sub eru-
,, ditissimo illo *Cratone Hofemanno Vdenheimensi,* cuius ferulae
,, plerique nostrum manum subduxerunt, is vir si superesset,
,, quantum putas te discipulo gloriaretur, quem fortunata vir-
,, tus tam egregie extulit? Te certe tui praeceptoris non poe-
,, niteret. Erat enim in literis rarae cuiusdam eruditionis, &
,, in moribus Catonianam quandam grauitatem referens, festiue
,, feuerus, & feuere festinus. Literas cum sanctis moribus doce-
,, bat. Poetas veteres docte enarrabat, nihil non excutiens, ele-
,, gantiam, consilium, figuras, artificium. Sed quid in notis
,, laboramus? Postremo, vt sodalitium nostrum ac rempublicam
,, Selestadiensem tibi commendemus. Expertus est nuper fe-
,, natus noster tuam fidem & diligentiam in literis Romam ex
,, Augusta missis. Expertus est iam pridem tuam beneuolen-

M m 2 ,, tiam

„ tiam in variis rebus apud diuum *Maximilianum* : ne deſtituas
„ tuos apud *Carolum⹁* Porro videtur *Spiegelius* noſter tribus
„ commentariis haƈtenus editis indicium luculentae doƈtrinae
„ ſuae feciſſe.    Nam in eo quem in *progymnaſmata Reucklinica*
⹁ ſcripſit , oſtendit quantum in grammaticis valeat.    In *inter-*
„ *pretatione* vero *Stauroſtichi* , Phyſices cognitionem prodit. De-
„ mum in hoc nouiſſimo Theologum ſe eſſe declarat.    Bene va-
„ le vir clariſſime , & rem boni conſule , nosque ama.    Sele-
„ ſtadii , Calendis Maiis MDXX.

*    *    *

Ad calcem vero libri extat eiusdem *Wimphelingii* epilogus :
“ Cum haƈtenus facile cunƈtis morem geſſerim , amicus me ex-
„ orauit ad ſcribendum *Iſidoneum* pro iunioribus adhuc minus
„ expertis ludimagiſtris , vt ab eis grammatica pure & ſincere
„ absque faecibus & paleis iuuentuti traderetur , vtinam vt in dia-
„ leƈticis in omnique philoſophia , imo etiam theologia , ſenti-
„ bus & tribulis refeƈtis , breuibus edocenda primores commu-
„ nium gymnaſiorum elaborarent , ne ammodo de olla exornan-
„ da , de aſini vmbra , & fumo multis annis cum auditorum
„ diſpendio diſceptare viderentur. Adieci poſtea ſupplicantibus
„ amicis alia , quibus bonos adoleſcentes a vitiis abſtrahi poſſe
„ credideram : nec ſuit mihi animus in quempiam inuehere , ſed
„ mihi commendatos; mihique charos principum , procerum , ci-
„ uiumque filios , commonefacere , ne profundis affeƈtibus corru-
„ pti , iuſanabili inficerentur veneno; memor adhuc , quid ex mul-
„ tis fide dignis audiuerim : didici multa clam in aurem , qui
„ annos circiter quinquaginta conſcientiarum ſecreta rimatus
„ ſum , didici , quam miſere innocentes ephebi ex alieno conui-
„ ƈtu corrumpantur , ruantque exemplo malo in paſſiones & fla-
„ gitia , quae in vltima & morti proxima ſeneƈta vix euellere
„ queas , memini , fateor , quid mihi ipſi granem iaƈturam attu-
„ lerit. Proinde ſi cui vnquam fragilitate lapſus offendiculum po-
„ ſui , conatus ſum interim vel illum vel alios monitis aut ſcri-
„ ptis ad praeclaros reducere mores , vt Deum colere , vitia ſu-

„ gere,

„ gere, animae fuae rationem habere, facrasque literas amplecti
„ fatagerent, quae cum in nepote meo iam deprehenderim, qui
„ & in coniugio & inter aulicos facra volumina verfat , & fcho-
„ lia vti in *Prudentium* concinnat, eo maiori illum beniuolentia
„ profequi cogor. Facessant ergo Catullus, Tibullus, Propertius,
„ cum extent Sedulius, Prudentius, Baptifta Mantuanus: pro
„ Martiali , tutius legantur epigrammata *Bufchii*, *Murmellii*,
„ *Sapidi*. Quod fi forfitan candide lector fimia aliqua in pur-
„ pura vel mihi vel meis lucubratiunculis detraxerit, tu boni con-
„ fule, ac liuido detractori Deoque odibili fidem ne habeas, me-
„ mento,Origeni vifum, inter affectibus agitatum & daemoniacum
„ parum intereffe , nec vnquam moueare viperea lingua inimi-
„ ci , qui me inuectiuas cudere mentitus eft. Morfus viperae
„ cur non feram , cum longe duriora a fterquilinio & beftiola
„ quadam maximus nofter patiatur *Erafmus?* Prae quo vix fum,
„ quod mufca ad elephantum. Vale, Kal. Iunii, Anno XX.

* * *

Et tandem *Kilianus Leyb* *) prior in Rebdorf ord. canon.
regularium epiftolam ad *Iac. Wimphelingum* fubiecit:

" *Kylianus Leyb*, Prior in Rebdorf Ordinis Canonicorum
„ regularium *Iac. Vuimphelingo*. S. D.

„ Quam fueris femper pro falute Germanae iuuentutis pro-
„ penfe folicitus, quamque tibi curae fuerit virtus Chriftiana
„ atque morum honeftas, indicio funt , abs te olim edita ad
„ bonae fpel adolefcentes opufcula , & vitae integritas , qua
„ etiam inter aduerfitatum tempeftates, ac fluctus adusque ve-

M m 3 „ ne-

---

*) In *Weislingeri* Catal. Libr. impreff. biblioth. ord. S. Ioh.
Hierofolymit. Argent. 1749. fol. laudatur : " *Kil. Leib*
„ Prioris Rebdorffenfis gründliche Anzeigung vnd Bericht,
„ aus was Vrfachen fo mancherley vnd vielfältige Ketze-
„ reyen, Zwifpaltung , vnd Irrthum in Chriftlicher Reli-
„ gion, vnd der heil. Catholifchen Kirchen von Anfang bis
„ auf diefe Zeit erwachfen feynd, vnd ihren Grund genom-
„ men haben. Ingolft. 1557. 4. „ Plura illius opufcula re-
cenfentur in Bibl. libr. rar. vniu. *Io. Iac. Baueri* P. II. p. 871.

,, nerandam es , eximie *Iacobe Vuimphelinge* , profe&us cani-
,, tiem , neque oportebat, mi coleude pater , venerandeque fenior,
,, agere mecum, ne oforibus obtre&atoribusue patulas commo-
,, darem auriculas , cum ego detra&ores & legam & credam
,, Deo effe odibiles , norimque obtreftationis vitium vel praeci-
,, pue oppuguare & laedere charitatem , qua fola miferis nobis
,, fempiterna poterit conftare falus.    Iam nunc igitur mutui in-
,, ter nos amoris hafce literas piguus accipe , & crede , nihil
,, fore vnquam, quod dile&ionem , qua virtutis amore coniungi-
,, mur , e cordis mei penetralibus eruere valeat.    Vale , vale
,, autem feliciter, tuisque precatibus me Deo noftro commenda.
,, Ex Rebdorf, Anno XVIII. quinta Iunii.

88. D. ERASMI ROTERODAMI epiftola ad reue-
rendiffimum Archiepifcopum ac Cardinalem Moguutinum , qua commonefacit illius celfitudinem de cauffa do&oris· MARTINI LVTHERI. Seleftadii in aedibus Lazari Schurerii anno 1520. 4to. ( *In Bibl. acad.
Friburg.* )

Epiftolae *Erafmi* ad *Albertum* Cardinalem & Archiepifcopum Moguutinum ( quae eft inter *Erafmi* n. 477. oper. T. III.
P. II. p. 513. ) fubiun&a quoque eft *Iacobi Wimphelingii* epiftola ad *Chriftophorum* Bafil. epifcopum.

＊    ＊    ＊

" R. P. Domino *Chriftophoro* ,Bafilienf. Epifcopo, fummo &
,, fingulari patrono *Iacobus Wymphelingius* fefe commendat.

,, Erafmi noftri epiftolam ad R. *Albertum* Archiepifcopum
,, & Cardinalem Moguntinum, reuerendiffime pater, tibi mitto ,
,, vtinam eius exemplo omnes Germaniae epifcopi , cacterique
,, maguates cum Heluetiis niterentur mitigare fan&iffimum ac
,, pliffimum dominum noftrum *Leonem* , pontificem opt. max.
,, ne virum quem Chriftianum & euangelicum non modo in do-
,, &rina , fed & in omni vita fua praedicant , fuoditus deleri
,, finat, *Lutherum* inquam.   Chrifti etenim vicem Leo , alioqui
,, natura mitis tenet : quid vtero mitius? quid clementius Chri-
,, fto ?

,, sto? Si *Lutherus* iu quopiam hallucinatus cst, humanitatem
,, tamen non exuit, paratus doceri ab eis, qui ab ambitione &
,, affentatione sint alieniffimi. Superioribus scio esse deferen-
,, dum atque obediendum. Hac veritate nixus, scripsi olim *So-*
,, *liloquium pro Heluetiis* , ad partes Caesareas Germanicasque
,, trahendis, scio etiam, si filii peccarint, pro magno peccato,
,, paululum supplicii patribus satisfuisse apud Ethnicos, cur non
,, idem apud Christianos : immo sanctissimos, summosque Chri-
,, stianae fidei duces, Christianaeque pietatis propugnatores?
,, quos & mihi opem laturos spero contra inuidos aemulos & ca-
,, lumniatores meos, qui me ex suis moribus temere iudicarunt.
,, Dominus Deus tuam R. P. ad felix ecclesiae tuae regimen diu
,, incolumem conseruare, contraque hostes propitius assistere dig-
,, netur. Kalend. Septemb. Anno MDXX.

, 89. Canonis missae contra HVLDRICVM ZVIN-
GLIVM defensio M. D. XXIIII. Sine indicio loci,
sed, vt ex omnibus manifestum sit, Argent. in 4to. *)
*Accessit, & quidem, vt videtur, ex instituto libellus hac
inscriptione :*

Ad reuerendum in Christo P. & illustrem Principem Fabianum de Monte Falcone Lausanensem episcopum paradoxa centum fratris CONRADI TREGA-
RII Heluetii Augustinianae familiae per superiorem
Germaniam prouincialis, de ecclesiae conciliorumque
auctoritate.

*In fine :* Impressum Argentinae per Iohannem
Grieninger in die sancti Gregorii Anno Domini Mil-
lesimo quingentesimo vicesimo quarto. 4to. ( *In Bibl.
acad. Friburg.* )

M m 4

Dialo-

---

*) Alia porro in *Bibl. acad. Friburg.* huius libelli extat editio : *Missae Christianorum contra Lutheranam missandi formulam assertio* Hieronymi Emser. *Eiusdem Canonis missae contra* Huldericum Zuinglium *defensio* Coloniae apud
Io. Gymnicum 1532. 8. ( Vid. *tab.* aeri incis. )

Dialogis iftis, qui *Hieronymum Emferum* *) habent auĉto-
rem, *Iac. Wimphelingius* epiftolam fane memorabilem ad *Mart.
Lutherum* Wittenberg. & *Vdalr. Zuinglium* Turicenf. concic-
natores praefixit.

&ast; &ast; &ast;

" *Mart. Luthero* Wittenberg. & *Vldrico Zuinglio* Thuricerf.
„ concionatorib. *Iacob. Vimpheling.* falutem.

„ Obfecro vos per vifcera mifericordiae Dei noftri, vt fi vn-
„ quam dialogos *Iheronimi Emferi* de miffa & eius canone le-
„ ĉuri eftis, ne mox ad bilem aut inueĉiuas inflammemin!,
„ fed Chriftiana modeftia praediti, omnia prius examuffim di-
„ iudicentur, fi praeftantibus prifcorum patrum aut facrarum li-
„ terarum teftimoniis fint fuffulti, praefertim quod in canone
„ vtraque viuorum & defunĉorum memoria perfiftat, nequaquam
„ a facris literis alienum effe videtur. Paulus enim obfecrat,
„ (1. ad Tim. II.) primum omnium fieri obfecrationes & ora-
„ tiones pro omnibus hominibus, pro regibus, & omnibus, qui
„ in fublimitate conftituti funt, & pro vita funĉis. Dionyfius
„ fcribit orationes in ecclefiae exordio effe faĉas. Confentit Au-
„ guftinus & Gregorius, vt taceam de lib. Macchab. Sed & quod
„ hac aetate, contra patrum confenfum, nonnulli noua moliun-
„ tur, nedum exteris ftomachum mouet: verum etiam *Cafpar*
„ *Hedio* concionator Argentinenf. elegantem nuper ad *Oecolam-*
„ *padium* dedit epiftolam, qua nouitatem feditiofam, & maio-
„ rum decreta aequiffima effe affeuerat. Minus ergo prudenter
„ miffae officium morifci choreae a defertoribus quibusdam affi-
„ milatur, eiusque fruĉus cum omnium ceremoniarum facro-
„ rumque ordinum releĉione eneruantur, adeo, vt propter hu-
„ iusmodi horridam nouitatem vix a bellis inteftinis & dome-
„ fticis ammodo temperetur. Demus enim, vt omnes cere-
„ moniae

*) De *Emferi* vita & fcriptis nonnulla legi poffunt in *fort-
gefetzt. Samml. von alt. vnd neuen theolog. Sachen auf
das Iahr 1730. p. 8. & 187.*

,, monlae & cantica primum a Roma prodierint ( licet Apoſtoli
,, quoque caetus ad canendum Chriſto habuerint antelucanos )
,, ( Tertull. in apolog. ) non propterea ea, quae a tempore Apo-
,, ſtolorum & ab aetate Leonis & Gregorii in conſuetudinem ſan-
,, ctam recepit eccleſia, oblitteranda vel vitio danda eſſe viden-
,, tur. Nam & Bernhardo teſte, qui eccleſiam non agnoſcunt,
,, non eſt mirum, ſi ordinibus eccleſiae detrahunt, ſi inſtituta
,, non recipiunt, ſi ſacramenta contemnunt, ſi mandatis non
,, obediunt. Creditis indubie, neque ſpiritum neque ſapieutiam
,, Bernhardo defuiſſe, nec veſtrum procul dubio iudicium illumi-
,, natiſſimis patribus, quibus duſtu boni ſpiritus aliter viſum
,, eſt, praeſertis. Date mihi veniam, obſecro. Diſſenſio per Ger-
,, maniam ſuborta, & quorundam frigiditas, qui ceremonias,
,, qui preces & cantus nedum floccifaciunt, ſed & pedibus con-
,, culcare nituntur, me ſenio ſeſſum ad ſcribendum impulerunt.
,, X. Kalend. Iunii XXIV.

Praeclare huc facit eiusdem *Wimphelingii* ad *Wolfg. Fabri-
tium Capitonem* epiſtola, hucusque inedita, *) quam pro ſua in me
M m 5           ,, huma-

---

*) Quare, quum vbique *Lutheri* & *Zwinglii* errores infectatus ſit *Wimphelingius*, odia & iras eorum omnium, qui
iſtis adhaeſerant, in ſe concitauit ſenex meritorum pleniſ-
ſimus. Ex hac etiam officina ſatyricum iſtud ſcriptum
prodiiſſe recte dixeris, quod hanc prae ſe fert epigraphen:
Commentum ſeu Lectura cuiusdam Theologorum minimi,
quam collegit & comportauit ſuper vnam Seraphicain Intimationem doctoris *Ioan. Romani Wonnech* a) Rectoris Baſileenſis, multum valens ad proficiendum contra Haereticos,

*Ad Lectores:*

*Feſtina, curre, aduola,*
*Lectorum omnis turba.*

Hic

a) Huius *Wonneckii* meminit, eumque an. 1523. cum *Caſp.
Sasgero ( Schatzger )* Franciſcanorum Prouinciali, Doct.
*Heilmanno, M. Mauritio* Auguſtiniano, D. *Ioh. Gebweilero,*
aliisque Baſilea expulſum fuiſſe narrat *Io. Iac. Hottingerus* in der Heluet. Kirchen-Geſchicht. Theil III. B. VI, p.
109. & 120.

humanitate, & fauore fingulari mecum communicauit V. C. *La-meyus*, Bibliothecarius Manheimenfis.

" Domino *Wolgango Fabricio Capitoni* Theologo, S. Thomae
" praepofito, maiori plurimum obferuando *Iac. Wimpheling.*

" Frater, charitas me vrget, vt te adhorter pie & paterne pro-
" pter literas ex Argentorato ad me miffas, in quibus inter ce-

" tera

---

*Hic mira noua capies :*
*Ah curre, nam eft magna res :*
Lutherus *expugnabitur.*
*Et fides renouabitur.*
*Deficient Haeretici.*
*Peribunt & Schifmatici.*
*Dicat* Io Paean, *toties defeffa* Luthero
*Roma : perit iam iam, qui metuendus erat.*

Sine loc. & an. in 4to. (*in Bibl. acad. Argent.*)

Sequitur epiftola, fatyra & cauillis refertiffima : " Prae-
" ftantiffimo viro Domino *Iacobo Rymphelingio* (Wymphe-
" lingium ita per irrifionem vocat) Schletftatenfi, S. Theo-
" logiae Licentiato, vel vt audio, Magifternoftrando, Sa-
" lutem dico ego Magifter *Bernhardus Vuartenbuch* de
" Pomerania.

" Praeftantiffime domine Licentiate, feu, vt audio pro
" nunc magifternoftrande, poftquam intellexi nec non per-
" cepi, qualiter dominatio veftra conuerfa eft ad veram fi-
" dem, & in patria fua Sletftat facit magnam inftantiam
" illis haereticis *Lutheranis*, ficut & ego hic pro poffe meo
" facio, & de poft faciam: gauifus fum valde cordialiter,
" & exultaui in vifceribus meis, ficut capreae hinnulique
" ceruorum. Quia fides Chriftiana & fancta mater eccle-
" fia Romana augmentabuntur ex hoc & per hoc & propter
" hoc. Vtinam in Argentina effet etiam aliquis, qui ta-
" lia faceret. Ego rogo vos, quod velitis facere diligen-
" tiam, & perfeuerare vsque ad finem, & velitis nunquam
" amicus effe vni *Lutherano*, fed iuretis, ficut & ego iu-
" raui, quod vultis mori inimicus illorum. Sed mitto vo-
" bis hic vnum librum, quem compofui valde zelofe, &
" affectionaliter, fuper illam pulchram intimationem do-
" ctoris *Ioan. Vuonneck*, quam affixit Bafileae. Et dedi-
" co vobis talem librum, ad honorem veftrum. Debetis
" autem fcire, quod ipfa intimatio fuit mihi a quodam

" Cano-

„ tera fic fcriptum eft : *Doctor Capito prediget Wer die Muotter*
„ *Guottes anriefft vnd fein Vertruwen fetzet in fy, fey gleich*
„ *als bettet er ein Hundt an. Item wan er durch fy vnd durch*
„ *ir bit folt felig werden, wolt er nit felig fein.* O horreuda!
„ Adeone tibi infipidi funt Auguftinus, Albertus Magnus, Gui-
„ helm. Parif. Ioan. Gerfon, vt taceam Ioan. Damafcenum lib. 4.
„ cap.

---

„ Canonico miffa ex Bafilea per poftam, cum quibusdam
„ conclufionibus,quas praefatus doctor vult feu intendit di-
„ fputare contra *Lutheranos*. Vos cognofcitis illum bene,
„ & ego cognofco eum, quia fteti fecum Erfurdiae, vbi
„ fumus ambo alumnifati, & compleuimus vna pro ma-
„ gifterio, & tunc vos ftetiftis Heidelbergae, & ftuduiftis
„ in poetria : quamuis etiam ftuduiftis in Ioanne Gerfone,
„ & quando ego fui promotus de gratia Dei in Magiftrum,
„ tunc iui cum *Vuonneck*, qui pariter fuit promotus ad
„ Heidelbergam ad vos, & falutauimus vos, tunc dixiftis
„ nobis, quod velletis componere tractatum *elegantiarum*.
„ Et valedixi vobis, & repatriaui. Tunc domini de fa-
„ cultate hic, dederunt mihi vnam lecturam in Phyfica.
„ Et poftea nihil audiui de *Ioanne Vuonneck*, nifi iam quan-
„ do illa Intimatio fuit mihi miffa. Quando igitur vidi,
„ quod eft multum theologicalis & eft materia praegnans,
„ tum compofui hanc lecturam defuper. Quia credo quod
„ difcipuli multum proficient ex hoc. Quia intimatio illa
„ eft multum fuhtilis, & nemo poteft eam bene intelligere,
„ fine gloffa, & commento. Rogo vos, quod velitis hunc
„ librum dare ad impreffionem in Sletftat, quod ibi difci-
„ puli etiam proficiant, & fiant boni Catholici, & cum hoc
„ valete. Datum Gripswaldiae in octaua trium regum
„ Anno Domini 1523. „

De *Wimphelingii* noftri incorrupto religionis ftudio, fideique integritate,quam vel inimici aemulique admirati funt,
teftimonium praebet luculentiffimum *Io. Rhenani* epiftola ad
*Vdal. Zwinglium*, quam a *Ioh. Henr. Hottingero* hiftor. ecclefiaft. noui teftament. Tom. XVI. p. 566. ( Tigur. 1665.
8. ) primum euulgatam, nunc denuo in medium proferre, atque ad rem praefentem illuftrandam exhibere placuit : " *Beatus Rhenanus Zinlio fuo:* Apud librariam ta-
„ bernam me heri ftantem inuenit *Petrus* hic *Frabenber-*
„ *gius*, & cum de difceffu cogitarem, perendie fe refpondit
„ ini-

„: cap. 16. quem Platina veracissimus historiographus commen-
„ dat in Felice tertio?   Contemptibilissimam reddere satagis
„ eam , ex cuius purissimis sanguinibus verbum aeternum cor-
„ pus suum desumpsit , & cum maledictissimo Wuicleffista isto
„ facere puerum expositum, aut vulgo conceptum : *Als wer sy*
„ *in der biecker gaßen entpfangen.*   O si Bernardus , Gabriel,
aut

---

„ initurum iter.   Postremo petiit a me , vt se tibi literis
„ commendarem.   Enimuero mi *Zinli*, videtur mihi *Pe-*
„ *trus* dignissimus, cui non solum Abbas ipse, verum om-
„ nes vos impensissime faueatis, vel hanc ob rem , quod
„ tanta celeritate isthuc non dico profectus est ; sed vola-
„ uit potius, rebus suis hic non finitis, sed abruptis.  No-
„ luit enim vos diutius sui desiderio cruciare , qui sciebat,
„ suam praesentiam esse vobis omnibus optatissimam.  Spe-
„ ro autem vestrum erga eum amorem in dies magis au-
„ gendum , tametsi nunc haud dubie maximus est , vbi vi-
„ delicet hominis mores, quibus optimis praeditus est , ple-
„ nius cognitos habebitis.   De eius doctrina quid attinet
„ multa dicere, cum illius non obscurum specimen nuper
„ apud vos ediderit disserendo , praelegendo , declaman-
„ doque?   Hoc dico, doctrinam eum habere minime vul-
„ garem : quam aequat, aut pene superat iudicium , quod
„ in eo sum mirum in modum admiratus.  Animaduerti
„ enim ex colloquiis , quae & modica & pauca cum eo mihi
„ intercesserunt,  minime crassum hominis iudicium.  Id
„ quod totum Sletstadio debet, quod cum satis obesum ac-
„ cepit , nunc dimittit sagacem : praesertim *Sapide*, qui
„ mira libertate veram doctrinam depraedicat in concilia-
„ bulis, in conuiuiis, in foro, in templo.   Vis scire, qua-
„ lis sit *Sapidus* inter disputandum ?   Talis omnino est ,
„ qualis est *Glareanus*, quantum ad vehementiaum dictio-
„ nis ac παρρησίαν attinet :   caeterum ingens est discri-
„ men.   Nam *Sapidus* tantum desideriis sermocinatur :
„ *Glareanus* alienis plerumque nationibus insectandis mul-
„ tum verborum insumit, non memor Paulinae sententiae :
„ *Siue Graecus , siue barbarus* , & quae sequuntur :   At-
„ que adeo libere nonnunquam *Sapidus* loquitur, vt *Wim-*
„ *phelingius* illi inquisitionem , aut delationem ad inqui-
„ sitionem haereticae prauitatis saepe minetur , *per iura-*
„ *mentum*, inquit, *quod feci in licentiis meis, ego coger*
*id*

,, aut Sifmenhardus, imo & tuus praeceptor *Georgius Northof-*
,, *fer* adhuc fuperftites forent! Si, quod abfit, ex clamoribus &
,, fcriptis *Mathei Zell*, & *M. Butzeri* feditio & ftrages in cle-
,, rum veftrum & monachos oriretur, laicis occafionem ex im-
,, prudentia aut infania declamationum fumentibus, torquebitne
,, confcientia vtrumque? Vale foeliciffime. Ex Sleftadio 6.
,, Septembris An. XXIII. ,,

*Tuus Iac. Wimpheling.*

,, *id non filere.* Nam non poteft *Wimphelingius* pati, vt
,, quisquam contra ceremonias loquatur. In fumma, qnan-
,, tum ad doctrinam attinet, non dubito, quin *Petrus* om-
,, nium veftrum calculos fit meriturus. Porro, retulit mihI
,, *Sapidus*, dixiffe hic *Leonem* (*Iudae*) in conuinio, cui non
,, interfui ego, monendum effe *Erafmum*, vt D. Abbatem
,, alicubi in monumentis fuis celebret. Videtur mihi non
,, fatis intelligere *Leo*, quantus fit *Erafmus:* vnum for-
,, taffe e nobis putat. Non venit communi decempeda me-
,, tiendus *Erafmus*, qui humanum faftigium quadantenus
,, eft fupergreffus. Minus mihi dolet, quod vos deferit
,, *Myconius*, poftquam illum audiui ludum apud Lucernates
,, aperturum. Doluiffem maxime, fi extra Heluetiorum
,, fines fe aliquo contuliffet. *Orationes de decimis*, atque
,, item *artem inquirendi* fparge, quaXtum potes, contem-
,, nens paululum pecuniae, cuius nunquam cupidus appa-
,, ruifti, vt plurimum profis bonis literis, maxime vero
,, uoceas earundem hoftibus. Sletftadii IV. Id. Ian. 1520. ,,

ADIVNCTA.

# ADIVNCTA.

## I.

Carmina quaedam de PETRO HAGENBACHIO, Praefecto in Alfatia & Brisgouia &c. CAROLI Pugnacis
ducis Burgundiae, incerto auctore a), fed partim
manu IAC. WIMPHELINGII, partim ERHARDI BATT-
MANNI b) exarata.

### Brifacenfes hominibus vniuerfis notum effe cupiunt.

*Cepimus hunc feuum, Domino preflante, tyrannum,*
   *Firmiter & vinctum forcia lora tenent.*
*Nonne licet nobis tantam compefcere peftem,*
   *Et dare nequitiis impedimenta fuis?*
*Sed fua nunc quamuis violentia fepius In nos*
   *Seuierit, miferis plurima damna ferens,*

*Nos*

---

a) Si coniecturis locus foret, *Battmannum* carminum iftorum,
fi non vnicum, praecipuum faltem auctorem effe cenferem:
quaedam etiam *Wimphelingio* noftro adfcripturus.

b) *Erhardus Battmannus* ex Newenburg Conftant. dioec. phi!.
magifter, plebanus primum, vt videtur, ecclefiae praepofiturae
SS. Felicis & Regulae Turicenfis. deinde canonicus Bern-
nenfis ( *Münfler* ) in Ergouia: qui 1531. collegio Friburci
inftituto, litterarum ftudiofos ftipendiis quibusdam affignatis
remuneratum iuit. Quaedam de eodem habet *Io. Henr.
Hottingerus* in hift. ecclef. Nou. Teft. T. VII. p. 87. *h.
Iac. Hottingerus*, filius, in Heluet. Kirch. Gefchicht. IV.
Th. Zugab. p. 137. " D. Manzio praepofito defuncto M.
„ Frigius canonicus: cui *M. Erhardus Battmannus* pleba-
„ nus, ifti Zuinglius fucceffit: Ioh. Ammianus vig. nat.
„ an. 1518. ad Iacobum filium fuum Parifiis cum *Glareз-
„ no* (qui poftea Io. Ammiani filiam duxit) degentem. „
Plura vero, & data quidem opera de eodem academiae
noftrae patrono & ftipendii literarii fundatore alias dicturi
fumus.

*Nos tamen hunc Iure quouis tractabimus aequo:*
*Id solum acturi, quod sacra Iura canunt.*

### ,SIGISMVNDVS Auftrie dux.

*Ergone Iam tandem nebulo crudelis abibit*
*Impune; vt culpas non luat ille suas ?*
*Di meliora velint, cum sis mi Petre reninctus,*
*Factis condignam tu paciere necem:*
*Nam Deus ut populi casus ulciscat amaros,*
*Atque tuis gestis premia digna feras.*

## Pars aduersa criminaliter aduersus PETRVM HAGENBACH agit.

*In nos tot scelerum Petrus Hagenbach fuit auctor,*
*Vt nemo minima significare queat..*
*Dux Sigismundus patriam, quam tradidit olim*
*In pignus Karulo, terque quaterque petit:*
*Et conscripta cupit seruari federa cartis,*
*Aeris namque dati copia presto fuit:*
*Sed sua uota Petrus surda pertransiit aure,*
*Ad dominumque timet uota redire suum:*
*Ne sua maiestas populo caritura misello,*
*Decidat e manibus, & tabe fiat iners,*
*Federa dissoluit, proprio firmata sigillo,*
*Et impedimenta sacris legibus ipse tulit*
*Nec patrie toti, quam rexit fronte superba,*
*Iura vetusta male surripuisse timet:*
*Rapta pudicitie pueris sunt munera nostris,*
*Vxor legitimum sedat honesta thorum;*
*Et data sunt patrie discrimina plurima nostre,*
*Damnaque: deflendos pertulit interitus,*
*Si nihil ex aliis dignum iam morte videtur,*
*Hoc vnum celerem flagitat ecce necem.*
*Illa quid grauius, maius, quid fedius hoc est,*
*Quam temere proprias rumpere literas?*

Respon-

## Refponfio PETRI HAGENBACH.

*Dux* Karolus *me , quam Burgundia tota veretur,*
  *Rettorem veftre propofuit patrie :*
*Et fibi cum fidus fuerim de Iure fatelles ,*
  *Me uotis docuit omnibus effe parem :*
*Nil per nos attum eft , quod non preceperit ille ,*
  *Me parere fibi lex petit & pietas.*

### Pars aduerfa.

*Pareat in rebus Domino fubiettus honeftis ,*
  *Et nec agat , quid quod Iusque Deusque vetat :*
*Si* Petrum Karolus *fe immittere iufferit undis ,*
  *Tanti nempe ducis irrita Iuffa forent.*

### Contra HAGENBACH.

*Perfide fperafti verbis proflernere cunttos ,*
  *Verba caput nequeunt ulla tenere tibi :*
℞o. *Iura , fauor cedunt : odium , vis proh dominantur!*
  *Verba meum caput , Iura nec ulla tenent.*

### Contra HAGENBACH.

*Sors omnis fallax ; fed fallaciffima ludi :*
  Hagenbach *Ich päs* *) *fpes fibi flulta fuit.*
*Sors agit , ut folita eft , ex regibus ipfa bubulcos ı*
  *Atque facit pariter de miferis proceres :*
*Te timuit dudum trucem Sungaudia tota ,*
  *Tortoris gladius nunc tua colla necat.*
*Scis quibus interdum dicebas : tu nifi corpus ,*
  *Tu Iugulum dabis : hos fors dederat dominos .*

Nec

---

*) Ad ea hic alludit, quisquis fuerit carminum iftorum auctor,
  quae commemorat *Chrift. Wurfteifen* (*Vrftifius*) Basl.Chron.
  B. VI.. p. 439. (Bafel 1580. fol. ) " Von den drey Wür-
  „ flen , mit dem Sprüchlein: *ich Bafs ,* fo er feinen Die-
  „ nern zur Liverey auf die Ermel zu fetzen pfleget , ftel-
  „ let ihm einer diefe Verslein:

  „ *Omnis fpes fallax , fed fallaciffima ludi* .
  „ Hagenbach, *Ich Bafs, fpes tua flulta fuit.* „

*Nec tibi Flandrenses nec Burgundi potuere,*
*Nec potuit vitam dux retinere tuam.*

## Iudices sententiam diffiniunt.

*Viribus ecce suis caret expurgatio* Petri:
*Turpe quidem seruo vota nefanda sequi,*
*Crimina multiplicant actores: sed scelus omne*
*Et minimum mortem postulat horribilem;*
*Penas ipse luat: neque vel lex equior ulla est,*
*Quam necis auctores arte perire sua.*

## PETRVS HAGENBACH capite plectendus loquitur.

Karole *dux, coniux, fratres, notique sodales*
*Et mundi dulcis lubrica pompa vale!*
*Iam via restat atrox, Instant iam tempora mortis:*
*Nec tamen infirmus viribus ipse cado.*
*Infelix ego sum, felix tum esse videbar:*
*Heu mihi quam turpe nunc iter arripio!*
*Parcite mortales, querimur, mihi parcite, quaeso,*
*Si vobis nostra vita molesta fuit,*
*Et rogo diuerse mortis tormenta recedant:*
*Sed stricto ceruix ense resessa cadat.*

Rot Petre \*) *si vestri commoti sint mihi ciues,*
*Quamuis iusta quidem, sed tamen ira cadat:*

N n                                      *Dote-*

---

\*) *Christ. Wurstisen* Basl. Chron. B. VI. p. 438. " Den
„ neundten Tag Mayens liefs Hermann von Eptingen des
„ Hertzogen von Oesterreich Landtvogt vber den gefange-
„ nen *Peter von Hagenbach* zu Breisach das Malefitzge-
„ richt besetzen, hatte darzu Ihe zwen Mann erbetten,
„ von den Stetten Strasburg, Basel, Schletstatt, Colmar,
„ Kenzingen, Freiburg, Neuwenburg, Solothurn, Bern,
„ vnd von Breisach acht Mann. ordnet Ihnen zum Rich-
„ ter Thomam Schütz den Schultheifsen von Ensisheim,
„ dafs Ihnn sieben vnd zwanzig wurden. Von Basel sen-
„ det man dahin Heinrich Iselin, vnd Hans Irmy, so-
„ dann weiter von Räthen zuegeben den Burgermeister
„ *Peter Rot*, Heinrich Zeigler, vnd Vlrich zem Lufft &c. „

*Doteturque meis fabrica fanɛta caballis.*
  *Corpus & accipiat patria terra meum :*
*Nec ferar ad furias , atrox infamia ceɟɟet :*
  *Sed pateat morti proxima terra mee ;*
*Eɟte mei memores, precor o Iuuenesque ɟenesque :*
  *Effundendo preces eɟte mei memores.*

## Oratio PETRI DE HAGENBACH ad beatem Virginem, & confeɟɟio ɟuorum criminum , ɟpero, ad anime ɟue ɟalutem.

*Ad te nunc venio mater caɟtiɟɟima Chriɟti ,*
  *Ach quamquam ɟeras ɟuɟcipe Virgo preces!*
*Iuɟta tui nati fiat fac mollior ira :*
  *Peccaui , fateor , dei ueniam miɟero ,*
*Quas pacior penas , non me meruiɟɟe negabo ,*
  *Necue ideo noɟtro fugit ab ore pudor :*
*Heu nocui multis , multos feci ipɟe nocentes ,*
  *Crimine letabar ɟaepius ipɟe nouo ,*
*Ha quociens miɟeros gaudebam tradere morti ,*
  *Gaudebam & ɟacras depopulare caɟas.*
*Nil fuit iniuɟtum , mihi cunɛta licere putabam ,*
  *Aetas nec ɟexus me duce tutus erat ,*
*Materiam veniae vita & ɟors noɟtra dederunt ,*
  *Chriɟte , rogo , miɟero da famulo veniam :*
*Sis memor in ligno , dicebat latro nefandus :*
  *Protinus ad ɟanɛtos te duce peruenerat :*
*Qui mare , qui terras , verbo qui cunɛta creaɟti ,*
  *Cor cape contritum , ɟis memor atque mei.*
*Gaudeo , quod tandem hic mihi datur carcer amarus ,*
  *Ne vitam tollat mors inopina meam.*
*Hic locus eɟt , in quo ɟaltem mea crimina plangam,*
  *Te mihi conciliem cum Genitrice Deus.*
*Non dulcis coniux , non me grauat ampla ɟupellex :*
  *Me grauat Immenɟi timor & ira Dei.*

Torto-

*Tortoris gladio dabo nunc mea colla necanda ,*
  *Sit precor hic anime mors medicina mee.*
      ( Vto Nonas May Anno LXXIIII. )

## Epitaphium PETRI HAGENBACH.

*Hic pius & mitis , feueque tyrannidis expers ,*
    *Miles de Corno ,* *) *flrenue* Petre *iaces ,*   ( Yronia )
*Qui totiens fueras mucrone viriliter ufus ,*
    *Infons & iuflus* Hagenbach *cadis :*
*Secula tot cornix , tot viuit fecula ceruus :*
    *Petre obis ante diem : credimus effe Deos.*

### Aliud.

*Nunc poflquam manes* Hagenbach *defuncte petifli ,*
    *Pluto dux fceptri definit effe fui ,*
*Te mox in caelos duxiffet Iupiter altos ,*
    *Rectorem regni fed timet effe fui.*

### Aliud.

Hagenbach *caluus iacet hic fub puluere duro ,*
*Vtrum fit faluus non curauit , neque curo.*

### Aliud.

*Qui te maiorem duce , cefare , rege putabas ,*
    *Non modica terra fortior effe potes :*
*Spreuifli reges , te iam non rufticus horret ,*
    *O mors res varia conditione trahis.*

### Aliud.

*Seua cede viros faciebas plangere fepe ,*
    *Mors tua dat rifus , gaudia , delitias.*

### Aliud.

*Pluribus in rebus fuerat tibi magna poteflas ,*
    *Et magnas laudes te peperiffe patet.*

---

*) *Ironia* haec eft, vt ad oram carminum iftorum animaduerfum effe legimus, in *Hagenbachii* noftri natales , quos
   humiles & obfcuros fuiffe vulgo tradiderant, infultantis, atque ad nominis analogiam Germanicam alludentis.

*Dic mihi Petre, precor, cui equali tibi iamiam*
*Detur maieftas, gloria, fama, decus.*

### Nuntius ad IACOBVM.

*Vipera letifera! pugnax quoque fpina refecta eft.*

Iac. *Aduena mira refers, quaenam eft haec dira caribdis?*

Nunt. *Iacobe quid meres, dulciffima nuncia porto?*

Iac. *Aduena quid narras, dic, te precor aduena nobis:*

Nunt. *Hagenbach Petrus infignis latro cruentat.*

Iac. *Quid mulces furdas tam verbis dulcibus aures?*

Nunt. *Abfit, vt incertus fluat ex me Iacobe rumor.*

Iac. *An nunc Nero iacet obfcuro carcere vinctus?*

*Ha, quo peftis atrox, quo peffima bellua venit?*

Nunt. *Difperiit prorfus fons & origo mali.*

Iac. *Quodue eft hoc monftri, quod cecidiffe refers?*

Nunt. *Affero non paruas Iacobe delitias.*

Iac. *Effice nos hilares nunc nouitate tua.*

Nunt. *Vinclis & typpo prebuit ecce manus.*

Iac. *Nunquid me blanda fallere voce cupis?*

Nunt. *Nam res eft verbis confona, crede, meis,*

Nunt. *In Brifach oppido gens perdita, fqualida, triftis —*

Iacob. *Aduena dic, quonam venit amara lues?*

Nunt. *Seditio facta eft, feruarunt federa ciues:*

*Te caffis lapfum (Di voluere) tenet:*

*Qui fe fperabat transproperare Deos.*

*Infelix nullam beftia fenfit opem.*

### IACOBVS ad PET. HAGENBACH.

*Qui fummus fueras in fummi principis aula,*
*Vertice de fummo ficcine Petre cadis?*
*O fortuna fremens cum tam mala cuncta gubernas,*
*Opprimis infontes, tollis ad aftra malos.*
*Imperium, pompa, maieftas, gloria, vires,*
*Sic quo venerunt laus, honor, atque decus?*
*Strenue nunc miles merito tibi Petre dolendum eft,*
*Vltima dum reftant fata ferenda tibi.*

IACO-

IACOBVS ad Brifacenfes.

*O Brifacenfes, o plebs de morte redempta,*
  *Fortunata, meas accipe quefo preces!*
*Parce pio generi, parcas, rogo, nobilitati,*      (Yronia)
  *Leniter ingenium refpice quefo meum!*
*Magnificis geflis o vos ignofcite ciues,*
  *Vos, precor, efficiant ardua facta pios!*
*Hunc odiffe virum fi decreueritis omnes,*
  *At fas virtutes eft meminiffe fuas,*
*Infonti laqueos diffoluite, nonne timetis*
  *Vltores iufti fanguinis effe Deos?*
        Feliciter finit.

      Qualis quaeftus, talis dabitur paftus.

*Cernite nunc duces, Burgundum gloria necat!*

        *            *            *

Ad illuftrandam omnem ifthanc de PET. HAGEN-
BACHIO, eiusque morte ignominiofa, qua Brifaci capite plexus occubuit, hiftoriam, egregie faciunt ea, quae
HENR. BVLLINGERVS *) in opere MS. *Hiftorya,* oder
*Gefchichten von den Tigurineren vnd der Statt Zu-*
*rych Sachen,* **) *T. II. L. XII. Cap. VII.* feqq.
*p.* 135. feqq. in medium profert:

            N n 3                    *Vonn*

___

*) De *Bullingero* vid. *Iof. Simler.* narrat. de ortu, vita &
   obitu *Henr. Bullingeri:* item *Io. Guil. Stuckii* orat. funebr.
   Tigur. 1575. 4to. & *Lud. Lauaterus* in eiusd. vit. de-
   fcript. German. edit. Tigur. 1576. 8.

**) Opus *Bullingerianum* MS. in illuftriffima Bibl. monafte-
   rii Ord. Bened. ad S. Blafium, quum funefto illo incendio die 23. menfis Iulii an. 1768. In cineres abiiffent aedificia pleraque omnia, aliis tamen cum pluribus Codd. MSS.
   rapacibus ereptum flammis, extat integrum ac incolume.
   Duo autem funt *Bullingeri* opera prorfus diuerfa, quae
   Bibliotheca San-Blafiana feruat, quorum alterum hiftoriam
   hanc Tigurinam Libris XIV. confcriptam; alterum vero
                                              hifto-

*Vonn dem Waltzhutter Krieg, vnd wie dife Oeſter-*
*rychiſchen Krieg verricht wurdend, vnd der Fürſt*
*aber der Rach nachgedacht Capitel VII.*

In difeon Iaren' allſz ſich Schaffhuſen zū denn Eydtgnoſſen
verbunden hatt, habend ſich von der Schaffhuſeren wägen vnd
den Oeſterrycheren vill ſachen zutragen die vnlydig warind
dann über den 15 Ierigen Friden hieuor mit dem huſz Oeſterrych vor Winterthur gemacht vnd vſgericht, hatt *Bilgeri von*
*Hüuwdorff* ein vnrūwiger man allerley wider die von Schaffhuſen angericht, dann er Inen Iren Burgermeyſter *Hanſen am*
*Stad* fieng, vnd vmb 1800 fl. Schatzt So treyb er auch vmb
am Keyſerlichen hoffgricht die zwen gebrüderen *Conradten vnd*
*Hanſen von Fulach* ſo zu Lauffen ſeſhafft, vnd bracht ſy Inn
Acht vnd Ban deſzhalben von Eydtgnoſſen an Hertzog *Sigmun-*
*den* geſchriben vnd gebätten ward, daſz er ſömliche vnruwen
abſtel-

---

hiſtoriam reformationis Helueticae & praecipue Tiguriæ
II. Tom. fol. comprehenſam, atque hac quidem inſcriptione exhibet: *Hiſtorien, oder Geſchichten, ſo ſich verlauf-*
*fen inn der Eydtgnoſchafft, inſonders zu Zurych in En-*
*derung der Relligion vnd Anrichtung eyner Chriſtenlichen*
*Reformacion.* Vtrumque vero manu *Henrici Mathys civis*
*Tigurini an. 1618. & 1619.* exaratum, deſcriptumque eſt adcurate magis, quam eleganter. Pluribus ſuum hoc in-
ſtitutum exponit *Bullingerus* ipſe in dedicat. *Hiſtor. Tigur.*
*T. II.* ad curatores & adminiſtratores praepoſiturae & capituli eccleſiae Tigur. " Deſz Meyens Im 1573. Iarſz
„ hab Ich üch denn *Erſten theyll* Inn 8 Bücher verſaſst vol-
„ lendet vnd übergeben Ietzundt bringen Ich auch denn Au-
„ der theyll Inn 6 Bücher verſaſst denn Ich ūch zum theyll
„ Inn der Vorred deſz Erſten theylls verheyſzen hab vnd
„ wie Ich ſich denn Erſten theyll Dediciert hab Alſo Eyg-
„ nen vnd vbergiben Ich auch diſen minen anderen
„ theyll &c.
Sub finem dedicat. „ Vnd über daſz Alles hab Ich nach
„ zu diſer hiſtory ein Nüw Kurtz Werck gemacht vnd be-
„ ſchriben von der *Reformation der Propſty vnd Kilchen*
„ *zum groſsen Münſter* Inn wellichem Ich Allen Handel
„ beſchriben han der ſich zu tragen hat vom Anfang biſz
„ zum

ıbftellen vnd das befchach aber nit vnd wurdend die Schaffhufer fletts geplaget , dafs die Eydtgnoffen vnderftundend Inn
das Hegoüw zeziechen Es legtend fich aber Ettlich Eheren
Lüthyn zu fcheyden , vnd ward dorumb ein tag gehalten zu Coftantz vff dem gefprochen ward dafz dem *um Stad* von Schaffhufen fyne 1800 fl. widerumb füllind erglegt werden , das aber
nit befchach vnd ward die fach Ie lenger Ie böfer.

Inn difen dingen fiell yn der Suntgööwer Krieg vnd wie
man von dem felben wider heym kam vnd Inn offnem Krieg
mit Oefterrych ftund vnd die Schaffhufer kein Ruw hattend
threyb Zürich die fach zu guetten denn Schaffhuferen dafs man
Inen ein zu fatz gen Schaffhufen legt deren oberifter Houptman was *Fellix Keller* von Zürich Es ordnet ouch Zürich *Eber-*
*harten Qtticken* zu einem Houptman , dem gabend fy zu 1500
man, vnd Ir grofses gefchütz dafz man vff dem waffer fertiget,

N n 4           vnd

---

„ zum Ennd mit Allem dem , dafz Inn der Enderung
„ verhandlet worden auch wie Alle fachen verordnet find
„ wellicher geftallt fürohin Alle der Kilchen Stiffts vnd
„ Schullen fachen füllind verwalten werden vnd begryfft
„ dife gefchicht Alle die handlung vonn dem Iar Chrifti
„ 1523. bifz vff difes Ietzig 1574. Iar. Wytter vnd
„ meer hab Ich auch Inn *zwen theyll* gefafset alle die
„ Gefchichten die fich Inn der *Allgemeynen Reformation*
„ von dem Iar Chrifti 1519. bifz in dafz Iar Chrifti 1532.
„ verlauffen hand. Vnd dife zwen theill auch Inn *zwey*
„ *Bücher* yngebunden übergiben vnd dedicieren Ich üch
„ auch mynen günftigen Herren vnd Brüderen Aller ge-
„ ftallt wie Ich üch hieuor Inn der Erften Vorred erzellt
„ hab. Pitten auch üch myne günftigen herren wellind
„ dife myn Arbeit Inn Liebe üch Alle zyt befolchen ha-
„ ben , der Allmächtig Gott erhalte üch vnd vorab die Alt
„ löblich Statt Zürych Inn fynem Schutz vnd Schirm vnd
„ verliche üch fyn fägen durch Iefum Chriftum vnferen
„ Herren datum Zurich Im Oktober 1574. „

Conf. *Io. Henr. Hottinger* in fchol. Tigurinorum Caro-
lina App. I. p. 89. ( Tigur. 1664. 4. ) qui *Bullingeri hi-*
*ftoriam* Tigurinam Libb. 14. vti etiam *hiftoriam* Reformationis Tigurinae inter anecdota illius fcripta recenfet.

vnd brachend vff denn 26 Iulii im 1468 Iar vnd mantind alle
Eydtgnoſſen hinnach vnd zugend für Waltzhut vnd dahin k:
mend zu den Züricheren für Waltzhut Inn groſſer Anzall, das
man ſy all mit ein anderen ſchatzt Inn 15000 man ſtarck, vnd
die vmb leytend die Stadt an allen Ortten vnd ſchuſſend vnd
wurſiend daryn onne vnderlaſz vnd wäret diſe Belägerung 6
wuchen Inn wellicher vill vſz fällen und Scharmützen beſchi-
hend hie nit not zu ſchryben, die zuſätzer zu Schaffhuſen fiel-
lend auch vnder *Fellixen Keller* vff den Schwartzwald herus an
ein Letzy die von der Herrſchafft vnd denn Landtlütten gemacht
was, die gewunend ſy vnd erſchlugend vnd fiengend vill volcks
vnd Schatzend den Appt von Sant Bläſy vmb 300 fl. vnd zugend vngeſchediget widerumb gen Schaffhuſen.

Inn der Statt Walzhutt lag vill Adells vnd Redlichs volcks
daſz ſich dapfer warth deren Oberiſter was ein Riter ein ver-
rümpter vnd fürträſſenlicher man Herr *Wernherr von Schynen*
vnd alls zu demſelben der Adell ettwas vngedultig ſprach, wie
verhengt doch Gott den Eydtgnoſſen ſo vill oder wenn iſt doch
Ires Weſens gnug, antworttet der *von Schynen*, wenn Ir vom
Adell frömmer vnd beſſer ſind dann die Eydtgnoſſen.

Inn diſer Belägerung ſchickt Hertzog *Sigmund* ein Behemiſch
Volck an denn Schwartzwald daſz lag da meerer hilff zu wart-
ten, vnd dann wann die Eydtgnoſſen die Statt ſturmptind hin-
den Inn die Eydtgnoſſen zu fallen deſz die Eydtgnoſſen gewar-
net vnd deſter beſſer wachten hieltend, Es ſchickt auch Zürich
nach 2000 man mit Irem Houptman, damit alle ſachen deſter
baſz verſorget wurdind Aber die Behem da kein wytere hilff
zu Inen kam thettend ſy kein Angriff.

Alſz aber die Statt zum Sturm beſchoſſen was, vnd Ire
ſach gfarlich gnug ſtund, kamend die geſanten Hertzog *Ludwigen* Pfaltz Grafien am Ryn, ſampt denn botten des Biſchoffs
von Baſell deſz Margraffen von Hochberg, vnd Graffen von
Nüwenburg, auch der Stetten Baſell vnd Nüwenburg die bered-
tend vnd machten ein friden zwüſchend dem huſz Oeſterrych vnd
                                                            denn

denn Eydtgnoffen,Inn wellichem alle händell von Müllhufen Suntgöüw Schaffhufen vnd Waltzhutt har langetend guttenklich vertragen wurdind vnd gefprachen dafz Hertzog *Sigmund* den Eydtgnoffen bifz vff Iohann Baptiftæ nechft künfftig an Iren Coften follte bezallen 10000 Rynifcher fl. vnd fo dafz nit befcheche fo fölle die Statt Waltzhutt fampt dem Schwartzwald denn Eydtgnoffen fürhin dienen wie Ietzund dem Fürften von Oefterrych die Brieff fo dorumb vffgericht findt man Inn myner Eydtgnöfsifchen Crouicka hiftory vnd hieruff zugend die Eydtgnoffen widerumb ab.

Vnd wie woll der Frid obgemelt befchloffen was hort doch *Bilgeri von Hüllndorff* nit vff die Schaffhufer plagen vnd zu beleydigen dannen die Eydtgnoffen verurfachet wurdend an denn Hertzogen zu fchryben vnd zu bitten dafz er denn *von Hüllndorff* vnd fynen Adell dahin wyffe dafz fy denn friden an Schaffhufen hieltind damit vnd fy nit verurfacht wurdind fich vnd fy mit der hand zu rächen.

Der Adell aber verklagt die Eydtgnoffen by dem Hertzogen Als ob fy kein Friden an Im halten fonder fy für vnd für vrfach fuchen denn Hertzogen zu bekriegen dorumb fölle er fich woll bewaren, vnd Bündtnuffen machen, vnd gwaltigen Anhang dafz er difenn Puren widerftan vnd fy vndertrucken möche.

Der gut from Fürft der ftetts Inn der Tyroller Grafffchafft hoff hiellt vnd keinen grund der dingen hatt die hieuffen furgiengeud, ward vom Adell verhetzt der maffen wider die Eydtgnoffen, dafz er fich vff Ettlichen Tag leyftungen zu Franckfurt vnd Nürenberg mit Pündtnufzen gegen Ettlichen Fürften ynliefz wider die Eydtgnoffen, dafz er felbs eygener Perfon zum König *Ludwigen* in Franckrych reytt vnd die Eydtgnoffen verklagt vnd fyner hilff wider fy begärt.

Allfz aber der König Inn Franckrych fich nit wolt wider die Eydtgnoffen verhetzen laffen, wand fich der Hertzog zu dem rychiften Fürften fo Inn Europa der zyt läbt vnd was namlich

zu

zu dem Hertzog von Burgund zu Hertzog *Caroli* vnd nam von
Im vff 80000 fl. vnd verpfandt Im darumb die Graffſchafft
Pfirt dafz Suntgööw vnd dafz Elſas dafs Bryſzgoöw , denn
Schwartzwald vnd die 4 Stett am Ryn Rynfelden Seckingen
Lauffenberg vnd Waltzhutt doch vff widerlofzuug , vnd dafz
der Hertzog die Pfandtſchafft blyben laſſen ſöllte , by Iren Fry-
heiten vnd Gerechtigkeiten vnd ſy nit wytter befchweren vnd
dafz Iſt befchächen Im Iar Chriſti 1469. \*)

*Anfang*

---

\*) *Io. Daniel Schoepflinus* Alſat. illuſtr. T. II. p. 22. ( Colmar. 1761. fol. ) " Poſtremam Landgrauiatus noſtri epo-
  „ cham , quam *Auſtriacam* dico, feculo , XV. ad finem pro-
  „ perante , interrupit *Burgundica* quinque annorum. Ar-
  „ chiduces non femel neceſſitas vrferat , vt de fuo Alfatiae
  „ Landgrauiatu , duobusque Brisgoicis alienandis vel op-
  „ pignerandis cogitarent. Extat Charta An. 1455. data
  „ Rhinfeldae a) qua *Albertus* Prodigus terras illas nun-
  „ quam ſe alienaturum promiſit , fi certam illae pecuniae
  „ fummam , quae petebatur, perfoluerent. Delegati funt
  „ ab eis *Petrus de Moersperg* Praeſeftus Sundgouiae , *Io.*
  „ *de Munſterol* & *Henr. de Ramſtein* , vt pecuniam collige-
  „ rent, colleftam non in manus Archiducis, ſed in eius vfus
 • „ expenderent. At *Sigismundus* Archidux promiſſorum
  „ deceſſoris fui immemor Landgrauiatus hos *Carolo* Pu-
  „ gnaci Duci Burgundionum pro oftoginta mille flo-
  „ renis aureis, referuato reluendi iure vendidit. *Koenigs-*
  „ *houins* An. 1474. b) *Pontus Heuterus* 1467. c) *Golla-*
  „ *tius* 1469. d) id faftum eſſe referunt. Ad violenta haec
  „ confilia , quibus Fridericus IV. Imp. ſe non oppofuit ,
  „ *Sigismundum* induxerant & debita , quibus obrutus erat,
  „ cum pleraque Alfatiae dominia illuſtribus familiis op-
                                „ pigne-

a) „ In Tabulario Ciuitatis Thann.

b) „ *Chron. Alfat.* Cap. *V.* pag. *309.*

c) „ *Rer. Burgund. Lib. V. Cap. X.* vbi de fumma pecuniae
   „ cum *Koenigshouio* ceterisque conuenit.

d) „ *Memoires de la Rep. Sequanoiſſe Lib. X. Cap. XXXIX.*
   „ *Fuggerus* in *Spec. Auſtr. Lib. V. Cap. XIX. pag. 752.*
   „ *Tſchudius, Stumpfius, Vrſifius, Stettler , Rhanius, Wald-*
   „ *kirch,* aliique plures *Gollutio* confentiunt.

*Anfang der Burgundifchen Kriegen auch vom Landvogt*
HAGENBACH , *was mutwillens er getriben , vnd wie
der Hertzog von Burgund Inn dife Land kommen
vnd fich auch für nüfz gelegt Cap. VIII.*

Vfz difer verpfendung Ift zum theill endtfprungen der gru-
fam vnd bluttig Burgundifch Krieg der gefürt ward von denn

Eydt-

_____

,, pignerata iam eſſent , e) & infeſtus in Heluetios animus,
,, quem nobiles quidam huius orae incenderant, Mulhuſio
,, turbis occaſionem praebente.   Ex hac octoginta millium
,, aureorum ſumma decem millia Heluetiis an. 1469. ſoluta
,, ſunt Bernae. f)   Paulo poſt Alſatia ceteraeque ditiones
,, in Caroli Pugnacis verba adactae ſunt :  g )  cui lega-
,, tioni *Rudolphus Hochbergae* Marchio praeſuit.  *Petrus*
,, *Hagenbachius* ex nobili Sundgouiae familia ortus Bur-
,, gundicis his praefectus eſt terris, ſedemque ſtabiliuit Bri-
,, ſaci. h)   Carolus ipſe fine an. 1473. per Vileranam val-
,, lem cum quinque millibus equitum Alſatiam inuiſit , &
,, d. 3. Ian. an. ſeq. Enſishemio Veſontionem proſectus eſt.
,, *Hagenbachius*, qui a primis Praefecturae ſuae initiis ſu-
,, perbe & auare imperauerat , poſt hunc Ducis diſceſſum
,, au-

e) ,, *Goſſutius* id obſeruat. loco alleg. vbi ait : *Ferrette enga-
,, gée pour 7000 Florins d'or à Meſſire Chriſtophe de Rech-
,, berg : Lanſer pour 14000 Flor. d'or à M. Thuring de Hall-
,, wil : Altkirch par M. Henry de Ramſtein pour 11000 Flor.
,, d'or : Maiſonval ( Maſevaux ) par M. Lois de Maiſonval
,, pour 7000 Flor. d'or : Rotemberg engagée au Comte de
,, Sulz pour 2500 Marcs d'argent : Florimont tenue par
,, M. Marc de la Pierre pour 6032 Flor. d'or : les ſeigneu-
,, ries de Belfort, de le Roſemont & de Tſenheim par M.
,, Pierre de Morimont pour 30800 Flor. d'or & de 2000
,, Francs d'or &c.*

f) ,, Die 23 Iunii. In apocha ſcribitur : " *Illuſtriſſimus, Ex-
,, ,, cellentiſſimus, Potentiſſimus & Inuictiſſimus Princeps,
,, ,, & Dominus noſter metuentiſſimus Dominus Carolus &c. ,,
,, Gollut.* loco cit.

g) ,, Die 28 Iunii , vt & menſe ſequenti *Vrſtiſ. Chron. Baſil.*
,, Lib. VI. Cap. IV.

h) ,, *Vrſliſius loc. cit. Cap. V. Stumpfius Lib. XIII. Cap. XVI.*
,, ait , Carolum per vallem Monaſterienſem veniſſe, quod fal-
,, ſum.

Fydtgnoſſen ſampt Iren Bundtsgnoſſen vnd Hertzog *Caroli* vī̃
Burgund , von welliched die wyl vnd andere hiſtoryen wyt-
lüffig beſchryben ſind will ich hie in diſem Werck ein kurtze
verzeychnuſz ſetzen.

Dem-

,, auſus peiora , omnium animos ad vindiſtam prouocauit.
,, Alſatia cum vicinis ſuis *Sigismundi* requirebat imperium,
,, qui politicum, quem commiſerat, errorem intelligens,cum
,, Heluetiis , in quos Burgundum nuper concitauerat , ipſe
,, iam aduerſus eundem foedus decennale Conſtantiae per-
,, cuſſit. i)   Acceſſerunt ei Alſatae, Brisgouienſes , Baſil.
,, & Argent. Epiſcopi , aliique Rhenenſes. k)  *Hagenba-*
,, *chius* Briſaci a XXVII. Iudicibus damnatur capitis; ex
,, Landgrauiatu Alſatiae l) eiiciuntur Burgundi ; omnes
,, ditiones ante quinquennium venditae , ad Auſtriacos re-
,, deunt ; *Hermannus ab Eptingen* Eques , Sigismundi no-
,, mine , homagium vbique recipit , & *Hagenbachio* in Prae-
,, fectura ſuccedit.   Octogies mille aurei , Carolo reſtitu-
,, endi Baſileae m) deponuntur ; id quod ei duo denuntia-
,, runt Feciales , quos male excepit.   Annus ergo, quo Ca-
,, rolus Alſatiam inuiſit , initium fuit eius malorum,& occa-
,, ſionem dedit proeliis , ad Granſonium , ad Moratum , ad
,, Nanceium , commiſſio ; quo poſtremo Audax an. 1477. ab
,, Heluetiis caeſus, occubuit. ,,
    Idem *Schoepflin.* in Alſat. illuſtrat. T. II. p. 508. " *Sigis-*
,, *mundus* , ardens vindicta , non Alſatiae ac Brisgouiae mo-
,, do , ſed etiam Helueticas ditiones , Friderico Auſtriaco
,, nuper ereptas , quas Heluetii reddere nolebant *Carolo*
,, Audaci , Burgundiae Duci pro LXXX mille aureis flore-
,, nis an. 1469. oppignerauit. a) *Rudolfus* , Hachbergenſis
,, Marchio , Luxemburgi praefectus , a Carolo miſſus eſt ,
,, vt nouos ſubditos in fidem reciperet.   *Petrus Hagenba-*
,, *chius* ex antiqua Sundgouiae nobilitate ortus , prouin-
,, ciarum conſtitutus eſt Aduocatus feu Rector , qui ſedem
,, & praetorium ſuum fixit Briſaci , homo durus , & Hel-
                                                    ,, uetios

i) ,, Die 30 Martii 1474.
k) ,, *Stumpfius loc.cit. Stettler Annal. vom Nüchtland Lib. V.*
    ,, *pag. 212.*
l) ,, Die 9 Maii 1474. *Vrſtiſius* & *Stettler* loc. cit.
,, m) Pecuniam non Baſilea, ſed Veſontione, ſoluendam eſſe,
    ,, Carolus vrgebat *Vrſtiſ. loc. cit.*
a) ,, *Tſchud. Part. II. pag. 708.*

Demnach Hertzog *Sigmund* vermelte Pfandtfchafft Hertzog
*Caroli* ynfatzt , ordnet er von Stund an einen Landtvogt gen
Bryfach Inn die Statt der was ein Riter genempt herr *Peter von
Hugenbach* fchlechts harkommens der erhub fich aber vntrag-
lich gegen vnd vber denn Adell vnd dafz Landtvolck Iun

Oefter-

---

„ uetios omni modo lacefsens. Prouinciae itaque oppig-
„ neratae prioris fui Principis opem implorant. Venit *Si-*
„ *gismundus* Bafileam, vbi Electoris Palatini, Marchionis
„ Badenfis, Bafilienfis & Argentinenfis Antiftitum, Alfa-
„ tiae, Heluetiaeque ciuitatum legati ad eum aduolant, re-
„ demtionem terrarum oppigneratarum vno ore petentes.
„ Pretium reluitionis Argentinenfes & Bafiienfes fuppedi-
„ tant, quod Carolo recufanti oblatum, Bafileae depofitum
„ eft. Armati in Carolum Heluetii ab Imperatore Fride-
„ rico, militem aduerfus eum ducente, in auxilium vo-
„ cantur. Fidelem hi nauant operam Caefari, & non
„ modo Nouefium obfidione cinctum, liberare tentant, ve-
„ rum etiam Elicurtium, Burgundiae Comitatus oppidum,
„ aggrediuntur. Carolus cum Imperatore pacem foedus-
„ que init, nulla Heluetiorum facta mentione. Sigismundus
„ autem haereditarium cum eis foedus pangit, Alfatiae ci-
„ uitatibus & Lotharingiae Duce in illud affumptis. b)
„ *Hagenbachius* vi comprehenfus Brifaci an. 1474. capite
„ plectitur , terrasque oppigneratas omnes Sigismundus
„ paulatim recipit, minifterio *Hermanni ab Eptingen* vfus,
„ qui prouincialis iftarum terrarum Aduocatus enafit. c)
„ Burgundus ira furens Renatum Lotharingum Ducatu ex-
„ pellit. Inde in Heluetios, qui Nantuates, Caroli focios,
„ aggrefsi fuerant, mouet; at an. 1476. ad Granfonium
„ & Moratum bis victus, cumque Lotharingiam, a Renato
„ recuperatam, iterum innaderet, a concurrentibus Lotha-
„ ringis, Heluetiis & Alfatis ad Nanceium an. 1477. pro-
„ ftratus occubuit. d) „

b) „ *Leibnit. Cod. Diplom. Tom. II. Part. II. pag. 102.*

c) „ Infra in Aduocatis Auftriacis Alfatiae fup.

d) „ *Petri de Blarrorino Nanceis Lib. VI.*

Add. V. C. *Ioan. Rud. Ifelii* Iur. Prof. in acad. Bafil. celeberrimi *Differtatio hiftorica, gefta inter Sigismundum ar-
chiducem Auftriae , & Carolum pugnacem ducem Burgundiae breuiter exponens :* Bafil. 1737. 4. Mentio *Hagenbachii* fit in *analect. acad. Friburg.* p. 121. & 271.

Oefterrych vnd was meer ein Tyrann dann ein Regierer vnd
Troft fich fynes gwaltigen Fürften vnd Herren vnd verachtet
mengklich vnd gab yederman ftoltzen befcheyd, *) Ettwan fprach
er Ich bin Bapft Keyfer König vnd Bifchoff mau foll vnd mufz
thun was ich' gebütt, dann er trang auch den Adell vnd dafz

Land-

*) *Schoepflin.* Alfat. illuftrat. Tom. II. p. 598.  " *Carolus*
  „ *Audax* regendos atque cuftodiendos nouos ad vtramque
  „ Rheni ripam fubditos *Petro Hagenbachio*, ex antiqua no-
  „ bilique Alfatiae fuperioris gente, quae nuper demum ex-
  „ tincta , oriundo a) commifit ;  qui Principis fui nomine
  „ Ludouicum Zornium de feudo olim Auftriaco aduocatiae
  „ Ortenbergicae , feu vallis Vilerenfis d. 23. Nou. 1470. in-
  „ ueftiuit.   Iniquorum huius hominis facinorum pleni funt
  „ Alfatiae Annales.   Nuptias cum Comitiffa de Thengen
  „ an. 1474. celebraturus Epifcopos vicinos , Argentinen-
  „ fem & Bafilienfem, Abbates, Praepofitos, Comites, Ba-
  „ rones, Milites, Cluitates & villas vndique , vt munera
  „ fecum afferrent, non tam Inuitauit, quam impreffo metu
  „ adegit. b) Abbatia Murbacenfis , *Hagenbachii* vexationi-
  „ bus diu exagitata, formula quadam proteftationis fibi
  „ fuisque iuribus profpexit his verbis : *ftrenuus Dominus*
  „ Petrus de Hagenbach , *miles , ac Illuftriff. Principis &*
  „ *Dom. Karoli , Burgundiae Ducis , in Alfatia fuperiore*
  „ *moderno tempore Baliuus , nullo iure nifi potentia fre-*
  „ *tus &c.* Confpirantibus tandem Alfatis, Brisgouiis , Hel-
  „ uetiis , *Hagenbachius* ille Brifaci die Pafchatos an. 1474.
  „ captus, tormentis admotus, damnatus, militiae honori-
  „ bus exutus, & capite plexus eft. c)   Vicarium, vel fub-
  „ aduocatum habuerat militem Hermannum Waldnerum.
  „ d )

                                                   Idem

a) „ Fallitur *Trithemius* Chron. Hirfaug. ad an. 1476. pag.
   „ 491. *Petrum Hagenbachium* ex ruftico nobilem , ex no-
   „ bili Equitem auratum factum effe fcribens.
b) „ *Knebel.* Chron. Mf. Tom. I. fol. 13. teftis coaetaneus.
c) „ *Vrftif. Chron. Bafil. pag. 438. Knebelius loc. cit. Comi-*
   „ *nes Memoires Lib. IV. Cap. II. & Lib. I. Cap. I.* errat ,
   „ vbi Hagenbachium, quem *Pierre d'Archambault* Gouver-
   „ neur du pais de Ferrette pour le Duc de Bourgogne vo-
   „ cat , Bafileae neci datum refert.
d ) „ Dicebatur Statthalter im Obern Elfafs : *Knebelius* eum
   „ Locumtenentem Baliui, nec non Vicebaliuum nominat.

Landvolck von Iren Fryheiten vnd Gerechtigkeiten dafz der
Adell defz halb Inen felbs vnd vber fich felbs ein Rutten vnd
Stäcken gemacht hattend mit dem dafz fy denn frommen Fürften vfz Nyd vnd Hafz wider die Eydtgnoffen hinder dife verpfendung gebracht habend.

Difer zyt begabend fich auch zeycheun am Himmel vnd vff
Erden die alls vill alls vorbotten künfftiger Trübfallen, dann Im
Iar Chrifti 1470 fiell ein mercklicher hagel Inn Ittalia vnd Inn
difem Iar 1471 wurdend wunder geburtten zu Präfz vnd Paffy
gebo-

---

Idem *Schoepflin.* Alfat. illuftrat. T. II. p. 646. " *Ha-*
,, *genbach*: gens haec a feculi XV. initio in duos ramos
,, diuifa erat, quorum prior, Proteftantium facris addi-
,, ftus, cum Ioan. Leopoldo an. 1705. pofterior, auitae
,, religionis tenax, nuper demum excifus. Hic auctorem
,, habuit Henricum, Stephani patrem, qui ftemma con-
,, tinuauit, patrem quoque *Petri* illius *Hagenbachii*, qui
,, ftirpi fuae maximam celebritatem conciliauit. Ioan. Chri-
,, ftophorus an. 1584. aduocatus prouincialis erat Archi-
,, ducum in Caftelberg, Schwartzenberg, & Kürnberg.
Addi poffunt obferuationes & notae, quae in *Aegid.*
*Tfchudii* Chron. Heluet. a *Ioan. Rud. Ifelio* Bafil. 1736. edit.
Tom. II. p. 708. leguntur: " Von deffen (Hagenbach)
,, fchändlichen Thaten und der darauf erfolgten verdienten
,, Straf wird in künftigen Iahren ein mehreres zu melden
,, feyn; von deffen Herkommen wird vnterfchiedlich ge-
,, halten, einige melden, er fey von fehr geringer Ankunfft
,, vnd aus einem Dorf in dem Suntgöw *Hagenbuch* genant,
,, gebürtig gewefen, vnd habe wegen begangener Miffethat
,, fchon in feiner Iugend feinem Vatterland den Rucken
,, kehren müffen, daruf er fich an den Burgundifchen Hof
,, begeben, alwo er fich durch Verrathen vnd Angeben
,, derjenigen, mit welchen er felbs den Hertzogen vm das
,, Leben bringen wollen, in des Hertzogen Gunft gefchwun-
,, gen, dafs er darüber zu Ritter, vnd hernach zu einem
,, Landtvogt gemacht worden. *Rhan.*
,, Andere hingegen halten dafür, es feyen die *von Hagen-*
,, *bach* wie auch die *von Mörfperg* von dem Burgundifchen
,, Grafen de la Roche herkommen, weilen, wie die Gra-
,, fen in einem gelben Feld ein blaues Creutz, alfo die von
,, Hagenbach vnd Mörfperg im weiffen Feld ein rothes
,, Creutz führen. ,, *Ex Mfc.*

geboren, vnd Im voigendeu 1472 Iar ftuudend zwen grulam
Cometen eiu andereu nach an dem himmel alles vorbotten groffer Trubfallen.

Im vorgenden 1471 befchreyb Keyfer *Fridericb III.* einen
Rychstag gen Regenfpurg daruff lud er die Eydtgnoffeu, by
verlierung Irer Regallien, die fantend Inn Aller Namen von
Zurich Herr Herr *Heinrich Göldli* vnd von Bern Herr *Niclaus
von Scharnachthall*, die begärttend von dem Keyfer die Regallia die wyll fy Im aber nit woltend zufagen denn zu zug wider
den Türgken wolt er Ineu die Regallia auch nit beftätten.

Aber der Burgundifch Laudtvogt *Hagenbach* endthielt deun
Eydtgnoffen zu trotz vnd Leyd, Ire fygend vnd innfonders
Herr *Bilgeri von Hüüwdorff*, vnd Herren *Bernharten von Eptingen* vnd Im 1473 Iar Sonntag nach Mitfaften fürend der Eydtgnoffen von Zürich Bernn Lucern Schwytz Koufflyth Inn einem
Schiff vff Franckfurt Inn die mäfz vud wurdend aber zwüfchend
Rynouw vnd Bryfach von der Eydtgnoffeu fügend vnd einem
von Geroltzegg nidergelegt, gefangen vnd Irer Barfchafft ob
2000 fl. geplündereet, vnd geu Schutteren gefürt vnd vmb
10000 fl. gerantzoniert, vnd fo bald die Statt Strafsburg füm-
liche Röübery vernam wafz fy vff mit Ir Panner allein vfz liebe der Grächtigkeit vnd vfz. hafz der vnadelichen thatt dann
fy noch mit denn Eydtgnoffen nit verbunden warind vnd zugend für Schutteren vnd gwuunends vnd namend die gfangnen
Koufflyth vnd fürtindtz mit Iuen heym gen Strafzburg mit groffer Eer Embiettung vnd liefend fy vnentgulten widerum heym-
ziechen vnd dafz alfo vfz dem Rantzion Gält nüt ward.

Inn difem 1473. Iar was ein gar vberufz heyffer vnd vber-
fchwencklicher Sommer dafz die möffer vfztrochnetend vnd ettliche Wäld von hitz angiengend vnd geriedtend dennocht alle
Früicht woll vnd ward Iren gnug vnd wie fich die Löüff an-
fchicktend dafz man fich wenig Ruwen verfach verbundend fich
die 4 Waldftett Lucern Vry Schwytz Vnderwalden mit dem
Land Wallifz Inn ein ewig Burgrächt vnd Landträcht.

Alls

Alls auch Bafell bericht ward wie der Hertzog von Burgund
Inn groffer Rüftung was Inn dafz Elfafz zu komen fyn Pfand-
fchafft zu befichtigen wurbend fy auch vmb ein vereinigung
mit denn Eydtgnoffen defz Innhalts wann ein Statt Bafell nott
angieng föllend die Eydtgnoffen Inen 800 man zu einem zu-
fatz fchicken deren Iedem föllend die Bafsler dry Plaphart täglich fold gäben wann aber die Statt gar belägeret wurde föllend die Eydtsgnoffen mit allen Iren Panneren vnd macht vff
fyn vnd fy Endtfchütten.

Inn difem 1473 Iar hielt Keyfer *Friderich* ein groffen Rychstag zu Trier dahin kam Hertzog *Caroli* mit vnfaglichem Pracht
der hoffnung der Keyfer wurde Inn bekrönen zu einem König
Inn Burgund machen, wie dann vormals auch König da gefynn
fygend Es ward aber nüt darufz dann der Keyffer hatt keinen
Willen darzu.

Vnd Inn dem volgenden 1474 Iar kam Hertzog *Caroli* mit
3000 Pferden durch dafz Lothringifch gepirg Inn dafz Elfafz
vnd für gen Bryfach vnd an andere Ortt fyner Pfandtfchafft vnd
erzeigt vnfaglichen groffen Hochmut vnd Pracht vnd *Hagenbach*
fyn Landtvogt was Inn groffer Achtung by Im wem er woll
wolt der mocht für den fürften komen vnd Ettwas fchaffen an
wellichem er aber vbell war der hat ein vnguedigen Fürften.

Der Eydtgnoffen botten wurdend auch für den fürften gefant,
die liefz er lang vor Im knüwen dafz fy hernach vnwillig wurdind vnd lag *Hagenbach* dem Fürften für vnd für Inn Ohren
zu letft aber alls er Inen Audientz gab zeigtend fy an die Vereinigung fo ein Eydtgnoffenfchafft mit dem Hufz Burgund habe
vnd begärend dafz man denen von Müllhufen fründtlich were
vnd nachpurlich handlen dann die fynen Inen vill Leydts bewi-
fend, vnd wie auch von denfelben denn Eydtgnoffen die Iren
fygend nider geworffe vff denn Straffen vnd beroubet vnd getüdt
worden vnd ftoffe der Landtvogt *Hagenbach* vill muttwillens vfz
vnd halte fy gar vnfründtlich dorumb Ir begären mit Im zu
handlen dafz man fömlichs Laftes abkomme.

O o

Der

Der Fürſt aber erzeigt ſich frömbd vnd vnfründtlich gegen
den Eydtgnoſſen vnd gab Inen kein beſcheyd , woll ward Inen
anzeigt ſy muſztind nach ettwas Arbeit anlegen vnd Im nach
rytten vnd Inn vm endtlich Antwurt anrüſſen vnd wie die botten nachmallen verzugend brach der Fürſt vff vnd ſur dahin
widerumb Inn Burgund vnd lieſz der Eydtgnoſſen botten nachin
lugen ; doch verlieſz er hiner Im ein Reyſſigen züg in der Graffſchafft Pfirt zum ſchräcken dem volck vnd zu einem Ruggen
dem Landtvogt *Hagenbach.* Er aber der Hertzog rüſt ſich mit
groſſer macht ſur Nüſz zu ziechen Iſt ein ſchönne Statt am Ryn
4 myll vnder Cöln gelägen zugehörig dem Biſtumb Cöln , *Ca-*
*rolus* aber gab ſich vſz für den rechten Eerbvogt deſz Biſtumbs
Cöln vnd alls Inn der Hertzog vſz Peyeren *Ruprecht* der zyt
Biſchoff zü Cöln ſampt dem Stifft vnd Capitel zu Cöln nit dar-
für erkhenen wollt zog er mit groſſer macht ſür die Statt Nüſz
Inn diſem 1474 Iar vff Maria Magdalene denn 23 Iulii vnd belägeret ſy ſeer hart vill vnd lang biſz Inn daſz 1475 Iar mit
heſſtigem Schieſſen vnd Anlauffen damit er doch wenig vſz-
richtet dann Inn der Statt gar Redlich vnd dapfer Lüth warind
von Cülen vnd anderſchwo har die ſich gar Ritterlich hieltend
deren Hauptman was Landtgraff *Herrman von Heſſen* der hernach Biſchoff zu Cöln ward vnd diſe belägerung wäret vff die
11 monat biſz an Anfang Iulii deſz 1475 Iars wie dann hernach volgen wirdt.

*Von allerly Plindtnuſzen ſo die Eydtgnoſſen mit Franck-*
*rych vnd anderen Herren vnd Stetten machtend vnd mit*
*Hertzog* SIGMVNDEN *vereiniget wurdend vnd* HAGEN-
BACH *endthouptet ward vnd daſz verpfändt Land wi-*
*derumb an Iren Fürſten von Oeſterrych kam.*
*Capitel VIIII.*

Demnach der Hertzog *Caroly* den König von Franckrych vill
vnd lang bekrieget vnd faſt zu hin vnder gethan hat vnd groſ-
en vbermutt Treyb vnd König *Ludwig* von Franckrych ſelbs zu

Baſell

Bafell An der Birfz die Redlich vnd Dapferkeit An den Eydtgnofsen gefpürt hatt, vnd auch nit wuſsen mocht was Hertzog
*Carolus* Im Sin fo Im fyn Kriegen wider Cölln gerathen föllte
Nachmallen mit Franckrych fúrnemen wurde Endtfchlofz er fich
ein Pündtnufz vnd Vereinigung mit denn Eydtgnofsen ze machen, vnd das was die Erft vereinigung zwüfchend der Kron
Franckrych vnd den Eydtgnofsen, vnd vffgericht Im Iar Chrifti 1474. vnd demnach der Eydtgnofsen verderben gfyn wie
Es dann augenfchynlich am Tag ligt der Inhalt vnd Summa
difer Vereinigung was dife.

Demnach vnd der König die Eydtgnofsen manet föllend fy
Im 6000. man fchicken, deren Iedem fole er ein Monat fold
geben 5. fl. vnd foll der fold angan an dem Tag, wann der
man von hufz zücht vnd wären bifz widerumb Inn dafz hufz
vnd wann Im anderen dritten oder vierdten Monat nun ein
tag gedienet, fo foll der fold vollkommenlich bezallt werden
vnd foll endtweder ein theill die fynen wider ziechen lafsen
König *Ludwig* gab auch denn Eydtgnofsen diennft Gält fyn
Lebenlang Ierlich fwentzig thufend Francken, vnd das was die
Erft Pennfion. Es fieng auch der König an nachtrachtung haben, wie Er die Eydtgnofsen mit dem Hertzogen von Oefterrych vereinigen möchte, wie dann hernach volgen wirt.

Aber die Reyfsigen Pferd die der Hertzog hinder Im Inn
der Graffſchafft Pfirdt gelafsen, die warend dem Land be-
fchwerlich, zu dem was Hagenbach ein vnlydenlicher Tyran
nit nur der verpfändten Landtfchafft fonder allen Nachpuren
vnd Anftöfseren Die hiftoryen zügend villfaltig was grofsen
muthwillens vnd grufamme thatten er begangen habe an dem
armen Volck zu Bryfach, vill warff er Inn die Thürn vnd fol-
teret fy dafz fy ftürbend, zu Tann liefz er Ettliche Burger
muttwillig mit dem Schwert Richten, vnd Inn die Rynftett
vnderftund er zufetz zu legen vnd fand auch Alles fynes
muttwillens beftand by dem Fürften, der fprach, man müfzte
denn Tütfchen alfo thun vnd fy Inn gutter Meyfterfchafft be-

halten. Inn Summa der von *Hagenbach* Treyb defz Tyrani-
fchen Muttwillens So vill dafz Es der Adell die Stett vnd
Landtfchafft nit meer erlyden mocht vnd fchicktend an Hertzog
*Sigmunden* Iren Alten Fürften mit höchfter begür vnd Pitt, dafz
er fy von dem Tyrauen Erledigen vnd mit dem pfandfchilling
Erlöfen wellte, darzu werind fy bereit zu Stüwren vnd Alles
dafz zethun dafz Inen dann müglich.

Der Fürft fach dafz er durch Widermut verfuhrt vnd ein
fach angefangen vfz vnwillen gegen den Eydtgnofsen vnd dafz
Inn der Adell In ein gfaar gebracht hat vfz deren er dann
fchwarlich widerumb gelediget vnd vfzgefürt werden vnd thett
doch Souill zu den fachen, dafz er zufamen· bracht die 80000. fl.
vnd die hinder die Statt Bafell Leyt nach Luth der Brieffen,
vnd damit dem Burgunder die Pfandtfchafft abkündt, die wolt
aber der Burgunder nit nun nit Annemmen, fonder liefz fich
auch mercken, dafz Land welle er vnderftan zu behalten vnd
zu gedencken, wie er Hertzogen *Sigmunden* den Kopff zwüfchend die Bein legen, defz ward der Hertzog Ie lenger Ie
meer bekümberet dann der Burgunder war Im zu ftarck, fo
warend die Eydtgnofsen nit woll an Im vnd mufzt auch die
felben entfitzen fyn Volck aber was dem Allem zu fchwach.

Inn difen fachen fügt Gott, dafz König *Ludwig* In Franckrych Nachtrachtung hatt, wie er möchte Oefterrych vnd die
Eydtgnofsen mit ein anderen vertragen. Es hatt aber der König ein feer verftendigen vnd Im lieben man den Gubernator
defz Biftumbs Granoble der was funft von Lucern vfz der Eydt-
gnofchaft Pürtig Herr *loft von Sillingen* genempt auch der zyt
Propft defz Stiffts Münfter Im Ergöuw, vnd ward hernach Bifchoff In Wallifz zu Sitten, vnd difer was auch woll bekannth
Hertzog *Sigmunden* vnd den Eydtgnofsen, denn fchickt der König herufz mit befelch zwüfchend dem Hertzogen vnd den
Eydtgnofsen zu handlen Inn einer vereinigung vnd fömlichs
Richt er vfz thrüwlich vnd geflifsen mit grofser müy vnd Arbeit, dann die fach Stiefs fich ein wyl hefftig ftutzt vnd fatzt

dafz

dafz der Hertzog vngern die Land die Im von den Eydtgnoffen yngenommen welliche fy forderetend vnd dafz er fich aller Endtziechen mufst von handen liefe vnd doch Inn forgen
ftund dafz er gedachte Land Nit nun So lang nit vberkommen
Sonder meer darzu verlieren, vnd wurdind Alfo zwoo Tag-
leyftung zu Coftantz vergäblich gehalten.

Es legt fich auch yn der vnglückhafftig *Hagenbach* vfz befelch fynes Fürften die Vereinigung zu verhinderen vnd vnder
anderem fach er einen der botten von Lucern, der was ein
*Hafzfurt* vom Gefchlecht, der hanck vmb Ettwas an einem
Schenckel, den Trotzet *Hagenbach* vnd fprach *Ich fich woll
dafz die Eydtgnofsen nit Souill Lüth habend dann dafz fy Lü-
merig vnd Krüppel zu Tagen fchickend müfzend* dem Antwurt-
tet der von Lucern, *denck myn darby dafz ich nach dir vnd
dinem Herren grad gnug mit Gottes Hilff will fin.* Endtlich
aber gab Gott gnad dafz Inn by fyn Eygner Perfonn defs Fürften von Oefterrych ein Eerbeinigung zwüfchend dem hufz Oefterrych vnd der Eydtgnofchafft ward vfgericht zu Coftantz Inn
der Palmwuchen difzes 1474. Iarfz.

Dife Eerbeinigung ward verfafst Inn ein gefchrifft mit villen Artickien vnd verbrieffet die Coppy defz houptbrieffs Ift
gefchrieben Inn myner Eydtgnofzifchen Cronicka Vnd herren
*Niclaufzen von Diefzbach* von Bernn Riter geben Inn Franckrych dem König zu befiglen zu bringen, vnd dafz der König
gethan den 31. Iuly 1474. vnd Im September vff Marien tag
1474. kam der *von Diefzbach* vfz Franckrych wider vnd mit
Im ein herrliche Bottfchafft vom König gefannt zu ftund aber
ward gen Zürich ein tag befchriben dahin defz Fürften von
Oefterrych vnd aller Eydtgnofsen botten kamend vor Allen denen ward zeyget defz Königs Sigell vnd die Eerbeinigung vor-
geläfen, vnd ward auch daruff von der Eydtgnofsen botten vnd
des Fürften von Oefterrych auch befiglet mit grofzen fröuden
vnd Lob vnd Danckfagung Gottes vnd dem König von Franckrych wellicher die Eerbeinigung zu wägen gebracht hatt vnd

was zwaren ein faſt groſſe ſach dafz die blutigen vnd faſt ſchwe-
ren Krieg abgeſtellt vnd ein ſort ein beſtändiger Friden zwiſchend
Oeſterrych vnd denn Eydtguoſſen gemacht, vnd dafz auch ſouil
Land vnd Lüth mit bewilligung vnd vbergäbung auch defz Fürſten ſelbs vnd ſynes Adels vud der Rethen ſelbs den Eydtgnoſſen zugethan wurdind diſe Eerbeinigung Iſt hernach vom König *Maximilian* vud Keyſer *Caroli* dem 5. vnd *Philippo* Ernü-
wert.

Vnd ſo bald aber diſe Eerbeinigung beſchloſſen was fur
Hertzog *Sigmund* mit 40 Pferden ſynes Adels vnd hatt auch
by Im den Margrauen von Baden gen Zürich vnd ward da gar
Eerlich Empfangen vnd Inn den Eynſidler hoff zu herberig gelegt
da dannen fur er gen Einſidlen vnd ward auch gar Eerlich
von denen von Schwytz vnd Waldlüthen empfangen Dafz Oeſterlich fäſt bleyb er zu denn Eynſidlen Am Oſtermontag fur er
widerumb vff Zürich zu vnd ward da vff dem See mit vill ge-
rüſten Schiffen gar herrlich Empfangen vnd am zinſtag Letzt er
ſich gar Eerlich vnd fnr von Zürich vff Winterthur den beley-
tend die Reth von Zürich vnd ſchancktend Im alle zeerung die
Im von ſynetwägen vnd ſynes Volcks daruff gangen vnd ward
alſo vill Lieblicher fröuden gebrucht Woll wurdend auch Lüth
funden die an difer Eerbeinigung Leyd vnd widerwillen hattind durch die gantz Eydtgnoſchafft aber ſy warind auch nit wi-
tziger.

Vnd wie ſich nun zu ſamen verbunden hattind Franckrych
Oeſterrych vnd die Eydtgnoſchafft wurbend auch difes Iars
Ernſtlich vnd vill Inn diſe Pündtnufz zu kommen Allfz Hertzog *Reynhart* von *Lothringen* der Biſchoff vnd Statt Strafzburg
der Biſchoff vnd Statt Baſell die Stätt Kolmar Schlettſtatt Mümp-
pelgart vnd andere meer.

Vnd ſo bald aber *Hagenbach* vernam wie die Eerbeinigung
zu Coſtantz beſchloſſenn was ward er faſt vnrüwig Trachtet auch
wie er die Burger vfz Bryſach brechte vnd er mit ſynen Sol-
daten die Statt allein In häbe, dann er ſy verhofft bifz vff Endt-
schüttung

ſchüttung ſyns fürſten woll zu behalten vnd vff den Karſrytag
lieſz er mit trumen vnd Pfyffen hinuſz vff denn Graben ſür die
Statt zugan ein Bollwerck zu machen gebietten, Es wolt aber
den Burgeren nüt gutts vor ſyn vnd wolltend nit vſz der Statt
da er willens gſyn wenn ſy ſur die Statt kommen ſy darnor zu
beſchlieſſen.

Es was aber ein Burger Inn der Statt zu Bryſach *Fride-*
*rich Vögeli* ein Redlicher Burger , der hat mit villen Burgeren
ein heymlichen Verſtand gemacht Im beholffen zu ſynn wider
den Tyrannen vnd wie der Tyran verbotten hatt Daſz kein Burger vff daſz Oeſterlich fäſt, kein gweer tragen ſöllte vnd ſömlich-
lich ſyn gebott *Friderich Vögelins* Bruder vber ſächen hatt fieng
er Inn , vnd wolt Im die Augen vſz ſtächen laſſen dorumb *Fri-*
*derich* ſur den Tyranen kam mit nach volg viller Burgeren vnd
batt ſur ſynen bruder , da er aber nüt dann büſſe wort von dem
Tyranen hören muſst fieli er Inn an, vnd nam Inn dem Fürſten von Oeſterrych geſangen die Burger ſo Im nach volgetend
redtind mit denn Trabanten ſy ſölltind vff Inen ſelbs ſtan ſo lieb
Inen Ir Lyb vnd Läben were vnd ſöllind ſy auch ſampt denn
Weltſchen ſrömbden zur Statt vſz mit ſamt Ir Hab vnd Gutt
ziechen , oder aber erwartten was man mit Inen fürnemmen
wurde, deſz Erſchrackend ſy vbell vnd zugend darnon, denn
*Hagenbach* aber legtend ſy geſangen vff den Thurn ob dem Thor
vnd Embuttend dem Furſten auch der Statt Baſell daſz ſy den
Vogell In dem Schlag hettind.

Die Statt Baſell ſchickt yllentz einen botten gen Bryſach
vnd lieſz den *Hagenbach* Im Thurn zu Recht verbietten Bald
ordnet Hertzog *Sigmund* einen Reyſſigen Zug gen Baſell zu denen kamend 200 vſzerläſzner Eydtgnoſſen vnder dem ſendli
der Statt Zürich In nammen Aller Eydtgnoſſen mit diſenn nam
er all ſyn verpfändt Land widerumb yn vnd ſchwur Im ſyn
volck mit groſſen ſröuden vnd Gottloben.

Demnach vff deſz heiligen Crütztag Im meyen ſatzt Hertzog *Sigmund* dem *Hagenbach* ein Rächtstag gen Bryſach vnd

lieſz

liefz Allenthalben verkhünden wer an Inn zu klagen hette der
möchte vff bemälten tag zu Bryfach erfchynen, er befatzt auch
dafz Gericht mit verftändigen Lüthen vom Adell vnd von Stetten
vnd der Landtfchafft vnd kam dahin ein groffe wällt von Allerley Lüthen man vnd wyb lung vnd Allt dafz man fy fchatzt
vff 8000 Perfonen zu fächen wie fich die fachen Enden welle,
Wie er aber vff dem Thurn gefangen lag, vnd hören mocht dafz
ynrytten fraget er ftätts denn Thurnhüter, wer da yngeritten
were, darumb wie der 8 Ortten botten der Eydtgnoffen ynrit-
tend fragt er aber *wer find deren fouill* Sprach der Thurnhütter
*Ich kenn fy nit find aber alt groffe vnd ftarcke lüth find grauw
vnd fchlecht bekleydet vnd Ryttend vff befchornen münchen* da
fchrey *Hagenbach* Luth : *O dafz find der Eydtgnoffen botten nun
helff mir Gott Ich mufz fterben wann fy gar vill wider mich hand.*

Alls er aber am Landttag fur Recht geftellt ward befchachend
vill vnd fcharpffe Klagen vff Inn daruff er antworttet vnd fich
wardt bifz Inn die nacht Endtlich aber vff dem Rechtfatz ward
er zum Schwertt verurtheillt, vnd warind vill Nachrichter zu-
gegen die Alle Ir Kunft gern erzeigt hettind ob dem Tyraunen
vnd Aller wält verhafsten man Er ward aber dem Nachrichter
von Kolmar befolchen der fürt Inn by dem Schaub vfz fo lang
hatt fich die fach verzogen vnd verfpettet, vnd Richtet Inn vff
der gwonlichen Richtftatt Frütig Im vfzfuren beklagt er fich
heftig dafz er beforge der Fürft werde fynen todt Rechen mit
vill blutvergieffeu Vnd ftarb funft mannlich.

Nach difenn dingen wurdind die 200 Eydtgnoffen vom Fürften woll befoltet vnd Eerlich vnd vaft woll gehalten vnd mit
groffer danckfagung widerumb heym gefchickt vnd was mäng-
klich froo dafz man defz vnrüwigen vnd blutdurftigen Tyraunen
was abkomme dorumb man dann Gott lobt vnd danck fagt. *)

II.

---

*) Conf. *Dieb. Schilling* Befchreib. der Burgund. Krieg. p.
75—123. (Bern. 1743. f.) Add. *I. R. Sinner.* in Cat. Codd.
Mfs. Bibl. Bern. T. II. p. 95. (Bern. 1770. 8.)

## II.

IAC. WIMPHELINGII carmina de Anna Britanni-
ca per Carolum VIII. Francorum regem rapta. *)

Carmen fapphicum, trochaicum, pentametrum,
hendecafyllabum a IAC. WIMPFELINGO de Schletzftat editum. a)

> Regis ex raptu tetrico procacis,
> > Qui dolo fedat thalamos pudicos,
> > Que prius gratos dederant odores,
> > > Lilia marcent.
>
> Filiam nuper aquile potentis
> > Gallus elegit, rapuit, amauit;
> > Compotem regni cupiens futuram,
> > > Lilia marcent.
>
> Corde nutanti pofuit pudorem,
> > Immemor iufti, fugiens honeftum,
> > Negligit fame titulos vetufte.
> > > Lilia marcent.
>
> Integro luftro placuit puella,
> > Et fimul vita fruitur fuaui,
> > Sperat & tedas fibi preferendas,
> > > Lilia marcent.
>
> Vt decet, fponfam fouet, ofculatur,
> > Affidet, ftringit niueis lacertis,

O o 5                                    Dat

---

*) Scriptum eft vnius plagulae, fed ipfius *Wimphelingii*, vt
videtur, autographum, quo carmina ifthaec exarata fiftun-
tur: quae tamen cum editis in *Linturii* append. ad fafcicul. temp. ap. *Piftor.* fcript. rer. Germ. T. II. p. 587. feqq.
( *Fafcicul. II. p. 179.* ) maximam partem confentiunt, praeter paucas quasdam, easque leuioris plerumque momenti, lectionum varietates, atque mutatam interdum carminum iftorum feriem.

a) Carmen fapphicum *Iacobi Wimphelingi* Sletftadenfis ad *Robertum Gagninum*, Francorum regis Oratorem.

*Dat manus, ridet, recreatque meftam.*
       *Lilia marcent.*

*Coniugis totum ftudet exhibere*
   *Munus, at fruftra.  Silicem quis optet*
   *Vt niuem aut ceram fluidam refolui?*
       *Lilia marcent.*

*Mox amor Galli bonus & pudicus*
   *Carneo victus, vicioque virtus*
   *Villa, languefcunt, cecidere, lugent.*
       *Lilia marcent.*

*Sponfa, que cordi fuit, & placebat,*
   *Difplicet: coniunx foceri placet nunc.*
   *Magne cur princeps adeo vacillas?*
       *Lilia marcent.*

*Dic mihi caufam fubite repulfe:*
   *Cur tuam fpernens aliena praefers? b)*
   *Sic volo, dices: fatis eft poteffe.*
       *Lilia marcent.*

*Dic: vbi regis decor, aut honeftas?*
   *Dic: vbi verum c), pudor, & cor altum?*
   *Dic: vbi virtus, animusque conftans? .*
       *Lilia marcent.*

**Refponfio ROBERTI GAGVINI oratoris regis Franciae
ad magiftrum IACOBVM de Schletzftat. d)**

*Lilia frondefcunt, femperque virore recenti*
   *Ethera per fummum candidiora volant.*
*Illa nec infurgens aquilo, non Eurus aduret, e)*
   *Fortis f) erit Zephyrus, aura benigna, Deus.*

                                    *Quin*

---

b) Cur tuam fpernis, alienam amafti?
c) Verus.
d) *Roberti Gaguini* Franc. Regis oratoris Elegiacum ad *Iacobum Wimphelingum* Sletftadenfem.
e) Nec chorus adurent.
f) Fomes.

*Quin etiam cuftos opulenti liliger agri* g)
  Carolus, *humorem gnauiter indit agris.*

*Curat & amplexu magno pretendere fepem,*
  *Hoftibus vt pugnax fit cohibenda manus.*

*Vnde ergo femper* h) *marcentia lilia clamas ?*
  *Eft quibus adiuta plurima fibra fua ?*

*Nunquid odoratum fentis nafute poeta,*
  *Quod fuaue infpirat pampinus hec* i) *redolens?*

*Difce prius mentem, quam fers* k) *peccaffe, coloni:*
  *Et lance appendas, quod pia caufa gerat.* l)

*Non erit hic raptor, nec certe fedus adulter,*
  *Nec temere quenquam difpudiaffe feras.* m)

## Replicat magifter IACOBVS de Schletzftat, n)

*Cunfta, quibus Caroli volitantia crimina purgas,*
  *Vifa fuere ftatim fabula fifta mihi.*

*Quid vero multis nitar contendere verbis,*
  *Et vacuare tuos, docte Roberte, locos?*

*In lucem verum fucceffu temporis ibit,*
  *In lucemque etas abdita quequo feret.*

*Cunfta,* o) *fub arcanis que iam funt tefta latebris,*
  *Mox aderunt claro lucidiora die.*

*Lilia, quam placidum dederint, quis nefcit, odorem?*
  *Que pridem* p) *ducibus figna fuere piis.*

*Si* q) *nunc, vt quondam, floreret priftina virtus:*
  *Nec marcere quidem lilia, mufa canat.*

Si

---

g) Orti.
h) Igitur fieri.
i) Hic.
k) Quem.
l) Gerit.
m) Feres.
n) Carmen Elegiaco & Sapphico mixtum *Iacobi Wimphelingi,* Sletftatenfis, refpondens carmini Elegiaco *Roberti Gaguini.*
o) Multa.
p) Quondam.    q) En.

*Si nunc, ut quondan, regum pia geſta vigerent:*
　　*Lilia tuta aliis ſepibus usque forent.*
*Si rex maiorum veſligia carperet, enſe*
　　*Tutus ab hoſtili liliger* r) *ortus erit.* s)
*At quum* t) *virtuti ſucceſſit amara libido:*
　　*Putrent, & marcent lilia, odora prius.* u)

τελος.

## Aliud carmen ad idem ſapphicum. a)

*Francie regnum ſcio prepotentum* b)
　　*Principum, cleri, populi caterua,*
　　*Et ſuperbarum grege ciuitatum*
　　　　*Eſſe coruſcum.*

*At nouo regis* Caroli *reatu,*
　　*Sceptra qui leſit temere Quirini,*
　　*Que dabant quondam placidos odores;*
　　　　*Lilia marcent.*

*Candor eſt floris* c) *nebula repulſus,*
　　*Ac odor nares vitioſus angit,*

Que

---

r) Lilifer.
s) Erat.　　t) Quia.
u) Add.
　　*Lilia non metuis marcere aut poſſe refelli,*
　　　　*Quod Rex hæmorem gnauiter indit agris?*
　　*Falleris. Autumno modo lapſo, te precor, audi*
　　　　*Agricolae quantum ſuſtinuere malum?*
　　*Viſi equidem cunǎos ſunt exercere labores,*
　　　　*Quantos toto anno vinea ſaepe petit.*
　　*Quippe fimo pingui curant adoleſcere vites,*
　　　　*Et faciunt operas tempore quasque ſuo:*
　　*Attamen heu grandes venti gelidaeque pruinae*
　　　　*Bacchiferos miſere depopulantur agros.*
　　*Spe fruſtratus ager ſucco reſpondet amaro,*
　　　　*Proque vua dulci ſola labruſca manet.*
　　*His animaduerſis, frater* Roberte *memento,*
　　　　*In rebus dubias omnibus eſſe vices.*
a) Aliud Carmen.
b) Praepotenti.　　c) Florum.

*Que decus narras habitura femper,*
     *Lilia fquallent.*

*De potentatu tibi gloriaris,*
   *Septa quod Gallos fpaciofa cingant,*
   *Sub manu iufta Domini potentis* d)
      *Omnia putrent.* e)

*Cum due forfan fe* f) *aquile lacesfant,* g)
   *Alteri gryphus cupiat* h) *nocere,*
   *Mutuo belli pofito furore,*
      *Vincitur hoftis.*

*Teutonum neruos, animosque fortes,*
   *Martis expertes* i) *paris,* k) *imbecilles* l)
   *Credis? An fpondet* Carolo *triumphum*
      *Noftra fimultas?*

*An negas vires aquile potentis,*
   *Candidos flores violare posfe?*
   *Terreat nuper reparans puella*
      *Lilia regni.*

       τέλος.

## Carmina missa ex Vrbe. a)

*Regine volucrum thalamos inuaferat ales*
   *Criftata, & turpi infecit adulterio.*
*Regine volucrum natam prius abftulit ille* b),
   *Et zonam foluit pesfima virgineam:*
*Nunc rurfum indulle concedit nata nouerce,*
   *Stragula fallacis prodigiofa viri.*

          *Hec*

---

d) Tonantis.
e) Pendent.
f) *Deeft.*
g) Repugnant.
h) Gryphes cupiant.
i) Expertos. k) Pater. l) Imbecilles.

a) De raptu *Caroli,* Gallorum Regis Chronica ex vrba missa.
b) Illam.

*Hec papa: hoc ipfi, totum qui vertitis orbem*
   *Cardinei fertis crimina tanta viri?*
*Ferte licet, liceat Gallo mifcere Hymeneos:*
   *Mox iter hoc paffer difcet inire falax.*

τελος.

## Alia carmina ad idem. c)

*Iure tuo violas alienum, Carole, lectum:*
   *Iure tuo predas atque d) aliena rapis.*

*Quis nefcit e) licuiffe tibi, id f) lex Iulia quamuis*
   *Bina negat, cum fit iam potuiffe fatis.*

*Iura ligant miferos: fummis, fi credere dignum eft,*
   *Principibus nulla viuere lege licet.*

*Effe tamen fuperos celo, qui talia curent,*
   *Si verum eft; properat vindicis ira Dei.*

τελος.

**❋   ❋ .   ❋**

## Epiftola IAC. WIMPHELINGII ad MAXIMILIA-NVM Regem, hucusque inedita.

Sereniffimo Romanorum regi, femper Augufto, *Maximiliano,* Domino Clementiffimo *Iac. Wimphelingus* Seleftad. S. D. Quamprimum, inuictiffime Rex, literarum & artium fundamenta in gymnafiis abs me iacta funt, partim inftituere pueros & adolefcentes, partim ad patriae, Imperiique Romani vtilitatem & decus ftudia mea conuertere coepi. Sed hoc praefertim tempore Reg. Maieft. tuae honorem contra Franco - Gallorum perfidiam defendere, & eorum fraudes ac malas artes detegere oportet. Horrendum enim eft factum, & inauditum, quo Franciae rex Carolus Annam Britannicam, legitime fibi defponfatam, clam, vi, & dolo rapuit: in perpetuam nominis fui ignominiam. Quodfi

Reg.

---

c) Aliud.
d) Et.
e) Negat.    f) *Deeft.*

Reg. Maieſtati tuae gratificari poſſem , & mihi benigniſſime con-
cederetur, vt honorem ac ſplendorem nominis tui, Germaniaeque noſtrae defendere, & Francorum perfidiam proditoriam mani-
feſtare mihi liceat ; plura ſane iam haberem parata, & ad hunc
finem deſtinata, quae ſine mora edi poſſent ad adulterinum raptum
iſtum a Francis commiſſum, in publico abs me caſtigandum, & gra-
uiſſimam hanc iniuriam vniuerſae nationi Germanicae illatam
vindicandam. Deus opt. max. conſeruet Reg. Maieſtatem tuam
cum ſacratiſſimo clementiſſimoque Caeſare noſtro , genitore tuo,
patriae patre optumo. Ex Spira.

* * *

Epiſtolium quoddam anonymi ad IAC. WIMPHE-
LINGIVM hucusque ineditum.

Amicorum optime! Carmina tua inuectiua mihi placent maiorem in modum. Fac, ſpargas, in vulgus. Tanta enim eſt
Francorum perfidia , tantaque temeritas, vt verbis vix expri-
mi queat. Audiant ergo Germani noſtri *Wimpfelingum* caſti-
gantem. Audiant Germani pro Germaniae honore & decore ,
tanquam pro aris & ſocis fortiſſime pugnantem. Audiant vero
Gallo - Franci, gens verſuta & perfida, infamiam nominis ſui
palam manifeſtari. Tu, mi *Iacobe*, vale, & animum vere Germanum ſemper ſerua. Ex Heidelberga. *)

AD-

---

*) Reliqua vero Wimphelingiana, vti epiſtolae, & oratio in
   Carolum VIII. Franciae regem, quae inter analecta noſtra
   MSS. compareut, ab editis haud diſſentiunt.

# ADDENDA
## ET
# EMENDANDA.

Pag. 411. *Add. Petri Aureoli* Ord. Minor. compendium literalis fenfus totius bibliae feu diuinae fcripturae Argent. 1514. 4. quam° editionem *Wimphelingius Eckio* dicauit: vt teftatur *Weislingerus* in armament. Cath. p. 748. vbi etiam plures huius opufculi editiones commemorat.

Pag. 436. lin. 17. not. *Add.* Editio Bafil. 1571. ob raritatem & praeftantiam fummopere eft commendanda : vid. *Ioan. Lud. Bünnemanni* Catal. MSS. & libr. ab inuent. typogr. impreff. pag. 57.

Pag. 449. not. *Add.* Memorabilis eft libellus : Concordata Priucipum nationis German. cum argumentis feu fummariis Argent. 1513. 4. Vid. *Bibl. libr. rar. vniu. Io. Iac. Baueri* fuppl. T. I. p. 389.

Pag. 472. Add. *Hadriani* Tit. S. Chryfogoni S. R. E. Presbyt. Card. Batonienf. venatio ad Afcanium Card. *Item* Iter Iulii II. P. M. cum praefatione *Iohannis Frobenii* ad focietatem literariam Seleftadienfem , nominatim *Ioannem Sapidum , Ioannem Ruferium, Ioannem Purlerium, Ioannem Caftaneum , Petrum Adiutorem, Ioannem Maium, Ioannem Reftacium :* & quos in fine recenfet : domínos Abbatem *Paulum Volzium , Iacobum Wimphelingium , & Martinum Ergershemum* Sacrorum antiftitem Seleftadii, Bafil. ap. Io. Frobenium 1518. 4. in *Weisling.* Catal. Bibl. Ord. S. Ioan. Hierof. Argent. p. 103.

Pag. 472. not. *Add.* In *Catalogo Bibl. Ord. S. Io. Hierof. Argent.* p. 151. laudatur editio Auguft. Vind. per Ant. Sorg fine an. fol. cum praefatione *Iac. Wimphelingii* &c. adornata.

Pag. 474. lin. 27. *poft* verbum : *Brettani* add. ( *Melanchth.*) Bafil. 1519. 4. & in declamat. T. II. p. 559. Argent. 1558. 8.

Pag. 476. Add. *Io. Cochlaei* Norici Grammatices Rudimenta cum praefatione *Hieronymi Gebuiler* , infignis Argentinenfis ecclefiae puerorum moderatoris ad *Iac. Wimphelingium* Chriftianae theologiae licentiatum, cum encomio *Io. Cochlaei,* hominis de Latinis literis optime meriti Argent. 1519. ap. Io. Knoblouch 4. ( *In Bibl. Ord. S. Ioan. Hierofol. Argent.* vt teftatur Catal. libr. impreff. *Weislingeri* p. 50. )

Pag. 539. not. *Add.* De *Kil. Leyb* quaedam habet *Franc. Petri* in German. Canon. Auguftin. P. V. in *Mich. Kuen* collect. fcript. rer. hift. monaft. T. V. P. II. p. 25.

*Friburgi Brisgouiae* , Typis Ioannis Andreae Satronii.

# Apud eundem bibliopolam Vlmenſem,

## AVG. LEBRECHT. STETTINIVM

### haberi poſſunt:

**I.**

IOS. ANT. RIEGGERI opuſcula ad hiſtoriam & iurisprudentiam, praecipue eccleſiaſticam pertinentia: Friburgi Brisgouiae 1773. 8. mai. cum figg.

**2.**

VDALR. ZASII epiſtolae ad viros aetatis ſuae doctiſſimos : quas partim ex autographis primum edidit, partim hinc atque illinc diſperſas collegit, illuſtrauit, & commentarium de illius vita praemiſit IOS. ANT. RIEGGERVS : Vlmae 1774. 8. mai. cum figg. Sequetur *ſpicilegium epiſtolarum Zaſianarum.*

**3.**

IOS. ANT. RIEGGERI analecta academiae Friburgenſis ibid. 1774. 8. mai. cum figg.

**4.**

IOS. ANT. RIEGGERI amoenitates literariae Friburgenſes. Faſciculus I. ibid. 1775. Faſciculus II. 1776. Faſciculus III. ibid. 1776. 8. mai. cum figg. *Continuantur.*

**5.**

IOS. ANT. RIEGGERI oblectamenta hiſtoriae & iuris eccleſiaſtici Pars I. ibid. 1776. 8. mai. *Continuantur.*

www.ingramcontent.com/pod-product-compliance
Lightning Source LLC
Chambersburg PA
CBHW022123020426
42334CB00015B/742